PFLANZEN UND TIERE EUROPAS

Pflanzen und Tiere Europas

Text
von Jan Tříska
und Jiří Felix

Illustrationen
von Vlastimil Choc,
Eduard Demartini,
Květoslav Hísek,
Vladimír Javorek,
Květa Schmidtová,
František Severa
und Otto Ušák

DAUSIEN

PFLANZEN UND TIERE EUROPAS
Text von Jan Tříska und Jiří Felix
Ins Deutsche übertragen von Kurt Lauscher und Walter Kraus
Illustrationen von Vlastimil Choc, Eduard Demartini, Květoslav Hísek,
Vladimír Javorek, Květa Schmidtová, František Severa und Otto Ušák
Fotografien von Zdeněk Humpál (4), Oldřich Karásek (3), Přemysl Pavlík (1),
Ivo Šlár (1) und Stanislav Wieser (1)
Graphische Gestaltung von Ivan Urbánek

Neubearbeitete Auflage 1983
VERLAG WERNER DAUSIEN • HANAU/M
ISBN 3-7684-2371-9
1/99/26/52-01

Im Wasser und auf der Wasseroberfläche

Wasser — die Wiege allen Lebens auf unserer Erde — ist die unabdingbare Voraussetzung für die Existenz aller Organismen. Ihre Körper bestehen meist zur Hälfte, manchmal auch zu einem größeren Teil aus Wasser. Darüber hinaus ist das Wasser für zahlreiche Pflanzen- und Tierarten typischer Biotop, also Lebensraum. Diesem besonderen — eigentlich ursprünglichen — Standort sind die Wasserpflanzen durch Gestalt und Bau, Ernährungs- und Vermehrungsweise sinnvoll angepaßt.

Die Wasserpflanzen finden im Wasser eine festere Stütze als Landpflanzen in der Luft, dafür müssen sie aber widerstandsfähiger gegenüber Brandung, Strömung, Wasserpegelschwankungen, Wasserdruck und mit steigender Gewässertiefe abnehmender Lichtintensität sein.

Es gibt Wasserpflanzen, die im Boden wurzeln und dauernd untergetaucht sind, die sog. Unterwasserpflanzen. Ihre Blüten bilden sie aber meist über der Wasseroberfläche aus. Als Schwimmblattpflanzen werden die bezeichnet, die zwar mit Wurzeln im Boden befestigt sind, deren Blätter aber auf dem Wasser schwimmen. Zu diesem Standorttyp gehören auch die wurzellosen oder nur Wasserwurzeln ausbildenden und auf dem Wasser schwimmenden Arten. Andere Arten wurzeln im Boden und lösen sich während der Blüte- und Reifezeit, um als ganze Pflanze auf der Wasseroberfläche zu erscheinen. Es gibt aber auch Pflanzenarten, die amphibisch leben, deren Lebenselement das Wasser ist, die aber auf dem Trockenen weiterleben und blühen können, wenn der Wasserspiegel zu weit sinkt.

Die Hydrophyten nehmen Sauerstoff, Kohlenstoff und Wasser mit gelösten Salzen mit der ganzen Körperoberfläche auf, und ihre Wurzeln dienen nur noch der Verankerung im Gewässergrund. Deshalb fehlen bei ihnen auch gewöhnlich die Haarwurzeln, mit denen die Landpflanzen das mit Nährstoffen angereicherte Wasser aus dem Boden aufnehmen. Das Leitgewebe ist gewöhnlich reduziert und durch

Luftgewebe ersetzt — durch Kammern und Kanäle, durch die die Luft in die tiefer untergetauchten Pflanzenteile gelangt und die die Pflanze entlasten.
Sprosse und Blattstiele sind meist lang, elastisch und verlängerungsfähig und dadurch in der Lage, sich dem sich bewegenden Wasser und dem schwankenden Wasserpegel anzupassen. Die Unterwasserblätter haben keine Spaltöffnungen und sind häufig fädig zerschlitzt oder quirlig geformt. Das erhöht ihre Widerstandsfähigkeit gegenüber dem bewegten Wasser und vergrößert ihre Oberfläche. Die Schwimmblätter sind gewöhnlich groß, kreisförmig oder lanzettlich und ledrig, damit sie von den Wellen nicht beschädigt werden können. Häufig schützt eine dünne Wachsschicht ihre Oberseite vor dem Naßwerden und vor dem Verstopfen der zahlreich vorhandenen Spaltöffnungen. Viele Wasserpflanzen haben zwei verschiedene Blattarten: die untergetauchten Blätter sind anders gestaltet als die Schwimmblätter.
Die meist kleinen und einfachen Blüten der Unterwasserpflanzen werden vom Wasser bestäubt, die auf der Oberfläche schwimmenden, wesentlich größeren Blüten von Insekten, manchmal auch von Weichtieren.
Die Samen der Wasserpflanzen haben die verschiedenartigsten Schwimmorgane. Manche sind schleimig und bleiben dadurch an den Füßen und Schnäbeln der sie dann verbreitenden Wasservögel kleben. Auch die Fische tragen zur Verbreitung einiger Pflanzenarten bei, da ihnen die Samen als Nahrung dienen. Die häufigste Verbreitungsweise ist jedoch die vegetative Vermehrung durch Brutknospen, Knollen, Winterknospen, Wurzelsprosse, Sprosse oder Triebe.
Für ihre Umwelt haben die Wasserpflanzen einen hohen biologischen Wert: Sie verbessern das Wasser durch Abgabe von Sauerstoff und fördern dadurch seine Reinigung. Zum anderen bilden sie reichlich organische Substanz, die nach dem Zersetzen nährstoffreichen Boden für das übrige Leben im Wasser abgibt. Sie dienen aber auch den Wasserlebewesen als Nahrung, bieten Fischen und anderen Tieren Unterschlupf und Schutz, den Fischen Laichplätze und der Fischbrut ausgezeichnete Entwicklungsbedingungen.
Wasserpflanzen vermehren sich leicht und manchmal allzusehr und richten dann Schaden an: Sie beschatten die Wasseroberfläche, trüben das Wasser und fördern seine Fäulnis, tragen zur übermäßigen Schlammbildung und dadurch zur schnellen Verlandung bei. Manchmal erschweren sie auch die Fischaufzucht und den Fischfang, verstopfen Schleusen, beschädigen technische Anlagen und können in Extremfällen auch die Schiffahrt erschweren.
Auch für die Tierwelt ist das Wasser Lebensgrundlage. Ohne Wasser kann kein Geschöpf existieren. Auch die Landtiere brauchen unbedingt Wasser, um ihre Körpergewebe damit zu füllen. Ausgeschlossen sind nicht einmal die in der Wüste lebenden Tiere, die je nach den örtlichen Bedingungen Wasser nur aus Pflanzen gewinnen können.
In diesem Kapitel wollen wir uns jedoch mit den Tierarten beschäftigen, die sich das Element Wasser zum Daueraufenthalt gewählt haben, dort leben, auf Nahrungssuche gehen und sich vermehren. Wasser unterscheidet sich in seinen chemischen und physikalischen Eigenschaften so sehr vom Element Luft, daß es für Tiere als Lebensraum nur geeignet ist, wenn sie besonders dafür angepaßt sind. Das betrifft nicht nur die Art und Weise der Fortbewegung, sondern auch die Sauerstoffaufnahme und andere Lebensfunktionen. Und trotzdem sind die Gewässer äußerst reich an Tierarten.
Schon im kleinsten Wassertropfen können wir — unsichtbar für das bloße Auge — unter dem Mikroskop die Welt der Urtierchen entdecken. Manche schieben sich nur so vorwärts, andere tummeln sich

mit wirbelnden Bewegungen oder huschen hin und her. Ihre Artenvielfalt ist groß; jede Art hat charakteristische Ausläufer, Geißeln oder Wimpern, die als Fortbewegungs- und Fangorgane dienen.
Auch in kleinsten Wasserstellen sind oft höhere, jedoch kleine Mehrzeller anzutreffen. Zu den häufigsten gehören winzige Krebstiere. Dafür ist ihre Anzahl um so größer. Milliarden wimmeln in Teichen, Tümpeln und ganz kleinen Wasserbehältern. Sie sind ausgezeichnet an das Leben im Wasser angepaßt und bilden einen Teil des Planktons. Es gibt Arten, die sich mit Schwimmfüßchen fortbewegen, andere, wie etwa der Wasserfloh, hüpfen durch die rhythmische Bewegung ihrer vergrößerten Spaltfühler, die wie Ruder wirken. Viele kleine Krebstiere haben erhebliche wirtschaftliche Bedeutung, denn sie bilden die Hauptnahrung zahlreicher Fischarten.
Auch Wasserinsekten sind ausgezeichnet für ihr Lebensmilieu ausgestattet. Die Wasserraubkäfer gehören zu den Flitzern im Tierreich — ihre Hinterbeine arbeiten wie kräftige Ruder. Auch die Wasserwanzen haben zum Rudern gut ausgebildete Hinterbeine.
Die Fische wiederum haben eine Gestalt, die sie zum Aufenthalt in verschiedenen Wassertiefen und zum schnellen Schwimmen befähigt.
Auch die an das nasse Element gebundenen Vogelarten sind an den Biotop Wasser angepaßt. Sie haben kurze, dafür aber kräftige Beine mit breiten Schwimmhäuten zwischen den Zehen. Einige tauchende Wasservögel haben weit hinten angeordnete Beine, mit denen sie sich beim Jagen unter Wasser durch die sich hinter dem Körper bewegenden Füße kräftig vorwärtsschieben.
Aber schwimmen können auch die Säugetierarten, die vom Festland ins Wasser zurückgegangen sind und sich diesem neuen Lebensmilieu angepaßt haben. Ihre Gliedmaßen sind zu Schwimmhäuten umgebildet, auch der Schwanz ist bei vielen einem abgeflachten Steuer ähnlich.

Weiße Teichrose
Nymphaea alba

Die Weiße Teichrose besitzt einen bis zu 1 m langen und bis 7 cm dicken, im Querschnitt rundlichen Wurzelstock. Aus diesem unterirdischen Stengel wachsen nach allen Seiten die eigentlichen Wurzeln und verankern so die Pflanze sicher im Schlamm.
Die langgestielten Blätter schwimmen mit ihrer großen, rundlichen und am Grund tief herzförmig eingeschnittenen Spreite auf der Wasserfläche. Solange sie noch unter Wasser heranwachsen, ist ihre Blattfläche eingerollt. Ausgewachsene Blätter sind oft violett oder rötlich überlaufen, ihre Oberseite ist mit einem glatten, glänzenden Wachsüberzug versehen, an dem das Wasser leicht abperlt. Dadurch bleiben die für den Gasaustausch wichtigen Spaltöffnungen frei. Diese befinden sich als anatomische Besonderheit auf der Oberseite des Blattes: bei „normalen" Blättern sind sie auf der Blattunterseite angeordnet. Die langen, meist drehrunden Blattstiele sind sehr elastisch. Ihre Schwimmfähigkeit wird durch ein reichverzweigtes Netz von Luftkanälen und -kammern in ihrem Innern gesteigert.

Weiße Teichrose

Die Blüten, die an langen Stielen auf dem Wasser schwimmen, öffnen sich an sonnigen Tagen gegen 7 Uhr morgens. Vier grüne Kelchblätter umgeben zahlreiche weiße, spiralig angeordnete Blütenblätter, die gegen die Mitte zu allmählich kleiner werden und gleitend in Staubblätter übergehen. Diese ziehen sich auch noch am Fruchtknoten hinauf, bis kurz unterhalb der scheibenförmigen Narbe. Die Bestäubung erfolgt durch verschiedene Insektenarten, vor allem Fliegen und Käfer.
Die Frucht ist eine halbkugelige Kapsel, die nach der Reife untertaucht und dann abfällt. Die Wände reißen auf, und die vielen Samen, von lufthaltigem Schleim umhüllt, treiben an die Wasseroberfläche. Oft haftet der Schleim am

Gefieder von Wasservögeln, welche dann die Samen in andere Gewässer verschleppen. Wenn er sich nach einiger Zeit zersetzt, sinken die Samen zu Boden.
Die Teichrose wächst hauptsächlich in stehenden oder langsam fließenden Gewässern. Als Zierpflanze, oft mit rosa oder roten Blüten, wird sie seit langem in Parkteichen und Wasserbecken gezogen.
Sie ist über ganz Europa bis zum Kaukasus hinaus verbreitet.

Große Mummel
Nuphar lutea

Die ausdauernde Pflanze kann bis zu 4 m durchschnittlicher Wassertiefe vordringen. Sie hat einen flachen, sehr kräftigen Wurzelstock, der über 3 m lang und bis zu 10 cm dick werden kann. Die Wurzeln entspringen nur an seiner Unterseite; der obere Teil trägt charakteristische, dreieckige Blattnarben.
Jedes Jahr wachsen aus den Spitzen des Wurzelstocks und seiner Nebenzweige langgestielte Blätter und Blüten. Die Erstlingsblätter, welche in der Regel im zeitigen Frühjahr, manchmal aber auch schon im Herbst erscheinen, bleiben untergetaucht. Sie sind etwas kürzer gestielt, hellgrün und salatähnlich gewellt bis gekräuselt. Die Folgeblätter schwimmen mit eiförmiger, bis 40 cm langer und 30 cm breiter, an der Basis keilförmig eingeschnittener Spreite auf dem Wasser. Ihre Seitenadern verzweigen sich gegen den Blattrand zu dreifach gabelig in spitzem Winkel und berühren einander nicht. So unterscheidet sich das Mummelblatt von dem der Teichrose, bei dem sich die Adern am Blattrand rechtwinklig verästeln und die Verzweigungen sich mit denen der Nachbarader vernetzen.
Die Blattstiele sind dreikantig. Wie bei der Teichrose sind sie luftgefüllt und sehr elastisch, so daß sie sich den Wellenbewegungen leicht anpassen können. Zwischen Juni und August erscheinen auf dem Wasser die goldgelben, 5 bis 6 cm großen Blüten mit ihrem eigentümlichen Apfelduft. Sie besitzen 5 große Kelchblätter, hinter denen die kleineren Blütenblätter versteckt sind. Die zahlreichen Staubblätter sind schmal und entspringen alle unterhalb des Fruchtknotens. Dieser trägt eine Narbenscheibe mit trichterförmiger Vertiefung im Zentrum.
Nach der Befruchtung entwickelt sich eine krugförmige Kapsel mit vielen Fächern, in denen die goldbraunen Samen von schleimig-blasigem, lufthaltigem Fruchtfleisch umschlossen werden. Bei der Reife zerfällt die ganze Frucht in diese halbmondförmigen Fächer (ähnlich einer Orange), die dann auf dem Wasser treiben. Wenn sich deren äußere Hülle zersetzt, entweichen die Luftbla-

Große Mummel

Sumpf-Knöterich

sen, und die Samen sinken allmählich zum Grund.
Die Mummel besiedelt stehende oder langsam fließende Gewässer, vor allem in den tieferen Lagen. Im Gebirge stellt sie sich sehr selten ein. In stark bewegtem Wasser (Wellenschlag, Strömung) bildet sie meist nur Unterwasserblätter aus, blüht aber über der Wasserfläche. Sie kommt in fast ganz Europa, Nordafrika, dem Vorderen Orient und in Nordasien vor — oft in Gesellschaft mit der Teichrose. Beide Pflanzen werden im Volk nur als zwei Arten, Weiße und Gelbe (See- oder) Teichrose angesehen und sind seit jeher Mittelpunkt und Gegenstand von Sagen, Legenden und mancher abergläubischen Bräuche. Bei allen Völkern galten sie als die Blumen der Nixen und Nymphen *(Nymphaea!)* Die Friesen glaubten, daß die Seerosenblüte im Wappen den Träger unbesiegbar mache, bei den Slawen diente sie zur Austreibung böser Geister. Ihr Wurzelstock wurde um die Weide getragen, was das Vieh vor Raubtieren schützen sollte. Die Wurzelstöcke von Teichrose und Mummel enthalten neben Gerbstoffen viel Stärke. Außer ihrer Verwendung als Gerbmittel, dienten sie deshalb in Notzeiten getrocknet und zermahlen als Mehlersatz. (Der getrocknete Wurzelstock wurde auch schon mehrfach in betrügerischer Absicht als Ginseng gehandelt.) Beide Arten zählen in Deutschland zu den vollkommen geschützten Pflanzen. Sie spielen bei der Verlandung von Tümpeln und toten Wasserarmen eine wichtige Rolle. Zwar beschatten ihre Blätter die Wasserfläche oft in unerwünschtem Maße, doch bieten sie andrerseits den Fischen Schutz und an ihrer Unterseite reichlich Nahrung.

Sumpf-Knöterich
Polygonum amphibium

Die ausdauernde Pflanze ist sehr anpassungsfähig und bildet im Wasser und auf dem Land verschiedene Formen aus. Wir unterscheiden die typische Wasserform, eine Seichtwasserform und eine Landform, dann noch die Form in den periodisch austrocknenden Gewässern. Die typische Wasserform hat einen langkriechenden, verzweigten Wurzelstock, aus dem bis zu 2 m lange, schlaffe, im Wasser flutende Stengel hervorgehen. Die langgestielten, lineallanzettlichen Blätter sind dunkelgrün, ledrig glatt und schwimmen auf dem Wasser. Durch warzige, schildförmig eingesenkte Drüsen erscheint die Blattfläche wie punktiert.
Zwischen Juni und September verlängert sich das Stengelende über das Wasser hinaus und bildet einen walzenförmigen, dichtblütigen, aufrechten Blütenstand aus. Die Blüten tragen eine einfache, etwa 4 mm lange, rosafarbene Hülle. Die Frucht ist ein etwa 3 mm langes, schwarzbraunes Nüßchen.
Die Pflanze gedeiht in stehenden oder langsam fließenden Gewässern, aber auch an Ufern und im Schilfgürtel. Sie bildet oft ausgedehnte Kolonien, die mit ihren Blättern die ganze Wasseroberfläche bedecken, und verbreitet sich leicht vegetativ durch die rasch wurzelschlagenden Bruchstücke der Stengel und Wurzelstöcke.
Die Art übersteht längere Trockenperioden ohne Schaden. Die Landform hat einen aufsteigenden oder aufrechten, meist nur wenige Zentimeter hohen Stengel. Die kurzgestielten Laubblätter sind zumindest an den Rändern behaart und drüsig. Die Drüsen, welche nur von der Landform entwickelt werden, sondern ein Sekret ab, das vermutlich zur Abwehr von Insekten dienen soll. Die typische Landpflanze bildet selten einen (kurzen) Blütenstand aus. Gelegentlich treibt ein und dasselbe Exemplar, direkt im Grenzbereich des Ufers wachsend, nach der einen Seite Stengel der Wasserform und nach der anderen Seite Sprosse des Festlandtyps aus.
Die Pflanze gedeiht vom Tiefland bis in die Bergregion in der ganzen nördlichen, gemäßigten Zone.
In der Volksheilkunde verwendet man Aufgüsse aus dem Wurzelstock gegen Hautausschläge. Er enthält viel Gerbstoff und harntreibende Substanzen.

Gemeiner Wasser-Hahnenfuß

Gemeiner Wasser-Hahnenfuß
Ranunculus aquatilis

Der Wurzelstock der ausdauernden Pflanze treibt 1 bis 2 m lange, im Wasser flutende Stengel. An ihnen stehen Blätter von zweierlei Gestalt: Unterwasserblätter, die mehrfach gabelig in schmale Zipfel zerteilt sind (sie passen sich wie die schlanken Stengel den Bewegungen und Strömungen des Wassers geschmeidig an), und Schwimmblätter, die auf dem Wasser liegen. Sie stehen an langen Stielen im oberen Stengelbereich. Ihre Blattfläche ist rundlich-nierenförmig und 3- bis 5fach handlappig geteilt. Ähnliche Blätter bildet der Hahnenfuß, wenn er außerhalb des Wassers im Uferschlamm wächst. Die etwa 1 bis 2 cm großen Blüten fluten an langen Stielen auf dem Wasser. Jedes der fünf weißen Blütenblätter trägt am Grund einen gelben Fleck. Die Kelchblätter sind klein und hinfällig. Staubblätter und Stempel sind in Vielzahl vorhanden.

Werden die Blüten von steigendem Wasser überschwemmt, dann bleiben sie geschlossen und bestäuben sich selbst.
Zur Fruchtreife tauchen die Blüten unter. Aus den Fruchtknoten entstehen kleine einsamige, runzelige Nüßchen mit einem kurzen, krummen Schnabel. Zusammen wirken sie wie ein kleines himbeerartiges Köpfchen.
Im stehenden oder langsam fließenden Wasser bildet der Wasser-Hahnenfuß oft ausgedehnte Kolonien, die zwischen Mai und August mit vielen tausend Blütchen übersät sind.
Er ist in Europa und in den übrigen gemäßigten Zonen der ganzen Welt verbreitet und kommt vom Tiefland bis in mittlere Gebirgslagen vor.

Wassernuß
Trapa natans

Die einjährige Pflanze hat einen bis 150 cm langen Stengel, der zunächst im Untergrund verankert ist, später aber meist frei im Wasser treibt. In seinem unteren Bereich befinden sich gegen- oder quirlständig angeordnete, fiederig verzweigte Wurzeln, die Blattgrün führen und die Funktion untergetauchter Blätter übernommen haben. Am getauchten oberen Sproßteil bilden 30 bis 50 Schwimmblätter ein dekoratives Rosettenmosaik. Die rautenförmigen, im Vorderteil gezähnten Blattspreiten sind dunkelgrün, ledrig, glänzend und zumindest jung unterseits dicht braun behaart. Die meisten Blattstiele sind in der Mitte blasig aufgetrieben. Dieser Teil stellt eine von Luftkammern durchsetzte Schwimmvorrichtung dar, die es der Pflanze vor allem zur Fruchtzeit ermöglicht, mit den schweren Nüssen an der Wasseroberfläche zu bleiben.
Von Juni bis August wachsen aus den Achseln der Schwimmblätter einzelne, braunzottige Blütenstiele mit je einer vierzähligen, weißen Blüte mit hinfälligen Blütenblättern. Meist erfolgt Selbstbestäubung. Die Frucht entsteht aus dem Fruchtknoten und den bei der Reife verhärtenden und verwachsenden Kelchblättern. Diese bilden 4 harte Dornenkrallen, von denen in der Regel zwei nach aufwärts und zwei nach abwärts gekrümmt sind. Abwandlungen sind recht häufig, so können zum Beispiel die Dornen nochmals gespalten sein, oder es wird ein Teil von ihnen in der Ausbildung unterdrückt. Der Blütenstiel verlängert sich bei der Fruchtreife stark und krümmt sich mit der anhaftenden Nuß ins Wasser zurück. Die reifen Früchte lösen sich von der Rosette und sinken auf den Grund, ein Teil von ihnen kann sich auch im Gefieder oder Fell von Wassertieren festhaken und so verbreitet werden.
Im nächsten Frühjahr treibt aus der Nuß zunächst eine Keimscheide, aus der Sproß und Wurzel hervorgehen. Die Wurzel strebt zuerst nach oben und senkt sich erst dann bogenförmig in den Schlamm. Die Dornen der Nuß halten

Großer Wasserschlauch

Gemeiner Froschbiß

Wassernuß

die Keimpflanze wie ein Anker am Grund fest. Später fällt dieser „Anker" ab. Etwa ab Mai schwimmt dann eine neue Generation an der Wasseroberfläche. Die leeren, schwarzen Nußschalen werden oft in Buchten oder auf Sandbänken angeschwemmt. Die wärmeliebende Pflanze wächst in seichtem, stehendem Wasser mit schlammigem, kalkarmem, aber nährstoffreichem Untergrund. Sie ist über die gemäßigten Zonen der Nordhalbkugel verstreut; wo sie zusagende Lebensbedingungen antrifft, vermehrt sie sich sehr rasch und kann so zum beherrschenden Element einer Lokalflora werden. Während der nacheiszeitlichen Wärmeperiode war sie viel weiter verbreitet als heute, wie durch zahlreiche prähistorische Funde nachgewiesen werden konnte. In Amerika, wo sie erst wieder in neuerer Zeit eingeführt wurde, sind Fossilreste von ihr aus Kreideschichten geborgen worden.

Der weiße Kern der Frucht ist schmackhaft und auch nahrhaft; er enthält viel Protein, und über 50 % Stärke. Er diente schon den Steinzeitmenschen als Nahrung und gilt mancherorts bis heute als Leckerbissen. In Indien, China, Japan und Südafrika wird die Pflanze kultiviert; die Nüsse werden auf den Märkten angeboten. Die ganze Pflanze dient als Kraftfutter für Schweine oder Pferde. Aus den harten Steinhüllen der Früchte verfertigt man Anhänger, Armbänder, Halsketten oder Rosenkränze. Im Mittelalter verwendete man die Pflanze zu vielerlei Heilzwecken.

Großer Wasserschlauch
Utricularia vulgaris

Die ausdauernde, untergetaucht im Wasser treibende Pflanze hat dünne, wenig verzweigte, bis 70 cm lange Sprosse. Die zweizeilig gestellten Blätter sind in haarfeine Zipfel zerteilt. An ihnen sitzen die bis 4 mm großen „Schläuche", blasenartige Gebilde, die als Tierfallen funktionieren. In ihrem Innern herrscht Unterdruck. Ihre Mündung ist durch eine häutige, borstentragende Klappe labil verschlossen. Stößt nun ein kleines Wassertier gegen die Borste, wird die Klappe nach innen gedrückt. Sofort entsteht ein Wassersog, der das Tier in den Schlauch strudelt. Mit der Füllung verändert die Blase leicht ihre Form, die Klappe wird von innen gegen ein Widerlager gedrückt und verschließt nicht nur Ausgang und Drüsen der Innenwände, sondern auch Verdauungssekrete ab, die das Tier zersetzen. Die stickstoffhaltigen Abbauprodukte werden dann absorbiert. Diese Einrichtung ermöglicht es den wurzellosen Pflanzen, auch in solchem Wasser zu wachsen, dessen Gehalt an lebensnotwendigen Stickstoffsalzen minimal ist.

Zur Blüte taucht die Pflanze auf und reckt eine langgestielte Traube mit 5 bis 15 Blüten über das Wasser. Sie besitzen einen rötlichen Kelch und eine gelbe, zweilippige, gespornte Blüte.

Der Wasserschlauch besiedelt vorzugsweise stehende Gewässer. Das Gebirge meidet er. Man findet ihn in der ganzen gemäßigten Nordhemisphäre.

Es gibt noch mehrere, nah verwandte Arten, die an ähnlichen Standorten vorkommen. Sie sind zum Teil mit farblosen Erdsprossen im Schlamm verankert. Diese tragen stark reduzierte Blätter mit wenigen Schläuchen. Der wissenschaftliche Name leitet sich vom lateinischen *ultriculus* = Schlauch ab.

Gemeiner Froschbiß
Hydrocharis morsus-ranae

Die ausdauernde Pflanze schwimmt frei im Wasser. Aus einem kurzen Wurzelstock gehen eine Rosette von Schwimmblättern, dünne, lange Ausläufer und herabhängende Wurzelbüschel hervor. Die langgestielten Blätter haben schuppenartige Nebenblätter und rundliche bis herz-nierenförmige Spreiten.

An den Enden der Ausläufer entstehen neue Rosetten, so daß zuletzt ganze Kolonien miteinander verbundener Pflanzen auf der Wasseroberfläche schwimmen. Gegen den Herbst zu bilden sich an den Enden der Ausläufer stärkehaltige Knospen, die abfallen und in den wärmeren Wasserschichten am Grund überwintern. Im Frühjahr entfalten sie sich und tauchen als neue Pflanzen an der Oberfläche auf.

Die Pflanze blüht den ganzen Sommer über. Die langgestielten Blüten gehen zu zwei bis vier aus der Achsel einer häutigen Blütenscheide hervor. Sie besitzen einen grünen, weißgesäumten Kelch und über 1 cm lange, weiße Blütenblätter mit einer gelben Basis. Sie sind eingeschlechtig; die weiblichen Blüten sind kleiner, aber länger gestielt. An schattigen Standorten unterbleibt die Blütenbildung.

Der Froschbiß gedeiht in stehenden Gewässern tieferer Lagen der ganzen nördlichen gemäßigten Zone. Gern wächst er zwischen Röhricht oder in windgeschützten Buchten.

Seinen Namen (*(morsus,* lat. = Biß; *rana,* lat. = Frosch) verdankt er dem Umstand, daß die Frösche ihn gerne nach Schnecken und Wassertieren absuchen. Im nichtblühenden Zustand ähnelt er der Seekanne, unterscheidet sich aber leicht durch seine Nebenblätter, welche dieser fehlen.

Kanadische Wasserpest
Elodea canadensis MICHX.

Die ausdauernde, untergetaucht lebende Pflanze hat bis über 1 m lange, oft stark verzweigte Stengel und ist meist im Grund verankert. Die lineal-lanzettlichen, durchscheinend dunkelgrünen Blättchen stehen meist zu dritt in dichten Quirlen.

Die Pflanze ist zweihäusig. Männliche Pflanzen wurden in Europa noch nicht beobachtet und auch die weiblichen blühen bei uns sehr selten: Die kleinen rötlichen Blüten erscheinen an langfädigem Stiel auf der Wasseroberfläche. Die Vermehrung erfolgt bei uns rein vegetativ mit Hilfe der leicht abbrechenden Sproßstücke.

Die nordamerikanische Art wurde 1836

Kanadische Wasserpest

zuerst in einem Teich in Irland gefunden. In kurzer Zeit breitete sie sich über ganz Großbritannien aus. 1854 brach sie wahrscheinlich aus dem Botanischen Garten in Berlin aus und okkupierte rasch den ganzen Kontinent.

Sie ist nicht gern gesehen, denn sie beschattet das Wasser, staut Schmutz und trägt so zur Wasserfäule bei. Sie behindert die Fische und entzieht durch rasches Wachstum dem Wasser Nährstoffe. Sie wird auch für die Behinderung der Schiffahrt und für Überschwemmungen verantwortlich gemacht. Ihre Beseitigung mit mechanischen Mitteln ist fast unmöglich, da jedes kleine Bruchstück wieder zu einer neuen Pflanze auswächst. Ihr Nutzen hebt den Schaden nicht auf: Mancherorts wird sie zu Dünger kompostiert oder auch als Schweinefutter verwendet, da ihr Nährstoffgehalt dem des Klees gleichkommt. Früher versuchte man, durch Aussetzen von Karpfen die „verpesteten" Gewässer zu säubern. Die Fische wühlen Schlamm auf und trüben das Wasser, was die vom Sonnenlicht abhängige Pflanze nicht verträgt. In Deutschland ist sie allerdings sowieso seit etwa 30 Jahren stark im Rückzug begriffen, da sie die immer mehr zunehmende Gewässerverschmutzung nicht aushält.

Schwimmendes Laichkraut
Potamogeton natans

Die ausdauernde Pflanze hat einen verzweigten Wurzelstock, aus dem bis zu 2 m lange, flutende Stengel hervorgehen. Im Frühjahr entwickelt sie zunächst lange, bis 1 cm breite Phyllodien, das sind blattartig verbreiterte Blattstiele, die aber zur Blütezeit meist schon wieder abgefault sind. Die richtigen Blätter schwimmen mit ihrer ledrigen,

Schwimmendes Laichkraut

gitternervigen, länglichovalen Spreite auf dem Wasser. Die Länge ihrer Stiele hängt von der Tiefe des Wassers ab.

Im Sommer erscheinen über der Wasserfläche walzenförmige Ähren mit unansehnlichen, kleinen Blüten. Sie werden durch den Wind bestäubt (nach anderen Beobachtungen auch durch Wasserschnecken).

Die Pflanze bildet in Teichen und Seen oft ausgedehnte Kolonien. Sie ist unser häufigstes Laichkraut und kommt in den gemäßigten und subtropischen Zonen vor.

Lebendgebärende Sumpfdeckelschnecke
Viviparus viviparus

Sie zählt zu den Vorderkiemern, die nur in einer Höhlung vor der Herzkammer Kiemen haben. In Tümpeln, Teichen, kleinen Seen oder toten Flußarmen mit stehendem Wasser ist sie in ihrem Element. Am liebsten hält sie sich im Schlamm auf.

Die Lebendgebärende Sumpfdeckelschnecke hat einen kurzen gedrungenen Körper mit breitem Fuß. Der Kopf läuft vorn in einen keulenförmigen Rüssel aus. An der Oberseite des Fußes ist hinten ein Deckel angewachsen, der die Gehäusemündung abschließt, wenn sich die Schnecke zurückzieht. Das Tier hat zwei nicht einstülpbare Fühler, an deren Grund die Augen sitzen. Beim Männchen ist der getrenntgeschlechtige rechte Fühler verdickt; bei der Paarung dient er als Kopulationsorgan. Das Weibchen bringt lebende Junge zur Welt, die schon mit einem winzigen Gehäuse ausgestattet sind. Am Mündungsdeckel sind Wachstumsrillen zu erkennen.

Diese Schnecke lebt nur im Flachland, und zwar in stark bewachsenen Gewässern. In höher gelegenen Fischereigebieten kommt sie nicht vor. Sie nährt sich von Algen und organischen Überresten. Lebendgebärende Sumpfdeckelschnecken sind vor allem in Mitteleuropa häufig anzutreffen.

Ihre Verwandten, die Flußdeckelschnecken, sind dagegen in ganz Europa mit Ausnahme des Nordens zu finden. Diese Art lebt in größeren Flüssen oder in Wasserbecken, die mit Flüssen verbunden sind. Ihr Gehäuse ist 30 mm hoch, 22 mm breit und rotbraun gestreift.

Spitzschlammschnecke
Lymnaea stagnalis

Diese Schnecke ist in Teichen, Tümpeln, Seen und langsam fließenden, pflanzenreichen Gewässern heimisch. Ihr eiförmiges, langgezogenes Gehäuse ist etwa 45 bis 60 mm hoch und 20 bis 30 mm breit.
Die Spitzschlammschnecke hat einen breiten Fuß und einen kurzen Kopf. Die Augen befinden sich unter den Fühlern, die bei dieser Art nicht eingestülpt werden können. Das Tier atmet mit Lungen und verfügt über eine tütenförmige Atemöffnung, die es über die Wasserfläche hält.
Die Spitzschlammschnecke kriecht oder „schwimmt" mit dem Gehäuse nach unten an einer dünnen Schleimschicht an der Wasseroberfläche, ist jedoch auch imstande, eine Zeitlang ganz unter Wasser zu bleiben. Sie frißt Algen, auch frische oder modernde Teile verschiedener Wasserpflanzen und Mikroorganismen. Auch die Spitzschlammschnecke ist ein Zwitter und legt ihre Eier in Kapseln, die sie an Pflanzen befestigt, in das Wasser ab.

Lebendgebärende Sumpfdeckelschnecke

Spitzschlammschnecke

Sumpfschlammschnecke

Sumpfschlammschnecke
Galba palustris

In Flußarmen, Wassergräben und anderen stehenden Gewässern lebt eine Wasserschnecke, deren Gehäuse 30 mm hoch und 14 mm breit wird: die Sumpfschlammschnecke. Sie hat ein langgezogen-eiförmiges, mattglänzendes, fein gerilltes Gehäuse, das meist sehr dunkel gefärbt und an der Innenseite vielfach auffallend dunkelviolett ist. Ihr Fuß ist breit, ihr Kopf kurz. Man findet sie auf Wasserpflanzen; häufig kriecht sie — an einer dünnen Schleimschicht nach unten hängend — an der Oberfläche. Ihre Eier legt sie in Kapseln, die sie an Pflanzen befestigt.
Bei Trockenheit bildet die Sumpfschlammschnecke als Schutz gegen die Austrocknung am Gehäusemund eine Art Verschluß, der aus erstarrtem Schleim besteht.

Posthornschnecke
Planorbarius corneus

Sie lebt — mit Ausnahme der nördlichen Zonen — im Flachland fast ganz Europas.
Die Posthornschnecke hat ein scheibenförmiges Gehäuse, das 25 bis 30 mm breit und 10 bis 15 mm hoch ist. Man findet sie in Tümpeln, Teichen, Seen und träge strömenden Flüssen.
Ihr Fuß ist klein, desgleichen der Kopf mit seinen langen, fadenartigen Fühlern. Die Posthornschnecke atmet, ebenso wie die Spitzschlammschnecke, mit Lungen. Sie muß also hin und wieder an die Wasseroberfläche kommen, um Luft zu holen.
Oft kann man ganze Gruppen dieser Tiere beobachten. Meist sitzen sie auf Wasserpflanzen, die ihnen auch als Nahrung dienen. Eine Posthornschnecke kann in der Regel etwa 2 bis 3 Jahre alt werden.

Häubchenmuschel
Musculium lacustre

Diese kleine Muschel ist häufig in Teichen, Seen, Tümpeln sowie in stillen Buchten von Flüssen und Bächen des Flachlandes anzutreffen.
Ihre Schale wird 7 bis 10 mm lang, 6 bis 8 mm breit und etwa 5 mm dick. Die Schalenklappen sind sehr dünnwandig und durchscheinend.
Die Häubchenmuschel bringt lebende Junge zur Welt, die sich in ihrer Kiemenhöhle entwickeln. Eine lang anhaltende Trockenheit macht ihr nichts aus, sie übersteht sie, vergraben im Schlamm.

Teichmuschel
Anodonta cygnea

Sie ist die bekannteste und in unseren Regionen auch verbreitetste Süßwassermuschel. Sie atmet mit Kiemen und besitzt eine aus zwei Klappen bestehende Schale, die dünnwandig und 100 bis 200 mm lang ist.
Die meist zwittrige Teichmuschel lebt vor allem in stehenden Gewässern. Mit Vorliebe hält sie sich im Schlamm auf. Ihre Nahrung bilden vor allem Mikroorganismen.
Ein Tier legt im Jahr bis zu 400 000 Eier ab. Die Muschel produziert die Eier im Winter, behält sie jedoch einige Monate lang an ihren Kiemen, wo sich die Larven (Glochidien) entwickeln. Erst spät verlassen die Larven die Muschel. An ihren Schalenklappen haben sie Zähnchen, mit denen sie sich an der Haut von Fischen (meist bei den Flossen) festhalten und gedeihen. Nach der abgeschlossenen Entwicklung setzen sie sich im Schlamm ab, wo sie dann weiterwachsen.

Posthornschnecke

Häubchenmuschel

Teichmuschel

Angeschwollene Flußmuschel

Angeschwollene Flußmuschel
Unio tumidus

In langsam strömenden Flüssen, aber auch in stehenden Gewässern des Flachlandes gibt es eine stattliche Muschel, deren Schalen bis zu 90 mm lang werden. Sie heißt deswegen „angeschwollen", weil die ältesten Teile der hinten zugespitzten Schalen (die Wirbel) stark gewölbt sind.

Die Flußmuschel erzeugt jährlich mehr als 200 000 Eier, die sich in 4 bis 6 Wochen an den Kiemen des Muttertiers entwickeln. Die ausgeschlüpften Larven (die Glochidien) halten sich mit den Fanghäkchen ihrer Schalenklappen an den Kiemen von Fischen fest. Sobald sie halb erwachsen sind, verlassen sie den „Wirtsfisch" und leben fortan im Grundschlamm, wo sie weiterwachsen. Die Flußmuschel ernährt sich von Mikroorganismen und Zerfallstoffen.

Wasserspinne
Argyroneta aquatica

Die Wasserspinne ist ein sehr interessantes Tier. Sie lebt in Tümpeln, Teichen und langsam fließenden Bächen, sofern das Wasser rein ist und genügend Pflanzen für die Nahrung enthält.

Im Gegensatz zu allen ihren Verwandten ist das Männchen dieser Art größer als das Weibchen; es wird bis zu 15 mm lang, während das Weibchen nur etwa 8 mm mißt. Die Wasserspinne hat eine dunkle, graubraune Farbe und fällt kaum auf.

Im Wasser nimmt ihr Hinterleib jedoch eine silbrige Tönung an, da sich zwischen den Härchen in der Nässe eine silbrig glänzende Luftblase bildet.

Diese Spinne legt ihre Behausung inmitten von Wasserpflanzen an. Zunächst entsteht ein festes dachartiges Spinngewebe in Form einer Glocke. Dieses Gespinst füllt sie dann mit Luft, indem sie die Luftbläschen von ihrem Hinterleib abstreift. Nun ist das „Nest" fertig, das ihr als Rastplatz dient und in dem sie ihre Beute verzehrt (meist Insektenlarven oder Wasserinsekten). Es gleicht einer Taucherglocke. Sie häutet sich auch in diesem Versteck. Unterhalb ihrer „Taucherglocke" legt das Weibchen die Eier ab, aus denen kleine Spinnen schlüpfen, die schon dem Leben im Wasser angepaßt sind. Männchen und Weibchen leben in gutem Einvernehmen. Die Wasserspinne findet man das ganze Jahr über, solange das Gewässer nicht zugefroren ist. Sie wird etwa zwei Jahre alt.

Gemeiner Wasserfloh
Daphnia pulex

In fast allen größeren Pfützen, Wassergräben, Tümpeln, Teichen und Seen

Wasserspinne

Gemeiner Wasserfloh

Flußkrebs

kann man viele winzige, rötliche Lebewesen antreffen: die Gemeinen Wasserflöhe. Diese 2 mm langen Krebstierchen verdanken ihren Namen der Tatsache, daß sie im Wasser förmlich umherhüpfen. Zieht man ein dichtes Netz durchs Wasser, fangen sich darin Tausende dieser Tierchen. Vor allem Aquarianer besorgen sich auf diese Weise das Futter für ihre Fische. Der Kopf dieses Flohs liegt frei, der Körper ist von einer zweiklappigen Hülle umschlossen. Das zweite Fühlerpaar ist verzweigt und groß; es dient als Schwimmorgan: Jeder Schlag dieser Fühler befördert das Tierchen sprunghaft vorwärts. Das Auge vermag man nur unter dem Mikroskop zu erkennen.

Beim Gemeinen Wasserfloh sind die Geschlechter getrennt. Dennoch legen die Weibchen unbefruchtete Eier (sog. Sommereier) ab, die sich im Brutraum entwickeln. Aus diesen Eiern schlüpfen immer nur Weibchen, die ihrerseits unbefruchtete Eier ablegen. Kein Wunder, daß sich diese Krebstiere im Sommer rasch vermehren. Die letzte Generation legt jedoch Eier ab, aus denen auch Männchen schlüpfen, während die Weibchen dann nur noch befruchtete Eier hervorbringen. Im Frühjahr schlüpfen aus den überwinterten Eiern abermals nur Weibchen, und der Zyklus beginnt von neuem.

Die „Wintereier" sind mit einer Chitinhülle umgeben und können so schwimmend auf dem Wasser überleben. Oft werden sie durch Vögel, in deren Federkleid sie sich verfangen, in andere Gewässer übertragen.

Flußkrebs

Astacus astacus

In klaren Bächen und Flüssen, aber auch in Seen und manchen Teichen lebt der etwa 15 bis 20 cm lange Fluß- oder Edelkrebs, ein großes Tier mit kräftigen Scheren an den vorderen Schreitbeinen. Er ist ein Bewohner der Flachlandgewässer. Tagsüber versteckt er sich in Löchern, die er in die Uferböschung gräbt, und geht als Nachttier erst bei Anbruch der Dämmerung auf Beute aus. Zuweilen ziehen ihn Fischer jedoch auch bei Tag an ihren Angelhaken aus dem Wasser. Sobald sich nämlich der Haken mit dem Köder — z. B. einem Regenwurm — vor seinem Versteck zeigt, greift der Flußkrebs ohne Zögern nach dieser unerwarteten Beute. Er jagt Insekten, Weichtiere, Kaulquappen und kleine Fische, frißt aber auch das Fleisch toter Fische oder anderer Lebewesen, sowie Pflanzenkost.

Das Weibchen legt von Oktober bis Dezember 60 bis 150 Eier, die es in Häufchen an seinen Hinterleibsbeinen befestigt. Doch nur wenige der Eier entwikkeln sich. Die jungen Krebstiere schlüpfen zwischen Mai und Juli des nächsten Jahres. Sie halten sich dann noch etwa 2 Wochen am Körper des Weibchens fest. Die Jungen erleben fünfmal eine Häutung, die erwachsenen Flußkrebse zweimal und das alte Weibchen nur einmal im Jahr.

Gemeine Eintagsfliege

Ephemera vulgata

Von Mai bis August sieht man an warmen Abenden in der Nähe von Gewässern große Insektenschwärme die Laternen umkreisen. Die Tierchen sind etwa 18 mm lang, haben schwarz gesprenkelte durchsichtige Flügel und am weißlichen Hinterleib drei lange Borsten. Es sind die Gemeinen Eintagsfliegen: Insekten, die als erwachsene Tiere nur kurze Zeit leben.

Ihre Larven gedeihen in kalten, fließenden Gewässern und in Zuflüssen von Teichen oder Seen, an deren Grund sie Wohnröhrchen in Form eines „U" bauen. Da die Larven nur sehr langsam wachsen, dauert ihre Entwicklung zwei Jahre. Als fleischfressende Larven vertilgen sie Wassertiere. Sie haben drei Hinterleibsborsten.

Am Ende ihrer Entwicklung schlüpfen — vor allem in den Abendstunden — die geflügelten Eintagsfliegen. Ihr Körper ist in diesem Stadium jedoch noch mit einer dünnen Haut umgeben (diese Phase wird Subimago genannt), und erst nach einer weiteren Häutung fliegt das erwachsene Tier aus. Seine Mundöffnung ist allerdings noch verschlossen, so daß es keine Nahrung zu sich nehmen kann. Zuerst schlüpfen die Männchen, die in Schwärmen in der Luft umhertanzen. Sie haben große Augen und sehen gut. Zeigt sich ein Weibchen, fliegen sie es sofort an. Nach der Partnerwahl legt das Weibchen seine Eier auf die Wasseroberfläche ab und geht zugrunde. Auch die Männchen sterben bald. Schlüpfende Eintagsfliegen werden oft von Fischen erbeutet.

Gemeine Eintagsfliege

Uferbold

Perla abdominalis

Der Uferbold ist an großen Teichen, Seen und Flüssen sehr verbreitet. Das Weibchen legt seine Eier abends aufs Wasser ab. Sie sinken dann zum Grund, wo aus ihnen Larven mit flachen Körpern und kräftigen Beißwerkzeugen schlüpfen.

Diese Larven jagen Wasserinsekten und kleine Würmer. Sie halten sich meist unter Steinen am Grund auf. Wenn sie erwachsen sind, verlassen sie das Wasser und kriechen an Baumstämmen, Büschen, Pfählen oder Schilfrohren aufwärts, bis ihre Rückenhaut platzt und das erwachsene Insekt mit zwei dicht

geäderten Flügelpaaren zum Vorschein kommt. Es fliegt weg und versteckt sich in Wassernähe an der Unterseite von Blättern.
Beim Sitzen legt der Uferbold seine Flügel in Längsrichtung an den Körper. Er fliegt schwerfällig und flatternd. An warmen Abenden ziehen die Weibchen zum Wasser und legen häufchenweise Eier ab. Der etwa 25 mm lange Uferbold ist von April bis Juli mancherorts häufig zu beobachten.

Gebänderte Prachtlibelle
Calopteryx splendens

Von Mai bis September fliegt an den Ufern von Teichen, Tümpeln und fließenden Gewässern die schön metallisch gefärbte Gebänderte Prachtlibelle. Die bis zu 40 mm langen Männchen haben auf den Flügeln einen breiten, stahlblauen Streifen. Das Weibchen legt die Eier unter Wasser an Pflanzen ab.
Die Larven der Prachtlibelle sind schlank und tragen am Körperende drei blattförmige Ruderplättchen. Nach zweijährigem Aufenthalt im Wasser kriechen die Larven an Schilfstengeln in die Höhe. Wenn die Rückenhaut geplatzt ist, entsteigt der Larvenhaut das erwachsene Insekt.

Große Königslibelle
Anax imperator

Diese bis zu 80 mm lange Libelle ist die größte einheimische Art. Sie taucht von Juni bis August an Flüssen, Bächen und stehenden Gewässern auf; gelegentlich findet man sie auch ziemlich weit vom Wasser entfernt. Sie fliegt sehr gut und schnell. Ihre Beute jagt die Königslibelle im Flug (überwiegend Fliegen und andere Insekten).
Das Weibchen legt seine Eier an Wasserpflanzen ab, geht dabei jedoch nicht ganz unter den Spiegel. Die Larven existieren am Grund zwischen Pflanzen, sind sehr räuberisch und jagen nicht nur die Larven anderer Insekten, sondern auch Kaulquappen und kleine Fische.

Uferbold

Gebänderte Prachtlibelle

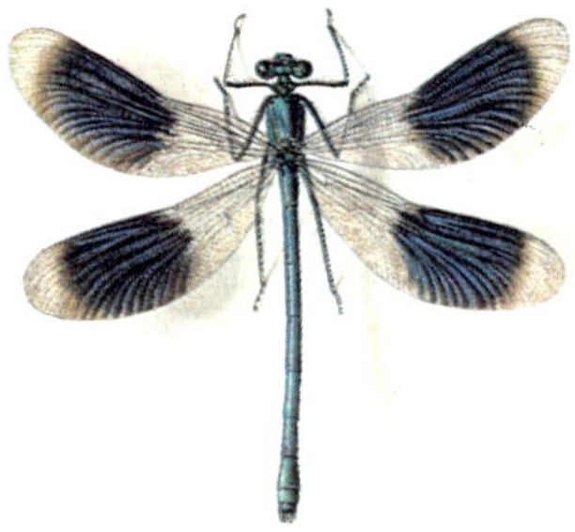

Große Königslibelle

Die Larven der Königslibelle haben im Enddarm Kiemenplättchen für die Atmung. Ihre Entwicklung dauert nur ein Jahr. Dann verlassen sie das Wasser. Die erwachsene Libelle entsteigt der geplatzten Haut.

Plattbauch
Libellula depressa

Der Plattbauch ähnelt der Vierfleckigen Libelle. Seine Flügel haben jedoch keine schwarzen Flecken. Ein sicheres Erkennungszeichen ist der breite flache Hinterleib, der beim Männchen bräunlich, beim Weibchen himmelblau ist.
Diese Libelle kann man nicht nur an Gewässern, sondern auch weit davon entfernt über Wiesen und Felder beim Flug und bei der Insektenjagd sehen. Wenn sie ruht, sitzt sie wie alle Großlibellen mit waagrecht ausgebreiteten Flügeln auf hohen Pflanzen oder Büschen. Sie tritt von Mai bis August auf. Das Weibchen legt seine Eier aufs Wasser.

Die Larven, deren Entwicklung zwei Jahre dauert, führen am Grund der Gewässer ein räuberisches Leben. Auch diese Libelle unternimmt Züge.

Vierfleckige Libelle
Libellula quadrimaculata

Eine der häufigsten Libellenarten ist die fast überall in Europa anzutreffende Vierfleckige Libelle. Ihre Körperlänge beträgt etwa 30 mm. Jeder ihrer vier Flügel hat an der Mitte des Vorderrandes einen kleinen schwarzen Fleck. Daher hat sie ihren Namen.
Diese Libelle zeigt sich von Mai bis Mitte August. Das Weibchen legt seine Eier im Flug auf die Wasseroberfläche kleinerer Teiche und Tümpel ab.
Die Entwicklung der dicken, gedrungenen Larven, die am Grund ein räuberisches Dasein führen, dauert zwei Jahre.
Manchmal unternehmen ganze Schwärme der Vierfleckigen Libellen weite Flüge. Bisher konnte noch nicht herausgefunden werden, welchem Zweck diese Flüge dienen.

Wasserskorpion
Nepa rubra

Am Grunde von Teichen, Tümpeln und in langsam fließenden Gewässern lebt eine eigentümlich stark abgeflachte, bis zu 22 mm lange Wanze: der Wasserskorpion. Er ist bräunlich gefärbt. Die

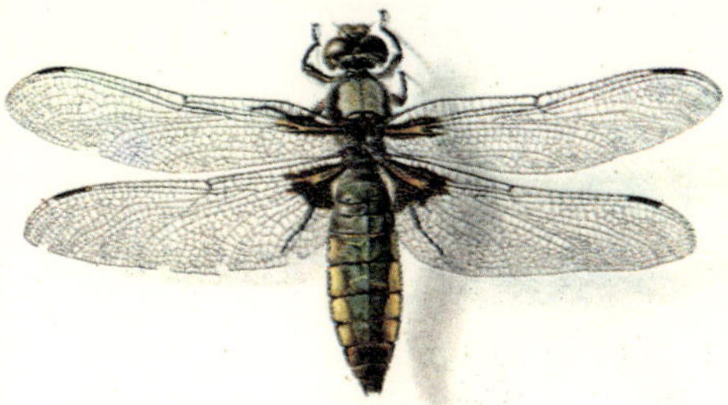

Plattbauch

Vierfleckige Libelle

Rückenseite des Hinterleibes ist rot, sie wird jedoch von den Flügeln verborgen. Meist hält er sich im Schlamm auf. Doch immer ragt ein langes Rohr an seinem Hinterleibsende ein wenig aus dem Wasser heraus. Dieses Rohr ist ein Atemrohr. Viele Leute fürchten sich davor, weil sie es für einen Stachel halten. Es ist jedoch völlig ungefährlich. Hingegen kann der Stechrüssel, mit dem der Wasserskorpion seine Beute aussaugt, sehr schmerzhaft verletzen.

Das Tier lauert mit seinen weit gespreizten vorderen Fangbeinen (die wie hakige Zangen aussehen) auf seine Beute: Wasserinsekten, Larven, Fischbrut, kleine Kaulquappen. Ein unvorsichtiges Tierchen, das ihm zu nahe kommt, wird sogleich ergriffen und ausgesaugt.

Gemeiner Rückenschwimmer
Notonecta glauca

In nahezu allen stehenden Gewässern ist eine eigenartige 14 bis 16 mm große Wasserwanze mit sehr langen behaarten Hinterbeinen zu beobachten: der Gemeine Rückenschwimmer. Man nennt ihn deshalb so, weil er mit dem Rücken nach unten und dem Bauch nach oben schwimmt. Für kurze Zeit kommt er an die Wasseroberfläche, um Luft zu holen. Gleich darauf verschwindet er aber wieder blitzschnell in der Tiefe, wobei er mit seinen hinteren Ruderbeinen kräftige Schläge ausführt.

Der Gemeine Rückenschwimmer verfolgt im Wasser andere Insekten oder kleinere Larven, seltener stürzt er sich auf junge Kaulquappen. Mit seinem starken Stechrüssel spießt er die Beute auf und saugt sie aus. Fängt man ihn mit der Hand, so sticht er auch den Menschen, was recht schmerzhaft ist. Er kann auch sehr schnell fliegen. In warmen Nächten läßt er sich vom Licht anlocken.

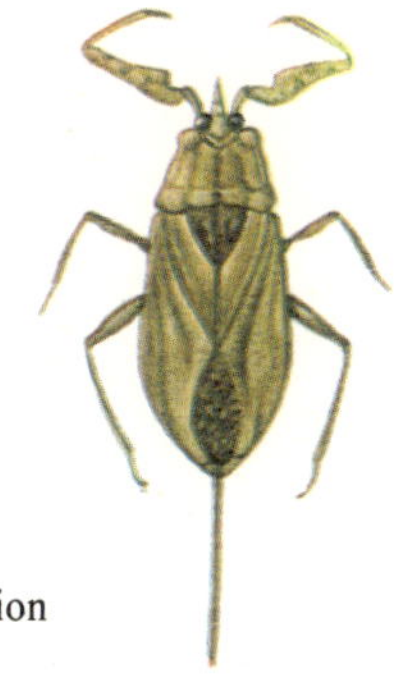

Wasserskorpion

Gemeiner Rückenschwimmer

Wasserläufer

Wasserläufer
Gerris lacustris

Auf stehenden Gewässern oder in stillen Flußbuchten sind oft große Schwärme der etwa 20 mm langen Wasserläufer zu sehen, die sich auf sehr langen Beinen rasch fortbewegen.

Ihr besonderes Merkmal ist, daß sie nie unter Wasser leben. Ihre stark behaarten Beine und ihr gleichfalls behaarter Körper machen dieses schnelle „Gehen" auf dem Wasser möglich. Da diese Haare nicht benetzbar sind, bleiben die Tiere auch trocken. Der schiffchenförmige Körper kommt mit dem Wasser überhaupt nicht in Berührung, denn das Tier bewegt sich ausschließlich auf seinen mittleren Beinen. Dabei zieht es beide Beine gleichzeitig ruckartig nach vorne.

Der Wasserläufer frißt Insekten. Meist „springen" mehrere Tiere gleichzeitig auf ihr Opfer, was gut zu beobachten ist, wenn man eine Fliege ins Wasser wirft. Der Wasserläufer saugt seine Beute, wie viele andere Wasserinsekten auch, mit einem Stechrüssel aus.

Das Weibchen ist ein wenig größer als das Männchen und trägt es bei der Paarung auf dem Rücken. Seine Eier (20 bis 30 Stück) legt es in einer gallertartigen Hülle an Wasserpflanzen ab. Die Larven schlüpfen nach etwa 14 Tagen.

Der erwachsene Wasserläufer hat Flügel, er kann damit sogar recht gut fliegen und weite Strecken überwinden. Von Ende März bis in den Oktober hinein ist er am Wasser zu beobachten. Im Herbst verkriecht er sich unter Steinen am Ufer zum Überwintern. Im zweiten Lebensjahr gehen diese Insekten meistens zugrunde.

Taumelkäfer
Gyrinus natator

Zuweilen huschen auf stillen Gewässern glänzende Pünktchen im Kreise umher. Will man sie fangen, verschwinden sie plötzlich unter Wasser, um alsbald an anderer Stelle von neuem wieder aufzu-

tauchen und ihr wirbelndes Spiel zu wiederholen.
Gelingt es aber, eines dieser seltsamen Geschöpfe zu fangen, dann stellt man fest, daß es Käferchen sind, die sogenannten Taumelkäfer.
Ihre mittleren und hinteren Beine sind kurz und flossenähnlich. Die Augen bestehen aus zwei Partien: Die eine verfolgt das Geschehen unter Wasser, die andere das darüber. Deswegen ist dieser Käfer auch nur sehr schwer zu überraschen.
Auch die Larven des Taumelkäfers, die hohle, hakenförmige Beißwerkzeuge haben, gehen auf Raub aus. Die erwachsenen Tiere leben meist gesellig in Gruppen beieinander. Sie fliegen gut und lassen sich vom Licht anlocken.

Taumelkäfer

Gelbrandkäfer

Gelbrandkäfer

Dytiscus marginalis

Er lebt an Wasserpflanzen in stark bewachsenen Teichen, Tümpeln und kleinen Seen. Das Männchen, das bis zu 33 mm lang wird, hat scheibenförmig verbreiterte Vorderglieder und glatte Flügeldecken; die des Weibchens dagegen sind längsgerillt. Die Vorderfüße des Männchens können anhaften; bei der Paarung hält er sich mit ihnen auf dem Weibchen fest.
Der Gelbrandkäfer ist an der Oberseite olivgrün gefärbt und gelb gesäumt. Er jagt vor allem Wasserinsekten, auch Fischbrut und Kaulquappen und er überfällt manchmal sogar erwachsene Molche und Frösche. Das Weibchen schneidet in die Stengel von Wasserpflanzen Ritzen, in die es je ein Ei ablegt. Die Larve hat einen langgezogenen weichen Körper. Der große Kopf ist dreikantig und hat kräftige, hakenförmige Beißwerkzeuge, mit denen die Beute (Insektenlarven, Würmer, Fischchen) ausgesaugt wird. Bei starker Vermehrung richten die Larven damit beträchtliche Schäden unter der Fischbrut an. Sobald die Larven groß und dick geworden sind, kriechen sie ans Ufer und verpuppen sich in einer sehr festen Hülle.

Furchenschwimmer

Aus der Puppe schlüpft dann der erwachsene Käfer. Gegen Abend fliegen die Käfer umher (manchmal sogar bis in Wohnungen).
Oft ist der Gelbrandkäfer auf dem Wasser zu beobachten, denn er muß zum Atmen auftauchen. Nur in solchen Augenblicken kann man ihn mit einem Netz oder mit der Hand fangen. Im Nu verschwindet er wieder unter Wasser und versteckt sich zwischen Wasserpflanzen, so daß man ihn nicht mehr erreichen oder gar einfangen kann.

Furchenschwimmer

Acilius sulcatus

In allen stehenden Gewässern findet man den etwa 18 mm langen Furchenschwimmer. Er versteckt sich bei Tag zwischen Wasserpflanzen und fliegt erst bei Nacht los. Deshalb kann man ihn auch kaum beobachten.
Er jagt Insekten und Larven, frißt aber auch Fischlaich und ist deshalb sehr

schädlich. Die Larven führen im Gewirr der Wasserpflanzen eine räuberische Existenz. Bei großer Vermehrung können auch die Furchenschwimmer dem Fischbestand schaden.

Kolbenwasserkäfer
Hydrous piceus

Wenn Wasserpflanzen dicht und wirr stehen und in einem ruhigen Gewässer wachsen, dann trifft man dort bestimmt den bis zu 45 mm langen Kolbenwasserkäfer an. Seine Flügeldecken haben einen schönen metallischen Glanz. Zum Schwimmen benutzt er das zweite und dritte seiner dicht behaarten Beinpaare. Er schwimmt gewandt, wenn auch langsamer als die Schwimmkäfer. Seine Kost besteht aus Wasserpflanzen, gelegentlich aber auch aus Fischlaich oder toten Fischen. Seine Larven nähren sich vor allem von Weichtieren.

Kolbenwasserkäfer

Gemeine Stechmücke

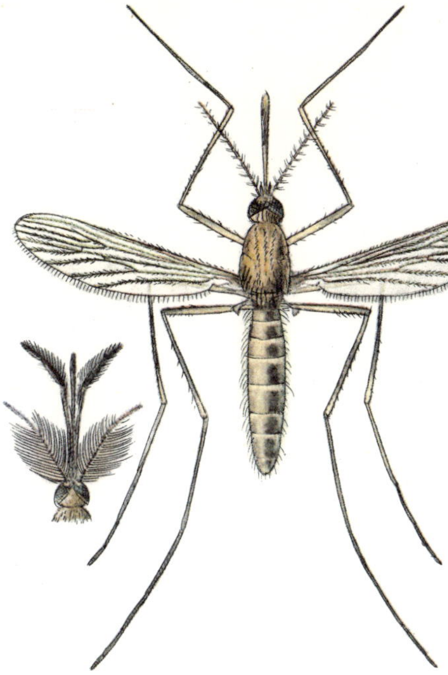

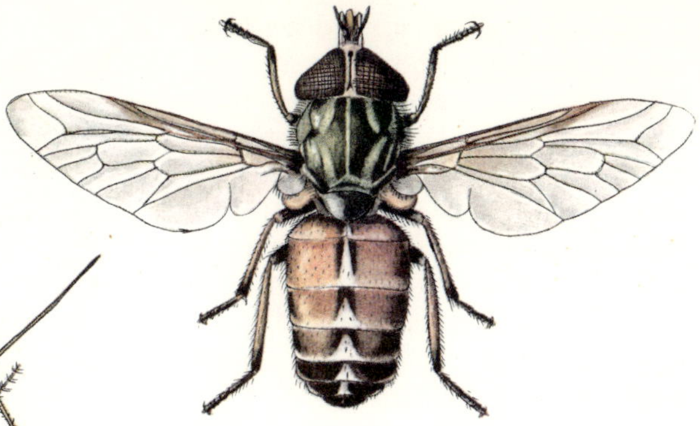

Gemeine Rinderbremse

Das Weibchen legt etwa 30 Eier in eine Hülle, die wie ein Schiffchen aussicht und an der Unterseite treibender Blätter festhaftet. Die schwarzen Larven schlüpfen nach 16 Tagen. Sie haben einen spindelförmigen Körper und drei Paar sehr kurze Beine. Ihre Beißwerkzeuge sind nicht hohl, wie bei den Schwimmkäfern. So können sie deshalb auch nicht zum Saugen benutzt werden.

Die jungen Larven fallen meist nur kleine Weichtiere an, die großen hingegen auch Tellerschnecken, deren dicke Gehäuse sie durchbeißen, um an die weichen Teile zu gelangen. Sobald die Larve ihre Reife erreicht hat, gräbt sie am Ufer eine Höhlung aus und verpuppt sich darin. Der erwachsene Käfer schlüpft gegen Ende des Sommers und sucht das Wasser auf.

Gemeine Rinderbremse
Tabanus bovinus

Diese Bremsen werden bis zu 20 mm lang. Sie haben große, metallisch gefärbte Facettenaugen. Die Mundwerkzeuge, die stechen und saugen können, sind beim Männchen degeneriert.

Die Weibchen fallen warmblütige Säugetiere (vor allem Rinder) an; gelegentlich stechen sie auch Menschen. Das kann bei empfindlichen Personen starke Schwellungen und einen lang anhaltenden Juckreiz hervorrufen. Das eingesaugte Blut benötigt das Weibchen zur Entwicklung der Eier, die es dann an Pflanzen im Wasser oder in unmittelbarer Nähe davon ablegt. Danach geht das Weibchen ein.

Die Larven kriechen ins Wasser und gehen dort auf Raub aus. Sie haben einen langen, elfgliedrigen Körper, starke Mundwerkzeuge und nähren sich hauptsächlich von Würmern, kleinen Weichtieren und Wasserinsekten. Ihre Entwicklung verläuft sehr langsam; erst nach sieben oder gar acht Häutungen verpuppen sie sich. In den gemäßigten Zonen treten diese Bremsen nur in einer

Generation pro Jahr auf. In den wärmeren Gebieten dagegen können sich jährlich mehrere Generationen von Bremsen entwickeln. Die Rinderbremsen übertragen mit ihren Stechwerkzeugen passiv verschiedene Krankheiten (zum Beispiel Milzbrand oder Tularämie). In Europa ist diese Art der Krankheitsübertragung allerdings ganz selten. In den Tropen dagegen kann der Stich einer Bremse sehr gefährlich werden und ernsthafte Erkrankungen hervorrufen.

Gemeine Rinderbremsen halten sich hauptsächlich in der Nähe von Gewässern auf. An heißen Sommertagen sind sie besonders aktiv und fliegen schnell und unruhig hin und her auf der Suche nach Beute und Nahrung.

Gemeine Stechmücke

Culex pipiens

Die Weibchen legen ihre Eier als Pakete von 300 Stück auf allen möglichen Gewässern ab. Die Larven können sich sogar in stark verunreinigtem Wasser weiterentwickeln. Sie begnügen sich selbst mit dem wenigen Naß, das sie in hohlen Baumstümpfen oder in Regenrinnen finden.

Die Larven haben ein langes Atemröhrchen. Wenn sie zur Luftaufnahme an die Wasseroberfläche kommen, halten sie ihren Körper und den Kopf senkrecht nach unten und saugen durch das Atemrohr am Hinterleib die Luft ein.

Sie fressen gierig Mikroorganismen und wachsen sehr rasch. Dreimal erfolgt eine Häutung.

Hecht

Schließlich verwandelt sich die Larve in eine bewegliche Puppe, die an der Oberfläche des Wassers lebt. Wird sie aufgescheucht, so taucht sie mit heftigen Bewegungen des Unterleibs unter Wasser. Ihre Form ähnelt einem Fragezeichen. Nach 2 bis 6 Tagen platzt die Rückenhaut der Puppe. Die erwachsene Mücke schlüpft heraus und fliegt davon.

Der Entwicklungszyklus dauert bei warmem Wetter nur 2 bis 3 Wochen. Ist es jedoch kühl, so ist die Entwicklung erst nach etwa 2 Monaten abgeschlossen.

Die erwachsene Stechmücke ist etwa 5 mm lang. Im Gegensatz zur Fiebermücke, die beim Sitzen den Hinterleib wegstreckt, hält die Gemeine Stechmücke ihn parallel zur Unterlage.

Sie kommt auch in Großstädten vor, meidet jedoch das Gebirge.

In einem Jahr bringt sie es auf vier Generationen. Im Herbst und Winter findet man viele Weibchen, die in Kellern, dunklen Wohnungen und Ställen die kalte Jahreszeit überdauern.

Hecht

Esox lucius

In stehenden Gewässern und Flüssen der nördlichen Erdhalbkugel lebt der Hecht, ein gieriger Raubfisch, der beim weiblichen Geschlecht 1,5 m lang und etwa 40 kg schwer wird. In Mitteleuropa laicht er von Februar bis Mai. Wenn die Wassertemperatur 8 ° bis 10 ° C erreicht hat, legt das Weibchen 300 000 bis 1 Million Eier ab. Um Laichplätze zu finden, schwimmen die Hechte mehrere Kilometer stromaufwärts. In dieser Zeit geben sie ihre sonst übliche Scheu auf.

Nach dem Laichen sind die Hechte ausgehungert. Dann kann es passieren, daß ein großes Weibchen den kleineren männlichen Partner auffrißt. Die geschlüpfte Brut sinkt zum Grund. Nach 2 bis 3 Stunden klammern sich die Jungen mit Hilfe einer Drüse am Kopfende an Wasserpflanzen oder Steine. Die Hechte laichen bei Hochwasser im Frühjahr auch an überschwemmten

Dreistacheliger Stichling

Karpfen

Stellen. Sinkt das Wasser wieder, bleibt die Brut im trockenen Boden und geht zugrunde. Die jungen Hechte öffnen Kiemen und Maul erst nach 8 Tagen und steigen dann zur Oberfläche, um ihre Schwimmblasen mit Luft zu füllen.
Der Hecht frißt Fische und Amphibien. Stundenlang lauert er oft bewegungslos auf Beute. Schwimmt in seiner Nähe ein Fisch vorbei, „springt" der Hecht ihn an. Mit seinen scharfen Zähnen hält er das Opfer so lange fest, bis dessen Widerstand erlahmt. Dann dreht er den Fang mit dem Kopf zu sich und verschlingt ihn auf einmal. An einem größeren Fisch würgt der Hecht bis zu einer halben Stunde, ehe er ihn ganz im Schlund hat. Um 1 kg Gewichtszunahme zu erzielen, muß der Hecht etwa 5 kg Fische fressen.

Karpfen
Cyprinus carpio

Heutzutage wird der Karpfen vor allem in Teichen gezüchtet. Ursprünglich war er in den Flüssen Südosteuropas und Asiens heimisch, doch schon im 13. Jahrhundert wurde er zunächst in künstlich angelegten Teichen Mitteleuropas ausgesetzt und später in fast alle Flüsse übertragen. Die wilde Stammform des Karpfens hat einen niedrigen, schuppigen Körper. In Fischteichen wurden jedoch Karpfen mit hohen Körpern in vielen schuppenlosen Rassen gezüchtet.
Der Karpfen kann bis zu 1 m lang und 35 kg schwer werden, aber solche Riesenexemplare sind sehr selten. Diese Fische erreichen mitunter ein Alter von 50 Jahren und mehr. Geschlechtsreif und laichfähig sind sie indessen schon mit 3 und 4 Jahren. Die Karpfen laichen von Mai bis Juli bei einer Wassertemperatur von 15 bis 20 °C. Das Weibchen legt 100 000 bis 1 Million Eier ab, aus denen nach 3 bis 6 Tagen die Brut ausschlüpft.
Der Karpfen überwintert in tieferen Wasserschichten im Schlamm. Er ernährt sich von kleinen Lebewesen und Wasserpflanzen. Das Abfischen der Karpfenteiche findet im Herbst statt.

Dreistacheliger Stichling
Gasterosteus aculeatus

Dieser Stichling wird 4 bis 8 cm lang. Früher bewohnte er brackige Gewässer an europäischen Küsten und hielt sich während des Winters im Meer auf. Heute lebt er in Teichen, Tümpeln und Flüssen ganz Europas, wo er jedoch meist ausgesetzt wurde.
Der Dreistachelige Stichling ist zwar klein, aber sehr raubgierig. Er frißt den Laich und die Brut anderer Fische und richtet bei starker Vermehrung große Schäden an.
Zur Laichzeit im Frühjahr nimmt das Männchen eine bunte Färbung an und baut im Gewirr der Wasserpflanzen ein kugelförmiges Nest aus Pflanzenteilen, das es mit einem Nierensekret befestigt. In dieses Nest legt dann das Weibchen 80 bis 100 ziemlich große Eier ab; zuweilen dient es mehreren Weibchen auch als Brutstätte. Das Männchen verjagt jeden Eindringling — selbst das eigene Weibchen, weil es die Nachkommenschaft fressen würde. Das Männchen bewacht später auch die ausgeschlüpfte Brut.
Während der Laichzeit von April bis Juni legt das Weibchen fünf- bis sechsmal Eier ab; später bilden die Stichlinge große Schwärme, die sich meist zwischen dichten Wasserpflanzen tummeln.
Der Fisch hat wenige Feinde, da sich an seinem Rücken drei aufgerichtete Stacheln befinden, die ihn schützen. Dennoch wird er von manchen Raubfischen (Hechten und Barben) gefressen. Dieser Stichling läßt sich auch in größeren Aquarien halten. Er braucht kühles Wasser und wird 2 bis 3 Jahre alt.

Forelle
Salmo trutta

Die Forelle ist heute in drei Unterarten bekannt. Die erste ist die Meerforelle *(Salmo trutta)*, die in den Küstengewässern von Frankreich bis in die Ostsee lebt; von dort aus zieht sie stromaufwärts zu den Laichplätzen. Wie der Lachs ist diese Forelle in den europäischen Strömen selten geworden. Diese Unterart wird bis zu 1,3 m lang und etwa 16 kg schwer. Die zweite Sorte ist die Seeforelle *(Salmo trutta lacustris)*, die in kühlen Seen der Alpen und Voralpen vorkommt und in deren Zuflüssen laicht. Sie kann bis zu 80 cm lang und 10 bis 15 kg schwer werden. Nach dem Laichen (bei dem das Weibchen 30 000 Eier ablegt) kehrt sie wieder in ihren heimischen See zurück.
Die bekannteste Unterart ist jedoch die Bachforelle *(Salmo trutta fario)*, die in rasch strömenden Gewässern zu Hause ist. In den Bergen findet man sie noch 2000 m ü. d. M., und zwar in Wild- und Sturzbächen mit Wasserfällen. Sie wird etwa 30 cm lang, manchmal auch 40, und wiegt meist 500 bis 700 g, in Ausnahmefällen sogar 2 bis 4 kg. Dieser Fisch vermag nur in klarem Wasser zu existieren.
Die Bachforelle laicht in den Wintermonaten; das Weibchen legt bis zu 1500 Eier ab. Diese Forelle frißt Insekten, Würmer und Weichtiere. Ihr Fleisch ist sehr schmackhaft.
Vielerorts wird in Züchtereien künstliche Nachzucht betrieben und die Brut in Bäche ausgesetzt.

Lachs
Salmo salar

Der Lachs ist an den Nordküsten Europas, Asiens und Amerikas heimisch. Von dort aus zieht er in großen Schwärmen zum Laichen in die Quellwässer der Flüsse. An der 1 m unter der Wasseroberfläche liegenden Laichstelle schlägt das Weibchen mit dem Schwanz eine Vertiefung in den Grund, legt bis zu 40 000 Eier hinein und bedeckt sie mit Sand.
Nach dem Laichen kehren die Lachse ins Meer zurück. Viele gehen freilich

unterwegs ein — manche aus Erschöpfung, da sie während des Zugs und der Laichzeit nichts gefressen haben; andere fallen Greifvögeln und Raubtieren zum Opfer. Die Lachse laichen während ihres Lebens zwei- bis fünfmal.

Heutzutage sind sie in den europäischen Flüssen selten geworden, obwohl vor nicht allzu langer Zeit noch unzählige dieser Fische stromaufwärts zogen. Talsperren und vor allem die Wasserverseuchung haben sie in Europa nahezu ausgerottet. Die jungen Lachse halten sich in Flüssen oft 3 bis 5 Jahre auf, ehe sie dann das Meer aufsuchen.

Der Lachs ist ein Raubfisch, der Sprotten und Krebstiere frißt. Die jungen Lachse ernähren sich von Insekten und kleinen Fischen. Im manchen Fällen werden Lachse bis zu 1,5 m lang und mehr als 50 kg schwer.

Das Fleisch ist rosafarben und gehört zu den beliebtesten Leckerbissen. Häufig wird es geräuchert und zu Konserven verarbeitet.

Plötze

Rutilus rutilus

Sie gehört zu den häufigsten Fischen in Flüssen und stehenden Gewässern. Im Brackwasser von Flußmündungen kann man sie indessen ebenso antreffen wie in Meeresbuchten. Die Plötze wird 15 bis 35 cm lang und wiegt nur selten mehr als 1 kg. In manchen Ländern ist sie ein sehr beliebter Angelfisch; in Fischteichen dagegen gilt sie als unerwünscht. Von April bis Mai laicht sie an Ufern. Ein Weibchen legt 100 000 Eier ab. Die Plötze frißt kleine Krebstiere, Insektenlarven und Weichtiere, geht aber auch an Pflanzen (Algen).

Döbel

Leuciscus cephalus

Der Döbel ist einer der bekanntesten Fische auf unserem Kontinent. Meist wird er etwa 30 cm lang (selten bis zu 70 cm); sein Gewicht beträgt zwischen 250 und 500 g. Große Tiere findet man allerdings nur in breiten Flüssen.

Die Döbel sind sehr anpassungsfähig und können auch in stark verschmutzten Gewässern existieren. Ja, sie suchen sogar solche Stellen auf, wo die Kanalisation in Flüsse mündet. Sie fressen so gut wie alles: kleine Lebewesen, Pflanzen, tote Fische, Speisereste und andere

Forelle

Lachs

Plötze

Abfälle. Weil sie mit Vorliebe auch Früchte vertilgen, werden sie von Anglern mit Ködern aus Kirschen oder Pflaumen gefangen.

Das Fleisch des Döbels ist nur gut, wenn er in sauberem Wasser gelebt hat. Laichzeit: April und Mai. Das Weibchen legt 100 000 Eier an Pflanzen ab.

Döbel

Rotfeder
Scardinius erythrophthalmus

Dieser Fisch lebt in träge fließenden oder stehenden Gewässern (vor allem an Plätzen mit dichtem Wasserpflanzenbewuchs). Er ist ein ausgesprochener Pflanzenfresser; nur gelegentlich gibt er sich mit kleinen Wasserlebewesen zufrieden.

Die Rotfeder wird bis zu 30 cm lang und 2 kg schwer; das Durchschnittsgewicht liegt bei 400 g. Manchmal gelangt sie auch in Seen mit Zu- und Abflüssen, wo sie sich rasch vermehrt. Zur Laichzeit (April bis Mai) legt das Weibchen bis zu 100 000 rötliche Eier ab, die vom Dickicht der Wasserpflanzen festgehalten werden. Das Fleisch dieses Fisches schmeckt gut.

Rotfeder

Gründling
Gobio gobio

Der Gründling lebt am Grund von Bächen und Flüssen, ist aber auch in stehenden Gewässern mit steinigem oder sandigem Boden zu finden. Meist erreicht er eine Länge von 10 cm, seltener wird er bis zu 20 cm groß. An den Mundwinkeln hat er Barteln. Sein bevorzugter Aufenthaltsort ist der Raum unter Steinen. Der Gründling kann sich gut anpassen und ist deswegen auch in Brackwasser sowie in stark verschmutzten Flüssen anzutreffen.

Die Laichzeit fällt in den Mai und Juni. Das Weibchen legt bis zu 3000 Eier in Häufchen auf Wasserpflanzen oder Steinen ab. Die Brut schlüpft nach 10 bis 20 Tagen. Die Gründlinge fressen kleine Lebewesen und Pflanzenteile. In

Gründling

Flußbarbe

der Regel schließen sie sich zu Schwärmen zusammen. Ihr Fleisch ist gut.

Flußbarbe

Barbus barbus

In reinen fließenden Gewässern, selten auch in Tümpeln, haust am steinigen Grund die Flußbarbe. Wasserläufe mit Talsperren werden von diesem Fisch gemieden. Die Flußbarbe wird bis zu 70 cm lang und 8 kg schwer. Meist lebt sie in Schwärmen. Zur Laichzeit (April bis Juni) zieht sie stromabwärts, und das Weibchen legt an sandigen Stellen bis zu 8000 goldgelbe Eier ab. Sie sind, ebenso wie die Leber der Tiere, giftig. Die Flußbarbe frißt Insektenlarven und kleine Krebstiere, verschmäht freilich auch Fischlaich und Fischbrut nicht. Ihr Fleisch ist schmackhaft, hat jedoch viele Gräten.

Bitterling

Rhodeus sericeus amarus

Nördlich der Alpen kommt in langsam fließenden oder stehenden Gewässern der 4 bis 10 cm lange Bitterling vor. Die Männchen sind stets größer als die Weibchen – eine bei Fischen einzigartige Erscheinung.
In der Laichzeit ist das Männchen bunt gefärbt, dem Weibchen wächst eine lange Legeröhre. In dieser Zeit finden sich die Bitterlinge an Stellen ein, wo am sandigen Grund Fluß- oder Teichmuscheln leben. Das Weibchen steckt die Legeröhre in die Mantelhöhle zwischen den Kiemenblättchen der Muschel und legt dort seine Eier ab. Das Männchen stößt nahe bei der Einströmöffnung der Muschel sein Sperma aus, das von dieser mit dem Wasser eingesaugt wird: Auf diese Weise erfolgt die Befruchtung der Eier in der Muschel. Meist legt das Weibchen in ihr bis zu 40 Eier ab. Die geschlüpfte Brut bleibt etwa 2 Wochen im Kiemenraum und lebt vom eigenen Dottervorrat. Dann verläßt sie ihren „Wirt“ und macht sich selbständig.

Güster

Brachsen

Die Muschel leistet jedoch ihre Gefälligkeit als „Kinderhort“ nicht umsonst: Ihre Larven (die Glochidien) setzen sich an den Bitterlingen (aber auch an anderen Fischen) fest und halten sich eine Weile dort auf.
Die Laichzeit ist im April, Mai und Juni.
Die Bitterlinge nehmen Pflanzenkost zu sich, fressen aber auch kleine Würmer und Krebstiere. Ihr Fleisch soll bitter schmecken, doch fängt man derart kleine Fische ohnehin nicht wegen ihres Fleisches. Es ist interessant, daß sich der Bitterling auch in Aquarien vermehrt, in denen es Muscheln gibt.

Güster

Blicca bjoerkna

Der Güster ist ein Bewohner von Flüssen und Teichen. Er kann sich mancherorts so massenhaft vermehren, daß er andern, wertvolleren Fischen die Nahrung entzieht und sie dadurch am Wachstum hemmt. Er hat einen hoch-

rückigen, kurzen und seitlich abgeflachten Körper, wird bis zu 30 cm lang und 1 kg schwer. Wo es ihrer sehr viele gibt, erreichen diese Fische allerdings kaum 15 cm.
Der Güster laicht von Mai bis Juni. Das Weibchen legt etwa 100 000 Eier im Dickicht der Wasserpflanzen ab. Dieser Fisch ernährt sich von Wassertierchen und Pflanzenteilen. In Fischteichen ist er unerwünscht. Auch Sportangler schätzen ihn nicht gerade. Sein Fleisch schmeckt zwar recht gut, doch verderben die vielen Gräten einem leicht den Appetit. Fischer benutzen ihn als Köder beim Fang von Raubfischen.

Brachsen
Abramis brama

Der Brachsen (oder Blei), einer der großen Süßwasserfische Europas, lebt in langsam fließenden Gewässern. Er ist in Frankreich ebenso bekannt wie im Ural. Seine Länge beträgt bis zu 70 cm, sein Gewicht mitunter mehr als 7 kg. Sein Körper ist seitlich stark abgeflacht und den in Tiefen herrschenden Bedingungen angepaßt.
Der Brachsen nähert sich Ufern nur in der Laichzeit (Mai bis Juni). Das Weibchen legt vor allem nachts bis zu 300 000 Eier ab. Die kleinen Brachsen fressen Plankton, die größeren Insektenlarven. Ihre Nahrung suchen sie meist im Schlamm, wobei ihnen das vorstülpbare Maul gute Dienste leistet. Die jungen Tiere halten sich in Schwärmen an den Ufern auf.
Das Fleisch dieses Fisches ist zwar schmackhaft, aber ziemlich fett. In vielen europäischen Ländern ist der Brachsen, der auch geräuchert wird, sehr beliebt.

Bartgrundel
Noemacheilus barbatulus

Die Bartgrundel trifft man – mit Ausnahme Norwegens, Schwedens und Südeuropas – in fast allen klaren, kühlen und strömenden Gewässern an. Sie lebt am Grund. Zuweilen gelangt sie auch in Fischteiche und pflanzt sich dort rasch fort. Obwohl sie nur 15 cm lang wird, zählt sie zu den beliebtesten Fischarten, denn ihr Fleisch ist zart. Man hat die Bartgrundel auch schon getrocknet und zu einem Pulver verarbeitet, das in der Medizin Verwendung fand.
Diese Fische laichen von April bis Juni. Das Weibchen legt insgesamt etwa 5000 Eier auf Wasserpflanzen ab. Die Bartgrundel frißt kleine Lebewesen im Schlamm.

Schlammpeitzger
Misgurnus fossilis

Gleichfalls am Grund langsam strömender Gewässer (manchmal auch in Seen mit Zu- und Abflüssen oder in Flußarmen) gibt es den merkwürdigen Schlammpeitzger, der zur Nahrungsaufnahme am Maul zehn empfindliche Barteln hat. Er wird 30 cm lang. Sein Körper ist längsgestreift.
Dieser Fisch laicht von April bis Juni. Das Weibchen legt bis zu 150 000 Eier auf Wasserpflanzen ab. Er vermag den Winter dank seiner Darmatmung auch in abgelassenen Teichen zu überdauern, sofern er sich im Schlamm vergraben kann. Der Schlammpeitzger schluckt Luft, die im stark geäderten Darm vom Blut absorbiert wird; die verbrauchte Luft entweicht durch die Afteröffnung.
In Aquarien wird dieser Fisch als eine Art „Barometer“ gehalten. Selbst bei der kleinsten Luftdrucksenkung wird er nämlich unruhig und kommt oft an die Wasseroberfläche.
Der Schlammpeitzger nährt sich von Weichtieren, Würmern und Pflanzenteilchen. Sein Fleisch ist recht schmackhaft.

Bitterling

Bartgrundel

Schlammpeitzger

Wels
Silurus glanis

In tieferen, langsam fließenden Strömen, Stauseen und natürlichen Seen lebt einer der größten europäischen Süßwasserfische: der Wels. In tiefen Gewässern kann er bis zu 3 m lang und 250 kg schwer werden. Im allgemeinen sind diese Fische jedoch kleiner. Ihr Fang ist indessen für jeden Fischer ein Erlebnis. Der Wels ist ein Einzelgänger und hält sich am Grund auf. Nur zur Laichzeit treffen beide Partner für eine Weile zusammen. (Der Wels laicht von Mai bis Juni in der Nähe stark bewachsener Ufer.) Da er die Wärme liebt, legt das Weibchen seine bis zu 200 000 Eier bei einer Wassertemperatur von 18 bis 20 ° C ab. Tagsüber verharrt dieser Fisch am Grund und kommt erst in der Nacht nach oben. Er ist ein Raubfisch, der andere Fische und kleine Säugetiere jagt. Starke Welse fangen auch Wasservögel bis zur Größe von Gänsen. Das Zuklappen seiner Kiefer wird von charakteristischen Lauten begleitet. Junge Welse fressen Insekten, Weichtiere, Kaulquappen u. ä., fallen aber selbst oft anderen Raubfischen zum Opfer.

Das grätenlose Fleisch des Welses ist sehr schmackhaft und wird häufig zu Konserven verarbeitet; besonders beliebt ist es in geräuchertem Zustand. Auch die durchsichtige Haut wird verwendet. Früher hat man daraus Schuhe hergestellt, und noch vor zwei Jahrhunderten diente sie als Glasersatz für Fenster. Der Wels ist vom Rhein an ostwärts bis nach Asien verbreitet.

Wels

Flußbarsch

Flußaal

Flußaal
Anguilla anguilla

Im gesamten europäischen Küstengebiet ist ein eigenartiger schlangenähnlicher Fisch zu finden: der Flußaal. Das Weibchen wird bis zu 1 m lang und etwa 5 kg schwer, das Männchen erreicht nur die halben Werte. Lange Zeit war das Leben des Flußaals auch für Fachleute ein Rätsel. Man wußte lediglich, daß die erwachsenen Aale aus den Flüssen in die Meere zogen und kleine Aale aus dem Meer in die Flüsse kamen. Wie jedoch die Fische im Meer existierten und woher die Jungfische auftauchten, blieb ein Geheimnis. Schließlich wurde es doch enthüllt:

Die Aale ziehen in den Westteil des Atlantischen Ozeans (in die Sargassosee bei den Bermuda-Inseln), wo sie am Frühjahrsbeginn bei einer Temperatur von 17° C in einer Tiefe von 400 m laichen und danach verenden. Die kleinen Larven, die man früher als besondere Art von Lebewesen beschrieben hatte, wandern den Küsten Europas zu, die sie nach zwei Jahren erreichen. Inzwischen sind sie 7 cm lang geworden. Meist treiben sie mit dem Golfstrom. Unterwegs nähren sie sich von Plankton. In Küstennähe leben sie ein weiteres Jahr, verwandeln sich dann in kleine Aale, die Steigaale genannt werden, und erst diese schwimmen die Flüsse hinauf. Aus diesen Tieren werden Weibchen, während die in den Flußmündungen zurückbleibenden zu Männchen heranreifen. Sobald sie die Geschlechtsreife erreichen, ziehen die Aale zur Sargassosee zum Laichen. Das Männchen wird nach 9 Jahren geschlechtsreif, das Weibchen erst mit 12. Seit einigen Jahren können die kleinen Aale jedoch wegen der Talsperren nicht mehr in die Oberläufe der europäischen Flüsse vordringen und werden deshalb von Fischern in den Mündungen zu Tausenden gefangen und mit Flugzeugen in die Binnengewässer transportiert, was besondere Kühlanlagen erfordert.

Der Aal ist ein Raubfisch, der sich von kleinen Lebewesen und Fischen ernährt. Sein Fleisch (vor allem das geräucherte) gehört zu den begehrtesten Delikatessen.

Zander

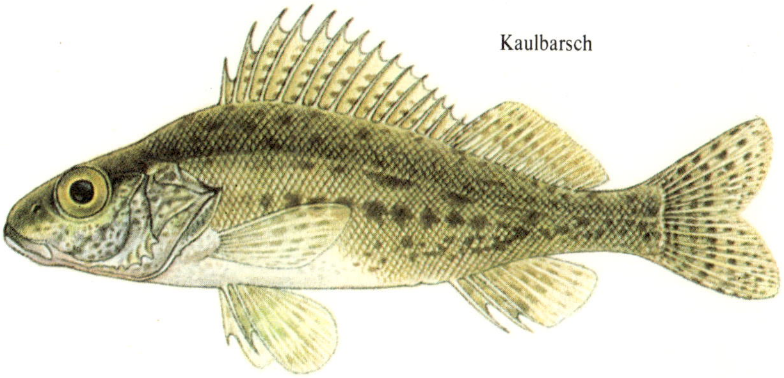

Kaulbarsch

Flußbarsch
Perca fluviatilis

Er ist in fast allen europäischen Flüssen, Seen und Teichen stark verbreitet. Der bis zu 40 cm lange und 4 kg schwere Flußbarsch bevorzugt langsam strömende Gewässer, kommt aber auch gelegentlich in rasch fließenden Bächen vor, wo er allerdings kleiner ist. Die gefangenen Fische wiegen meist etwa 500 g.

Flußbarsche bilden Schwärme; ihre Laichzeit ist von April bis Anfang Juli. Das Weibchen legt 250 000 Eier in Schnüren an Wasserpflanzen ab.

Auf seinem Weg zum Laichplatz bewältigt der Flußbarsch oft lange Strecken. In Teichen ist der Flußbarsch unerwünscht, in Flüssen hingegen ist er bei den Anglern sehr willkommen, weil sein Fleisch gut mundet.

Er ist ein Raubfisch, der selbst Tiere der eigenen Art jagt. Die jüngeren, kleineren Flußbarsche nähren sich von Insekten, Larven und Krebstierchen.

Zander
Stizostedion lucioperca

Den Zander findet man vor allem im Stromgebiet der in die Ostsee und das Schwarze Meer mündenden Flüsse. Auch er ist ein Raubfisch, der heute sowohl in klarem Wasser als auch in Teichen, Seen, Brackgewässern oder Meeresbuchten haust.

Meist wird der Zander 40 bis 50 cm lang und 3 kg schwer; mitunter kann er freilich auch 1,3 m lang sein und bis zu 15 kg schwer. Große Exemplare kommen jedoch nur in tiefen Stauseen vor, wo sie nur zur Jagd an die Wasseroberfläche steigen.

♂

Kammolch

♀

Die Fische laichen von April bis Juni in einer Tiefe von 3 bis 5 m. Das Weibchen legt mehr als 300 000 Eier in Häufchen ab. An vielen Orten wird der Zander heutzutage in bisher von ihm unbewohnten Seen und Teichen ausgesetzt. Er jagt Plötzen, Barsche, Ukeleien. Es ist interessant, daß die Zander oft in kleineren Gruppen auf Jagd gehen und sich gegenseitig Fische zutreiben. Die jungen Zander nähren sich von Insekten und andern kleinen Lebewesen. Ihr Fleisch ist sehr schmackhaft.

Kaulbarsch
Acerina cernua

Dieser barschartige Fisch, der 20, meist aber nur 15 cm lang wird, lebt in langsam fließenden Gewässern, wo er sich gern an tiefen Stellen in klarem Wasser aufhält. Besonders häufig findet man ihn in Stauseen. Manchmal vermehrt er sich derart stark, daß er wertvolleren Fischen die Nahrung verknappt. Er frißt vor allem Insektenlarven am Grund. Große Schäden richtet er dadurch an, daß er die Eier oder die Brut anderer Fische vertilgt. Die Fischer betrachten ihn deshalb als Schädling und verfolgen ihn unbarmherzig. Sie setzen andere Raubfische (z. B. den Zander) aus, die mit Vorliebe Barsche fressen.
Der Kaulbarsch laicht von März bis Mai. Das Weibchen legt 100 000 Eier ab.

Kammolch
Triturus cristatus

Den Kammolch kennt man in Europa bis jenseits des Urals. Männchen werden 14, Weibchen 18 cm lang. Dem Männchen wächst am Rücken ein hoher, gezackter Kamm, der beim Schwanzansatz durch einen Einschnitt vom Schwanzsaum abgeteilt ist. Während der Paarung und Eiablage leben die Kammolche in Teichen und Tümpeln. In dieser Periode ist das Männchen schön bunt gefärbt. Das Weibchen hat keinen Rückenkamm und ist unscheinbarer. Das Männchen führt dem Weibchen einen eigenartigen Balztanz vor: Es wendet der Partnerin den Kopf zu, springt einmal nach vorn, einmal nach hinten und wedelt dem Weibchen mit dem Schwanz Duftstoffe zu.
Das Weibchen legt im April oder Mai an Wasserpflanzen weit über 100 Eier einzeln ab, aus denen nach 2 bis 3 Wochen Larven schlüpfen. Die Metamorphose findet nach 3 Wochen statt. Die Larven verlieren ihre Kiemen und ver-

Seefrosch

Wasserfrosch

wandeln sich in Jungtiere mit Lungenatmung. Nach der Eiablage verlassen die Kammolche das Wasser und suchen sich einen Aufenthaltsort an feuchten Stellen im Laub oder im Moos. Die jungen Molche erreichen ihre Reife im vierten Jahr.
Im Winter verkriechen sich die Molche in hohle Baumstümpfe oder Erdlöcher; seltener überwintern sie unter Wasser im Schlamm.
Sie ernähren sich von Insekten, Würmern, Kriechtieren, Froschlaich, Kaulquappen, mitunter sogar von Larven der eigenen Art.

Seefrosch
Rana ridibunda

Der Seefrosch lebt in wärmeren Gebieten des Flachlandes an den Ufern von Gewässern. Er ist der größte europäische schwanzlose Lurch: Er wird bis zu 17 cm lang. Die Schallblasen des Männchens sind grau. Nach der Paarung im April oder Mai legt das Weibchen 5000 bis 10 000 Eier. Die Kaulquappen bleiben 82 bis 125 Tage im Wasser und verwandeln sich in kleine, mit Lungen atmende Frösche. Der Seefrosch nährt sich von Insekten und Würmern, frißt aber auch kleine Fische; größere Seefrösche vertilgen sogar die Jungen kleiner Säugetiere und Vögel.
Im Winter verkriechen sich die Seefrösche am Grund des Wassers; alte Tiere überwintern in langsam fließenden Gewässern.

Wasserfrosch
Rana esculenta

Im Flachland aller europäischen Gebiete kommt der Wasserfrosch vor. Die Männchen werden 7,5 cm lang; die Weibchen hingegen messen 9 bis 11 cm. Er hält sich nur an Teichen und Tümpeln auf, und zwar in Kolonien.
Die Männchen lassen am Abend oder in warmen Nächten ihre weit schallenden Stimmen hören; ihr Quaken klingt wie „Rekkekkekke“. Bei diesem Ruf sitzen sie meist auf Wasserpflanzen oder schwimmen (wobei nur ihr Kopf mit den Schallblasen aus dem Wasser ragt). Paarungszeit: Mai bis Juni. Das Weibchen legt mehrere 1000 Eier in Klümpchen zu je 200 Stück ab. Die Kaulquappen schlüpfen nach 5 bis 6 Tagen; die Metamorphose ist nach etwa 130 Tagen abgeschlossen (je nach den klimatischen Verhältnissen). Es geschieht auch, daß Kaulquappen überwintern.
Der Wasserfrosch frißt Insekten, Spinnen, Würmer und kleine Fische; er jagt im Wasser und am Ufer. Die erwachsenen Frösche verbringen den Winter im Schlamm von Gewässern, die jungen meist an Land unter Steinen, Baumstämmen oder Laub.

Rotbauchunke
Bombina bombina

Die in Mitteleuropa stark verbreitete Rotbauchunke lebt in Teichen und Tümpeln des Flachlandes. Sie wird bis zu 4,5 cm lang. Ihre Oberseite ist schwarzgrau, an der schwarzblau gefärbten Unterseite des Körpers fallen orangefarbene oder feuerrote Flecken auf. Während der Paarung vernimmt man die monotone Stimme des Männchens Tag und Nacht. Die Rotbauchunken bilden oft große Gruppen.
Das Weibchen legt in einem Jahr mehrmals Eier ab, vor allem im Mai und Juni. Die recht großen Eier (Durchmesser bis zu 8 mm) werden in Häufchen auf Wasserpflanzen oder Steinen am Grund abgelegt. Nach etwa einer Woche schlüpfen aus ihnen Kaulquappen, die bis September oder Oktober wachsen, sich dann in Frösche verwandeln, die kaum 2 cm lang sind, und das Wasser verlassen. Spät geschlüpfte Kaulquappen überwintern im Wasser.
Die Frösche halten sich von April bis Oktober im Wasser auf, danach überwintern sie in Erdlöchern, Höhlen oder unter Laub. Sie nähren sich von Insekten und Larven. Bei Gefahr vergraben sie sich eilig im Schlamm. Bleibt ihnen dazu keine Zeit mehr, legen sie sich mit raschen Bewegungen auf den Rücken, so daß die feuerfarbene Tönung ihrer Unterseite sichtbar wird. Dieser Anblick schreckt viele Angreifer ab. Zu ihrer Verteidigung dienen ihnen außerdem die giftigen Sekrete ihrer Hautdrüsen.

Rotbauchunke

Wechselkröte

Wechselkröte
Bufo viridis

In warmen Frühlingsnächten hört man zuweilen aus Tümpeln oder Wasserbekken in Gärten einen wohllautenden, langen Trillerton, der an den Gesang eines Kanarienvogels erinnert: Das ist die Stimme des Wechselkrötenmännchens. Diese Krötenart wird 7 bis 9 cm lang. Das Weibchen legt seine Eier auf Wasserpflanzen ab. Die Metamorphose von der Kaulquappe zum Frosch dauert 2 bis 3 Monate; die Geschlechtsreife tritt nach 4 Jahren ein. Nach der Eiablage kommen die Kröten aus dem Wasser. Häufig halten sie sich nun an trockenen Stellen auf. Tagsüber sind sie in Erdlöchern verborgen, graben aber auch selbst bis 30 cm tiefe Höhlungen.

Erst in der Dunkelheit beginnen sie, auf die Jagd zu gehen: Insekten, Würmer, Weichtiere und Spinnen sind ihre Beute. Im Winter vergraben sie sich oft kolonienweise im Boden oder kriechen in Felsspalten.

Graugans

Anser anser

Diese Gans hat ihre Nistplätze in Schottland, Skandinavien, im östlichen Mitteleuropa und im Osten. In andern Gegenden Europas ist sie nur bei ihrem Zug im Winter zu beobachten. Die in Nordeuropa lebenden Graugänse überwintern vielfach in England und kehren Ende Februar oder Anfang März zurück.

Ihre großen Nester aus Schilfhalmen und Riedgras, die mit Daunen ausgepolstert werden, bauen sie meist im Röhricht von Überschwemmungsgebieten oder auf Weiden.

Das Weibchen legt 4 bis 9 schmutzigweiße Eier und bebrütet sie 28 Tage lang, während das Männchen in der Nähe wacht. Die Gänschen werden von den Eltern betreut und bei schlechtem Wetter unter die Flügel genommen.

Nach der Brutzeit schließen sich mehrere Familien zusammen und ziehen im Oktober nach dem Süden. Sie leben von Samen, Gras und Trieben.

Die Graugans ist wegen ihres schmackhaften Fleisches ein beliebter Jagdvogel. Sie stellt die Stammform unserer Hausgans dar.

Stockente

Graugans

Krickente

Löffelente

Stockente

Anas platyrhynchos

Wo es viel Wasser gibt, ist auch die Stockente anzutreffen. Diese Art lebt meistens paarweise. Nach der Balzzeit im Frühjahr (oft schon im März) baut das Weibchen ein Nest an einer vom Männchen ausgewählten geeigneten Stelle im Gras, in Büschen oder auf Weiden und Bäumen. Die künftige Vogelmutter stattet es mit Blättern, Gras und Daunenfedern aus — später werden auch die Eier mit derartigen Materialien zugedeckt.

8 bis 14 einfarbig grüngraue Eier werden vom Weibchen gelegt und in 26 Tagen ausgebrütet.

Um die Jungen kümmert sich ausschließlich das Weibchen. Wenn ihnen Gefahr droht, täuscht es eine Verletzung vor, um die Aufmerksamkeit des Angreifers auf sich zu lenken: Es schlägt wild mit den Flügeln, flattert und hüpft immer vor dem Feind her, als könne es nicht mehr fliegen. Hat es damit den Feind vom Nest und von den Jungen weit genug weggelockt, fliegt es eilig davon.

Obwohl die Stockenten nicht zu den Tauchvögeln zählen, können auch schon die Jungtiere sehr gut tauchen. Die kleinen Enten beginnen nach etwa 50 Tagen zu fliegen und bilden dann größere Verbände.

Tagsüber verweilen die Stockenten auf dem Wasser oder im Röhricht. Erst abends fliegen sie auf Nahrungssuche. Sie fressen pflanzliche und tierische

Stoffe: Algen, Gras, Samen, Insekten, Würmer, Krebstiere usw.
Im Sommer ähneln die Männchen in der Färbung den Weibchen, im Winter sind sie jedoch viel bunter. Während der kalten Jahreszeit kann man viele Stockenten auf eisfreien Flüssen und Seen beobachten, oft sogar in Parkanlagen.

Löffelente

Anas clypeata

Die Löffelente fällt nicht nur durch die besonders bunte Färbung des Erpels auf, sondern vor allem durch den löffelartig verbreiterten Schnabel, dem sie ihren Namen verdankt.
Das Weibchen ist nicht so stark gefärbt wie der Erpel. Man kann es jedoch an den blauen Flecken auf den Schulterblättern erkennen.
In der zweiten Märzhälfte kommt die Löffelente aus den Winterquartieren im Mittelmeergebiet zurück und sucht ihr Brutrevier an stark bewachsenen Gewässern auf. Sie bevorzugt dabei Röhricht oder Wiesen.
Mit trockenem Riedgras und grauen Flaumfedern wird das Nest ausgepolstert. Das Weibchen legt 9 bis 12 graugrüne Eier, auf denen es 23 bis 24 Tage sitzt. Da auch diese Entenart nicht taucht, verschafft sie sich ihre vorwiegend tierische Nahrung im seichten Wasser.
Die Löffelenten brechen im September auf, um ihre Winterquartiere im Süden zu erreichen.

Krickente

Anas crecca

In ganz Europa — mit Ausnahme Spaniens und Italiens — brütet die zierliche Krickente, die etwa 36 cm lang ist. In manchen Gegenden kommt sie sehr zahlreich an stark bewachsenen Teich- oder Seenbuchten vor.
Sie baut ihr Nest meist im Gras von Wiesen, die nicht selten ziemlich weit entfernt vom Wasser gelegen sind. Das Weibchen legt im Mai 8 bis 10 Eier, die es in 22 bis 25 Tagen ausbrütet. Im Herbst schließen sich die Krickenten zu großen Schwärmen zusammen und fliegen nach Südwesten.
Die mitteleuropäischen Krickenten überwintern vor allem in Südfrankreich; manche halten sich auch in der kalten Jahreszeit in der Nähe ihrer Nistregion auf. Ihre Nahrung besteht aus Samen und Gras, ferner aus Insekten, Würmern und Weichtieren.
Die Krickente taucht nicht, ist aber ein geschickter und schneller Flieger: Sie vermag mehr als 100 km in der Stunde zurückzulegen.

Tafelente

Aythya ferina

Die Tafelenten sind Tauchvögel und hauptsächlich in Mitteleuropa anzutreffen. Sie brüten aber auch in Großbritannien. Selbst in Ostsibirien kennt man diese Enten. Im Winter ist die Tafelente auf allen Flüssen zu finden. Sogar in Großstädten kann man sie sehen. Im Frühjahr kehrt sie bereits paarweise auf ihren Brutplatz zurück. Tafelenten leben meist auf Seen und Teichen. Sie errichten ihre Nester in Riedgrasbüscheln oder in Bodenmulden auf Inseln, möglichst nahe am Wasser. Das Weibchen der Tafelente legt 8 bis 12 ziemlich große und gelblichgrüne Eier, die es etwa 24 Tage lang bebrütet. Das Nest ist mit Grashalmen und Flaumfedern ausgepolstert.
Ihre pflanzliche und tierische Kost suchen die Tafelenten vorwiegend unter Wasser: Pflanzenteile, Samen, Würmer, Wasserinsekten und kleinere Weichtierchen.
Diese Enten sind ungewöhnlich gute Taucher. Sie können bis zu 2,5 m tief tauchen und ungefähr 30 Sekunden unter Wasser bleiben. Wenn man sie aufscheucht, dann schwirren in raschem Flug große Schwärme gleichzeitig hoch und fliegen in sichere Entfernung.

Tafelente

Reiherente

Reiherente

Aythya fuligula

Sie ist eine Tauchente, die ursprünglich aus Nordeuropa — vor allem aus Island — und aus Asien stammt. In den letzten Jahren hat sie ihr Verbreitungsgebiet weiter nach Süden ausgedehnt und ist heute eine der häufigsten Entenarten der Britischen Inseln.
Die europäischen Reiherenten überwintern an den Küsten Westeuropas und des Mittelmeers. Gelegentlich kann man auch bei uns auf größeren Flüssen (auch in Städten) in der kalten Jahreszeit viele dieser schönen Enten beobachten. Es sind Vögel, die in Nordeuropa brüten und hier überwintern. Diese Art zieht im April zu ihren Brutplätzen zurück und baut ihre Nester in Riedgrasbüscheln oder auf kleinen Inseln.
Im Mai oder Juni legt das Weibchen 8 bis 10 grünlichgraue Eier, die es 25

oder 26 Tage lang bebrütet. Nach dem Schlüpfen sind die Jungen tiefschwarz. Ihr Futter sind pflanzliche und tierische Stoffe.
Reiherenten tauchen sehr gut und sind ebenso behend und flink beim Fliegen.

Haubentaucher
Podiceps cristatus

Der Haubentaucher lebt auf fast allen größeren Seen und Teichen in Europa, deren Ufer mit Schilf und Riedgras dicht bewachsen sind. Zeitig kehrt er aus seinen Winterquartieren heim, die vorwiegend im Süden und im Südwesten Europas liegen.
Es ist interessant, die Partner bei der Balz zu beobachten. Männchen und Weibchen schwimmen dabei mit vorgestreckten Hälsen aufeinander zu, plustern ihre „Halskrausen" auf und schütteln die Köpfe; dann tauchen sie und bringen vom Grund ausgerissene Wasserpflanzen mit, dazu vollführen sie Bewegungen, als würden sie das Wasser treten.
Nach der Balz bauen sie im Röhricht ein bis zu 60 cm hohes Schwimmnest aus Wasserpflanzen. Das Weibchen legt 3 bis 5 schmutziggrüne Eier. Das Paar wechselt sich in der 25 bis 27 Tage dauernden Brutzeit regelmäßig ab.
Die winzigen Jungen setzen sich auf den Rücken der Eltern unter deren Flügeln fest. Die Alten schwimmen mit ihnen umher. Sie tauchen und fliegen sogar mit dieser Last.
Die Altvögel füttern die Jungen noch einige Zeit in die Schnäbel (mit kleinen Fischen und Insekten). Wenn der Haubentaucher sein Heim verläßt, deckt er die Eier mit demselben Material zu, aus dem es gebaut wurde, so sind sie gut versteckt und sicher geschützt vor jedem Feind.
Er ist ein guter Taucher und kann lange unter Wasser schwimmen und dabei bis zu 50 m zurücklegen. Aber er ist nicht nur ein guter Schwimmer, sondern auch ein guter Jäger.
Im Oktober ziehen die Haubentaucher in Schwärmen nach Süd- und Westeuropa. Viele Vögel aus nördlicher gelegenen Brutgebieten überwintern auf mitteleuropäischen Strömen, so daß in unserer Umgebung praktisch das ganze Jahr über diese Vögel zu beobachten sind.

Zwergtaucher
Podiceps ruficollis

Auf stehenden und nur schwach bewachsenen Teichen und Seen lebt der kleinste der bei uns einheimischen Lappentaucher: der Zwergtaucher.
Ihren Namen haben die Lappentaucher von einer Besonderheit ihrer Füße. Sie haben zwischen den Zehen keine Schwimmhäute, wie die anderen Wasservögel, sondern breite Schwimmlappen.
Wenngleich die Zwergtaucher bei uns nicht selten vorkommen, muß man lange und geduldig in einem gut getarnten Versteck warten, ehe man einmal diesen scheuen Wasservogel beobachten kann.
Sein schwimmendes Nest fertigt der Zwergtaucher aus Teilen von Wasserpflanzen im Röhricht offener Wasserflächen an.

Zwergtaucher

Bläßhuhn

Haubentaucher

Das Weibchen legt 4 bis 7 weißliche bis grünliche Eier, brütet 20 Tage lang und wird dabei vom Männchen abgelöst.
Man hat sogar schon Zwergtaucherpärchen beobachtet, die ihr Nest unmittelbar unterhalb von einem Greifvogelnest gebaut haben, ohne dabei gefährdet zu werden. Nähert sich ein Feind dem Nest, so bespritzen ihn beide Partner durch rasche Flügelschläge auf das Wasser. Sie versuchen damit, ihn vom Nest zu verjagen.
Der Zwergtaucher ernährt sich von Wasserinsekten. Häufig überwintert er in seinem Brutgebiet. Bei zugefrorenem Wasser sucht er eisfreie Flüsse auf, in denen er noch ausreichend Nahrung finden kann.

Bläßhuhn

Fulica atra

Einer der häufigsten und bekanntesten Wasservögel auf allen Gewässern Europas ist das Bläßhuhn, das zu der Ordnung der Rallen zählt. Man findet es auf Gewässern, deren Ufer mit Schilf bestanden sind.
Die Bläßhühner überwintern in West- und Südeuropa, aber auch auf eisfreien Flüssen Mitteleuropas. Bei einsetzendem Tauwetter (im Februar oder März) sucht es seinen Nistplatz auf. Sie bauen ihr Nest auf Schilfhalmen und Riedgras über der Wasserfläche am Rand von Schilfbeständen. Zum Nest führt eine Art Brücke, um den Vögeln den Zugang vom Wasser her zu erleichtern. Manchmal fertigen sie auch aus überhängenden Halmen ein Dach an. In Ausnahmefällen baut das Bläßhuhn sein Nest in einem Riedgrasbüschel an Land. Das Weibchen legt 6 bis 12 violett überlaufene Eier mit kleinen schwarzen Flecken, aus denen nach 22 Tagen schwarze Junge mit orangerot gefärbten Köpfchen schlüpfen. Während der ersten Tage stopfen ihnen die Altvögel die Nahrung in den Schnabel.
Das Bläßhuhn frißt kleine Wassertiere, Samen und Pflanzenteile. Es gehört zu den Jagdvögeln, die auch heute noch sehr begehrt sind.

Teichhuhn

Teichhuhn

Gallinula chloropus

Das Teichhuhn ist auf bewachsenen Teichen und Seen, auf Tümpeln oder Flußaltwassern stark verbreitet. Als Aufenthaltsort bevorzugt das Teichhuhn Röhricht; häufig kommt es aber auch ins freie Wasser, wo man es dann gut beobachten kann. Beim Schwimmen zuckt es mit dem Schwanz.
Das Teichhuhn bezieht seinen Nistplatz nach der Rückkehr aus Nordafrika, die meist Ende März erfolgt. Ganz selten nur überwintern einzelne Vögel in ihrem Brutgebiet.
Im April baut das Teichhuhn sein Nest über dem Wasser oder im Gebüsch (meist aus Wasserpflanzen und Schilfhalmen).
Das Weibchen legt 6 bis 10 gelbliche Eier mit großen, rostbraunen Punkten. Nur hin und wieder wird es beim Brüten vom Männchen abgelöst. Nach 19 bis 22 Tagen schlüpfen die Jungen, die schwarze Flaumfedern und rotblaue Köpfchen haben. Im Juni oder Juli brüten die Teichhühner ein zweites Mal, einzelne Paare im Sommer sogar noch ein drittes Mal.
Sie ernähren sich von Wassertierchen, Insekten, Larven, Würmern, Weichtieren, aber auch von Samen und Pflanzenteilen.

Im Sumpf und am Ufer

Den Übergang zwischen Wasser und Festland bilden verschlammte Watten, Sümpfe und Moraste — Lebensraum für Sumpfpflanzen und Ufertiere, reich an Wasser und Nährstoffen, aber gleichzeitig gefährlich — der Schlamm ist weich und der Wasserspiegel kann sinken oder steigen.

Die dort ansiedelnde Pflanzenwelt — als Überwasserpflanzen oder Röhricht bezeichnet — muß deshalb sowohl den Bewegungen des Wassers als auch denen der Luft widerstehen, denn ihr überwiegender Teil ragt aus Schlamm und Wasser heraus. Sie sind an diese Standorte ausgezeichnet angepaßt: Mit ihren reich verzweigten und weit kriechenden Wurzelstöcken und Wurzelgeflecht können sie sich gut im Schlamm festhalten, aber auch gleichzeitig weithin ausbreiten, wenn geeignete Flächen zur Verfügung stehen. Röhrichtpflanzen bilden daher oft große, nur aus einer einzigen Pflanzenart bestehende Vegetationsgürtel.
Dank ihrer hohen, derben und elastischen Sproßachsen und meist schwertartigen oder länglich lanzettlichen Blätter passen sich die Röhrichtpflanzen ohne Schwierigkeiten den Wind- und Wasserbewegungen an. Nicht einmal den auf hohen Stengeln stehenden Blüten macht steigendes Wasser etwas aus.
Sumpfpflanzen verbreiten sich schnell, zwischen den Stengeln setzen sich Jahr für Jahr ihre absterbenden Teile in großen Mengen als Schlamm ab. Das Ufer wird immer seichter, das Wasser geht zurück, und das Gewässer beginnt zu verlanden. Der Röhrichtgürtel schiebt sich immer weiter in das Gewässer vor, auf den verlandeten Stellen siedeln sich andere, trockenere Böden bevorzugende Arten an. Und so verwandeln sich Sümpfe und Moraste allmählich in festes Land. Sind die Bedingungen günstig, kann

dieser Verlandungsprozeß jährlich bis zu 1 m Landgewinn einbringen. Höchst unerwünscht ist dieser Vorgang bei wirtschaftlich genutzten Fischteichen. Von Zeit zu Zeit müssen deshalb die Fischer für die Verminderung der Röhrichtpflanzenbestände und für das Ausheben des von Erdsprossen und Rhizomen durchsetzten Bodens sorgen. Sumpfpflanzenbestände in erträglichem Ausmaß sind dagegen vor allem für die Wasservögel erwünschter Nistplatz und Biotop. Und deshalb werden sie häufig zu Vogelschutzgebieten erklärt.
Am Wasser, aber auch auf der festen Uferzone ist eine reiche Uferpflanzengesellschaft anzutreffen. Gewöhnlich siedeln sich hohe und üppig wachsende, häufig aber auch kriechende und kletternde Arten an und bilden breitere oder schmalere Pflanzengürtel. Das üppige Wachstum der Ufervegetation ist auf ausreichend vorhandenes Wasser, Luftfeuchtigkeit, Humusreichtum und meist geringen Eingriff des Menschen zurückzuführen, vorausgesetzt, daß wir Menschen uns nicht zu unserem eigenen Schaden für die Regulierung durch Stein- oder Betonmauern entscheiden. In den Dickichten der Röhrichte treten auch Pflanzenarten auf, die sich auf dem Wasserweg verbreiten und zum ständigen Bestandteil der Ufergesellschaften wurden. An den Ufern wachsen nicht nur Kräuter, sondern auch Gehölze: am häufigsten Erlen, verschiedene Weidenarten, Pappeln u. a. Diese Pflanzenwelt erfüllt für die Ufer selbst auch eine wichtige Schutzfunktion: Die langen und verschlungenen Wurzelsysteme und besonders die Wurzeln der Gehölze befestigen die Ufer, verhindern ihr Ausspülen und das Abtragen des Bodens. Eine hervorragende Rolle spielt in dieser Beziehung das Wurzelsystem der Erle. Erlengebüsche sind ein lebender und sich immer wieder erneuernder Uferschutz und in der Landschaft ein weitaus besseres Regulierungselement als Steinwälle.
Die üppigen und reichen Sumpfpflanzenbestände sind von vielen Tieren gern aufgesuchte Schlupfwinkel. Im Schutz der Vegetation fühlen sie sich sicherer. Nicht wenige Vogelpärchen bauen dort ihre Nester und ziehen ihre Jungen auf. Zu ihnen gehören einige Zahnschnäbler- und Rallenarten, aber auch Wat- und Singvögel. Besonders der Teichrohrsänger ist ein typischer Bewohner der Röhrichte. Das niedliche, einem tiefen Körbchen ähnelnde Nest dieses kleinen Vogels schaukelt im Wind wie eine Wiege zwischen den Rohrkolbenstengeln. Die Röhrichte bieten aber auch zahlreichen Singvogelarten Schutz, die im Herbst zu ihrem langen Flug nach dem Süden aufbrechen. Tausendköpfige Schwalbenschwärme zum Beispiel nächtigen hier, bevor sie die weite Reise zu ihren Winterquartieren antreten.
In den Ufergehölzen siedeln oft ganze Watvogelkolonien, auf den Blättern der Bäume und Sträucher leben viele Käferarten, aber auch die Raupen verschiedener Schmetterlingsarten. An den Ufern finden wir auch Lebewesen, deren Element eigentlich das Wasser ist, die aber zur Aufzucht ihres Nachwuchses das feste Land aufsuchen müssen. Die dicht bewachsenen Uferregionen sind dafür der richtige Standort. Im Schutz der Grashorste bauen einige Wildentenarten ihre Nester; in die Ufer, hauptsächlich in Sand- und Lehmböden, graben nicht nur viele Vogelarten, sondern auch an das Leben im Wasser angepaßte Säugetiere ihre Baue, um dort ihre Nachkommenschaft aufzuziehen. Die Nestlöcher der Wassersäugetiere münden häufig direkt unter der Wasseroberfläche und sind dadurch ausgezeichnet vor Gefahren geschützt.

In den Sümpfen, aber auch unmittelbar am Ufer, können wir zahlreiche Lurcharten antreffen, am häufigsten wohl Frösche.

Sumpf-Dotterblume
Caltha palustris

Die ausdauernde Pflanze besitzt einen kräftigen Wurzelstock. Ihre niederliegenden oder aufsteigenden Stengel sind hohl und wie die ganze Pflanze kahl. Die Grundblätter sind langgestielt, nierenförmig bis rundlich-herzförmig, am Rand kerbzähnig, und dunkelgrün glänzend. Die Stengelblätter sind kürzer gestielt, die obersten sitzend.
Im zeitigen Frühjahr erscheinen die dottergelben, glänzenden, bis zu 4 cm großen Blüten. Die Blütenhülle ist nicht in Kelch und Krone geschieden und besteht aus 5 bis 8 Blütenblättern. Die Staubblätter sind zahlreich, dagegen weist die Blüte nur 5 bis 8 Fruchtknoten auf. Sie wachsen nach der Befruchtung zu Balgkapseln (mehrsamig, am Rücken aufreißend) aus, die sich zur Reife sternförmig ausgebreitet anordnen.
Die Sumpf-Dotterblume ist vom Tiefland bis in die Mittelgebirgsregion in sumpfigem und feuchtem Gelände sehr häufig. Man trifft sie auf der ganzen Nordhalbkugel. Die Pflanze ist giftig und wird vom Weidevieh verschmäht. Selbst im Heu kann sie bei Rindern Verdauungsstörungen hervorrufen. Dennoch werden die Blütenknospen mancherorts in Essig eingelegt als Ersatz für echte Kapern genossen.

Dreiblättriger Fieberklee
Menyanthes trifoliata

Die ausdauernde Pflanze besitzt einen dicken, weitkriechenden, verzweigten Wurzelstock. Der aufsteigende Stengel und die langgestielten, dreiteiligen Blätter sind kahl. Die Blattstiele verbreitern sich am Grund zu bauchigen Scheiden. Die Teilblättchen sind verkehrteiförmig und am Rand zuweilen fein gezähnt.
Die weißen oder rosa überlaufenen, 5zähligen Blüten erscheinen im Mai und Juni in langgestielten, dichten Trauben. Die verwachsenblättrige Krone ist etwa bis zur Mitte in zurückgerollte, dichtfransige Zipfel gespalten. Die Staubbeutel sind violett gefärbt. Die Fruchtkapsel enthält zahlreiche kleine, linsenförmige Samen.
Der Fieberklee wächst in der Regel halb untergetaucht in Sümpfen, Verlandungszonen und auf Torfböden von den Niederungen bis in die Hochgebirgslagen um 2000 m. In Kalkgebieten selten, besiedelt er die ganze nördliche Hemisphäre.
Die Pflanze enthält viel Jod, Mangan- und Eisensalze sowie das sehr bittere Glykosid Menyanthin. Sie ist eine uralte Heilpflanze. Der gallenbittere Tee aus ihren getrockneten Blättern wird gegen Magenschwäche, Verdauungsstörungen, Blutarmut und Fieber empfohlen. Früher verwendete man die Pflanze auch in der Bierbrauerei als Hopfenersatz. Außerdem gewann man aus den Blättern einen gelben Naturfarbstoff (Wismutsalz).
Die intensive Nutzung als Heilpflanze sowie die heute übliche Trockenlegung von Sümpfen haben die Pflanze in ihrem Bestand stark dezimiert. In manchen Gegenden ist sie schon völlig ausgerottet. In einigen Ländern steht sie deshalb unter Naturschutz. Anderswo sind strenge Bestimmungen über das Sammeln zur Drogengewinnung erlassen worden.

Sumpf-Dotterblume

Dreiblättriger Fieberklee

Sumpf-Vergißmeinnicht
Myosotis palustris

Die Pflanze ist ausdauernd, mit dünnem, weitkriechendem Wurzelstock. Ihre Stengel sind bis zu 50 cm lang, kahl oder wollhaarig, aufsteigend bis aufrecht, im unteren Teil meist vierkantig. Die Blätter sind länglich zungenförmig, die oberen sitzend, die unteren kurz gestielt.
Die in meist gabeligen Doppelwickeln erscheinenden, trichterförmig-röhrigen Blütchen haben eine verwachsenblättrige Krone mit 5 Zipfeln. Diese entfaltet sich rosa und färbt sich später himmelblau. Zuweilen kommen auch weiße oder rosa bleibende Blüten vor. Der Schlund der Krone ist mit gelben Schüppchen bedeckt. Die Früchte sind schwimmfähige, glänzend schwarzbraune Nüßchen.
Diese sehr volkstümliche Pflanze ist ein anpassungsfähiges Gewächs, das sowohl auf festem Boden gedeiht als auch halb oder ganz untergetauchte Formen entwickeln kann. Sie ist vom Tiefland

Sumpf-Vergißmeinnicht

bis ins Gebirge über die ganze Nordhalbkugel verbreitet und gedeiht in Sumpfwiesen, Sümpfen und Auwäldern wie an den Flachufern stehender und langsam fließender Gewässer.

Gift-Wasserschierling
Cicuta virosa

Die ausdauernde, bis zu 2 m hohe Pflanze hat einen knollenartigen, innen gekammerten Wurzelstock. Er riecht nach Sellerie und enthält einen gelblichen, an der Luft nachdunkelnden Saft. Der röhrige Stengel ist oberwärts meist ausladend verzweigt. Die doppelt bis dreifach fiederteiligen Grundblätter sind langgestielt. Nach oben zu sind die Stengelblätter einfacher unterteilt und sitzen ohne Stiel direkt auf den bauchigen Blattscheiden.

Die kleinen, weißen, fünfzähligen Blüten sitzen auf großen, stark gewölbten und langgestielten Doppeldolden, die von Juli bis zum September aufgehen. Die zehnrippigen Früchte sind schwimmfähig.

Die Pflanze gedeiht in schlammigen, seichten Gewässern und in Sümpfen vom Tiefland bis (selten) ins höhere Bergland. Sie ist über die ganze Nordhalbkugel verbreitet. Sie meidet auch Fließgewässer nicht. Werden Pflanzen vom Hochwasser mitgerissen, wachsen sie dort weiter, wo sie antreiben. Am besten aber gedeiht diese Art auf saurem Sumpfboden. Dort kann sie als lästiges Unkraut weite Flächen überwuchern.

Der Wasserschierling ist äußerst giftig. Vor allem der Wurzelstock enthält — besonders im Frühjahr — Cicutoxin, das über das Zentralnervensystem sehr rasch tödlich wirkt. Daneben kommen noch das Alkaloid Cicutin und weitere, schwach oder nicht giftige ätherische Öle vor. Die Vergiftung äußert sich in Schwindel, Erbrechen, Herzbeschwerden mit anschließenden Krämpfen und Gehirnlähmung. Mancherorts wurde, der Gefährlichkeit der Pflanze wegen, amtlicherseits ihre Ausrottung angeordnet. Der Schierlingsbecher der antiken Griechen, zur Hinrichtung von Verurteilten, enthielt aber wahrscheinlich keinen

Gift-Wasserschierling

Bach-Ehrenpreis

Doldige Schwanenblume

Extrakt des Wasserschierlings (sondern des Gefleckten Schierlings, ebenfalls ein Doldengewächs): Zum einen ist der Wasserschierling in Griechenland äußerst selten, zum andern entsprechen die beschriebenen Vergiftungserscheinungen nicht dem Krankheitsverlauf bei Intoxikation mit unserer Pflanze.

Bach-Ehrenpreis
Veronica beccabunga

Die ausdauernde Pflanze treibt kahle, bis zu 50 cm lange, niederliegende bis aufsteigend-aufrechte Stengel. Die saftigen, glänzenden Blätter mit eiförmiger bis breitelliptischer Spreite sind alle gestielt und gegenständig angeordnet. Ihr Rand ist flach gesägt.

Die tiefblauen Blüten stehen in lockeren Trauben, die aus den Blattachseln der oberen Stengelblätter entspringen. Die verwachsenblättrige Blumenkrone hat eine kurze Röhre und 4 flach ausgebreitete Zipfel. Die Pflanze blüht von Mai bis August. Die Frucht ist eine kugelig-herzförmige Kapsel mit vielen kleinen Samen.

Der Bach-Ehrenpreis wächst meist truppweise in Bächen, Wassergräben und Sümpfen. Er bevorzugt eindeutig klares Wasser. Meist steht er halb untergetaucht, zuweilen entwickelt er eine Landform oder auch Unterwasserformen, welche oft den ganzen Winter über grün bleiben. Er wächst in fast ganz Europa, in Mittel- und Nordasien und in Nordafrika.

Er enthält verschiedene Glykoside und ein ätherisches Öl, welche eine beruhigende und schleimlösende Wirkung haben. In der Volksheilkunde wird ihm Heilwirkung bei Asthma, Tuberkulose, Gelbsucht und Leberleiden zugeschrieben. Ein Wildsalat aus Frühjahrstrieben oder der frische Preßsaft der Blätter wird seit Jahrhunderten als Blutreinigungsmittel verwendet.

Doldige Schwanenblume
Butomus umbellatus

Ausdauernde Sumpfpflanze mit einem sehr dicken, waagerecht kriechenden Wurzelstock. Die linealischen, über 1 m langen Blätter bilden eine aufgerichtete, grundständige Rosette. Aus deren Mitte

erheben sich ein bis mehrere rundliche, unverzweigte Stengel, die stets die Blätter überragen. An ihrer Spitze stehen 15 bis 30 Blüten, an langen Stielen zu einem doldenartigen Stand vereinigt.
Die 6 Blütenhüllblätter sind weiß bis rosa überlaufen, die drei äußeren sind auch noch grünlich getönt. Die neun Staubblätter tragen rote Staubbeutel. Die Pflanze blüht von Juni bis August. Die bauchseits aufreißenden Balgfrüchte enthalten fast 1 cm lange Samen, deren Verbreitung durch das Wasser erfolgt. Daneben vermehrt sie sich noch durch ihre Wurzelstöcke.
Im tiefen oder rasch fließenden Wasser bildet sich eine flutende Form mit bis zu 2 m langen Blättern aus. Diese kommt jedoch nur selten zur Blüte. Unsere binsenartige Pflanze gedeiht in stehenden oder langsam fließenden Gewässern innerhalb der gemäßigten Zone Eurasiens. Ihr Areal ist allerdings sehr zerstückelt, da sie oft auf weiten Strecken fehlt, so z. B. fast in der gesamten Schweiz. Der sehr bitter schmeckende Wurzelstock enthält viel Stärke sowie Fette und Proteine. Er wurde in Westasien als Speise verwendet. Unter der Bezeichnung „Jakutenbrot" soll er von Jakuten, Kalmücken, Tungusen und Kirgisen noch heute gegessen werden. Dazu wird die frische oder getrocknete Wurzel in der Asche geröstet. Dabei soll sich der bittere Geschmack verlieren. Andernorts werden die getrockneten Wurzelstöcke gemahlen und das Pulver zum Backen von Brot oder Fladen verwendet. Geröstet können sie auch als Kaffee-Ersatz dienen. Die Stengel können wie Binsen zu Flechtwerk verarbeitet werden. Die Samen wurden früher als Hausmittel bei Entzündungen gebraucht.

Wasser-Schwertlilie

Iris pseudacorus

Die ausdauernde Sumpfpflanze hat einen dicken verzweigten Wurzelstock, aus dem bis zu 2 m lange, schwertförmige Blätter hervorgehen. Sie sind zweizeilig gestellt, die jüngeren werden an der Basis von den älteren umfaßt (reitende Blätter). Der abgeflachte und oberwärts verzweigte Stengel ist etwa so lang wie die Blätter.
Die langgestielten Blüten wachsen aus den Achseln grüner Deckblätter, die den unterständigen, dreifächerigen Fruchtknoten umhüllen. Die sechsblättrige Blütenhülle ist hellgelb. Die drei äußeren Blütenblätter stehen waagerecht bis zurückgebogen ab. Sie sind gegen die Mitte zu dunkler gefärbt und braunrot geadert, aber nicht bebärtet wie bei vielen anderen Schwertlilienarten. Die inneren Blätter sind kleiner und schmäler und stehen aufrecht. In der Höhe werden sie von den drei blumenblattartigen Narben überragt, vor denen sich noch die insgesamt 3 Staubblätter befinden. Die Blütezeit ist von Mai bis Juni. Die überhängenden, dreikantig-walzenförmigen Fruchtkapseln enthalten zahlreiche rundlich-abgeplattete Samen. Diese enthalten zwischen dem eigentlichen Keimgewebe und der harten Schale zahlreiche Luftkammern. Dadurch können sie sich lange Zeit schwimmend auf dem Wasser halten und weit verbreitet werden. Außerdem sind sie so leicht, daß sie auch noch vom Wind verfrachtet werden. Die Pflanze ist in Europa und Vorderasien weit verbreitet und findet sich im Röhricht und am Ufer stehender und fließender Gewässer von der Tiefebene bis ins Bergland.
Die schwach giftige Pflanze wurde früher oft von „Blumenliebhabern" ausgegraben, um in feuchten Gartenecken langsam einzugehen. Heute ist bei uns das gewerbsmäßige Sammeln durch Naturschutzgesetz verboten. Der Wurzelstock wurde früher in der Medizin als blutstillendes Mittel angewandt. Er ist sehr gerbstoffhaltig und wurde auch schon zur Ledergerbung herangezogen. Mit Eisensalzen vermischt lieferte er ein schwarzes Färbemittel. Der Artname *pseudacorus* = Scheinkalmus deutet auf die Verwechslungen des Wurzelstocks mit dem des Kalmus hin.

Wasser-Schwertlilie

Echter Kalmus

Echter Kalmus

Acorus calamus

Die ausdauernde, bis zu 150 cm hohe Pflanze wächst sehr lockerrasig. Sie besitzt einen langkriechenden, reichver-

zweigten, bis zu 3 cm dicken Wurzelstock, der aromatisch duftet.
Der aufsteigende oder aufrechte, unterwärts rötliche Stengel ist mehr oder weniger ausgeprägt dreikantig (eigentlich zweiseitig: mit einer scharfen und einer breitrinnig eingedellten Kante Die hellgrünen, über 1 cm breiten, etwas rinnenförmigen Blätter sind zweizeilig gestellt. Die kleinen, unscheinbaren, gelbgrünen Blüten mit ihren 6 winzigen Blütenblättchen sind zu einem bis zu 1 cm dicken und bis zu 8 cm langen, walzlichen und nach vorn zugespitzten Kolben vereinigt. Er wächst scheinbar seitlich aus der Mitte des Stengels; in Wirklichkeit steht er aber an der Sproßspitze in der Achsel eines für die Aronstabgewächse charakteristischen Hüllblattes (Spatha), das beim Kalmus schwertförmig ausgebildet ist und aufrecht steht. Dadurch täuscht es die Fortsetzung des Stengels vor.
Im Alter verfärbt sich der Kolben braun. Die Früchte, längliche, rote Beeren, kommen in ganz Europa nie zur Entwicklung. Dies ist einer der Beweise dafür, daß diese Pflanze kein heimisches Gewächs ist. Der Kalmus kam ursprünglich wohl nur im tropischen Ostasien vor und wurde von dort in die anderen Erdteile gebracht,wo er sich akklimatisierte. Er wächst bei uns sehr zerstreut — aber an seinen Fundorten oft in großen Beständen —, vor allem an Bächen, Teichufern und in Sümpfen der wärmeren Gebiete. In klimatisch günstig gelegenen Alpentälern kann man ihn noch bis etwa 1000 m Höhe antreffen. Seine heutige allgemeine Verbreitung erstreckt sich über Mittel- und Osteuropa, das europäische Mittelmeergebiet, das östliche Nordamerika, den Vorderen Orient und die tropischen und subtropischen Gebiete Asiens.
Nach Europa kam der Kalmus etwa in der Mitte des 16. Jahrhunderts; angeblich über den kaiserlichen Gesandten am türkischen Hofe zu den Botanikern in Prag oder Wien. Es läßt sich nicht mehr genau feststellen, in welchem botanischen Garten der beiden bedeutenden Universitätsstädte die Pflanze zuerst bestaunt werden konnte. Über ihre Heilwirkung wurden Wunderdinge berichtet, und so kam der Kalmus dank der Kräutersammler und der heilkundigen Mönche rasch von Ort zu Ort weiter und wurde auch in die freie Natur ausgesiedelt. Die Vermehrung erfolgte stets vegetativ durch die Wurzelstöcke.

Sumpf-Schlangenwurz

Aufrechter Igelkolben

Der für Arzneien verwendete Wurzelstock enthält das bittere Glykosid Acorin, das Alkaloid Calamin, Cholin, ätherische Öle sowie Harze und sehr viel Stärke. Die Droge aus dem Wurzelstock war bereits in der altindischen Heilkunde bekannt. Danach wurde sie auch von arabischen, griechischen und römischen Ärzten vielseitig angewandt. Sie diente als Heilmittel bei Magenbeschwerden und Skrofulose und wurde auch bei Epidemien als Infektionsschutz gepriesen. Im alten Rom wurde sie als Badezusatz zur Erfrischung und Verschönerung des Körpers benutzt. Heute verwendet man sie als magenstärkendes Mittel, auch als Likörzusatz (echter Benediktiner) und als Essenz für Zahncremes und Mundwässer sowie bei der Bonbonfabrikation. Kandierter Kalmuswurzelstock ist ein türkisches Dessert.

Sumpf-Schlangenwurz
Calla palustris

Ausdauernde, 15 bis 30 cm hohe Sumpfpflanze mit bis zu 50 cm weit ober- und unterirdisch kriechender, grüner, innen hohler Grundachse. Die zweizeilig gestellten glänzenden Blätter haben lange Stiele und rundlich-herzförmige Spreiten. Die niederliegend-aufsteigenden Blütenschäfte wachsen aus den Spitzen des Wurzelstocks und seiner Verzweigungen. Sie sind bis auf die Blütenscheide an ihrer Spitze blattlos. Diese Blütenscheide (Spatha) ist bis zu 7 cm lang, muschelförmig gewölbt bis flach, eiförmig mit langer Spitze und außen grün, innen weiß gefärbt. Sie bedeckt den kurzen, walzlichen Blütenkolben, der aus einfachen grünlichgelben Blütchen aufgebaut ist. Er erscheint von Mai bis Juli; in manchen Jahren kommt es im Spätsommer oder Herbst zu einer zweiten Blüte.
Die Früchte sind rote, brennend scharf schmeckende Beeren mit violett getönten Samen, die von glasig-durchsichtigem Gallert umhüllt sind. Sie werden durch Wasser und durch Sumpfvögel

verbreitet. Die Schlangenwurz wächst in ausgedehnten Beständen in Waldsümpfen, toten Flußarmen und an Ufern, vom Tiefland bis in die Voralpenregion. Sie ist, mit deutlich nördlicher Ausbreitungstendenz, in Europa, Sibirien und im östlichen Nordamerika heimisch. Die Pflanze ist giftig. Der Wurzelstock wurde früher in der offizinellen Heilkunde verwendet. In der Volksheilkunde aß man ihn gegen Schlangenbisse (Name!), in dem Glauben, daß die Wuchsform eines Pflanzenorgans Hinweise auf seine Verwendbarkeit gebe.

Aufrechter Igelkolben
Sparganium erectum

Die ausdauernde, 30 bis 120 cm hohe Pflanze besitzt einen ausläufertreibenden, kriechenden Wurzelstock. Die rundlichen, im oberen Teil verzweigten Stengel stehen bis zur Blüte aufrecht, legen sich dann aber zur Fruchtreife oft nieder.

Die Blätter sind meist länger als der Blütenstengel, steif aufrecht oder an der Spitze übergebogen und, vor allem im unteren Bereich, dicklich schwammig. Im Querschnitt sind sie dreikantig, nach der Spitze zu gekielt rinnig.

Die kleinen Blüten mit bräunlichgrünen Hüllen sind zu eingeschlechtigen, dichten Kugelköpfchen angeordnet, die in Rispen stehen. Die männlichen Köpfchen stehen meist über den weiblichen am selben Rispenast. Die Bestäubung erfolgt durch den Wind. Die Pflanze blüht im Juni und Juli. Die länglichovalen, nach vorn schnabelartig verlängerten Nüßchen spreizen sich vom Fruchtstand nach allen Seiten und bilden so die Igelgestalt (Name!). Ihr schwammiges Fruchtfleisch dient als Schwimmgewebe.

Der Igelkolben ist eine sehr anpassungsfähige und wandelbare Pflanze, die vorwiegend in den Niederungen Sümpfe, Bachufer und tote Flußarme besiedelt. Sie ist in der gemäßigten Zone Eurasiens (etwa bis zum Polarkreis) verbreitet.

Echtes Seifenkraut

Echtes Mädesüß

Echtes Seifenkraut
Saponaria officinalis

Die ausdauernde Pflanze hat einen kriechenden Wurzelstock und aufrechte, am Grund zuweilen verholzende Stengel, die feinflaumig behaart und sehr oft rötlich oder violett überlaufen sind.

Die gegenständigen Blätter sind länglich-eiförmig, lang zugespitzt und meist dreinervig. Die unteren sind kurzgestielt, die oberen sitzen.

Die Blüten stehen meist in Büscheln an den Astenden des oberwärts stark verzweigten Stengels. Sie haben in der Regel einen verwachsenen, behaarten und meist rötlich überlaufenen Kelch, der die freikronblättrige Blume umschließt und nur die breiten, vorne schwach buchtig ausgerandeten, rosafarben bis weißlichen Zipfel der 5 Blütenblätter freigibt. Die duftenden Blüten erscheinen von Juli bis September und öffnen sich abends und nachts (Nachtfalterblume). Die Frucht ist eine längliche Kapsel mit zahlreichen schwarzen Samen.

Das Seifenkraut gedeiht von der Niederung bis in die höheren Berglagen im Uferdickicht, auf Kiesbänken, aber auch an Wegrändern und Zäunen. Der duftenden Blüten wegen wird es oft in Gärten gezogen. Früher wurde die Pflanze auch als Heilkraut in Kultur genommen. So ist sie vielerorts nur verwildert und ihr ursprüngliches Verbreitungsgebiet ist kaum mehr zu rekonstruieren. Fest steht lediglich, daß die Pflanze aus dem Mittelmeerraum stammt. Heute ist sie über fast ganz Eurasien (von England bis Japan) verbreitet. Auch in Nordamerika kommt sie vor. Dort wurde sie nachweislich durch den Menschen eingeschleppt.

Alle Pflanzenteile, vor allem aber die Wurzeln, enthalten (bis zu 5 %) Saponine. Es sind dies Giftstoffe, welche die

Eigenschaft haben, mit Wasser zusammen beim Verreiben Schaum zu erzeugen. Man hat lange Zeit die getrockneten Pflanzenteile als „Seifenwurzeln" zum Waschen von Textilien verwendet, die keine Seife vertrugen. Der Wurzelextrakt hat hämolytische Wirkung: er zerstört die roten Blutkörperchen. Außerdem greift er Schleimhäute stark an und verursacht z. B. Hustenreiz und Halskratzen. Desungeachtet weiden Schafe die Pflanze ohne Schaden ab. In geringen Dosen wurden früher Extrakte und Tees aus Seifenkraut auch beim Menschen innerlich angewandt, z. B. gegen Husten oder als harntreibendes Mittel. Sonst wurden sie meist nur äußerlich, zur Behandlung von Geschwüren und verschiedenen Hautkrankheiten benutzt.

Echtes Mädesüß
Filipendula ulmaria

Die ausdauernde, krautige Pflanze wird oft bis zu 2 m hoch. Aus dem kriechenden, gegliederten und knotig verzweigten Wurzelstock kommen zahlreiche derbe und kantige, oberwärts oft verzweigte Stengel hervor. Die Laubblätter sind unterbrochen gefiedert (je ein größeres Fiederpaar wechselt mit einem sehr kleinen ab); sie tragen 2 bis 5 Paar breiteiförmige, am Rand gesägte Fiedern und ein handförmig gelapptes Endblättchen. Oberseits sind sie dunkelgrün und (wie der Stengel) kahl, unten hellgrün und oft weißfilzig behaart. Die Pflanze blüht im Juni und Juli. Die sehr zahlreichen, kleinen, gelblichweißen, 5- oder 6zähligen Blüten riechen nach Mandeln und Vanille. Sie bilden an den Zweigenden dichte, rispig-doldige Blütenstände. Die Staubblätter ragen auffällig weit aus der Blütenkrone hervor. Das Mädesüß wächst in fast ganz Europa und in Teilen von Sibirien. Es besiedelt saure Wiesen, Ufer und vor allem auch kleinere Bäche und Gräben. Oberhalb 1300 m wird es sehr selten. Sein Name hat weniger mit Mädchen als vielmehr mit Mahd zu tun und läßt sich am besten mit „Wiesensüß" umschreiben.

Die Pflanze enthält außer Gerbstoffen verschiedene Glykoside (Gaultherin, Spiraein) und ätherische Öle mit Beimengungen von Vanillin und Heliotropin, welche für den Blütenduft verantwortlich sind.

Gemeiner Gilbweiderich

Blutweiderich

Blätter und Blüten werden gesammelt, getrocknet und als Fiebertee benutzt. Die Wurzelstöcke dienen in Portugal als Mittel gegen Nieren- und Gallensteine. In vielen anderen Landstrichen werden sie gegen sehr unterschiedliche Krankheiten wie Gicht, Skrofulose, Nervenfieber, Kropf und auch gegen Würmer oder Schlangenbiß empfohlen. In den nordischen Ländern wurden die Blüten als aromatischer Zusatz gerne dem Bier oder Met (vielleicht auch daher der Name, „Met-Süße"?) beigemengt.

Gemeiner Gilbweiderich
Lysimachia vulgaris

Die ausdauernde Staude besitzt einen langkriechenden Wurzelstock mit schuppenbedeckten Ausläufern, an deren Spitzen die Erneuerungsknospen sitzen. Der Stengel ist bis zu 1,5 m lang, flaumig behaart und schwach kantig. Die Blätter stehen zu 3 bis 4 in Quirlen, teilweise sind sie gegenständig, manchmal im oberen Stengelbereich auch wechselständig. Sie sind groß, länglicheiförmig, kurzgestielt, ganzrandig und durch zerstreut auftretende Drüsen rot punktiert.

Im Juni und Juli erscheint die meist sehr üppige, dichte Rispe: die Endblüten sitzen in den Achseln der oberen Stengelblätter. Aus den Achseln der weiter unten stehenden Blätter gehen reichverzweigte Blütenäste hervor. Die Blüten sind goldgelb, bis zu 1 cm groß und besitzen eine verwachsenblättrige Krone, die aber fast bis zum Grund in 5 eiförmig-stumpfe Zipfel gespalten ist. Die 5 kurzen, grünen Kelchzipfel sind rot gerändert. Die Früchte sind vielsamige Kapseln.

Der Gilbweiderich bildet oft große Kolonien an Ufern, in Gräben, Wiesenmooren und lichten Bruchwäldern. Er hat die ganze gemäßigte Zone Eurasiens besiedelt. Die bitter schmeckende Pflanze wurde früher als Heilmittel bei Fieber und Geschwüren verwendet. Das Kraut benutzte man zum Gelbfärben von Tuchen, den Wurzelstock zum

Braunfärben. Angeblich soll auch der Rauch des verbrannten Laubes dieser Art Fliegen abtöten oder verscheuchen.

Blutweiderich

Lythrum salicaria

Die ausdauernde, bis über 1 m hohe Pflanze hat einen verholzten Wurzelstock und einfache, aufrechte, vierkantige Stengel. Die meist gekreuzt gegenständig angeordneten Blätter sind ungestielt, lanzettlich, vorne spitz, am Grund abgerundet bis herzförmig. Auf der Unterseite treten die Blattadern stark hervor.

Die Blüten bilden eine dichte Traube. Sie sitzen am oberen Stengelteil zu 3 bis 6 in den Achseln kleiner Stengelblätter. Sie sind bläulichviolett oder rötlich, selten weiß. Eine Selbstbestäubung ist ausgeschlossen, da sich 3 Blütensorten gebildet haben, die sich in der Griffel- und Staubblattlänge sowie in der Pollengröße unterscheiden. Der Pollen der eigenen Blüte paßt nie zur Narbe. Bei uns sind die langgriffeligen Blüten in der Überzahl vorhanden.

Die Pflanze ist weitverbreitet in der Ufervegetation, in nassen Wiesen und Gräben. Sie wächst vom Tiefland bis in die Bergregion in Eurasien, Nordamerika und Australien (eingeschleppt).

Die Pflanze ist reich an Gerbstoffen. Man hat sie schon als Gerbemittel für Leder verwendet. Weit häufiger benutzte man aber zerstampfte Blätter als blutstillendes Mittel bei offenen Wunden. Als *„Radix lysimachiae purpureae"* stellten Wurzel und Blätter ein offizinelles Heilmittel gegen Blutungen und Durchfall dar. Desungeachtet werden die jungen Schößlinge, die Blätter und der gelbbraune, innen weiße Wurzelstock in manchen Gegenden als Gemüse zubereitet.

Bittersüßer Nachtschatten

Solanum dulcamara

Die ausdauernde, halbstrauchige Pflanze hat einen kriechenden, verzweigten Wurzelstock. Der niederliegende oder windende Stengel verholzt in seinem unteren Teil. Seine Länge hängt davon ab, ob die Pflanze an anderen Gewächsen hochklettern kann oder nur am Boden kriecht; windende Stengel können bis zu 3 m lang werden, kriechende sind wesentlich kürzer. Auch die Dicke des Stengels ist recht verschieden. In seltenen Ausnahmefällen kann er den Umfang eines Armes erreichen.

Sehr variabel ist auch die Blattform. Das Normalblatt ist eiförmig-lanzettlich, sein Blattgrund abgerundet oder herzförmig, bei den obersten Blättern spieß- oder pfeilförmig. Manche Blätter tragen auf jeder Seite einen kleinen Zipfel; andere sind tief dreiteilig. Sie sind mäßig behaart oder kahl.

Die Blüten sind zu überhängenden Rispen vereinigt, welche an den Stengelenden jeweils einem Blatt gegenüberstehen. Die verwachsenblättrige, dunkelviolette Blütenkrone ist in 5 lange, spitze Zipfel gespalten, die erst waagerecht abstehen, später zurückgebogen sind. An ihrer Basis befinden sich je 2 grüne, weißrandige Punkte. Die großen, gelben Staubbeutel sind zu einem Kegel verwachsen, der sich in der Blütenmitte erhebt. Die Pflanze blüht von Juni bis August und wird vor allem durch Bienen und Fliegen (die Blüten strömen einen schwachen Mäusegeruch aus) bestäubt. Die Frucht ist eine leuchtend hellrote Beere.

Die Pflanze ist ein typischer Vertreter der Uferflora, doch findet man sie auch in feuchten Gebüschen, Auwäldern, auf nassen Schuttstellen und in den Dünen. Sie steigt von den Niederungen bis in Höhen um 1500 m und besiedelt die ganze Nordhalbkugel, wobei sie allerdings sowohl die extrem kalten wie auch die extrem heißen Gebiete meidet.

Der Bittersüße Nachtschatten ist eine Giftpflanze. Besonders junge Triebe und Blätter enthalten die Giftstoffe Solanin und Dulcamarin sowie Solanidin, ein Spaltprodukt des Solanins. Alle Teile der Pflanze schmecken zuerst bitter, dann süß (Name!). Durch Speichelfermente wird nämlich von Solanin Zucker abgespalten (*dulcis*, lat. = süß, *amarus*, lat. = bitter). Die älteren Triebe waren früher offizinelle Droge für Lungen- und Hautleiden, vor allem in der Homöopathie. Heute spielen Blätter und Beeren nur noch selten in der Volksheilkunde eine Rolle.

Bittersüßer Nachtschatten

Dreiteiliger Zweizahn

Die tiefreichenden Wurzeln machen diese Halbliane zu einer ausgezeichneten Uferbefestigerin.

Dreiteiliger Zweizahn
Bidens tripartita

Einjähriges, 10 bis 100 cm hohes Kraut mit reichverzweigter, spindelförmiger Wurzel. Seine oft rötlich überlaufenen, aufrechten oder aufsteigenden Stengel sind stark verzweigt.

Die gegenständigen Stengelblätter sind dunkelgrün und drei- bis siebenteilig, ihre eiförmigen bis lanzettlichen Abschnitte an den Rändern gezähnt, der Blattstiel kurz und flügelig verbreitert.

Blüten in 1 bis 3 cm breiten, meist aufrechten und einzeln lang gestielten Körbchen. Hüllblätter der Körbchen in zwei Reihen, die äußeren zu 5 bis 8, grün, schuppenartig, länglich, meist länger als das ganze Körbchen; die inneren braungelb, breiteiförmig dichtstehend. Die Körbchen enthalten meist nur braungelbe Röhrenblüten, äußerst selten treten in der Außenreihe auch einige gelbe Zungenblüten auf. Die Pflanze blüht von Juli bis spät in den Herbst hinein. Die Früchte sind braungrüne, flache Nüßchen, die an den Kanten eine Stachelreihe tragen. Nach oben stehen 2 bis 5 widerhakige Borsten, von denen immer 2 (Name!) länger sind als die übrigen.

Die Verbreitung erfolgt durch Tiere, in deren Fell oder Balg (Wasservögel) diese hakigen Früchte hängen bleiben.

Der Dreiteilige Zweizahn gedeiht in den Pflanzengesellschaften der Ufer, in Sümpfen, Wassergräben und an sonstigen nassen Orten, ferner mit Vorliebe auf dem Schlammgrund abgelassener Teiche. Zuweilen zieht er auch als Unkraut in Getreide- und Hackfruchtäkker. Er kommt sehr häufig in fast ganz Eurasien vor (mit nördlicher Ausbreitungstendenz); in Australien hat er sich eingebürgert. In den Alpen findet man ihn nur in den klimatisch begünstigten Tälern bis zu einer Höhe von knapp über 1000 m.

Kohl-Kratzdistel

Weiße Pestwurz

Auf Äckern ist er ein sicherer Zeiger für Vernässung, an seinen anderen Standorten weist er auf Stickstoffreichtum des Bodens hin. Im haltlosen Schlamm kann er als einer der ersten Fuß fassen. Die Borsten der Früchte stellen eine Gefahr für die Fischzucht dar, denn wenn ein Fisch ein solches Nüßchen verschluckt, spießen sie sich im Maul oder zwischen den Kiemendeckeln fest und erzeugen Entzündungen oder behindern ihn beim Fressen.

Schwarz-Erle

Kohl-Kratzdistel
Cirsium oleraceum

Die kräftige, ausdauernde Pflanze fällt schon von weitem durch ihre hell- bis gelbgrüne Tracht auf. Ihre bis zu 1,5 m hohen, hohlen Stengel entspringen einem dicken, knotigen Wurzelstock. Sie sind kantig gefurcht, einfach oder zuweilen im oberen Teil schwach verzweigt.

Die Laubblätter sind groß, hellgrün, weich und ringsum mit weichen, nicht stechenden Dornen besetzt. Die unteren Blätter sind lang eiförmig, ungeteilt

Silberweide

oder lappig fiederteilig bis tief fiederspaltig und mehr oder weniger deutlich kurz und breit gestielt; die oberen sitzen mit herzförmigem Grund stengelumfassend und sind ungeteilt oder seltener etwas fiederspaltig. Am oberen Stengelende stehen in der Regel mehrere geteilte, 2 bis 5 cm lange Blütenkörbchen mit weißlichgelben (sehr selten rötlichen) Blüten. Sie werden von den großen, bleichgrünen Tragblättern meist überragt. Die dicht dachziegelig übereinander stehenden Schuppen der Körbchenhülle sind aus breiten Hochblättern, die meist weich zugespitzt sind. Die Blüten sind 5spaltige Röhrenblüten. Die Pflanze blüht von Juni bis zum Herbst. Die Körbchen werden besonders gerne von der Schmetterlingsart *Rhodocera rhamni* angeflogen, die ebenso gelbgrün gefärbt ist wie die Tragblätter der Kohldistel. Sitzt ein solches Tier auf den Blüten, täuschen seine Flügel aufragende Tragblätter vor.
Die Nüßchen tragen einen fallschirmartig ausgebreiteten, mehrzeiligen Borstensaum, dessen Strahlen federartig verzweigt sind. Sie werden durch den Wind verbreitet. Die Pflanze findet sich häufig an Ufern und in nassen Wiesen (Kohldistelwiesen) in ganz Eurasien bis zu 2000 m ü. d. M. Auffällig in Farbe und Größe zeigt sie schon aus der Ferne Nässe an.

Weiße Pestwurz
Petasites albus

Die ausdauernde Staude ist eine nahe Verwandte der Roten Pestwurz und ähnelt ihr sehr. Die Blütenstände erscheinen vor den Blättern, und zwar unmittelbar nach der Schneeschmelze. Die grünlichweißen Schäfte sind mit bleichgrünen Schuppenblättern bedeckt. Die Körbchen der männlichen Pflanzen stehen in dichten Ährenrispen, die weiblichen Rispen sind lockerer. Die Blüten sind gelblichweiß.
Die rundlich-herzförmigen Blattspreiten sind auch im Alter bis auf die Nerven weißfilzig behaart. Das kahle Adernetz hebt sich deutlich vom Filzgrund ab. Diese Art besiedelt vorzugsweise die Bachufer und Schluchten der Gebirgswälder und steigt nur selten bis ins Hügelland hinab. Sie findet sich zerstreut in fast ganz Eurasien.

Schwarz-Erle
Alnus glutinosa

Strauch oder bis zu 20 m hoher Baum mit schwarzgrauer Rinde. Die zunächst aufrecht stehenden Äste hängen später über. Die jungen Zweige sind auffallend dreikantig und klebrig *(glutinosus,* lat. = klebrig). Die Knospen sind deutlich gestielt und rotbraun bis violett getönt. Auch die jungen Blätter sind sehr klebrig; sie erscheinen erst nach der Blüte. Die Spreiten der kurzgestielten Blätter sind rundlich, gegen den Stiel zu keilförmig zusammengezogen und an der Spitze mehr oder weniger deutlich ausgebuchtet; ihr Rand ist doppelt gezähnt.
Die Blüten sind eingeschlechtig und zu eingeschlechtigen Blütenständen zusammengefaßt, welche aber auf derselben Pflanze vorkommen (Einhäusigkeit).
Die Staubbeutelblüten mit schuppenförmiger Blütenhülle bilden überhängende Kätzchen, die bereits im Herbst des vorangehenden Jahres als kleine, violette Walzen an den Zweigen erscheinen. Zur Blüte im zeitigen Frühjahr färben sie sich rotbraun und verlängern und lokkern sich stark.
Die Stempelblüten bilden kleine, eiförmige, aufrechtstehende Kätzchen, die nach der Bestäubung zu verholzenden, kugeligen, über 1 cm langen Zäpfchen auswachsen. Sie sind anfangs grünlichbraun, später schwarz und bleiben auch nach dem Ausfallen der schmalgeflügelten Samen bis in das folgende Jahr am Baum hängen. Die Erle braucht zum Gedeihen eine beständige Bodenfeuchtigkeit. Dies macht sie zu einem typischen Ufer- oder Bruchwaldgewächs. Der Erlenbruch (das *Alnetum),* eine charakteristische Pflanzengesellschaft auf saurem Flachmoortorf des nördlichen Mitteleuropas, setzt sich in seiner Baumschicht über quadratkilometergroße Flächen fast ausschließlich aus dieser Pflanze zusammen. Im Sumpfboden entwickelt sie häufig stelzenartige Wurzeln, was ihr eine größere Stabilität verleiht.
Sie ist von den Sümpfen der Dünentäler bis zum Bachgebüsch in mittleren Gebirgslagen (selten über 1000 m) durch die ganze gemäßigte Zone Eurasiens verbreitet. In Südafrika und in Nordamerika wurde sie eingeführt. Erlenholz ist leicht, weich und gut spaltbar. Es ist im Anschnitt weiß, verfärbt sich jedoch an der Luft rasch ins Braunrote. Sein hoher Gerbsäuregehalt macht es widerstandsfähig gegen Fäulnis; es wird daher bei den verschiedenartigsten Wasserbauten verwendet. Man stellt aus ihm auch sehr viele Tischler- und Schnitzarbeiten her, außerdem Formen für das Glasblasen. Es läßt sich auch bei der Bleistiftfabrikation verarbeiten.
Erlenrinde kann in der Gerberei verwendet werden, da sie einen hohen Gerbstoffgehalt besitzt. Eine Aufkochung diente früher als brauner Farbstoff. In der Volksheilkunde wurde Tee aus Erlenrinde bei Fieber getrunken oder als Gurgelmittel bei Mandelentzündung verwendet.
Erlen können bis zu 100 Jahre alt werden. Wird der Stamm früher abgesägt, so entsteht leicht aus dem zurückgebliebenen Stubben ein Stockausschlag, der zu einem neuen Baum führt.
An den Wurzeln befinden sich zahlreiche korallenartige Auswüchse, die oft große Klumpen bilden können. Sie rühren von symbiotischen Bakterien her, die Luftstickstoff binden können, den die sehr nährstoffbedürftige Pflanze nach deren Absterben für sich verarbeitet.

Silberweide
Salix alba

Die jungen Zweige dieses bis zu 20 m hohen Baumes sind behaart, biegsam

und zäh. Die lanzettlichen, am Rand feingesägten Blätter sind unterseits seidenflaumig und dadurch weißglänzend (Name!).
Die Silberweide gedeiht an Flußufern in Europa und Asien, in den übrigen Kontinenten wurde sie eingeführt. Sie wird häufig in ganzen Beständen angepflanzt, weil ihre Ruten in der Korbflechterei Verwendung finden. Dazu beschneidet man den Hauptstamm und die Zweige jedes Jahr. Es entstehen dann die charakteristischen Kopfweidenformen, die am verdickten Stammende lange, unverzweigte Ruten tragen.

Gemeine Bernsteinschnecke

Succinea putris

An den Ufern von Teichen, Tümpeln, Seen, in Moos und Sümpfen und an den Rändern von Wassergräben kann man die Gemeine Bernsteinschnecke antreffen.
In einigen Gebieten, vor allem in Osteuropa im Donaugebiet, hat man schon Bernsteinschnecken gefunden, deren Schalen bis zu 27 mm hoch sind. Im allgemeinen mißt die Schale dieser Art jedoch nur 16 bis 22 mm. Sie ist spitz und eiförmig, meist bernsteingelb und etwa 10 mm breit.
Die Schnecken halten sich vorwiegend an Wasser- oder Sumpfpflanzen auf. Bei Hochwasser oder Überschwemmungen kriechen sie an Baumstämmen oder Sträuchern in die Höhe, um sich vor den Wassermassen in Sicherheit zu bringen.
Ihre Ernährung besteht ausschließlich aus frischen Pflanzen.
Die Gemeine Bernsteinschnecke ist ein Zwitter. An feuchten Stellen legt sie 50 bis 100 Eier ab.
Im Winter verbirgt sie sich in den Rissen von Weidenrinde oder im modernden Laub an Ufer. Sie kann bis zu drei Jahre alt werden.
Da die Gemeine Bernsteinschnecke unbedingt Feuchtigkeit braucht, muß sie sich in einem sehr trockenen Sommer ebenfalls verkriechen und sich dann

Gemeine Bernsteinschnecke

Kieferspinne

Dickbeiniger Schilfkäfer

Gemeine Skorpionsfliege

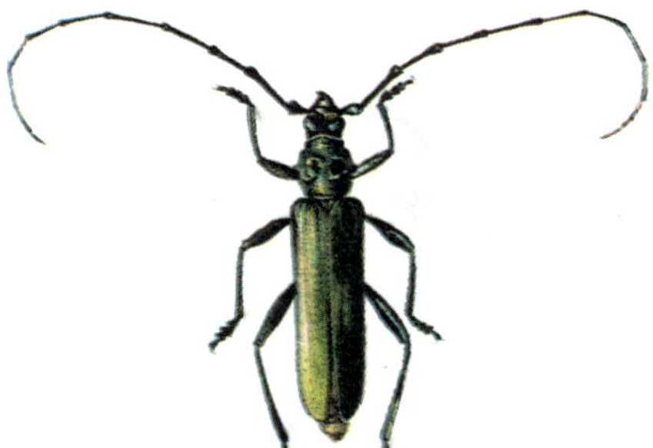

Moschusbock

vorwiegend im Schlamm aufhalten, um sich vor dem Austrocknen zu schützen.

Dickbeiniger Schilfkäfer

Donacia crassipes

In Teich- und Seengebieten mit Seerosen und anderem Pflanzenbewuchs ist weit verbreitet ein 9 bis 11 mm großer, metallisch grün glänzender Käfer mit kräftigen Hinterbeinen zu finden. Er sitzt mit Vorliebe auf Pflanzen, vor allem auf den Blättern der Seerosen.
Das Weibchen des Dickbeinigen Schilfkäfers (der zur Familie der Blattkäfer zählt) beißt Löcher in die Blätter, und legt an deren Unterseite Eier ab.
Die weißen, sechsbeinigen Larven kriechen tiefer ins Wasser und schneiden mit ihren Dornen die Luftkanäle der Pflanzen an, um ausreichend Sauerstoff zu erhalten. Sie verpuppen sich sogar unter Wasser. Dabei verbinden sie den Kokon gleichfalls mit den Luftkanälen der Wasserpflanze und schaffen sich damit eine ständige Sauerstoffzufuhr.
Hat der Käfer seinen Kokon verlassen, so kriecht er an die Wasseroberfläche und ist nur noch dort anzutreffen.

Kieferspinne

Tetragnatha extensa

An feuchten Orten kann man zwischen Schilf- oder Grashalmen Spinngewebe finden, in denen man einen Holzspan zu sehen vermeint. In Wirklichkeit ist dies jedoch eine sehr langgezogene Spinne mit nach vorn und hinten gestreckten Beinen: die Kieferspinne, deren Körperlänge 10 mm beträgt.
Sie lauert im Netz oder in dessen Nähe auf Beute, die darin hängenbleibt. Das Weibchen befestigt den die Eier enthaltenden Kokon auf Schilfhalmen oder andern Pflanzen.

Gemeine Skorpionsfliege

Panorpa communis

Im sommerlichen Wald fliegt an Bächen oder Sümpfen ein merkwürdiges

etwa 20 mm langes Insekt mit einem auffallend langgezogenen Kopf, der eine Art Rüssel bildet: die Gemeine Skorpionsfliege. Sie hat geäderte und buntgefleckte Flügel. Das Männchen ist am Ende des Hinterleibs mit einem nach oben gebogenen Auswuchs versehen, der dem Stachel eines Skorpions gleicht. Deswegen fürchten manche Leute diese Schnabelfliege; sie behaupten, es handele sich um einen Giftstachel, was aber nicht zutrifft: Der Auswuchs ist das Begattungsorgan.
An gewissen Stellen tritt dieses Insekt in großen Mengen auf. Das Weibchen legt in Bodenvertiefungen bis zu 75 Eier. Die Raupen ähneln den Larven und leben im Moos oder im feuchten Laub. Die Gemeine Skorpionsfliege nährt sich von jeder tierischen und pflanzlichen Kost (auch tot oder verwest).

Vierpunktiger Sackkäfer

Linienbock

Erlenblattkäfer

Großer Gabelschwanz

Mondvogel

Moschusbock
Aromia moschata

Von Juni bis August findet man auf Weiden an Fluß- und Bachufern einen der schönsten Käfer: den Moschusbock. Er wird bis zu 55 mm lang, seine Fühler sind länger als der Körper, und er leuchtet metallisch grün, bläulich oder kupferfarben. Gern sitzt er auf den Blüten hoher Pflanzen. Wenn er auf einem Weidenzweig ruht, ist er fast unsichtbar. Man vermag ihn jedoch an seinem stark riechenden Sekret zu erkennen. Die Larven entwickeln sich meist in alten Weiden, die bei wiederholtem Befall binnen einiger Jahre eingehen können. In Ausnahmefällen gedeihen die Larven auch in Pappeln oder Erlen. Dieser Käfer steht unter Naturschutz.

Vierpunktiger Sackkäfer
Clytra quadripunctata

An Fluß- und Bachufern begegnet man auf Weiden, Erlen und Linden zahllosen 10 mm langen Vierpunktigen Sackkäfern. Ihre Flügeldecken sind rotgelb und mit je zwei schwarzen Flecken versehen. Die Larven entwickeln sich in Ameisennestern, wo sie aus ihren eigenen Exkrementen eine sackartige Hülle bilden, in der sie sich verstecken und später verpuppen.

Linienbock
Oberea oculata

Der 15 bis 21 mm lange Linienbock ist sowohl im Flachland als auch in höheren Lagen auf Weiden an Flüssen und Bächen stark verbreitet. Kenntlich ist er an seinem roten Schild mit den beiden schwarzen Punkten. Die mit silbernen Härchen bewachsenen Flügeldecken sind ebenso schwarz wie der Kopf und die Fühler. Auf Weidenzweigen sitzen oft sehr viele dieser Käfer, die ganz eigentümliche, knarrende Laute von sich geben.
Das Weibchen legt seine Eier einzeln in ausgenagte Vertiefungen an Weidenzweigen ab. Die Larven nagen bis zu 30 cm lange Gänge. Nach einem Jahr ist die Larve erwachsen und verpuppt sich. Die ausgeschlüpften Käfer beißen sich ins Freie durch und hinterlassen eine rundliche Öffnung.
Diese Insekten schwärmen vor allem im Juni und Juli, zuweilen kann man sie auch noch bis Anfang September fliegen sehen.

Erlenblattkäfer
Agelastica alni

Die Erlenblattkäfer, die 5 bis 7 mm lang sind, findet man im Sommer an Bachläufen. Sie glänzen an der Oberseite dunkelviolett oder dunkelblau, an der Unterseite schwarzblau. Häufig erscheinen sie in solchen Massen, daß die Zweige geradezu von ihnen verdeckt werden. Diese Käfer leben auch von den Blättern. Bei manchen ist der Hinterleib derart vergrößert, daß ihn die Flügeldecken nicht mehr überspannen können: Das sind Weibchen, deren Hinterleib mit Eiern gefüllt ist. Im Mai oder Juni legen sie die Eier in Häufchen von etwa 50 Stück an die Unterseite von Blättern ab (bis zu 900 insgesamt). Auch die Larven fressen am Laub. Sobald sie herangewachsen sind, steigen sie zum Boden hinab und verpuppen sich. Die Käfer schlüpfen im August, fliegen auf Erlen, wo sie sich über die Blätter hermachen, und kriechen endlich zur Überwinterung in Fallaub.

Großer Gabelschwanz
Dicranura vinula

Von Juli bis September kann man auf Weiden oder Pappeln an Flüssen eine große, grünliche, gleichsam bucklige Raupe antreffen, die am Hinterleib eine besondere „Gabel" hat. Es ist die Raupe des Großen Gabelschwanzes. Diese Gabel besteht aus röhrenartigen Auswüchsen, die sich zu Nachschiebern umgebildet haben. Aus ihnen reckt die Raupe bei Gefahr rosa Fäden, um Feinde zu vertreiben. Diese Raupe verfertigt in einer Rindenspalte aus Splittern einen Kokon, in dem sie sich verpuppt. Die Flügel des erwachsenen Falters haben eine Spannweite von 70 mm. Er fliegt von Mai bis Anfang Juli im Dunkeln. Die Vorderflügel sind grau mit dunkleren Zickzacklinien, die Hinterflügel heller, beim Weibchen bräunlich, beim Männchen grau. Bei zu starker Vermehrung können die Raupen in Baumschulen große Schäden anrichten, da sie viele Blätter fressen.

Mondvogel
Phalera bucephala

Von Juni bis Oktober kann man auf Weiden, Pappeln, Birken und Linden die fein behaarten schwarzbraunen und gelbgestreiften Raupen des Mondvogels beobachten. Solange sie noch klein sind, bleiben sie in großen Mengen beisammen, und die von ihnen befallenen Zweige sind bald kahlgefressen. Wenn sie größer werden, siedeln sie einzeln auf andere Zweige über, um genügend

Weinschwärmer

Abendpfauenauge

Wolfsmilchschwärmer

Großer Eisvogel

Großer Schillerfalter

Kaisermantel

Nahrung zu finden. Die erwachsenen Raupen verpuppen sich am Boden. Die Puppe ist dunkel und glänzend; bei Berührung zuckt sie zusammen.
Der Falter, dessen Spannweite 50 mm mißt, fliegt an warmen Abenden im Mai und Juli. Seine Vorderflügel sind dunkelgrau mit dunklen Querstreifen und Wellenlinien; nur am oberen Rand jedes Flügels befindet sich ein großer, goldfarbener Fleck. Die Hinterflügel sind gelblichweiß.

Weinschwärmer
Deilephila elpenor

An Bachufern findet man oft die rotblühenden Weidenröschen, auf denen von Juni bis Ende August die 8 cm langen, dicken Raupen des Weinschwärmers zu entdecken sind. Sie haben an den vorderen Körpergliedern „Augen" und am Hinterleib ein „Horn". (Der Weinschwärmer ist ein Nachtfalter.) Sie fressen die Blätter der Weidenröschen, sind aber auch auf Labkraut oder an Weinstöcken anzutreffen. Der schön gefärbte Falter fliegt an warmen Abenden im Mai und Juni rasch umher. Die Spannweite der Flügel beträgt etwa 65 mm.

Abendpfauenauge
Smerinthus ocellatus

In der Nähe von Wasserläufen fliegt nachts von April bis Juni ein großer Falter mit je einem „Auge" auf den Hinterflügeln. Es ist das Abendpfauenauge. Hat sich dieser Falter niedergelassen, dann sind seine Hinterflügel von den rindenfarbigen Vorderflügeln verdeckt. Bei Gefahr öffnet er rasch die Vorderflügel, wobei die „Eulenaugen" seiner Hinterflügel sichtbar werden, die manchen Feind abschrecken. Die Raupe dieses Schmetterlings ist grün mit schrägen blauen Querstreifen an den Seiten; der hornartige Fortsatz am Körperende ist blau. Sie lebt von Juni bis September an Weiden. Seltener trifft man sie auf Pappeln oder jungen Obstbäumen. Die Spannweite des Abendpfauenauges beträgt 85 mm.

Wolfsmilchschwärmer
Celerio euphorbiae

Gleichfalls an Flußufern kann man von Juni bis Oktober eine auffallend gefärbte Raupe beobachten, die sich an Wolfsmilchpflanzen zu schaffen macht. Ihre Grundfarbe ist schwärzlich, am Rücken zieht sich ein hellroter Längsstreifen hin, und an den Seiten sind gelbliche Streifen und Flecken. Am Körperende der Raupe befindet sich ein langes „Horn". Die erwachsenen Raupen verpuppen sich in Boden. Dieser Falter fliegt in der Dämmerung und sucht Blüten auf, aus denen er mit seinem langen Rüssel Nektar saugt. Seine Spannweite: 70 mm. Interessant ist, daß die Puppe auch mehrmals überwintert und der Falter erst einige Jahre nach der Verpuppung schlüpft.

Großer Eisvogel
Limenitis populi

Dieser Tagfalter zählt zu den schönsten europäischen Schmetterlingen. Das Weibchen ist etwas kleiner als das Männchen und hat an den Hinterflügeln einen breiten weißen Streifen, während er beim Männchen schmal und bräunlich ist. Noch schöner ist die Unterseite der Flügel gefärbt, wo der goldene Grund mit silbrigen Flecken übersät ist. Die Spannweite dieses Falters: 80 mm.
Der Große Eisvogel hält sich meist in Flußtälern auf, wo er segelnd um die Baumkronen fliegt; häufig läßt er sich auf feuchtem Boden, Kot oder Schlamm nieder. Seine grüne Raupe hat am Körper große Auswüchse; sie lebt auf den Blättern von Pappeln, seltener auf denen von Espen. Im Herbst rollt

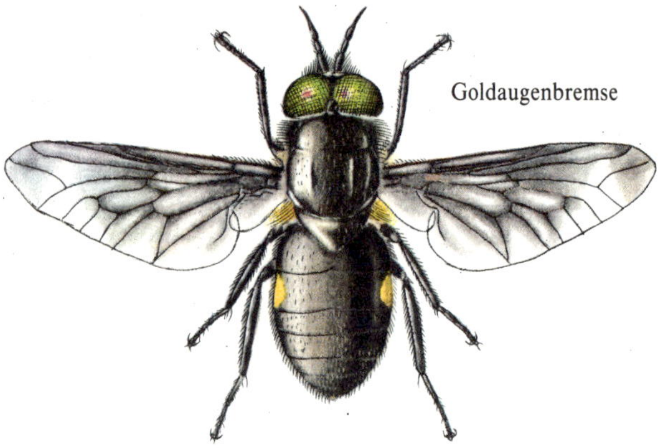

Goldaugenbremse

Chamäleon-Waffenfliege

sie ein Blatt zusammen und überwintert darin. Im Frühjahr frißt sie bis zur Verpuppung weiter an Blättern.
Der Falter schlüpft schon nach 3 bis 4 Wochen aus der Puppe.

Großer Schillerfalter
Apatura iris

In Flußnähe oder in hellen Laubwäldern fliegt zwischen Juni und August der Große Schillerfalter. Die Spannweite dieses Tagfalters mißt 60 mm. Die Oberseite der Flügel schillert metallisch. In den frühen Morgenstunden saugt er oft an Tierkadavern, Exkrementen u. ä.; zu späterer Stunde fliegt er in Baumkronen umher. Seine Raupen findet man von August an auf Weiden oder Espen; sie sind grün, gelbgestreift und punktiert und haben zwei lange blaue „Hörnchen" am Kopf. Die Raupen überwintern und fressen von April bis Juni Blätter. Dann erfolgt die Verpuppung.

Kaisermantel
Argynnis paphia

An Bächen, auf feuchten Waldwiesen oder Lichtungen ist der Kaisermantel

Geburtshelferkröte

Ringelnatter

(ein Tagschmetterling mit einer Spannweite von 70 mm) stark verbreitet.
Er sitzt meist auf den Blüten hoher Disteln und saugt Nektar.
Das Weibchen legt seine Eier im August auf Veilchen ab. Die Raupen schlüpfen nach 2 Wochen, leben auf Veilchen, überwintern dann und fressen von Mai bis Juni wiederum die jungen Veilchentriebe, um sich schließlich an Baumstämmen zu verpuppen. Man findet diese Raupen indessen nur selten an Veilchen, denn sie verstecken sich am Tag und kriechen erst nachts hervor. Die braune Raupe hat am Rücken einen gelben Streifen, an den Seiten dunklere Linien und am ganzen Körper lange gelbe Stacheln.

Goldaugenbremse
Chrysops caecutiens

Gleichfalls an Gewässern und in deren Nähe ist die 8 bis 9 mm lange Goldaugenbremse stark verbreitet. Das Fliegenweibchen hat goldgrüne Augen.
Von Mai bis September wagt es sich sogar an große Säugetiere (auch an Menschen) heran und saugt ihnen Blut ab.
Die glänzendschwarzen Eier werden an Wasserpflanzen abgelegt.
Die Larven haben einen walzenförmigen Körper und führen im Schlamm ein räuberisches Dasein. Sobald sie erwachsen sind, verlassen sie das Wasser und verpuppen sich meist im Sand.

Chamäleon-Waffenfliege
Stratiomys chamaeleon

Die Waffenfliege hat einen abgeflachten Hinterleib. Sie fliegt im Sommer auf Blüten und Sträucher in Wassernähe. Sie mißt etwa 14 mm. An manchen Stellen tritt sie in Mengen auf.
Die Waffenfliege nährt sich von Nektar. Sie ist nicht scheu. Man kann sie also oft beobachten. Das Weibchen legt seine Eier an Pflanzen oberhalb der Wasserfläche ab. Die Larven steigen ins Wasser, um im Gewirr der Pflanzen zu leben. Sie verfügen über eine sehr lange

Rohrammer

Drosselrohrsänger

Atemröhre, an deren Ende sich eine Atemspalte befindet. Die Larven fressen die Larven anderer Insekten sowie kleine Würmer. Wenn sie erwachsen sind, verpuppen sie sich am Boden.

Geburtshelferkröte

Alytes obstetricans

In Westeuropa, im westlichen Teil Mitteleuropas und im Süden begegnet man der Geburtshelferkröte, die bis zu 5,5 cm lang wird. Man kann sie sowohl an der Meeresküste als auch in hohen Gebirgslagen antreffen. Am Tag hält sie sich unter Steinen oder in selbstgegrabenen Löchern verborgen und geht erst in der Dämmerung auf Beutefang aus. Sie ernährt sich von Insekten, Larven, Würmern und Spinnen. Während der Paarung läßt sie ihre glockenartig klingende Stimme ertönen; deshalb wird sie oft auch Glockenfrosch genannt. Diese Kröten paaren sich im Frühjahr und Sommer. Das Weibchen legt eine Schnur von 20 bis 100 Eiern ab, die das Männchen um seine Hinterbeine wikkelt und ständig bis zum Ausschlüpfen der Kaulquappen (3 bis 6 Wochen) mitschleppt. Um das Austrocknen der Eier zu verhindern, muß sich das Männchen an feuchten Plätzen aufhalten. Wenn es sehr trocken wird, taucht es die Eier für kurze Zeit unter Wasser. Vor dem Schlüpfen der Kaulquappen steigt das Männchen ins Wasser, wo dann auch die geschlüpften Jungtiere verbleiben. Die Verwandlung in kleine Frösche erfolgt im Herbst, zuweilen auch erst im nächsten Jahr, nach der Überwinterung der Quappen im Wasser.

Ringelnatter

Natrix natrix

Die schiefergraue Ringelnatter ist in Europa weit verbreitet. Sie wird bis zu 1,5 m lang; die Weibchen sind meist größer als die Männchen. Das Tier hat je einen weißlichen bis orangefarbenen Fleck an beiden Seiten des Kopfes und weilt mit Vorliebe an Teichen, Tümpeln oder Flüssen; dort kann man es während des Sommers beobachten. Erst im Herbst sucht die Ringelnatter entferntere Verstecke auf (Felsspalten, Baue von Säugetieren, Grotten oder Baumhöhlen) und überwintert meist gemeinsam mit andern Schlangenarten.
Die Ringelnatter ist auch im Wasser zu sichten, wo sie zwar nicht sehr schnell, aber ausdauernd schwimmt und sehr oft große Entfernungen zurücklegen kann.
Die Ringelnatter rastet häufig auf schwimmenden Gegenständen. Vor dem Menschen flüchtet sie in ein Versteck. Um sich ihrer Feinde zu erwehren, sondert sie das übelriechende Sekret einer bei der Kloake liegenden Drüse ab. Die Ringelnatter frißt Amphibien, seltener auch kleine Fische oder Säugetiere.
Die Jungen ernähren sich vor allem von Insekten. Zwischen Juli und August legt das Weibchen unter Laub oder Moos, in Dung- oder Komposthaufen bis zu 30 Eier ab, die eine weiche lederartige Hülle haben. Die Jungen schlüpfen nach 2 Monaten, in warmen Gegenden schon früher.

Rohrammer

Emberiza schoeniclus

Die schön gefärbte Rohrammer gibt es in ganz Europa, vor allem im dichten Riedgras an Teichen und Sümpfen des Flachlandes.
Das Männchen sitzt meist auf den Zweigen von Weiden oder auf Schilf. Während der ersten Brutzeit im April singt die Rohrammer (im Juni brütet sie ein zweitesmal). Diese Vögel bauen ihre Nester aus trockenen Grashalmen oft in Wassernähe auf Wiesen und Äckern in Bodenmulden, die sie mit Gras zudekken. Hin und wieder findet man auch auf niedrigen Sträuchern ihre Nester. Das Weibchen legt 4 bis 6 bräunliche oder violett angehauchte Eier mit braunschwarzen Flecken und gewundenen Streifen. 12 bis 14 Tage lang brütet das Weibchen, wird jedoch regelmäßig vom Männchen abgelöst. Die Altvögel füttern ihre Jungen mit Insekten und Larven, während sie selbst Samen von Sumpfpflanzen bevorzugen.
Rohrammern können wir auch im Winter begegnen: Das sind Vögel, die aus dem Norden zugezogen sind. Aus Mitteleuropa ziehen die Rohrammern für die Winterzeit nach Frankreich oder Italien. An ihre Nistplätze kehren sie im März zurück.

Drosselrohrsänger
Acrocephalus arundinaceus

Der Drosselrohrsänger ist in ganz Europa – Großbritannien und Skandinavien ausgenommen – bekannt. Er haust im Röhricht an Teichen, Tümpeln und Seen, zeigt sich aber nur selten. Hingegen ist sein lauter, wie „Karre karre kiet kiet“ klingender Gesang häufig zu hören. Das Männchen sitzt beim Singen meist auf Schilfrohrstengeln.
Die europäischen Drosselrohrsänger ziehen schon im August nach Süden (bis Äquatorialafrika) und kommen erst Mitte Mai zurück.
Die Drosselrohrsänger bauen ihre Nester zwischen Schilfhalmen in der Form von 20 cm tiefen und 10 cm breiten Körbchen, am liebsten dicht über einer Wasserfläche. Das Weibchen legt im Juni 4 oder 5 bläuliche, olivgrün und braun gefleckte Eier. Beide Eltern wechseln sich beim Brüten ab, das 14 bis 15 Tage dauert, und füttern danach die Jungen noch 2 Wochen lang.
Der Drosselrohrsänger nährt sich von Insekten, Larven, Spinnen und Schnekken.

Rohrweihe
Circus aeruginosus

Fast überall in Europa kann man in teich- und seenreichen Gebieten einem schönen, etwa 50 cm großen Greifvogel, der Rohrweihe, begegnen, die im Schilf haust. Nach der Rückkehr aus dem tropischen Afrika (meist Ende März) kreisen die Vogelpaare hoch in der Luft. Der Paarung gehen akrobatische Flugspiele voraus. Kurze Zeit später beginnen die Rohrweihen, Zweige und trokkene Halme auf niedergedrücktem Schilf über dem Wasser zusammenzutragen.

Rohrweihe

Große Rohrdommel

Nachtreiher

Graureiher

Der fertige Bau wird bis zu 40 cm hoch und hat einen Durchmesser von etwa 80 cm. Das Weibchen legt 4 bis 6 grünlichweiße Eier; da es schon nach Ablage des ersten Eis zu brüten anfängt, schlüpfen die Jungen nacheinander aus. In der Brutzeit wird das Weibchen vom Männchen gefüttert. Die Jungen schlüpfen nach 32 bis 33 Tagen. Beide Eltern jagen Beute; die Fütterung besorgt jedoch allein das Weibchen, dem das Männchen Jungvögel, Wühlmäuse, Frösche und Fische übergibt. Der Nachwuchs bleibt 40 Tage im Nest, ist dann zwar schon flügge, wird jedoch von den Altvögeln noch eine Zeitlang gefüttert.
Ende August oder Anfang September ziehen die Rohrweihen in ihre Winterquartiere.

Graureiher
Ardea cinerea

In Teich- und Seengebieten ist auch der kräftige Graureiher zu finden. Er fliegt langsam, fast schwerfällig. Diese Vögel lassen sich mit S-förmig gebogenen Hälsen im seichten Wasser nieder, harren dort reglos stundenlang aus und lauern auf kleine Fische, Amphibien, Weichtiere, Insekten und Vögel. Ihre langen Schnäbel benutzen sie als Harpunen.
Die Graureiher suchen ihre Brutreviere Anfang April auf und leben meist in Kolonien. Ihre Nester legen sie in den Kronen hoher Bäume an. Sie bestehen aus trockenen Zweigen und werden mit Halmen ausgepolstert. Auf größeren Bäumen kann man auch mehrere Nester finden. Das Weibchen legt 4 bis 5 blaugrüne Eier, die von beiden Eltern 25 bis 28 Tage bebrütet werden.
Da das Brüten gleich nach der Ablage des ersten Eis beginnt, schlüpfen die Jungvögel nacheinander. Die Eltern füttern sie anfangs in die Schnäbel, später bringen sie die Beute nur ins Nest. Nach 7 Wochen sind die jungen Graureiher flügge, und im Alter von 8 bis 9 Wochen verlassen sie das elterliche Nest, um sich mit der Umgebung vertraut zu machen.
Im Herbst und in milden Wintern überwintern an Teichen ganze Schwärme der in Nordeuropa nistenden Arten.
Die Graureiher aus Mitteleuropa überwintern im Mittelmeergebiet oder in Afrika, wohin sie im September ziehen.

Große Rohrdommel
Botaurus stellaris

In Schilfdickichten an Teichen und Seen kann man im Frühjahr ein unheimlich anmutendes „Muhen“ hören, das früher Abergläubische erschreckte: Sie meinten, in den Sümpfen lauerten geheimnisvolle Wesen, die es auf Menschen abgesehen hätten. Diese eigentümlichen Töne werden von der Großen Rohrdommel ausgestoßen, die in stillen Nächten kilometerweit zu vernehmen ist. Wenn sie aufgescheucht wird, verschwindet sie schnell im Röhricht. Bei nahender Gefahr verhält sie sich ganz ruhig, streckt Hals und Schnabel nach oben, verharrt regungslos und wird deshalb oft übersehen.
Die Rohrdommel baut ihr Nest aus Halmen auf niedergedrücktem Schilf. Das Weibchen legt 4 bis 6 graugrüne Eier. Die Jungen schlüpfen nach 25 bis 26 Tagen. Das Brüten besorgt das Weibchen vermutlich allein, denn bisher wur-

Kiebitz

Rotschenkel

de noch von keinem brütenden Männchen berichtet.
Die Große Rohrdommel lebt von Fröschen, kleinen Fischen und Insekten. Im Oktober fliegt sie nach Afrika und kehrt im März zurück.

Nachtreiher

Nycticorax nycticorax

Der schöne Nachtreiher ist in Südeuropa heimisch und brütet nur in Ausnahmefällen in Mitteleuropa. Er ist ein geselliger Vogel, der sein Nest in Kolonien anlegt (häufig zusammen mit andern Vogelarten). Man findet ihn auf Sträuchern und Bäumen im Röhricht von Inseln.
Das Nest errichtet er aus ziemlich unordentlich übereinandergelegten Zweigen. Das Weibchen legt meist 5 grünblaue Eier, auf denen es unmittelbar nach Ablage des ersten Eies abwechselnd mit dem Männchen 21 bis 25 Tage sitzt. Wenn die Jungen gestört werden, hakken sie mit ihren Schnäbeln auf den Feind ein, um ihn zu verscheuchen. Die größeren flüchten sich auf Zweige und geben dabei die unverdaute Nahrung — Insekten, Fischchen — von sich, um rascher wegzukommen.
Die Nachtreiher suchen ihre Beute am Abend. Nur selten jagen sie auch bei Tage. Sie vertilgen vor allem Fische, die sie oft weit entfernt vom Nistplatz fangen. Im September ziehen sie zum Überwintern nach Afrika. Rückkehr: Ende März oder Anfang April.

Kiebitz

Vanellus vanellus

Den schönen und eleganten Kiebitzen begegnet man auf Wiesen und Äckern in Wassernähe. Ende Februar kehren sie aus ihren süd- und westeuropäischen Winterquartieren heim.
Dann kann man auch bei uns ihre Flugkünste bewundern und ihre wie „Kiehwit" klingenden Rufe vernehmen. Der Kiebitz baut sein Nest auf einem erhöhten Grasbüschel und polstert es mit Grashalmen aus. Das Weibchen legt 4 bräunliche und olivfarbene, gefleckte Eier, die immer mit der Spitze nach innen — wie ein vierblättriges Kleeblatt — im Nest liegen. Das ist für alle Sumpfvögel typisch. Beide Partner brüten abwechselnd 24 Tage lang.
Zwei Tage nach dem Ausschlüpfen verlassen die Jungen das Nest und halten sich in der Nähe zwischen Grasbüscheln und Steinen versteckt. Sie sind gefleckt und kaum sichtbar, wenn sie ruhig am Boden liegen.
Nach 5 Wochen beginnen die Kiebitze mit ihren Flugversuchen. Sie formieren sich nun zu großen Schwärmen, die meist in der Umgebung von Teichen verweilen. Oft ziehen die bei uns heimischen Kiebitze schon im August nach Süden in ihre Winterquartiere. Später erscheinen bei uns andere Kiebitze, die im Norden gebrütet haben und bis Oktober in Mitteleuropa bleiben. Der Kiebitz frißt Insekten, Würmer, Weichtiere, Samen und grüne Pflanzenteile.

Rotschenkel

Tringa totanus

Dem Rotschenkel begegnet man an Sümpfen, Mooren, nassen Wiesen und Schlammflächen. Ende März oder Anfang April kommt er aus Afrika heim, wohin er bereits im August, September oder Oktober gezogen war. Im Frühjahr hört man seinen melodischen Ruf „Düdü, dü".
Bei der Paarung umhüpft das Männchen mit herabhängenden Flügeln das Weibchen, als wolle es tanzen. Es verbeugt sich, um gleich wieder wild mit den Flügeln zu flattern.
An einer sumpfigen Stelle gräbt das Männchen dann eine flache Grube (zuweilen auch im Gras), die es mit Halmen ausstaffiert. Dort legt das Weibchen 4 graue, dunkel gesprenkelte Eier, die es — mit dem Männchen abwechselnd — in 22 bis 25 Tagen ausbrütet. Die Jungen sind nach 40 Tagen selbständig.
Wenn sich ein Feind dem Nest nähert, fliegen die beiden Alten mit lautem Geschrei umher, um ihn zu verjagen. Der Rotschenkel lebt von Insekten, Würmern, Weich- und Krebstieren sowie von Fischen.

Flußseeschwalbe

Lachmöwe

Flußseeschwalbe

Sterna hirundo

Anfang Mai erscheint an Teichen, Seen und an den Küsten fast ganz Europas ein schlanker Vogel mit gegabeltem Schwanz: die Flußseeschwalbe. Man kann sie leicht an ihren schmalen langen Flügeln identifizieren. Sie lebt in kleinen Schwärmen. Gerne nistet sie in Kolonien oft inmitten oder in der Nähe von Möwenkolonien und schätzt sandige Stellen. Ihr Nest aus Holzstückchen, Wurzeln, Halmen baut sie in einer Bodenmulde.
Das Weibchen legt 2 bis 3 gefleckte Eier, deren Färbung sehr unterschiedlich ist. Während der 20 bis 22 Tage dauernden Brutzeit wird es vom Männchen ab-

Wasseramsel

Bachstelze

Nachtigall

gelöst. Die Flußseeschwalbe frißt vor allem kleine Fische, die sie — von der Höhe herabstürzend — aus dem Wasser fängt. Man sieht sie auch, auf Beute lauernd, mit heftigem Flattern über der Wasserfläche in der Luft stehen.
Die Altvögel füttern ihre Jungen noch eine Zeitlang mit Insekten und kleinen Fischen.
Die Flußseeschwalben überwintern in Südafrika, wohin sie bereits ab August ziehen.

Lachmöwe
Larus ridibundus

Die Lachmöwe ist auf beinahe allen größeren Teichen, Seen, an Meeresküsten und im Mündungsgebiet von Flüssen zu finden. Im Brutkleid hat sie einen schokoladebraunen Kopf; diese Färbung verliert sich jedoch im Winter. Die Lachmöwen leben gesellig in Schwärmen und nisten auch in Kolonien. Diese Möwenart kommt schon in der zweiten Märzhälfte zu ihren Nistplätzen; Anfang Mai legen die Weibchen ihre Eier in Nester aus Holzstückchen, Halmen und ähnlichem Material. Die Nester sieht man entweder auf Inseln oder schwimmend im Röhricht.
Das Weibchen legt meist 3 gefleckte Eier, deren Färbung veränderlich ist: Nicht selten findet man in einer ganzen Kolonie kaum zwei gleichfarbene Eier. Während des 22 bis 24 Tage dauernden Brütens wird das Weibchen vom Männchen regelmäßig abgelöst.
Die jungen Möwen sind fleckige, reizvolle Geschöpfe, die reglos verharren, wenn man sich ihnen nähert. Dank ihrer Schutzfärbung sind sie kaum wahrzunehmen. Erst wenn sie größer geworden sind, versuchen sie bei Störungen im Röhricht zu verschwinden oder schwimmend zu entkommen.
Die Möwen ernähren sich von Insekten, kleinen Fischen, Würmern, Weichtieren und Lurchen. Sie fressen aber auch Pflanzenkost, z. B. reife Kirschen. Auf den Feldern folgen sie zuweilen dem Pflug und suchen in der frisch umbro-

chenen Erde nach Insektenlarven. Oft fliegen sie kilometerweit, um Kost zu finden.
Im Herbst ziehen die Lachmöwen in ihre west- und südeuropäischen Winterquartiere. Zahlreiche Schwärme überwintern freilich in Mitteleuropa auf Flüssen oder in Häfen der Großstädte.

Bachstelze
Motacilla alba

An Bächen, Flüssen und Teichen, oft mitten in einem Dorf oder einer Stadt, sehen wir einen kleinen Vogel flink umherlaufen, der mit seinem langen Schwanz ständig auf und ab wippt: die in ganz Europa vorkommende Bachstelze. Dieser Vogel kommt schon Ende Februar aus seinen Winterquartieren im Mittelmeergebiet zurück.
Im April bauen die Paare ihre Nester aus Zweigen, Würzelchen und Halmen, die sie mit Haaren und Federn auspolstern. Diese Nester befinden sich oft in Mauerrissen, zwischen Dachbalken von Scheunen oder zwischen Steinen. Das Weibchen legt im April oder Mai 3 bis 6 weißliche, dunkelgrau gesprenkelte und gestrichelte Eier. Nach 12 bis 14 Tagen schlüpfen die Jungen, die 2 Wochen im Nest bleiben und dann ausfliegen. (Eine zweite Brut schließt sich an.)
Im August bilden die Bachstelzen Schwärme, die oft Hunderte von Vögeln umfassen. Sie nächtigen in der Nähe von Teichen im Schilf. Im September oder Oktober verlassen sie ihre Heimat. In seltenen Fällen überwintern sie auch in Europa; sie sind dann an eisfreien Bächen zu finden.
Ihre Nahrung: Insekten, Würmer, Spinnen, Krebstierchen.

Wasseramsel
Cinclus cinclus

In Gebirgen findet man an Bächen und kleinen Flüssen einen munteren Vogel mit kurzem Schwanz: die Wasseramsel. Sie verläßt ihre Heimat auch im Winter nicht. Ihre Nahrung sucht sie am Grund der Wasserläufe: Insekten, Krebstierchen u. ä. Ihre Flügel benutzt sie dabei wie Ruder. Mit ihrem Schnabel fängt sie Insektenlarven; sie kann damit auch kleine Steine aus dem Weg schieben, unter denen Flohkrebse hausen. Ihre Federn sind stark durchfettet, so daß kein Wasser eindringen kann.
Die Wasseramsel baut ihr Nest in unmittelbarer Nähe des Gewässers, manchmal sogar hinter Wasserfällen (die sie in raschem Flug durchstoßen muß, um zu ihren Jungen zu gelangen) oder in Höhlungen zwischen Steinen. Auch das Baumaterial schafft sie aus dem Wasser herbei: Teile von Pflanzen u. ä. Das Weibchen legt 4 bis 6 weiße Eier. Die Jungen schlüpfen nach 15 bis

Uferschwalbe

Eisvogel

Bisamratte

Wasserspitzmaus

Biber

17 Tagen, sind nach 3 Wochen flügge und verlassen dann das Nest. Im Juni oder Juli brütet die Wasseramsel oft ein zweites Mal.

Nachtigall

Luscinia megarhynchos

Unweit von Flüssen oder Teichen mit dichtem Bewuchs oder in Laubwäldern von Flußtälern ist häufig einer der bekanntesten Singvögel zu hören: die Nachtigall. Sie kehrt im April aus ihrem Winterquartier heim und beginnt sogleich zu singen, vor allem nachts; manchmal läßt sie sich allerdings auch zur Mittagszeit vernehmen. Nicht alle Nachtigallen singen schön: Es gibt auch „Hudler“. Diese Vögel müssen nämlich ihre Sangeskunst erst „fortgeschrittenen“ Sängern ihrer Art ablauschen.

Die Nachtigall baut ihr Nest stets in Gebüschen über oder auf dem Boden aus Halmen, Wurzelteilchen, Moos u. ä. und richtet es behaglich mit Haaren ein. Das Weibchen legt 5 oder 6 olivbraune, mitunter dicht gefleckte Eier, die es in 13 Tagen ausbrütet. Die Jungen verlassen nach 11 Tagen das Nest.

Die Nachtigallen ziehen im August bereits wieder in ihre Winterquartiere nach Nord- und Äquatorialafrika. Sie ernähren sich in erster Linie von Insekten, Würmern und Spinnen.

Uferschwalbe

Riparia riparia

In der Umgebung von Flüssen und Seen, wo es Sandgruben oder steil abfallende Lehmwände gibt, lebt die Uferschwalbe, die in der zweiten Aprilhälfte oder im Mai aus ihrem Winterquartier zurückkehrt und sogleich mit dem Nestbau beginnt.

In der senkrechten Wand von Sandgruben gräbt sie einen 1 bis 1,5 m langen Gang, der in einem kugeligen Nistkessel endigt. Dorthin schafft die Uferschwalbe Stroh- und Grashalme sowie Federn, darunter große Hühnerfedern (die sie kaum schleppen kann). Die Vögel brü-

ten in Kolonien; häufig befinden sich in einer Wand Hunderte von Nestöffnungen. Das Weibchen legt 5 oder 6 reinweiße Eier, die beide Eltern in 15 Tagen ausbrüten. Die Jungen werden 23 Tage lang im Nest gefüttert. Gelegentlich schließt sich eine zweite Brut an.
Die Uferschwalbe nährt sich vor allem von Insekten, die sie geschickt im Flug fängt. Sie jagt meist über die Wasserfläche dahin. Im August zieht sie nach Äquatorial- und Südafrika.

Fischotter

Eisvogel
Alcedo atthis

An Flüssen und größeren Bächen lebt der schöne, blaugrün schillernde Eisvogel, der ein Standvogel ist, sich aber im Winter umhertreibt. Aus den nördlicher gelegenen Zonen zieht er im Winter in wärmere Gegenden.
Er bevorzugt klares Wasser und brütet nur dort, wo er Steilufer vorfindet, in die er etwa 1 m tiefe Gänge scharrt. Den Nestkessel am Ende des Ganges polstert er mit Schuppen und Gräten von Fischen aus, die er den unverdauten Resten seiner Nahrung entnimmt. Das Weibchen legt 7 bis 8 weiße runde Eier, aus denen nach 21 Tagen blinde und nackte Junge schlüpfen, die rasch wachsen. Wenn sie flügge geworden sind, bleiben sie noch kurze Zeit bei den Altvögeln. Sobald sie jedoch selbständig leben können, siedeln sie sich in der Umgebung an. Der Eisvogel frißt kleine Fische (die er als Stoßtaucher aus dem Wasser holt), Insektenlarven und manchmal Libellen. Fischschuppen und Gräten verdaut er nicht, sondern würgt sie in gewölleartigen Klumpen aus.

Bisamratte
Ondatra zibethica

Die Bisamratte lebte ursprüglich auf dem nordamerikanischen Kontinent, und zwar von Louisiana bis Alaska. Sie wurde von den Eingeborenen wegen ihres Fleisches, später von weißen Jägern wegen ihres schönen Fells erlegt. Im Jahre 1905 ließ Graf Colloredo-Mansfeld 10 Bisamrattenpaare in Dobříš bei Prag aussetzen. Die Tiere wurden rasch heimisch und vermehrten sich schnell. Der örtliche Teich war ihnen bald zu eng, worauf sie sich in der ganzen Umgebung zu verbreiten begannen. Nach wenigen Jahren hatten sie ganz Böhnen „überschwemmt“, später weite Teile Europas; heute gibt es sie selbst in der Mongolei und in China.
Früher galt die Bisamratte als Schädling, jetzt wird sie jedoch als Pelztier gehalten: Aus ihren Häuten werden die „Bisam“ genannten Pelze verfertigt. Die Bisamratte lebt in Seen, Teichen, Tümpeln und Flüssen; in den Bergen kann man sie noch in einer Höhe von 1000 m ü. d. M. antreffen. Sie gräbt in Uferböschungen Baue, die etwa 1 m tief und mehrere Meter lang sind. Bei starker Vermehrung können die Bisamratten Dämme beschädigen.
Für den Winter bauen sie aus Schilf, Binsen und Zweigen einen bis zu 1 m hohen und 2 m im Durchmesser großen Bau über der Wasseroberfläche. Aus diesem mächtigen „Haus“, in dem die Wohnkammer liegt, führen Gänge ins Wasser.
Das Weibchen wirft bis zu viermal im Jahr 5 bis 8 blinde Junge, die ihre Augen nach 11 Tagen öffnen und nach 3 Wochen zum erstenmal das Nest verlassen.
Die Bisamratte lebt vor allem von Wasserpflanzen, Blättern, Wurzeln, selten von Weichtieren oder Fischen. Sie kann bis zu 5 Jahre alt werden. Sie ist ein Nachttier, das keinen Winterschlaf hält. Ein ausgewachsenes Tier kann bis zu 1,5 kg schwer werden.

Biber
Castor fiber

Der Biber war einst in ganz Europa anzutreffen, wurde jedoch fast überall ausgerottet. Heute kommt er nur noch vereinzelt vor. Hin und wieder findet man ihn im Rhônegebiet, häufiger in Nordosteuropa. In letzter Zeit wurden Versuche zu seiner Wiedereinbürgerung in Deutschland unternommen. Vor allem in Hessen, an der Nordseeküste und in Bayern gibt es den Biber nun wieder öfter.
Er bewohnt die Ufer stehender oder träge fließender Gewässer, wo er aus Zweigen und Gras Dämme errichtet sowie 2

bis 3 m hohe Bauten, die sogenannten Biberburgen. Er lebt paarweise. Ende April wirft das Weibchen 2 bis 5 Junge, die bereits mit Fell und offenen Augen zur Welt kommen. Nachts geht der Biber auf Nahrungssuche. Er frißt Pflanzen, Triebe, kleine Zweige und „fällt“ auch Bäumchen, um deren Geäst zu vertilgen. Für den Winter legt er unter Wasser Vorräte aus Weidenzweigen u. ä. an. Wegen seines wertvollen Pelzes wurde er gejagt. Sein Fleisch — besonders der fette Schwanz — galt als Leckerbissen.

Wasserspitzmaus
Neomys fodiens

Die Wasserspitzmaus findet man überall in Europa an stehenden und fließenden Gewässern, zuweilen sogar hoch in den Bergen.

Sie wird (ohne Schwanz) 7 bis 10 cm lang, hat eine glänzend schwarze Oberseite und ist ein sehr lebhaftes und flinkes Tier, das unermüdlich am Ufer umherläuft und Insekten fängt. Gleich eifrig jagt sie im Wasser kleine Fische oder Molche, Krebstiere oder Würmer.

Ihren Bau gräbt sie an trockenen Stellen. Manchmal besetzt sie Nagetierbauten oder errichtet ihr Nest — bis zu einem halben Meter über dem Boden — in Baumlöchern; stets bleibt sie jedoch in Wassernähe. Das Weibchen wirft 4 bis 8 nackte Junge, die ihre Augen erst nach 3 Wochen öffnen, 6 bis 7 Wochen lang gesäugt werden und im Alter von 3 oder 4 Monaten erwachsen sind. Bei der Wasserspitzmaus sind 2, seltener 3 Würfe pro Jahr die Regel.

Im Winter siedelt sie sich gelegentlich auch in Kellern an; allerdings muß es darin Wasser geben. Die Wasserspitzmaus ist ein Nachttier, das meist nur etwa 1,5 Jahre alt wird, keinen Winterschlaf hält und daher auch in der kalten Jahreszeit rege bleibt.

Fischotter
Lutra lutra

Dieses schöne, marderartige Raubtier haust in Flüssen oder größeren Bächen mit nicht regulierten Ufern, aber auch in stehenden Gewässern. Unter Wasser orientiert sich der Fischotter mit den Augen, doch seine dichten Tasthaare am Maul ermöglichen ihm auch die Jagd in trübem Wasser. Seine Nahrung besteht vor allem aus Fischen, Fröschen, kleinen Säugetieren, Vögeln und Krebsen.

Da er in vielen Gegenden Europas ausgerottet wurde, genießt der Fischotter heute Schutz. Er gräbt im Ufer einen Bau oder benutzt natürliche Höhlen. Da der Zugang zum Bau etwa einen halben Meter unterhalb der Wasserfläche liegt, ist er nur selten zu erblicken. Aus dem Bau führen 1 bis 2 Lüftungsschächte.

Das Weibchen wirft 2 bis 5 Junge, die erst nach 4 Wochen sehen können. Die Jungen sind anmutig und verspielt. Von Menschen aufgezogene junge Fischottern werden rasch zutraulich und folgen ihrem „Herrn“ ergeben wie Hunde.

An der Meeresküste

Ganz andere, einmalige Lebensbedingungen bieten die sandigen, gewöhnlich flachen Meeresküsten. Entscheidende Faktoren sind für diesen Biotop einmal der mehr oder weniger starke Salzgehalt des Wassers und des Bodens, zum anderen die physikalischen Eigenschaften des Grundes — des Sandes. An den Meeresküsten sind deshalb besonders die salzliebenden Arten, die sog. Halophyten, und die Sandpflanzen heimisch. Sie bilden typische, weitläufige Vegetationszonen, die aber nach Salzgehalt, Bodenbeweglichkeit und Reichweite von Ebbe und Flut genau abgegrenzt sind.

In unmittelbarer Nähe des Meeres finden wir die Halophytenarten, denen auch regelmäßiges Überfluten durch Salzwasser nichts ausmacht. Um Salzwasser aufnehmen zu können, ist die Salzkonzentration im Zellsaft höher. Ihr osmotischer Druck übersteigt den anderer Pflanzen, für die die überschwemmten Meeresküsten eigentlich eine Trockenzone wären, um das 4—6fache. Salzpflanzen haben fleischige Sproßachsen und Blätter, ihre Haut ist so angepaßt, daß der übermäßige Verlust des in der Pflanze angesammelten Wassers vermieden wird.

Ein weiteres Spezifikum der Meeresküsten ist der meist wandernde, an Nährstoffen und schnell versikkerndem Wasser arme Sandboden. Die Wurzeln der hier wachsenden Pflanzen stehen außerdem noch kalt, denn Sand ist ein schlechter Wärmeleiter. Auch die Sandpflanzen sind im Bau ihrer Sproßachsen und Blätter den Trockenheitspflanzen ähnlich. Dadurch schränken sie die übermäßige Wasserverdunstung ein. Um an das tief liegende Wasser heranzukommen, dringen sie mit ihren langen Wurzeln tief in den Boden ein. Damit sie überleben können, bilden sie zahlreiche neue, weitläufige, unterirdische Erdsprosse und überirdische Laubsprosse, denn sie werden oft durch den vom Wind herangetragenen Sand schnell und tief zugeschüttet.

Der meist ständig wehende Wind türmt den Flugsand zu charakteristischen Hügelketten auf — den sog. Dünen. Auf der windgeschützten Seite — der Leeseite — irgendeines Hindernisses, sei es ein Stein, ein Grasbüschel oder ein Stück Holz, bleibt der Sand liegen und bildet eine kleine Düne — die Primärdüne, die dann den vom Meer her kommenden Sand aufhält. Wenn sich diese kleine Primärdüne hinter einer Pflanze bildet, wird diese bald völlig vom Sand zugeweht, muß also neue Ableger und Ausläufer bilden. Und damit verfestigt sie die Düne, die langsam von der Küste ins Land wandert. Mit der Zeit gelangt die Düne außerhalb des Einzugsbereichs des Salzwassers, der Regen spült das Salz aus dem Sand aus — es entsteht die Sekundärdüne, auch Weißdüne genannt. Sie ist entsalzt und mit Kalk angereichert, der von den Muscheln und den Schalen der Meerestiere stammt. Damit sind die Bedingungen für die Ansiedlung von Pflanzenarten geschaffen, die zur Festigung und Anreicherung der Düne mit Humus beitragen. Und so entsteht — schon weit entfernt von der Küste — die zur Ruhe gekommene, an Humus reichere Tertiärdüne mit ihrer charakteristischen geschlossenen Pflanzendecke. In ihren oberen Partien siedeln sich sandliebende und an Trockenheit gewöhnte Pflanzengesellschaften an, manchmal auch niedrigwachsende Büsche; in den tiefer liegenden Teilen — in den Vertiefungen, zu denen das Grundwasser reicht, wachsen oft Moorpflanzen. Wird die Pflanzendecke der festen Tertiärdüne unbedacht unterbrochen, droht, daß sie sich zur wandernden Sekundärdüne zurückbildet, so daß der gesamte Besiedlungsprozeß wiederholt werden muß. Oder es müssen an solchen Stellen künstlich Pflanzenarten ausgepflanzt werden, die für die Küsten typisch sind und die Wanderdüne befestigen.

Das Meer bietet einer ungeheuren Anzahl Lebewesen Nahrung. In den unendlichen Ozeanen entstehen täglich Millionen Tonnen Plankton, Algen, Krebstiere, Mollusken und andere Kleinlebewesen, die Fischen und solchen Riesen wie den Walen als Nahrung dienen. Die Fische wiederum werden von den Robben gefressen. Auch für die fischfressenden Meervögel sind sie Hauptnahrung. Viele Millionen Menschen leben vom Fisch. Jahr für Jahr werden hunderttausende Tonnen Seefisch aus den europäischen Meeren angelandet. Die in Schwärmen lebenden Fischarten, wie Hering, Makrele oder Sardine, wandern regelmäßig der Nahrung nach und ziehen zu ihren Laichplätzen, die sich oft in unmittelbarer Nähe der Küsten befinden. Während der Laichzeit bieten die Fischschwärme in den Küstengewässern zahlreichen Seevögeln so reichlich Nahrung, daß diese in dieser Zeit ohne Schwierigkeiten ihre Jungen aufziehen können. Zehntausende Seevögel beziehen alljährlich regelmäßig ihre Nistplätze auf den Felsklippen der Inseln hoch über dem Wasser oder auf den Sandstränden der Küsten. Wenn es die Standorte erlauben, leben in einer solchen Vogelkolonie mehr als 15 000 Paare, die ihre Nester oft so dicht nebeneinander anlegen, daß sich die brütenden Tiere beinahe berühren.

Die Seevögel sind ausgezeichnet für die Lebensweise auf dem Meer gerüstet: Ihre Flügel sind sehr lang und verhältnismäßig schmal, so daß sie ausgezeichnete Flugeigenschaften entwickeln können. Und das brauchen sie auch dringend, all die Sturmschwalben, Seeschwalben und Möwen, wenn sie viele Stunden lang auf der Suche nach Beute über dem freien Meer segeln oder fliegen. Andere Seevogelarten, wie beispielsweise die Tölpel, gehören nicht nur zu den hervorragenden Fliegern, sondern auch zu den besten Tauchern der Vogelwelt. Sie jagen sogar in dreißig Meter Tiefe und sind dafür nicht nur mit breiten Schwimmflossen zwischen vier Zehen, sondern auch durch den spindelförmig gebauten Körper und den kurzen Hals ausgerüstet.

An den Meeresküsten lassen sich aber auch, vor allem während der Ebbe, zahlreiche wirbellose Tierarten finden, hauptsächlich Krebs- und Weichtiere.

Europäischer Meersenf
Cakile maritima

Das ein- oder zweijährige, fleischige Kraut ist blaugrün bereift und hat aufsteigende, bis 30 cm hohe, im unteren Teil manchmal verholzende Stengel. Diese sind meistens stark verzweigt.

Die dickfleischigen Blätter können ungeteilt ganzrandig oder doppelt gefiedert sein, dazwischen gibt es sämtliche Übergangsformen — oft sogar auf derselben Pflanze. Ein Blattstiel ist in der Regel vorhanden. Die Blätter schmekken scharf salzig.

Die angenehm duftenden, vierzähligen Blüten sind hellviolett bis schmutzig-, selten reinweiß. Ihr durch die dichtschließenden Kelchblätter röhrig geformter Blütengrund ist oft mehrere Millimeter hoch mit Nektar gefüllt. Die Blüten stehen in kurzen, doldigen Trauben, die sich später stark verlängern. Die Blütezeit währt von Juli bis Oktober.

Die Frucht ist eine kurze, zweigliedrige Schote, deren unterer, kleinerer Teil einer etwas zusammengedrückten, umgedrehten Pyramide gleicht; das obere Glied ist schmaleiförmig mit einer Verjüngung kurz hinter seiner Ansatzstelle.

Die Pflanze wächst im Küstengebiet vom Ende der Brandungszone bis zur Meerseite der Weißen Düne, ferner in Salzsümpfen und, ins Binnenland verschleppt, selten auf meist salzhaltigem Untergrund oder an Bahndämmen. Sie erträgt hohe Salzkonzentrationen, gedeiht aber genausogut auf salzarmen Böden. Sie kommt an fast allen europäischen Küsten (mit Ausnahme des Nordatlantiks und der nördlichen Ostsee) vor. Ferner besiedelt sie die Strände des Mittelmeeres, des Schwarzen Meeres und des Persischen Golfes. Nach Nordamerika wurde sie eingeschleppt.

Gemeiner Queller
Salicornia europaea

Das ausgesprochen salzliebende, ein- bis zweijährige Kraut hat aufrechte oder liegende, bis zu 50 cm lange, knorpeligfleischige, graugrüne, oft ins Gelbliche oder Rötliche spielende Stengel. Sie sind aus charakteristischen, walzlichen und seitlich etwas abgeflachten Gliedern aufgebaut und schon von ganz unten an gegenständig verästelt.

Die Blätter sind bis auf einen schmalen Hautsaum verkümmert. Die Pflanze erinnert mit ihren ineinanderverschachtel-

Europäischer Meersenf

Gemeiner Queller

Strand-Sode

Krähenfuß-Wegerich

ten Gliedern an einen Bärlapp oder einen Schachtelhalm.
Die von Juli bis September erscheinenden winzigen Blüten stehen in den Achseln kleiner, schuppenartiger Tragblätter und sind meist zu dritt in gekreuzt gegenständige Aushöhlungen der etwas angeschwollenen obersten Stengelglieder eingesenkt. Dadurch bekommen die Zweigspitzen ein zapfenartiges Aussehen.
Die einsamigen Früchte bilden mit der sie beutelartig umgebenden und zur Reife schwammig auswachsenden Blütenhülle eine schwimmfähige Scheinfrucht.
Die Pflanze erscheint oft in Massen am Strand, im Schlick des Watts, auf tonigen Salzstellen und vereinzelt auch auf Lehmböden im Binnenland. Sie findet sich, mit Ausnahme von Australien, an den Küsten aller Kontinente.
Unter den Blütenpflanzen verträgt dieses Gewächs nicht nur den höchsten Salzgehalt im Boden, sondern auch die regelmäßigen, langdauernden Überschwemmungen durch Meerwasser bei Flut.
Bei der Landgewinnung pflanzt man den Queller oft auf großen Flächen im Watt an (Quellerbeete). Er verträgt die mechanische Belastung bei Flut so gut wie die direkte Sonneneinstrahlung bei Ebbe und fördert mit seiner reichen Verästelung den Schlickabsatz.
Früher diente er auch zur Sodagewinnung.
Die Pflanze schmeckt schwach salzigbitter. Nach Abbrühen kann sie ohne weiteres als Gemüse gegessen werden. Ohne die öfters verholzten untersten Teile wurde sie auch schon in Essig eingelegt und dann als besondere Delikatesse genossen.

Strand-Sode
Suaeda maritima

Das einjährige, meist niedrige Kraut hat niederliegende, bis zu 30 cm lange Stengel mit vielen aufsteigenden und wiederum reichverzweigten Nebenästen. Die ganze Pflanze ist bläulichgrün, oft rot überlaufen, fleischig und kahl.
Die schmalen Blätter sind an der Oberseite flach, nach unten rundlich vorgewölbt; die unteren länger und gegenständig, die oberen kürzer und oft überwiegend wechselständig. Die winzigen, unscheinbaren Blüten erscheinen in kleinen grünlichen Knäueln in den Blattachseln. Die fleischige, fünfteilige Blütenhülle bildet nach der Blüte mit dem scheibenartig auswachsenden Stempel eine Scheinfrucht mit einem kleinen, linsenförmigen, schwarzglänzenden Samen.
Die Pflanze blüht von Juli bis Septem-

Kali-Salzkraut

Strand-Mannstreu (Stranddistel)

ber und erscheint als salzliebende Art meist massenhaft an fast allen Küsten der ganzen Welt, vereinzelt auch um Salzlagerstätten im Binnenland.

Kali-Salzkraut
Salsola kali

Das einjährige, mäßig stachelige, fleischige Kraut hat stark verästelte, meist auf dem Boden ausgebreitete, graugrüne, oft rötlich längsgestreifte Stengel. Die pfriemlichen, an der Basis verbreiterten Laubblätter enden in einem Dorn; nach dem Stengelende zu werden sie wechselständig, kürzer und breiter, fast gleichseitig dreieckig.

Die kleinen, 5zähligen Blüten mit einfacher, häutiger Hülle stehen zusammen mit 2 größeren, stachelig gezähnten Vorblättern einzeln, zu zweit oder auch zu dritt in den Achseln der Laubblätter. Die Pflanze blüht von Juli bis zum September und erscheint häufig an Meeresufern, Dünen und Salzstellen; vereinzelt auch als unbeständiges Unkraut auf Sandfeldern, Bahnhöfen und Wegrändern im Landesinneren. Sie kommt vor allem in Mittel- und Südeuropa, in Nordafrika, (Süd-)Westasien, im südlichen Sibirien und in Turkestan vor. Nach Nordamerika wurde sie eingeschleppt und wird in den sandigen Prärien häufig zum Unkraut.

Sie ist sehr fruchtbar und paßt sich durch verschiedene Ökoformen ihrem jeweiligen Standort an. In der Asche dieses Krautes findet sich bis zu 25 % Soda. Es wurde deshalb im 18. Jahrhundert vor allem im Mittelmeerraum zur Gewinnung der sogenannten „Pflanzlichen Soda“ herangezogen. Der Gattungsname hängt mit lat. *salsus* = salzig zusammen, der Artname ist dem arabischen *kaljun* = „Asche von Sodapflanzen“ entlehnt.

Krähenfuß-Wegerich
Plantago coronopus

Die einjährige, 10 bis 20 cm hohe, in allen Teilen kurzbehaarte Pflanze hat eine tiefe Pfahlwurzel. Diese geht in einen kurzen, kaum verzweigten Wurzelstock über, der eine dichte, ausgebreitete Grundblattrosette und zahlreiche stielrunde, aufsteigende Blütenschäfte treibt.

Die schwach fleischigen Blätter sind einfach fiedrig geteilt, die Fiederabschnitte schmallanzettlich und ganzrandig oder gezähnt bis fiederspaltig; an der Basis gehen sie ineinander über.

An der Spitze der Blütenschäfte sind die kleinen, vierzähligen, weißkronigen Blüten zu dichten, langwalzlichen Ähren vereint. Die gelben Staubbeutel überragen auf langen weißen Staubfäden die Blütenhülle um mehr als das Doppelte. Die viersamige Kapsel bildet mit dem verhärtenden Kelch eine Scheinfrucht.

Die Pflanze blüht von Juni bis September und ist an den Küsten von Mittel- und Südeuropa, Nordafrika und (Süd-) Westasien sehr häufig. Nach Amerika und Australien wurde sie verschleppt. Im Binnenland taucht sie immer wieder vorübergehend auf. Sie bevorzugt zwar eindeutig salzhaltigen Boden, doch ist es in erster Linie der (feuchte, etwas verdichtete) Sand, der über ihr Vorkommen entscheidet.

Der Krähenfuß-Wegerich galt einst als gute Heilpflanze für allerlei innere Krankheiten und gegen Tollwut. Bis um die Jahrhundertwende wurde er in verschiedenen Seestaaten auch wegen seiner blutreinigenden Wirkung als Salat angepflanzt.

Strand-Mannstreu (Stranddistel)
Eryngium maritimum

Die zweijährige bis ausdauernde, auffällig grau- bis blaugrüne, oberwärts oft violett überlaufene Pflanze wird bis zu 60 cm hoch und hat außerordentlich lange, tief in den Sand eindringende Wurzeln.

Aus dieser geht im Frühjahr eine grundständige Rosette langstieliger Blätter und später ein dicker, aufrechter, nach allen Seiten verzweigter, beblätterter Stengel hervor.

Die harten, rundlichen oder seicht gelappten Spreiten haben einen knorpeligen, buchtig-stachelig gezähnten Blattrand und eine stark hervortretende Aderung. Die mittleren und unteren Stengelblätter sind in einen kurzen Stiel verschmälert, die oberen sitzen mit stengelumfassendem Grund. Die kleinen, 5zähligen, tiefblauen Blüten sind zu kugeligen, bis zu 2 cm breiten Köpfen vereinigt, die sich zur Reife noch verlängern. Sie stehen auf einer Tragblattrosette von 5 bis 10 cm Durchmesser. Die Tragblätter ähneln den oberen Stengelblättern. Der ganze Kopf ist mit langen Stacheln durchsetzt: die Kelchblätter und das vor jeder Blüte stehende Spreublatt sind dornig und überragen diese. Die sehr dekorativ wirkende Pflanze erscheint ausschließlich auf Sandstränden und Dünen in Meeresnähe. Ihr Areal umfaßt die europäischen Atlantikküsten, die Küsten der Nord- und Ostsee, des Mittelmeeres und des Schwarzen Meeres.

Das Gewächs erträgt Sandverschüttungen hervorragend. Seine langen Wurzeln tragen viel zur Befestigung des lockeren Dünensandes bei.

Leider wurde die Stranddistel, wie die Pflanze auch noch genannt wird, vielerorts schon ausgerottet: Gartenspezialisten, Andenkensammler und Liebhaber bizarrer Trockensträuße haben ihr so sehr zugesetzt, daß sie zumindest an der Nord- und Ostsee fast eine Rarität geworden ist. In Deutschland ist die Pflanze durch Naturschutzgesetz vollkommen geschützt.

Die schwach süßliche, nach Karotten schmeckende Wurzel war auf den Britischen Inseln als Heilmittel gegen Erkrankungen der Atemwege im Gebrauch; in Nordeuropa wurde sie samt den jungen Trieben als Gemüse zubereitet. Die noch zarten Blätter ergeben auch einen Frühlingssalat.

Die Bedeutung des Namens Mannstreu (lokal auch Seemannstreu) ist unklar. Einmal war die Wurzel Zutat zu Liebestränken, nach anderer Lesart wird mit dem Namen ironisch auf die vom Wind unstet umhergerollten abgestorbenen Pflanzenbüschel verwiesen.

Salz-Milchkraut
Glaux maritima

Die ausdauernde, bis zu 20 cm hohe, graugrüne und schwach fleischige Pflanze hat einen weitkriechenden, stark verzweigten Wurzelstock, aus dem dichtbelaubte, nur unterwärts verzweig-

Salz-Milchkraut

Strand-Wegerich

te Stengel aufstreben.

Die kleinen, schmallanzettlichen und ungestielten Blätter sind ganzrandig; die untersten sind gegen-, die oberen wechselständig.

Im Mai und Juni erscheinen die ungestielten, kleinen Blüten in den Achseln der mittleren Stengelblätter. Sie besitzen keine echte Krone. Der blumenblattartige, rötliche oder weiße Kelch ist bis zur Mitte in 5 Zipfel geteilt. Die Staubblätter sind rötlich.

Die Frucht ist eine eiförmige, wenigsamige, mit 5 Klappen aufspringende Kapsel.

Die Pflanze wächst oft in Massen auf Schlickböden, die nicht mehr regelmäßig von der Flut erreicht werden. Sie gedeiht ebenso auf dem Sandstrand, wo sie Überschüttungen mit Sand und Springfluten gut übersteht, ferner gedeiht sie in den Strandwiesen. Auf den Dünen zieht sie sich in die feuchteren Senken zurück. Selten kommt sie auch auf feuchten Salzböden im Binnenland vor.

Diese Art besiedelt vor allem Küstengebiete der gemäßigten und kühleren Nordhemisphäre und wird nach Süden zu (z. B. Mittelmeerküste) sehr selten.

Das Kraut kann zu Gemüse und Salat verwendet werden. Früher wurde aus der Asche Soda gewonnen. Der Verzehr der Pflanze soll beim Rind den Milchertrag (Name!) steigern. Bemerkenswert ist, daß die Pflanze zwar Salzwasser gut verträgt, ihre Samen aber durch dieses in ihrer Keimfähigkeit stark beeinträchtigt werden.

Strand-Aster

Strand-Wegerich
Plantago maritima

Die ausdauernde, bis zu 40 cm hohe Pflanze hat einen mehrköpfigen Wurzelstock mit langer Pfahlwurzel. Die ungestielten, langen und schmalen, etwas rinnigen Blätter sind leicht fleischig und von graugrüner Farbe. Sie stehen in grundständiger Rosette und werden von den aufrechten Blütenschäften überragt. An deren Spitze sind die Blüten zu einer bis zu 10 cm langen, walzlichen Ähre vereint. Die verwachsenblättrige, kaum 1/2 cm lange Krone mit ihren 4 spitzen bräunlichen Zipfeln wird von den Staubblättern weit überragt. Die Frucht ist eine birnenförmige Kapsel mit 2 Samen. Die Pflanze blüht zwischen Juli und Oktober und wird vom Wind bestäubt.

Der Strand-Wegerich findet sich vor allem an den Küsten der Nord- und Ostsee sowie den europäischen Atlantikküsten; seltener erscheint er im Binnenbereich des eurasischen Raumes. In Südafrika und Amerika wurde er, meist nur unbeständig, auch schon aufgefunden. Er ist nicht an Salzböden gebunden und kann sogar auf ganz salzfreien Böden gedeihen, doch sollten diese eine gewisse Feuchtigkeit besitzen.

Strand-Aster
Aster tripolium

Die zweijährige, je nach Standort 10 bis 100 cm hohe Pflanze hat einen kurzwalzlichen Wurzelstock, aus dem aufsteigende oder aufrechte, beblätterte und im oberen Teil verzweigte Stengel treiben, die gern rötlich überlaufen sind. Die wechselständigen, leicht fleischigen Blätter sind schmal; die oberen sitzen, die grundständigen sind in einen breiten Stiel verschmälert.

Die Blüten stehen, zu 2 bis 3 cm breiten Körbchen vereinigt, an den Enden der zahlreichen Äste. Die Körbchenhülle besteht aus zwei Reihen von grünen Schuppenblättern; die äußeren sind weiß, die inneren rötlich berandet. In der Körbchenmitte stehen gelbe Röhrenblüten, außen hellblaue bis violette, selten weiße Zungenblüten. Die Früchte sind lang behaarte (flugfähige) Nüßchen.

Die Pflanze blüht von Juni bis September und gedeiht nur auf salzhaltigem Boden. Am Strand ist sie sehr häufig, vor allem als Pionier auf feuchtem, schlammig-sandigem Untergrund. Im Binnenland findet man sie in der Umgebung von Salzquellen.

Sie ist an den Küsten Europas, im Pannonischen Becken, in der Ukraine, am Kaspisee und in Turkestan sowie im südlichen Sibirien und in Mittelasien verbreitet, im übrigen Eurasien sehr zerstreut.

Gemeiner Strandhafer

Sand-Segge
Carex arenaria

Dieses ausdauernde, bis etwa 50 cm hohe Sauergras hat einen schnurförmigen, viele Meter langen Wurzelstock, dessen unter- und (seltener) oberirdisch kriechende Ausläufer sich rasch nach allen Seiten ausbreiten können; aus ihm und den Ausläufern wachsen in langen Reihen und fast regelmäßigen Abständen neue Stauden hervor. Die dreikantigen, beblätterten Halme sind zur Blüte etwa so lang wie die Grundblätter; zur Fruchtzeit verlängern sie sich noch. Die schmalrinnigen, starren Blattspreiten sind graugrün und hängen leicht bogig über. Unmittelbar unter dem Blütenstand befindet sich ein letztes Laubblatt.

Die kleinen, unscheinbaren Spelzenblüten sind zu Ährchen zusammengestellt, von denen 6 bis 20 den Gesamtblütenstand, eine lockere Ährenrispe, bilden. Die unteren Ährchen sind aus Stempelblüten, die obersten aus Staubblüten aufgebaut. Die mittleren sind am Grund weiblich, an der Spitze männlich.

Die Pflanze blüht von Mai bis Oktober und erscheint häufig und in großen Kolonien auf allen Dünen, auf Flugsandböden sowie an Sandplätzen, auf Heiden und in Kiefernwäldern des Binnenlandes. Sie ist vor allem an den Küsten Europas und Nordamerikas verbreitet, zerstreut tritt sie auch in Sibirien auf.

Die Sand-Segge verträgt Bodenversalzung und Sandüberwehung. Als Flugsandbinder wird sie vielfach zur Dünenfestlegung und auch zur Deichbefestigung angepflanzt. Trockenheit schadet ihr nicht, wohl aber Frost (und Düngung).

Der Wurzelstock diente früher als Blutreinigungsmittel (Deutsche Sarsaparille, Rote Queckenwurzel).

Sand-Segge

Gemeiner Strandhafer
Ammophila arenaria

Das ausdauernde, hell graugrüne Gras mit dem dicken, stark verzweigten Wur-

Gemeiner Strandroggen

Gemeiner Sanddorn

Townsends Schlickgras

zelstock bildet lockere Horste. Die bis zu 1 m hohen Halme stehen meist starr aufrecht. Die Blattspreiten sind gewöhnlich längs eingerollt (Verdunstungsschutz), derb und rauh. Am Übergang zur Scheide sitzt ein 1 bis 3 cm langes, vorne zerschlitztes Blatthäutchen.

Die einfachen, unscheinbaren Spelzenblüten bilden einblütige, strohgelbe bis weißgraue, etwa 1 cm lange Ährchen, die in einer bis zu 15 cm langen, walzlichen und dichten Ährenrispe am Halmende stehen.

Das Gras blüht von Juni bis August und bildet — oft mit anderen Grasarten zusammen — ausgedehnte Bestände auf Dünen und Sandstränden in fast ganz Europa und in Nordamerika. Im Binnenland kommt es selten und meist nur angepflanzt vor.

Es ist unempfindlich gegen Trockenheit und Sandüberschüttung und wird bei der Dünenbefestigung daher in der Luv angepflanzt. Das macht das Gras zu einem der wichtigsten Dünenbefestiger, da die Windseite besonders gefährdet ist. Seine verrottenden Überreste bilden später die Grundlage für die Ansiedlung anderer Arten.

Gemeiner Strandroggen
Elymus arenarius

Das ausdauernde, bis über 1 m hohe, blaugrüne Gras hat einen weitkriechenden Wurzelstock mit zahlreichen, oft mehrere Meter langen Ausläufern. Die aufrechten Halme sind dick und starr.

Die derben, etwa 1 bis 2 cm breiten Blattspreiten sind kahl und dicknervig und enden in einer stechenden Spitze. Bei Trockenheit sind sie längs eingerollt. Der Spreitengrund ist zu zipfelartigen Öhrchen vorgezogen, das Blatthäutchen ist sehr kurz.

Die unscheinbaren Spelzenblüten sind meist zu dritt in einem Ährchen vereinigt. Die Ährchen sind etwa 2 cm lang und bilden, rings um die Spindel stehend, eine endständige, langgezogene, dichte und dicke Ähre, die bis über 30 cm Länge erreichen kann.

Die Blütezeit geht von Juni bis August. Das Gras ist auf Dünen und Sandplätzen der Küste häufig, im Binnenland kommt es sehr zerstreut und meist nur künstlich angepflanzt vor. Es ist im mittleren und nördlichen Europa, in Sibirien und in Nordamerika heimisch. Es gleicht in Anspruch und Nutzen dem Strandhafer, ist aber eher für die Leeseite der Dünen geeignet. Es wird in besonderen Schulen gezogen und von dort auch gelegentlich ins Binnenland zur Festlegung von Flugsandfeldern verschickt. An manchen Orten konnte es sich akklimatisieren, andernorts ist es jedoch wieder verschwunden.

In Island wurden die Körner zur Mehlgewinnung gesammelt. Der Gemeine Strandroggen ist mit der Gerste nah verwandt. Es wurden schon Kreuzungsversuche unternommen, mit dem Ziel, eine genügsame Getreideart mit rentierlich großem Körnerertrag zu erhalten.

Gelegentlich wurden schon Bastarde mit der Meerstrand-Quecke gefunden; sie ähneln mehr dem Strandroggen, sind aber etwas untersetzter. Extrem hoher und zudem sehr schlaffer Wuchs deuten dagegen auf eine Krankheit durch Pilzbefall hin.

Townsends Schlickgras
Spartina townsendii

Das ausdauernde Gras ist der fruchtbare Bastard zweier verwandter, an den Atlantikküsten beheimateter Arten. Es ist erst 1927 im mitteleuropäischen Bereich aufgetreten, breitet sich aber immer weiter aus und wird darin vor allem auch durch den Menschen unterstützt, der es zur Landgewinnung und Festlegung von Dünen in steigendem Maße anpflanzt. Es hat weitkriechende, tief im Boden verankerte, ausläufertreibende Wurzelstöcke. Seine meist aufrechten, starren und etwas fleischigen Halme sind oft rot überlaufen.
Die hellgrünen Blätter haben rauhe, bis zu 1 cm breite Spreiten, die an den Enden mehr oder weniger stark zu einer stachelartigen Spitze zusammengedreht sind. Die Scheiden der obersten Blätter sind meist rötlich überlaufen.
Die unscheinbaren Spelzenblüten sind zu 1 bis 2 cm langen Ährchen angeordnet. Diese bilden zweizeilige, 5 bis 10 cm lange Ähren, welche wiederum zu 2 bis 5, traubig bis fingerartig genähert, den 10 bis 20 cm langen Gesamtblütenstand am Halmende zusammensetzen. Die Blütezeit ist von Juli bis August.
Das Gras gedeiht auf Dünen und in seichten Buchten der Nordseeküste, ausschließlich auf salzhaltigem Boden, und erträgt die Überflutung mit Meerwasser. Es ist erst seit 1879 bekannt, vermutlich hat die günstige Kombination von Erbanlagen beider Eltern die Ausbreitung des Bastards ermöglicht.

Gemeiner Sanddorn
Hippophae rhamnoides

Der Strauch hat tiefreichende Wurzeln und vermehrt sich rasch mittels seiner langen, waagerecht kriechenden Wurzelausläufer. Er ist sehr dicht und sperrig verzweigt. Die Äste sind spitzdornig, in der Jugend durch Schuppenhaare silbrig, danach glatt rötlichbraun berindet, im Alter mit dunkelbrauner, rissiger Borke bedeckt.
Die wechselständigen Blätter erscheinen nach der Blüte. Sie sind ganz kurz gestielt. Ihre schmallanzettliche Spreite ist auf der Oberseite anfangs dicht mit silberglänzenden Haaren besetzt, die aber im Laufe des Sommers abfallen. Die Blattunterseite ist durch Schuppenhaare bleibend silberfarben bis bräunlichrot gefärbt. Die Art ist zweihäusig, d. h. die eingeschlechtigen Blüten wachsen auf getrennten Sträuchern. Die Blüten sind unscheinbar. Die männlichen, mit tief zweiteiliger Blütenhülle, sitzen in kugeligen Büscheln, die röhrenförmigen weiblichen Blüten sind in dichten Trauben zusammengedrängt.
Der Fruchtknoten verwächst bei der Reife mit einem Teil des Blütenbodens (dem Achsenbecher) und bildet so eine beerenartige Scheinfrucht. Diese ist leuchtend orangerot mit kleinen, braunen Punkten, rundlich eiförmig und enthält sehr viel Vitamin C.
Der Strauch blüht von März bis zum Mai und erscheint wildwachsend auf den Dünen am Meeresstrand und auf sandigen oder schotterbedeckten Flußufern im Alpen- und Voralpengebiet.
Wegen seines dekorativen Wuchses und als Vogelweide wird er gerne in Gärten und Parkanlagen in ganz Mitteleuropa gezogen. Der hohe Gehalt seiner Früchte an Vitamin C hat auch dazu geführt, daß er mancherorts halbwild als Obststrauch gehalten wird.
Sein Areal erstreckt sich, vom europäischen Küstenbereich abgesehen, über die Gebirgszüge der Pyrenäen, Alpen und Karpaten zum Balkan, von dort über das kleinasiatische Hochland zu den Gebirgen Zentralasiens bis nach Kamtschatka und Japan.
Diese eigenartige Verbreitung erklärt sich daraus, daß der sehr lichtbedürftige Strauch nur an Standorten gedeihen kann, wo andere, schattenspendende Hochgewächse noch keine Konkurrenz bilden.
So ist der Sanddorn unter den Holzgewächsen der erste, der auf den Dünen Fuß faßt. Mit seinem tiefen Wurzelwerk festigt er den Sand der Sekundärdüne. Seine oberirdischen Teile bilden ein dichtes, windabweisendes Dornengestrüpp, in dessen Schutz andere, krautige Pflanzen aufkommen können. Deren jedes Jahr absterbende Triebe werden im dornigen Geranke des sich ausdehnenden Busches festgehalten und bilden allmählich eine dichte Humusdecke.
Diese wird unserer Pflanze nach vielen Jahren selbst zum Verhängnis, denn entweder können auf ihr andere, stärkere Gewächse ansiedeln oder es bildet sich, vor allem in den Senken, ein saurer Torf aus, den der kalkliebende Sanddorn nicht verträgt.
Auf der Weißen Düne deckt er seinen Kalkbedarf aus den verwitternden Schalen der Meeresweichtiere.
Der Sanddorn ist bestimmt nicht an allen seinen heutigen Standorten an der Küste wirklich ursprünglich. Wegen seiner vorzüglichen Eigenschaften als Dünenbefestiger wurde er im letzten Jahrhundert oft angepflanzt. Er hat sich aber überall gehalten und ohne menschliche Hilfe weiter vermehrt.

Gemeine Auster

Eßbare Herzmuschel

Bunte Kammuschel

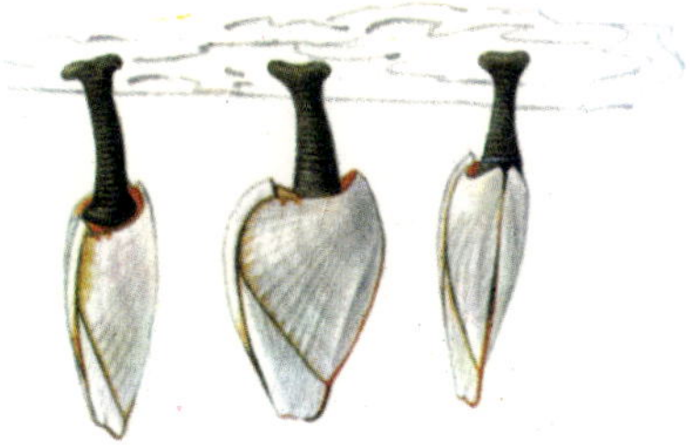

Entenmuschel

Gemeine Auster
Ostrea edulis

Die Gemeine Auster gehört zu den bekanntesten Meeresmuscheln. Sie ist an ihren asymmetrischen Schalenklappen zu erkennen: Die linke ist sowohl tiefer als auch dicker und sitzt fest auf der Unterlage; die rechte dagegen ist kleiner und bildet eine Art Deckel. Die Schalen haben durchaus nicht alle die gleiche Form. Ihre Färbung ähnelt der des Untergrundes, an dem sich die Auster festgekrallt hat. Darauf siedeln nämlich die Algen, die auch die unmittelbare Nachbarschaft bewohnen. Da die Auster an einer Stelle sitzt, verkümmert ihr Fuß.

Das Tier wird 8 bis 10 cm groß und nach einem Jahr fortpflanzungsfähig. Ein Exemplar ist zeitweilig Männchen, danach Weibchen, um später wiederum Männchen zu werden (Zwitter). Aus den Eiern schlüpfen frei im Wasser schwimmende Larven. Ein Tier legt pro Jahr bis zu 3 Millionen Eier. Es nährt sich von Plankton und Detritus. Die außergewöhnlich große Zahl der Eier ist ein natürlicher Ausgleich gegen die hohen Verluste, welche den Austern von ihren vielen Feinden zugefügt werden. (Deren Zahl übertrifft häufig sogar die Fruchtbarkeit der Auster.)

An manchen Plätzen wurde die Gemeine Auster durch die Menschen ausgerottet. In früheren Zeiten bildeten diese Tiere an den westeuropäischen Küsten von Dänemark bis Spanien riesige Kolonien (die sogenannten Austernbänke); mancherorts waren sie gar in mehreren Schichten übereinander auf Felsen gehäuft. Aus Gewinnsucht sammelten die Menschen Austern. Dazu bedienten sie sich großer Stahlnetze, die von Schiffen gezogen wurden. Dadurch gingen zahllose Austern zugrunde. Diese Fangart wurde verboten.

Heute dürfen Austern nur an gewissen Stellen und zu gewissen Stunden gefangen werden. Die meisten der so erbeuteten Muscheln werden in Austerngärten ausgesetzt, wo sie in Ruhe weiterwachsen können. In letzter Zeit wird die Austernzucht von Fachleuten nach der Biologie dieser Muscheln betrieben, so daß auch Eingriffe in die Vermehrung der Austern vorgenommen werden können. Von Juni bis August bleiben die Eier eine Weile zwischen Mantel und Kiemen der Austern, wo sich kleine Larven entwickeln, die durch rasches Öffnen und Schließen der Schalenklappe ausgestoßen werden (meist während der Flut). Die Larven schwimmen mit Hilfe von Wimpern und suchen feste Unterlagen. Austernzüchter nützen diese Eigenschaft aus und locken die Larven auf künstliche, aus halbrunden Dachziegeln angefertigte „Felsen". Diese Ziegel werden in ein Gemisch aus Kalk und Sand getaucht, getrocknet und dann auf Brettern befestigt, die man mit Pfählen ins seichte Küstenwasser des Meeresgrundes rammt. Die Larven setzen sich an den Ziegeln fest und beginnen mit dem Aufbau ihrer Schalen. In einem Jahr werden die jungen Austern 2 bis 3 cm groß. Die Austernzucht ist jedoch bei weitem nicht so einfach, wie es scheint. Die künstlichen Felsen müssen nämlich unmittelbar vor Eintritt des Hochwassers ins Meer versenkt werden, denn sonst würde sich auf den „Brutfelsen" Schlamm ansetzen und die Larven am Festkrallen behindern. Versäumt der Züchter den richtigen Augenblick während des Hochwassers, dann entgehen ihm die von den Austern ausgestoßenen Larven. Überdies muß er feststellen, an welchem Tag die Austern ihre Larven von sich geben: Er hat sie also täglich zu untersuchen, um das Entwicklungsstadium der Larven in der Schale der alten Austern zu kontrollieren.

Die kleinen Austern haben vor allem unter den Krabben und Seesternen viele Feinde. Um sie auszuschalten, errichten die Züchter rings um die künstlichen Brutstätten Drahtzäune. Im zweiten Jahr – meist im März – werden die jungen Austern mit ihren noch sehr dünnen Schalen gelöst und in Kisten mit einem Deckel aus Drahtgeflecht aufgeschichtet, so daß keiner der Schädlinge eindringen kann. Diese Kisten mit je etwa 10 000 kleinen Austern werden auf den Meeresgrund versenkt, wo die Muscheln nun heranwachsen. Nach einigen Monaten siedelt man sie in „Gärten" um, die durch eine Mauer geschützt sind, und überläßt sie abermals dem Meer zum Weiterwachsen.

Nach drei Jahren schließlich können die Austern eingesammelt und verkauft werden. Häufig jedoch bringt man sie vorher noch für kurze Zeit in „Brutgärten" unter, damit sie an Gewicht zunehmen. In der Umgebung von Marennes (Frankreich) gibt es in den Brutgärten der Austern besondere Algen, die einen grünblauen Farbstoff enthalten. Davon leben die Austern; sie nehmen dann ebenfalls eine grünblaue Färbung an. Diese unter dem Namen Marennes-

Austern bekannten Muscheln sind sehr geschätzt. Andere beliebte Sorten sind die Schleswiger Austern, diejenigen aus der Umgebung von Ostende in Belgien sowie Austern von der Südküste Englands.

Der Jahresverbrauch an Austern als Nahrungsmittel ist sehr groß. Allein in London wurde in einem Jahr eine halbe Milliarde Austern verzehrt; in Paris sind es viele Millionen. In manchen Ländern wird das sehr nahrhafte Austernfleisch auch konserviert.

Im freien Meer leben die Austern in einer Tiefe von 1,5 bis 30 m, in den künstlichen Gärten meist etwa in 2 m Tiefe.

Eßbare Herzmuschel

Cardium edule

Die Eßbare Herzmuschel erhielt ihren Namen wegen ihrer herzförmigen Schalenklappen, die beide von gleicher Größe sind. Sie hat einen stark entwickelten fingerförmigen und knieähnlich geknickten Fuß, mit dessen Hilfe sie auch hüpfen kann. Dabei stützt sie sich mit ihrem Fuß gegen einen Stein und schleudert ihren Körper durch eine jähe Streckung und Versteifung des Fußes nach vorn.

Diese Muschel lebt 2 oder 3 cm tief unter der Sandoberfläche oder im Schlamm vergraben und wird bis zu 4 cm lang; in der Ostsee gibt es auch kleinere Exemplare. Sie ist weiß bis gelblich. Meist hält sie sich — auch in der Gezeitenzone — in einer Tiefe von etwa 10 m auf. Sie kommt in allen europäischen Meeren vor (am häufigsten im Atlantik und im Mittelmeer), bevorzugt schlammige Stellen und ist deshalb oft in Flußmündungen anzutreffen.

Bei Ebbe wird diese Muschel gesammelt. Zu diesem Zweck fertigt man eine Art Rechen an, der im seichten Wasser am Grund leicht gezogen werden kann und in dem sich Herzmuscheln verfangen.

In manchen Ländern (z. B. in Italien) zählt die Eßbare Herzmuschel zur täglichen Kost der Küstenbewohner. Aus den Schalenklappen werden Ziergegenstände geformt. Auch Kalk wird aus ihnen gebrannt.

Bunte Kammuschel

Pecten varius

Kammuscheln gibt es in allen europäischen Meeren in großer Zahl. Viele Arten sind eßbar, und manche werden sogar den Austern vorgezogen. Ihre kiemenartigen Schalen (meist nur die größere bauchige Klappe) sind häufig am Strand zu finden. Diese Schalenklappe ist an beiden Seiten des zahnlosen Schlosses verbreitert, die andere hingegen flach und regelmäßig. Vor allem im Atlantik und in der Nordsee ist diese Muschel stark verbreitet. Sie wird 3 bis 7 cm groß, ihre Farbe ist unterschiedlich. Am Rand ihres Mantels liegen Tastfäden sowie die smaragdgrünen „Augen". Die jungen Muscheln sind beweglich, was auf einer Rückstoßwirkung beruht, die durch das plötzliche Schließen der Schalenklappe und die dadurch hervorgerufene rasche Ausstoßung von Wasser verursacht wird. Die ausgewachsenen Tiere führen auf festem Untergrund ein seßhaftes Leben.

Hummer

Nordseegarnele

Einsiedlerkrebs

Strandkrabbe

Kammuscheln werden oft von Seesternen angefallen.

Entenmuschel

Lepas anatifera

An den Küsten Mitteleuropas lebt der interessante Krebs namens Entenmuschel, der allerdings nicht wie ein Krebs aussieht. Das Tier wird von einer aus mehreren Platten bestehenden, seitlich abgeflachten Schale umschlossen, die mit ihrer Rückseite an einem langen, biegsamen Stiel hängt, der dem jeweiligen Untergrund verhaftet ist.

Die Entenmuscheln setzen sich häufig auf schwimmenden Gegenständen (z. B. Brettern) fest, nicht selten aber auch auf Lebewesen, mit denen sie dann „reisen". Zu diesen Tieren zählen Haie und Wale. Manchmal klammern sich Entenmuscheln an Felsen oder Pfählen im Wasser fest und bilden Kolonien. Aus dem Schlamm ragen ihre peitschenartigen Beine (6 Paare) hervor, mit denen sie durch Wirbelbewegungen ihre Nahrung (Plankton, Algen) herbeiziehen.

Entenmuscheln sind Zwitter, also Männchen und Weibchen in einem. Die Befruchtung erfolgt in den Kolonien meistens durch benachbarte Tiere. Aus den Eiern schlüpfen in der Schale des Muttertiers schwimmende Larven (Nauplius genannt), die kurze Zeit frei umherschwimmen und sich dann in Cypris-Larven verwandeln. Sie setzen sich schließlich mit Hilfe eines aus der Drüse des ersten Fühlerpaars abgesonderten Sekrets fest. Diese Fühler sowie der vordere Kopfteil formen sich in ein Haftorgan um; das zweite Fühlerpaar und die Augen verkümmern; der Hinterleib des Krebses ragt ins Wasser. Gleichzeitig beginnt das Tier Platten zu erzeugen, die seinen Körper schützen.

Ihren Namen verdankt die Entenmuschel dem Aberglauben, aus diesen Krebsen entwickelten sich besondere Enten. Im Mittelalter wurde diese Legende von Mönchen gefördert, denn sie ermöglichte auch in der Fastenzeit den Genuß von Entenfleisch.

Hummer

Homarus gammarus

Die Heimat des Hummers sind felsige Stellen im Atlantik, von wo aus er sich bis ins Mittelmeer und in die Nordsee verbreitet hat. Er wird bis zu 50 cm lang und ist blaugrün gefärbt.

Der Hummer hat zwei starke, verschieden große Scheren: Eine kleinere, schlankere „Pack"-Schere, mit der er sich seiner Beute (Muscheln, Schnekken, Stachelhäuter, Fische) bemächtigt sowie eine sehr große „Knack"-Schere, die er zum Zermalmen der harten Beuteteile (Schalen von Weichtieren) benutzt.

Tagsüber verbirgt sich der Hummer zwischen Felsriffen und in Bodenspalten; erst nachts jagt er. Jedes zweite Jahr — meist im Juli oder August — legt das Weibchen bis zu 32 000 Eier, die es an der Unterseite des Hinterleibs mit sich trägt. Nach 11 Monaten schlüpfen daraus Larven, die frei im Meer schwimmen und sich erst nach der vierten Häutung (wenn sie erwachsenen Hummern ähneln) auf steinigem Meeresgrund niederlassen.

Zu Beginn ihrer Entwicklung häuten sich die jungen Hummer Jahr um Jahr, wachsen jedoch sehr langsam, so daß sie erst nach 7 bis 10 Jahren 25 cm lang sind. In dieser Größe kommen sie auf den Markt. Sie wiegen 0,25 bis 0,50 kg. Hummer können freilich bis zu 30 Jahre alt und mehrere Kilogramm schwer werden.

Man fängt diese Krebse mit Ködern (meist Fischen) in Körben, in die sie zwar hineinkriechen, aber nicht mehr herausfinden. Gefangenen Hummern müssen die Scheren zusammengebunden werden, bevor man sie in Versandkörben weitertransportiert, damit sie sich nicht gegenseitig verletzen.

Hummerfleisch ist ein beliebter Leckerbissen, der auf viele Arten zubereitet und auch konserviert wird.

Nordseegarnele

Crangon crangon

Auch das Fleisch dieser Art ist sehr gut. Die Nordseegarnele ist grau oder grünlich, braun punktiert und wird 4 bis 7 cm lang.

Im Sommer hält sie sich nahe der Küste auf, vor allem in der Nordsee vor England und Belgien, wo sie bis ins Brack-

Kleinfleckiger Katzenhai

Nagelrochen

Hornhecht

Seeteufel

Seezunge

Makrele

wasser der Flußmündungen vordringt. In manchen Gegenden wird sie in Netzen gefangen, die von Pferden gezogen werden. Manche Garnelenfänger verwenden aus Reisern geflochtene Hindernisse, in denen die Garnelen bei Ebbe zurückbleiben. Die Nordseegarnele lebt von Krebsen, Weichtieren und Fischeiern. Von April bis Juni legen die Weibchen ihre Eier ab; eine zweite Ablage ist im Oktober und November.

Einsiedlerkrebs
Eupagurus bernhardus

An den westeuropäischen Küsten ist auch der Einsiedlerkrebs häufig anzutreffen, der 10 cm lang wird. Er hat einen weichen, leicht verwundbaren Hinterleib, und deshalb zieht er sich in die leeren Gehäuse von Meeresschnecken zurück.
Wenn er am Meeresgrund kriecht, zieht er das Häuschen mit. Droht ihm Gefahr, dann verbirgt er sich sogleich im Gehäuse, schließt den Eingang mit seiner breiteren Schere, als sei sie ein Dekkel, und ist so vor Feinden geschützt. Je nach seinem Wachstum muß der Krebs hin und wieder das alte Gehäuse gegen ein größeres austauschen. Der Einsiedlerkrebs nährt sich vorwiegend von kleinen Lebewesen und organischen Resten, die er am Grund sammelt.

Strandkrabbe
Carcinus maenas

Im Mittelmeer, an den Küsten Islands und in der Ostsee findet man an sandigen Gestaden die 6 cm lange und bis zu 8 cm breite Strandkrabbe mit ihren kräftigen Scheren. Sie bewegt sich vor allem am Grund; kürzere Strecken legt sie aber auch schwimmend zurück. Bei Ebbe bleiben viele dieser Tiere auf dem Watt. Schreckt man sie auf, dann laufen sie eilig umher und versuchen, sich im nassen Sand einzugraben oder unter Steinen zu verstecken.
Die Strandkrabbe frißt tierische und pflanzliche Rückstände.

Kleinfleckiger Katzenhai
Scylliorhinus caniculus

In allen europäischen Meeren ist der Kleinfleckige Katzenhai häufig zu finden, der etwa 1 m lang wird und den Menschen nicht bedroht. Meist fängt er Weichtiere und Krebse am Grund, hält sich jedoch auch in der Nähe von Heringsschwärmen auf.
Bei der Jagd auf Fische gerät er manchmal in Netze, die er nicht selten zerreißt. Die Fischer schätzen ihn deshalb keineswegs, auch wenn sein Fang ertragreich ist.
Sein Fleisch ist sehr schmackhaft; seltsamerweise gilt die Leber dieses Hais als giftig. Im Winter legt das Weibchen bis zu 20 Eier in festen Hüllen. Diese Hüllen haben an den Ecken Ausläufer, mit denen sie an Wasserpflanzen hängenbleiben. Die Brut schlüpft erst nach 9 Monaten.

Nagelrochen
Raja clavata

Zu den am meisten verbreiteten Rochen an den europäischen Küsten gehört der Nagelrochen. Es gibt ihn auch im Westen der Ostsee und im Schwarzen

Meer. Sein Körper ist von rhombischer Gestalt, die auf die breiten Brustflossen zurückzuführen ist. Das Männchen wird 70, das Weibchen 125 cm lang. Dieser Rochen hat ein zugespitztes Maul, einen langen Schwanz und harte Stacheln auf der Haut.
Da der Nagelrochen kaltes Wasser bevorzugt, weilt er in 20 bis 100 m Tiefe, und zwar meist in schlammigem Grund. Er lebt von Krabben, Garnelen, Muscheln, kleinen Schollen und andern Fischen. Das Weibchen legt seine Eier in festen Hüllen einzeln im Sand ab. Die Entwicklung des Embryos im Ei dauert 4 bis 5 Monate, manchmal noch länger. Das Fleisch ist gut, wird aber nur selten gekauft.

Hornhecht
Belone belone

An allen europäischen Küsten lebt in Schwärmen der eigentümliche Hornhecht, der bis zu 90 cm lang und 1 kg schwer wird.
Er hat einen langgestreckten Körper und sehr lange Kiefer mit kegelförmigen Zähnen.
Der Hornhecht ist ein Raubfisch, der kleine Fische, schwimmende Krabben und andere Krebse jagt. Freilich fällt er selbst größeren Raubfischen zum Opfer (z. B. den Thunfischen); deshalb benutzen ihn Fischer als Köder beim Fang von Thun.
Er laicht an seichten Stellen, wo das Weibchen im Mai oder Juni zwischen Meerespflanzen etwa 10 000 bis 30 000 Eier mit langen Haftfäden ablegt, die sich in Pflanzen verfangen. Der Hornhecht wird in manchen Ländern vor allem im Winter gefischt, weil sein Fleisch dann fetter ist.
Im Schwarzen Meer werden jährlich 500, an spanischen Küsten bis zu 5000 Tonnen gefangen. Beim Kochen verfärben sich die Gräten grün, weshalb viele Leute den Genuß des Hornhechts ablehnen. Diese Färbung hat jedoch keinen Einfluß auf die Qualität des Fleisches.

Seeadler

Rosa Pelikan

Kormoran

Seezunge
Solea solea

Die Seezunge ist vor allem im Atlantischen Ozean häufig anzutreffen, kommt aber auch in der Nord- und Ostsee sowie im Mittelmeer vor. Alljährlich werden in Europa etwa 22 000 Tonnen gefangen. Dieser Fisch wird bis zu 60 cm lang und bis zu 3 kg schwer. Die erwachsenen Seezungen leben am sandigen Meeresgrund, dessen Farbe sie sich anpassen, um ihren Feinden zu entgehen. Sie verharren in Tiefen von 5 bis 50 m.
Seezungen werden nur in den Nächten aktiv. Dann fressen sie Würmer, Weichtiere, Krebse und kleine Fische. Die ganz jungen Seezungen haben einen symmetrischen Körper, und ihre Augen befinden sich an beiden Seiten. Später legen sie sich jedoch quer, und das Auge der jetzigen Unterseite verschiebt sich in die Nähe des andern an der Oberseite. Die jungen Seezungen bleiben zwei Jahre in Küstennähe und stoßen auch in Flüsse vor. Diese Fische laichen von April bis August. Ihr Fleisch mundet vorzüglich. Die starke und dikke Haut schützt es vor dem Verderben. Seezungen können deshalb in frischem Zustand tief ins Binnenland verfrachtet werden.

Brandente

Baßtölpel

Seeteufel
Lophius piscatorius

Er ist ein eigenartiger, durch sein Aussehen (dem er seinen Namen verdankt) sogar furchteinflößender Fisch, der in der Nordsee, an westeuropäischen Küsten sowie im nördlichen Mittelmeer seine Heimat hat. Er wird bis zu 2 m lang. Am Kopf und am Vorderkörper ist er mit einzelnen Flossenstrahlen ausgestattet, deren erste am Ende mit einem blattähnlichen Fortsatz versehen ist (der an ein Fähnlein am Stab erinnert). Im Maul stehen mehrere Reihen spitzer Zähne.
Der Seeteufel hält sich meist im Grundschlamm auf. Lediglich seine Stacheln, die sich mitunter wurmartig bewegen, ragen hervor und locken andere Fische an. Der Seeteufel erbeutet selbst kleinere Haie und Rochen. Das Tier laicht mehr als 400 m tief. Die in ein Schleimband eingebetteten Eier steigen zur Oberfläche, und die aus ihnen schlüpfende Brut ist von bizarrer Form.
Der Seeteufel wird in großen Mengen an den Küsten Westeuropas und Englands gefangen (etwa 3500 Tonnen pro Jahr). Sein Fleisch schmeckt gut. Meist kommt der Seeteufel schon geteilt und kopflos auf den Markt.

Makrele
Scomber scombrus

Die Makrele ist ein sehr nahrhafter Fisch, der in allen europäischen Meeren vorkommt. Sie wird bis zu 50 cm lang und etwa 1,5 kg schwer. Makrelen ziehen in Schwärmen, die sich stets aus Exemplaren gleicher Größe zusammensetzen. Im Sommer sind sie in Küstennähe, im Winter in tieferem Wasser zu finden.
Diese Fische laichen von Mai bis August an Ufern. Die Weibchen legen bis zu 450 000 Eier ab. Die jungen Makrelen erreichen ihre Geschlechtsreife nach drei Jahren und sind dann 30 cm lang. In ihrer Jugend fressen sie Krebstiere, als Erwachsene kleine Heringe, Sprotten und Weichtiere. Makrelen werden bei der Nahrungssuche gefangen, und zwar meistens nahe dem Wasserspiegel, da sie die Wärme lieben. Beim Zug bewegen sich die Schwärme mit einer Geschwindigkeit von 10 km in der Stunde. Das Fleisch der Makrele ist sehr schmackhaft; wegen der zahlreichen Kapillarblutgefäße weist es eine rötliche Färbung auf. Die Makrele wird auch in tiefgefrorenem oder geräuchertem Zustand auf den Markt gebracht.

Seeadler
Haliaeetus albicilla

Der Seeadler haust an Meeresküsten und großen Binnenseen sowie im Stromgebiet breiter Flüsse. In Mittel- und Nordeuropa ist er stark verbreitet, in Nordwesteuropa gibt es ihn noch in Schottland.
Dieser große Greifvogel hat eine Spannweite von etwa 240 cm. Am Meer baut er sein Nest auf Felsen, in der Tundra am Boden, im Binnenland auf hohen Bäumen aus Zweigen. Das Adlerpaar benutzt dasselbe Nest mehrere Jahre

Flamingo

Kampfläufer

Eiderente

lang, baut jedoch alljährlich etwas hinzu. Auf diese Weise entsteht zuweilen ein mächtiger Bau mit einem allerdings nur kleinen Nestkessel, in den das Weibchen oft schon Anfang März 2 oder 3 weiße Eier legt.
Beim Brüten, das etwa 1,5 Monate dauert, wechseln beide Altvögel einander ab, wobei das Weibchen freilich die längere Zeit auf den Eiern sitzt. Die Jungen bleiben 10 Wochen im Nest und werden von den Eltern gefüttert (mit Fischen, seltener mit Vögeln bis zur Größe von Reihern). Adler jagen indessen meist nur geschwächte oder kranke Vögel, so daß sie eine Art Gesundheitsdienst leisten.
Nach dem Verlassen des Nestes setzen sich die Jungen häufig Hunderte von Kilometern vom Nistplatz der Alten entfernt fest. Im Winter jagen die Seeadler auf eisfreien Teichen. Sie reißen mit ihren Fängen die Beute aus dem Wasser. Mitunter schießen sie auch im Sturzflug in die Fluten. Oft begnügen sich die Seeadler mit toten Fischen oder andern Wirbeltieren, die ans Ufer gespült wurden. Heute ist der Vogel in fast allen europäischen Ländern geschützt, denn er droht auszusterben.

Kormoran
Phalacrocorax carbo

Der Kormoran, ein schwarzer, bis zu 1 m langer Vogel, ist fast überall auf Erden bekannt. Meist lebt er in großen Kolonien an Meeresküsten, auf Felsinseln, an Süßwasserseen und breiten Flüssen, in der Nähe hoher Bäume. Auf ihnen errichten sich diese Vögel aus Holzstückchen Nester. Zuweilen siedeln Kormorane auch in Reiherkolonien.
Das Weibchen legt meist im Mai 3 bis 5 blaugrüne Eier, deren Farbe bald unter einem weißlichen Überzug verschwindet. Da die Kormorane sogleich nach Ablage des ersten Eis zu brüten anfangen, schlüpfen die Jungen nach 23 bis 25 Tagen in gewissen Zeitabständen. Sie bleiben 7 Wochen im Nest und sind dann flügge. Die Eltern füttern sie zunächst mit halbverdauten Fischen, später bringen sie ihnen in ihrem Kehlbeutel frische Fische (die sie als Tauchvögel geschickt unter Wasser fangen). Oft treiben sie sich gemeinsam mit Pelikanen (die allerdings nicht tauchen) gegenseitig die Beute zu.
In manchen Ländern, vor allem in Südostasien, wurden und werden auch heute noch Kormorane zum Fischfang verwendet. Die Fischer holen junge Kormorane aus ihren Nestern, zähmen sie und nehmen sie in ihren Booten hinaus aufs Meer. Der Kormoran stürzt sich ins Wasser und bringt den erbeuteten Fisch zum Boot. Dabei tragen die Vögel einen Ring um den Hals, der das Schlucken unmöglich macht.
Die europäischen Kormorane ziehen im August oder September ins Mittelmeergebiet oder nach Nordafrika.

Rosa Pelikan
Pelecanus onocrotalus

In Europa siedelt der Rosa Pelikan regelmäßig im Donaudelta. In andern Gegenden kommt er nur vereinzelt nach der Brutzeit vor. Häufiger taucht er in Spanien auf. Meist überwintert er in Kleinasien, Ägypten und Indien.

Dieser Vogel sucht stets fischreiche Plätze auf. Die in großen Kolonien lebenden Paare bauen ihre Nester aus Schilfhalmen und Kolben von liegendem Schilf (mitunter auch aus Gras). Die einzelnen Paare pflegen gute Nachbarschaft. Die Weibchen legen ihre weißen Eier von April bis Juni, im allgemeinen je 2, seltener 3 oder nur 1 Ei. Beim Brüten werden sie kurz vom Männchen abgelöst. Die nach 33 Tagen ausschlüpfenden Jungen sind nackt, werden von den Eltern 2mal am Tag gefüttert und bekommen bald Daunen. Junge Pelikane sind braun (das rosa überhauchte Gefieder wächst ihnen erst nach 2 Jahren) und werden mit 2¹/₂ Monaten flügge. Sie schließen sich dann dem Schwarm der erwachsenen Vögel an.

Der Pelikan frißt Fische (täglich bis zu 3 kg). Die Beutetiere sind meist länger als 25 cm; kleinere Fische werden nur von den Jungen gefangen. Dieser Vogel kann nicht tauchen; er jagt am Wasserspiegel mit offenem Schnabel und benutzt seinen Kehlsack als Kescher. Die Pelikane jagen gemeinsam. Mehrere bilden einen engen Halbkreis und „stechen" mit ihren Schnäbeln ins Wasser. Bei dieser Zusammenarbeit formen sie so etwas Ähnliches wie ein Netz: Sie drängen die Fische an seichte Stellen, wo sie leicht gefangen werden können. Zuweilen verschlingen Pelikane auch kleine Enten.

Baßtölpel
Sula bassana

Der Baßtölpel ist ein etwa 90 cm langer, dem Pelikan verwandter weißer Küstenvogel mit schweren Schwingen und rosa getöntem Kopf. Die Jungvögel dagegen sind dunkelbraun und weiß gesprenkelt. Im Flug fällt besonders der lange, kielförmige Schwanz auf. Diese Art kommt in der Brutzeit vor allem an den Küsten Großbritanniens, Islands und der Färöer vor. Die westeuropäischen Tiere fliegen bis in die Küstengebiete Spaniens und des Mittelmeers.

Der Baßtölpel baut sein Nest aus Teilen von Meerespflanzen auf Steilfelsen. Das Weibchen legt im April oder Mai ein Ei, das beide Eltern in 39 bis 45 Tagen ausbrüten. Das Junge wird von den Altvögeln 10 Wochen lang im Nest gefüttert, bis es flügge ist.

Diese Tiere leben gesellig in großen Kolonien und ernähren sich vorwiegend von Fischen. Sie sind sehr gefräßige Stoßtaucher: Ein Baßtölpel fängt am Tag bis zu 10 Heringe. Diese Art ist auch als Guano-Lieferant geschätzt. Ins Binnenland gelangt dieser Vogel meist nur dann, wenn er bei Sturm von starken Windböen abgetrieben wird.

Flamingo
Phoenicopterus ruber roseus

Der Flamingo gehört zu den seltensten Vögeln Europas. Zur Zeit sind lediglich zwei Plätze bekannt, an denen er regelmäßig brütet: in der Camargue zwischen den beiden Rhône-Mündungen und in einer salzhaltigen Lagune Südspaniens.

Die französische Vogelkolonie wird jedoch immer kleiner und steht deshalb unter strengstem Naturschutz. In den letzten 50 Jahren brüteten die Vögel im Durchschnitt nur jedes dritte Jahr. Noch geringer ist die Zahl der Flamingos auf dem spanischen Platz. Außerhalb Europas gibt es Brutkolonien in Tunis, an einigen andern Orten des afrikanischen Kontinents, an der Küste des Persischen Golfs, ein wenig häufiger in Indien sowie am Ufer des Kaspischen Meers. Die europäischen Flamingos überwintern im Mittelmeerraum, manche auch an den Seen Ost- und Südafrikas.

Sturmmöwe

Die erwachsenen Vögel haben ein meist rosa gefärbtes Gefieder; die Deckfedern der Schwingen sind karminrot, die Schwingen hingegen schwarz. Eine Flamingo-Kolonie bietet einen überwältigenden Anblick.

Die Weibchen bauen ihre Nester aus Schlamm auf flachen Inseln oder am Ufer. Zunächst tragen sie das Material zusammen und ordnen es mit dem Schnabel zu einem Haufen, den sie mit den Füßen rhythmisch stampfen. In der Spitze dieses 30 bis 50 cm hohen Baus formen sie eine Mulde, in die sie meist lediglich 1 Ei legen.

Beim Brüten sitzen die Flamingos auf den wie Baumstümpfe wirkenden Nestern. Nach 30 Tagen schlüpfen die Jungen, die den Eltern gar nicht gleichen, denn sie haben kurze Beine und gerade Schnäbel. Erst nach 30 Tagen krümmen sich ihre Schnäbel und verlängern sich die Beine. Die Jungen sind schon in den ersten Tagen recht munter, halten sich aber noch im Nest auf. Im Alter von 3 bis 10 Tagen verlassen sie es, bilden Schwärme und tummeln sich nun im seichten Wasser. Von den Eltern werden sie mit ausgewürgtem flüssigem Brei gefüttert. Es ist interessant, daß die Eltern ihre im Schwarm lebenden Jungen offenbar an der Stimme erkennen. Nach etwa 40 Tagen suchen sich die kleinen Vögel ihre Nahrung selbst und ahmen dabei die Erwachsenen nach;

Silbermöwe

Trottellumme

bei drohender Gefahr retten sie sich schwimmend, denn fliegen können sie erst nach 2 oder 3 Monaten. Ihre Beute fangen sie auf eigentümliche Weise: Sie halten den Kopf und den im rechten Winkel gekrümmten Schnabel unter Wasser, so daß der Oberkiefer unten und der Unterkiefer oben ist. Während andere Vögel einen beweglichen Unterkiefer haben, ist der des Flamingos fest am Kopf angewachsen. Dafür läßt sich jedoch der Oberkiefer bewegen. Die dicke Zunge schnellt vor und zurück und arbeitet wie eine Pumpe; dadurch werden an der Schnabelspitze Wasser und Schlamm zusammen mit dem erbeuteten Lebewesen eingesogen, wo alles über ein Netzwerk langer Kerben an den Kieferwänden filtriert wird.
Im Schlamm lebende Würmer, kleine Krebs- und Weichtiere, Wasserinsekten und Algen werden durch diese Filtriereinrichtung zurückgehalten und dann verschluckt. Die Flamingos fliegen Dutzende von Kilometern auf Nahrungssuche. In einer Stunde vermag ein Flamingo etwa 60 km zurückzulegen. Sie sind die einzigen Vögel, die in starkem Salzwasser lebende Tiere verzehren können (18%ige Salzlösung).

Brandente
Tadorna tadorna

An den Küsten Nord- und Westeuropas, am Schwarzen Meer und im Osten bis in die Mongolei ist die bunte Brandente verbreitet, die einen besonders auffallenden karminroten Schnabel hat. In Mitteleuropa sieht man sie vor allem im Winter auf eisfreien Gewässern, gelegentlich auch noch im Frühjahr. Allerdings brütet sie nicht in unseren Breiten.
Ihr Nest baut sie in Höhlungen zwischen Steinen und Erdlöchern, zuweilen in verlassenen Bauen von Füchsen oder denen anderer größerer Säugetiere. Das Weibchen legt 6 bis 16 gelbliche Eier, die es in 28 Tagen ausbrütet.
Die Brandente frißt kleine Wassertiere, Insekten, Würmer und Krebstiere, aber auch pflanzliche Stoffe.

Eiderente
Somateria mollissima

In den nördlichsten Gegenden Europas ist die bekannte Eiderente heimisch. Sie wird bis zu 60 cm lang und wiegt etwa 2 kg. Das Männchen hat ein schönes buntes Hochzeitskleid; das Weibchen ist unauffällig, meist bräunlich. Diese Art baut ihr Nest am Meeresstrand auf freien Plätzen zwischen Steinen oder Grasbüscheln. Das Nest wird mit vielen feinen Daunen ausgepolstert, die sehr geschätzt sind. Die örtlichen Bewohner sammeln noch heute diese feinen Federn, gelegentlich aber auch die Eier. Das Weibchen legt dann nochmals Eier, aus denen es Junge großzieht.
Die wertvollsten Federn haben Weibchen zu Beginn der Brutzeit. Für eine Daunendecke und ein Kopfpolster benötigt man etwa 2,5 kg. Um dieses Gewicht zu erreichen, müssen 50 Nester geleert werden.
An manchen Brutstellen finden die Eiderenten freilich den Schutz der Bevölkerung, die ihnen aus Steinen Nistplätze bereitet und nur die Federn sammelt. Das Weibchen legt 4 bis 6 grünliche Eier, die es allein ausbrütet; dabei ist es sehr zutraulich und läßt sich sogar streicheln. Die Jungen schlüpfen nach 24 bis 27 Tagen. Eiderenten ernähren sich von kleinen Wassertieren und pflanzlichen Stoffen. Im Winter fliegen vereinzelt junge Tiere auch nach Mitteleuropa, wo sie völlig erschöpft ankommen und oft menschlicher Hilfe bedürfen. Diese Art wird rasch zahm und gewöhnt sich an den Menschen.

Kampfläufer
Philomachus pugnax

In Holland, Belgien, Polen und Nordeuropa nistet der Kampfläufer. Während der Paarungszeit tragen die Männchen ein auffälliges Federkleid mit einer großen, aus langen Federn bestehenden Halskrause, die sie aufplustern können. Auch am Kopf wachsen ihnen Federn, die aufgerichteten Hörnern gleichen.
Eine weitere Besonderheit dieses Vogels: Bei jedem Männchen ist die Halskrause anders gefleckt: weißlich bis

Papageitaucher

schwarz oder rotbraun bis rot. In England wurde einst eine hohe Belohnung für den Jäger ausgesetzt, der zwei völlig gleichfarbige Tiere vorlegen könne; der Wettbewerb endete ergebnislos. Heute sind die Kampfläufer geschützt.

In der Balzzeit kämpfen die Männchen miteinander, ohne sich zu verletzen. Diese Scheinkämpfe sollen lediglich die Weibchen anlocken. Die Rivalen springen sich an, stürzen mit vorgestreckten Hälsen aufeinander los, plustern ihre Krausen oder überfliegen sich. Am Balzplatz finden sich stets mehrere Männchen ein. Schon während des Zugs zu den Brutplätzen kommt es zu ähnlichen Streitereien (auch wenn noch nicht alle Männchen Hochzeitsfedern haben). Beim Herbstzug unterscheiden sich die Männchen in ihrer Färbung nicht mehr von den Weibchen.

Das Nest wird vom Weibchen in einer mit Halmen ausgepolsterten Bodenmulde angelegt; dort hinein legt es 4 gefleckte Eier, die es in 20 oder 21 Tagen ausbrütet. Die Brutpflege obliegt allein dem Weibchen.

Die Kampfläufer fressen Insekten, Würmer und kleine Weichtiere.

Sturmmöwe

Larus canus

Die etwa 40 cm lange Sturmmöwe ist in den nördlichen Regionen Europas und in England stark verbreitet; sie kommt auch in Asien und Nordamerika vor. In den Wintermonaten treiben sich diese Möwen an den Küsten Westeuropas umher und suchen oft auch mitteleuropäische Flüsse auf.

Im April kehren sie in Paaren zu ihren Nistplätzen zurück und beginnen mit ihren Hochzeitsspielen. Beide Vögel stehen dabei nebeneinander, ergreifen hin und wieder mit ihren Schnäbeln Steinchen oder Holzstückchen und bewerfen sich damit.

Dann wird das Nest gebaut (meist vom Weibchen allein). Dieses Nest liegt auf Inseln oder auf Küstenfelsen am Boden zwischen Grasbüscheln.

Das Weibchen legt 3 gefleckte Eier, aus denen nach 25 Tagen die Jungen schlüpfen. Schon nach wenigen Tagen verlassen sie das Nest und verbergen sich in dessen Nähe. Die Eltern füttern sie dort noch 35 Tage lang mit Insekten, Weichtieren, Würmern und Krebsen.

Erwachsene Sturmmöwen fressen auch die Eier anderer Vögel sowie Früchte und Samen. Mitunter fallen sie sogar kleine Wirbeltiere an.

Silbermöwe

Larus argentatus

Die bis zu 60 cm lange Silbermöwe taucht häufig an den Küsten West- und Nordeuropas auf. Manchmal bildet sie große Kolonien. Ihr Nest baut sie auf

Seehund

Eisbär

Felsen oder in niedrigen Büschen.
In den letzten Jahren haben sich die Silbermöwen auch auf den der Küste Deutschlands vorgelagerten Inseln verbreitet. In manchen Gebieten müssen sie dezimiert werden, da sie bei zu starker Vermehrung die Eier anderer Vögel (vor allem die der Enten) und selbst deren Junge fressen.
Das Weibchen der Silbermöwe legt 2 bis 3 gefleckte Eier, aus denen nach 26 Tagen die Jungen schlüpfen.
Im Herbst kommen diese Möwen oft in Flußtäler des Binnenlandes.

Trottellumme
Uria aalge

Die Trottellumme nistet an felsigen Orten Nordeuropas, in Großbritannien, auf Helgoland, selten auch in Portugal. Diese Vögel kommen Ende April zu ihren Nistplätzen und raufen sich um die besten Stellen. Von einem regelrechten Nestbau kann man bei diesen Tieren nicht reden, da das Weibchen lediglich ein großes geflecktes Ei legt. Dazu begnügt es sich mit dem kahlen Boden eines Felsvorsprungs. Beide Altvögel bebrüten es abwechselnd 35 Tage lang. Die Eltern füttern das Junge, das sich nach 25 Tagen auf dem Wasser niederlassen kann, auch wenn es noch nicht flügge ist. Es hält sich noch einige Wochen bei den Eltern auf.
Trottellummen fressen fast nur kleine Fische, die sie im Meer jagen. Im Winter sind sie schwarmweise an den Küsten Norddeutschlands, Westeuropas sowie im Mittelmeer zu beobachten.

Papageitaucher
Fratercula arctica

An Küsten und auf Inseln im nördlichen und mittleren Teil des Atlantischen Ozeans ist ein merkwürdiger Alkvogel zu beobachten, den man auch in der Bretagne und häufig auf den Shetland-, Orkney-, Färöer-Inseln sowie an der Westküste Schottlands, Norwegens, auf Spitzbergen und in Labrador antrifft: der Papageitaucher. Er mißt 30 cm, hält sich meist aufrecht und hat einen auffallend großen, papageienartigen, dreieckigen, an den Seiten stark abgeflachten Schnabel. In der Brutzeit färbt sich dieser Schnabel durch eine Verdickung der Wurzel rot, blau und gelb und wird auch größer. Die Jungvögel dagegen haben normale Schnäbel, die erst später flach werden und jene charakteristische Form annehmen.
Der Papageitaucher verweilt auf dem Meer, oft weit vom Land entfernt, und kommt nur zum Brüten in Scharen an die Küsten. Dort sucht er am liebsten weiche grasige Hänge auf, wo er mit dem Nestbau beginnt. Freilich begnügt er sich auch mit felsigen Plätzen und nistet in Höhlungen, Löchern oder Spalten. Der zum Nisten gewählte Hang fällt fast immer zum Meer ab. Manche Vögel richten sich auch in verlassenen Kaninchenbauen ein.
In der Regel scharren sie mit den Zehen (unter gelegentlicher Zuhilfenahme des Schnabels) einen 1 bis 2 m langen Bau aus, der eine oder mehrere Nistkammern birgt, die von den Papageitauchern jedes Jahr gewechselt werden. Die jeweilige Kammer wird mit Gras, Tang und Federn gepolstert.
Das Weibchen legt im Mai meist nur 1 Ei (selten 2), das weißlich und gelb oder lila gefleckt ist. Die Altvögel bebrüten es 35 bis 42 Tage lang. Dann ziehen sie davon. Das Junge ist nun zwar gut gemästet, kann aber noch nicht fliegen; es muß 7 bis 10 Tage im Nest ausharren, bis seine Schwingen voll entwikkelt sind. In dieser Zeit verliert es beträchtlich an Gewicht, weil es nicht gefüttert wird. Erst dann fliegt es aufs Meer und sucht sich Nahrung.
Diese Vögel fressen vor allem kleine Fische, ferner Krebs- und Weichtiere. Der Papageitaucher jagt unter Wasser und schwimmt mit Hilfe der Beine und Flügel. Bemerkenswert ist, daß er häufig 10 bis 12 quicklebendige Fische auf einmal im Schnabel trägt und ins Nest bringt; er preßt sie zwischen Zunge und Schnabelrand, so daß sie seitwärts heraushängen und noch Platz für weitere bleibt. Eine Papageitaucher-Kolonie kann mehr als 100 000 Tiere zählen. Mitte August (wenn die Jungen schon selbständig sind) kehren die Schwärme wieder ins offene Meer zurück. In vielen Staaten sind diese Vögel geschützt, denn man hat sie wegen ihres schmackhaften Fleisches rücksichtslos gejagt und nahezu ausgerottet.

Seehund
Phoca vitulina

Der Seehund lebt in den Küstengewässern des Nordatlantiks und des Südpazifiks, in der Nordsee und — seltener — im Westteil der Ostsee. Er wandert zuweilen und gelangt dabei in Flußläufe; einmal wurde er in der Elbe 700 km stromaufwärts gesichtet.
Seehunde sind gesellige Tiere; meist trifft man sie in Herden von 25 bis 50 Stück. (Die größte bisher registrierte Herde bestand aus 264 Tieren.) Die Männchen werden häufig bis zu 115 kg schwer, die Weibchen meistens nur etwa 100 kg.
Erwachsene Seehunde bleiben im allgemeinen ihrer Heimat treu und verharren dort auch dann, wenn die Gewässer zufrieren. In ihrem Revier bewegen sie sich in einem Umkreis von 10 bis 15 km und jagen Fische (vor allem Schollen), aber auch Krebs- und Weichtiere. Von Anfang Juni bis Juli wirft das Weibchen nach einer Tragedauer von 340 Tagen an felsigen Inselküsten 1 oder 2 Junge. Sie folgen nicht etwa der Mutter ins Wasser, sondern das Gegenteil ist merkwürdigerweise der Fall: Die Mutter schließt sich den Jungen an. Hat sie zwei, kann sie nur einem folgen. Das zweite Junge geht in den meisten Fällen zugrunde.
Auf manchen Inseln — besonders in Naturschutzgebieten — nehmen sich die Menschen dieser verlassenen jungen Tiere an.
Ein junger Seehund ist bei der Geburt 10 bis 15 kg schwer und 90 cm lang (das ist die halbe Länge der Mutter). Er kann

sogleich schwimmen und tauchen. Er saugt dann 4 bis 6 Wochen lang Muttermilch und lebt während der nächsten 6 Wochen von Garnelen; dann fängt er selber Fische.
Er kann 5 bis 6 Minuten untertauchen, bei Gefahr sogar bis zu 15 Minuten.
Wegen seines hochwertigen Fells wird der Seehund vom Menschen gejagt. Die Jäger lauern bei Löchern im Eis, bis das Tier zum Luftschöpfen auftaucht, und erschießen es. Meist kann der Seehund noch rechtzeitig untertauchen; dann verschwindet er unter dem Eis und ist in Sicherheit. Um diese Flucht zu verhindern, benutzen die Seehundjäger meist Harpunen mit Widerhaken.
Dieses Tier schläft auch unter Wasser. Es taucht in regelmäßigen Zeitabständen mit geschlossenen Augen zum Luftholen auf.
Unter normalen Umständen schwimmt der Seehund mit einer Geschwindigkeit von etwa 17 km pro Stunde. Wenn er Beute jagt oder selbst verfolgt wird, steigert er sein Tempo auf 35 km. Seehunde können bis zu 30 Jahre alt werden.

Eisbär

Ursus maritimus

Der Eisbär kommt am häufigsten in Grönland sowie an den Küsten Nordamerikas und Nordasiens vor; zuweilen taucht er allerdings auch an jenen von Nordnorwegen und in der nördlichen Hälfte von Island auf. Da in früheren Jahrzehnten rücksichtslos Jagd auf Eisbären gemacht wurde, gingen die Bestände stark zurück; heute steht dieses Tier vielerorts unter internationalem Schutz, und der Abschuß sowie das Einfangen lebender Eisbären ist streng verboten; nur den Eskimos wird die Jagd einer begrenzten Zahl gestattet.
Der Eisbär wird bis zu 3 m lang und etwa 450 kg schwer; die Weibchen sind kleiner als die Männchen. Ihr Fell ist weißlichgelb.
Die Tiere leben auf Eisschollen und am Strand; lediglich auf Island dringen sie bis ins Binnenland vor. Sie sind tagsüber und in der Dämmerung munter, und zwar suchen sie unentwegt nach Nahrung. Dabei laufen oder gehen sie und erklettern selbst steil abfallende Eisschollen. Eisbären verfügen über viel Ausdauer, bewegen sich jedoch langsam. Sie tauchen auch schlecht: Tiefer als 2 m sinken sie nicht ins Wasser, und sie vermögen sich nicht länger als 2 Minuten unter der Oberfläche zu halten. Diese Nachteile wurden ihnen zum Verhängnis: Viele Jäger verfolgten sie im Boot und konnten sie so ohne große Mühe erlegen. Diese Methode wird auch heutzutage noch von den Eskimos angewandt. Sie harpunieren die Tiere, denn eine der Schutzmaßnahmen (nicht nur für Eisbären) besteht mancherorts darin, daß der Gebrauch von Feuerwaffen untersagt ist.
Die wichtigste Nahrung der Eisbären sind Robben, vor allem junge Tiere, die meist am Ufer in Schneelöchern hausen. Der Eisbär hat einen gut entwickelten Geruchssinn und spürt die Beute auch in getarnten Verstecken auf. Häufig lauert er neben einem Loch im Eis, bis eine Robbe den Kopf herausstreckt, um zu atmen, oder er jagt am Strand, wo Robben ausruhen. Bevor er sie anfällt, taucht der Eisbär unter. Robben sind an Land ebenso unbeholfen wie Eisbären im Wasser; dort werden sie oft von Robben gejagt und auch gebissen. Der Eisbär begnügt sich mit den Innereien seiner Opfer und überläßt den Rest Polarfüchsen und andern Fleischfressern. Außerdem frißt er tote Fische und Aas, im Sommer auch Beeren. Menschen greift er nur selten an, obwohl sie seine einzigen Festlandfeinde sind, während er im Wasser mehrere hat (z. B. das Walroß).
Das Eisbärweibchen wirft im November oder Dezember in einer Höhle im Schnee 2 oder 3 Junge, die nur 600 g schwer sind und erst nach 4 Wochen sehend werden. Die Bärin „heizt" mit ihrer Körperwärme die Luft in der Höhle bis auf 20 °C an; überdies drückt sie mit ihren Tatzen die Jungen an ihr Fell. Erst im Frühjahr darf der Nachwuchs ins Freie, um die Nahrungssuche zu erlernen. Wenngleich die Bärin ihre Jungen säugt, frißt sie während der Wintermonate nichts. Die Jungtiere werden 1 3/4 Jahre lang gesäugt und bleiben 2 Jahre bei ihrer Mutter. Dann erst machen sie sich selbständig.

Im Torfmoor

Ein eigenwüchsiger, „nasser“ Biotop sind die Torfmoore, auch Hochmoore genannt. Sie entstehen überall dort auf undurchlässigem, saurem Grund, wo sich Regen-, Quell- und Bachwasser sammelt. Diese Moore sind deshalb vor allem in flachen Kesseln oder auf schalenartigen Bodensenken an Hangseiten und Kämmen der Berge zu finden, die um Quellen, Wasserläufe und Wasserreservoire entstehen.

An diesen Stellen mit überschüssiger Feuchtigkeit wächst eine besondere Moosart zu üppigen, dichten Teppichen — das Torfmoos (*Sphagnum*). Es ist wurzellos und lebt von der gerade an diesen Standorten sehr reichlich vorhandenen Luftfeuchtigkeit und vom durch den Wind angewehten Humus. Das Torfmoos hat zahlreiche S-förmige große, mit Wasser gefüllte Zellen. An den Stengelspitzen wächst es immer weiter, der untere Pflanzenteil stirbt ab. Aus diesen absterbenden Teilen, die sich wegen des hohen Gehalts an Humussäure und des Sauerstoffmangels nur schwer zersetzen, bildet sich mit der Zeit eine oft mehrere Meter dicke Schicht aus einer schwarzbraunen, schmierigen Masse — der Torf.
Die Torfmoore können kleine, manchmal aber auch sich über mehrere Quadratkilometer ausdehnende Flächen einnehmen. Wie eine umgestülpte Schüssel wölben sie sich über ihrer Umgebung. An den Rändern wachsen sie auch oft schneller nach und sind dort deshalb höher, da der Nährstoffgehalt hier höher und die Konkurrenz der Moose geringer ist. Und in der Mitte bildet sich dann meist ein runder See — das Meerauge.
Das Torfmoor ist wie ein riesiger, wassergesättigter Schwamm, der die Luftfeuchtigkeit stark erhöht und die Umgebung abkühlt, nahezu das gesamte Niederschlags- und Quellwasser zurückhält und es nur allmählich in die Umgebung abgibt. Besonders in den Quellgebieten der Berge haben die Torfmoore des-

halb erhebliche wasserwirtschaftliche Bedeutung. Durch unbedachte Entwässerung oder Torfabbau kann dieser Klimaeinfluß leicht gestört oder ganz zerstört werden.
Torfmoore sind also ein sehr nasser, kalter, saurer und nährstoffarmer Biotop, wo der hohe Humussäuregehalt den Pflanzen die Wasseraufnahme durch das Wurzelsystem erschwert und für die höheren Pflanzen praktisch Trockenboden bedeutet.
Die Pflanzengesellschaften der Torfmoore sind sehr artenarm, da sich nur wenige Arten mit den gegebenen Bedingungen abfinden. Dafür sind sie aber um so interessanter. In diesen Standortbedingungen sind beispielsweise die fleischfressenden Pflanzen heimisch, die Insekten fangen, sie durch Verdauungsfermente zersetzen und das gewonnene Eiweiß zur Bereicherung ihres so stickstoffarmen „Speisezettels" nutzen. Häufig auftretende Pflanzenarten sind Riedgräser, Wollgräser und Binsenarten mit dem für Trockenpflanzen typischen Sproßachsen- und Blattbau, denn das kalte und saure Wasser ist für sie kaum nutzbar. Auf dem federnden Boden der Moore und zwischen den schnell wachsenden Torfmoospflanzen wachsen noch andere horstbildende Pflanzen und Zwergsträucher. Nur auf höherliegenden und deshalb trockeneren Stellen sind Sumpfkiefer, Latschenkiefer, Zwergbirke oder dahinsiechende Fichten zu finden. Zahlreiche Torfmoorgehölze sind wintergrün und können deshalb an schneelosen, weniger kalten Wintertagen auch assimilieren. Dank der Kühle und dem Säuregehalt dieses Biotops halten sich in den Hochmooren ausgezeichnet Pflanzen- und Tierreste, besonders Pollenkörner von im Moor und in seiner Umgebung wachsenden Bäumen und Sträuchern. Nach den in den einzelnen Torfschichten gefundenen Pollenkörnern kann nach der sog. Pollenanalyse festgestellt werden, welche Gehölzarten vor mehreren tausend Jahren in der weiten Umgebung angesiedelt waren. In den starken Torfschichten lassen sich auf diese Weise Klima- und Vegetationsveränderungen im gegebenen Raum seit Ende der Eiszeitperioden ablesen.

Von den Lebewesen haben sich in den Torfschichten besonders die harten Körperteile der Käfer, vor allem die Deckflügel, erhalten. An ihnen ist zu erkennen, welche Insekten an welchen Gehölzen und Kräutern hier in den einzelnen Perioden lebten.
In den weitläufigen Hochmooren, sei es in den Niederungen, im Hochgebirge oder im fernen Norden, sind trotz des bereits erwähnten verhältnismäßig kalten Klimas und des Mangels an Nährstoffen zahlreiche Tierarten heimisch. Vor allem die Formen von Lebewesen sind hier in großen Mengen anzutreffen, die eine kurze Metamorphose durchlaufen. In den seichten, schnell von den Sonnenstrahlen durchwärmten, stehenden Moorgewässern finden vor allem Mücken ungewöhnlich günstige Entwicklungsbedingungen.
Die Moortümpel beheimaten aber auch andere Insektenarten, Wasserkäfer, Blattwanzen und Libellenlarven.
Auch einige Lurcharten finden in den Torfmooren günstige Standorte; die dicht bewachsenen Moorregionen sind als Zufluchtsorte bei feuchtigkeitsliebenden Vogelarten beliebt. An trockeneren Stellen leben Spinnen, an den Sträuchern verschiedene Käferarten und Schmetterlingsraupen.

Rundblättriger Sonnentau
Drosera rotundifolia

Die ausdauernde Pflanze bildet zierliche Blattrosetten aus. Die Blättchen sind langgestielt mit rundlicher Spreite, die am Rand und auf der Oberfläche dicht mit rötlichen Drüsenhärchen besetzt ist. An den Spitzen der Härchen werden Schleimtröpfchen ausgeschieden, die in der Sonne glitzern (Name!). Die jungen Blätter sind spiralig eingerollt. Aus der Mitte der Blattrosette erscheint (meist nur) ein bis zu 20 cm hoher rötlicher, oft schlängelig gebogener Stengel. Er trägt an seinem Ende einen armblütigen Wickel kleiner, weißer 5zähliger Blumen.
Die Frucht ist eine vielsamige, dreiklappige Kapsel.
Die Pflanze blüht von Juni bis August und kommt in Torfmooren, sehr selten auch in Naßwiesen und auf feuchtem Sandboden vor. Sie steigt vom Tiefland bis in Höhen um 2000 m und kommt auf der ganzen Nordhalbkugel im gemäßigten bis kalten Bereich vor. Im Süden bevorzugt sie die kühleren Berglagen.
Setzt sich ein kleines Insekt, angelockt durch die glitzernden Tropfen, auf das Blatt, verfängt es sich in der klebrigen Masse. Das Blatt rollt sich langsam etwas ein und die Drüsenhaare umschließen das gefangene Tier. Sie scheiden ein Verdauungsferment aus, welches die Beute zersetzt. Die Nährstoffe werden aufgenommen, so daß nur die Chitinhülle zurückbleibt, die nach dem Aufrichten der Haare vom Wind weggeblasen werden kann.
Die Pflanzen reagieren auf Eiweiß in jeder Form (Fleisch, Wurst oder Käse), während sie Holzstückchen, Brotkrumen oder Zuckerbrösel nicht umschließen.
Als Heilpflanze wurde das Gewächs lange Zeit überschätzt. Der Tee des Krautes wurde gegen Asthma und Keuchhusten getrunken, seine Tinktur gegen Krämpfe oder aber zur Senkung des Blutzuckerspiegels verordnet. Die Pflanze wurde auch zu Likören verarbeitet, als Talisman getragen oder gar bei den Alchimisten zur Goldherstellung gebraucht.
Die bittere, zusammenziehend wirkende Droge enthält viele Gerbstoffe, Säuren und Chinone, die eine gewisse bakterienhemmende Wirkung besitzen.
In den Blattachseln bilden sich im Herbst Knospen, die im nächsten Frühjahr dann zu einer Art Stengel austreiben.
Erst wenn dieser die Oberfläche des inzwischen weitergewachsenen Torfmoospolsters erreicht, bildet sich an ihm eine neue Blattrosette aus.
Diese Art Vermehrung erklärt auch den oft sehr dichten Stand der Pflanzen.

Rundblättriger Sonnentau

Echtes Fettkraut
Pinguicula vulgaris

Die ausdauernde, 5 bis 15 cm hohe Pflanze liegt dem Torfmoorpolster mit einer Blattrosette auf, die aus gelblichgrünen, fleischigen, länglich-zungenförmigen und an den Rändern nach oben

Echtes Fettkraut

eingerollten Grundblättern besteht. Einige Drüsen auf ihrer Oberseite sondern einen klebrig-schleimigen Saft, andere Verdauungsfermente ab. Die blauvioletten Blüten erscheinen einzeln auf blattlosen, drüsig-klebrigen Stengeln, haben eine zweilippige Krone und einen nach hinten gebogenen Sporn. Der Schlund der verwachsenblättrigen Krone trägt einen weißen Fleck.

Die Pflanze blüht je nach Standort von Mai bis August und kommt von den Niederungen bis zu 2300 m ü.d.M vor. Sie wächst auf Hochmooren und in Sümpfen fast ganz Europas, bevorzugt aber eindeutig kühleres Klima, so daß sie eher im Bergland als im Tiefland, in Nordeuropa häufiger als im Süden zu finden ist.

Kleine Insekten, die über die Blattfläche laufen, bleiben hängen und werden verdaut, wobei sich das Blatt längs einrollt. Es werden eiweißspaltende Fermente und das Labferment ausgeschieden, das auch z. B. im Magen von Kälbern vorkommt, wo es Milch zum Gerinnen bringt.

Die Blätter resorbieren zuerst die Nährstoffe und entrollen sich dann wieder. Obwohl die Pflanze heute selten ist, werden ihre Blätter gesammelt, da sie Stoffe enthalten, welche Krämpfe lindern und die Schleimlösung in den Atemwegen fördern sollen. So sind auch in bestimmten Hustenmitteln Inhaltsstoffe von Fettkraut enthalten. Die Blätter sondern neben den Verdauungsfermenten einen bakterienhemmenden Stoff ab, der das Verwesen der Beute hinauszögert.

In vielen europäischen Staaten steht das Fettkraut unter Naturschutz.

Breitblättriges Wollgras
Eriophorum latifolium

Diese nah verwandte Art hat breitere Blätter und treibt keine Ausläufer. Die Stiele ihrer Ährchen sind rauh (Zunge!). 5 bis über 10 Ährchen bilden den Blütenstand. Sie findet sich weniger häufig und auch meist nur am Rand der Hochmoore, denn ihre Verbreitungsschwerpunkte sind die Sümpfe und nassen Wiesen von den Niederungen bis in Meereshöhen von knapp 2000 m. Sie besiedelt fast die ganze Nordhalbkugel.

Moor-Kiefer
Pinus uncinata

Es handelt sich um eine besondere Kiefernart, die eng mit der Legföhre (Latsche) des Gebirges verwandt ist. Die Spirke, wie die Moor-Kiefer auch genannt wird, bildet entweder einen mächtigen, breit ausladenden Strauch mit niederliegenden, an den Enden bogig aufstrebenden Ästen oder einen schlanken, mittelhohen Baum mit schütterer Krone.

Die immergrünen, bis zu 5 cm langen, bogigen Nadeln stehen zu zweit an Kurztrieben, mit denen die Zweige dicht übersät sind. Die Äste und Zweige

Zwerg-Birke

Breitblättriges Wollgras

Moor-Kiefer

sind sehr elastisch, ihr Holz ist fest und dicht.
Das charakteristische Artmerkmal bilden die Zapfen, die bei der Moor-Kiefer deutlich asymmetrisch und am Grund abgeschrägt sind. Sie stehen waagerecht oder überhängend an den Zweigen.
Der Baum blüht von Mai bis Juni. Die Blüten sind eingeschlechtig und, getrennt zu kätzchen- oder zäpfchenartigen Blütenständen zusammengefaßt, auf demselben Baum zu finden (Einhäusigkeit). Die weiblichen Blütenstände stehen an der Spitze, die männlichen am Grund der neuen Triebe. Die Bestäubung erfolgt durch den Wind.
Diese europäische Art ist in den Torfmooren des Tieflandes seltener als im Alpenvorland, den Bergregionen und den mittleren Gebirgslagen. Sie bildet vorzugsweise am Moorrand ausgedehnte und oft fast undurchdringliche Strauchbestände oder, in Baumform, sehr aufgelockerte Gehölze, öfters mit anderen Kiefern vermischt und mit Zwergstrauchunterwuchs.

Zwerg-Birke
Betula nana

Kleiner, meist niederliegender, höchstens 80 cm hoher Zwergstrauch mit graubraunen, anfangs samtig behaarten Ästen.
Blätter rundlich, oft breiter als lang, an den Rändern gekerbt. Die Spreite hat ca. 1 cm im Durchmesser, der Blattstiel ist 1 bis 2 mm lang.
Die unscheinbaren, eingeschlechtigen Blüten sitzen in getrennten, kätzchenartigen Blütenständen auf der gleichen Pflanze (Einhäusigkeit). Die weiblichen Kätzchen stehen aufrecht. Die Früchte sind schmal geflügelte Nüßchen.
Die Zwergbirke wächst auf der ganzen Nordhalbkugel mit deutlich nördlichem Ausbreitungsschwerpunkt. So ist sie zum Beispiel in Skandinavien sehr häufig, während sie in Deutschland nur noch zerstreut auftritt. Sie besiedelt die Hochmoore, wo sie entweder eigene Bestände bildet oder im Randsaum der Moor-Kiefern-Gebüsche auftritt. Bevorzugt wächst sie auch auf nacktem Boden der Torfstiche.
In Lappland werden aus den dünnen, langen Wurzeln dieses Strauches Dekken hergestellt.

Sumpf-Porst
Ledum palustre

Immergrüner, über 1 m hoch wachsender Strauch mit anfangs rötlich behaarten Zweigen.

Rauschbeere

Moosbeere

Sumpf-Porst

Im Torfmoor

Die wechselständigen, sehr kurz gestielten langen und schmalen Blätter sind ganzrandig, mit nach unten eingebogenem Rand, derb, oberseits glänzend dunkelgrün und unterseits dicht rotbraun behaart. Zwischen dem Haarfilz stehen gelbliche Drüsenborsten, die einen starken Duft verströmen.
Die kleinen, weißen 5zähligen Blüten erscheinen von Mai bis Juni in dichten, halbkugeligen Dolden an den Zweigenden. Die Früchte sind kleine vielsamige, mit 5 Klappen aufspringende Kapseln.
Der Sumpf-Porst ist ein typischer Hochmoorbewohner, der gerne unter Moor-Kiefern große Kolonien bildet. Doch findet er sich ebenfalls, wenn auch sehr selten, in feuchten, moosigen Spalten von Sandsteinfelsen. Er ist vor allem in den arktischen Gebieten der Nordhemisphäre verbreitet und kommt in Mitteleuropa nur noch selten vor. Da er als Heil- und Mottenpflanze viel gesammelt wurde, ist er an vielen Orten schon ausgerottet. In Deutschland und auch anderswo steht er unter Naturschutz.
Die Pflanze ist giftig und enthält, vor allem in den Blättern, bis zu 3 % ätherisches Öl mit dem giftigen Reizstoff Ledol (Porstöl oder Porstkampfer) und neben Lipiden und Wachs auch die Glykoside Arbutin und Aterikolin. Dadurch riecht die Pflanze stark und betäubend. Getrocknete Blätter waren seit eh und je ein Mittel gegen Wanzen und Motten. Den Bienen schadet das Gift offensichtlich nicht.
Blüten und Blätter wurden früher in der Homöopathie gegen Fieber und Husten sowie Bronchitis angewandt. Daneben fanden sie als Abortivum Verwendung. Im Mittelalter wurden die Blätter auch als Konservierungs- und Berauschungsmittel dem Bier beigegeben. Es muß aber heute vor jeglichem Genuß dieser gefährlichen Pflanze gewarnt werden.

Rauschbeere

Vaccinium uliginosum

Der dichte, reichverzweigte, blaugrüne Strauch wird bis zu 80 cm hoch und be-

Torfmoos

sitzt eine weitkriechende Grundachse mit aufstrebenden Zweigchen.
Seine Blätter fallen im Herbst ab. Sie sind sehr kurz gestielt, ihre Spreite ist länglich bis verkehrt eiförmig, derb, oberseits blaugrün, unterseits graubläulich mit stark hervortretendem Adernetz. Der Blattrand ist schwach umgerollt.
Die weißen oder rosa angehauchten, becherförmigen Blüten erscheinen in den Blattachseln, entweder einzeln oder in kurzen, wenigblütigen Trauben. Die verwachsenblättrige Krone hat meist 4 bis 5 kurze, zurückgebogene Zipfel.
Die Früchte sind kugelige Beeren, mit einem Durchmesser bis zu 1 cm. Sie sind blaurot, stark blaugrau bereift, im Innern heller und mit farblosem Saft. Die Samen sind in Vielzahl vorhanden.
Die Pflanze blüht im Mai und Juni; sie gedeiht im Moor und in moosigen Sumpfwäldern von der Niederung bis in die höchsten Gebirgslagen (über 3000 m ü. d. M.). Mit ihrer graublauen Färbung bildet sie in der Regel schon von weitem auffallende Bestände.
Sie kommt in den mittleren und nördlichen Gebieten Eurasiens und Nordamerikas vor.
Die den Heidelbeeren ähnelnden (doch nicht deren Wohlgeschmack erreichenden) Früchte sind zwar unschädlich, in größeren Mengen genossen rufen sie jedoch Rauschzustände (Name!), Kopfschmerzen und, bei empfindlichen Menschen, Brechreiz hervor.

Moosbeere

Vaccinium oxycoccos

Der zierliche Beerenstrauch überzieht wie ein zartes, lockeres Gewebe die Torfmoorpolster. Seine fadendünnen, verholzenden Stengel kriechen bis zu 80 cm weit. Sie sind reich verzweigt. Die blütentragenden Enden der langen, oft wurzelnden Ästchen und des Stengels steigen bogig auf.
Die immergrünen, ca 1/2 cm langen Laubblätter sind kurzgestielt. Ihre derbe, eiförmige, spitze Spreite ist oberseits glänzend dunkelgrün, unterseits graubläulich bereift. Der Blattrand ist schwach eingerollt.
Die Blüten erscheinen an langen, dünnen, etwa in der Mitte mit 2 schuppenartigen Blättchen besetzten Stielen, einzeln oder zu 2 bis 5 aus der Endregion der Stengel und Zweige. Sie sind kleiner als 1 cm, hellrot gefärbt und nickend. Ihre Krone ist tief in 4 oder 5 schmale, weit zurückgerollte Zipfel gespalten.
Die Früchte sind mehrsamige Beeren mit einem Durchmesser von 1/2 bis 1 1/2 cm. Anfangs sind sie hellgrün marmoriert, dann hängen sie hellrot am aufrechtstehenden Fruchtstiel, der zur Vollreife mitsamt seiner dunkelroten Last niederliegt. Frost bringt die letzte Süße in die Frucht.
Die Moosbeere blüht von Mai bis Juli und kommt in den Torfmooren Mittel-

europas sowie in den Tundren Eurasiens, Kanadas und Alaskas vor.
Sie ist sehr variabel im Aussehen, doch gibt es oft am selben Standort gleitende Übergänge zwischen den einzelnen Formen.Die Größe der Beeren ist ebenfalls recht unterschiedlich, die kleinfrüchtigen Formen sind dabei bis zu 1/2 Monat eher reif als die normalfrüchtigen. Mancherorts wurde auch eine nahe verwandte amerikanische Moosbeere ausgepflanzt. Sie hat sich an vielen Stellen akklimatisiert und eingebürgert. Ihre Früchte haben einen Durchmesser von 1 bis 2 cm.
Die vitaminreichen Beeren enthalten bis zu 8 % Zucker, ferner Apfel- und Zitronensäure, Gerbstoffe und den roten Farbstoff Idaein. Sie schmecken herbsäuerlich und werden häufig nach den ersten Frösten gesammelt und als Kompott zubereitet oder eingelegt. In den nördlichen Gebieten der UdSSR und Finnlands, wo die Pflanze sehr verbreitet ist, läßt man die Beeren gären und bereitet daraus Kwaß, ein schwach alkoholisches Erfrischungsgetränk.

Torfmoos
Sphagnum spec.

Die Torfmoose bilden eine sehr artenreiche Gattung. Diese ist die einzige innerhalb ihrer Familie. Zu anderen Laubmoosfamilien bestehen heute keine Verbindungen mehr. Die einzelnen Arten, die z. T. recht verschiedenartige ökologische Ansprüche stellen, sind für den Laien kaum zu unterscheiden, der Fachmann benötigt zur genauen Identifizierung das Mikroskop. Als Gattung unterscheidet sich aber Torfmoos leicht von allen anderen Gewächsen.
Es bildet grüne, im Licht oft rötliche oder gelbliche Polster aus einzelnen „Stämmchen“, die oben weiterwachsen und nach unten zu allmählich absterben. Der Zuwachs beträgt etwa 3 cm im Jahr. Die Hauptstämmchen sind selten oben gabelig verzweigt. Sie tragen mehr oder weniger quirlständige Seitenzweige, die vor allem an der Stengelspitze einen dichten, sternartigen Schopf bilden. Stengel und Zweige sind dicht dachziegelig beblättert. Die Blattspreite ist einschichtig und besteht aus zwei Zellarten: Große, weiße, mit charakteristischen Fasern ausgesteifte Wasserspeicherzellen sind umgeben von oft leicht S-förmig gebogenen, schmalen, blattgrünführenden Assimilationszellen. Durch die Speicherzellen kann das Torfmoos eine Wassermenge aufnehmen, die dem 20- bis 30fachen seines Trockengewichtes entspricht. Trockene Polster sind auffallend bleichgrün gefärbt.
Torfmoos verbreitet sich selten durch Sporen, die in kurzgestielten Sporenkapseln im oberen Stengelbereich gebildet werden, hauptsächlich aber vegetativ durch Bruchstücke von Stengeln, einer Art Brutknospen oder durch ausläuferartig wachsende Zweigchen. Neben Gebirgs- und Tieflandsarten gibt es auch solche, die mehr am Rand des Hochmoores, eher auf den Bülten oder vorzugsweise in den Schlenken siedeln. Außer den Torfmoosen des Hochmoores gibt es noch andere Arten, die in Wiesenmooren, Heiden oder an nassen Waldstellen gedeihen.

Uferbernsteinschnecke
Succinea pfeifferi

Im Röhricht oder in Sümpfen ist die Uferbernsteinschnecke anzutreffen: Ein Tier mit einem eiförmigen, durchscheinenden, bernsteinfarbenen Gehäuse, das 13 mm hoch und 6 mm breit ist.
Diese Art findet man manchmal in großen Mengen an schwimmenden Wasserpflanzen.
Die Schnecke nährt sich von Pflanzenteilen.
Sie ist ein Zwitter: Bei der Paarung übertragen stets zwei Tiere sich gegenseitig Spermien, worauf jedes 50 bis 100 befruchtete Eier an feuchten Stellen des Bodens ablegt.
Diese Schnecke überwintert in Spalten, moderndem Laub, unter Steinen und Felsbrocken. Bei langer Trockenheit versteckt sie sich im Schlamm oder unter Steinen.

Weberbock
Lamia textor

Auf Weiden oder Espen an Bächen lebt auch der Weberbock. Er ist 20 bis 30 mm lang und hat einen gedrungenen Körper; seine Fühler sind kürzer als der Körper. Seine Färbung ist mattgrau oder graubraun. Die Flügeldecken sind gekörnelt; sie weisen kleine helle Flecke und Punkte auf. Diese Käfer sitzen im Sommer auf Weidenzweigen und fliegen erst am Abend. Die Larven leben in Weiden und Espen, vor allem in altem Holz oder in den Wurzeln. Obwohl der Weberbock stark verbreitet ist, richtet er keine größeren Schäden an.

Laubfrosch
Hyla arborea

Der etwa 5 cm lange und schön gefärbte Laubfrosch ist in ganz Europa anzutreffen und vermag seine Färbung seiner jeweiligen Umgebung anzupassen: Er kann gelbgrün, dunkelgrün oder blaugrün sein. Mit Ausnahme der Paarungszeit lebt er vorwiegend auf Bäumen. Er springt behend, wobei ihm seine klebrigen Haftballen an den Fingern von großem Nutzen sind: Mit ihnen saugt er sich an und hält sich fest. Damit ist es ihm auch möglich, sich auf senkrechten Glasflächen (zum Beispiel an Fensterscheiben oder an den Wänden eines Terrariums) zu bewegen.
Zur Paarung, die meist zwischen April und Juni stattfindet, ziehen die Laubfrösche ins Wasser. Das Weibchen legt dort bis zu 1000 Eier in Klümpchen ab. Während dieser Zeit kann man die einem Schellenläuten ähnelnde Stimme des Männchens vernehmen, das auf Bäumen, Büschen oder im Röhricht sitzt.
Der Laubfrosch wird sehr oft auch als

„Wetterfrosch“ in einem Glas gehalten. Die allgemein verbreitete Meinung, er zeige Witterungsveränderungen durch Rufe oder Erklettern einer kleinen Leiter an, ist allerdings irrig. Viele Leute behaupten, ein am Boden des Glases quakender Frosch künde Regen an. Nun, in der freien Natur quakt der Laubfrosch nur bei schönem Wetter und schweigt an kühlen und regnerischen Tagen ganz. Das Erklettern der Leiter soll schönes Wetter anzeigen. In Wirklichkeit aber will der gefangene Frosch nichts anderes, als sein enges Gefängnis verlassen.
Der Laubfrosch — besser gesagt: das Laubfroschmännchen — läßt sich lediglich in der Paarungszeit hören. Sein Quaken dient dabei einem ganz anderen Zweck als der Wettervorhersage.
Die Kaulquappen des Laubfroschs sind goldglänzend und haben eine langgezogene Schwanzspitze. Die Metamorphose ist nach etwa 90 Tagen beendet; dann hüpfen die kleinen Laubfrösche aus dem Wasser. Die erwachsenen Frösche verlassen nach der Eiablage gleichfalls das Wasser und leben fortan auf Bäumen oder in Gebüschen. Sie ernähren sich von Insekten, Larven und Spinnen. Im Herbst steigen die Laubfrösche von den Bäumen und suchen Verstecke zum Überwintern in Erdlöchern, unter Steinen oder im Schlamm.

Zwergrohrdommel
Ixobrychus minutus

Dieser etwa taubengroße, also verhältnismäßig kleine Reihervogel kommt in fast ganz Europa — mit Ausnahme Großbritanniens und Skandinaviens — vor.
Die Zwergrohrdommel lebt im Röhricht an Teichen, Seen, Tümpeln und schilfbestandenen Dorfteichen. Abends oder nachts kann man die Stimme des Männchens hören. Sie baut ihr Nest auf niedergedrücktem Schilf knapp über der Wasserfläche. Das Weibchen legt 5 bis 7 kalkweiße Eier und wird beim Brüten, das 16 bis 19 Tage dauert, vom Männchen abgelöst.
Schon eine Woche nach dem Schlüpfen sind die Jungen so entwickelt, daß sie bei Gefahr gewandt auf Schilfhalme klettern können. Die Eltern kröpfen ihnen die Nahrung in die Schnäbel. Sie fressen Insekten, Fische und Amphibien. Die Zwergrohrdommel ist ein Zugvogel, der schon in den letzten Augusttagen nach Ostafrika fliegt und meist erst Anfang Mai zurückkehrt. Obwohl sie stark verbreitet ist, lebt sie so im Verborgenen, daß sie nur selten gesehen wird. Schreckt man sie auf, dann streicht sie niedrig über dem Röhricht dahin, wobei sie durch die schwarze Färbung der Schwingen (mit weißen Punktierungen) auffällt.

Uferbernsteinschnecke

Laubfrosch

Bekassine

Weberbock

Zwergrohrdommel

Wasserralle

Kranich

Trauerseeschwalbe

Prachttaucher

Bekassine
Gallinago gallinago

Die etwa 27 cm lange Bekassine ist ein Sumpfvogel, der feuchte Wiesen und Torfmoore in der Umgebung großer Teiche und Seen bevorzugt.
Die Bekassine ist so scheu, daß man sie nur ganz selten beobachten kann. Ihr Nest baut sie in hohem Gras. Das Weibchen legt 4 olivfarbene, grünlich gefleckte Eier, die es in 19 bis 21 Tagen alleine ausbrütet.
Während der Balz fliegt das Männchen hoch in der Luft und spreizt beim Herabfliegen die Schwanzfedern, so daß durch die Luftvibration meckernde Töne entstehen, die im weiten Umkreis vernehmbar sind.
Um die Jungen, die etwa nach 3 Wochen flügge werden, kümmern sich beide Eltern gemeinsam.
Die Bekassine frißt Insekten, Würmer und Spinnen. Im Herbst formieren sich diese Vögel zu Schwärmen. Die europäischen Bekassinen überwintern meist in Afrika, von wo sie im März zurückkehren.
Dieser Vogel wird gejagt. Sein Fleisch ist sehr schmackhaft.

Wasserralle
Rallus aquaticus

Ein häufiger Bewohner ausgedehnter Schilfbestände ist die Wasserralle mit ihrem langen, rötlichen Schnabel. Auch sie ist scheu und deshalb nur selten zu beobachten. Tagsüber verbirgt sie sich und geht erst in der Dämmerung auf Nahrungssuche. Sie lebt von Insekten, Weichtieren, von Samen und Blättern. Im Herbst kann man sie in abgelassenen Teichen beobachten, allerdings nur dann, wenn man ein gutes Versteck gewählt hat und sich sehr ruhig verhält.
Die Wasserralle baut ihr Nest aus Halmen in Riedgras und Schilfbüscheln. Das Weibchen legt 6 bis 12 gelbliche, rostbraun gefleckte Eier, die es gemeinsam mit dem Männchen in 20 Tagen ausbrütet. Die Jungvögel sind schwarz und bleiben bis zum Herbst bei den Eltern.
Brüten die Altvögel ein zweites Mal, dann schafft auch die ältere Brut den neugeborenen Geschwistern manchmal Nahrung im Schnabel herbei.

Kranich
Grus grus

Den Kranich, einen starken, hochbeinigen Vogel mit langem Hals, findet man in Nordeuropa, seltener in den nördlichen Gegenden Mitteleuropas; in Asien ist er jedoch auch bekannt.
Die europäischen Kraniche überwintern in Südeuropa und Nordafrika. Bei ihren Zügen fliegen sie in typischen Keilformationen. Sie leben in weiten Sumpfgebieten und kehren im März oder April zurück in ihre Brutgebiete. Bei der Balz „tanzen" die Kraniche, vollführen hohe Sprünge, entfalten ihre Flügel und stoßen laute „Trompetentöne" aus. Das Weibchen baut mitten im Sumpf ein großes Nest aus Pflanzen und legt dort meist nur 2 graugrüne, dunkel gefleckte Eier. Die Jungen schlüpfen nach 29 oder 30 Tagen und haben kurze Beine und Schnäbel, die jedoch rasch wachsen.
Die Kraniche fressen Pflanzen, Insekten, Weichtiere, Würmer, seltener Frösche, Schlangen und kleine Vögel.

Trauerseeschwalbe
Chlidonias niger

Am häufigsten läßt sich über Binnengewässern ein flinker kleiner Vogel beob-

achten: die Trauerseeschwalbe, die ihr typisches „Krek“ und „Krr“ ausstößt. Sie taucht im Mai bei uns auf, um Ende Juli schon wieder in ihr Winterquartier nach Äquatorialafrika zu ziehen. Sie hält sich also nur kurz in ihrem Brutgebiet auf. Ständige Nistplätze kennt die Trauerseeschwalbe nicht. Einmal sucht sie einen bestimmten Teich mehrmals auf, ein andermal läßt sie sich jahrelang nicht mehr blicken, ein drittes Mal taucht sie zwar wieder auf, sucht sich jedoch einen neuen Nistplatz.
Meist haust sie in kleinen Kolonien und baut ihr Nest auf Anhäufungen von Wasserpflanzen und Schilf.
Das Weibchen legt 2 bis 3 gefleckte Eier. Die nach 14 bis 17 Tagen schlüpfenden Jungen werden von den Altvögeln gemeinsam mit Insekten und Fischen, Krebstierchen und Würmern gefüttert. Bei der Nahrungssuche entfernen sich diese Vögel oft mehrere Kilometer.

Prachttaucher
Gavia arctica

Auf eisfreien Flüssen trifft man im Winter einen weiteren Gast aus dem Norden an: den Prachttaucher. Dieser Wasservogel ist zwar 70 cm lang, aber dennoch unauffällig, da er sich so weit wie möglich vom Ufer entfernt aufhält. Beim Anblick von Menschen taucht er sofort und schwimmt bis zu 400 m unter Wasser; auf diese Weise entzieht er sich seinen Feinden. An manchen Orten kommt der Prachttaucher in ganzen Schwärmen vor. Er nistet in Nordeuropa auf Seen, an deren Rändern er unmittelbar am Wasser ein großes Nest baut. Das Weibchen legt 1 bis 3 Eier; beide Eltern brüten abwechselnd. Während der Balz richtet sich der Taucher hoch im Wasser auf und vollführt Hochzeitstänze.

Schnee-Eule
Nyctea scandiaca

Dieses Tier ist in der offenen Tundra heimisch und brütet in Norwegen, Schweden und auf Island. Die Schnee-Eule ist etwa 60 cm lang und hat ein weißes, schwarzbraun geflecktes Gefieder sowie eine schwefelgelbe Regenbogenhaut.
Der Vogel jagt meist bei Tageslicht, und zwar vor allem Lemminge. Wandern die Lemminge, dann folgen ihnen diese Eulen. In der Zeit der Lemming-Überbevölkerung legt die Schnee-Eule in einer Bodenmulde bis zu 10 Eier ab. Sind weniger Lemminge vorhanden, bescheidet sie sich mit 3 bis 6 Eiern, oder sie brütet in solchen Jahren überhaupt nicht.
Das Weibchen macht sich sogleich nach der Ablage des ersten Eies ans Brutgeschäft, so daß die Jungen nacheinander ausschlüpfen, was zur Folge hat, daß die letzten meist eingehen, weil die älteren ihnen alles wegfressen. Die Vögel brüten von Mitte April an (häufig aber auch erst im Juni) 32 oder 33 Tage lang, wobei das Weibchen vom Männchen gefüttert wird. Die Jungen bleiben etwa 2 Monate im Nest und werden von den Eltern hauptsächlich mit Lemmingen gefüttert; jedes Junge frißt täglich bis zu 4 dieser Tiere. Nach der Brutzeit streichen die Vögel in der weiten Umgebung herum.
Bei sehr strengen Frösten und hohen Schneefällen suchen die Schnee-Eulen günstigere Orte auf. Vereinzelt erscheinen sie dann auch in West- und Mitteleuropa.

Große Raubmöwe
Stercorarius skua

Diese Möwenart ist 60 cm lang und an ihrem weißen „Spiegel“ auf den gefalteten Schwingen zu erkennen; beim Flug bildet dieser Spiegel einen weißen Längsstreifen.
Die Große Raubmöwe haust an Küsten und auf Inseln des Atlantiks (besonders auf Island), den Shetland-, Orkney- und Färöer-Inseln. Es ist interessant, daß ihr zweites Brutgebiet auf der entgegengesetzten Seite der Erde liegt: Es reicht von den Küsten der Antarktis bis zum Feuerland.

Schnee-Eule

Schneehase

Berglemming

In der Brutzeit halten sich diese Vögel in Sümpfen unweit des Meeres auf, wo sie meist im Gras ein Nest bauen. Das Weibchen legt von Mai bis Juni 2 oder 3 olivbraune, grau gefleckte Eier, die von beiden Eltern abwechselnd 28 bis 30 Tage lang bebrütet werden. Die Jungen bleiben 5 bis 7 Wochen im Nest und werden von den Altvögeln gefüttert. Am Brutplatz melden sich die Raubmöwen mit einem Ruf, der wie „Hoo“ klingt; in der übrigen Zeit geben sie ein tiefes „Ga ga“ von sich. Nach dem Brutgeschäft streifen sie im Ostteil des Atlantischen

Schneehase
Lepus timidus

Diese Art kommt in Skandinavien, Schottland, Irland und in den Alpen vor. In Nordeuropa haben die Tiere ein Gewicht von 5 bis zu 5,8 kg, im Alpenraum hingegen wiegen sie lediglich 2 bis 2,5 kg. Ihre Ohren, deren Spitzen das ganze Jahr über schwarz bleiben, sind kurz. Im Sommer ist der Schneehase bräunlichrot gefärbt, im Winter zum Schutz vor seinen vielen Feinden schneeweiß.

chen Mulde im Gebüsch 5 bis 6 Junge, die schon bald nach der Geburt sehen können.
Im Winter läßt sich der Schneehase zuweilen vom Schnee zudecken und atmet dann durch einen schmalen „Kamin“, der sich beim Schnaufen bildet.
Die gefährlichsten Feinde des Schneehasen sind Füchse.

Berglemming
Lemmus lemmus

Der Berglemming zählt zu den Wühl-

Große Raubmöwe Vielfraß

Ozeans umher und gelangen auch nach Südeuropa. Verirrte Vögel erreichen mitunter mitteleuropäische Flüsse.
Die Große Raubmöwe hat einen mächtigen, am Ende gekrümmten Schnabel. Sie ist ein von Vögeln und Säugetieren gefürchteter Räuber, der alles jagt: Würmer, Vögel, Krebs- und Säugetiere, deren Junge, Vogeleier, aber auch andere Möwenarten, Seeschwalben (die dann fast stets ihre Beute fahren lassen müssen, so daß sie der Raubmöwe zufällt, die sie noch im Sturz auffängt und verschlingt).

Das Tier lebt in Wäldern bis zur Schneegrenze, in Skandinavien und in der Tundra sogar bis zur Meeresküste. Im Norden ist der Schneehase von morgens bis abends rege, andernorts meist nur am Abend und am Morgen. Er kann nicht so gut Haken schlagen wie der Feldhase, schwimmt aber geschickt und überquert auch breite Flußläufe. Manchmal lebt der Schneehase in kleineren Gemeinschaften.
Die Tiere verbergen sich zwischen Steinen, in Grasbüscheln und unter Sträuchern. Nur selten graben sie kurze Gänge. Wenn sie erregt sind, stoßen sie pfeifende Laute aus. Das Weibchen wirft zwei- oder dreimal im Jahr in einer fla-

mäusen. Er wird etwa 15 cm lang, 40 bis 100 g schwer und ist bunt gefärbt (allerdings nuanciert diese Färbung stark). Er tritt in den Gebirgen Skandinaviens — vor allem in Norwegen — bis hoch im Norden auf. Der Berglemming bevorzugt Birken, versteckt sich tagsüber in Steinhaufen oder unter Moos und geht abends auf die Suche nach Nahrung (pflanzliche Stoffe).
Unmittelbar unter dem Boden — manchmal auch darüber — baut er aus zerbissenen Grashalmen, Zweigen und Blättern ein rundes Nest, in dem das Weibchen zwei- bis dreimal im Jahr je 5 bis 8 Junge wirft (manchmal auch mehr). Unter günstigen Bedingungen

Elch

Ren

kommt es alle 3 oder 4 Jahre zu einer Überbevölkerung, nach der jedesmal eine Massenwanderung einsetzt: Tausende von Lemmingen wälzen sich dann im wahrsten Sinn des Wortes dahin. Die Tiere suchen niedrigere Lagen (von Nord nach Süd) auf und erscheinen massenweise auf Straßen und in Städten.

Diese Wanderungen finden nachts statt, doch gehen dabei die meisten Tiere zugrunde. Den Lemmingscharen folgen nämlich Füchse, Eulen und Greifvögel aus weitem Umkreis, die unzählige dieser Nager reißen. In Gebieten, wo es zu viele Lemminge gibt, tritt natürlich auch eine Überbevölkerung dieser Lemming-Feinde ein. Die Lemminge lassen sich auf ihrem Zug durch nichts aufhalten, auch nicht durch Wasserläufe. Dadurch gibt es noch mehr Opfer.

Die Ursachen dieser rätselhaften Überbevölkerung und Wanderung in den sicheren Untergang sind bislang noch nicht ganz erforscht.

Die Tiere legen ein oberirdisches Grabensystem an (ähnlich wie Feldmäuse). Sie halten keinen Winterschlaf, sondern graben sich unter der Schneedecke Gänge, um Nester zu bauen, in denen sie bis zur Schneeschmelze ausharren.

Vielfraß
Gulo gulo

Der Vielfraß ist das größte marderartige Raubtier Nordeuropas. Er lebt in Norwegen und Schweden (auch in Nordasien und Nordamerika ist er bekannt). Der Vielfraß wird bis zu 1 m lang und 0,50 m hoch; sein Gewicht beträgt zwischen 9 und 30 kg.

Er haust in gebirgigen Gegenden, in Tundren mit Waldbestand und in der Taiga. Er verbirgt sich zwischen Felsen oder in verlassenen Fuchsbauen. Auf die Jagd geht der Vielfraß meistens nachts, im hohen Norden freilich auch bei Tageslicht. Einen Winterschlaf hält er nicht.

Bei der Nahrungssuche ist das Tier nicht wählerisch; es fängt kleinere Säugetiere, Vögel (deren Nester es nebenbei plündert), frißt auch Aas, Insekten, Schnecken und Würmer. In Notzeiten fällt der Vielfraß junge Rentiere und Elche an; in manchen Gegenden wagt er sich bis in die Nähe menschlicher Ansiedlungen und Haustiere. Häufig lauert er unbeweglich auf Ästen, um ein größeres Raubtier zu reißen. Der Vielfraß läuft ziemlich schnell, wobei er Sprünge vollführt; er klettert (auch auf Felsen und Bäume) und schwimmt gut. Zur Zeit der Fischzüge sucht er gern Wasserläufe auf und fängt Fische.

Das Weibchen ist 9 Monate lang trächtig und wirft dann 2 bis 4 Junge, die erst nach 4 Wochen sehen können. Diese Jungen sind in ihrer Verspieltheit drollig. Der Vielfraß wird wegen seines langhaarigen Fells gejagt, das zu Pelzwerk verarbeitet wird (obwohl es nicht die Qualität von Fellen der Polarfüchse erreicht). Mit Hilfe von eigens geschulten Hunden wird er gejagt. Der Vielfraß vermag jedoch einen einzelnen Hund unschädlich zu machen; verletzte Tiere fallen auch Menschen an, denen sie sonst ausweichen.

Elch
Alces alces

Der Elch ist mit 3 m Länge die größte Hirschart. Männliche Tiere wiegen bis zu 800, weibliche bis zu 500 kg. Die Männchen haben ein mächtiges, sehr breites Schaufelgeweih, das etwa 20 kg schwer ist (es gibt sogar Vierzigender). Alte Elche werfen ihr Geweih im November oder Dezember, die Jungen im Januar oder Februar ab.

Der Elch ist in waldreichen Gebieten Norwegens, Schwedens, Finnlands und der Sowjetunion recht häufig anzutreffen. In den letzten Jahren erschien er auch in größerer Zahl in Dänemark und Polen; sehr selten jedoch kommt ein verirrtes Tier nach Mitteleuropa. Jetzt siedelt er auch in Südschweden, von wo aus er nach Dänemark gelangte, denn er ist ein ausdauernder Schwimmer. Dieses Tier bevorzugt lichte Mischwälder, vor allem Birkenbestände; es nährt sich von Wasserpflanzen, Gras, belaubten Zweigen. Im Sommer verweilt der Elch oft in seichtem Wasser, um sich abzukühlen und gegen die lästigen Mücken zu schützen. Im Winter zieht er sich in Gebiete mit niedriger Schneedecke zurück, weil er sich nur ungeschickt im Schnee bewegen kann und Gefahr läuft, Wölfen zum Opfer zu fallen.

Das Tier kann bis zu 50 km je Stunde zurücklegen.

Viele Elche sind Einzelgänger. Die Brunft beginnt Ende August, in manchen Gegenden später. Alte Männchen haben im allgemeinen mehrere Weibchen, junge hingegen nur eines, um das sie häufig wütend kämpfen. Nach der Brunft machen sich die Männchen wieder selbständig. 240 bis 260 Tage später (von Mai bis Juni) wirft das Weibchen 2 (seltener 1 oder 3) Junge. Die Kälbchen bleiben 2 Tage an einem Ort und folgen dann schon dem Muttertier.

Im Dezember sammeln sich die Weibchen mit ihrem Nachwuchs und suchen günstigere Plätze auf; auch die Männchen ziehen südwärts oder kommen aus den Bergen in die Niederung. Im Sommer wandern die Elche wiederum in die Tundren des Nordens.

Die erbittersten Feinde dieser Tiere sind Bären und Wölfe. In einigen Gebieten hat der Mensch den Elch gezähmt und benutzt ihn als Reittier, z. B. in Schweden (seit Karl IX., 1550 bis 1611). Der Elch kann bis zu 120 kg Lasten schleppen.

Ren
Rangifer tarandus

Diese im hohen Norden Europas, Asiens und Amerikas wild lebende Hirschart wird bis zu 220 cm lang und 150 cm hoch; das Männchen ist etwa 300 kg schwer, das Weibchen wesentlich leichter. Beide tragen Geweihe, doch ist das des Weibchens schwächer entwikkelt. Das Ren lebt in der Tundra und Taiga sowie in gebirgigen Gegenden: in Europa findet man es in Norwegen, auf Island und in Schweden (dort freilich fast ganz gezähmt). Auch in den übrigen Ländern handelt es sich meist um halbwild-gezähmte Herden, die ständig von Züchtern beaufsichtigt werden.

Die Zähmung begann schon vor etwa 1000 Jahren. Alten chinesischen Schriften ist zu entnehmen, daß das Ren bereits im Jahre 499 als gezähmtes Tier gehalten wurde. Das amerikanische Ren (Karibu) hingegen wurde nicht gezähmt und lebt noch heute wild.

Das Ren ernährt sich selbst; die Züchter führen nur selten Flechten oder anderes Futter zu den Weideplätzen. In freier Natur legt das Ren auf der Suche nach Nahrung weite Strecken zurück. Jede Herde wird von einer alten, erfahrenen Kuh geleitet, der einige starke Männchen als „Leibgarde“ folgen; dann erst kommt die Herde. Häufig bewegen sich die Tiere dicht aneinandergedrängt. Das Ren überwindet selbst große Hindernisse und durchschwimmt auch breite Flüsse. Die Herden werden oft von Wolfsrudeln verfolgt, die verirrte oder geschwächte Rene anfallen und fressen. Andere Feinde sind Füchse, Vielfraße sowie Greifvögel. Sie begleiten die Herden und sättigen sich mit den von Wölfen zurückgelassenen Resten.

Die Brunftzeit fällt in den Herbst. Die Männchen liefern sich harte Kämpfe. Der Sieger schart danach bis zu 20 Kühe um sich. Die Weibchen werfen meist 1 Junges, seltener 2 oder 3.

Das Ren nährt sich vor allem von Flechten, frißt aber auch Gras und Laub. Es wird als Reit-, Zug- und Lasttier eingesetzt. Das ausgeruhte Tier besitzt große Ausdauer. Bei einer Geschwindigkeit von 13 bis 15 km kann es bis zu 100 km am Tag zurücklegen.

Das Ren liefert schmackhaftes Fleisch und eine Milch mit hohem Fettgehalt. Freilich lassen sich diese Tiere nur schwer melken. Aus der Haut macht man Zelte und Kleidungsstücke.

Auf Felsen

Es gibt vielleicht keinen Biotop, der dem Leben so unterschiedliche und gleichzeitig harte Lebensbedingungen bietet wie die Felsenregionen unserer Erde. Scheinbar tot, sind sie Heimat für bunte Gesteinspflanzengesellschaften, sog. Petrophyten, und Tiergesellschaften.

Der Nährstoffreichtum hängt von der chemischen Zusammensetzung des Gesteins ab: Kalkfelsen gewähren ein nährstoffreicheres Substrat als Granite oder Sandsteine. Es gibt Pflanzenarten, die auf beiden Bodenarten gedeihen, andere wachsen entweder nur auf kalkhaltigem oder nur auf kalkarmem, saurem Gestein.
Auch die Oberflächengestalt des Gesteins spielt eine erhebliche Rolle. Auf glatten Felsen halten sich die Pflanzen nur schwer; viel leichter wurzeln sie auf schroffen und geborstenen Steinen.
Steine absorbieren, leiten und halten Wärme besser als Erde. Deshalb kommt es im Laufe des Jahres zu großen Temperaturunterschieden: Tropische Temperaturen bis 60 °C sind auf den sonnenbeschienenen Felsen Mitteleuropas keine Seltenheit, so daß sie günstige Standorte für eine ganze Reihe Pflanzenarten abgeben, die sonst nur Südeuropa besiedeln. Im Winter erreichen die Felsen wieder größere Frostgrade, und den Pflanzen fehlt auch oft die schützende Schneedecke, die sich an den steilen Felswänden nicht halten kann. Auf den Felsen sind deshalb Pflanzenarten mit Grundblattrosette, polsterartigem und Zwergwuchs typisch, denn sie können voll die Wärme des Untergrunds nutzen, wenn sie sich dicht genug an ihn anschmiegen. Ihr niedriger Wuchs läßt sie auch Wind und Sturm besser widerstehen.

Die Vielfältigkeit der Lebensbedingungen dieses Biotops bedingt auch die Struktur der Pflanzengesellschaften: An den Südhängen wachsen licht- und wärmeliebende Arten, an den rauhen Nordhängen sind eher die an Licht und Wärme geringe Ansprüche stellenden Arten heimisch.
Wasser hält sich auf Stein und Geröll nicht, es läuft schnell ab und sickert tief in die Spalten und Gesteinsrisse ein. An den steilen Bergwänden sind Luftfeuchtigkeit oder Tau die einzigen Wasserspender. Deshalb halten sich hier nur Arten, die mit ihren Wurzeln und Rhizomen tief in die Spalten eindringen können und sich durch Zusammenwickeln ihrer Blätter während der Trockenzeit oder durch starke Behaarung vor übermäßigem Wasserverlust durch Verdunstung zu schützen wissen. Zahlreich sind Arten mit fleischigen, wasserspeichernden Blättern. An den Felsen dagegen, die durch Sickerwasser oder die Wasserschleier naher Wasserfälle stark naß sind, wachsen feuchtigkeitsliebende Arten.
Auch in ihrer Vermehrungsweise passen sich die Gesteinspflanzen ihrem Biotop an: Häufig erhalten sie die Art vegetativ durch Ausläufer. Die Jungpflanzen sind so lange mit der Mutterpflanze verbunden, bis sie eine zum Wurzeln geeignete Stelle gefunden und sich eingewurzelt haben. Andere Arten bilden viele kleine und leichte Samenkörner, die der Wind leicht zu verbreiten vermag. Die Samen anderer sind klebrig und haften dadurch am Felsen fest.
Humus, der entscheidende Lebensfaktor für jede Pflanze, bildet sich auf dem Gestein nur sehr langsam und schwer aus zersetztem Gestein und Pflanzenresten. Er sammelt sich überall dort an, wo der Stein uneben ist oder in Gruppen oder terrassenförmig liegt. Am kahlen Felsgestein mit mehr als 40° Neigung halten sich mikroskopisch kleine Blaualgen, Algen, Pilze und die aus der Symbiose der beiden hervorgehenden Flechten. Diese als Lithophyten bezeichneten Pflanzen (dazu gehören auch noch die Moose) wirken mechanisch und chemisch auf den Felsen ein und zersetzen ihn aktiv. Sie bereiten so im wahrsten Sinne des Wortes „den Boden“ für die übrige Pflanzenwelt. In Spalten und Rissen sammeln sich abgestorbene Pflanzenreste und Staub und schaffen die Existenzbedingungen für die ersten Farnpflanzen. Ihnen folgen die für Spalten und Felsrisse spezifischen Pflanzengesellschaften — die Chasmophyten. In größeren Spalten siedeln sich sogar Sträucher und Bäume an, die mit ihren Wurzeln den Fels angreifen und die Risse vergrößern.
Die Felsformationen haben auch ihre typische Fauna. Die Bergbewohner sind ausgezeichnet an das Leben an schwer zugänglichen Hängen und Steilwänden angepaßt. Einige Tierarten, wie Gemsen und Steinböcke, haben sich die höchsten Bergfelsregionen als Standorte gewählt, wo sie vor Raubtieren geschützt sind. Die harten, hohen und scharfrandigen Hufe ermöglichen es beispielsweise den Gemsen, sich auch an abschüssigen Felswänden zu halten. Ihre starken, muskulösen kurzen Beine sind die Folge der Anpassung an dieses schwer zu begehende, steinige Gelände. Für die Jungtiere, die auf solch einem Felsvorsprung geboren werden, bieten sie absolute Sicherheit. Die Jungen folgen schon wenige Stunden nach der Geburt ihrer Mutter.
Die hohen, völlig unzugänglichen Bergwände wurden zum Zufluchtsort vieler Vogelarten. In Felsrissen und Spalten oder auch in Höhlen bauen sie ihre gut vor vierbeinigen Feinden geschützten Nester. Die Bergriesen sind die Heimat vieler Raubvogelarten, denn sie bieten ihnen nicht nur eine ausgezeichnete Aussicht weit in die Umgebung, sondern auch ihren Jungen ausgezeichneten Schutz. Darüber hinaus finden die aasfressenden Raubvögel in den Schluchten oft tote Tiere, deren Reste für sie willkommene Nahrung sind. Den wendigen Adlern wiederum gelingt es, verschiedene Nagetiere oder auch versprengte Jungtiere der wilden Bergziegen und Bergschafe zu schlagen.

Brauner Streifenfarn
Asplenium trichomanes

Dieser Kleinfarn hat einen Wurzelstock, der mit zugespitzten und gewimperten Spreuschuppen bedeckt ist. Die oft überwinternden Blätter stehen in dichten Büscheln. Ihr derber, glänzend dunkelrotbauner Blattstiel ist kürzer als die einfach gefiederte Blattspreite. Die rundlichen, fast gegenständigen Fiederblättchen sind ringsum fein gezähnelt; sie tragen auf der Unterseite längliche Sporenkapselhäufchen zwischen den fiedrig verlaufenden Nerven. Im Herbst oder erst im nächsten Jahr fallen sie ab, so daß nur der Blattstiel mitsamt der Spindel stehenbleibt.
Die Pflanze kommt in allen Weltteilen vor und gedeiht auf trockenen und mäßig feuchten Felsen, teils auf der Sonnenseite, teils in Schattenlage. Sie ist auch aus der Felslandschaft ins Kulturgebiet gezogen, wo sie ihr zusagende Standorte an Mauern besiedelt. Sie kommt auf allen Gesteinsunterlagen vor, doch wurde in letzter Zeit festgestellt, daß sie in zwei morphologisch nicht unterscheidbare Rassen gegliedert ist, von denen die Kalkrasse einen doppelten, die Silikatrasse dagegen nur einen einfachen Chromosomensatz im Zellkern besitzt.
Die Blätter wurden früher oft und gerne als Amulett getragen.

Zerbrechlicher Blasenfarn
Cystopteris fragilis

Zarter, leicht welkender Farn mit kurzem Wurzelstock, der mit dünnhäutigen Spreuschuppen besetzt ist. Die langen, meist bräunlichen Blattstiele sind sehr zerbrechlich (Name!). Die im Umriß länglich-eiförmige Spreite ist sehr zierlich doppelt bis dreifach fiedrig geteilt. Die Fiedern 2. Ordnung sind mehr oder weniger tief fiedrig gezähnt bis geteilt. Das unterste Fiederpaar 1. Ordnung ist immer kürzer als die folgenden, meist etwas abgesetzt und nach abwärts gerichtet. Die kleinen Häufchen der Sporenkapseln sitzen vereinzelt an den Nervenendungen der Fiederunterseite.
Der kosmopolitische Farn wächst verbreitet auf feuchten Felsen, Geröllhalden und Mauerspalten sowie in Steinschuttwäldern. Er bevorzugt Schattenlagen und kalkhaltiges oder auch neutrales Gestein. Von den Niederungen steigt er im Alpengebiet bis in Höhen von 2400 m auf.

Gemeiner Tüpfelfarn
Polypodium vulgare

Der ausdauernde Farn hat einen langen, bis zu 1 cm dicken Wurzelstock, der dicht mit Spreuschuppen besetzt ist. In seinem vorderen Bereich entspringen jedes Jahr neue, sehr aufgelockert büschelig gestellte, derbe, steif aufrechte bis etwas übergebogene wintergrüne Blätter. Sie sind 10 bis 60 cm lang; ihr Blattstiel ist meist etwas kürzer als die einfach fiedrig geteilte Spreite. Auf deren hellerer Unterseite stehen die Sporenkapseln in großen, rundlichen, anfangs orangefarbenen, zur Reife dann dunkelbraunen Häufchen.
Die Pflanze wächst auf bemoosten Felsen, vor allem auf Sandstein; in Kalkgebieten kommt sie nur auf dicken Moderhumuslagen vor. Ferner findet sie sich gerne auf alten Baumstümpfen und am Grund lebender Bäume, gelegentlich auch als Überpflanze in den Baumwipfeln, wo in irgendeiner Astgabel etwas Moder zusammengekommen ist. Sie bevorzugt Halbschatten und kommt vom Tiefland bis in Gebirgslagen um 2000 m vor. Sie findet sich verbreitet, aber meist nur in wenigen Exemplaren, in der gan-

Gemeiner Tüpfelfarn

Zerbrechlicher Blasenfarn

Brauner Streifenfarn

zen Nordhemispäre bis zum Polarkreis, im Süden geht sie bis Nordafrika und Mexiko, ferner ist sie dann auch noch in Südafrika zu finden. Ihr ober- und unterirdisch kriechender Wurzelstock schmeckt widerlich süß; er enthält neben dem Zucker Mannit auch Gerb- und Bitterstoffe, Öle, Schleimstoffe und wenig Saponine.
Der Absud dieses Farns war früher Hausmittel gegen Schlaganfall und Husten. In der Medizin wurde er bei Leber- und Gallenbeschwerden sowie gegen Gicht verordnet. Dem Geschmack und der vermuteten Heilkraft verdankt der Farn seinen Volksnamen „Engelsüß".

Echtes Steinkraut

Pfingst-Nelke

Dach-Hauswurz

Echtes Steinkraut
Alyssum saxatile

Die ausdauernde Pflanze besitzt eine lange Pfahlwurzel, die in einen stark verzweigten und meist verholzten Wurzelstock übergeht; dessen niederliegende oder aufsteigende Äste enden in Blattrosetten. Die lanzettlichen Blätter sind in einen kurzen Stiel verschmälert, bis zu 10 cm lang und graufilzig behaart. Im April und Mai erscheinen aus einem Teil der Grundrosetten graufilzige, schwach beblätterte Blütenstengel, die sich oft oberseits mehrfach verzweigen. An den Astenden sitzen in dichten Trauben vierzählige, leuchtend goldgelbe Blütchen von etwa $^1/_2$ cm Länge. Die Früchte sind rundliche Schötchen mit bleibendem Griffelrest.
Die Pflanze besiedelt warme, sonnige Felsen im Bergland. Sie findet sich zerstreut im östlichen Mitteleuropa, auf dem Balkan, in den Donauländern sowie in der Ukraine und der Türkei. Ihr Verbreitungsschwerpunkt liegt im Schwarzmeergebiet. Sie wird öfters in Steingärten gezogen und verwildert von dort aus gelegentlich. In einigen Staaten steht sie unter Naturschutz, da sie häufig ausgegraben wurde. Sie gedeiht aber im Garten viel schlechter als eine der vielen, von Züchtern angebotenen Zierarten, die z. T. aus anderen südeuropäischen Arten gezogen wurden und recht häufig in Vor- und Steingärten beobachtet werden können

Pfingst-Nelke
Dianthus gratianopolitanus

Die ausdauernde, blaugrüne Pflanze hat einen dichtrasigen, manchmal fast polsterförmigen Wuchs. Der niederliegende Wurzelstock ist reich verzweigt. Aus allen bogig aufstrebenden Zweigenden sprossen Büschel schmaler, derber und zugespitzter Blätter. Dazwischen stehen aufrechte, wenig (und gegenständig) beblätterte Stengel mit meist nur einer, selten 2 bis 3 kurzgestielten Blüte(n).
Diese erscheinen von Mai bis Juni und besitzen einen röhrig verwachsenen, et-

wa 2 cm langen Kelch, der in der Regel rötlich überlaufen ist. Über ihm breiten sich die fast gleichlangen Platten der 5 freien, hellrosa bis dunkelroten Kronblätter sternförmig aus. Am vorderen Rand sind sie fransig gezähnt, am Übergang zum Nagel (= Stiel des Kronblattes) bebärtet.
Die wärmeliebende Pflanze wächst auf Felsen, Geröllhalden und steinigen Hängen, vorzugsweise im Hügel- und Bergland. Obwohl häufig auf Kalk und Dolomit, gedeiht sie gelegentlich auch auf (Molasse-)Sanden und Basaltgrund. Sie ist im westlichen Europa bis in die ČSSR hinein verbreitet.
Die im Garten gepflanzten Zierrassen der Art zeichnen sich durch geringen Wasserbedarf aus. Die Wildform steht unter vollkommenem Naturschutz.

Scharfe Fetthenne (Mauerpfeffer)

Weiße Fetthenne

Dach-Hauswurz
Sempervivum tectorum

Die ausdauernde Pflanze besitzt eine grundständige Rosette aus dichtgestellten, fleischigen, breit-lanzettlichen Blättern, die bis zu 20 cm Durchmesser erreichen kann. Die ungestielten, hellgrünen Blätter sind an der Spitze rötlich und an den Rändern bewimpert.
Nach mehreren Jahren erscheint aus der Rosettenmitte ein 10 bis 50 cm hoher, dicker Schaft, der mit wolligen Drüsenhaaren und ebenso behaarten Blättern dicht besetzt ist. Er trägt am Ende einen vielblütigen, verzweigten und breit ausladenden Blütenstand. Die Blütezeit dauert von Anfang Juli bis Ende September.
Die rosaroten, auch purpurn gestreiften und mit drüsigen Wimpern versehenen Blüten haben in der Regel 13 sternartig ausgebreitete, sehr schmale und zugespitzte Blütenblätter, ebensoviele Kelchblätter und die doppelte Anzahl von Staubblättern. Die 13 Fruchtknoten wachsen nach der (Insekten-)Bestäubung zu mehrsamigen Balgfrüchten aus.
Die Pflanze stammt aus den südlichen Gebirgen Europas und wächst in den Südalpen zwischen 200 und 3000 m ü. d. M. auf Felsen und in Steinrasen. In ganz Europa wird sie seit urdenklichen Zeiten auf Dächern (Name!), Mauern und in Gärten angepflanzt.
Die „Dachwurz“ ist eine uralte Heil- und Zauberpflanze. Schon Dioskurid empfahl sie gegen Verbrennungen. Ihr Saft war eine der Zutaten zum „Arkanum“, einem Zauberstoff, der die Hände so unverletzbar machen sollte, daß man angeblich glühendes Eisen anfassen könnte. Noch heute gilt der Saft als Hausmittel gegen Sommersprossen, Warzen, Hühneraugen und Hautausschläge. Früher nahm man ihn auch gegen Zahnschmerzen, Würmer, Fieber und sogar Schwerhörigkeit. Noch stärker galt der Zauber der lebenden Pflanze: Auf den Dächern sollte sie den Blitzschlag abwehren. Karl der Große hat deshalb das Bepflanzen der Dächer mit Hauswurz angeordnet, zumal sie auch Lehm- und Strohdächer gegen Regenwasser abdichtet. Der wahre Kern an diesen Geschichten dürfte sein, daß die Pflanze den Lehmbewurf der Dachfirste und den primitiven Mörtel der Mauern zusammengehalten und vor der Abspülung bewahrt hat.

Scharfe Fetthenne (Mauerpfeffer)
Sedum acre

Der Mauerpfeffer, wie diese Pflanze auch genannt wird, gleicht vor allem im nichtblühenden Zustand der Weißen Fetthenne sehr stark. Doch schmecken die etwas helleren, ebenfalls walzlichen Blättchen beim Zerkauen pfefferscharf — ein sicheres Erkennungszeichen (doch Vorsicht! größere Mengen erzeugen Brechreiz). Die Blüten stehen in sicheligen, trugdoldigen Rispen. Die 5 Blütenblätter sind, wie die 10 Staubblätter, goldgelb.
Die Balgfrüchte öffnen sich nur bei Regen oder im Tau. Die Verbreitung der Samen erfolgt einerseits durch rinnendes Regenwasser, andrerseits aber auch durch Ameisen.
Die Pflanze blüht von Juni bis Juli und gedeiht auf sonnigen Felsen, in Steinrasen, doch auch an trockenen Rainen, auf Sandböden, Mauern und Dächern sowie, neuerdings immer mehr, auf Bahnschotter. Sie ist heute auf der ganzen Nordhalbkugel verbreitet, in Nordamerika hat sie sich erst spät eingebürgert. Vom Tiefland bis zum Bergland ist

sie verbreitet, in Höhen über 1000 m kommt sie nur noch vereinzelt vor (angeblich bis 2300 m).

Alle Teile der Pflanze, vor allem die Blätter, enthalten das Alkaloid Sematin und das Glykosid Rutin, ferner neben Zucker und Pektinen zahlreiche nadelförmige Kalziumsalzkristalle. Diese und ein noch unbekannter Stoff verursachen Haut- und Schleimhautreizungen.

Der Mauerpfeffer war Hausmittel gegen Verbrennungen, Geschwüre und Hautpilze. Ein Pulver aus getrockneten Blättern wurde bei Durchfall und Epilepsie gegeben, Tee trank man bei Sklerose und hohem Blutdruck. Das Kraut dient auch heute noch als Rohstoff zur Herstellung blutdrucksenkender Mittel. Nimmt man größere Mengen dieser Droge ein, verursacht sie Erbrechen, Kopfschmerz und leichte Benommenheit. Bei akuten Vergiftungen wird sie deshalb auch als Brechmittel eingesetzt.

Weiße Fetthenne
Sedum album

Diese Art ist trotz des verschiedenartigen Baues mit der vorhergehenden nahe verwandt. Sie wächst lockerrasig, mit niederliegenden, verästelten Trieben. Die Äste sind entweder lang, locker beblättert, mehr oder weniger aufrecht und tragen an der Spitze einen doldigrispigen Blütenstand, oder sie sind kurz, dicht beblättert, eher niederliegend und nichtblühend.

Die grünen bis rötlichen Blätter sind fleischig-walzlich, stielähnlich und spreizen vom Stengel ab. Die 5zähligen Blüten sind weiß oder rötlich überhaucht und haben 10 rote Staubblätter. Die Pflanze blüht von Juni bis September und wächst auf Felsen und Felsterrassen, in trockenen Steinrasen und Steinschuttwäldern, aber auch auf Sandplätzen, im Uferkies und auf Mauern und Dächern. Sie kann auf allen Unterlagen gedeihen, bevorzugt aber doch Silikatgesteine. Sie ist sehr häufig vom Tiefland bis in die unteren Gebirgslagen, höher hinauf wird sie selten. Ihr Verbreitungsgebiet erstreckt sich über Europa, Nordafrika und das westliche Asien. Als Zier- und (gelegentlich) Heilpflanze gezogen, hat sie, aus Gärten verwildernd, die Grenzen ihres Vorkommens verwischt.

Trauben-Steinbrech
Saxifraga paniculata

Die ausdauernde Pflanze hat einen dicht verzweigten Wurzelstock und treibt oft sehr lange Ausläufer. An allen Sproßenden stehen dekorative, der Hauswurz ähnelnde Blattrosetten, die zusammen oft einen dichten, polsterartigen Teppich bilden können.

Die derb-steifen, fleischigen Blätter sind bläulichgrün. Ihr Umriß ist schmal zungenförmig; am Rand sind sie scharf gesägt, die Spitzen der Sägezähne sind knorpelig verdickt und meist mit weißen Kalkausscheidungen überzogen.

Aus den mehrjährigen Blattrosetten entspringt ein bis zu 40 cm hoher, steif aufrechter und spärlich beblätterter Stengel. Er ist mit Drüsenhaaren besetzt und trägt am Ende eine locker verzweigte, wenigblütige Rispe. Die 5zähligen Blüten haben freie, verkehrteiförmige Blütenblätter, die auf weißem oder gelblichem Grund oft rote Tupfen tragen. Die Blütezeit ist im Juni und Juli. Die Rosetten der Ausläufer können leicht abbrechen und dort Wurzel schlagen, wo sie hinfallen. Die Pflanze ist ein typischer

Trauben-Steinbrech

Stengelloser Enzian

Alpen-Edelweiß

Alpen-Aster

Echte Zwergmispel

Felsbewohner. Sie wächst bevorzugt auf Kalk und kommt vor allem im Bergland und in Gebirgslagen bis über 3000 m vor. Ihr (disjunktes) Verbreitungsgebiet umfaßt West-, Mittel- und Südosteuropa, das nördliche Skandinavien sowie Grönland und Kanada. Die Art wird zuweilen in Steingärten gepflanzt, verwildert aber selten.

Stengelloser Enzian
Gentiana acaulis

Die ausdauernde, selten über 10 cm hohe Pflanze hat einen kurzen, unverzweigten Wurzelstock und eine grundständige Rosette aus ledrig-derben, lanzettlichen Blättern. Am kurzen Blütenstengel, der sich zur Fruchtreife etwas verlängert, stehen 1 bis 2 Paar kleinere, gegenständige Blätter.
Jeder Stengel trägt eine einzige, 5 bis 6 cm lange, sattblaue (seltener blasse oder gelbliche) trichterförmig-glockige Blüte mit verwachsenblättriger Krone und 5 ausgebreiteten Zipfeln. Der Schlund der Kronröhre ist oft hellerfarbig oder grüntupfig. Die Pflanze blüht von April bis Juli auf Felsen, Geröllhalden und steinigen Matten, vorzugsweise zwischen 1500 und 2500 m ü. d. M., vereinzelt steigt sie tiefer oder höher. Sie zerfällt in mehrere Rassen, die sich sowohl in ihren Bodenansprüchen als auch in der Ost-West-Verteilung und der vertikalen Schichtung unterscheiden. Die Gesamtart besiedelt die europäischen Gebirge von den Pyrenäen bis zu den Ostkarpaten. In Steingärten des Tieflandes werden oft Zierrassen gepflanzt.
Diese typische Gebirgspflanze hat symbolische Bedeutung erlangt und findet sich häufig als Motiv auf Abzeichen und Andenken aus dem alpinen Bereich. Die Art ist vollkommen geschützt.

Alpen-Edelweiß
Leontopodium alpinum

Die ausdauernde, auffallend dicht weißfilzig behaarte Gebirgspflanze hat einen kurzen Wurzelstock und ganzrandige, lanzettliche, in einen kurzen Stiel verschmälerte Blätter, die eine grundständige Rosette bilden. Die einfachen, aufrechten Stengel sind spärlich mit wechselständigen, schmalen Blättern besetzt. Die unscheinbaren gelblichweißen und röhrenförmigen Blütchen sind zu kleinen, halbkugeligen Körbchen vereint, die zu mehreren in einer endständigen, zusammengezogenen Trugdolde stehen. Diese wird von ungleich langen, sternförmig ausgebreiteten, dicht weißfilzigen Tragblättern gestützt. Der ganze Stern bildet die sogenannte „biologische Blüte“, einen Schauapparat zur Anlockung der bestäubenden Insekten. Die Pflanze blüht von Juni bis September und wächst in Felsspalten, im Geröll und auf steinigen Rasen der Alpen zwischen 1500 und 3500 m ü. d. M. Gelegentlich findet man sie als Schwemmling auch tiefer. Sie bevorzugt eindeutig Kalk und gedeiht nur an sonnenwarmen Stellen.
Sie ist in den südlicheren europäischen Gebirgen (Pyrenäen, Jura, Alpen, Apennin, Karst, Balkangebirge) und im Altai, Pamir und Himalaja sowie in Japan zu Hause, doch ist sie vor allem im europäischen Raum schon sehr selten geworden.
Sie steht in fast allen Staaten unter Naturschutz, da sie schon seit langer Zeit Nachstellungen ausgesetzt ist. Als Symbol für die Bergwelt, Bergsteiger und Alpentourismus findet der mehr oder weniger stilisierte Stern die vielfältigste Anwendung, doch gilt leider die Pflanze selbst immer noch als Trophäe für kühne Klettertaten: An den steilsten, d. h. trockensten Hängen stehen die ganz weißen „Blumen“, denn die Wollbehaarung ist ja Verdunstungsschutz.
Reinweiße möglichst große Sterne sind deshalb besonders begehrt. In die Historie eingegangen ist ein Geschenk der Einwohner des Sarcatales in Südtirol an Erzherzog Karl Ludwig im Jahre 1891: ein 29strahliger Stern mit 12 cm Durchmesser.
Das Edelweiß wird auch gerne in Steingärten der Niederungen gezogen, doch erfreuen diese Pflanzen ihre Besitzer wenig. Da die Zeit des Pflanzenwachstums, die Nacht, hier zu warm ist, schießt das Gewächs zu einem überlangen, locker verzweigten Monstrum auf. Der Gattungsname vergleicht den Blütenstand mit einer Löwentatze (*leon*, gr. = Löwe, *podion*, = Füßchen).

Alpen-Aster
Aster alpinus

Ausdauernde Pflanze mit verzweigtem, knorrigem, ober- und unterirdisch kriechendem Wurzelstock. Grundblätter spatelig mit kurzem Stiel, am behaarten Stengel kleinere, lanzettliche, sitzende Laubblätter. Stengel bis zu 20 cm hoch, in der Regel unverzweigt.

Blüten zu großen, ansehnlichen Körbchen zusammengefaßt, die einzeln am Stengelende stehen. Die Hülle besteht aus laubartigen, locker stehenden Schuppen. In der Körbchenmitte bilden goldgelbe Röhrenblüten eine kreisförmige Scheibe; sie werden von 20 bis 40 violettblauen, selten rosafarbenen oder

Mehl-Vogelbeere

Auf Felsen

weißen Zungenblüten umrahmt. Das ganze Körbchen hat einen Durchmesser von 3 bis 5 cm.
Die Früchte sind behaarte Nüßchen (Flugfrüchte). Die Pflanze blüht im Juni und Juli auf Felsterrassen, in Spalten und auf steinigen Grashängen der Alpen von 1500 bis 2500 m ü. d. M. Vereinzelt kommt sie in die Alpentäler; außerdem wächst sie im Harz, im thüringischen und böhmischen Berggebiet. Sie ist in den Gebirgen Mittel- und Südeuropas, Südwestasiens und Sibiriens verbreitet und kommt gerne, wenn auch nicht ausschließlich, auf Kalkunterlage vor. Als beliebte Gartenpflanze wird sie in vielen Sorten in Steingärten und anderen Anlagen seit langem kultiviert.

Achtblättrige Silberwurz

Echte Zwergmispel
Cotoneaster integerrimus

Der 1 bis 2 m hohe, selten spalierartig niederliegende Strauch hat ausladende Zweige, die jung filzig behaart, später kahl und rötlich überlaufen sind. Die kurzgestielten, breiteiförmig-rundlichen Blätter sind ganzrandig und zumindest an der Unterseite grünfilzig.
Die kleinen, meist 5zähligen Blüten haben rotbraune Kelche und weiße oder rötlich angehauchte Blütenblätter. Sie hängen einzeln oder zu 2 bis 5 gebüschelt an kurzen Stielen in den Blattachseln. Die unter 1 cm großen, von Fruchtknoten und Kelch gebildeten Scheinfrüchte sind beerenartig mit harten Kernen und werden als Steinäpfel bezeichnet. Sie sind hell- bis tiefrot und kahl.
Der licht- und wärmeliebende Strauch blüht von April bis Juni und wächst in Felsspalten, auf Steinhalden und in lichten Trockenwäldern. Er kommt von der Niederung bis in Höhenlagen um 2500 m vor und bevorzugt eindeutig, wenn auch nicht ausschließlich, kalkhaltiges Gestein.
Sein Verbreitungsgebiet umfaßt Europa, den Vorderen Orient, Westsibirien und das nördliche Si-kiang. Sehr ähnlich ist die Filz-Zwergmispel — *Cotoneaster tomentosus,* welche auf Stein- und Schotterböden der südlichen europäischen Gebirge (Pyrenäen, Alpen und Jura, Apennin, Balkan) und ihres Vorlandes zerstreut vorkommt. Ihre Blätter sind unterseits weißfilzig, die roten Steinäpfel ganz behaart. Nur im Osten Mitteleuropas besiedelt die asiatische Schwarze Zwergmispel — *Cotoneaster niger* Kalkfelsen. Ihre anfangs ro-

Rostroter Almrausch (Alpenrose)

ten Scheinfrüchte sind später blauschwarz und bereift. Häufig wird in Steingärten die Niederliegende Zwergmispel — *Cotoneaster horizontalis* gezogen. Sie zeichnet sich durch kleine, glänzende Blätter, ausgebreitet niederliegende Äste und einzelnstehende, rote Steinäpfel aus. Ihre Heimat ist China. Gelegentlich verwildert sie bei uns und hält sich oft jahrzehntelang auf warmen, sonnigen Kalkfelsen tieferer Lagen.

Mehl-Vogelbeere

Sorbus aria

Strauch oder kleiner Baum mit glänzend rotbraunen, in der Jugend weißfilzigen Ästen. Die kurzgestielten, eiförmigen, bis über 10 cm langen Blätter sind am Rand ungleichmäßig grob gesägt und unterseits stets dicht weißfilzig. Die fünfzähligen, weißen Blüten haben filzige Kelche und Stiele und stehen in aufrechten, vielblütigen Trugdolden. Die Scheinfrüchte sind über 1 cm dicke, eiförmige, orange bis hellrote Steinäpfel mit gelbem, mehligem Fruchtfleisch und säuerlich-fadem Geschmack. Die Pflanze blüht von Mai bis Juni und wächst auf Felsen, im Steinschutt und in lichten Wäldern und Gebüschen von der Ebene bis in Mittelgebirgshöhen. Sie bevorzugt die warmen Sonnenlagen und kommt in fast ganz Europa und in Westasien vor.

Der Strauch wird auch öfters als Ziergehölz, Bienenweide oder Vogelfutterbusch angepflanzt. Die Beeren geben in Notzeiten Marmelade und Dörrobst, sie enthalten aber Spuren von Amygdalin, aus dem Blausäure (Zyanwasserstoff) freigesetzt werden kann.

Achtblättrige Silberwurz

Dryas octopetala

Halbstrauchige Pflanze mit typischem Spalierwuchs: Das langkriechende, flache Hauptstämmchen ist stark verzweigt, seine Ästchen sind niederliegend (und dann zweizeilig beblättert) oder bis wenige Zentimeter aufsteigend (dann allseits beblättert). Es können sich so quadratmetergroße Polster bilden, die bis zu 100 Jahre alt werden. Die immergrünen, ledrig-derben Blätter sind kurz gestielt, ihre Spreiten länglich-eiförmig, am Rand eingerollt und gekerbt, oberseits kahl und dunkelgrün, unten weißfilzig behaart.

Die bis zu 5 cm breiten weißen, 6- bis 10-, meist 8zähligen (Name!) Blüten erscheinen einzeln auf drüsig behaarten, aufrechten Stielen aus den Achseln der Blätter. Die zahlreichen Fruchtknoten wachsen zu Nüßchen mit weißzottig behaarten, langen Schwänzen aus (Flugfrüchte).

Die Pflanze blüht von Juni bis August und kommt hauptsächlich auf Kalksteinhalden und Felsen in den Alpen oberhalb der Waldgrenze und außerdem im arktischen Bereich der Nordhalbkugel vor.

Sie lebt in Symbiose mit einem Wurzelpilz. Nur so ist es ihr möglich, auf extrem lebensfeindlichen Standorten auszudauern und den Boden für anspruchsvollere Pflanzen auf- und vorzubereiten.

Rostroter Almrausch (Alpenrose)

Rhododendron ferrugineum

Der Strauch wird meist ca 1 m hoch. Er hat zähe, reichverzweigte, graubraune Äste. Die immergrünen Blätter sind kurz gestielt und bilden an den Enden der jungen Zweige dichte, fast quirlständige Büschel. Die ganzrandige, eiförmige bis lanzettliche Spreite ist am Saum umgerollt. Ihre Oberseite ist glänzend dunkelgrün; die Unterseite ist vollständig und dicht mit schuppenartigen, schildförmigen Drüsenhaaren besetzt, die am jungen Blatt zunächst gelblichgrün, bald aber rostrot gefärbt sind.

Die dunkelroten, trichterförmigen, 1 bis 2 cm langen Blüten sind gestielt und bilden an den Zweigenden mehr oder weniger aufrecht stehende, büschelige Trugdolden. Diese stecken vor dem Aufbrechen in großen, auffälligen Knospen, die mit dachziegelig angeordneten Schuppen bedeckt sind. Der Kelch ist sehr klein, die Krone verwachsenblättrig mit 5 zungenförmigen, etwas nach außen gebogenen Zipfeln. Die Früchte sind Kapseln mit kleinen Samen, von denen einer nur ca. $^1/_{40}$ Milligramm wiegt. Sie werden durch den Wind verbreitet. Die Alpenrose, wie diese Art auch noch genannt wird (*rhodon*, gr. = Rose, *dendron*, gr. = Baum), ist in Mitteleuropa, von ganz vereinzelten Vorposten im Vorland abgesehen, auf die Alpen beschränkt. Sie wächst dort zwischen 1500 und 2500 m Höhe in Felsenspalten, Geröllhalden, auf Moränen und in Zwergstrauchheiden über steinigem Boden. Zuweilen kommt sie auch auf Viehweiden und im Unterholz der Nadelwälder vor. Vereinzelt wurde sie noch über 2800 m angetroffen, ebenso steigt sie in manchen Tälern bis gegen 500 m ü. d. M. herab.

Sie bevorzugt kalkfreie Unterlagen und zieht sich in Kalkgebieten auf entkalkte (Stein-)Lehmböden zurück oder überläßt das Gebiet dem nahe verwandten, insgesamt etwas selteneren Rauhblättrigen Almrausch — *Rhododendron hirsutum*, der sich durch unterseits grüne, nur braundrüsig getüpfelte und am Rand bewimperte Blätter unterscheidet. Dieser meidet Silikatgebiete völlig.

Das Verbreitungsgebiet des Rostroten Almrausches erstreckt sich über die Alpen, die Pyrenäen, den Apennin, den südwestlichen Schweizer Jura und den Velebit. Die Pflanze ist giftig und wird auch vom Vieh nicht gefressen; nur das Wild nimmt sie in Wintersnot an. Die Blätter enthalten die giftigen Glykoside Andromedotoxin, Ericolin und Arbutin. Durch Naturschutzgesetz steht die Pflanze unter Sammel- und Handelsverbot, örtlich ist sie auch vollkommen geschützt.

Apollofalter
Parnassius apollo

In Mittelgebirgen (vor allem in den Alpen) trifft man mancherorts auf den schönen Apollofalter (Spannweite: bis zu 70 mm). Er sitzt von Juni bis August an sonnigen Hängen, mit Vorliebe auf Distelblüten. Seine Raupe ist schwarz; sie hat zwei Reihen großer roter Flekken und blaue Warzen. Im Mai und Juni haftet sie auf der Fetthenne. Sie verpuppt sich am Boden in einem lockeren Gespinstkokon. Die Puppe ist bläulich.

Ringdrossel
Turdus torquatus

In den Alpen, Karpaten, Pyrenäen, in Skandinavien, England und Irland lebt ein schwarzer Vogel mit einem weißen Bruststreifen: die Ringdrossel. Ihre Heimat ist die Grenze zwischen Wald- und Knieholzzone im Gebirge. Die Ringdrossel kehrt Mitte März und im April aus ihren Winterquartieren in Südeuropa und dem Mittelmeergebiet zurück und zieht im September, Oktober und November wieder dorthin. Ihr Nest (das dem der Amsel ähnlich ist) baut sie auf Bäumen knapp über dem Boden, manchmal in Knieholz oder direkt am Boden zwischen Steinen. Den Nestbau besorgen beide Altvögel; auf den 4 bis 5 Eiern brütet meist nur das Weibchen. Die Jungen schlüpfen nach 14 Tagen und verlassen das Nest nach weiteren 14 bis 16 Tagen. Zuweilen brütet das Paar noch ein zweites Mal. Die Jungen werden von beiden Eltern gefüttert. Ringdrosseln nähren sich von Insekten, kleinen Weichtieren, gelegentlich auch von Beeren und weichen Früchten.

Mauerläufer
Tichodroma muraria

In den Bergen Süd- und Mitteleuropas (Alpen, Pyrenäen, doch auch auf dem Balkan) ist der schön gefärbte, 17 cm lange Mauerläufer verbreitet. Er bewohnt hochgelegene Felsregionen, weicht nur im Winter in die Niederungen aus und ist ein Einzelgänger, der lediglich während der Brutzeit in Paaren lebt. Er errichtet sein Nest aus Gras, Moos u. ä. in Felsspalten. Ende Mai legt das Weibchen 3 bis 5 weiße, rotbraun gefleckte und punktierte Eier, die es in 18 Tagen ausbrütet. Die Jungen verlassen das Nest nach etwa 22 Tagen. Der Mauerläufer frißt Insekten, Larven, Insekteneier und Spinnen. Dieser Vogel ist übrigens auch in den Massiven des Himalaja heimisch.

Steinadler
Aquila chrysaëtos

Der mächtige Steinadler ist ein Greifvogel, der in Europa vor allem in den Alpen, den Pyrenäen und in Schottland

Apollofalter

Mauerläufer

Ringdrossel

Steinadler

Murmeltier

Gemse

Alpensteinbock

horstet. Er wird bis 90 cm lang, die Spannweite seiner Flügel reicht bis zu 2 m. Im März kann man hoch in den Lüften die Hochzeitsflüge der Steinadler beobachten. Sie bauen ihre Nester (die Horste) aus Zweigen, Holzstückchen, Grasbüscheln und Haaren auf hohen, steilen Felsen. Das Weibchen legt 1 bis 3 braun gefleckte Eier, die von beiden Eltern in 45 Tagen ausgebrütet werden. Die Jungen (von denen meist nur eines durchkommt) bleiben 70 bis 80 Tage im Horst, bevor sie flügge sind. Die Nahrung wird meist vom Männchen beschafft; das Weibchen füttert.
Steinadler jagen Vögel und Säugetiere bis zur Größe von Füchsen oder Gemskitzen. Außerdem verfolgt der Steinadler Murmeltiere. Man hörte aber, daß junge, unerfahrene Adler, die ihre Fänge in Murmeltiere geschlagen hatten, von dem flüchtenden Tier halb in dessen Bau gezerrt wurden, worauf beide verendeten.

Murmeltier

Marmota marmota

In Europa gibt es Murmeltiere in den Alpen, den Karpaten und der Hohen Tatra, wo sie auf Felshängen 1300 bis 2700 m ü. d. M. leben. Wenn die Tiere Nahrung suchen, hält stets eines Wache. Sobald es etwas Verdächtiges wahrnimmt, stößt es einen lauten Pfiff aus, der alle andern warnt und in ihre Baue verschwinden läßt.
Der Bau ist bis zu 3 m tief, 10 m lang und hat meist mehrere Ausgänge. Hier wirft das Weibchen 2 bis 6 Junge, die ihre Augen nach etwa 20 Tagen öffnen. Murmeltiere fressen Gras, Samen, Früchte, manchmal auch Insekten. Für die kalte Jahreszeit wühlen sie in tieferen Lagen Winterbaue, die sie mit Grasbüscheln und Laub ausstopfen und in denen sie von Ende September bis April ihren Schlaf halten. Zuvor setzen sie eine dicke Fettschicht an, von der sie dann zehren. Die Murmeltierfamilien schlafen meistens gemeinsam in einem Bau.

Gemse

Rupicapra rupicapra

Die Gemse ist ein ausgesprochenes Hochgebirgstier. In den Alpen trifft man sie noch in 3000 m ü. d. M. an. Im Sommer klettert die Gemse bis zur Schneegrenze hinauf. Gemsen schließen sich zu kleinen Herden zusammen. Die alten Böcke sondern sich oft ab. Während der Brunftzeit (von Oktober bis Dezember) kämpfen die Böcke so erbittert miteinander, daß einer von ihnen auf der Strecke bleibt.
Das Weibchen wirft zwischen April und Juni ein Junges, seltener 2 bis 3 Junge, und betreut das Kleine 2 Jahre lang. Gemsen fressen Gras, Blätter und Triebe. Bei Gefahr warnen sie sich gegenseitig durch schrille Pfiffe und lautes Stampfen. Gemsböcke werden bis zu 60, Geißen bis zu 40 kg schwer. Diese Tiere können 15 bis 20 Jahre alt werden.

Alpensteinbock

Capra ibex

In Europa gibt es den Steinbock lediglich in den Alpen, und zwar oberhalb der Baumgrenze meist zwischen 2300 und 3200 m ü. d. M. In dieser Zone harrt er oft auch im Winter aus. Er lebt in kleinen Rudeln. Die Geißen, Kitze und jungen Böcke bleiben unter sich, während die alten Böcke sich zu Rotten von 30 Tieren zusammenschließen. Die ganz alten Böcke sind Einzelgänger (abgesehen von der Brunftzeit). Der Bock wiegt 75 bis 110, das Weibchen dagegen nur etwa 50 kg. Beide haben Hörner; die des Weibchens sind ziemlich schwach, die des Männchens hingegen messen häufig mehr als 1 m und haben ein Gewicht von ungefähr 15 kg.
Die Alpensteinböcke sind sehr mißtrauisch. Bei drohender Gefahr alarmieren sie ihre Artgenossen durch schrille, weithin hörbare Pfiffe. Während der Brunst (von Mitte Dezember bis Anfang Januar) tragen die Männchen häufig wilde Kämpfe untereinander aus. Nach einer Tragedauer von 22 oder 23 Wochen wirft das Weibchen ein Junges (höchst selten zwei), das schon wenige Stunden später der Mutter zu folgen vermag, Steilhänge erklettert und von einem Felsvorsprung zum nächsten springt. Der Alpensteinbock steht heute im Alpenraum unter Schutz. In dieser Region leben nur noch etwa 3000 Tiere. Er kann 30 Jahre alt werden.

Auf sonnigen Rainen

Überfluß an Sonnenlicht und Wärme, genügend Boden — wenn auch meist trocken und steinig, zahlreiche Schlupfwinkel — das ist typisch für einen Biotop, der Trockenhänge, Raine, Berghänge, Weiden, aber auch Eisenbahn- und Straßendämme und ähnliches umfaßt.

Hier sind artenreiche und bunte Pflanzengesellschaften heimisch, für die wärme- und trockenheitsliebende Arten und gewöhnlich Dornengebüsche typisch sind. Meist sind es ausdauernde oder mehrjährige Arten, weil einjährige Pflanzen meist Trockenheit, Wärme und die Konkurrenz der standorttypischen Arten nicht vertragen.
Dieser Biotop ist die Welt der Steppengräser und Frühlingsblüher, die ihren Vegetationszyklus schon abgeschlossen haben, wenn die trockene und heiße Sommerperiode beginnt. Trockenheit und Hitze überstehen sie mittels ihrer unterirdischen Organe. Und wir finden eine ganze Reihe aus den südlichen Gegenden stammende, wärmeliebende Arten, die hier ihre äußerste nördliche Verbreitungsgrenze erreichen. Nicht zu übersehen sind die Arten, die erst im Herbst, nach der Sommerhitze, ihre Blüten entfalten und sich vermehren. Alle zu dieser Lebensgemeinschaft gehörenden Arten haben sich den Bedingungen des Biotops gut angepaßt und nutzen sie gut aus.
Die ziemlich hohen Temperaturen beeinflussen die Pflanzenwelt allseitig positiv: Sie fördern das Wachstum und damit die Bildung großer Mengen organischer Stoffe, die nach dem Absterben im Herbst eine dichte, vor Frösten schützende Schicht bilden und nach dem Vermodern den Boden mit Humus anreichern. Auch die bei diesem Zersetzungsprozeß beteiligten Mikroorganismen entwickeln Wärme, die dem Boden zusätzlich zugeführt wird. Das voll einfallende Sonnenlicht beeinflußt günstig die Photosynthese der Pflanzen, fördert den Keimprozeß, die Blüte und die Fruchtreife. Licht an sich

hat eine positive Wirkung auf die Bildung organischer Masse, bremst aber das Längenwachstum. Bei starker Einstrahlung kann es beispielsweise zur Bildung verschieden großer Blätter an ein und demselben Exemplar oder zur Beschädigung des Pflanzengewebes kommen. Deshalb sind viele auf diesen Standorten heimischen Pflanzen mit einer lichtabweisenden, schattenspendenden Haarschicht aus toten Zellen überzogen.

Die Trockenheit an den Sonnenhängen ist ein ziemlich negativer, selektiv wirkender Faktor. Es können nur die Arten überleben, die längere Zeit mit den Resten des schnell verdunstenden und einsickernden Wassers auszukommen vermögen. Deshalb verwandeln sich diese echten, vom Menschen unbeeinflußten und natürlich gewachsenen Trockenrasen nie zu Gebüschen oder zu Wäldern.

Die Arten dieses Biotops zeichnen sich durch ein tief wachsendes und reich verzweigtes, die Feuchtigkeit in den tieferen Bodenschichten nutzendes Wurzelsystem und ein inneres Stützskelett aus dickwandigen und teilweise verholzten Zellen aus. Sehr wichtig ist der Schutz des Pflanzenkörpers vor Wasserverdunstung. Die Pflanze muß Wasser abgeben, um die im Wasser gelösten Salze von den Wurzeln zu den Blättern transportieren zu können, darf aber nicht mehr als unbedingt notwendig verbrauchen und muß dafür sorgen, daß das Wasser den Pflanzenkörper nur durch die Spaltöffnungen verläßt. Die oberirdischen Teile der Trockenpflanzen haben deshalb eine dicke Oberhaut und tief eingesenkte, häufig durch Haare überdeckte Spaltöffnungen. Während der langen Trockenperiode schließen sich diese hermetisch und bremsen damit die Photosynthese. Viele Sträucher dieser Standorte schützen sich mit Dornen gegen Tierverbiß und Abweiden, denn jedes abgerissene Zweiglein ist für sie ein unerwünschter Wasserverlust.

Äußerst negativ werden die Pflanzengesellschaften dieses Biotops durch die Unsitte beeinflußt, die trockenen Gräser abzubrennen, weil angeblich „Asche dünge". Weitaus besseren Dünger geben die vermoderten organischen Pflanzenreste ab; dazu kommt, daß durch das Abbrennen das Wachstum minderwertiger einjähriger Unkräuter gefördert und ein großer Teil der nützlichen Mikroorganismen und Kleinlebewesen vernichtet wird.

Die oft nicht einmal so kleinen Regionen mit wärmerem Mikroklima sind beliebte Lebensräume wärmeliebender Lebewesen, die anderswo nicht anzutreffen sind. Auf den von der Sonne beschienenen und durchwärmten Flächen sind nach Mitteleuropa viele Tierarten eingewandert, deren Hauptvorkommen südlichere Zonen sind. Von den Vogelarten sind es beispielsweise die buntfarbenen Bienenfresser, die in Kolonien die sandigen oder lehmigen Uferhänge oder verlassene Sandgruben bevölkern. Sie graben dort tiefe Nisthöhlen; schon im Spätsommer ziehen sie jedoch wieder in ihre Winterquartiere in Afrika. Wärmeliebende Kriechtiere, wie etwa die Eidechsen, verbringen dagegen kühles, schlechtes Wetter tief in der Erde in Felslöchern und -spalten. Ihre Körpertemperatur nehmen diese Reptilien von äußeren Quellen auf, wie z. B. von den heißen Steinböden oder von der direkten Sonnenbestrahlung. Deshalb suchen die Tierarten, die zu ihrer Existenz unbedingt Wärme benötigen, in den kühleren Gebieten Europas die wärmsten, sonnenreichen Stellen auf. Im Winter suchen sie sich Erdunterschlüpfe, ihre Körpertemperatur sinkt beträchtlich ab, manchmal auf nur wenige Grad über Null. Diese Kaltblütler atmen dann fast nicht und ihr Herzschlag ist kaum wahrnehmbar. Der metabolische Zustand ist dadurch auf einem Punkt gehalten, wo Energiequellen überhaupt nicht genützt werden müssen.

Warme Steine, aber auch Mauern und Holzzäune sind Stellen, die viele wärmeliebende Spinnenarten mit Vorliebe aufsuchen und auf die hier in großen Mengen vorhandenen Fliegen warten. An ähnlichen

Stellen, aber auch auf den Blüten der Kräuter, lassen sich die kleinen, herrlich gefärbten Goldwespen nieder, deren Brust und Hinterteil ein wie Edelsteine schillernder Panzer schützend bedeckt. Andere Wespenarten suchen dagegen warme Sandstellen auf, um Kammern zum Ablegen ihrer Eier und Entwicklung der Larven zu graben.

An den sonnigen Steinhängen sind die wärmeliebenden Heuschrecken keine Seltenheit. Ihre auffallend bunten Flügel fesseln die Aufmerksamkeit des Beschauers erst, wenn sie auffliegen. Auf wärmeren Sandböden halten sich die schnellen, räuberischen Sandlaufkäfer auf; im lockeren, warmen Boden dagegen finden die Larven des Ameisenlöwen Unterschlupf.

Wiesen-Küchenschelle
Pulsatilla pratensis

Die ausdauernde, 10 bis 50 cm hohe Pflanze hat einen dicken, mehrköpfigen Wurzelstock. Schon im April oder Mai erscheinen die dicht behaarten Blütenschäfte, die knapp unterhalb der Blüte einen Kranz feinzerteilter Hochblätter tragen.

Am Schaftende sitzen einzelne, nickende, dunkelviolette bis hellrotviolette (dann innen gelbliche), 2 bis 3 cm lange Blüten. Die (meist 6) freien Blütenblätter sind ebenfalls dicht behaart und an der Spitze zurückgebogen. Zwischen ihnen befinden sich zahlreiche gelbe Staubblätter und auch viele Stempel. Die grundständigen Blätter erscheinen während oder nach der Blüte. Sie sind 2 bis 3fach gefiedert. Ihre Zipfel sind sehr schmal und vor allem anfangs dicht behaart.

Nach der Blüte verlängern sich die Stengel und beginnen sich aufzurichten. Die Fruchtknoten wachsen zu Nüßchen heran, die Griffel verlängern sich ebenfalls und werden zu bis 6 cm langen, fiedrig behaarten Flugorganen. Dadurch gleicht der Fruchtstand einem wirr behaarten Strobelkopf.

Die Pflanze wächst zerstreut auf sonnigen, sandigen oder steinigen Hängen, in lichten Kiefernwäldern und auf Heiden. Sie fehlt im südwestlichen Mitteleuropa. Ihr Verbreitungsgebiet erstreckt sich über das restliche Mitteleuropa, Südost- und Nordeuropa bis nach Sibirien. Auf sonnigen Triften und in lichten Gebüschen auf vorzugsweise kalkreicher Unterlage erscheint, über fast ganz Europa zerstreut, auch die Echte Küchenschelle — *Pulsatilla vulgaris.*

Sie hat aufrechte Blüten von 3 bis 5 cm Länge, deren Staubblätter etwa nur halb so lang wie die blau- bis rotviolette, glockig ausgebreitete Hülle sind.

Beide Arten sind sehr selten, wenn auch an ihren Fundorten meist in Rudeln auftretend. Sie sind vollkommen geschützt. Für Gartenliebhaber gibt es

Wiesen-Küchenschelle

Frühlings-Adonisröschen

Gelbes Sonnenröschen

Auf sonnigen Rainen

Zierarten auch käuflich zu erwerben. Das frische Laub enthält Anemonin und Protoanemonin, Giftstoffe, die äußerlich bei empfindlichen Menschen zu Hautentzündungen, innerlich zu Erbrechen und Durchfall führen. In der Heilkunde des Mittelalters dienten die (durch Trocknen unschädlichen) Blätter gegen Krämpfe und Hustenanfälle.

Küchenschellen sind sehr veränderlich und bastardieren auch sehr leicht miteinander.

Der deutsche Name war wohl ursprünglich Kuhschelle, als Verkleinerungsform wurde dann daraus Küchenschelle. Auch der wissenschaftliche Name bezieht sich auf die Glockenform der Blüte *(pulsatilla* = das Glöckchen, von *pulsare,* lat. = stoßen, schlagen).

Frühlings-Adonisröschen
Adonis vernalis

Die ausdauernde, bis 30 cm hohe Pflanze hat einen langen und dicken, stark verzweigten Wurzelstock. Die aufrechten, meist unverzweigten Stengel sind an ihrer Basis mit Schuppen besetzt und nur oberseits beblättert. Die dicht stehenden Stengelblätter tragen auf kurzem, scheidig verbreitertem Stiel eine zierlich 2- bis 4fach gefiederte Spreite.

An den Stengelenden stehen einzeln die 3 bis 7 cm breiten, goldgelben Blüten. Auf einen dichtbehaarten, 5zähligen Kelch folgen 10 bis 30 schmaleiförmige Blütenblätter und viele Staubblätter und Stempel. Die Blüten öffnen sich bei Sonnenschein und schließen sich bei schlechtem Wetter.

Die Früchtchen, runzelige Nüßchen mit einem kleinen, hakenförmigen Schnabel, stehen in einem brombeerenartigen Fruchtstand zusammengedrängt.

Die Pflanze blüht von April bis Mai auf sonnigen Hängen, Steppenheiden, Weiden und in lichten Kiefernwäldern. Sie liebt lockere, kalkreiche Böden, gedeiht aber auch auf Sand. Sie kommt verbreitet in Südost-, doch sehr zerstreut in Mittel- und Südwesteuropa vor. Nordwärts geht sie bis zur Ostsee.

Die seltene Pflanze steht in Deutschland unter vollkommenem Naturschutz. Alle Teile der Pflanze sind giftig und enthalten neben vielen Adonis-Glykosiden auch Digitalis-Glykoside, die Herzkrämpfe auslösen. Daneben fand man in den Blättern auch bakterizide Substanzen. Adonis-Drogen als herzstärkende Mittel dürfen nur nach ärztlicher Vorschrift bzw. unter Aufsicht des Arztes angewendet werden.

Der Name Adonis wurde zunächst einer rotblühenden Art der Gattung gegeben. Der Sage nach wuchsen an den Stellen, auf die das Blut des von einem Eber tödlich verwundeten (phönizischen) Gottes Adonis tropfte, blutrote Blumen aus der Erde.

Gelbes Sonnenröschen
Helianthemum nummularium

Die ausdauernde, halbstrauchige Pflanze besitzt 10 bis 40 cm lange, niederliegende oder aufsteigende Stengel, die am Grund meist verholzt sind.

Ihre gegenständigen, sehr kurz gestielten Blätter haben ovale, bewimperte Spreiten und sind unterseits oft stark filzig behaart. Am Grund des Blattstielchens stehen 2 relativ große, lineale Nebenblätter. Die großen, 5zähligen, meist zitronengelben, selten weißlichen oder orangefarbenen Blüten stehen zu wenigen in einer endständigen Traube. Ihr Kelch wird von 3 großen und 2 deutlich kleineren Kelchblättern gebildet.

Die Pflanze blüht von Mai bis in den Herbst auf flachgründigen, warmen, oft steinigen und kalkreichen Rainen und Trockenrasen, seltener am Wegrand. Sie wächst, von der Niederung bis ins Gebirge (nahe 2900 m), in Mittel- und Südeuropa sowie in Asien.

Es handelt sich bei dieser Pflanze um eine sehr veränderliche Art mit zahlreichen Formen. Dabei zeichnen sich vor allem die alpinen Rassen oft durch sehr große (bis zu 4 cm breite) Blüten aus, während die des normalen Typus eine Breite von 1,5 bis 3 cm erreichen. Daneben gibt es Formen des kalkreichen und solche des kalkfreien Gesteins.

Taubenkropf-Leimkraut
Silene vulgaris

Die ausdauernde, bis zu 50 cm hohe, in allen Teilen meist kahle und bläulich-

Taubenkropf-Leimkraut

Knöllchen-Steinbrech

grüne Pflanze hat einen mehrköpfigen Wurzelstock und grundständige Blattrosetten, aus denen aufrechte, gegenständig beblätterte und nur im oberen Teil verzweigte Stengel hervorgehen. Die eiförmigen bis lanzettlichen Blätter sind kurz-, die oberen meist sogar ungestielt.
Die Blüten mit ihren 5 weißen, zuweilen rosa überlaufenen, freien, vorn tief ausgerandeten Blütenblättern haben einen verwachsenen, krugförmig aufgeblasenen Kelch, der gelblich oder rötlich überlaufen ist und eine auffällige Netzaderung aufweist. Sie stehen in üppigen Trugdolden am Ende der Blütenstengel. Die Frucht ist eine vielsamige, rundlich-eiförmige Kapsel.
Die Pflanze blüht von Juni bis September auf trockenen Wiesen, Rainen und steinigen Hängen. Da sie angeblich die Milchbildung beim Vieh fördert, ist sie auf Futterwiesen und Weiden gerne gesehen. Sie ist sehr formenreich. In einer niederen, meist kriechenden alpinen Rasse steigt sie bis gegen 3000 m ü. d. M. auf; an der Atlantikküste Europas wächst eine salzfeste, maritime Unterart. Die Gesamtart ist in ganz Europa, mit Ausnahme des äußersten Nordens, in Nordafrika und im gemäßigten Asien bis nach Japan und Bengalen verbreitet.

Knöllchen-Steinbrech
Saxifraga granulata

Die ausdauernde, bis zu 40 cm hohe, vereinzelt oder sehr lockerrasig wachsende Staude hat eine armblättrige, grundständige Rosette aus langgestielten, schwach drüsig-klebrig behaarten Blättern mit rundlich-nierenförmiger, am Rand gekerbter bis gelappter Spreite. In deren Blattachseln, meist halb im Boden, bilden sich zahlreiche weißliche bis rosa überlaufene Brutzwiebelchen (die „Knöllchen"), welche der vegetativen Vermehrung dienen.
Der meist einfache Stengel ist drüsig-klebrig und sehr entfernt mit wechselständigen, tief dreilappigen und kurzgestielten Blättern besetzt.
Die Blüten sind 1 bis 1,5 cm lang, fünfzählig, drüsig und bilden eine spärliche Traube. Die weißen, freien Blütenblätter überragen den grünlichen, am Grund verwachsenen Kelch um das Drei- bis Vierfache.

Saat-Esparsette

Bunte Kronwicke

Die Pflanze blüht von Mai bis Juni und kommt nur in den niedrigen Lagen bis zum Bergland vor. Sie findet sich auf Rainen, an Waldrändern und altem Mauerwerk, vor allem aber auf Wiesen, wo sie nicht nur die trockenen, sondern zumindest auch schwach feuchte Standorte bewohnt. Sie bevorzugt eindeutig das kühlere Meerklima und kommt in Europa bis nach der westlichen UdSSR vor. Im Mittelmeerraum besiedelt sie nur die höheren, niederschlagsreicheren Berggebiete.
Die Knöllchen waren für die Ärzte des Mittelalters der Hinweis, daß die Pflanze von Steinleiden (vor allem Blasensteinen) befreien würde. Sie verschrieben deshalb eifrig dieses „steinbrechende" Kraut. *(saxum,* lat. = Fels, Stein; *frangere,* lat. = zerbrechen). Vom Weidevieh wird die Pflanze jedoch grundsätzlich gemieden.

Saat-Esparsette
Onobrychis viciifolia

Die ausdauernde, über 50 cm hohe, oft bläulichgrüne und in allen Teilen zerstreut behaarte Staude hat einen verzweigten, verholzenden Wurzelstock. Ihre aufsteigenden oder aufrechten, zähen und wenig verzweigten Stengel sind im oberen Teil stärker beblättert. Die unpaar gefiederten, gestielten Blätter sind bis zu 15 cm lang, ihre 11 bis 25 Teilblättchen sehr schmal und kurzgestielt.
Die zweiseitig symmetrischen Schmetterlingsblüten (4 Blütenblätter: 1 Fahne, 2 Flügel, 1 Schiffchen) sind meist hellrot oder rosa und öfters weißlich oder gelblich gestreift. Sie stehen in langgestielten, langgezogenen Trauben in den oberen Blattachseln. Die Früchte sind einsamige, abgeflachte, länglich-ovale Hülsen mit einer von gezähnten Leisten netzartig überzogenen Oberfläche. Die formenreiche, doch eindeutig kalkliebende Pflanze blüht von Mai bis Juni und gedeiht auf Grashängen, Straßen- und Bahndämmen, Trockenwiesen und Halbtrockenrasen. Sie kommt vor allem

Zottige Fahnenwicke

Gemeiner Wundklee

Blutroter Storchschnabel

in den gemäßigt-südlichen Teilen Eurasiens vor. Als gute, eiweißreiche Futterpflanze seit etwa 200 Jahren gepriesen, ist sie heute weltweit verschleppt. Obwohl bei uns heimisch, wurden vor allem südwesteuropäische Rassen auch nach Mitteleuropa als Kulturpflanze eingeführt (und sind hier verwildert). Der Name Esparsette ist romanischen (iberischen) Ursprungs und bedeutet: ausgebreitet, „sperrig". Er bezieht sich also auf die Wuchsform, während der wissenschaftliche Name die Verwendung anspricht: *onos*, gr. = Esel, *brychein*, gr. — gierig fressen.

Bunte Kronwicke
Coronilla varia

Die ausdauernde Pflanze hat bis über 1 m lange, niederliegende bis aufsteigende, zuweilen auch rankende Stengel, die auffällig kantig und etwas abgeflacht sind. Ihre meist langgestielten Blätter sind unpaar gefiedert; die 11 bis 25 kurzgestielten und schmal-eiförmigen Teilblättchen nehmen in der Dunkelheit eine Schlafstellung ein: sie klappen langsam nach oben zusammen. Die kurzgestielten und gut 1 cm langen, hellrosa oder weißlichen Schmetterlingsblüten stehen zu 10 bis 20 in einer langgestielten Dolde zusammen. Dies ist die Krone *(coronilla,* lat. = das Krönchen). Die Früchte sind aufwärts gekrümmte Gliederhülsen mit meist 4 bis 6 einsamigen Abschnitten.

Die wärme- und kalkliebende Pflanze blüht von Juni bis Juli auf Trockenrasen, Böschungen und Heiden sowie an Weg- und Waldrändern und in lichten Trockengebüschen. Sie kommt von der Niederung bis in die Bergregion in den mittleren und südlichen Zonen der Nordhalbkugel vor. Vielerorts wurde sie aber nur eingeschleppt (sicher z. B. in Nordamerika).

Die Pflanze ist giftig und wird vom Vieh kaum angenommen. Sie enthält das Herzgift Coronillin, das ähnliche Wirkung wie die Fingerhut-Glykoside hat.

Zottige Fahnenwicke
Oxytropis pilosa

Die ausdauernde, 15 bis 30 cm hohe Pflanze ist auffallend weißzottig behaart *(pilosus,* lat. = zottig) und hat derbe, aufsteigende Stengel mit wechselständigen, kurz gestielten Fiederblättern. Deren 10 bis 30 Teilblättchen sind schmal-eiförmig und (ca) 1 bis 2 cm lang. Die hellgelben, etwa 1 cm langen Schmetterlingsblüten mit ihrem glockigen Kelch stehen an kurzen Stielchen zu reichblütigen, dichten Doldenköpfchen vereint. Diese überragen mit ihrem Schaft kaum die Stengelblätter, in deren Achseln sie entspringen. Das unterste Blütenblatt, das Schiffchen, ist in eine lange, schmale Spitze ausgezogen *(oxys,* gr. = spitz, *tropis,* gr. = Kiel, Schiff). Die Früchte sind mehrsamige, 1 bis 2 cm lange, stielrunde, aufrechtstehende Hülsen.

Die Pflanze blüht von Juni bis Juli und gedeiht in trockenheißen Gebieten auf sonnigen Rainen und Steppenhängen. Ihr Pelz dient als Verdunstungsschutz. Sie bevorzugt kalkhaltigen Untergrund. Im Gebirge ist sie selten, doch kann sie in niederschlagsarmen Sonnenlagen bis 2000 m hoch steigen. Sie wächst am besten im sommerheißen Kontinentalklima Südsibiriens und (Süd-) Osteuropas. Sie dringt in Mitteleuropa nur auf wenigen Standorten westwärts bis zum Rhein vor.

Gemeiner Wundklee
Anthyllis vulneraria

Die ausdauernde, zuweilen auch nur zweijährige Pflanze hat eine grundständige Blattrosette, aus der mehrere, bis zu 40 cm lange, meist behaarte, niederliegende bis aufrechte Stengel entspringen.

Die Blätter sind in der Form (und auch je nach Rasse) recht verschieden. Grundtyp ist das unpaar gefiederte Blatt, das etwa 4 Paar schmale, und 1 cm lange Seitenfiedern trägt und mit einer 2 cm breiten und 5 cm langen Endfieder abschließt. Oft ist — vor allem bei den grundständigen Blättern — die Bildung der Seitenfiedern gehemmt oder ganz unterdrückt, so daß diese

Zypressen-Wolfsmilch

langgestielt und ungefiedert erscheinen. Dagegen sind die Stengelblätter oft bis zu 7jochig gefiedert, wobei dann das Endblättchen kaum noch größer ist als die Seitenblättchen. Die länglichen, gelben, blaßgelben oder rötlich überlaufenen Schmetterlingsblüten stehen am Stengelende zu dichten, halbkugeligen Köpfchen gedrängt in den Achseln von großen, laubartigen, 3- bis 7lappigen Tragblättern. Die einsamigen, kugeligeiförmigen Hülsen bleiben vom (zur Fruchtzeit) aufgedunsenen, borstenhaarigen Kelch umschlossen und werden mit ihm verbreitet.
Die Pflanze blüht von Mai bis August auf sonnigen Rainen und trockenen Wiesen. Sie ist wärme- und kalkliebend und kommt in ganz Europa und im Mittelmeerraum vor. In einer alpinen Rasse steigt sie bis gegen 3000 m ü. d. M. Eine zweijährige, oft verwildernde Kulturrasse wird als Grünfutter auf trockenen Böden angebaut. Sie kann allerdings nur einmal im Jahr geschnitten werden.
Früher war Wundklee eine der Pflanzen, die, in der Johannisnacht gepflückt, den Träger vor Verhexung und bösem Blick schützen sollte.
In der Heilkunde galt das Kraut, welches Saponine und Gerbstoffe enthält, als zusammenziehendes Wundheilmittel (Name!; *vulnus,* lat. = Wunde). Mit *anthyllis* = Milchbart bezeichnete Dioskurid eine ganz andere Pflanze; der Name wurde irrtümlich auf unsere Gattung übertragen.

Blutroter Storchschnabel
Geranium sanguineum

Der Wurzelstock dieser ausdauernden Pflanze ist innen rot gefärbt *(sanguineus,* lat. = blutrot*)*. Die bis zu 50 cm langen, niederliegenden oder knickig aufsteigenden Stengel sind oft von Grund auf verzweigt und mehr oder weniger stark behaart.
Die Grundblätter sind zur Blütezeit meist schon abgestorben. Die gegenständigen Stengelblätter sind gestielt, ihre Spreiten fingerförmig in 5 bis 7, tief 3- bis 5spaltige Abschnitte geteilt.
Die 5zähligen, bis 3,5 cm breiten, karminroten Blüten stehen einzeln an langen, blattachselständigen Stielen. Die aufrechte, langgeschnäbelte Frucht (Name! — außerdem: *geranos,* gr. = Kranich) spaltet sich bei der Reife in 5 Teile, die durch hygroskopische Bewegung fortgeschleudert werden.
Die wärmeliebende, kalkliebende Pflanze blüht von Mai bis September. Im Herbst färbt sich ihr Laub auffällig gelb-rot. Sie wächst an Waldrändern, in Gebüschen und Trockenrasen vom Tiefland bis in die Bergregion. Stellenweise ist sie sehr selten.
Der gerb- und bitterstoffreiche Wurzelstock wurde früher zur Blutstillung und zum Gerben verwendet.

Zypressen-Wolfsmilch
Euphorbia cyparissias

Die ausdauernde, bis zu 30 cm hohe Pflanze hat einen verzweigten, holzigen Wurzelstock mit vielen Ausläufern. Die

Tüpfel-Hartheu (Johanniskraut)

aufrechten Stengel sprossen in ganzen Büscheln aus den Enden der Grundachse; sie sind im unteren Teil bald blattlos und oft rötlich überlaufen, nach oben zu stark beblättert und, vor allem nach der Blüte, mit zahlreichen, ringsum abstehenden, dicht beblätterten Nebenzweigen besetzt.
Die Blätter sind ungestielt und schmallineal. Sehr häufig findet man von einem Rostpilz befallene Exemplare, deren unverzweigte, verlängerte Stengel gelbgrüne, eiförmige Blättchen tragen. Das sichere Kennzeichen für den Befall sind die rostroten Pusteln auf der Blattunterseite.
Die Blüten sind unansehnlich und auf ein einzelnes Staubgefäß oder einen Stempel reduziert. Sie bilden kleine, krugförmige Blütenstände, aus denen die kapselartige, weibliche Blüte meist heraushängt. Diese Blütenstände sind am Ende des Stengels (und teilweise auch noch an den Enden der obersten Zweige) zu üppigen, mit breitovalen Tragblattpaaren durchsetzten Rispen-

dolden angeordnet. Die lebhaft gelben Tragblättchen wechseln bei der Fruchtreife meist nach Rot oder Schmutzigrosa. Die Früchte sind 3fächrige, warzigrunzelige Kapseln mit 3 Samen.

Alle Teile der Pflanze enthalten reichlich Milchsaft, der bei Verletzungen in dicken, weißen Tropfen austritt und sich an der Luft bräunlich verfärbt. Die Pflanze blüht von April bis Juni und wächst verbreitet auf Rainen, Hängen, Böschungen und an Wegrändern von der Ebene bis ins Gebirge. Sie kommt in den mittleren und südlichen Teilen Eurasiens sowie, eingeschleppt, in Nordamerika vor.

Die Pflanze verbreitet sich auch durch ihre Ausläufer sehr intensiv und kann sich so zu einem lästigen Unkraut entwickeln.

Der Milchsaft ist durch Alkaloide giftig und durch Kautschuk klebrig. Er hinterläßt auf den Kleidern schlecht zu entfernende Flecken. Bei empfindlichen Personen reizt er die Haut, ja, er kann sogar Blasen ziehen. Seit alters wird er als Hausmittel zur Beseitigung von Warzen, Sommersprossen und Hühneraugen benutzt, doch sollte seiner Gefährlichkeit wegen diese Kur besser einem Arzt und seinen bewährten Mitteln überlassen werden. Das Vieh frißt frische Wolfsmilch nicht, doch wird sie im Heu angenommen. Sie führt aber auch noch im getrockneten Zustand zu Darmerkrankungen oder gar zum Tod, wenn sie in größeren Mengen gefressen wird. Selbst Blattläuse meiden die Pflanze. Nur wenige Gallmaden und vor allem die Raupe des Wolfsmilchschwärmers vergreifen sich an dem Gewächs. Dabei wurde festgestellt, daß die Schmetterlingslarven die Blätter nicht mehr fressen, sobald diesen der Milchsaft entzogen wurde. Die äußerst formenreiche Gattung ist mit etwa 700 Arten über die ganze Erde verbreitet. Zu ihr zählen auch die „Kakteen“ der Wüstensteppen und Wüsten der Alten Welt. Manche Arten, wie Christusdorn und Weihnachtsstern, sind beliebte Zimmerpflanzen. Der Gattungsname stammt von Plinius, der damit an Euphorbus, den Leibarzt des Königs Juba von Mauretanien, erinnern wollte.

Feld-Mannstreu

Wilde Möhre

Tüpfel-Hartheu (Johanniskraut)

Hypericum perforatum

Die ausdauernde, kahle Pflanze treibt 30 bis 60 cm hohe, reichverzweigte, aufrechte Stengel, die stielrundlich sind, aber zwei deutliche Längsleisten tragen. Die gegenständigen, länglich-eiförmigen Blätter sind ungestielt. Im durchfallenden Licht erkennt man die „Tüpfel“, zahlreiche helle Pünktchen, hervorgerufen durch Öldrüsen, die das Blatt wie durchstochen („perforiert“, Name!) erscheinen lassen. Zerstreut finden sich schwarze Drüschen, die auch an den Blütenstielen, Kelchblättern und sogar an den goldgelben Blütenblättern gehäuft auftreten. Sie enthalten einen öligen, duftenden, rotbraunen Farbstoff, das Hyperizin. Zerreibt man die Blüten, färben sie sich und die Finger rot. Das Erscheinen dieses „Blutes“ machte die Pflanze zu einem besonders ergiebigen Objekt für den Volksglauben. Die fünfzähligen, 1,5 bis 2,5 cm breiten, weit geöffneten Blüten tragen 1 Stempel und 3 Büschel von insgesamt etwa 50 bis 80 dünn- und langfädigen Staubblättern. Sie bilden eine üppige, gabelig verzweigte Rispe am Stengelende.

Die Pflanze blüht von Juni bis August und erscheint oft gesellig auf Rainen, Heiden, mageren Wiesen sowie in Kahlschlägen, Waldlichtungen und an Waldrändern. Sie ist heute fast weltweit verbreitet.

Das Johanniskraut, wie die Pflanze vor allem im süddeutschen Raum genannt wird, sollte, in der Johannisnacht gepflückt, wunderbare Heil- und Zauberkräfte entwickeln: Es sollte Mensch und Tier vor Verhexung schützen, vor Krankheiten bewahren, Blitzschlag abhalten, und sein Rauch sollte sogar Unwetter vertreiben. Dem „Kundigen“ verliehen, habe es die Macht sich andere Menschen hörig zu machen. Als Heilpflanze wurde das Kraut gegen die verschiedenartigsten Krankheiten gebraucht. Noch heute gilt der Tee als Mittel gegen Blutarmut, Leberstauungen und Koliken. Johanniskrautöl erhält man durch Auskochen des Laubes in Olivenöl oder, ganz fachgerecht, durch Einlegen der Pflanze in Olivenöl und zweiwöchiges Aussetzen in die Sonne. Mit dieser Lösung heilt man Brand-

wunden, auch Gicht und rheumatische Schmerzen.
Hartheu dient noch heute als Rohstoff in der Heilmittelindustrie. Es enthält Glykoside, Gerbstoffe und den schon erwähnten Farbstoff Hyperizin Dieser ist einmal verantwortlich für eine Rötlichfärbung der Milch, wenn die Kühe zuviel von der Pflanze gefressen haben, zum andern verursacht er die „Lichtkrankheit" des Viehs. Sie tritt nach reichlichem Genuß von Hartheu nur dann auf, wenn die Tiere im Sonnenlicht bleiben (also nicht im Stall). Ihre Haut wird dann überempfindlich gegen Sonnenstrahlen, und es kommt in Extremfällen zu tödlichen Vergiftungserscheinungen.
Die Gattung heißt nach einer Art, die auf Heiden wächst *(hypo,* gr. = unter; *ereike,* Gr. = Heidekraut).

Kleine Bibernell

Blauer Natterkopf

Feld-Mannstreu

Eryngium campestre

Die ausdauernde, tiefwurzelnde fahlgrüne Pflanze wächst gerne in sperrigen, halbkugeligen Stachelbüschen, die als dürre Überständer oft bis zum neuen Laubaustrieb im nächsten Frühjahr stehenbleiben.
Die aufrechten, reichverzweigten, dikken Stengel sind 20 bis 80 cm hoch. Die ersten Grundblätter sind einfach, ungeteilt und stachelig gezähnt, die Folgeblätter langstielig und 1- bis 2fach fiederschnittig mit stachelig gezähnten Abschnitten. Die wechselständigen Stengelblätter ähneln den grundständigen, gehen aber nach oben zu in einfacher geteilte, stengelumfassend sitzende Tragblätter über. Die kleinen, weißen oder graugrünen Blüten bilden kugelige Kopfdolden, die von mehreren Tragblättern quirlig umgeben sind. Die Kelchzipfel der einzelnen Blüten sind ebenfalls dornig. Die endständigen Blütenköpfchen sind zu einem ausladenden, rispigdoldigen Gesamtblütenstand zusammengestellt.
Die Pflanze blüht von Juli bis September auf Trockenrasen und an Wegrainen der Niederungen und des Hügellandes. Sie liebt warme, steinige Kalkböden. Ihr Hauptverbreitungsgebiet ist der Mittel- und Schwarzmeerraum, in Mitteleuropa tritt sie sehr zerstreut auf (Nordgrenze Südenglands, Dänemark). Sie gilt als Weideunkraut. Mit ihren bis zu 2 m tiefen Wurzeln läßt sie sich auch schwer ausrotten.
Die dürren, kugeligen Büsche verrotten langsam und werden nach dem Abbrechen des Hauptstengels vom Wind oft als Ganzes über die Ebenen hin- und hergerollt, wobei dann die Samen über weite Strecken verstreut werden können („Laufdisteln", „Steppenhexen"). Dieser Verbreitung wegen gehört die Pflanze in die Kategorie der Steppenläufer.

Wilde Möhre

Daucus carota

Die meist zweijährige Pflanze hat eine bleistiftdicke, fleischige Pfahlwurzel, die im ersten Jahr eine Grundblattrosette entwickelt, im zweiten Jahr mehr oder weniger stark verholzt und, dünner werdend, einen bis über 1 m hohen, stark verzweigten Blütenstengel treibt. Nach der Blüte, die selten schon im ersten und unter ungünstigen Bedingungen auch gelegentlich erst nach mehreren Jahren erfolgt, stirbt die Pflanze ab.
Alle Teile haben den typischen Möhrengeruch.
Die Laubblätter sind 2- bis 4fach gefiedert, die unteren tragen einen Stiel, die obersten sitzen auf den Blattscheiden.
Die fünfzähligen, weißen, zuweilen auch gelblichen oder rosa angehauchten Blüten sind zu flachen, großen Doppeldolden vereinigt. Diese stehen an langen Stielen und sind am Grund von einem Quirl fiederschnittiger Tragblätter umgeben: der Hülle. Auch die Döldchen, welche die Doppeldolde bilden, sind am Grund von einem Kranz schmaler, einfacher Tragblätter umgeben: dem Hüllchen. Das mittlere Döldchen ist meist zu einer kugeligen, schwarzvioletten „Mohrenblüte" umgewandelt. Nach der Blüte ziehen sich die Doldenstrahlen und die Hüllblätter zu einem nestartigen Kugeltrichter zusammen.
Die verbreitete Pflanze blüht den ganzen Sommer über bis in den Herbst hinein. Sie wächst auf Rainen, in trockenen Wiesen, auf Felsen, an Wegrändern und Uferböschungen von der Niederung bis in mittlere Gebirgslagen (in Deutsch-

land knapp über 1000 m, in den Südalpen bis gegen 2000 m, im Himalaja bis 3000 m). Sie ist heute weltweit verbreitet und kommt in zahlreichen ökologischen und geographischen Rassen vor. Daneben gibt es aber auch noch sehr viele Kulturformen.
Die bleichgelbliche Wurzel dieser Pflanze — die Vorgängerin unserer Karotte — war bereits im Altertum als hochwertiges, würziges Gemüse bei Griechen, Römern, Germanen und Slawen bekannt. Auf nährstoffreichem, lockerem Boden wuchs sie zartfleischig und leidlich dick heran. Durch Kreuzung und Auslese entstand aus der ursprünglichen Art die Gartenform mit dickfleischiger, roter oder gelber, kurzer oder langer Wurzel. Sie wird im ersten Jahr geerntet, solange sie noch nicht verholzt ist, deshalb sieht man sie kaum einmal blühen.
Die frischen Wurzeln enthalten viele Vitamine oder Provitamine — A, B, C —, ätherische Öle, die ein wirksames Mittel gegen Wurmbefall geben, verdauungsfördernde Pektine sowie antibiotisch wirkende Stoffe, die den Fäulnisprozeß verzögern. Sie werden für die Ernährung von Kleinkindern empfohlen.

Kleine Bibernell
Pimpinella saxifraga

Die ausdauernde, bis zu 60 cm hohe Pflanze besitzt einen unangenehm bockartig-scharf riechenden Wurzelstock, der verästelt ist.
Die aufrechten, schwach verzweigten Stengel sind nach oben zu dürftig beblättert. Sie entspringen aus einer armblättrigen Grundrosette. Die langgestielten Grund- und unteren Stengelblätter sind einfach unpaar gefiedert. Ihre Abschnitte sind rundlich-oval und mehr oder weniger tief gezähnt; das Endblättchen ist meist dreilappig. Die mittleren Stengelblätter sitzen auf ihren Blattscheiden und tragen sehr schmale Abschnitte. Die obersten Blätter bestehen nur noch aus den Scheiden (ohne Spreite).
Die kleinen, fünfzähligen Blüten sind weiß, gelblich oder rosa angelaufen. Sie stehen in kleinen, end- und seitenständigen Doppeldolden.
Die Pflanze blüht von Juli bis September und wächst verbreitet auf Trockenrasen, Weiden und an Waldrändern vom Tiefland bis ins Gebirge. Sie kommt in Europa und Westasien vor; in Nordamerika ist sie vollkommen eingebürgert.
Das Gewächs ist seit uralten Zeiten als Heilpflanze bekannt. Die Deutung des Namens ist unklar, doch dürfte feststehen, daß der wissenschaftliche Name vom Volksnamen abgeleitet wurde. Im Mittelalter war die Pflanze als Schutzmittel gegen Pest und Cholera berühmt, und noch heute berichten zahlreiche Legenden von wundersamen Errettungen ganzer Bevölkerungen vor der Seuche durch gute Geister oder Feen, welche auf dieses Kräutlein aufmerksam gemacht hätten. („Eßt Bibernell, dann sterbt Ihr nit so schnell!")
Bibernell wurde auch gerne Bier oder Wein beigemischt. Heute ist der frühere Glanz erloschen. Nur selten wird die Pflanze noch zu Heilzwecken oder als Suppenwürze verwendet.

Blauer Natterkopf
Echium vulgare

Die zweijährige, stattliche, bis zu 80 cm hohe Pflanze ist überall mit starren Borsten bedeckt, die einzeln aus kleinen Warzen hervorgehen.
An den aufrechten, unverzweigten Stengeln sitzen wechselständige, länglich-lanzettliche, in einen sehr kurzen Stiel verschmälerte oder ganz ungestielte Blätter; die grundständigen bilden eine dichte, fast kreisrunde, dem Boden meist angeschmiegte Rosette von 10 bis 30 cm Durchmesser.
Die Blüten stehen am Stengelende in einer langen, kerzenartigen Rispe aus schief aufrechten bis waagerecht abspreizenden Wickeln. Sie wird 1,5 bis 3 cm lang, im Aufblühen rosa, später verfärben sie sich tiefblau. In Ausnahmenfällen bleiben sie rosa oder sind reinweiß. Die verwachsenblättrige Krone ist trichterförmig bis fast zweilippig und wird von den Staubblättern und dem Griffel überragt.
Die Pflanze blüht von Juni bis Oktober und wächst auf steinigen Trockenrasen, sonnigen Feldrainen, Wegrändern, Bahndämmen und in Unkrautbestän-

Kriech-Günsel

Wiesen-Salbei

Auf sonnigen Rainen

den auf Schuttplätzen. Sie kommt in Mitteleuropa verbreitet von den Niederungen bis in die Bergregion, in Südeuropa auch in Gebirgslagen vor. Sie besiedelt die warm-gemäßigten Gebiete Europas, Westasiens und des außereuropäischen Mittelmeerraumes. In Nordamerika hat sie sich eingebürgert.

Der Natterkopf enthält Gerbstoffe, den Farbstoff Alkannin sowie ein für Warmblütler ungiftiges Alkaloid. Seinen Namen erhielt er von der schlangenkopfähnlichen Blüte, aus welcher der zweispaltige Griffel wie eine Zunge heraushängt (*echis*, gr. = Schlange, „Echse"). Im Altertum wurde die Pflanze auch gegen Schlangenbiß angewendet; heute ergeben die jungen Blätter allerhöchstens noch ein blutreinigendes Frühlingsgemüse. Wenn der erst saure Zellsaft der Kronblätter im Alter basisch wird, schlägt der lackmusartige Farbstoff der Blüten von Rot nach Blau um.

Kriech-Günsel
Ajuga reptans

Die ausdauernde, bis zu 30 cm hohe Pflanze besitzt eine kurze, stark bewurzelte Grundachse mit dichter Blattrosette und lange, oberirdisch kriechende, beblätterte Ausläufer.

Die aufrechten, unverzweigten, vierkantigen Stengel sind gekreuzt gegenständig beblättert. Nach oben zu werden die ganzrandigen bis gekerbten, eiförmigen Stengelblätter immer kleiner.

Die Blüten stehen in Scheinquirlen zu 6 bis 12 in den Blattachseln. Ihre verwachsenblättrige, zweiseitig symmetrische Krone hat eine winzige Oberlippe und eine tief gespaltene Unterlippe. Die ganze Blüte ist 1 bis 1,5 cm lang, ihr Kelch glockig und langzipfelig, die Krone meist blauviolett, selten rosa oder weißlich.

Die oberen Tragblätter sind oft, wie der Stengel, rotviolett überlaufen.

Die sehr verbreitete Pflanze blüht von April bis August auf nicht allzu trockenen Magerrasen, Rainen, an Gebüschrändern, auch an lichten Stellen in Nadel- und Laubwäldern. Sie wächst vom Tiefland bis in Höhen von 1500, selten 2000 m und kommt im weiteren Mittelmeerraum sowie in fast ganz Europa vor.

Diese alte Heilpflanze kann als Ubiquist bezeichnet werden, da sie in der Wahl ihrer Standorte kaum begrenzt ist. Sie gedeiht auf allen Unterlagen, erträgt Trockenheit und Bodenfeuchte, volle Sonne und Schatten. Ihre Samen werden durch Ameisen weit verschleppt, mit ihren Ausläufern kann sie rasch große Flächen überwuchern.

Wiesen-Salbei
Salvia pratensis

Die ausdauernde, schwach würzig duftende Pflanze hat meist aufrechte, vierkantige, verzweigte und wenig beblätterte, im oberen Teil drüsig klebrige Stengel, die einer Grundblattrosette entspringen. Die unteren Blätter haben lange, behaarte Stiele und eine runzelige, länglich-eiförmige, am Rand gekerbte oder fiederlappige Spreite. Die Stengelblätter sind meist klein und kaum gestielt. Die 1,5 bis 3 cm langen Blüten haben meist eine blaue, seltener rosafarbene oder weiße, verwachsenblättrige und zweilippige Krone. Sie stehen zu Scheinquirlen vereinigt in den Achseln kleiner Tragblätter und bilden an allen Zweigenden langgestreckte, ährige Blütenstände. Staubblätter und Griffel besitzen einen Hebelmechanismus: Führt ein honigsuchendes Insekt seinen Rüssel in die Kronröhre ein, so stößt es an den kurzen Hebelarm. Darauf schlagen die in der Oberlippe befindlichen Bestäubungsorgane auf den Rücken des Kerbtieres und nehmen Blütenstaub auf oder laden ihn dort ab. Der Vorgang kann leicht nachvollzogen werden, wenn man einen Grashalm vorsichtig in die Blüte einführt.

Die kalkliebende, tiefwurzelnde Pflanze blüht von Mai bis September auf trockenen Wiesen, Berghängen und an Wegrainen in Südeuropa und den Wärmegebieten Mittel- und Osteuropas. Sie ist im Tiefland und bis zur Bergregion sehr häufig, in Mittelgebirgslagen kommt sie selbst in den Südalpen nur selten vor.

Die Art wurde gelegentlich als Ersatz für den stark aromatischen Echten Salbei — *Salvia officinalis* verwendet, ein

Quirliger Salbei

Wilder Dost (Wilder Majoran)

Halbstrauch mit derben, immergrünen, filzig behaarten, runzeligen und schmalförmigen, gestielten Blättern. Seine hellvioletten Blüten stehen in langen, locker-quirligen Scheinähren. Er ist südeuropäischer Herkunft, wird aber in Mitteleuropa häufig kultiviert und hat sich in warmen Lagen auf Kalkboden oft beständig eingebürgert. Die Blätter werden als Gewürz geschätzt. Dann gilt auch heute noch Salbeitee als gutes Hausmittel bei Nachtschweiß, Husten und Halsweh. Vielfach wird auch noch bei Entzündungen im Mund-Rachen-Raum mit Salbeiextrakt gegurgelt. Der Gattungsname bezieht sich auf die Heilkraft dieser Art *(salvus,* lat. = gesund; Salbei ist Eindeutschung von *Salvia).*

Quirliger Salbei
Salvia verticillata

Die ausdauernde, bis über 60 cm hohe Pflanze ist stark behaart und hat dicke, vierkantige und gekreuzt gegenständig beblätterte Stengel; die Grundblätter sind zur Blüte meist schon verwelkt. Die Blattspreiten sind länglich-herzförmig und tief gezähnt. Die oberen Stengelblätter sitzen, die unteren tragen Stiele. Die etwa 1 cm langen, hellvioletten Lippenblüten mit braunvioletten Kelchen stehen in dichten Scheinquirlen stockwerkartig übereinander.

Die Pflanze blüht von Juni bis September auf grasigen Rainen, trockenen Hängen und an Wegrändern in wärmeren Lagen bis zur unteren Gebirgszone. Ihre Heimat ist der weitere Schwarzmeerraum. Sie hat sich bei uns (längs der Bahnlinien) verbreitet.

Wilder Dost (Wilder Majoran)
Origanum vulgare

Die ausdauernde, bis über 50 cm hohe Pflanze hat einen holzigen Wurzelstock mit Ausläufern und viele aufrechte, oft rötlich überlaufene, vierkantige Stengel, die gegenständig beblättert sind und aus deren oberen Blattachseln kurze, beblätterte Triebe hervorgehen. Der ganze Busch (Dost = Busch) ist behaart, von grünlicher bis violettbrauner Farbe und duftet stark aromatisch.

Die kurzgestielten Stengelblätter mit länglich-eiförmiger, ganzrandiger oder wenig gezähnter Spreite gehen nach oben zu in kleinere, sitzende, purpurbraune Tragblättchen über.

Die kleinen, ca. $^1/_2$ cm langen, hellroten bis lilaroten, sehr selten gelblichweißen Blüten haben verwachsenblättrige, trichterförmig-fünfzipflige bis schwach zweilippige Kronen, aus denen die Staubblätter wenig, die zweinarbigen Griffel weit herausragen. Ihre dichten Scheinquirle sind zu kleinen, kurzen Ähren zusammengefaßt. Diese bilden dann den rispig verzweigten, üppigen, langgestreckten oder fast ebensträußigen Gesamtblütenstand.

Die Pflanze blüht von Juli bis September und erscheint, oft in Massen, auf sonnigen Hängen *(oros,* gr. = Berg, *ganos,* gr. = Schmuck), Rainen, Waldlichtungen, an Waldrändern und im Gebüschsaum. Sie ist vom Tiefland bis gegen 1000 m ü. d. M. sehr häufig, darüber kommt sie nur noch selten vor. Sie besiedelt die warmgemäßigten Gebiete der Nordhalbkugel; nach Nordamerika wurde sie nachträglich eingeschleppt.

Der Wilde Majoran, wie die Pflanze im Gegensatz zum verwandten Echten Majoran auch genannt wird, liefert mit seinen getrockneten Blättern ein Küchengewürz. Diese werden außerdem für Inhalierungen bei Erkrankungen der Atemwege und als Badezusatz verwendet. Hauptwirkstoff ist neben den Gerb- und Bitterstoffen ein ätherisches Öl, das Thymol enthält. Dieses wird aus den Blüten oft mit Olivenöl oder Weingeist ausgezogen und ergibt ein Einreibemittel für Gliederschmerzen aller Art. Bei den Imkern ist Dost als ergiebige Bienenweide geschätzt.

Kleinblütige Königskerze
Verbascum thapsus

Die zweijährige, bis zu 2 m hohe, schlanke Pflanze ist stark gelblichweiß

Kleinblütige Königskerze

Mehlige Königskerze

Gemeines Leinkraut

Gamander-Ehrenpreis

Echtes Labkraut

filzig behaart. Im ersten Jahr bildet sich nur eine grundständige Rosette aus vielen länglich-eiförmigen, mehrere dm langen, in einen breiten und kurzen Stiel verschmälerten (filzig behaarten) Blättern. Im zweiten Jahr erhebt sich daraus ein hoher Blütenstengel mit lanzettlichen, am Stengel in geflügelten Leisten weit herablaufenden Blättern.

Die goldgelben, bis 2 cm breiten Blüten haben eine verwachsenblättrige, doch tief in 5 breite Zipfel gespaltene, flachtrichterige bis radförmig ausgebreitete Krone. Sie ist nicht strahlig-symmetrisch, da ihr unterster Zipfel die zwei seitlich gestellten und die beiden nach oben weisenden an Größe übertrifft. Die beiden unteren Staubblätter haben kahle Staubfäden, welche etwa viermal so lang sind wie die dazugehörigen Staubbeutel. Die drei oberen Staubfäden sind weißwollig behaart. Die sehr zuckerreichen „Futterhaare“ dienen der Insektenanlockung.

Die Blüten erscheinen von Juli bis September zu 2 bis 7 gebüschelt in den Achseln kleiner, schmal-eiförmiger Tragblättchen und bilden eine einfache, lange, von unten nach oben erblühende Scheinähre.

Die Pflanze wächst häufig auf leicht stickstoffbeeinflußten Böden an sonnigen Hängen, Rainen, in Weiden und Waldlichtungen oder auf Ödland. Sie kommt durch Mittel- und Südeuropa bis nach Westasien hinein und von den Niederungen bis in die untere Alpenregion vor.

Die Art ist sehr veränderlich und bastardiert auch leicht mit anderen Königskerzen. Nahe verwandt und an ähnlichen Standorten wachsend sind die Großblumige Königskerze — *Verbascum densiflorum* und die Windblumen-Köningskerze — *Verbascum phlomoides.* Die erstere hat 3 bis 5 cm breite Blüten, deren unterste Staubfäden höchstens zweimal so lang sind wie die Staubbeutel. Ihre Stengelblätter laufen wie bei der Kleinblütigen Königskerze weit herab. Die Windblumen-Königskerze hat die gleichen Blüten wie die Großblumige Königskerze, doch laufen ihre Blätter nicht am Stengel herab.

Die Blütenkronen mit den Staubgefäßen werden (bei trockenem Wetter) als Heildroge gesammelt; sie schmecken nach Honig und enthalten Zucker, Pektine und Saponine. Ihr Tee wirkt bei Entzündungen der Atemwege. Da der Bedarf sehr groß ist, werden diese Königskerzen auch feldmäßig angebaut.

Die Samen sind giftig und wurden früher in Osteuropa beim Fischfang zur Betäubung benutzt.

Verbascum soll bei Plinius aus *Barbascum* (*barba,* lat. = Bart; wegen der starken Behaarung) entstanden sein; *phlomis* war eine filzig behaarte, *thapsos* eine gelbfärbende (wegen der gelben Blüte) Pflanze der altgriechischen Schriftsteller (*densiflorum,* lat. = dichtblütig).

Mehlige Königskerze
Verbascum lychnitis

Diese zweijährige, bis über 1 m hohe Art ist in allen Teilen dünn weißgraufilzig (wie bemehlt) und vor allem im Blütenstand reich verzweigt.

Die grundständigen, in einen kurzen Stiel verschmälerten Blätter sind breiteiförmig, die Stengelblätter länglicheiförmig und kaum oder überhaupt nicht gestielt.

Die 1 bis 1,5 cm breiten, hellgelben bis weißlichen Blüten haben eine radförmig ausgebreitete Krone und 5 weißwollige Staubfäden. Sie sind zu mehreren gebüschelt und bilden einen ausgebreiteten, rispig verzweigten Gesamtblütenstand.

Die Pflanze blüht von Juni bis August auf sonnigen, trockenwarmen Hängen, Bahndämmen und Straßenböschungen sowie an Waldrändern und in Kahlschlägen. Sie ist kalkliebend und wächst von der Niederung bis in die Alpentäler durch ganz Europa bis nach Kleinasien und zum Kaukasus.

Aus den getrockneten Blättern sollen in Südosteuropa Lampendochte gedreht worden sein (*lychnos,* gr. = Leuchter, Licht — vielleicht auch des Wuchses wegen).

Gemeines Leinkraut
Linaria vulgaris

Die ausdauernde, bis zu 50 cm hohe Pflanze treibt aus kriechender Grundachse viele, meist aufrechte und unverzweigte Stengel, die ringsum dicht mit wechselständigen, sitzenden, schmallanzettlichen (leinähnlichen; Name!) Blättern besetzt sind.
In dichter Traube erscheinen am Stengelende 2,5 bis 3,5 cm lange, zweilippige und gespornte Blüten mit hell schwefelgelber Grundfarbe und einem orangegelben Fleck auf der Unterlippe.
Die Blütezeit ist von Juni bis Oktober. Die Pflanze wächst verbreitet auf trokkenen Wiesenhängen, Brachen, Mauern, Bahndämmen und an Wegrändern vom Tiefland bis ins Gebirge. Mit Ausnahme der kalten Gebiete kommt sie in ganz Europa und Westasien vor. Pro Stengel wurden schon über 30 000 Samen gezählt. Das Gewächs breitet sich auch noch durch seinen Wurzelstock rasch aus und wird vor allem in Flachsfeldern zum wuchernden Unkraut.
Die Blüte kann nur von starken Hummeln bestäubt werden, welche die Lippen auseinanderdrücken, um mit dem Rüssel zum nektargefüllten Sporn zu gelangen. Vor allem Wespen betätigen sich als Honigdiebe: Sie beißen den Sporn an und lecken den Seim auf, ohne Bestäubungsdienste zu verrichten.

Gamander-Ehrenpreis
Veronica chamaedrys

Die ausdauernde, bis zu 40 cm hohe Pflanze kann an der streng zweizeiligen Behaarung ihrer aufsteigenden, wenig verzweigten Stengel sicher erkannt werden. Die gegenständigen, eiförmigen und am Rand grob gesägten Blätter ähneln ein wenig denen der Eiche (Gamander, eingedeutscht aus *chamaedrys* von gr. *chamai* = klein, *drys* = Eiche).
Die meist himmelblauen Blüten mit 4zipfliger, verwachsenblättriger Krone stehen zu lockeren, gestielten Trauben vereint in den oberen Blattachseln.
Die Frucht ist eine auffällig herzförmige Kapsel.
Die Pflanze blüht von Mai bis Juni auf Trockenrasen, Wegrainen, an Waldrändern und in Gebüschen. Sie kommt verbreitet im ganzen gemäßigten Eurasien vor. Im Gebirge steigt sie bis über 2000 m.
Die Pflanze enthält das für Insekten tödliche Gift Aucubin, ein Glykosid, das vielleicht auch für Warmblütler nicht ganz ungefährlich sein mag.

Echtes Labkraut
Galium verum

Die ausdauernde Pflanze hat aufrechte oder aufsteigende, bis zu 1 m lange, verzweigte, vierkantige Stengel. Die linealen, einnervigen Laubblätter stehen zu 8 bis 12 in Quirlen. Die kleinen sattgelben Blüten haben eine verwachsenblättrige, tief in 4 Zipfel geteilte, ausgebreitete Krone. Sie bilden eine reichverzweigte, endständige Rispe.
Die Pflanze blüht von Mai bis in den Herbst hinein und gedeiht auf Magerrasen, trockenen Wiesen, an Böschungen und Rainen, vornehmlich, doch nicht ausschließlich, in Kalkgebieten. Sie steigt bis in Mittelgebirgslagen und kommt durch ganz Europa bis zum Vorderen Orient vor.
Die alte Heipflanze enthält pro 100 g Blattmasse etwa 1 mg Labferment (Name!) und wurde früher deshalb zur Käsebereitung verwendet (gala, gr. = Milch!).

Wiesen-Labkraut
Galium mollugo

Diese Art ähnelt im Bau der vorigen. Ihre Stengel liegen aber oft nieder oder ranken sich an anderen Gewächsen empor (Spreizklimmer). Die Blattquirle sind in der Regel 6- bis 8zählig. Ihre Blüten sind weiß und die Kronzipfel haarfein zugespitzt. Die endständige, üppige Blütenrispe ist stärker aufgelokkert als beim Echten Labkraut.
Auch diese Art blüht vom Frühsommer bis in den Herbst hinein und erscheint häufig auf Wiesen aller Art, an Rainen und Wegrändern und in Gebüschsäumen von der Niederung bis ins Hochgebirge. Sie ist, oft nur verschleppt, heute im ganzen gemäßigten Eurasien verbreitet. Es handelt sich um eine sehr veränderliche, anpassungsfähige Art.

Wiesen-Labkraut

Große Eberwurz (Silberdistel)

Kleine Eberwurz (Golddistel)

Kleines Habichtskraut

Wiesen-Flockenblume

Gemeine Schafgarbe

Das frische Kraut wird vom Vieh gerne gefressen, getrocknet gibt es aber nur schlechtes Heu.

Große Eberwurz (Silberdistel)
Carlina acaulis

Die ausdauernde Pflanze hat einen sehr kurzen bis wenige Zentimeter hohen und dann dicht beblätterten, unverzweigten Stengel.

Die derben, 1- bis 2fach fiederspaltigen Blätter sind ungleich grobstachelig gezähnt und bilden eine große, dem Boden angeschmiegte Rosette.

Die kleinen, unscheinbaren, gelblichweißen oder rosa überhauchten Röhrenblüten stehen in einem (meist) endständigen, bis zu 15 cm breiten Körbchen. Dessen Hüllblätter sitzen in mehreren Reihen dicht hintereinander. Die äußeren sind laubblattähnlich, die mittleren bräunlich und stachelig gezähnt, die inneren linealisch, auf der Außenseite gelblich, innen silberweiß glänzend. Bei schlechtem Wetter schließen sie sich über den Blüten zusammen, bei Sonnenschein öffnen sie sich sternförmig. Der Gesamtblütenstand sieht aus wie eine einzige, große Blüte.

Wegen der Farbe der inneren Hüllblätter heißt die Pflanze auch noch verbreitet Silberdistel, während der Name Wetterdistel mehr lokal begrenzt bleibt. Die Pflanze blüht von Juli bis September auf Trockenrasen, Steppenheiden, Weiden und Felsfluren vom Tiefland bis ins Gebirge. Sie kommt von Spanien bis in die UdSSR in den wärmeren Lagen vor, gedeiht auf kalkreichen und kalkarmen Böden, bevorzugt im nördlicheren Klima aber eindeutig den Kalk.

Sie wurde gerne zu Trockensträußen und als Wetterprophet gesammelt und feilgeboten. Das Naturschutzgesetz verbietet heute ihre gewerbliche Nutzung.

Die aromatische Wurzel wurde als Heilmittel gegen verschiedene Krankheiten gepriesen. Sie enthält Harze, Gerbstoffe und viel ätherisches Öl mit Carlin und Carlinoxyd.

Der Sage nach soll das Heer Karls des Großen (nach anderer Lesart Karls V.) durch die von einem Engel kundgetane Heilkraft der Wurzel von der Pest errettet worden sein. Wahrscheinlicher ist, daß der Gattungsname aus *cardinus*, der Verkleinerungsform von lat. *carduus* = Distel, entstand.

Durch ihr Stachelkleid ist die Distel gegen Tierfraß weitgehend geschützt. Doch wurde schon früh beobachtet, daß Wild- und Hausschweine der knorrigen Wurzel begierig nachstellen (Name!).

Der fleischige Boden des Blütenkörbchens schmeckt frisch nußartig und wird im Mittelmeergebiet gelegentlich abgebrüht anstelle von (den verwandten) Artischocken verzehrt. Für diesen Zweck wird das Gewächs sogar in Gärten angebaut.

Kleine Eberwurz (Golddistel)
Carlina vulgaris

Die Golddistel, wie diese Art im Gegensatz zur verwandten Silberdistel genannt wird, ist meist nur zweijährig. Ihr aufrechter, oben oft etwas verästelter, bis zu 60 cm hoher Stengel erhebt sich steif und wechselständig beblättert aus einer überwinternden und zur Blüte meist schon verdorrten Rosette von länglich-eiförmigen, unterseits spinn-

Sauerdorn (Hecken-Berberitze)

Hundsrose (Heckenrose)

Schwarzdorn (Schlehe)

web-wollig behaarten und am Rand stachelig gezähnten Grundblättern. Die ähnlichen, aber etwas kleineren Stengelblätter sitzen mit herzförmigem Grund und gehen nach oben in Tragblätter über, die unter den Blütenkörbchen fast quirlförmig genähert sind. Die kleinen, gelblichen, am Saum meist rötlich überlaufenen Röhrenblüten stehen in endständigen, gestielten, 2 bis 4 cm breiten Körbchen. Diese sind ähnlich gebaut wie bei der Silberdistel und machen auch dieselben Wetter- (= Feuchtigkeits-) bewegungen, doch sind die inneren Hüllblätter (gold-)braungelb bis strohgelb getönt.

Beide Arten besitzen Flugfrüchte. Es sind Nüßchen mit einem fallschirmartigen Haarsaum.

Die Golddistel blüht von Juli bis September auf sonnigen, warmen Magerrasen und Weiden, in trockenen Wiesen und an Rainen von der Niederung bis in die unteren Gebirgslagen. Um 1500 m ist sie schon sehr selten. Sie wächst in fast ganz Europa, in Westsibirien und im Kaukasusgebiet.

Die Pflanze wird gelegentlich, anstelle ihrer großen „Schwester", für Trockensträuße gesammelt.

Kleines Habichtskraut
Hieracium pilosella

Die ausdauernde, zierliche Pflanze treibt lange, oberirdische, weißfilzig behaarte und entfernt beblätterte Ausläufer. Die grundständige Rosette wird von eiförmigen, unterseits weißfilzigen, oberseits zerstreut langbehaarten Blättern gebildet.

Die bis zu 30 cm hohen, blattlosen Stengel tragen je ein einzelnes, endständiges Blütenkörbchen mit linealen, graugrünen, an den Rändern behaarten Hüllblättern und gelben Zungenblüten mit abgestutzter und gezähnelter Spitze. Die Randblüten sind außen meist rot gestreift. Die Pflanze blüht von Mai bis in den Herbst hinein auf Trockenrasen, Heiden und an Wegrainen vom Tiefland bis ins Gebirge. Sie kommt im größten Teil des gemäßigten Eurasiens vor.

Wie alle Habichtskräuter bildet sie unzählige Formen und Bastarde.

Mit ihrem Milchsaft sollen sich der Sage nach Habichte die Augen schärfen (*hierax*, gr. = Habicht).

Wiesen-Flockenblume
Centaurea jacea

Die ausdauernde Pflanze ist sehr vielgestaltig. Ihre Höhe beträgt zwischen 10 und 120 cm. Die aufsteigenden oder aufrechten Stengel sind kantig, kahl oder grauflockig bis filzig behaart, einfach oder sehr stark verästelt. Die unteren Blätter sind länglich-eiförmig, in einen Stiel verschmälert, ganzrandig oder meist gezähnt bis gelappt, seltener tief fiederspaltig. Die oberen, stets ungeteilten Blätter sitzen stengelumfassend oder mit verschmälertem Grund.

Die hellpurpurroten Röhrenblüten sind zu Körbchen zusammengefaßt, die einzeln an den Zweigenden stehen. Die krugartige, bauchige, 1 bis 2 cm lange Hülle besteht aus mehreren Reihen dachziegelig übereinandersitzender, schuppenartiger Hüllblättchen mit einem braunen, trockenhäutigen, mehr oder weniger zerschlitzten Anhängsel an der Spitze. Die Randblüten des Körbchens sind unfruchtbar und stark vergrößert (Schauapparat), ihre 5 Kronzipfel sind schmal und ungleich lang. Die Staubblätter sind, wie bei allen Flockenblumen, zu einer Röhre verwachsen und reizbar. Werden die Staubfäden zur richtigen Zeit berührt, zieht sich die Röhre zusammen und der sich im Inneren befindliche Griffel schiebt ein Würstchen aus reifem Pollen hervor.

Die Früchte sind kahle oder dünn behaarte Nüßchen. Die Pflanze blüht von Juni bis September auf meist trockenen Wiesen und Weiden sowie an Wegrainen vom Tiefland bis in mittlere Gebirgslagen. Sie ist sehr häufig und kommt im Mittelmeerraum, in West-, Mittel- und Osteuropa, in Sibirien und im Kaukasusgebiet in vielen Rassen und ökologischen Unterarten vor. Eine besondere Form mit kurzen, niederliegend-aufsteigenden Stengeln geht auch in nasse Wiesen und Wiesensümpfe. Der ökologische Verbreitungsschwerpunkt der Gesamtart liegt aber in Trokkenpflanzengesellschaften.

Dort finden sich, vor allem auf kalkbeeinflußten Standorten, noch zwei weitere Arten der Gattung: die Skabiosen-Flockenblume — *Centaurea scabiosa* und die Rispen-Flockenblume — *Centaurea stoebe.* Beide besitzen durchweg fiederteilige Blätter. Die Hüllblätter ihrer Körbchen tragen kein deutlich abgesetztes Anhängsel, sondern haben eine trockenhäutige, gefranste Spitze. Die häufigere Skabiosen-Flockenblume hat 2 bis 3 cm breite Körbchen auf blattlosen Stielen, die andere ca. 1 cm lange Körbchen in üppiger und durchblätterter Rispe.

Zweigriffliger Weißdorn

Gemeine Schafgarbe
Achillea millefolium

Die ausdauernde, bis über 50 cm hohe Pflanze hat einen weitkriechenden, verzweigten Wurzelstock, aus dem kurze Blattriebe und kräftige, behaarte und wechselständig beblätterte Stengel entspringen, die sich erst im Blütenstand verzweigen. Alle Teile der Pflanze sind wohlriechend.

Die zweifach-fiederteiligen, länglichen Blätter sind in viele schmale Zipfel gespalten (deswegen *millefolium,* von lat. *mille* = tausend und *folium* = Blatt). Anfangs sind sie fein seidig behaart.

Die kleinen, unscheinbaren Blüten sind zu Körbchen von etwa 0,5 cm Breite vereinigt. Diese wiederum bilden eine flache, vielteilige Trugdolde. Die mittleren Blüten eines Körbchens sind röhrenförmig und schmutzigweiß; sie werden von etwa 5 Zungenblüten umrahmt, deren Zungen reinweiß bis hellrot gefärbt sind.

Die Pflanze blüht von Juni bis Oktober und gedeiht verbreitet auf Rainen, Trokkenrasen, Bahndämmen, Brachen, Schuttplätzen und an Wegrändern von der Ebene bis ins Gebirge. Die ursprünglich eurasische Pflanze ist heute fast weltweit verschleppt.

Es handelt sich um eine alte Heilpflanze, die nach dem griechischen Helden Achilles, einem Schüler des sagenhaften, jagd- und heilkundigen Zentaurs Chiron, benannt wurde.

Die Blütenköpfe enthalten ätherisches Öl mit Azulen, Alkaloide, Gerbstoffe, das Glykosid Achillein, das Kohlenhydrat Inulin, sodann Essigsäure, Propansäure und eine Reihe lichtempfindlicher und fluoreszierender Stoffe. Die Droge wurde als Tee gegen Magenbeschwerden, Husten und hohen Blutdruck ge-

trunken, äußerlich zur Wundreinigung benutzt. Sie ist heute nur noch als Hausmittel in Gebrauch, doch muß vor ihr gewarnt werden, da übermäßige Verwendung schädliche Folgen wie Kopfschmerzen und Schwindel nach sich ziehen kann; dafür sind vor allem die Furocumarine verantwortlich. Frischer Schafgarbensaft, auf die Haut gebracht, reizt bei empfindlichen Menschen zu Entzündungen, wenn die Stelle dem Sonnenlicht ausgesetzt wird.
Als nahrhaftes Viehfutter ist die Pflanze dagegen sehr geschätzt (Name!).

Sauerdorn (Hecken-Berberitze)
Berberis vulgaris

Der sehr buschige Strauch ist glattrindig und hat wechselständige Blätter, die an den Langtrieben ausnahmslos in 3- bis 7strahlige Dornen umgewandelt sind. In deren Achseln stehen dann büschelig beblätterte Kurzsprosse. Die kurzgestielten Blätter sind länglich-eiförmig und am Rand scharf gezähnt. In Herbst verfärben sie sich auffällig rot.
Die (2 × 3 =) 6zähligen, gelben Blüten erscheinen von April bis Juni in hängenden Trauben und verbreiten einen starken, charakteristischen Geruch. Die Staubfäden sind reizbar; wenn sie am Grund berührt werden, klappen sie nach innen: Im Normalfall schlagen die Staubbeutel dann gegen den Rüssel oder Kopf des honigsuchenden Insektes.
Die Früchte sind etwa 1 cm lange, fast durchscheinend hellrote, längliche, saure Beeren.
Der Strauch gedeiht auf mageren Kalkböden vom Tiefland bis ins Hochgebirge. Er wächst in fast ganz Europa und im Kaukasusgebiet an sonnigen Hängen, Rainen, in steinigen Gebüschen und an Waldrändern.
Er war auch ein beliebter Strauch für Gartenhecken. So gelangte er nach Nordamerika. In Deutschland wurde er in den 30er Jahren stellenweise fast ausgerottet, da er der Zwischenwirt des Getreiderosts ist. Ohne die Berberitze könnten die Rostpilze auch nicht mehr das Getreide befallen. Heute allerdings findet man diesen Strauch oder verwandte Arten sogar wieder als Einfriedung bei Aussiedlerhöfen. Der Pilzbefall kann leicht konstatiert werden, denn er macht sich durch rotbraune Pusteln auf der Unterseite der Blätter bemerkbar.
Die Rinde, vor allem die der Wurzel, enthält das bittere und giftige Alkaloid Berberin, das als Rohstoff in der Heilmittelindustrie Verwendung findet und aus dem früher auch gelbe und rote Farbstoffe gewonnen wurden. Das harte, gelbliche Holz kann für Drechsel- und Intarsienarbeiten verwendet werden, ebenso zur Herstellung von Zahnstochern.
Die durch einen hohen Gehalt an Apfelsäure ausgezeichneten Beeren ergaben in Notzeiten Marmeladen und wurden früher kandiert zur Verschönerung von Konditorwaren verwendet.
Der Name dürfte aus dem Arabischen kommen und sich auf eine Art aus der Berberei (Atlasgebiet) beziehen.

Gemeiner Besenginster (Brambusch)

Dornige Hauhechel

Hundsrose (Heckenrose)
Rosa canina

Der stattliche Strauch hat ausladende, oft überhängende, bestachelte Zweige. Stacheln sind Hautauswüchse (leicht abzubrechen), während Dornen zugespitzte Kurzzweige sind (schwer abzubrechen). Keine Rose hat Dornen, alle besitzen nur Stacheln. Bei unserer Art sind sie aus breitem Grund sichelförmig gebogen und zugespitzt. Die 5- bis 7teiligen Blätter haben eiförmige, an den Rändern gesägte Fiederblättchen.
Die fünfzähligen, 4 bis 6 cm breiten, freikronblättrigen Blüten haben rasch abfallende, herzförmige, hellrosa bis weißliche Blütenblätter. Die Kelchblätter verwachsen mit dem krugförmigen Blütenboden zu einem fleischigen Fruchtbehälter, der sich später rot färbt und als Hagebutte bezeichnet wird. Meist tragen 2 Kelchblätter beiderseits Fiederzipfel, 1 Kelchblatt nur einseitig, die restlichen 2 sind am Rande glatt.
Die Blüten erscheinen im Mai und Juni einzeln oder zu 2 bis 4 an den Enden von Kurztrieben.
Die Heckenrose, wie die Art auch noch verbreitet genannt wird, ist die in Mitteleuropa häufigste Wildrose. Sie ge-

deiht von der Niederung bis ins Gebirge auf sonnigen Hängen, in Gebüschen, auf Rainen und an Waldrändern. Sie ist in der gemäßigten Zone der Nordhalbkugel verbreitet.
Die Hagebutten, die „Orangen des Nordens“, enthalten viel Vitamin C. Sie werden noch heute vielfach für Mus (Hägen- oder Hüfenmark), Wein oder zu Gesundheitstees gesammelt, obwohl diese Arbeit doch sehr mühsam ist.
Die Blüten der Heckenrose erscheinen häufig, auch symbolhaft, als dekoratives, bildnerisches Motiv in Volkskunst und Heraldik.
Auf den Ästen des Strauches findet man öfters moosartig bewachsene, kugelige Gebilde. Es ist der Rosenschwamm oder die Bedegäre, eine von der Rosengallwespe verursachte, vielkammerige Galle.

Schwarzdorn (Schlehe)

Prunus spinosa

Der dicht und sperrig verzweigte, dunkel(blau)grau berindete (Name!), bis zu 3 m hohe Strauch hat zahlreiche derbe, aus Nebenästchen hervorgehende Dornen. Durch Wurzelschößlinge breitet er sich stark aus. Jeder Busch wird 20 bis 40 Jahre alt.
Die kurzgestielten Blätter mit eiförmigen, am Rand gezähnten Spreiten erscheinen erst nach der Blüte. Die 5zähligen, kleinen, etwa 1 cm breiten, freikronblättrigen Blüten duften etwas nach Bittermandel und erscheinen im März oder April einzeln, aber dicht stehend, an allen jüngeren Zweigen.
Die 1 bis 1,5 cm dicken, runden Steinfrüchte, die Schlehen, sind schwarzblau mit grauer Bereifung und schmecken äußerst herb-zusammenziehend. Erst nach mehreren Nachtfrösten werden sie roh einigermaßen genießbar.
Der Strauch bevorzugt sonnige, warme Lagen an Hängen, Waldrändern und in Trockengebüschen und kommt von der Ebene bis ins Gebirge durch fast ganz Europa, ostwärts bis nach Persien, südlich bis zum Atlas vor. In Nordamerika hat sich der Strauch auch eingebürgert.
Die Früchte enthalten sehr viel Vitamin C. Sie werden mancherorts mit Essig und Zucker eingemacht oder vergoren und zu Schlehenwein oder auch Schlehengeist verarbeitet. Blätter oder Blüten ergeben getrocknet einen Blutreinigungstee oder Ersatz für schwarzen Tee.
Früher hat man aus den Früchten mit Alaun und Eisenvitriol eine Tinte bereitet.
Das harte Holz eignet sich nur für Drechslerarbeiten. Die geraden Äste ergaben früher die beliebten Knotenstöcke (Spazierstöcke).
Der Strauch ist ein guter Bodenfestiger und wird gelegentlich als solcher angebaut. Außerdem bietet er ideale, geschützte Nistgelegenheiten für Kleinvögel. Zu Hecken wird er nur noch gelegentlich verwendet, da er sehr viel Ungeziefer, vor allem auch für den Obstbau schädliche Raupen, anzieht.
Er ist eng mit den Pflaumen verwandt. Aus einem kleinasiatischen Wort entstand gr. *prumnon,* lat. *prunus,* und über *prumme* und *pfrumne* dann auch unser Wort *pflumme* und Pflaume; *spinosus* kommt von *spina,* lat. = Stachel. Schlehe oder *sleve* hängt mit dem slawischen *sliva* = Zwetschge zusammen, das auch wieder im berühmten Slibowitz (Sliwowitz) auftritt.

Herlitze (Kornelkirsche)

Auf sonnigen Rainen

Die Samen enthalten, wie bei vielen Pflaumengewächsen üblich (Aprikose, Pfirsich, Mandeln), Spuren gebundener Blausäure und sollten nicht gekaut werden.

Zweigriffliger Weißdorn
Crataegus laevigata

Der 2 bis 4 m hohe Strauch (selten bis 10 m hohe Baum) hat rotbraune, bedornte Zweige, deren Rinde im Alter graubraun wird. Er kann mehrere hundert Jahre alt werden.

Die wechselständigen, kurz gestielten Blätter sind leicht gelappt mit ungleich gesägtem Rand. Durch die sicheligen Einschnitte scheinen die Lappen schwach nach einwärts gebogen zu sein.

Die fünfzähligen, weißen oder rosa angehauchten, 1 bis 1,5 cm breiten Blüten erscheinen im Mai und Juni in dichten, flachen, aufrechtstehenden Trugdolden. Sie haben einen leicht unangenehmen, schwersüßlichen Duft. Der Blütenboden bildet mit den 2 oder 3 steinartig verhärtenden Fruchtknoten eine mehlig-beerenartige ei- bis tönnchenförmige, über 1 cm lange, rote (selten orangegelbe) Scheinfrucht.

Der Strauch ist sehr verbreitet vom Tiefland bis in die Bergregion; über 800 m trifft man ihn nur noch selten an. Er wächst auf sonnigen Hängen, im Gebüsch und an Waldrändern. Man findet ihn im oberen Saum des Uferdickichts genauso wie auf trockenen Felsenhängen. Er ist vor allem im warmen und gemäßigten Europa verbreitet.

Blätter, Blüten und Früchte werden zu Heilzwecken und als Rohstoffquelle für die Arzneimittelindustrie gesammelt. Als Wirkstoff enthalten sie vor allem Triterpensäuren, die herzstärkend wirken, da sie die Herzkranzgefäße erweitern. Blütenextrakte und -tinkturen werden viel bei nervösen Herzbeschwerden, Schlaflosigkeit und erhöhtem Blutdruck verordnet. Der Name, aus gr. *kratos* = Kraft und *ägein* = führen oder auch *genein* = erzeugen, soll entweder auf die Heilkraft der Pflanze oder auf die Härte des Holzes (oder auf die starken Dornen) hinweisen.

Aus dem Holz wurden früher besonders langlebige Schaufel- und Hackenstiele verfertigt. Die Früchte ergeben nur Notobst; in Hungerszeiten wurden sie als Mehlersatz zubereitet. Gelegentlich wird Schnaps aus ihnen gebrannt. Als Vogelfutter sind sie sehr brauchbar.

Der Blütenduft wird von Trimethylamin verursacht, das auch in der Heringslake vorkommt.

Gemeiner Besenginster (Brambusch)
Cytisus scoparius

Der Halbstrauch mit den rutenförmigen, anfangs krautigen Zweigen hat eine dicke, reichverzweigte Wurzel, an deren Nebenästen auffällige, knotig-lappige Geschwulste auftreten. Dies sind die berühmten „Knöllchen", in denen sich symbiotisch lebende Bakterien befinden, welche die fast einmalige Fähigkeit besitzen, den sonst sehr reaktionsträgen Luftstickstoff binden zu können, der nach ihrem Absterben als Mineralsalz dem Boden zugeführt wird.

Die kantigen Zweige sind grün und können photosynthetisch tätig sein (auch an sonnigen Wintertagen). Dies erklärt zum Teil die gewaltige Wuchsleistung der Pflanze, welche oft ihre natürlichen Konkurrenten, wie Föhrenjungwuchs oder Heidekraut, in kürzester Zeit überwuchert. Beim Trocknen (z. B. in der Pflanzenpresse) verfärben sich die Zweige tiefschwarz, was auf ihren hohen Gerbstoffgehalt (Pyrokatechine) zurückzuführen ist.

Die kurzgestielten, wechselständigen Blätter fallen früh ab. Ihre Spreite ist dreizählig (kleeartig) geteilt; die Teilblättchen sind schmal-eiförmig und unterseits silbrig behaart. An den jüngeren Ruten erscheinen, meist erst nach der Blüte, längerlebige, ungestielte und ungeteilte Laubblättchen. Im Mai und Juni erblühen die 2 bis 3 cm langen, sattgelben, selten weißlichen Schmetterlingsblumen einzeln oder zu zweit auf ganz kurzen Ästchen, die in Vielzahl an den Langtrieben stehen. Im untersten Blütenblatt, dem Schiffchen, sind Staubgefäße und Griffel unter Spannung eingeschlossen. Wird das Schiffchen nun durch ein landendes Insekt niedergedrückt, reißt es Stück für Stück oben auf. So schnellen zunächst 5 kurze Staubgefäße und bald darauf der Griffel und die 5 langen Staubgefäße heraus und schlagen gegen den Körper des Nektarsuchers.

Die Früchte sind vielsamige, zur Reife braunschwarz gefärbte Hülsen. Bei Trockenheit reißen sie in zwei Längshälften auf, die sich mit hörbarem Knistern schraubig verdrehen und dabei die Samen ausschleudern. Diese keimen erst im zweiten Jahr und bleiben dann noch lange Zeit (über 20 Jahre) keimfähig; allerdings treiben sie nur aus, wenn sie genügend lange im Licht liegen (Lichtkeimer) und wenn ihr Untergrund nährsalzarm ist.

Der Besenginster gedeiht nur auf kalkfreien oder kalkarmen Böden. Er bevorzugt trockenes Quarzsandsubstrat in Heiden, Waldblößen und lichten Wäldern, vom Tiefland bis in Mittelgebirgslagen.

Das gemäßigte Europa ist seine Urheimat, doch sind durch zahlreiche Anpflanzungen die Grenzen des Areals verwischt. Sekundärvorkommen gibt es auch z. B. in Nordamerika, Japan und Indien.

Samen und Laub enthalten schwach giftige Alkaloide, vor allem Cytisin und Spartein, welches auf das Atemzentrum wirkt und zu Betäubungs- und Lähmungserscheinungen führen kann. Vorsichtig dosiert wird es in der Medizin als Beruhigungsmittel angewandt. Trotzdem wurden früher das Laub als Salat und die in Essig eingelegten Knospen als appetitanregende „Deutsche Kapern" verzehrt.

Der Strauch wird oft als Bodenfestiger, Bodenverbesserer (wegen der Stickstoffbakterien) und Wildfutterpflanze angebaut. Daneben gilt er als gute Bienenweide. In Heiden ist er als Schaf- und

Ziegenfutter hochgeschätzt, obwohl Fälle bekannt geworden sind, in denen Jungschafe, dieses Fressens ungewohnt, ebenfalls betäubt wurden und (selten) sogar eingegangen sind.
Das alte Holz liefert Werkstoff für Drechsel- und Furnierarbeiten, die biegsamen Ruten wurden früher zu Besen gebunden (Name!, *scopa*, lat. = Besen). In Notzeiten gewann man aus ihnen auch eine Textilfaser für grobes Gewebe.
Der Brambusch, wie der Ginster im nördlichen Deutschland häufig genannt wird (altdeutsch *bramo* = Dornbusch), stand Pate für unzählige Flurnamen und für die Ortsnamen von Brambostel bis Bramstedt. Ginster soll seinen Ursprung in einem keltischen Wort *gen* = kleiner Strauch haben; *cytisus*, gr. *kytisos* war ein Strauch (Schneckenkleeart), der seinen Namen nach der Kykladen-Insel *Kythinos* oder *Cythnus* (heute Kythnos) erhalten hat. Dieser Name wurde im Mittelalter fälschlicherweise auf unsere Gattung übertragen.
Die Bezeichnung „gemein" für viele Pflanzenarten hat mit Niederträchtigkeit nichts zu tun, sondern mit der allgemeinen (= häufigen) Verbreitung.

Dornige Hauhechel
Ononis spinosa

Der bis zu 50 cm hohe Halbstrauch hat eine fast ebenso tief reichende, dicke Wurzel und meist aufsteigende, am Grund verholzende, oberseits oft drüsig-klebrige Stengel. Die Behaarung und auch die Dornenbewehrung (*spina*, lat. = Stachel) sowie der Ziegengeruch, welchen die Pflanze verbreitet, sind je Rasse unterschiedlich stark.
Die unteren und mittleren Blättchen sind dreizählig mit ringsum fein gesägten, länglich-eiförmigen Teilblättchen, die Tragblätter der Kurztriebe sind oft ungeteilt. Am Grund des kurzen Blattstiels stehen, fast scheidenartig, 2 große Nebenblätter.
Auf den zahlreichen Kurztrieben der oberen Stengelregion erscheinen von Juni bis September, einzeln oder zu we-

Zebra-Springspinne

Gemeine Rosengallwespe

Röhrenspinne

Gottesanbeterin

Schnarrheuschrecke

Feuergoldwespe

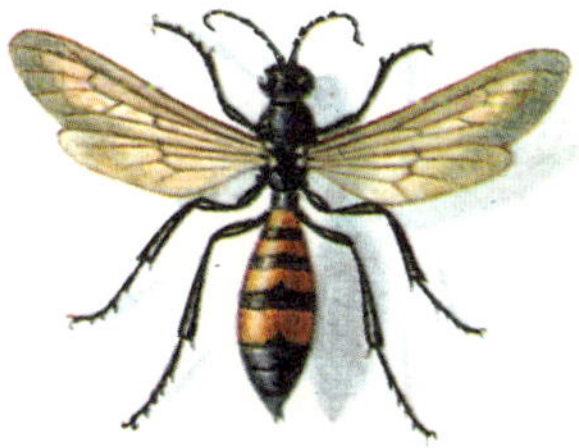
Gemeine Wegwespe

Spanische Fliege

Ameisenlöwe

Schmetterlingshaft

Schwarzer Apollo

Osterluzeifalter

nigen, 1 bis 2 cm lange Schmetterlingsblüten (1 Fahne, 2 Flügel, 1 Schiffchen) mit zweilippigem, behaartem Kelch und rosafarbener, selten weißlicher oder dunkelroter Krone.

Die Früchte sind ein- bis wenigsamige, kurze Hülsen.

Die sehr formenreiche Pflanze wächst verbreitet vom Tiefland bis in die Bergregion (selten in mittleren Gebirgslagen) durch ganz Europa, Westasien und Nordafrika, auf Trockenrasen, Rainen und dürren (selten auch feuchteren) Wiesen und Weiden. Dort ist sie ein lästiges Unkraut, da die Dornen Weidetiere verletzen können.

Der Name Hauhechel bedeutet wahrscheinlich Heuhechel; Hechel ist ein Dornenkamm zum Strähnen von Fasern.

In Hauhechelwiesen verfängt sich das getrocknete Gras leicht in den Dornenzweigen. *Ononis* soll von gr. *onos* = Esel und *oneo* = ich nütze, stammen, was in freier Übersetzung lautet: ich tauge nur als Eselfutter.

Diese Ableitung ist allerdings problematisch, da gerade im Altertum die Dornige Hauhechel äußerst vielseitige Verwendung als Heil-, Salat- und Färbepflanze und a.m. gefunden hat.

Herlitze (Kornelkirsche)
Cornus mas

Die Pflanze wächst gewöhnlich als mittelgroßer, 3 bis 5 m hoher Strauch, seltener als Baum. Die jungen Zweige sind olivgrün bis rötlichbraun und anliegend behaart. Die kurzgestielten Blätter sind, wie die Zweige, gegenständig, ihre Spreiten eiförmig, ganzrandig und behaart. Die Behaarung ist unterseits in den Abzweigungen der Nerven besonders stark. Hier verbergen sich gerne Kleinlebewesen, was diesen Stellen den Namen Milbenhäuschen (Domatien) eingebracht hat. Der Laubaustrieb erfolgt erst nach der Blüte.

Die Blüten erscheinen im März und April, in milden Wintern auch schon im Februar. Sie sind vierzählig und haben eine goldgelbe, freikronblättrige, ca. $^{1}/_{2}$ cm breite Blütenhülle. Sie stehen auf

Smaragdeidechse

Steinschmätzer

Bienenfresser

kurzen Stielchen in halbkugeligen (Trug-)Dolden, die am Grund von 4 schuppenartigen, braungrünen, kreuzartig ausgebreiteten Tragblättern umgeben sind. Die Früchte sind hängende, lebhaft rot glänzende, länglich-ovale, bis über 1 cm lange Steinfrüchte mit zweisamigem Kern.

Der ausgesprochen wärmeliebende Strauch gedeiht auf sonnigen, steinigen und felsigen Hängen, in lichten Wäldern und Gebüschen und wird sehr oft auch in Park- und Gartenanlagen gepflanzt. Im mittleren und südlichen Mitteleuropa ist er schon an der Nordgrenze seines Verbeitungsareals angelangt und gibt sich ausgesprochen kalkliebend (Kalkböden sind wärmer), während er in Südeuropa auf allen Böden wächst. Bei uns kommt er wild auch nur in den Niederungen und im Hügelland vor, in den Südalpen übersteigt er stellenweise die 100-Meter-Grenze. Seine Ost-Westausdehnung erstreckt sich von der Kaspischen Senke bis zum Pariser Becken. Die Früchte, Kornelkirschen genannt (von *Cornus,* s. u.), waren schon im Altertum als Obst und Heilmittel bekannt. Noch vor wenigen Jahrzehnten kamen sie auch in Deutschland auf die Märkte und wurden zu Mus, Marmelade und Kompott verarbeitet. Sie haben aber im Vergleich zu heutigen Hochzuchtobstarten sehr wenig Fruchtfleisch, und außerdem reifen in ungünstigen Sommern die Früchte bei uns nicht aus.

Das feinfasrige, harte Holz schätzten Griechen und Römer als Rohstoff für Lanzenschäfte; heute verwendet man es für die Herstellung bestimmter Maschinenteile und mathematischer Zeichengeräte. *Cornus,* lat. = Horn, bezieht sich auf die Härte des Holzes. Plinius kannte eine weichholzigere Art als unsere. Die nannte er *mas* (Männchen), jene *femina* (Weibchen).

Zebra-Springspinne
Salticus zebraneus

Bei Frühjahrsbeginn kann man an besonnten Orten eine etwa 6 mm lange Spinne beobachten: die Zebra-Springspinne. Sie hat einen gestreiften, gedrungenen Körper und kurze starke Beine; wenn sie aufgescheucht wird, macht sie heftige, im Verhältnis zu ihrer Körpergröße überraschend weite Sprünge. Dabei fängt sie auch ihre Beute, meist kleine Insekten. Zur Zeit der Paarung springt das Männchen wie tanzend vor dem Weibchen umher. Das Weibchen webt ein Nest, in das es seine Eier ablegt und das es so lange bewacht, bis die kleinen Spinnen ausschlüpfen.

Schmutzgeier

Gottesanbeterin
Mantis religiosa

In Südeuropa und an warmen Orten Mitteleuropas lebt eine eigentümliche Fangschrecke: die grünliche Gottesanbeterin. Das Weibchen wird bis zu 75 mm lang, das Männchen ca. 50 mm. Dieses Insekt kriecht auf Sträuchern umher oder lauert dort reglos auf Beute, die es mit seinen Vorderbeinen packt (sie ähneln verlängerten Greifzangen und haben spitze Fortsätze). Ein damit erfaßtes Opfer kann nicht mehr entkommen und wird von der Gottesanbeterin — mit Ausnahme der harten Teile — gefressen. Es kommt auch vor, daß Weibchen nach der Paarung im Herbst die eigenen Männchen vertilgen. Das Weibchen legt seine Eier in eine Hülle ab, die es an Steinen oder Zweigen befestigt. Die Larven schlüpfen erst im Frühjahr. Sie gleichen den erwachsenen Tieren und sind ebenfalls räuberisch. Ihre Geschlechtsreife erreichen die Gottesanbeterinnen im August. Sie können auch in Terrarien gehalten werden, allerdings nur einzeln, da sie sich sonst auffressen würden. Die Larven häuten sich einigemale und lassen ihre durchsichtige Haut auf den Zweigen zurück.

Röhrenspinne
Eresus niger

In den wärmeren Teilen Europas lebt an sandigen, seltener auch an lehmigen oder steinigen Plätzen die schöne Röhrenspinne. Das bis zu 8 mm lange Männchen hat einen blutroten Hinterleib mit 4 schwarzen Flecken, während das bis zu 15 mm messende Weibchen samtschwarz ist. Mitunter trifft man ganze Kolonien an.

Die Röhrenspinne gräbt etwa 10 cm tiefe Löcher, deren Wände sie zur Festigung mit Spinngewebe auskleidet. Bei der Mündung fertigt sie ein Dach an, unter dem sie auf Beute wartet. In der Nähe webt sie Fangnetze. Dieser Spinne fallen Insekten zum Opfer; stärkere Röhrenspinnen überwältigen sogar den räuberischen Sandlaufkäfer. Das Weibchen wird 3 Jahre alt, das Männchen hingegen nur 1 Jahr.

Gemeine Rosengallwespe
Diplolepis rosae

An den Zweigen von Heckenrosen entdeckt man oft große fransige Gebilde, die an lange, rötliche und grünliche Moosbüschel erinnern. Solche bunten Gebilde findet man hin und wieder auch an Rosenstöcken in Gärten. Reißt man sie ab und bricht sie auf, dann sieht man in einer kleinen Kammer die winzige Larve der Gemeinen Rosengallwespe. Sie saugt aus dem Strauch Pflanzensaft. Dabei entsteht die große Galle. Die erwachsene Wespe ist nur 4 bis 5 mm lang und entgeht leicht unserer Aufmerksamkeit. Von dieser Wespe bekommt man lediglich das Weibchen zu Gesicht, das unbefruchtete Eier ablegt, aus denen die Larven gedeihen.

Schnarrheuschrecke
Psophus stridulus

Von Juni bis Oktober findet man auf Hängen, Lichtungen und an felsigen

Plätzen oft die bis zu 34 mm große Schnarrheuschrecke, die beim Flug auffallend rot gefärbte Hinterflügel entfaltet; das Männchen gibt dabei schnarrende Laute von sich.
Das Weibchen legt seine Eier in Häufchen im Boden ab und hüllt sie in ein schaumartiges Sekret. Die Larven schlüpfen erst im Frühjahr und verwandeln sich nach der fünften Häutung in erwachsene Heuschrecken. Sowohl die Larven als auch die erwachsenen Insekten ernähren sich von pflanzlichen Stoffen.

Feuergoldwespe
Chrysis ignita

Die interessanten, meist bunt gefärbten Goldwespen sind an besonnten Lehmwänden, Mauern und Zäunen zu finden. Eine der gewöhnlichsten Arten ist die 6 bis 12 mm lange Feuergoldwespe, deren Körper rotgolden leuchtet. Das Weibchen sucht die Nester einzeln lebender Wespen: Sobald das erwachsene Insekt ausgeflogen ist, schlüpft die Feuergoldwespe rasch hinein, legt auf die Larve ihr Ei ab und fliegt eilig wieder davon. Wird sie von der Nestbesitzerin gestört, rollt sie sich zu einem Knäuel zusammen. Da ihr Chitinpanzer sie schützt, ist sie nahezu unverletzbar. Die viel größere und stärkere Wespe wirft den ungebetenen Gast hinaus. Aus dem abgelegten Ei entwickelt sich bald eine Larve, die mit ihren kräftigen Mundwerkzeugen den Körpersaft der „Wirtsleute“ aussaugt und sich verpuppt, bis im Frühjahr das erwachsene Tier schlüpft.
Feuergoldwespen kommen häufig auch auf Wiesen vor, wo sie Nektar saugen (das ist die Nahrung der erwachsenen Exemplare).

Gemeine Wegwespe
Psammocharus fuscus

Diese 10 bis 14 mm lange, einzeln lebende Wespe ist an warmen sonnigen Stellen stark verbreitet. Sie bevorzugt ausgestrocknete Waldwege und Sandgruben. Will man sie beobachten, muß man regungslos warten, bis sie auftaucht. Sobald sie sich niedergelassen hat, beginnt sie ungeduldig hin- und herzulaufen. Man sieht sie immer nur dann für einen Moment, wenn sie Material aus ihrem Bau holt. Der Bau endet in einer Kammer, in der die Larve der Gemeinen Wegwespe leben soll. Zuvor müssen jedoch Vorräte für den Nachwuchs angelegt werden.
Das Insekt überfällt Spinnen (auch größere) und lähmt deren Fortbewegungsorgan durch einen Stich ihres Stachels. Dann schafft die Wespe das Opfer zum Bau und legt darauf ein Ei ab. Die ausgeschlüpfte Larve ernährt sich vom Körper der Spinne, die noch länger als einen Monat am Leben bleibt. Die Wespe „konserviert“ auf diese Art frische Nahrung für ihre Nachkommenschaft.

Spanische Fliege
Lytta vesicatoria

Gleichfalls in Südeuropa und in Mitteleuropa ist die Spanische Fliege heimisch, ein 11 bis 22 mm langer, schön metallisch gefärbter Ölkäfer, der im Juni massenhaft erscheint, und zwar vor allem auf Eschen, deren Blätter er frißt.
Das Weibchen legt seine Eier zu je 40 bis 50 Stück im Boden ab. Die Larven krallen sich an einzeln lebenden Bienen fest und lassen sich in deren Nest tragen. Dort dringen sie in die Wabenzellen ein und fressen Eier und Vorräte des Wirtstiers. Der Körper dieses Käfers enthält das starke Gift Kantaridin, das im Altertum und Mittelalter häufig verwendet wurde. Nimmt man den Käfer in die Hand, sondert er ein Sekret ab, das auf der Haut empfindlicher Menschen blasenziehend wirkt.

Schmetterlingshaft
Ascalaphus macaronius

In warmen Gebieten Süd- und Mitteleuropas macht sich an sonnigen Hängen dieser eigenartige Netzflügler mit seinen gelb gefleckten Flügeln bemerkbar. Er ist auch an den langen, keulenförmig auslaufenden Fühlern kenntlich. (Seine Länge: 30 mm.) An schönen Junitagen umkreist er in schnellem Flug Pflanzen und fängt dabei Insekten. Zuweilen setzt er sich auf eine hohe Pflanze und hält Rast. Seine Larven leben im Gras; sie sind gleichfalls räuberisch und verfolgen wiederum andere Insektenarten, vor allem Ameisen. Sie verpuppen sich im Erdreich. Dieser Netzflügler steht unter Naturschutz.

Ameisenlöwe
Myrmeleon formicarius

An sandigen Stellen, unter überhängenden Wegrändern, bei Kiefern und an Felsen kann man häufig kleine trichterförmige Vertiefungen bemerken. Legt man ein gefangenes Insekt — beispielsweise eine Ameise — in einen solchen „Krater“, dann wird vom Grund des Trichters plötzlich Sand emporgeschleudert, so daß die Ameise hinabgleiten muß. Ein Fluchtversuch mißlingt, denn die Larve des Ameisenlöwen (er ist der „Sandwerfer“) zieht sein Opfer sogleich in die Tiefe und saugt es aus.
Diese Larve läßt sich leicht ausgraben. Das eigenartige braune und behaarte Geschöpf verpuppt sich nun im Erdreich in einem sandigen Kokon.
Der Ameisenlöwe lebt als erwachsenes Tier nur kurze Zeit, und zwar von Juni bis August. Seine Spannweite mißt etwa 75 mm; seine Netzflügel sind schlank, seine Fühler kurz. Das Weibchen legt die Eier einzeln in Sand oder lockerem Boden ab, wo die Larven schlüpfen.
Diese Fliege ist in Mitteleuropa heimisch.

Schwarzer Apollo
Parnassius mnemosyne

Der Falter Schwarzer Apollo fliegt an sonnigen Sommertagen vor allem im Gebirge, taucht aber auch an felsigen Plätzen der Niederungen auf. Seine Spannweite beträgt etwa 60 mm. Die schwarze Raupe hat eine Reihe roter Flecken. Tagsüber versteckt sie sich, um erst abends auf Nahrungssuche zu gehen. In den Monaten April und Mai sieht man sie meist auf der Pflanze Lerchensporn. Die Puppe ist dick, von gelblicher Farbe und mit weißlichem Staub bedeckt.

An manchen Stellen Mitteleuropas ist der Schwarze Apollo sehr oft zu finden. Dieser zur Familie der Bläulinge zählende Falter steht unter Naturschutz.

Osterluzeifalter

Zerynthia hypsipyle

In Südeuropa und warmen Gegenden Mitteleuropas ist mancherorts ein schön gefärbter Tagfalter mit einer Spannweite von etwa 50 mm weit verbreitet: der Osterluzeifalter. Er fliegt im April und Mai an besonnten Stellen, wo es viele Osterluzeipflanzen gibt. Auf ihnen legt das Weibchen die Eier ab. Die Raupen, deren Nahrung die Osterluzei ist, sieht man von Juni bis August; sie sind rotbraun, manchmal grau überhaucht, und ihr Körper weist hellrote Auswüchse auf.

Smaragdeidechse

Lacerta viridis

Die Smaragdeidechse ist in Süd- und Mitteleuropa heimisch. Im Süden wird sie bis zu 50, in Mitteleuropa meist nur etwa 35 cm lang. Das Männchen ist grün und hat eine hellblaue Kehle, das auf dem Rücken rostbraune oder grüne Weibchen ist an den Seiten gefleckt.

Die Smaragdeidechse lebt an warmen, vorwiegend felsigen und sonnigen Stellen, ist jedoch auch auf durchwärmten Feldwegen, in Sandgruben oder Weinbergen anzutreffen.

Im Frühjahr tragen die Männchen untereinander erbitterte Kämpfe aus, bei denen nicht selten eines oder gar beide den Schwanz einbüßen, der ihnen allerdings bald wieder nachwächst. Das Weibchen legt von Mai bis Anfang Juli 6 bis 21 Eier, die es sorgsam vergräbt und mit einer Sandschicht bedeckt. Ende September oder im Oktober (in südlichen Zonen während des Novembers) suchen die Smaragdeidechsen in Erdlöchern oder Felsspalten Zuflucht zum Überwintern bis März oder April. Die Männchen tauchen im Frühjahr etwas früher auf als die Weibchen. Diese Tiere fressen Insekten, Weichtiere, kleine Eidechsen und gelegentlich Ringelnattern. Bei Gefahr verstecken sie sich in bis zu 1 m tiefen Erdlöchern. Wenn man sie fängt, winden sie sich und versuchen zu beißen. Dieser Biß ist jedoch für Menschen ungefährlich, obwohl er schmerzt.

Bienenfresser

Merops apiaster

Der schön gefärbte Bienenfresser ist vor allem in Südeuropa anzutreffen, seltener in einigen Gebieten Mitteleuropas (als Brutvogel). Er überwintert südlich der Sahara. Auf unserem Kontinent haust er in Kolonien an Lehm- oder Sandwänden. Mit dem Schnabel hackt er etwa 3 Wochen lang einen Gang in die Wand, und das Weibchen legt in eine darin befindliche Nistkammer 5 bis 8 weiße Eier, die beide Altvögel abwechselnd 20 bis 22 Tage bebrüten. Der Bienenfresser ernährt sich von Hautflüglern; häufig fängt er Wespen und Bienen, was ihm unter den Imkern keine Freunde einbringt.

Steinschmätzer

Oenanthe oenanthe

Diesen Vogel findet man in ganz Europa an felsigen Plätzen der Ebenen, auf steinigen, unbewaldeten Hängen und in alten Steinbrüchen. Er ist ein Zugvogel, der meist im tropischen Afrika überwintert. Von dorther kommt er im März oder April in sein Brutrevier. Der Steinschmätzer baut sein Nest aus Halmen, Haaren und Federn zwischen Steinen in Löchern. Das Weibchen legt im Mai 5 bis 7 blaugrünliche Eier, die es in 14 Tagen ausbrütet. Die Jungen verlassen noch flugunfähig das Nest und halten sich in dessen Nähe zwischen Steinen oder in Grasbüscheln auf. Er lebt von Insekten, Larven und Spinnen.

Schmutzgeier

Neophron percnopterus

Alte Vögel dieser Art sind meist weiß mit schwarzen Schwingen und kahlen orangefarbenen Köpfen; die Jungen dagegen sind dunkelbraun und verfärben sich erst nach 5 Jahren. Diese Vögel werden etwa 60 cm lang und kommen in ganz Afrika, Südwestasien, Spanien, Südfrankreich, Italien und auf dem Balkan vor. Die Schmutzgeier kreisen in großen Höhen, oft zusammen mit andern Geierarten. Sie bevorzugen Berge mit Steilfelsen. Zur Futtersuche fliegen sie häufig sehr weit.

Von März bis April legt das Weibchen in einer Felsnische zwei rot gefleckte Eier, die von beiden Altvögeln ausgebrütet werden. Eine nur spärlich mit Haaren und Hautfetzen gepolsterte Vertiefung dient als Nest. Brutdauer: 40 Tage. Diese Art ist nicht sehr scheu und fliegt oft in Dörfer, um Futter zu finden. Es kommt auch vor, daß Schmutzgeier auf hohen Mauern oder Türmen nisten.

Die Vögel sind nicht wählerisch und fressen alles, was sie auftreiben können: Hautstücke, Tieraas, Menschenkot. Sie üben also die Funktion einer „Gesundheitspolizei" aus und sind deshalb geschätzt. Außerdem jagen sie Insekten, Frösche, Eidechsen. Manche Tiere zeigen eine Vorliebe für Eier und sind imstande, die dicken Schalen der Straußeneier aufzubrechen. Zu diesem Zweck nehmen sie einen eckigen Stein in den Schnabel, den sie so lange auf das Ei werfen, bis die Schale platzt.

Wenn der Vogel satt ist, bleibt er häufig stundenlang an einem Ort sitzen.

Auf Wiesen

Alle Wiesen sind künstliche Biotope; der Mensch hat sie geschaffen, er hat nach und nach den nahezu ganz Mitteleuropa bedeckenden Wald gerodet, um Futter für seine Haustiere zu haben, für die Grün- und Rauhfutter die Hauptnahrung bilden. Wiesen müssen — eben weil sie eine künstlich kultivierte Pflanzengesellschaft sind — ständig und sorgfältig bewirtschaftet werden. Würden sie nicht ordentlich gemäht, eventuell be- und entwässert, nachgedüngt usw., würden sie bald naß und sumpfig. Das bedeutet eine Verbreitung der unerwünschten und als Futter nicht verwendbaren Sauergrasarten, hauptsächlich der Seggen. Oder Bäume und Sträucher würden in diese Pflanzengesellschaft eindringen und dafür sorgen, daß der Wald langsam dorthin zurückkehrt, von wo ihn der Mensch einstmals vertrieben hat.

Das Hauptmerkmal der Wiesen ist eine reine Krautpflanzen- und Grasgesellschaft ohne Sträucher und Bäume. Diese Bestände sind jedoch recht vielfältig — angefangen bei den grasbedeckten Flächen der Küsten bis zu den Almwiesen der Hochgebirge; von den höchstens als arme Weidewiesen nutzbaren Trockenrasen bis zu den fruchtbaren Wiesen in den Flußniederungen, die mehrmals jährlich Heu geben; von den herrlich blühenden Bergwiesen und Weiden bis zu den sauren Binsen- und Seggenbeständen, deren hartes Heu vom Vieh abgelehnt wird.
Bei allen diesen Wiesenarten — davon sind auch die wegen der wirtschaftlichen Nutzung kultivierten Bestände nicht ausgenommen — wirken zwei grundlegende Faktoren: ständige und starke Sonneneinstrahlung, denn weder Bäume noch Sträucher spenden Schatten, und das mindestens einmal jährlich vorgenommene Abmähen und Abweiden. In dieser Lebensgemeinschaft können deshalb nur Arten bestehen, die keinen Schatten brauchen und ohne Schaden zu nehmen den Verlust des gesamten oberirdischen Pflanzenteils in der Vegetationsperiode vertragen. Die Pflanzenfamilien der Wiesen bestehen des-

halb hauptsächlich aus ausdauernden oder mehrjährigen Arten, aus Arten, die Horste oder Erdsprosse und zahlreiche Ausläufer bilden, sich also leicht und schnell vegetativ vermehren. Das sind vor allem zahlreiche horstbildende Gräser, die durch Abmähen eher dichter und kräftiger werden. Von den Pflanzen, die auf Vermehrung durch Samen angewiesen sind, können auf Wiesen und Weiden nur die bestehen, deren Samen noch vor der Heumahd reifen und ausfallen oder die umgekehrt erst im Herbst, nach der Heuernte, austreiben.

Die Artenstruktur der Wiesenbestände wird auch davon beeinflußt, ob die Wiesen trocken, halbtrocken oder naß sind und ob der Boden die notwendigen Mineralstoffe enthält. Die besten, die sog. fetten Wiesen, sind äußerst artenreich. Jede Pflanzenart gibt während ihrer Blütezeit der Wiese einen ganz bestimmten farblichen Gesamtcharakter, der sich natürlich im Laufe der Vegetationsperiode unablässig ändert. Selbstverständlich unterscheiden sich die Wiesen auch nach der geographischen Lage und nach der Höhenlage.

Wasserverhältnisse und Nährstoffgehalt des Bodens werden durch die Bewirtschaftung der Wiesenflächen beeinflußt. Durch die Melioration feuchter und nasser Wiesen erhöht sich zwar deren Wirtschaftswert, leider geht aber meist eine Verarmung der Artenstruktur damit einher. Es verschwinden die Wiesenknabenkräuter und andere Orchideenartigen, Trollblumen und andere Arten werden immer seltener ... Übermäßiges Düngen kann einmal viele Arten der Wiesenflora verdrängen, zum anderen aber zum verstärkten Auftreten wirtschaftlich weniger wertvoller Arten führen.

Die natürlich entstandene Form — die Urwiese — war überall dort anzutreffen, wo die Naturbedingungen das Wachstum von Gehölzen verhinderten: auf stark salzigen oder nassen und verschlammten Böden, in den Flußtälern, in denen Gehölze die Frühjahrswasser nicht vertragen würden, in den Hochgebirgen mit Schnee und Frost. Auch Trockenheit und andere Klima- und Bodenbedingungen können die Entstehung natürlicher wiesenähnlicher Bestände bedingen. So bildeten sich die afrikanischen, indischen und amerikanischen Hochgrassavannen, die australischen Savannen, die Grassteppen Asiens und Europas (die ungarische Pusta), die argentinische Pampa und die nordamerikanischen Prärien.

Die blühenden Wiesen locken die verschiedensten Insekten an. Die auffälligsten dieser sechsfüßigen Wirbellosen sind die Schmetterlinge. Zahlreiche Arten dieser Gattung bestechen durch ihre ungewöhnlich bunte Färbung. Die Schmetterlinge lassen sich auf den Blüten nieder und saugen mit ihrem langen Rüssel den süßen Nektar aus der Blüte. Ihre Raupen sind vor allem auf Kräutern zu finden. In den Fliegenschwärmen, die über der Wiese summen, fallen besonders die herrlich gefärbten Schlammfliegen durch ihren wirbelnden Flug auf. Im Gras der Trockenwiesen wimmelt es im Herbst förmlich von kleinen pflanzenfressenden Heuschrecken. Dutzende dieser Tierchen springen vor uns her, fliegen ein Stück weiter und lassen sich wieder im Gras nieder. Auf den hohen Kräutern, etwa dem Sauerampfer oder der Distel, aber auch auf stärkeren Grashalmen fällt eine merkwürdige schaumige Masse auf. An manchen Stellen sind diese Flocken zu hunderten zu finden. Es handelt sich um Schaum, der die Larven der Schaumzikade schützend umgibt, eines Insekts, das nach dem Schlüpfen alle Wiesen belebt. Manche Schaumzikadenarten sind unauffällig, andere wieder deutlich gefärbt. Viele Wiesen, besonders die trockeneren, dienen als Rinder- oder Schafweiden. Für sie sind Insektenarten typisch, deren Larven sich im Kot dieser Haustiere entwickeln und sich von den sich zersetzenden Stoffen ernähren. Aber auch eine Menge Fliegen sind hier zu finden, hauptsächlich Bremsen und Biesfliegen.

Wiesen werden aber auch gern von Waldtieren aufgesucht, die in der Dämmerung aus dem Wald treten. Aber dort, wo niemand sie stört, lassen sich auf den nahe am Wald gelegenen Wiesen auch tagsüber äsende Tiere beobachten.

Häufiger Gast unserer Wiesen, vor allem der feuchten und der in Teichnähe liegenden, ist der Storch. Aber auch viele Sumpfvogelarten, wie Brach- und Uferschnepfen, Wasserläufer u. a., finden auf diesen Wiesen ihre Heimat. In den Horsten der Gräser und Kräuter bauen sie sich einfache Erdnester.

Scharfer Hahnenfuß
Ranunculus acris

Die ausdauernde Pflanze hat einen kurzen Wurzelstock und 30 bis 100 cm hohe, hohle und oben verzweigte Stengel. Ihre Grundblätter sind langgestielt mit handförmig 5- bis 7teiligen Spreiten. Die einzelnen Abschnitte sind gezähnt bis tief in lanzettliche Zipfel gespalten. Die wechselständigen Stengelblätter sind ähnlich aufgebaut, doch werden die Stiele nach oben zu immer kürzer. Die obersten, sitzenden Blätter sind in wenige, schmale Abschnitte zerteilt.

Die bis zu 2,5 cm breiten, glänzenden, gelben, fünfblättrigen Blüten haben zahlreiche Stempel und Staubblätter. Sie stehen an langen Stielen in einer lockeren Rispe.

Die Pflanze blüht von Mai an den ganzen Sommer über und wächst meist in großen Mengen auf allen frischen bis feuchten Wiesen vom Tiefland bis ins Gebirge. Auf den Weiden wird sie vom Vieh gemieden und bildet dann häufig auffallende Inseln über der sonst abgefressenen Grasnarbe. Der Scharfe Hahnenfuß ist heute fast weltweit verbreitet. Wie alle Arten der Gattung enthält er die scharf schmeckenden (Name! *acris*, lat. = scharf) Giftstoffe Anemonin und Protoanemonin. Sein Saft reizt die Haut empfindlicher Menschen und kann sogar Entzündungen hervorrufen. Wird das Kraut gegessen, stellen sich alsbald heftige Magen-, Darm- und Nierenschmerzen ein, die mit Blutungen verbunden sein können. Beim Trocknen zerfallen die giftigen Bestandteile, doch ist das Heu von minderer Qualität.

Der deutsche Gattungsname bezieht sich auf die hahnentrittähnliche Gestalt der Blätter, der wissenschaftliche auf die kleinen, grünen, buckligen Früchtchen *(ranunculus*, lat. = Fröschlein).

Europäische Trollblume
Trollius europaeus

Die ausdauernde Pflanze hat bis zu 60 cm hohe, wechselständig beblätterte und wenig verzweigte Stengel. Die Blattspreiten sind tief handförmig 3- bis 5teilig, ihre Abschnitte wiederum geteilt und lang gezähnt. Die unteren Blätter sind langgestielt, die obersten sitzen und sind einfacher geteilt.

Die 6 bis 15 gelben Blütenhüllblätter bilden eine bis zu 3 cm breite geschlossene Kugel, in der die zahlreichen Staubblätter und Stempel vor Regen sicher geschützt sind.

Die Früchte sind längliche, kurzgeschnäbelte Balgfrüchte mit vielen schwärzlichen Samen.

Die Pflanze wächst auf feuchten Wiesen mittlerer Lagen, wo sie oft ausgedehnte Kolonien bildet und während der Blüte im Mai und Juni den Aspekt solcher Orte bestimmt. Sie wächst zerstreut durch fast ganz Europa, im Tiefland ist sie äußerst selten, doch ist sie auch auf vielen Bergstandorten in ständigem Rückgang begriffen, da den Blumen sehr häufig nachgestellt wird. Durch Naturschutzgesetz steht sie unter Sammelverbot.

Auch die Trollblume ist schwach giftig durch Protoanemonin. Ihr Name bezieht sich auf die kugelige Blüte (*trulla*, lat. = Schöpfkelle).

Scharfer Hahnenfuß

Wiesen-Schaumkraut
Cardamine pratensis

Die ausdauernde Pflanze hat einen kurzen, kriechenden Wurzelstock und aufrechte, unverzweigte, 20 bis 60 cm lange, hohle Stengel.

Diese sind wechselständig beblättert und entspringen aus der Mitte einer dem Boden anliegenden Grundblattrosette. Die Blätter sind unpaar gefiedert mit 13 bis 17 rundlichen, gezähnten Teilblättchen. Die Endfieder ist oft größer und dreilappig. Am Stengel sind alle Abschnitte schmaler, die obersten Blätter sind fiederschnittig mit fast linealen Zipfeln.

Die vierzähligen Blüten stehen in anfangs dichter, später sich verlängernder Traube. Die freien, bis zu 1 cm langen Kronblätter sind weißlich oder meist lila, seltener rosafarben mit oft violetter Äderung. Die Früchte sind langgestielte Schoten.

Die Pflanze bestimmt mit ihren Blüten Ende April, in höheren Lagen bis Juni, den Aspekt der feuchteren Wiesen. Daneben findet man sie aber auch häufig in feuchten Laub- und Mischwäldern. Sie ist Nährstoff- und Bodenfeuchteanzeiger und wächst auf der ganzen gemäßigten Nordhalbkugel von den Niederungen bis über die mittleren Gebirgslagen hinaus.
Die pfefferig schmeckenden jungen Blätter werden gelegentlich als Frühlingssalat zubereitet. Sie enthalten beißende Senföle und viel Vitamin C (*kardamon,* gr., war eine scharf schmeckende Kresse).
Die getrockneten Blütenblätter galten früher als Mittel gegen Krämpfe aller Art.
Der deutsche Name bezieht sich auf die gerade bei dieser Pflanze häufig vorkommenden Schaumhäufchen, den Kuckucksspeichel. Er dient den Larven der Schaumzikade als schützender Lebensraum. Sie saugen aus dem Stengel Saft, der durch ihre Atemluft schaumig aufgetrieben wird.

Europäische Trollblume

Wiesen-Schaumkraut

Kuckucks-Lichtnelke

Kuckucks-Lichtnelke
Lychnis flos-cuculi

Die ausdauernde Pflanze hat einen mehrköpfigen Wurzelstock sowie eine spärliche Grundrosette aus länglichen, in den Stiel verschmälerten Blättern. Die 30 bis 90 cm hohen Stengel sind oft rötlich überlaufen und unterhalb der Knoten etwas drüsig-klebrig; die wenigen, gegenständigen Stengelblätter sind schmal-lanzettlich. Die bis zu 4 cm breiten Blüten bilden lockere Trugdolden. Ihre 5 freien Kronblätter sind rosa, selten weiß und auffällig in 4 lange Zipfel gespalten. Der verwachsene Kelch ist bauchig-röhrig. Die Früchte sind birnenförmige, vielsamige Kapseln.
Das Gewächs blüht im Mai und Juni auf feuchteren Wiesen und sumpfigen Grasplätzen vom Tiefland bis ins Gebirge. Es kommt auf der ganzen gemäßigten Nordhalbkugel vor und bestimmt in niederen Lagen oft den Aspekt der Feuchtwiesen zur Frühjahrsmitte (Zeit des Kuckucks!, *flos,* lat. = Blüte, *cuculus,* lat. = Kuckuck). Als Futter ist es von schlechtem Wert. Oft findet man Kuckucksspeichel an ihm (s. o.).

Wieße Nachtnelke
Melandrium album

Das ein- bis zweijährige Kraut ist in allen Teilen weichflaumig, im Blütenstand oft drüsig-klebrig behaart. Die über 1 m hohen, aufrechten und verzweigten Stengel sind gegenständig beblättert,
Die Blätter sind alle eiförmig und ganzrandig, die unteren breiter und kurzgestielt, die oberen schmal und sitzend.
Die bis zu 4 cm langen, 5zähligen, weißen Blüten sind schwach geneigt und bilden eine lockere, gabelige Rispe. Ihr Kelch ist glockig aufgeblasen. Sie duften schwach und öffnen sich erst am späten Nachmittag. Ihre Bestäuber sind Abend- und Nachtschmetterlinge. Die Blüten sind eingeschlechtig und stehen auf verschiedenen Pflanzen (Zweihäusigkeit). Die Stempelblüten sind oft deutlich kleiner.
Die Früchte sind vielsamige Kapseln, die vom bleibenden Kelch umhüllt werden.
Die Pflanze blüht von Juni bis September auf Wiesen und Rainen, gelegentlich auch auf Äckern und Ödland von der Niederung bis in mittlere Gebirgslagen. Sie bevorzugt mäßig trockene Böden und wächst im ganzen gemäßigten Eurasien bis zum Baikalgebirge sowie in Nordafrika.

Sauerampfer
Rumex acetosa

Ausdauernde, bis zu 50 cm hohe Pflanze mit gerieftem Stengel und gegenständigen Blättern; die unteren sind gestielt, die oberen sitzend. Die Spreite ist länglich-eiförmig mit pfeilförmigem Grund, dessen spitze Lappen nach abwärts gerichtet sind. Die Nebenblätter sind verwachsen und bilden eine häutige, fransig-gezähnte, röhrige Stengelscheide.
Die kleinen, 6zähligen, einfachkron-

Weiße Nachtnelke

Sauerampfer

Gemeiner Frauenmantel

blättrigen, grünlichrötlichen Blüten sind zu schmalen, reichblütigen Rispen zusammengestellt. Sie werden vom Wind bestäubt. Eine Pflanze erzeugt bis zu 400 Millionen Blütenstaubkörner.
Die Pflanze blüht von Mai bis Juli auf nährstoff- und stickstoffreichen Wiesen, deren Aspekt sie oft in dieser Zeit bestimmt. Sie kommt in der ganzen gemäßigten Zone der Nordhalbkugel vor und steigt vom Tiefland bis ins Gebirge; in südlichen Ländern besiedelt sie fast ausschließlich die höheren Lagen. Die Blätter der Pflanze sind zwar besonders reich an Vitamin C und werden oft als Salat oder Suppenbeilage genossen, doch enthalten sie auch große Mengen der giftigen Oxalsäure (Sauerkleesalz), so daß vom Genuß größerer Mengen abzuraten ist. Bei massenhaftem Auftreten auf Weiden wurden schon Vergiftungserscheinungen vor allem bei Pferden und Schafen beobachtet. Dabei ist die Verdauung gestört und die Speichelabsonderung gesteigert. Vor dem bei der Jugend beliebten Brauch, die Blätter roh zu verzehren, muß besonders gewarnt werden, denn fast überall werden bei uns die Wiesen gedüngt und vor allem Kunstdüngerrückstände können gefährlich werden. *Rumex* (ungedeutet) war der Name des Sauerampfers bei den Römern; *acetosus,* lat. = sauer. Ampfer leitet sich aus einem altgermanischen Wortstamm her, der scharf, bitter oder sauer bedeutet.

Gemeiner Frauenmantel
Alchemilla vulgaris

Die ausdauernde Pflanze ist 10 bis 30 cm hoch und besitzt einen langen, mit abgestorbenen Blattresten bedeckten Wurzelstock und eine grundständige Rosette aus gestielten, rundlich-nierenförmigen, 7- bis 11lappigen, am Rand gezähnten Blättern, die einen mehr oder weniger flachen, faltigen Trichter bilden. Die wechselständigen Blätter der aufsteigenden bis aufrechten, meist verzweigten Stengel sind ähnlich gestaltet, doch kürzer gestielt bis sitzend.
Die kleinen, gelblichgrünen Blüten stehen in kahlen endständigen Trugdoldenrispen. Sie sind kronblattlos, 2 bis 6 mm breit und tragen einen doppelten, meist 4zähligen Kelch.
Die Pflanze blüht von Mai bis September und erscheint verbreitet auf Wiesen aller Typen, seltener in grasigen Wäldern oder an Wegen und Bachufern. Sie kommt durch die ganze Nordhalbkugel von den Niederungen bis ins Gebirge vor.
Das Gewächs enthält größere Mengen an Gerb- und Bitterstoffen und wird seit alten Zeiten als Hausmittel für mancherlei Gebrechen verwendet. An den Blattzähnen befinden sich Wasserspalten, aus denen, besonders in feuchten Nächten, wenn die Transpiration gering

ist, Wasser aktiv ausgeschieden wird. Dieses sammelt sich als „Himmelstau" oft in großen, klaren Kugeln am Trichtergrund an. Die Goldmacher des Mittelalters, die Alchimisten, glaubten diese als Rohstoff zur Herstellung des Steins der Weisen zu benötigen. Dieser Tatsache verdankt die Pflanze ihren wissenschaftlichen Namen. Der deutsche Namen bezieht sich auf die Blattform, die einem überwurfartigen, faltenreichen Mantel gleicht, wie er oft auf Bildern der heiligen Maria, „Unserer Lieben Frau", dargestellt wurde.

Die Pflanze vermehrt sich nur apomiktisch, d. h. ihre Samen entwickeln sich ohne Befruchtung. Dadurch sind im Laufe der Zeit unzählige, genetisch voneinander isolierte Sippen entstanden, deren Erbgut sich nicht mehr vermischen kann. Diese oft nur durch kleine Bau- oder Lebenseigentümlichkeiten unterschiedlichen Kleinarten werden vom Nichtfachmann am besten alle als eine Sammelart (Aggregat) behandelt.

Auf Viehweiden und stallmistgedüngten Wiesen erreicht das Kraut oft einen Deckungsgrad zwischen 30 und 50 %. Dies hängt damit zusammen, daß die Samen unbeschadet den Magen-Darm-Trakt passieren, wenn die Pflanze von Huftieren gefressen wird.

Wiesen-Platterbse

Großer Wiesenknopf

Großer Wiesenknopf
Sanguisorba officinalis

Die ausdauernde, bis über 1 m hohe Pflanze hat einen dicken, verzweigten Wurzelstock und aufrechte, gerillte, oben verzweigte Stengel. Sie ist in allen Teilen kahl.

Die dunkelgrünen, unterseits graugrünen Blätter sind unpaar gefiedert; die grundständigen bilden eine Rosette und tragen 7 bis 15 gestielte, ei- bis herzförmige, am Rand gesägte Fiederchen. Die wenigen gegenständigen Stengelblätter sind in allen Teilen kleiner und tragen nur 9 bis 11, die obersten oft nur noch 3 bis 5 Teilblättchen.

Die kleinen dunkelroten Blüten besitzen keine Kronblätter, nur einen gefärbten, vierzipfeligen Kelch. Sie stehen am Ende der Stengeläste in dichten, eiförmigen bis länglichen Blütenköpfchen.

Die Pflanze blüht von Juni bis September auf feuchten bis frischen Wiesen und Grasplätzen. Vom Tiefland bis in mittlere Gebirgslagen ist sie häufig, höher hinauf kommt sie nur noch vereinzelt vor. Sie besiedelt die gemäßigte Nordhemisphäre.

Alle Teile, insbesondere der Wurzelstock, enthalten viele Gerbstoffe und Saponine. Getrocknete und zerstoßene Pflanzenteile galten früher als blutstillendes Mittel (wohl auch wegen der blutroten Farbe der Blütenköpfchen). Insbesondere bei Nasenbluten wurde das Pulver geschnupft *(sanguis,* lat. = Blut, *sorbere,* lat. = aufsaugen). Der Artname verrät, daß das Gewächs offizinell war, d. h. in der Apotheke (Offizin) als Heilmittel geführt wurde.

Wiesen-Platterbse
Lathyrus pratensis

Die ausdauernde Pflanze besitzt aufsteigende oder rankende, bis zu 60 cm lange Stengel. Ihre wechselständigen Blätter sind gestielt, tragen ein Paar lanzettlicher Fiederblättchen und enden in einer Ranke. Am Grund des Blattstiels sitzen große Nebenblätter. Je 3 bis 12 der großen, gelben Schmetterlingsblüten bilden eine blattachsenständige, langgestielte Traube. Die Frucht ist eine mehrsamige, längliche Hülse.

Gemeiner Hornklee

Die Pflanze blüht von Juni bis Juli in Wiesen, Weiden, Gebüschsäumen und an grasigen Wegrainen.

Sie kommt vom Tiefland bis in die Hochgebirgsregion auf der ganzen gemäßigten Nordhalbkugel vor. In Mitteleuropa ist sie sehr häufig, im Hochgebirge und den nördlichen Gebieten, aber auch im heißen Mittelmeerraum selten. Sie erträgt Beweidung und Mahd, außerdem ist sie sehr nährstoffreich. Von Rindern wird sie allerdings nicht gerne gefressen, da sie etwas bitter schmeckt.

Gemeiner Hornklee
Lotus corniculatus

Die ausdauernde Pflanze hat einen vielköpfigen Wurzelstock, aus dem 10 bis 50 cm lange, aufrechte bis aufsteigende oder rundum niederliegende und nur an den Enden aufgebogene, wechselständig beblätterte Stengel entspringen.

Die unpaarig gefiederten Blätter sind 5zählig; das unterste Fiederpaar sitzt, von den 3 obersten Fiederchen deutlich abgesetzt, nebenblattähnlich an der Basis des Blattes.

Die sattgelben, oft rot angelaufenen, ca. 1 cm langen Schmetterlingsblüten sitzen zu 3 bis 6 in kranzförmigen Doldenköpfchen, welche an langen Stielen aus den oberen Blattachseln entspringen. Die Früchte sind vielsamige, stielrunde Hülsen.

Zottiger Klappertopf

Die Pflanze blüht von Mai bis in den Herbst hinein und gedeiht auf trockenen bis frischen Fettwiesen und Magerrasen sowie im Gebüsch von den Niederungen bis ins Hochgebirge. Sie ist im gemäßigten Eurasien und mit besonderen Formen in Afrika und Australien verbreitet. Seit dem 17. Jahrhundert ist das Gewächs auch als Futterpflanze in Kultur, weil es auf trockenen und nährstoffarmen Böden im Bergland die höchsten Erträge von allen Kleegattungen liefert.

Wiesen-Bärenklau

Wiesen-Bärenklau
Heracleum sphondylium

Die zweijährige bis ausdauernde, 50 bis 150 cm hohe Pflanze ist sehr veränderlich. Aus dem dicken, möhrenartigen, weißfleischigen Wurzelstock gehen kräftige, hohle Stengel hervor, die gefurcht und borstig behaart sind. Alle Teile der Pflanze riechen, besonders beim Zerreiben, unangenehm widerlich.

Die großen Blätter sind mehr oder weniger stark fiederschnittig zerteilt. Die unteren besitzen einen langen, rinnigen und gefurchten Stiel, die obersten sitzen auf den bauchigen, fahlgrünen Scheiden. Die kleinen, weißen oder gelblichen, auch grünlich oder rötlich getönten, fünfzähligen Blüten stehen in großen, bis zu 20 cm breiten, 15- bis 30strahligen Doppeldolden an den Ast- und Stengelenden. Die Randblüten sind oft einseitig nach der Außenseite zu vergrößert. Am Grund der Dolde sind keine oder nur wenige schmale Hüllblätter, dagegen werden die Döldchen von einem Kranz schmal-lanzettlicher, gewimperter Hüllblättchen gestützt.

Die Pflanze blüht von Juni bis September und bildet vor allem auf nährstoffreichen, frischen Wiesen nach dem 1. Schnitt einen charakteristischen Hoch- bis Spätsommeraspekt. Auch in Waldlichtungen, Gebüschen und an Wegrändern sowie in Steinrasen der Ge-

Spitz-Wegerich

birge tritt sie — in verschiedenen Unterarten — häufig auf. Sie ist über weite Teile der Nordhalbkugel verbreitet. Die Blätter geben gutes Kaninchenfutter und jung auch nahrhaftes Grünfutter für Großvieh. Das Heu jedoch ist minderwertig: Beim ersten Schnitt zerbröseln die zarten Blätter zu Staub, beim zweiten trocknen die holzigharten Teile nur langsam und gären oder werden schimmelig.
Bei empfindlichen Menschen führt häufig die bloße Berührung der Pflanze zu Hautrötungen, der Saft kann sogar Blasen ziehen. Diese Hautreizung stellt sich besonders stark dann ein, wenn die entsprechenden Stellen dem Sonnenlicht ausgesetzt werden. Verantwortlich für diese sogenannte Photodermatose sind die in der Pflanze enthaltenen Furocumarine.

Zottiger Klappertopf
Rhinanthus alectorolophus

Das einjährige, 10 bis 60 cm hohe, in allen Teilen behaarte Kraut ist ein Halbschmarotzer. Es hat zwar die Fähigkeit zur Photosynthese, doch zapft es mit Saugwurzeln unterirdisch die Wiesengräser seiner Umgebung an und entzieht ihnen wichtige Aufbaustoffe. Gegen tierische Schmarotzer ist es selbst gut geschützt, da es das Gift Aucubin enthält, das vor allem gegen Insekten sehr stark wirkt; Warmblütlern schadet es zumindest nicht viel.
Die aufrechten Stengel sind meist blaßgrün und einfach oder wenig verästelt, die gegenständigen Blätter sitzend, länglich-lanzettlich und am Rand ringsum gezähnt.
Die zweilippigen, gelben Blüten tragen an der Oberlippe einen violetten oder weißlichen Höcker. Sie stehen blattachselständig und bilden zusammen eine lockere Ähre im oberen Stengelbereich. Der Kelch ist auffallend hochrückig und stark behaart.
Die Früchte, flache Kapseln, werden vom bleibenden Kelch umhüllt. Bei der Vollreife rascheln (klappern) die Samen in ihrem dürren Gehäuse, wenn der Wind durch die Stengel fährt (Name!).
Die Pflanze blüht von Mai bis Juni auf Wiesen, Magerrasen und Rainen vom Tiefland bis ins Gebirge in West- und Mitteleuropa. Sie bevorzugt Kalkböden.

Spitz-Wegerich
Plantago lanceolata

Die ausdauernde Pflanze hat einen kurzen Wurzelstock und eine grundständige Rosette aus länglich-schmalen, ganzrandigen, in einen kurzen Stiel verschmälerten Blättern, deren Hauptnerven bogig-parallel von der Basis zur Spitze verlaufen.
Aus der Rosette gehen mehrere, 5 bis 60 cm hohe, aufrechte oder aus bogigem Grund aufsteigende, blattlose und rinnig gefurchte Blütenschäfte hervor, die am Ende dichte, kurzwalzliche bis eiförmige Blütenähren tragen. Die kleine, vierzählige Blütenhülle ist trockenhäutig und bräunlich; sie wird von den weißlichen Staubblättern weit überragt. Der Spitz-Wegerich ist windblütig.
Er ist eine sehr häufige Art und gedeiht auf Wiesen, Rainen und an Wegrändern vom Tiefland bis ins Gebirge. Er blüht von Mai bis in den Herbst hinein. Heute ist er weltweit verbreitet.
Es handelt sich um eine Heilpflanze, die viele Schleimstoffe und fäulnishemmende Stoffe enthält. Tee aus den getrock-

Wiesen-Glockenblume

Gemeine Kuhblume

neten Blättern wird bei Husten und Katarrhen getrunken. Der Preßsaft wird bei Unterleibsbeschwerden empfohlen und auch zu Hustenbonbons verarbeitet. Frische Blätter sollen gegen Insektenstiche helfen. Die Samen enthalten Aucubin; sie werden aber gern von Vögeln gefressen. Bei der Keimung quellen sie durch Wasseraufnahme schleimig auf. Aufgrund dieser Eigenschaft werden sie mancherorts auch als Abführmittel benutzt.

Wiesen-Glockenblume
Campanula patula

Das meist zweijährige Kraut hat 15 bis 60 cm hohe aufrechte oder aufsteigende, kantige und entfernt wechselständig beblätterte Stengel. Die untersten Blätter sind länglich-oval und gestielt, die oberen schmal-lanzettlich und sitzend. Ihr Blattrand ist mehr oder weniger stark gekerbt.

Die langgestielten, blauvioletten, selten weißlichen Blüten haben einen verwachsenen Kelch mit schmal-lanzettlichen Zipfeln und eine verwachsenblättrige, glockenförmige Krone von 1,5 bis 3 cm Länge. Sie ist fast bis zur Mitte in 5 eiförmige Zipfel gespalten, die im Sonnenschein bei aufrechtstehender Blüte weit auseinanderspreizen *(patulus,* lat. = offen, auseinanderklaffend). Nachts und bei trübem Wetter nicken die Blüten.

Diese Pflanze blüht vom Mai bis in den August und gedeiht auf Wiesen, Weiden, Grashängen, Lichtungen und an Waldrändern von der Niederung bis in Mittelgebirgslagen. Sie besiedelt fast ganz Europa, doch fehlt sie oft über weite Strecken. Im Bergland kommt sie dann manchmal wieder so zahlreich vor, daß sie Ende Juni den Aspekt der Wiesen bestimmt.

Campanula ist die Verkleinerungsform von *campana,* lat. = Glocke, nach der Landschaft Campanien in Italien, wo ein Bürger der Stadt Nola dieses Schallgerät erfunden haben soll.

Gemeine Kuhblume
Taraxacum officinale

Diese Art wird fast allgemein als Löwenzahn bezeichnet, wo nicht deftigere Namen in Gebrauch sind, die sich auf die harntreibende und abführende Wirkung der Blätter beziehen Die ausdauernde Pflanze hat eine lange Pfahlwurzel und enthält in allen Teilen weiße, bitter schmeckende Milch. Die Blätter stehen in einer grundständigen Rosette. Sie sind in der Form äußerst verschiedenartig, in der Regel jedoch länglich-verkehrteiförmig und mehr oder weniger tief fiedrig eingeschnitten bis grob gezähnt mit großem Endlappen.

Aus der Mitte der Rosette wachsen bis zu 50 cm hohe, hohle und blattlose Stengel, die am Ende ein großes Blütenkörbchen aus 100 bis 200 gelben, honigduftenden Zungenblüten tragen; die Hülle besteht aus 2 Reihen schuppenartiger, grüner Blättchen, die inneren sind lineal und aufrecht, die äußeren etwas kürzer und meist zurückgerollt. Vor und nach der Blüte sowie bei Nacht und schlechtem Wetter sind die Blütenstände geschlossen. Die Früchte sind Nüßchen, die an langem Stiel einen fallschirmartigen Haarkranz tragen. Bevor sie vom Wind weggeblasen werden, bilden sie auf den Stengeln die bekannten, weißflaumigen Kugeln ("Pusteblumen"). Die Pflanze ist ungemein veränderlich. Wir zählen bei enger Fassung des Artbegriffes in Mitteleuropa über 100 verschiedene Kleinarten. Die meisten von ihnen sind apomiktisch, einige bilden überhaupt keine Pollen mehr

Herbst-Löwenzahn

Herbst-Zeitlose

aus. Apomixis bedeutet, daß sich die Samenanlagen ohne Befruchtung zu keimfähigen Samen entwickeln. Ein Austausch von Erbgut ist so nicht mehr möglich. Jede Erbänderung (Mutation) bleibt auf eine begrenzte Population beschränkt.

Die Pflanze blüht von April bis August auf allen Wiesen und Grasplätzen von der Niederung bis ins Gebirge in der ganzen kalten und gemäßigten Zone der Nordhemisphäre. Die Frühjahrsgeneration bildet auf den noch kurzgrasigen Wiesen in Massen vorkommend oft zwei Aspekte: den gelben Blütenaspekt und wenig später den weißen Fruchtstandaspekt.

Das Kraut liefert gutes Grünfutter, aber schlechtes, bröseliges Heu. Lange Zeit war es in der Heilkunde als reinigende Droge bei Darm-, Leber-, Nieren- und Harnbeschwerden im Gebrauch. Seine inulinhaltige Wurzel diente geröstet als Kaffee-, die jungen Körbchenknospen eingelegt als Kapernersatz. Noch heute werden die Frühjahrspflanzen als purgierender Salat zubereitet. Die Milch ist reich an Naturkautschuk, verwandte Arten werden zur Gummigewinnung herangezogen, wobei auf vergleichbarer Fläche zwar pro Ernte weniger gewonnen wird als auf einer Gummibaumplantage, dafür aber mehr Ernten stattfinden können, und zwar schon vom ersten Pflanzjahr ab. Auf Kleidern hinterläßt der Saft oft schwer zu entfernende Flecken. Desungeachtet wird die verbreitete Pflanze zu allerlei Kinderspielen herangezogen, wobei vor allem die Fruchtstände und die hohlen Stengel eine große Rolle spielten. In letzter Zeit sieht man häufig (durch Unkrautvertilgungsmittel) verbänderte, (breit verwachsene) Stengel.

Herbst-Löwenzahn
Leontodon autumnalis

Ausdauernde, bis zu 50 cm hohe Pflanze mit einer dem Boden anliegenden Rosette aus länglichen, fiederteiligen bis tief gezähnten, in einen kurzen, breiten Stiel verschmälerten Blättern. Die aufrechten Stengel sind meist in wenige, lange Äste verzweigt und tragen einige entfernte, kleine, schuppenartige Blättchen. Nach oben zu sind sie schwach keulig verdickt.

Die gelben, außen oft rötlich gestreiften Zungenblüten stehen in endständigen Körbchen, die von einer aus dunkelgrünen, schuppenartigen Blättchen gebildeten, kurzwalzlichen Hülle umgeben werden.

Die Pflanze blüht von Juni bis Oktober auf frischen bis feuchten Wiesen, Weiden und Äckern, an Wegrändern und in Sümpfen vom Tiefland bis in Mittelgebirgslagen, selten auch höher. Sie ist vor allem in der kühleren gemäßigten Zone der Nordhalbkugel verbreitet.

Herbst-Zeitlose
Colchicum autumnale

Die ausdauernde Pflanze zeichnet sich durch einen außergewöhnlichen Lebenszyklus aus. Sie hat einige dm tief im Boden eine bis zu 7 cm lange, birnenförmige Knolle, die am unteren Ende ähnlich einer Zwiebel stark bewurzelt ist. Ihre eine Seite ist flach, die andere buckelig gewölbt. Das ganze Gebilde ist von einer trockenen, häutigen Schale umhüllt, dem Rest der vorjährien Blattscheide.

Auf der flachen Seite der Knolle bildet sich im Frühjahr eine Erneuerungsknospe, aus der im Laufe des Sommers ein nur kurzer, unterirdischer Stengel sprießt, der mit der Knolle, dem Vorratsspeicher, verbunden bleibt. Am Sproß kann man 2 bis 3 häutige Blattscheiden erkennen, dazu mehrere schuppenförmige, kleine Ansätze der künftigen Blätter sowie Knospenanlagen von etwa 5 Blüten. Während sich nun die Laubblätter nicht weiterentwickeln, bilden sich im Herbst aus 1 bis 3 Blütenansätzen Blumen aus; die restlichen 2 bis 4 verkümmern.

Jede Blüte besteht aus dem unterirdischen Fruchtknoten und einer bleichen, 10 bis 30 cm langen Kronröhre, die etwa

Wiesen-Rispengras

5 bis 15 cm über den Boden herausragt und sich zu einem 5 bis 10 cm langen, blaßrosavioletten Trichter erweitert, der tief in 6 ungleiche, schmal-eiförmige Zipfel gespalten ist. Mit maximal 50 cm Höhe, wovon ein Großteil allerdings unter der Erde verborgen ist, besitzt die Zeitlose eine der größten Blüten der europäischen Flora. Die 6 kurzen Staubblätter entspringen im Schlund der Kronröhre, während die drei, zuletzt hakenförmig gebogenen Griffel selbstverständlich bis zum Fruchtknoten hinabreichen.

Nach der Bestäubung verwelkt die Blüte. Die jungen Früchte bleiben bis zum nächsten Frühjahr im Boden. Dann beginnt der kurze Stengel unter Verbrauch der letzten Nährstoffe aus der Knolle zu wachsen und sich zu strecken, während sich sein unterster Teil zu einer neuen Knolle verdickt. Der Sproß schiebt eine dicke Blattknospe aus der Erde. Es entfalten sich 3 bis 6 länglich-lanzettliche, 3 bis 5 cm breite und 30 bis 50 cm lange, fleischige Laubblätter und in ihrer Mitte erscheint die dicke, dreikammerige, ca. 4 cm lange Fruchtkapsel über der Erde.

Gemeines Zittergras

Gemeines Knäuelgras

Gemeines Ruchgras

Wolliges Honiggras

Während die Kapsel vollends heranreift, bilden die Blätter photosynthetisch Nährstoffe, die zur neuen, ständig dicker werdenden Knolle abtransportiert und dort gelagert werden. In der Achsel des untersten Laubblattes bildet sich gleichzeitig die frische Erneuerungsknospe. Währenddessen bräunt sich die Kapsel und springt mit drei Klappen bis zur Mitte auf. Sie entläßt zahlreiche schwarzbraune Samen, die einen fleischigen Anhang besitzen, der in der Feuchte verschleimt, so daß sie an den Hufen der Weidetiere leicht haftenbleiben und so verbreitet werden. Die Blätter verwelken, und im Sommer ist von der Pflanze nichts mehr zu sehen. Im Herbst erscheinen dann die neuen Blüten.

Dieser Lebensablauf, Samen vor der Blüte, trug der Art im Mittelalter die Bezeichnung *„Filius ante patrem"* — der Sohn vor dem Vater — ein.

Die Pflanze wächst verbreitet auf nährstoffreichen, oft feuchten Wiesen und in Auwäldern vom Tiefland bis zur Mittelgebirgsregion, selten auch höher. Sie kommt in ganz Europa mit Ausnahme des Nordens und des äußersten Ostens vor.

Alle Teile der Pflanze, vor allem Knolle und Samen, sind sehr giftig. Schon der Genuß von drei Blüten soll beim Menschen tödliche Folgen haben. Die meisten Weidetiere meiden das Gewächs, und auch im Grünfutter und im Heu nehmen sie diese Pflanze nicht an. Jungtiere, die es dennoch taten, sind schon daran eingegangen. Nur Ziegen und Schafe scheinen einigermaßen widerstandsfähig zu sein, doch sind Vergiftungen durch Ziegenmilch beim Menschen bekanntgeworden, nachdem die Tiere Zeitlose in großen Mengen gefressen hatten.

Das Hauptgift ist das Alkaloid Colchizin. Es verhindert auch die Teilung von Zellen, nicht aber die der Chromosomen. Darauf beruht seine Verwendung in der Genetik, bei der Erzeugung von Pflanzen mit höheren Chromosomensätzen. In neuerer Zeit wurde daneben das weniger giftige Democolchizin gefunden, das gegen bestimmte Blutkrankheiten benutzt werden kann und dessen hemmende Wirkung auf das Wachstum krebsartiger Geschwulste derzeit untersucht wird. Es muß aber eindringlich vor dem laienhaften Umgang mit der Pflanze zu Heilzwecken gewarnt werden. Selbst die Anwendung des aus der Knolle gewonnenen Aufgusses gegen Tier- und Pflanzenläuse ist mit erheblichen Gefahren verbunden.

Der Name Zeitlose deutet auf die späte Blüte (*autumnalis*, lat. = herbstlich). Der wissenschaftliche Name nimmt Bezug auf die Landschaft Kolchis am Ostufer des Schwarzen Meeres, der sagenhaften Heimat der Giftmischerin Medea, die beim Brauen eines besonders gefährlichen Absudes einige Tropfen verschüttet haben soll, aus denen dann diese Blumen entstanden.

Wiesen-Rispengras
Poa pratensis

Das ausdauernde, lockerrasig wachsende Gras hat aufrechte, 10 bis 60 cm ho-

he Halme. Die grünen bis graugrünen, 1 bis 6 mm breiten Blattspreiten sind manchmal eingerollt. Die Spreite des obersten Blattes ist stets kürzer als ihre Scheide.
Die Spelzenblüten stehen zu mehreren in kleinen, bläulichgrünen, oft auch violett oder schwarzbraun überlaufenen Ährchen, die eine bis zu 20 cm lange, aufrechte, vielästige und ausgebreitete Rispe bilden. Die Pflanze blüht von Mai bis Juni auf Wiesen, Rainen, Weiden, an Wegrändern und in lichten Wäldern von der Niederung bis ins Gebirge. Die Art ist in viele ökologische Rassen aufgespalten, die in der Hauptsache aber doch lockere und mäßig trockene und auch etwas gedüngte Böden bevorzugen. Sie ist über die Nordhemisphäre verbreitet; nach Australien wurde sie eingeführt. Die südliche Rasse mit Rollblättern, bei uns vor allem an trockenen Wegrändern, ist als Futtergras wertlos. Die breitblättrigen Formen dagegen gehören zu den besten Weidegräsern. Für Mähwiesen geben sie ein gutes (auch frosthartes) Untergras ab.

Gemeines Zittergras
Briza media

Das ausdauernde, oft Ausläufer treibende, lockerrasig wachsende Gras hat aufrechte, 20 bis 50 cm hohe Halme. Die 2 bis 4 mm breiten Blattspreiten sind am Rand rauh. Je 5 bis 10 kleine Spelzenblüten bilden eines der rundlich-herzförmigen, seitlich zusammengedrückten, grün, weißlich und violett gescheckten Ährchen, die in zierlich ausgebreiteter Rispe an dünnen, teils geschlängelten Stielchen nicken *(brizein,* gr. = schlummern, nicken) und bei jedem Windhauch zittern (Name!).
Die Pflanze blüht vom Mai bis Juni auf trockenen, mageren Wiesen und Rainen vom Tiefland bis ins Gebirge. Sie kommt in der gemäßigten Zone Eurasiens verbreitet vor, ist aber bei uns durch Maßnahmen der Wiesenverbesserung stark zurückgegangen. Das Gras hat zwar einen hinreichend guten Futterwert, doch wächst es nur auf ertragsarmen Standorten.

Wiesen-Fuchsschwanzgras

Wiesen-Lieschgras

Kleines Knabenkraut

Gemeines Knäuelgras
Dactylis glomerata

Das ausdauernde, horstbildende Gras wird bis zu 1 m hoch. Die aufrechten Halme sind kräftig, ihre unteren Blattscheiden braun und flachgedrückt. Die graugrünen, bis zu 1 cm breiten Blattspreiten sind gekielt. Am Übergang zur Scheide steht halmwärts ein spitzes, bis zu 5 mm langes Blatthäutchen.
Die Spelzenblüten stehen zu 3 bis 6 in graugrünen, öfters violett überlaufenen, 7 bis 8 mm langen Ährchen, die an den Enden der einfach verzweigten Rispe zusammengeknäuelt sind *(glomeratus,* lat. = geknäuelt). Der unterste Rispenast steht oft weit ab (wie der Daumen einer Hand: *dactylis,* gr. = gefingert).
Die Pflanze blüht von Mai bis Juni und ist auf Wiesen, Weiden, Grasplätzen und an Wegrändern von der Niederung bis ins Gebirge weit verbreitet (zuweilen auch angebaut). Die Art ist sehr veränderlich, es gibt von ihr auch eine Waldrasse mit lockerer, überhängender bleichgrüner Rispe. Die Wiesenrasse ist ein wertvolles, widerstandsfähiges und ertragreiches Futtergras für frische Fettwiesen. Sie ist durch Anbau heute weltweit verbreitet. Für Düngung ist sie sehr dankbar. Spielarten mit gelbgrün längsgestreiften Blättern werden als Ziergräser für Gärten angeboten.

Wolliges Honiggras
Holcus lanatus

Das ausdauernde Gras wächst in dichten Horsten. Seine aufrechten oder an der Basis etwas knickigen Halme sind bis zu 1 m hoch und, wie die ganze Pflanze, samtig behaart *(lanatus,* lat. = Wolle tragend). Sie sollen süßlich schmecken (Name!), doch ist vor einem Versuch wegen der Übertragungsgefahr von Strahlenpilzen zu warnen. Die Blattscheiden sind locker, die unteren meist rot gestreift. Die Spreiten sind ca.

5 mm breit, ihre Blatthäutchen kurz.
Je eine zwittrige und eine männliche Spelzenblüte bilden die dick-ovalen Ährchen. Sie stehen an kurzen Stielchen in einer bis zu 15 cm langen, blaßgelben bis rötlichvioletten Rispe, die nur zur Blüte, im Juni und Juli, ausgebreitet ist.
Auf feuchten, schwach sauren, aber stickstoffhaltigen Weisen kommt dieses Gras oft massenhaft und aspektbestimmend vor. Seltener gedeiht es in Wäldern. Es ist vom Tiefland bis in untere Gebirgslagen sehr verbreitet. In Eurasien ist es ursprünglich, in Nordamerika eingebürgert.
Sein Futterwert ist gering, so daß es auf besseren Wiesen nur als Unkraut angesehen wird. Gegen Frost und längerdauernde Trockenheit ist es recht empfindlich.

Gemeines Ruchgras
Anthoxanthum odoratum

Das ausdauernde Gras mit den 20 bis 50 cm hohen, aufrechten oder etwas knickig aufsteigenden Halmen wächst in kleinen Horsten.
Die Beblätterung ist sehr schütter, die gelblichgrünen Spreiten sind 3 bis 5 mm breit und zumindest am Grund behaart; ihr Blatthäutchen ist kurz.
Die einblütigen, bis zu 8 mm langen Ährchen bilden eine stark ährig zusammengezogene, nur zur Blüte etwas aufgelockerte, eiförmige, 2 bis 6 cm lange Rispe. Anfangs hellgrün, verfärben sie zur Reife nach Gelbbraun (*anthos*, gr. = Blüte, *xanthos*, gr. = gelb).
Das Ruchgras ist eines der frühesten Wiesengräser. Es blüht im April und Mai und gedeiht verbreitet vom Tiefland bis ins Gebirge auf (trockenen) Wiesen, Weiden, Rainen und an Wegrändern. Es kann heute als Kosmopolit bezeichnet werden.
Das wenig ergiebige Futtergras enthält viel Kumarin, das beim Trocknen oder Zerreiben von Pflanzenteilen einen intensiven Heu- oder Waldmeisterduft verbreitet (Name!; *odoratus*, lat. = wohlriechend, duftend)

Wiesen-Lieschgras
Alopecurus pratensis

Das ausdauernde, lockerrasig wachsende Gras treibt oft Ausläufer. Die bis zu 1 m hohen Halme stehen aufrecht oder steigen mit knickigem Grund auf und wurzeln dann meist an den unteren Knoten. Die 3 bis 9 mm breiten Blattspreiten sind flach und oberseits rauh; ihre Blatthäutchen werden bis zu 4 mm lang. Jede einzelne Spelzenblüte wird von weich begrannten Ährchenspelzen umschlossen und steht auf einem der äußerst kurzen Stielchen der Rispe, die so eine dickwalzlige, bis 1 cm breite und bis 10 cm lange Scheinähre bildet. Die Blüte ist von Anfang Mai bis Juni; oft erfolgt nach dem ersten Heuschnitt ein zweiter Austrieb mit Blüte im August.
Das häufige Gras wächst in frischen bis feuchten Wiesen vom Tiefland bis ins Gebirge, hier mit besonderen, vom Typ oft stark abweichenden Rassen. Es ist in fast ganz Europa und in Westasien verbreitet und wird auch oft ausgesät, da es zwar etwas hart ist, doch hohen Futterwert besitzt. Seine Vorteile sind die frühe Reife, Frosthärte und Schneefestigkeit.

Wiesen-Fuchsschwanzgras
Phleum pratense

Das ausdauernde, bis zu 1 m hohe, hell-bläulichgrüne Gras ähnelt dem vorigen sehr.
Die einblütigen Ährchen seiner oft bis zu 30 cm langen Scheinähre sind aber nicht weich begrannt und eiförmig: Durch zwei seitlich vorgezogene Spitzen der Ährchenspelzen gleichen sie einem Stiefelknecht.
Die beiden Gräser blühen nur selten gleichzeitig, meist kommt das Lieschgras etwa einen Monat später.
Das Lieschgras wächst verbreitet von den Niederungen bis über die mittleren Gebirgslagen auf frischen bis mäßig feuchten Wiesen, Weiden und Grasplätzen aller Art. Oft erscheint es auch als Pionier in Unkrautgesellschaften frisch umgebrochener Böden. Es kommt auf der ganzen gemäßigten Nordhemisphäre vor.
Es ist als winterhartes, trittfestes, sehr nährstoffreiches Futtergras geschätzt. Allerdings verholzt es früh und wird dann nur noch von Pferden willig gefressen.

Kleines Knabenkraut
Orchis morio

Die ausdauernde, bis zu 40 cm hohe Pflanze besitzt zwei rundliche, unterirdische Wurzelknollen. Die eine, letztjährige, ist zur Blüte schlaff und ausgelaugt, aus ihr bekam der junge Sproß die Aufbaustoffe. Die andere nimmt die Photosyntheseprodukte der Laubblätter auf und trägt die Sproßknospe für das nächste Jahr. In dieser wird dann am Grund einer Hüllschuppe eine neue, rasch wachsende Knolle gebildet. Der Doppelknolle verdankt die Pflanze ihren Namen (*orchis*, gr. = Hoden, davon abgeleitet: Knabenkraut).
Die kräftigen, aufrechten Stengel sind fein gerillt und oft violett überlaufen. Neben den lanzettlichen, bläulichgrünen Grundblättern gibt es mehrere kleinere, die den Stengel scheidig umfassen.
Die purpurroten, selten weißlichen und grüngeäderten Blüten stehen in den Achseln häutiger, schartiger Tragblätter. Je 7 bis 12 bilden die lockere, walzenförmige Ähre am Schaftende. Die oberen Blütenblätter neigen helmförmig zusammen. Das untere Blütenblatt, die Lippe, ist breiter als lang, dreilappig und dunkel gefleckt; nach hinten geht es in einen nektarlosen Sporn über, der etwas aufgebogen und in der Regel kürzer ist als der gekrümmte und verdrehte, einem Blütenstiel ähnelnde Fruchtknoten.
Die Frucht ist eine Kapsel mit vielen feinen Samen.
Die Pflanze blüht von April bis Juni auf Wiesen, Weiden und Halbtrockenrasen von den Niederungen bis ins Alpenvorland. Sie ist über Mittel- und Südeuropa bis nach Sibirien und Kleinasien ver-

Heusprengsel

Warzenbeißer

Streifenwanze

Blutzikade

breitet. Die Knollen enthalten Schleimstoffe und leicht verdauliche Stärke, die früher als Nahrung für Kinder und Genesende Verwendung fand. Getrocknete Knollen der verschiedenen Orchideenarten kamen unter der Bezeichnung Salep in den Handel.
Durch Wiesenmelioration, Aufforstung und auch Abpflücken ist das Knabenkraut bei uns im Bestand stark gefährdet. Nach dem Naturschutzgesetz steht es unter Sammelverbot.
Der Pollen ist zu zwei Körperchen (Pollinien) verklebt, die am Kopf des nektarsuchenden Insekts festhaften.

Warzenbeißer
Decticus verrucivorus

Im Gras der Wiesen und in Kleefeldern lebt von Juni bis September der etwa 35 mm lange Warzenbeißer, der an seinen fadenförmigen Fühlern und braun gesprenkelten Flügeln zu erkennen ist. Als Fleischfresser fängt er Insekten und Larven. Das Weibchen legt mit seiner langen, säbelförmigen Legeröhre die Eier in den Boden ab. Die Larven erscheinen massenweise im nächsten Frühjahr. Sie ernähren sich von tierischen Stoffen.

Heusprengsel
Stenobothrus lineatus

Zwischen Juli und September sieht man auf trockenen Wiesen in großer Zahl die 16 bis 23 mm langen Heusprengsel. Diese Feldheuschrecken können bei starker Vermehrung Schaden anrichten, da sie alle Pflanzen anfressen. Sie sind hellgrün oder hellbraun und haben kurze Fühler. Die Männchen zirpen zart; die Töne entstehen durch das Reiben eines „Kammes" an der Innenseite der Hinterbeinschenkel über eine hervortretende Ader der Flügeldecken.

Streifenwanze
Graphosoma lineatum

Die 10 mm lange, schön gefärbte Streifenwanze lebt in den wärmeren Gegenden Europas auf hohen Pflanzen an Bächen, auf Himbeersträuchern in Wäldern und auf Möhren in Gärten. Sie ist rot und hat schmale schwarze Längsstreifen. Man bekommt sie in warmen Sommermonaten zu Gesicht. Meist halten sich mehrere Tiere beisammen.
In südlichen Gebieten vermehrt sich die Streifenwanze sehr stark und verursacht durch Saugen an Getreidepflanzen Schäden.

Blutzikade
Cercopis sanguinolenta

An manchen Stellen der Niederung taucht zwischen Juni und August häufig die 10 mm lange, schwarze Blutzikade mit ihren großen, blutroten Flecken auf. Das Weibchen legt Eier in Rindenspalten ab. Die Larven schlüpfen im nächsten Frühjahr und saugen an den Pflanzenwurzeln. Auch sie umgeben sich mit einer Schaumhülle, die ihnen als Tarnung und Versteck dient.

Gemeiner Weichkäfer
Cantharis fusca

Der bis zu 15 mm lange Gemeine Weichkäfer kommt häufig auf Blüten, an Pflanzenstengeln, auf Sträuchern oder im Gras vor. Er kriecht langsam umher und sucht Insekten, von denen er sich ernährt. Zuweilen knabbert er auch an den Trieben junger Pflanzen.
Die behaarten Larven haben starke Mundwerkzeuge; sie verfolgen Insekten und kleine Weichtiere. (Man findet sie meist unter Laub.) Zum Überwintern verbergen sich die Larven in Verstekken. Wenn die Sonne scheint, kann man sie mitunter auch auf dem Schnee beobachten. Die Verpuppung erfolgt bei Frühjahrsbeginn. Der Käfer hat weiche Flügeldecken.

Erzfarbener Zipfelkäfer
Malachius aeneus

Auf den Blüten von Pflanzen und Sträuchern sieht man vor allem an sonnigen Tagen im Frühling den 7 bis 8 mm langen Erzfarbenen Zipfelkäfer, dessen Flügeldecken sehr weich sind. Seine Larven leben in altem Holz oder in

Stroh, wurden aber auch schon in den Gängen der Borkenkäfer und anderer in Holz lebender Käfer gefunden.

Dungkäfer
Aphodius distinctus

Wer auf einer Wiese mit dem Stock in einem Kuhfladen scharrt, findet darin viele 3 bis 6 mm große Käfer mit graugelben, schwarz gefleckten Flügeldekken. Das sind die allerorten bekannten Dungkäfer.
Die Weibchen legen ihre Eier in Kuhmist ab, von dem sich die Larven ernähren. Viele der Käfer überwintern und fliegen schon Anfang März an sonnigen Tagen in ganzen Schwärmen auf Feldwegen umher.
Der Dungkäfer ist in ganz Europa, aber auch in Asien und Nordamerika stark verbreitet.

Kleiner Pillendreher
Sisyphus schaefferi

In den wärmeren Zonen Europas lebt der 8 bis 11 mm lange mattschwarze Kleine Pillendreher, der ziemlich große Beine hat. Er ist gesellig und zeigt sich meist an sonnigen Stellen (Viehweiden). Aus deren Exkrementen — sowie aus dem Kot von Säugetieren — formen diese Käfer Kügelchen, die das Männchen gemeinsam mit dem Weibchen durch Bewegungen der Hinterbeine so lange über alle Hindernisse fortrollt, bis sie auf lockeren Boden gelangen. Dort graben die Käfer eine unterirdische Kammer, in der sie die Kugel in Sicherheit bringen. Sie dient dem Weibchen zur Eiablage und den schlüpfenden Larven als Nahrungsvorrat und „Puppenwiege". Die Pillendreher können gut fliegen.

Grüner Schildkäfer
Cassida viridis

Auf verschiedenen Wiesenpflanzen — am häufigsten auf Lippenblütlern — kommt ein 7 bis 9 mm langer grasgrüner Käfer vor, dessen Kopf ganz mit einem Schild bedeckt ist: der Grüne Schildkäfer. Seine Larven sind abgeflacht. An den Seiten hat dieses Insekt stachelartige Gebilde. Am Hinterleib befindet sich ein Schwanzfortsatz, an dem sich Kotreste verfangen. Sie dienen der Larve zur Tarnung vor Feinden.

Schönbär
Panaxia dominula

Dieser Falter hat eine Spannweite von 55 mm. Er ist auch in Nordeuropa anzutreffen. Der Schönbär fliegt im Juni und Juli auf waldnahen Wiesen und in Alleen. Wenn er nicht fliegt, hält er sich unter den Blättern von Sträuchern und Pflanzen verborgen.
Die Raupe findet man im Herbst und dann wieder am Frühlingsbeginn auf Taubnesseln, Brennesseln, Erdbeerpflanzen, Vergißmeinnicht, Weiden und Pappeln. Sie ist schwarzblau und hat gelbe Flecken am Rücken und an den Seiten. Außerdem ist sie spärlich behaart und mit graublauen Warzen versehen. Die Verpuppung erfolgt in einem schütteren, weißlichen Kokon.

Steinbrechwidderchen
Zygaena filipendulae

Auf Wiesen und grasigen Hängen er-

Erzfarbener Zipfelkäfer

Gemeiner Weichkäfer

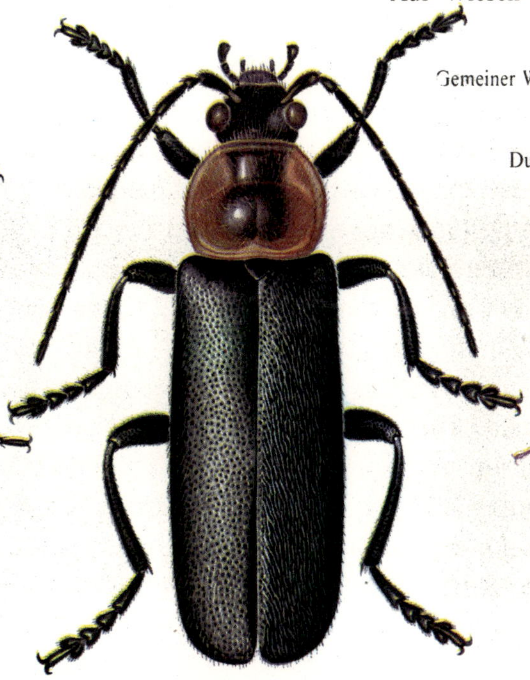

Dungkäfer

Auf Wiesen

scheint von Anfang Juni bis Ende August das Steinbrechwidderchen. Dieser Schmetterling hat eine Spannweite von etwa 35 mm. An besonnten Tagen fliegen die Tiere in Massen umher, und zwar schwerfällig, bevor sie sich auf hohen Gräsern oder Disteln niederlassen. Auf Distelblüten kann man oft mehrere Widderchen gleichzeitig sehen. Nähert man sich ihnen, dann fliegen sie meist gar nicht auf. Dieser Falter ist schön gefärbt; seine Vorderflügel sind samtblau mit roten Flecken, die Hinterflügel rot. Wenn man ein Steinbrechwildderchen in die Hand nimmt, sondert es ein Sekret ab. Die Raupe ist dick, gelblich, unregelmäßig behaart; sie lebt auf Klee, Spitzwegerich und Habichtskraut. An Grashalmen findet man häufig den pergamentartigen, schwefelgelben Kokon, in dem sich die Raupe verpuppt.

Kleiner Perlmutterfalter

Issoria lathonia

Dieser Tagfalter, dessen Spannweite bis zu 45 mm beträgt, lebt vom Frühjahr bis zum Herbst in drei Generationen auf Wiesen, Hängen und Feldern in großer Zahl. Seine goldgelbe Oberseite ist mit Reihen dunkler runder Flecken geschmückt. Die Unterseite seiner Hinterflügel weist große Perlmutterflecken auf. Meist sitzt der Falter auf den Blüten hoher Pflanzen. Seine Raupe ist braun, hat einen weißlichen Rücken, braungelbe Streifen an den Seiten und am Körper kurze rötliche Dornen. Den Kleinen Perlmutterfalter findet man auf Veilchen oder Esparsetten.

Großer Fleckenbläuling

Maculinea arion

Sonnige Wiesen und grasige Hänge locken auch die kleineren Tagfalter, die Bläulinge, an. Eine der zahlreichen Arten ist der Große Fleckenbläuling (Spannweite: 25 mm).

Das Männchen ist glänzend hellblau, violett angehaucht, mit schwarzen Flekken an den Flügelrändern. Das Weib-

Kleiner Pillendreher

Grüner Schildkäfer

Schönbär

Kleiner Perlmutterfalter

Steinbrechwidderchen

Gelbe Acht

Großer Fleckenbläuling

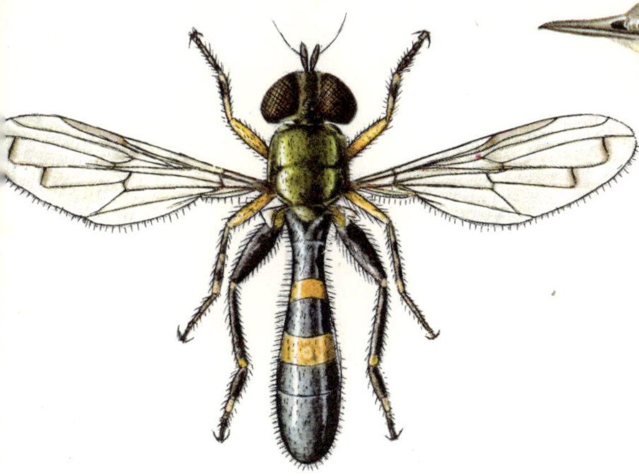

Schwebfliege

Schafstelze

Wiedehopf

Weißer Storch

Braunkehlchen

chen hat meist größere Flecken und ist nicht so intensiv blau. (Es gibt jedoch Farbnuancen.) Der Schmetterling fliegt von Juni bis August und sitzt mit Vorliebe auf Thymianblüten.
Interessant ist, daß die Larven in Ameisenhaufen überwintern und sich dort auch verpuppen. Obwohl sie die Larven und Puppen der Ameisen fressen, werden sie dennoch geduldet, denn sie sondern ein Sekret ab, das den Ameisen schmeckt.

Gelbe Acht
Colias hyale

An besonnten Wiesen, Hängen und Kleefeldern ist häufig die Gelbe Acht zu sehen. Dieser Tagfalter hat eine Spannweite von 40 mm. Er fliegt von Mai bis Juni, die zweite Generation von August bis September. Seine Raupen findet man im Juni, die der zweiten Generation im August und September auf Klee und Wicken. Sie sind dunkelgrün und haben vier gelbe Längsstreifen.

Schwebfliege
Neoascia podagrica

Die 5 bis 6 mm lange Schwebfliege gibt es häufig auf feuchten Wiesen und an den Ufern von Bächen. Meist hält sie sich im hohen Gras auf. An sonnigen Tagen fliegt sie munter umher. Oft begegnet man ihr auf dem flachen Lande, wo sie sich mit Vorliebe auf den Brettern von Latrinen niederläßt. Die Larven der Schwebfliege sind 6 bis 8 mm lang, entweder weißlich oder gelblich, und sie hausen in den Gängen der Larven anderer Schwebfliegen. Sie überwintern, verpuppen sich im nächsten April, und die erwachsenen Fliegen schlüpfen dann im Mai.

Schafstelze
Motacilla flava

Die fast überall in Europa verbreitete Schafstelze lebt auf Wiesen der Niederungen meist nahe am Wasser. Aus ihrem afrikanischen Winterquartier kehrt sie manchmal schon Ende März, meist jedoch im April heim.
In das aus Halmen, Federn und Haaren bestehende Nest legt das Weibchen 4 bis 6 weißliche bis rötliche, dicht graubraun gesprenkelte Eier. Die Jungen schlüpfen nach 13 Tagen. Die Vögel brüten im Mai, viele Paare noch ein zweites Mal im Juni. Die Schafstelzen ernähren sich von Insekten, von Spinnen, Würmern und kleinen Weichtieren.

Braunkehlchen
Saxicola rubetra

In Hügellandschaften mit Wiesen und Gebüschen lebt das 13 cm lange Braunkehlchen, das zu den Drosseln zählt. Es kommt Ende April aus Äquatorialafrika in sein Brutrevier zurück und fliegt spätestens im September wieder nach dem Süden. Das Braunkehlchen läßt sich mit Vorliebe an erhöhten Stellen nieder. Es baut sein Nest aus Halmen und Moos am Boden, polstert es mit Haaren und Pflanzenwolle aus und verbirgt es unter einem Grasbüschel oder in einem Busch. Ende Mai legt das Weibchen 5 bis 6 blaugrüne, häufig rostbraun punktierte Eier, die es in 13 bis 14 Tagen ausbrütet. Die Jungen verlassen nach wenigen Tagen das Nest und verstecken sich in dessen Nähe. Ihre Nahrung sind Insekten und Larven.

Wiedehopf
Upupa epops

Der 30 cm lange Wiedehopf bewohnt offene Landschaften mit Wiesen und Weideland; freilich sind ihm auch alte Alleen, Teiche oder Laubwälder nicht fremd. Schon Anfang April hört man ihren eintönigen Gesang, der wie „du-du-du" klingt.
Der Vogel errichtet sein Nest in Baumhöhlen, manchmal dicht am Fuß von Bäumen oder auch 2 bis 3 m hoch sowie in Steinhaufen. In Südosteuropa siedeln sich die Wiedehopfe mitunter in Mauerspalten an. Das Weibchen legt im Mai 4 bis 8 weißliche, grau oder bräunlich angehauchte Eier, die es 16 Tage lang bebrütet. Dabei wird es vom Männchen gefüttert. Die Jungen schlüpfen nicht gleichzeitig, da das Weibchen unmittelbar nach Ablage des ersten Eis mit dem Brüten beginnt. Die Jungen werden von beiden Altvögeln vor allem mit Käferlarven gefüttert.
Interessant ist das Verhalten der Jungen bei der Fütterung: Sie bilden hintereinander eine Reihe, und sobald das erste seinen Teil erhalten hat, zieht es sich an das Ende der Reihe zurück, so daß das nächste gefüttert werden kann. Die Wiedehopfe ziehen im September oder Anfang Oktober wieder in ihre afrikanischen Winterquartiere.

Weißer Storch
Ciconia ciconia

Einer der bekanntesten Vögel, die sich in unmittelbarer Nähe des Menschen angesiedelt haben, ist der bis zu 1 m große Weiße Storch. Er ist von Europa bis nach Japan bekannt. Die mitteleuropäischen Störche ziehen im Winter nach Äquatorialafrika, die osteuropäischen nach Ost- und Südafrika, von wo sie in der ersten Aprilhälfte zu ihren Nistplätzen zurückkehren. Bei diesen Zügen legen die in Verbänden fliegenden Störche etwa 150 km täglich zurück, beim Flug nach Afrika hingegen nur 100 km. Das hat seinen Grund darin, daß sie nicht mehr vom Brutinstinkt getrieben werden. Das Nest besteht aus Zweigen und Gras. Ein Paar benutzt oft jahrelang dasselbe Nest und bessert es ständig aus. Wenn ein anderes Storchenpaar sich darin niederlassen will, kommt es zu erbitterten Kämpfen. Das Weibchen legt 3 bis 5 weißliche Eier, die es abwechselnd mit dem Männchen 30 bis 34 Tage lang bebrütet. Die Jungen werden von beiden Altvögeln zunächst in den Schnabel gefüttert, später bringen die Eltern die Nahrung lediglich auf das Nest.
Störche fressen Insekten, Lurche, kleine Säugetiere und Vögel.

Auf Äckern

Ein ganz und gar künstlicher Biotop sind die Felder — Flächen, auf denen der Mensch schon seit Urzeiten zielbewußt die sog. Kulturpflanzen züchtet. Sie dienen ihm entweder unmittelbar als Nahrungsmittel, wie Kartoffeln, Hülsenfrüchte und Getreide, oder als Futtermittel für seine Haustiere und zur Gewinnung von technischen und Speiseölen, Textilfasern, Heilmitteln und einer Reihe weiterer lebensnotwendiger Rohstoffe.

Die Lebensbedingungen der Pflanzengemeinschaften unserer Felder werden vom Menschen geformt und aufrechterhalten: Jahr für Jahr pflügt, lockert und eggt er den Boden, durchlüftet ihn und läßt ihn längere oder kürzere Zeit ohne Pflanzendecke liegen und setzt ihn damit Sonne und Austrocknung aus. Der Anbau von Monokulturen hat meist größeren und einseitigen Nährstoffentzug zur Folge, so daß durch das Einbringen von natürlichem, häufiger aber noch von Mineraldünger dieser Verlust wieder wettgemacht werden muß. Die Einhaltung einer bestimmten Fruchtfolge ist besonders wichtig, weil sie verhindert, daß dem Boden zu einseitig Nährstoffe entzogen werden.
Die Kulturpflanzen sind meist sehr alt. Sie begleiten den Menschen, seit er sich vom Jäger und wandernden Hirten zum ansässigen Bauern entwickelt hat. Die heute angebauten Nutzpflanzen sind das Ergebnis einer jahrhundertelangen Selektion, Kreuzung und wissenschaftlichen Züchtungsarbeit. Bei manchen kennen wir bis heute nicht ihre in der freien Natur lebenden Wildformen. Durch die Bearbeitung der Felder schafft der Mensch für die Kulturpflanzen optimale Bedingungen, schützt sie vor dem Existenzkampf mit anderen Pflanzenarten und vor Schädlingen. Viele Arten haben sich an diese Pflege so gewöhnt, daß sie ohne sie nur schwer lebensfähig und vermehrungsfähig wären oder — wie z. B. der

Mais — überhaupt nicht existieren könnten. Dieses Verhältnis und die Abhängigkeit von Mensch und Kulturpflanze wird als besondere Art der Symbiose betrachtet — als Helotismus.
Die meisten Kulturpflanzen wanderten in der Vergangenheit von einem Land ins andere, von Kontinent zu Kontinent. Entdecker und Eroberer neuer Länder und Erdteile brachten außer Gold und Schätzen auch neue Pflanzenarten mit nach Europa, die entweder als Nahrungsmittel oder als Rohstoffe dienten. Umgekehrt nahmen die Auswanderer Pflanzen aus ihrer Heimat mit in diese neuen Länder. Die Geschichte zahlreicher Kulturpflanzen ist deshalb eng mit der der Menschheit verknüpft.
Die auf den Feldern geschaffenen künstlichen Bedingungen sind aber auch zahlreichen Pflanzenarten adäquat, die dem Menschen nicht nur keinen Nutzen bringen, sondern im Gegenteil für die Kulturpflanzen schädlich sind. Der Mensch bezeichnet sie als Unkräuter und führt mit ihnen seit Menschengedenken einen erbitterten Ausrottungskampf, manchmal erfolgreich, manchmal unentschieden. Die meisten Unkräuter sind einjährige Arten, deren Samen zusammen mit denen der Kulturpflanzen ausgesät werden. Sie blühen und reifen jedoch früher als die Nutzpflanzen, so daß ihr Vegetationszyklus in der Erntezeit bereits abgeschlossen ist. Ihre Samen überdauern dann den Winter im Boden. Bei manchen Arten behalten die Samen ihre Keimfähigkeit mehrere Jahre lang und können bei Fruchtfolge so lange warten, bis sich die Bedingungen für ihr Wachstum wieder gebessert haben. Anderen Arten genügt eine einzige Vegetationsperiode, um mehrere Generationen zu gründen, andere keimen erst auf dem abgeernteten Feld, überdauern den Winter und blühen im zeitigen Frühjahr. Zu den Unkräutern dieser Kategorie gehören auch die, die aus Zwiebeln, Knollen oder Erdsprossen wachsen. Ein Zerschneiden dieser unterirdischen Pflanzenteile beim Pflügen und Eggen macht ihnen nichts aus, im Gegenteil, es fördert ihre Verbreitung.
Es gibt aber auch Unkrautarten, die durch die Umstände und mit der Zeit zu Kulturpflanzen wurden; die Wildform des Roggens beispielsweise wuchs ursprünglich als Unkraut auf Weizenfeldern.
Durch Vervollkommnung der Landtechnik sind heute manche Unkräuter, z. B. die Kornrade, zu einer sehr großen Seltenheit geworden.
Die spezifischen Lebensbedingungen auf den Feldern bestimmen auch die Zusammensetzung der hier einheimischen Fauna. Von dort, wo der Mensch Wald und Gesträuch rodete und abbrannte und Sümpfe trockenlegte, um Flächen für neue Felder zu gewinnen, sind die ursprünglich dort lebenden Tierarten verzogen oder wurden ausgerottet. Die ursprünglichen Steppentiere starben entweder aus oder paßten sich den veränderten Bedingungen an. Zahlreiche Lebewesen finden aber direkt ideale Lebensbedingungen vor und vermehren sich manchmal, besonders in trockenen Jahren, ziemlich stark. Zu ihnen gehören besonders die Nagetiere, die sich von Getreide und anderen Feldfrüchten ernähren. Zu den erklärten Schädlingen gehört beispielsweise der Hamster, der im Sommer große Mengen Getreide frißt und sich in seinem unterirdischen Bau für denWinter einen Körnervorrat von mehreren Kilogramm anlegt. Wenn die Hamster zu sehr überhandnehmen, bringen sie den Menschen um Dutzende Tonnen Getreide. Ein jedoch noch gefährlicherer Feldschädling ist ein kleiner Nager — die Feldwühlmaus —, die sich in manchen Jahren direkt katastrophal vermehrt.
Die Nagetiere unserer Felder sind eine beliebte Beute der Raubvögel, die sie in erheblichen Mengen vernichten. Auch kleine wieselartige Raubtiere und Füchse machen auf sie Jagd.
Die Felder sind auch für verschiedene Insekten verlockend, denn sie bieten ungewöhnlich günstige Vermehrungsbedingungen für deren Larven, sowohl über dem Boden als auch in der Erde. Die Larven des

Schnellkäfers beispielsweise, auch Drahtwürmer genannt, fressen sowohl die Wurzeln als auch die oberirdischen Teile der Getreidepflanzen an. Eine Reihe von schädlichen Insekten wurde nach Europa eingeschleppt.
Zu den gefährlichsten Kartoffelschädlingen gehört beispielsweise der aus Mexiko stammende Kartoffelkäfer. Im Kampf gegen diesen und andere Insektenschädlinge haben sich einige Vogelarten bewährt, beispielsweise das Feldrebhuhn, Raben- und Raubvögel und Eulen.
Ein besonderer Feldtyp ist das Hopfenfeld — Heimat vieler Läusearten, die wiederum zahlreiche Marienkäferarten anziehen. Der Marienkäfer und seine Larven leben von Läusen und verdienen deshalb unbedingten Schutz.

Schlaf-Mohn
Papaver somniferum

Die einjährige, bis zu 150 cm hohe Pflanze ist graublau bereift und führt in allen Teilen reichlich weißen Milchsaft, der an der Luft zu einer klebrigen, braunen Masse erstarrt.
Die länglich-eifförnigen, am Rand gekerbten bis lappig eingeschnittenen und gewellten Blätter sitzen mit stengelumfassendem Grund; die untersten sind meist kurz und breit gestielt.
Die prächtigen, bis zu 10 cm breiten Blüten stehen einzeln an langen Stielen. Die Knospen nicken. Wenn sich die Blüten entfalten, richten sie sich auf, gleichzeitig fallen die beiden Kelchblätter ab, welche die Knospe umschlossen hielten. Die 4 großen Blütenblätter sind weiß, violett oder rot und tragen am Grund einen großen dunkleren Fleck. Die zahlreichen Staubblätter besitzen nach oben sich verbreiternde Staubfäden und bläulichgrüne Staubbeutel. Der kugelig-krugförmige Fruchtknoten trägt eine kegeldachartige, am Saum gelappte Narbenscheibe mit etwa 10 erhabenen Narbenstrahlen.
Die Früchte sind die bekannten, großen, bauchigen Mohnkapseln mit vielen, unvollkommen durchgezogenen Scheidewänden und den zahlreichen kleinen nierenförmigen Samen, die weiß, schwarz, rot oder gelb sein können, bei uns aber meist in der blauen Sorte in den Handel kommen. Ebenso wird heute kaum noch Schüttmohn gebaut, bei dem die Kapseln sich zur Reifezeit mit Löchern unterhalb der Narbenscheibe öffnen, sondern nur noch Schließmohn, dessen Früchte die Samen nicht mehr entlassen.
Der Mohn blüht von Juli bis August und wird heute fast auf der ganzen Erde kultiviert (im mitteleuropäischen Klima bis in Höhen um 1500 m). Er wurde entweder vom Menschen aus dem Borsten-Mohn, *Papaver setigerum*, des östlichen Mittelmeerraumes gezüchtet oder ist (nach Shukowski, 1950) spontan im Tertiär unter damals günstigen Bedingungen in Turkestan entstanden. Schon die Sumerer, 5000 v. u. Z., später auch die alten Ägypter, kannten den Mohn als ölliefernde und rauscherzeugende Pflanze; bei den Griechen war er das Symbol für Schlaf und Traum.
Bei kaum einer anderen Kulturpflanze liegen Nutzen und Schädlichkeit so nahe beieinander. Die Samen liefern ein vorzügliches Speiseöl und schmackhafte Füllungen für Kuchen und andere Backwaren. Der weiße Milchsaft (vor allem der unreifen Kapsel) gerinnt zu Opium, das über 20 verschiedene giftige Alkaloide enthält, darunter Morphin (Morphium), Codein, Thebain, Papaverin und Narkotin. Diese Stoffe (und ihre Umwandlungsprodukte, z. B. Heroin, das aus Morphin hergestellt wird) wirken krampflösend, schmerzstillend und narkotisch *(somnus,* lat. = Schlaf, *fero,* lat. = bringen) und sind aus der Hand des Arztes segensreiche Heilmittel. In stärkeren Dosen lähmen sie die Gehirntätigkeit und führen schließlich zum Tode. Die mißbräuchliche Anwendung als Halluzinogen, das angenehme Gefühle erweckt, führt zu rascher Gewöhnung und kaum heilbarer Sucht, die mit geistigem und körperlichem Zerfall endet. Vor allem Kinder und Heranwachsende sind gegen Morphin äußerst empfindlich: Ein tausendstel Gramm kann bei Kindern zum Tod führen.

Raps
Brassica napus ssp. napus

Die einjährige oder einjährig-überwinternde Pflanze besitzt im Gegensatz zu der zweiten Unterart, der Kohlrübe, eine dünne, spindelförmige Wurzel und wenig verzweigte, bis zu 1 m hohe Stengel. Die blaugrau bereiften Blätter sind im unteren Stengelteil gestielt und haben eine leierförmig-fiederschnittige Spreite mit großem Endabschnitt; die oberen sind ungeteilt und sitzen mit stengelumfassendem Grund. Der im Herbst ausgesäte Raps überwintert mit großer Grundblattrosette, die aber zur Blüte meist schon verwelkt ist.
Die vierzähligen, 1 bis 1,5 cm langen, hell- bis dunkelgelben Blüten stehen in verlängerten Trauben. Die Früchte sind langgeschnäbelte und gestielte Schoten mit rundlichen, ölreichen Samen.
Winterraps blüht im April und Mai, Sommerraps von Juni bis August, ersterer wird im Herbst des vorangehenden

Jahres, der andere im Frühjahr ausgesät.
Die Pflanze wird seit langer Zeit in den gemäßigten Zonen kultiviert, ihre ursprüngliche Heimat ist unbekannt, ebenso ihre Stammform. Verwildert kann sich das Gewächs über längere Zeit halten.
Die Pflanze liefert über ihre Samen gutes Speiseöl, allerdings muß frühzeitig geerntet werden, da die reifen Samen leicht aus den Schoten fallen. Heute wird Rapsöl vielfach zur Herstellung technischer Öle und Seifen verwendet. Sein Ruß ergibt die China-Tusche. Die Preßrückstände der Samen, die Ölkuchen, liefern ein wertvolles Futtermittel.

Schlaf-Mohn

Raps

In neuerer Zeit wird die Pflanze immer mehr zur Grünfuttergewinnung und als Silofutter angebaut. Sie bringt sehr rasch hohe Hektarerträge, laugt allerdings den Boden auch entsprechend aus.

Speise-Rübe
Beta vulgaris

Die ein- oder meist zweijährige Pflanze besitzt einen großen, rübenförmigen Wurzelkörper, aus dem eine mehr oder weniger aufrechtstehende Blattrosette aus großen, kahlen und langgestielten Blättern entspringt, die eine ganzrandige, meist gewellte, breit-eiförmige Spreite haben. Die Stengel können bis 1,5 m hoch wachsen und verästeln sich zu einer reichblütigen, ausladenden Rispe mit kleinen, unscheinbaren Zwitterblüten von blaßgrüner Farbe. Sie erscheinen vom Mai bis Oktober; ihre 5teilige Hülle verholzt später und umschließt die reife Frucht. Die Stammform ist die salzliebende, ausdauernde Unterart *perennis* mit kaum verdickter Wurzel, kleinen Blättern und niederliegend-aufsteigenden Ästen, die an den Küsten des Mittelmeeres und verschleppt auch an der Atlantikküste heute noch wild wächst. Aus ihr wurden durch züchterische Eingriffe recht verschiedenartige Varietäten entwickelt: Die Unterart *rapacea* wird in der Form *crassa* seit dem 16. Jahrhundert in Mitteleuropa als Runkelrübe (süddt.: Angersche) feldmäßig angebaut. Ihre mächtige, weißfleischige, gelb- oder rotschalige Rübe ragt ein gutes Stück über die Erdoberfläche. Sie wird als Viehfutter verwendet. Die weißschalige, weißfleischige Form *altissima* wächst unter dem Boden. Es ist unsere Zuckerrübe, die in Spitzensorten heute einen Zuckergehalt von 25 % aufweist. Mehr in Gärten, doch auch teils auf Äckern wird die Form *conditiva,* Rote Bete oder Rote Rübe, kultiviert. Die mittelgroße Rübe ragt über die Oberfläche. Sie ist innen und außen, wie z. T. auch ihre Blattstiele, durch den Farbstoff Anthozyan tiefrot gefärbt. Sie findet als Gemüse

Speise-Rübe

Garten-Erbse

oder vor allem als Salat für die menschliche Ernährung Verwendung.
Die Unterart *vulgaris*, der Mangold, besitzt eine mäßig dicke Wurzel. Bei ihm werden die Blattstiele oder die Spreiten als Gemüse gekocht. Die Form *vulgaris*, der Blattmangold mit dünnen Stielen, wird wie Spinat zubereitet. Beim Rippenmangold, f. *flavescens*, werden die verbreiterten, oft gestreiften Stiele wie Spargel verwendet.

Garten-Erbse

Pisum sativum

Die einjährige, bläulichgrüne Pflanze treibt schlaffe, niederliegende bis rankend-kletternde, kantige Stengel, die bis zu 2 m lang werden.
Die wechselständigen Blätter sind fiedrig geteilt. Sie tragen 1 bis 3 Paar eiförmiger Teilblättchen und an der Spitze eine dreiteilige bis fiedrig verzweigte Ranke. Auffällig und größer als die Teilblättchen sind die beiden Nebenblättchen am Stielgrund. Jedes hat die Form eines halben Herzens und ist am Rand gesägt; zusammen umfassen sie den Hauptstengel vollständig.
Die 2 bis 3,5 cm langen Schmetterlingsblüten sind weiß oder blau- bis rotviolett, oft auch mehrfarbig gefleckt. Sie stehen einzeln oder zu 2 bis 3 an langen Stielen in den Blattachseln. Die Früchte sind 5 bis 15 cm lange Schoten mit 4 bis 10 großen, rundlichen Samen. Pro Hektar können 1,3 bis 6 t Samen geerntet werden.
Die Pflanze blüht von Mai bis Juni und kommt bei uns nur angebaut in der Unterart *sativum* vor. Ihre Stammform *elatius* wächst wild im Mittelmeergebiet und im Orient. Sie muß schon früh in Kultur genommen worden sein, wie Funde aus der Steinzeit, aus Ostindien und dem alten Ägypten (um 5000 v. u. Z.) beweisen. Während die Samen normalerweise für Suppen und Gemüse verwendet werden, wurden sie von den Wikingern zerschrotet, um Brot daraus zu backen.

Früher wurden nur ausgereifte Erbsen als Speise benutzt. Als erster soll der Niederländer Jan Babel Adrian ungefähr um 1600 grüne, noch unreife Erbsen auf den Markt gebracht haben. Diese galten noch Mitte des 17. Jahrhunderts als Edelspeise, die reichen Schlemmern und den königlichen Tafeln vorbehalten blieb. Noch bis ins 20. Jahrhundert hinein wurden alle Samen ungeschält verzehrt, heute wird zumindest bei den vollreifen Erbsen die sehr schwer verdauliche Hülle entfernt. Sie enthält, je nach Alter, große Mengen schwer aufschließbarer Holzstoffe. Der geschälte Samen enthält viel Zucker und Stärke, etwas Fett und vor allem noch Proteine, die allerdings relativ wenig essentielle Aminosäuren bieten. Die Pflanze dient auch als Viehfutter, und zwar zur Grünfütterung und dann auch getrocknet als nährstoffreiches Erbsenstroh. Die geschroteten Samen gelten als Kraftfutter. Seltener werden Erbsen zur Bodenverbesserung als Zwischenfrucht ausgesät und dann zur Gründüngung untergepflügt.

Der Anbau erfolgt heute in allen Gebieten der gemäßigten Zonen und in den Tropen; im Norden bis 67° n. Br., in den Alpen bis über 1700 m ü. d. M.

Zu den wichtigsten Varietäten innerhalb der Unterart zählen die Schalerbsen oder Rollerbsen, var. *sativum,* mit weißer Blüte und kugeligen grünen oder gelben Samen; ferner die ebenfalls weißblütigen Markerbsen, var. *medullare,* deren runzelig-kubische Samen reif ungenießbar sind. Bei den Futtererbsen, var. *speciosum,* ist das oberste Kronblatt, die Fahne, meist bläulich, die beiden seitlichen, die Flügel, sind rotviolett. Ihre hartschaligen, reifen Samen sind meist gelbgrau bis hellbraun oder marmoriert. Diese Varietät wird meist als Grün- oder Mischfutter feldmäßig angebaut. Eine Abart davon, die braun- bis schwarzschalige Peluschke wird auch für die menschliche Ernährung kultiviert. Die Zuckererbsen endlich, var. *saccharatum,* mit bunten oder weißen Blüten, besitzen in der Fruchtwand keine zähe Pergamenthaut. Sie werden halbreif geerntet und mitsamt der Schote verzehrt.

Rot-Klee

Saat-Lein (Flachs)

Rot-Klee
Trifolium pratense

Die ausdauernde, bei manchen Kulturformen auch nur 2- bis 3jährige Pflanze hat einen reichverzweigten Wurzelstock mit einer bis zu 60 cm tief reichenden Pfahlwurzel und fast 50 cm lange, aufrechte, kaum verzweigte Stengel.

Die Blattspreiten sind dreizählig geteilt; die eiförmigen Teilblättchen tragen auf ihrer Oberseite häufig einen weißlichen oder rotbraunen Fleck. Die Grundblätter sind lang-, die wechselständigen Stengelblätter kurzgestielt oder sitzend. Die fleischroten bis hell-karminfarbenen, bei manchen Zuchtsorten auch weißen oder gelblichen, ca. 1,5 cm langen Schmetterlingsblüten bilden, zu je 30 bis 40, kugelige Köpfchen, die oft paarweise genähert stehen. Der Nektar liegt sehr tief, so daß sie nur von langrüsseligen Insekten besucht und bestäubt werden. In Australien konnte z. B. erst mit der erfolgreichen Rot-Kleezucht begonnen werden, als außer der Pflanze auch noch Hummeln als Bestäuber eingeführt wurden.

Die Pflanze blüht von Juni bis Oktober auf Wiesen, trockenen Rainen und in Waldlichtungen und wird in vielen Zuchtsorten als wertvolles Futtermittel von den Niederungen bis ins Gebirge auf der ganzen Welt (seit dem 7. Jh. v. u. Z.) angebaut. In Mitteleuropa erfolgte der Anbau zumindest schon im 11. Jh. u. Z. Bis in die neuere Zeit gab es keine ertragreichere und nährstoffreichere Kleeart bei uns. Erst seit kurzem wird statt dieser Pflanze in verstärktem Maße der zartere, aber auch kälteempfindliche, einjährige Persische Klee, *Trifolium resupinatum,* auf die Felder gebracht. Er ist leicht erkennbar an seinen zart purpurvioletten bis rosa Blütenköpfchen, an denen alle Blüten um 180° gedreht (resupiniert) sind, so daß das (eigentlich) oberste und längste Kronblatt, die Fahne, wie eine Unterlippe nach abwärts weist.

Kartoffel

Saat-Lein (Flachs)

Linum usitatissimum

Die einjährige, bis zu 1 m hohe Pflanze hat eine kurze, gelbliche Pfahlwurzel und dicht beblätterte, wenig verzweigte, aufrechte Stengel, die entweder einzeln oder in lockeren Büscheln erscheinen.
Die ungestielten, wechselständigen Blätter sind linealich, zugespitzt und ganzrandig.
Die Blüten stehen in aufgelockerten Rispen. Ihre 5 freien Kronblätter sind 1 bis 2 cm lang, satt hellblau mit dunklerer Aderung und gelblichem Grund. Auch die 5 Staubbeutel und die 5 Griffel sind blau. Bei Regen und am Abend schließen sich die Blüten und beginnen zu nicken.
Die Früchte sind kugelige Kapseln (genannt: „Knoten") mit bis zu 10 ölhaltigen Samen.
Der Lein blüht von Juni bis Juli und wird fast auf der ganzen Welt als Öl- oder Faserpflanze angebaut. In Mitteleuropa gelingt seine Kultur noch in Höhen bis zu etwa 1500 m. Er verwildert nur selten und verschwindet bald wieder von diesen Sekundärstandorten. Er ist eine der ältesten Kulturpflanzen des Menschen und kommt, zumindest bei

Getreide-Mais

uns, nur noch unter der Pflege des Menschen durch. Die häufigste Form ist der Schließ-Lein, dessen kleine Kapseln bei der Reife nicht mehr aufspringen. In einer hochstengeligen Rasse dient er als Faserpflanze, eine niedere, verzweigte Form mit größeren Samen wird zur Gewinnug von Leinöl gebaut.
Der niedere und stärker verzweigte Spring-Lein, der ehemals vor allem im Alpenvorland kultiviert wurde, dürfte heute endgültig bei uns verschwunden sein. Er hatte zwar größere und damit mehr Öl liefernde Früchte, doch die Kapseln sprangen zur Reife auf, und deshalb gingen viele Samen verloren.
Das Zuchtziel sind langstengelige und damit langfaserige Pflanzen mit großen, ölreichen Samen.
In Mitteleuropa ist der Flachsbau allerdings schon fast erloschen. Die Ursache hierfür ist die Konkurrenz der Baumwolle und Kunstfasern auf der einen und der synthetischen Öle auf der anderen Seite. Innerhalb eines Jahrhunderts ging die Anbaufläche auf ein Tausendstel des Bestandes von 1870 zurück, in der BRD wurden Anfang der 70er Jahre nur noch etwa 100 ha Acker mit Lein bestellt. Größere europäische Anbaugebiete gibt es noch in Irland und Flandern sowie in der UdSSR.
Zusammen mit dem Lein sind auch einige auf die Bedingungen der Flachsfelder spezialisierte Unkräuter aus unserer Flora verschwunden.
Die Faser gehört zu den besten und haltbarsten Pflanzengespinsten. Sie wird zu Batist, Damast, Linnen, Drillich oder Sackleinen verwoben; Leinwandlumpen ergeben bestes Papier. Gewonnen werden die Fasern in einem langwierigen Prozeß: Trocknen, Riffeln (Entfernen der Samenkapseln), Rösten (Lösen des Bastes vom übrigen Gewebe durch Wasser oder Taufeuchte), Dörren (zweites Trocknen), Brechen (Abknikken des Halms, um Holzgewebe zu zersplittern), Schwingen (Entfernen der letzten Holz- und Rindenreste) und Hecheln (Kämmen der gereinigten Fasern).

Saat-Weizen

Zweizeilige Gerste

Aus den Samen preßt man Leinöl, das zur Imprägnierung, zu Firnis und Ölfarbe gebraucht wird und das bei der Herstellung von Seifen und Linoleum Verwendung findet. Es gehört zu den trocknenden (verharzenden) Ölen. In Osteuropa dient es auch zu Speisezwecken.

Die Preßrückstände (der Leinkuchen) ergeben wertvolles Rinderfutter.
Die Samen, die auch als Vogelfutter dienen, enthalten viel Schleimstoffe und werden, allein oder im Brot gebacken, als verdauungsförderndes Mittel häufig gegessen. Zu Brei gekocht und in ein

Saat-Roggen

Saat-Hafer

Tuch eingeschlagen, ergeben sie erweichende Umschläge. Leinöl mit Kalkwasser lindert Brandwunden.

Kartoffel
Solanum tuberosum

Der Wurzelstock der 40 bis 100 cm hohen Pflanze treibt zahlreiche, bei der Kulturform sehr kurze, unterirdische Ausläufer, die sich am Ende zu Überwinterungsknollen, den Kartoffeln, verdicken.

Die kräftigen, aufrechten bis aufsteigenden, oberseits etwas kantigen Stengel sind mäßig verzweigt und wechselständig beblättert.

Die Blätter sind unterbrochen gefiedert (auf ein großes Fiederpaar folgt ein viel kleineres); ihr Endzipfel ist meist etwas vergrößert.

Die Blüten stehen in trugdoldenartigen Doppelwickeln. Ihre verwachsenblättrige, weiße, rötliche oder bläuliche Krone ist flachtrichterig ausgebreitet, mit geschwungenem, 5eckigem Saum. Im Zentrum ist ein gelblicher Fleck; darüber erheben sich, kegelförmig zusammenneigend, 5 gelbe, vom grünen Griffel überragte Staubbeutel. Der Kronendurchmesser beträgt 2 bis 3 cm. Die Blütezeit ist von Juni bis August. Die Früchte sind kleine, gelbgrüne, (auch im Anschnitt) tomatenähnliche Beeren mit vielen Samen.

Die Kartoffel wird heute weltweit, besonders aber in Europa, in vielen Sorten angebaut. Diese werden nach der Verwendung als Speise-, Futter- und technische (Brennerei-, Stärke-) Kartoffeln unterteilt. Nach der Knollengestalt gibt es runde, rundovale, plattovale und lange, nach der Schale gelbe, weiße, blaue und rote, und nach der Reife frühe, mittlere und späte Sorten. Ferner unterscheidet man weiß- und gelbfleischige sowie festkochende und mehlige. Man kennt auch in bezug auf die Kartoffelkrankheiten – vor allem die Fäule (Absterben der Sprosse) und den Krebs (braune Geschwülste in den Knollen) – anfällig weitgehend immune Rassen.

Die Pflanze ist sehr anspruchslos und kann in den Alpen bis über 1500 m, im Norden bis gegen den 71. Breitenkreis angebaut werden.

Die Knollen enthalten viel Stärke und Vitamine, vor allem B und C. Das grüne Kraut ist samt den Beeren durch mehrere Alkaloide sehr giftig. Das gilt auch für die Keime und die „Augen" (Knospen der Knolle) sowie die Schale der roten Kartoffeln. Das Fleisch der Knolle ist weitgehend giftfrei. Diese half schon manche Hungersnot zu verhindern. Außer zu Speisezwecken wird sie als wertvolles Viehfutter und als Rohstoffbasis

für techniche Stärke, Spiritus und synthetischen Kautschuk verwendet.
Die Heimat der Kartoffel ist das amerikanische Hochland zwischen Chile und Mexiko. Wahrscheinlich war der spanische Kommandeur Gonzales de Queseda der erste Europäer, der 1536 oder 1537 mit seinen Soldaten im Indianerdorf Sorokota/Neu-Granada (heutiges Kolumbien) dieses Gewächs „mit mehligen, schmackhaften Wurzeln" kostete. Die Spanier bezeichneten es als „eine Art Trüffeln". Der Name wurde von den Italienern übernommen und auf diesem Umweg dürften dann auch die „Tartufoli" nach Deutschland gelangt sein, wo sie sich zu Tartuffeln und Kartoffeln umwandelten. Wer nun eigentlich die Kartoffel nach Europa gebracht hat, läßt sich heute nicht mehr mit Sicherheit rekonstruieren. Kolumbus und nach ihm der Sklavenhändler John Hawkins (1565), Francis Drake (1581) sowie Walter Raleigh (1585) brachten Bataten oder Süßkartoffeln mit, die schon längere Zeit von den kanarischen Inseln bekannt waren.
Irgendwann um das Jahr 1565 herum dürfte Philipp II. von Spanien mit vielen Geschenken aus der peruanischen Stadt Cuzco auch einige Kartoffelknollen erhalten haben. Von ihnen schenkte er einen Teil als Rarität und Medizin an hochgestellte Persönlichkeiten des In- und Auslandes weiter. Über Neapel, den Heiligen Stuhl zu Rom und den Präfekten von Mons (Belgien) gelangte schließlich auch ein Nachkomme der Knollen zu Karl Klausen, dem Hofbotaniker Kaiser Maximilians II. in Wien. 1588 zog Carolus Clusius, wie sich der Professor der damaligen Zeit entsprechend nannte, in den kaiserlichen Gärten seine ersten Kartoffelblumen. Damit hatte sich die Wissenschaft des Gewächses angenommen. Der Basler Botaniker Caspar Bauhin veröffentlichte 1598 die erste Abbildung in einem wissenschaftlichem Werk. Sein Freund Lorenz Scholtz, Arzt in Breslau, hatte ihm eine Beschreibung und Skizze der neuen Pflanze geliefert. Noch lange Zeit war das Gewächs nur Studienobjekt von Ärzten und Apothekern oder wurde von den herrschaftlichen Gärtnern als prächtige Zierblume gezogen. Die Knollen galten als erlesene Speise für fürstliche Tafeln. Der Anbau als Volksnahrungsmittel begann in Kontinentaleuropa zögernd im und nach dem 30jährigen Krieg. Aber erst Friedrich der Große hat dann, gegen den Willen seiner landwirtschaftlichen Berater und unter massiver Militärbedrohung, seine Bauern zum Massenanbau von Kartoffeln gezwungen. In Frankreich ging der königliche Botaniker Parmentier wesentlich eleganter vor. Er legte einige Kartoffelfelder an und ließ sie tagsüber von Soldaten bewachen. Nachts zog er die Schutztruppe ab, worauf die Bauern der Umgebung seine kostbaren Früchte stahlen und anbauten. Der eigentliche Durchbruch kam aber nach den Hungerjahren 1745, 1771, 1772 und zuletzt 1774, als jedesmal das Brotgetreide schwer gelitten hatte, während die Kartoffeln prächtig gediehen waren.
Auf den Britischen Inseln ging die Kartoffel-Geschichte ihren eigenen Weg. Als Ende des 16. Jh. noch fast alle festländischen Pflanzen Nachkömmlinge der Clusiusschen Zucht waren — und damit indirekt vom spanischen Hof stammten — beschrieb der Apotheker Gerard ein neues Heilmittel, die Kartoffel. Im Gegensatz zu den Kontinentalknollen mit roter Schale und violetten Blüten war seine Sorte gelbschalig und weißblühend. Vermutlich hat er Prisengut aus einem gekaperten spanischen Schiff im Londoner Hafen erstanden.
Hier ist dann auch noch einmal Walter Raleigh zu erwähnen, nicht als der „Entdecker" der Kartoffel, aber als der Mann, der auf seinen irischen Gütern Anfang des 17. Jh. die Kartoffelkultur förderte und damit wesentlich dazu beitrug, daß dieses arme Land nahezu 200 Jahre lang von Hungersnöten verschont blieb. Um so verheerender waren dann allerdings die Folgen, als 1845 und 1846 die aus Amerika eingeschleppte Kartoffelfäule fast die gesamte Ernte vernichtete. 1848 waren von den ehemals 8 Millionen Iren 1 Million verhungert und eine weitere Million in höchster Not ausgewandert.

Getreide-Mais

Zea mays

Das stattliche, einjährige Kraut hat bis zu 2,5 m hohe, markerfüllte Halme, die bis oben hin dicht beblättert sind. Die Basis, welche bis zu 6 cm breit werden kann, ist mit zahlreichen krallenartigen, sproßbürtigen Wurzeln im Boden verankert.
Die Blätter haben glatte, stengelumfassende Scheiden und bandartig breite, überhängende Spreiten, die bei den obersten sehr kurz sind oder ganz fehlen.
Im Gegensatz zu den anderen Gräsern ist der Mais eingeschlechtig-einhäusig. Die männlichen Spelzenblüten stehen in endständiger, vielästiger, oft locker überhängender Rispe, die weiblichen sind zu Kolben vereinigt, die, von Blattscheiden umhüllt, auf kurzen Seitenzweigen in den Achseln der mittleren Halmblätter stehen. Die fadenförmigen Griffel ragen als dickes Büschel aus den spitzen Enden der Blütenkolben hervor. Die Blütezeit ist zwischen Juli und September.
Mais, auch Welschkorn oder Kukuruz genannt, wird bei uns nur in den wärmeren Gegenden als Körnerfrucht angebaut. In höheren Lagen reifen die Kolben, bedingt durch die späte Blüh- und die lange Reifezeit, nicht aus. Doch gibt die ganze Pflanze ein gutes, nahrhaftes Viehfutter, das frisch, getrocknet oder vergoren gegeben wird. Sie laugt allerdings den Boden stark aus. Zum Gedeihen braucht sie sommerwarme Kalkböden und Regen in der Hauptwachstumszeit. Ihre obere Anbaugrenze liegt in Mitteleuropa bei etwa 800 m. Die Körner werden zur Geflügelmast, die entkörnten Kolben auch als Schweinefutter verwendet.
Bei uns wird die Pflanze seltener zur menschlichen Ernährung herangezogen,

doch bildet Maismehl die Grundlage für eine ganze Reihe von Nationalgerichten: Polenta in Italien, Mamaliga in Rumänien, Tortilla in Spanien und Türkenriebel in der Schweiz. Maismehlstärke gibt verschiedene Arten von Puddingpulver und wird auch zu Dextrin, Traubenzucker und Alkohol weiter verarbeitet.

Die reifen Körner ergeben Brei, Gemüse oder Puffmais (popcorn), je nach Sorte auch Preßsirup oder nach Vergärung Maisbier. Keimlinge werden als Salat zubereitet, oder es wird technisches und Speiseöl aus ihnen gewonnen. Die unreifen Kolben liefern Gemüse; bei uns werden sie auch gerne in Essig eingelegt verzehrt und zu Mixed Pickles verarbeitet.

Kolbenhüllblätter dienen schließlich noch als Flechtmaterial für Hüte und Matten oder als Rohstoff zur Papierherstellung. Die ganze Pflanze gibt getrocknet Verpackungsmaterial. Das Mark liefert Rohstoff zur Herstellung von Linoleum, Zelluloid und Isolierstoffen. Die Kolbenspindeln werden in Missouri/USA zu Pfeifenköpfen (corncob pipes) geschnitzt; außerdem läßt sich aus ihnen Furfurol, Lösungsmittel und Ausgangsstoff für verschiedene chemische Synthesen, gewinnen. Einige Rassen werden auch als Zierpflanzen gezogen.

Der Mais ist das einzige Getreide, das wir aus der Neuen Welt bezogen haben. 1492 brachten Kundschafter aus der Mannschaft Columbus' die ersten Maissamen aus dem Inneren Kubas mit. Schon für 1525 ist der feldmäßige Anbau in Andalusien erwiesen.

Die Stammformen der Art sind unbekannt, die Europäer übernahmen schon Kulturrassen aus Mittelamerika. Bei Ausgrabungen in Bat Cave fand man kleinkolbige Primitivrassen, deren Alter mit etwa 6000 Jahren berechnet wurde. Heute gibt es ca. 500 verschiedene Sorten. Sehr viel werden die Hybridmaise angebaut, besondere Bastarde, die im Ertrag ihre Elternrassen übertreffen. Da in der zweiten Generation jedoch diese Nutzungssteigerung schlagartig nachläßt, muß das Saatgut immer wieder neu in besonderen Zuchtstationen aus den Eltern erzeugt werden.

Saat-Weizen
Triticum aestivum

Das ein- bis zweijährige, 70 bis 160 cm hohe Gras hat einen schwach-büscheligen Wuchs. Die hohlen Halme stehen aufrecht und sind wechselständig mit breiten, langlinealen und langscheidigen Blättern besetzt.

Je 2 bis 5 Spelzenblüten bilden ein Ährchen, doch sind meist nur 2 bis 3 fruchtbar und von diesen setzen nur in guten Jahren alle Körner an. Die Ährchen sind je nach Sorte unbegrannt oder tragen mehr oder weniger kurze Grannen. Sie bilden eine dicke, etwas flachgedrückte, vierkantige Ähre. Bei den heutigen Rassen zerfällt die Spindel bei der Reife nicht mehr in einzelne Abschnitte. Die Blütezeit ist im Juni und Juli.

Der Weizen ist das häufigste Brotgetreide in der Welt. Er wird bei uns bis gegen 1000 m ü. d. M. angebaut. In den Anden gedeiht er bis 4000 m ü. d. M. Man kultiviert ihn von Südafrika bis Mittelskandinavien (über 60° n. Br.) und im Gebiet von Werchojansk nördlich des Polarkreises.

Seine Körner enthalten bis zu 64 % Stärke, dazu Zucker, Eiweiß und, insbesondere im Keimling, auch Fett. Früher wurden sie nur geröstet und erst später zu Mehl vermahlen (*tero, trivi, tritum,* lat. = zermalmen; Weizen von weiß, in Bezug auf das Mehl).

Außer Mehl und Brot liefert dieses Getreide Teigwaren, Grieß, Graupen und Braumalz für Weizenbier oder Branntweinmaische, ferner Kleie, Stärke und Kleister, Stroh zur Streu, Papierfabrikation und Flechtwerken (Florentiner Strohhüte), nur noch selten zum Dachdecken und als Viehfutter.

Die Zahl der Weizensorten dürfte etwa 10 000 betragen. Die eigentliche Heimat der Pflanze ist in Vorderasien, etwa im Gebiet von Armenien und Grusinien, zu suchen, wo noch heute eine Reihe von wildwachsenden und kultivierten Arten gedeiht. Man rechnet heute mit einer über 10 000jährigen Geschichte der Weizenkultur, da schon die ältesten Funde, wie die von ägyptischen Arten in den Gräbern der Pharaonen (6000 Jahre), Kulturpflanzenmerkmale zeigen, wie sie nur in vielen Tausenden von Generationen (= Jahren) herangezüchtet werden können. Der Urweizen dürfte 14 Chromosomen besessen haben. Soviel haben auch die Rassen einer alten Kulturart, des Einkorns. Aus diesem ist eine zweite Art, der Emmer, durch Einkreuzen eines Grases aus der Gattung *Aegilops* oder *Agropyron* (Quecke) mit anschließender Chromosomenverdoppelung entstanden. Der Emmer hat 28 Chromosomen. Mit großer Wahrscheinlichkeit ist dann durch Kreuzung des Emmers mit der Art *Aegilops squarrosa* und nochmaliger Chromosomenpolyploidisierung der Vorfahr unseres Saat-Weizens mit 42 Chromosomen entstanden. Die letztgenannte Kreuzung wurde 1944 von den Forschern Mac Faden und Sears nachvollzogen. Sie erhielten dabei eine Pflanze, welche dem Dinkel glich, der um diese Zeit schon seit langem in Mitteleuropa angebaut wurde. In den letzten Jahrzehnten sind Einkorn, Emmer und Dinkel, zumindest bei uns, von den Feldern endgültig verschwunden.

Saat-Roggen
Secale cereale

Die ein- oder zweijährige, seltener auch ausdauernde Pflanze wird bis zu 2 m hoch und ist in allen Teilen blaubereift.

Je 2 Spelzenblüten bilden ein langbegranntes Ährchen. Die Ährchen stehen in einer bis zu 20 cm langen, endständigen Ähre, welche zumindest zur Reifezeit übergebogen nickt.

Der Roggen blüht von Mai bis Juni und wird heute als Brotgetreide in allen Erdteilen angebaut. Er eignet sich vor allem als Winterfrucht für rauhe Klimalagen und wird bei uns noch in Höhen über 1000 m angebaut. In Südeuropa gedeiht

er noch in 2000 m Höhe, im Norden bis über 69° n. Br. (hier oft zweijährig: im ersten Sommer als Grünfutter gemäht und aus der Stoppel wieder ausschlagend). Er wächst im Durchschnitt etwa 1000 km nördlicher als der Weizen und kommt auch noch auf nährstoffarmen, leichten Sandböden durch.
Als Kulturpflanze ist dieses Getreide relativ jung. Funde sind erst aus der Bronzezeit, d. h. höchstens 2000 Jahre vor der Zeitrechnung, bekannt. Weder Assyrer noch Babylonier, Ägypter oder Griechen nutzten die Pflanze. Die Römer lernten sie erst auf ihren Kriegszügen nach Germanien kennen. Sie schätzten den Roggen nicht hoch ein, weil ihnen die Körner zu klein und das aus dem Mehl gebackene Brot zu schwarz erschienen. Roggen dürfte als Unkraut mit Gerste und Weizen von Kleinasien nach Europa eingeschleppt worden sein. Wildroggen kommt heute noch in den Weizenfeldern Persiens und der Türkei recht häufig vor. Im rauhen Klima Mitteleuropas war er dem damaligen Weizen überlegen und hat sich durch natürliche Auslese zur Kulturpflanze entwickelt. Um die Zeitwende war er Hauptbrotfrucht bei Kelten, Germanen und Slawen.
Die Nutzung der Pflanze ist ähnlich wie beim Weizen, nur daß eben der Roggen Schwarzmehl liefert und seine Körner öfter als Geflügelmastfutter Verwendung finden. In Weizengebieten baut man ihn oft nur als Grünfutter an.
Vor allem in Feuchtjahren wird er gerne von Mutterkornpilzen befallen, die als kleine, schwarze, harte Hörnchen aus den Ährchen herauswachsen. Sie sind durch Alkaloide äußerst giftig. Solange das Brotgetreide nur ungenügend gereinigt wurde, kam es durch sie immer wieder zu epidemieartig auftretenden Vergiftungserscheinungen mit Todesfällen.

Zweizeilige Gerste
Hordeum distichon

Das ein- bis zweijährige Gras wird 60 bis 130 cm hoch. Seine Spelzenblüten sitzen einzeln in Ährchen, die jeweils zu dritt gebüschelt eine bis 15 cm lange, meist nickende und langbegrannte Ähre bilden. Bei unserer Art verkümmern an den Ährendrillingen immer die beiden äußeren Ährchen; nur die Blüte des mittleren Ährchens ist fruchtbar und setzt Körner an. Dadurch entsteht die flache, zweizeilige Ähre (Artname! *dis,* gr. = zwei; *stichos,* gr. = Reihe).
Bei der Mehrzeiligen Gerste, *Hordeum vulgare,* die bei uns seltener angebaut wird, setzen alle 3 Ährchen Frucht an. Bei der Unterart Sechszeil-Gerste sind dann alle Ährchen abgespreizt, bei der Vierzeil-Gerste ist das mittlere jedes Drillings der Ährenachse angedrückt. Unsere Zweizeilige Gerste, die vorwiegend als Sommergetreide angebaut wird, gibt zwar weniger, aber größere Körner. Sie liefert vor allem Braumalz, daneben Kaffee-Ersatz, Tee, Graupen, Grieß und Geflügelfutter. Das Korn läßt sich auch zu backfähigem Mehl vermahlen, doch ist das Brot daraus zwar nahrhaft, aber wenig wohlschmekkend. Es wurde schon den römischen Legionären als Strafkost zugeteilt. Andererseits ist es in Tibet und im Norden Europas oft das einzige Backwerk.
Die Gerste läßt sich noch in Gegenden anbauen, in denen die Kultur anderer Getreidearten unmöglich ist: in den Salzsteppen Vorderasiens, im Hochland von Tibet bis 4500 m Höhe und in den Dauerfrostböden der nordischen Tundra um den 70. Breitenkreis, wenn diese wenigstens drei Monate im Jahr bis etwa 40 cm tief auftauen. Hier wirkt sich die äußerst kurze Vegetationszeit dieses Getreides günstig aus; die Pflanze benötigt nur etwa $^1/_4$ Jahr von der Aussaat bis zur Reife. Die Stammformen der Gerste wachsen heute noch wild in Nordafrika, im Orient und in Mittelasien, ein zweiter Formenkreis hat sein Areal in Tibet und China, im Bereich des oberen Jangtsekiangs. Bereits vor 7000 Jahren wurde Gerste in Asien angebaut. Sie war nicht nur Brotgetreide der Sumerer, Assyrer, Babylonier und Ägypter, sondern diente ihnen schon

Klatsch-Mohn

Acker-Rettich (Hederich)

Acker-Hellerkraut

Acker-Stiefmütterchen

Korn-Rade

Erdnuß-Platterbse

vor mindestens 4- bis 5000 Jahren als Rohstoff für die Bierherstellung. Nach aufgefundenen Schrifttafeln hatte eine ägyptische Königin Anspruch auf 4 Krüge Bier pro Tag, ihr gesamter Hofstaat bekam täglich 130 Krüge.

Saat-Hafer
Avena sativa

Das einjährige Gras hat glatte, aufsteigende oder aufrechte, 60 bis 150 cm hohe Halme, kahle Blattscheiden und 1 bis 2 cm breite, meist rauhe Spreiten. Es ist in allen Teilen graugrün.

Die Ährchen besitzen 2 bis 3 cm lange Spelzen, welche die je 2 Spelzenblüten vollständig umhüllen, so daß höchstens noch die (bei einigen Rassen vorhandene) Granne aus der Spitze hervorragt. Meist hängen die Ährchen an den Endverzweigungen der locker ausgebreiteten, bis zu 30 cm langen Rispe.

Der Hafer blüht von Juli bis August und wird als Getreidefrucht und Futtermittel angebaut. Er wächst vor allem in den gemäßigten Zonen. Es handelt sich um ein ziemlich anspruchsloses Gewächs, das auch auf schwach sauren Böden im sommerkühlen Klima gedeiht. Nur gegen Frost ist es sehr empfindlich. Hafer wird deshalb meist erst im Frühjahr (Sommergetreide) und nur selten schon im Herbst (als Wintergetreide) ausgesät. Unter diesen Bedingungen kommt er noch in Mittelgebirgslagen und bis gegen 69° n. Br. vor.

Am häufigsten wird er in einer Rasse mit allseits breit ausladenden Rispen kultiviert, seltener als Fahnenhafer mit einseitswendiger, durch die fast aufrecht angelegten Äste sehr schmalen Rispe. Neben dem Saat-Hafer gibt es dann noch eine Reihe weiterer, teilweise anspruchsloserer aber auch ertragsärmerer Arten, die bei uns nur noch selten angebaut werden, aber als Unkraut in Saat-Haferfeldern überdauern. Sie haben meist nur 14 oder 28 Chromosomen, während unsere Art mit (einem 6fachen Satz von) 42 Kernschleifen ausgerüstet ist. Unkraut im Haferfeld ist auch der Flug-Hafer, *Avena fatua,* mit 3blütigen Ährchen und stark behaarten Blütenspelzen. Er reift meist etwas früher und überragt deshalb bis in den Juli hinein das Saat-Hafer-Niveau. Wir sehen in ihm die Stammform unseres Kulturhafers. Er dürfte erst in der Eisenzeit in Mittel- oder Osteuropa vermutlich von slawischen Völkern in Kultur genommen worden sein. Wahrscheinlich war er zunächst Unkraut in Roggenfeldern.

Hafermus (in Schottland „porridge") war vor Einführung der Kartoffel allgemeines Volksnahrungsmittel und als sättigende und stärkende Speise gerühmt. In der Volksmedizin wird Haferschleim als kräftigende und bekömmliche Nahrung für Rekonvaleszente verabreicht. Hafertee wird gegen Husten, Schlaf- und Appetitlosigkeit, Nervenschwäche und erhöhten Blutdruck empfohlen. Mit Grütze macht man erweichende Umschläge. Früher wurden auch Haferbier gebraut und Haferfladen gebacken. Heute finden vor allem Haferflocken als Rohkost, Suppeneinlage und Breigrundlage Verwendung.

Sonst dienen die Körner als nährstoffreiches Pferde- und Geflügelfutter; die ganze Pflanze wird, oft zusammen mit Erbsen, als Grün- oder Trockenfutter angebaut.

Klatsch-Mohn
Papaver rhoeas

Die ein-, selten auch zweijährige Pflanze hat einfache oder wenig verzweigte, bis über 80 cm hohe Stengel, die wechselständig beblättert und mit abstehenden Borstenhaaren bedeckt sind. Die ganze Pflanze enthält weißen, klebrigen Milchsaft und riecht schwach unangenehm.

Die Blätter, von denen höchstens die untersten kurz gestielt sind, haben 1- bis 2fach fiedrig geteilte Spreiten, deren Abschnitte scharf gezähnt sind.

Die großen, in Ausnahmefällen bis zu 10 cm breiten, scharlachroten Blüten stehen einzeln an langen Stielen. Ihre lang-eiförmigen Knospen nicken und werden von 2 borstig behaarten Kelchblättern umhüllt, die nach dem Öffnen der Blüte bald abfallen. Die 4 freien, an der Basis meist schwarzgefleckten Kronblätter sind sehr zart. Zahlreiche schwarze Staubblätter umgeben einen dicken, eiförmigen Fruchtknoten, der mit einer meist 10strahligen, flachkegeligen Narbenscheibe abschließt. Die Pflanze blüht von Mai bis Juli auf Äkkern, Feldrainen und Wegrändern sowie an Schuttstellen. Diese eurosibirische Art ist heute weltweit verschleppt. Da sie immer wieder auf die Feldraine ausweicht und von dort aus die Äcker neu besiedelt, findet man sie oft heute noch in erstaunlich großen Beständen, so daß manche Felder von ferne leuchtend rot erscheinen. Als einheimische Pflanze steigt sie von den Niederungen bis in mittlere Gebirgslagen, so hoch, wie Getreide angebaut wird.

Bei den Ägyptern war Mohn die Blume der Trauer. Man fand schon in 3000 Jahre alten Mumiengräbern vertrocknete Mohnblüten, bei denen selbst die Staubgefäße noch erkennbar waren.

Später wurde der Mohn in der Volksmedizin benutzt. Aus den Kronblättern stellte man einen Hustensirup her. Da die Blüten aber das giftige Alkaloid Rhoeadin enthalten (das auch im Milchsaft als Abwehrmittel gegen Pflanzenschädlinge vorkommt), sollte mit der Droge vorsichtig umgegangen werden.

Kinder schlagen die Blütenblätter zusammengefaltet gegen die Hand oder die Stirn, wobei ein klatschendes Geräusch entsteht (Name!).

Die Pflanze ist sehr veränderlich und kommt in vielen Formen vor. Daneben gibt es als Ackerunkraut noch mehrere andere, ähnliche Arten, die man vor allem nach der Gestalt des Fruchtknotens und seiner Behaarung unterscheidet.

Acker-Rettich (Hederich)

Raphanus raphanistrum

Die einjährige, bis etwa 60 cm hohe Pflanze hat eine dünne, weißliche Pfahlwurzel. Ihre aufrechten oder aufsteigenden Stengel sind verzweigt und im unteren Teil borstig behaart.

Die wechselständigen Blätter sind mehr oder weniger deutlich gestielt; die unteren leierförmig-lappig bis fiederteilig geschnitten, die oberen meist ungeteilt, aber am Rand unregelmäßig gezähnt.

Die vierzähligen Blüten sind hellgelb bis weißlich und oft violett geädert. Der Kelch steht aufrecht, der Krone aufgedrückt. Dies ist ein wichtiges Unterscheidungsmerkmal zu dem an ähnlichen Orten auftretenden und sonst leicht verwechselbaren Acker-Senf (s. unten), dessen 4 Kelchblätter waagerecht abstehen. (Mnemotechnisch: Senf — senkt; Hederich — hebt.)

Die Früchte sind perlschnurartig eingeschnürte Schoten, die zur Reife in einzelne Abschnitte zerfallen.

Die Pflanze blüht von Juni bis Oktober und erscheint verbreitet als lästiges Unkraut auf Äckern und Schutt, wobei sie kalkarmen bis kalkfreien Boden bevorzugt. Da die Samen lange Zeit keimfähig bleiben, gestaltet sich die Bekämpfung der Art schwierig.

Sie gedeiht von den Niederungen bis in Mittelgebirgslagen und ist heute weltweit verbreitet.

Der Hederich ist mit großer Wahrscheinlichkeit die Stammform unserer Kulturpflanze Rettich. Das Kraut und vor allem die Samen, die sehr ölreich sind, haben einen brennend scharfen Geschmack.

Acker-Hellerkraut

Thlaspi arvense

Die einjährige hellgrüne Pflanze hat bis zu 30 cm hohe, kantige Stengel und riecht beim Zerreiben schwach nach Knoblauch (durch Allylsulfid).

Von den länglich-eiförmigen, ganzrandigen oder entfernt gezähnten Laubblättern sind die unteren gestielt; die oberen sitzen. Ihr Blattgrund ist durch beidseits vorgezogene Öhrchen pfeilförmig.

Die kleinen weißen Blüten sind vierzählig mit gelbgrünem Kelch. Sie sind rela-

Roter Gauchheil

Acker-Winde

Kleine Wachsblume

tiv lang gestielt und stehen anfangs in doldig zusammengezogener, später dann langgestreckter Traube.
Die Früchte sind große, rundliche, flachgedrückte Schötchen mit breitem Saum, der einen tiefen Einschnitt am Scheitel aufweist (*thlao*, gr. = ich zerdrücke; der flachen Früchte wegen, die an Geld, „Heller", erinnern). Die Pflanze blüht von Mai bis Oktober und ist in den Ackerbaugebieten der Nordhemisphäre auf Feldern und Schuttstellen verbreitet.

Acker-Stiefmütterchen
Viola tricolor

Dieses ein- bis mehrjährige Veilchen hat aufsteigende oder aufrechte, bis zu 30 cm lange, verästelte Stengel, die meist kantig und hohl sind.
Die gestielten Blätter haben eine rundliche bis eiförmige Spreite, deren Rand schwach gekerbt ist. Die Nebenblätter sind tief fiedrig geteilt.
Aus den Blattachseln entspringen langgestielte, 1 bis 3 cm breite, zweiseitigsymmetrische und gespornte, fünfzählige Blüten. Ihr Farbmuster variiert sehr stark. Weiß, Gelb und Violett sind die drei Haupttöne (*tri*, lat. = drei; *color*, lat. = Farbe). Die drei untersten Kronblätter tragen stets an der Basis einen gelben Fleck mit radialem, dunkelviolettem oder schwarzem Streifenmuster. Mit einiger Phantasie läßt sich die Blüte als griesgrämiges Gesicht ansehen. Dies soll zum Namen Stiefmütterchen oder auch Schwiegermütterchen geführt haben. Nach anderer Deutung gelten die beiden oberen Kronblätter als die breite Ruhebank der Stiefmutter, die beiden angelehnten gehören den zwei leiblichen Kindern, während das abgewandte untere den beiden Stiefkindern zugeteilt wird. Dann gibt es noch die gegenteilige Version, daß die drei unteren, sehr oft gleichgefärbten Blütenblätter Mutter und 2 Töchter darstellen, während die andersgefärbten oberen die zwei Stieftöchter seien.
Die Früchte sind vielsamige kugelige

Kohl-Gänsedistel

Korn-Flockenblume (Kornblume)

Acker-Kratzdistel

Echter Huflattich

Gemeine Quecke

Kapseln. Die Art ist sehr veränderlich und formenreich. Sie zählt zu den Stammformen des Garten-Stiefmütterchens, *Viola wittrockiana*, mit prächtig gefärbten, 3 bis 5 cm breiten Blüten. Die Pflanze blüht fast das ganze Jahr über, wobei oft mehrere Generationen nacheinander zur Samenreife gelangen. So breitet sie sich rasch aus. Sie ist, aus dem gemäßigten Eurasien stammend, heute von den Niederungen bis ins Gebirge weltweit verbreitet. Sie gedeiht auf Äckern, Brachen, Schuttstellen und Wiesen.

Die saponinhaltige Pflanze galt früher als Mittel gegen Husten und Blasenkatarrh. Ihr Absud oder die Tinktur wird heute aber höchstens noch äußerlich gegen verschiedene Hautkrankheiten angewandt.

Korn-Rade
Agrostemma githago

Die einjährige Pflanze hat bis zu 1 m hohe, aufrechte und höchstens oberseits gabelig verzweigte Stengel. Alle grünen Teile sind graufilzig behaart. Die gegenständigen Blätter sind schmallanzettlich und lang zugespitzt.

Die großen, fünfzähligen Blüten stehen einzeln an langen Stielen. Ihre Kelchblätter sind am Grund glockenförmig verwachsen, die langen, schmalen Zipfel überragen die breiten, schmutzigvioletten bis rötlichen, an der Spitze meist ausgerandeten Kronblätter. Die Blütezeit ist von Juni bis September. Die Früchte sind längliche Kapseln mit zahlreichen schwarzen Samen, die sehr giftig sind.

Die Pflanze war früher von den Niederungen bis in Mittelgebirgslagen in den Getreideanbaugebieten fast der ganzen Welt verbreitet. Durch die modernen Methoden der Saatgutreinigung ist sie an vielen Stellen Mitteleuropas gänzlich verschwunden. Da sie ausschließlich in den Feldern wächst und nicht auf Ödland oder die Wegränder ausweicht, wird sie bei uns bald ganz ausgestorben sein.

Die ganze Pflanze, besonders aber die stärke- und ölhaltigen Samen enthalten Glykosid-Saponine, vor allem das giftige Githagin. Dieses wird im Gegensatz zu vielen anderen Saponinen vom Darm besonders gut absorbiert, was dann sehr leicht zu Vergiftungen führen kann. Dennoch wurden früher die Samen als Hausmittel gegen Würmer verwendet. Auch das Mehl war oft durch Radenrückstände verunreinigt, da die Samen wegen gleicher Dicke und Schwere nur schlecht vom Korn zu trennen waren.

Die Herkunft des Namens Rade ist unsicher; der wissenschaftliche Name kommt vielleicht von: *agros*, gr. = Akker, *stemma*, gr. = Krone, Kranz (weil die Blume zusammen mit Mohn und Kornblume oft in Getreidekränze als Schmuck gewunden wurde); *gith* nennt Plinius den Schwarzkümmel, die pejorative Endung bezeichnet unsere Pflanze der Samen wegen als minderwertigen Schwarzkümmel

Erdnuß-Platterbse
Lathyrus tuberosus

Die ausdauernde, mattgrüne und kahle Pflanze hat einen kriechenden Wurzelstock mit mehrjährigen, erbsen- bis walnußgroßen, stärkereichen, eßbaren Wurzelknollen, die mit Vorliebe von Wildschweinen ausgegraben und gefressen werden (*tuber*, lat. = Trüffel). Die niederliegenden oder rankenden, deutlich vierkantigen Stengel werden bis zu 1 m lang.

Die wechselständigen Blätter sind gestielt, die geteilte Spreite besteht aus einem Paar lang-eiförmiger Fiederblättchen und einer einfachen oder verästelten Ranke.

Die duftenden, karminroten Schmetterlingsblüten, mit weißlichem, schief nach links gedrücktem Schiffchen, bilden 2 bis 5 blattachselständige, langgestielte und einseitswendige Trauben.

Die Früchte sind ca. 3 cm lange braune Hülsen mit 3 bis 6 glänzend dunkelbraunen Samen.

Die Pflanze blüht von Juni bis August und erscheint als Unkraut auf Äckern und an Wegrändern; sie bevorzugt kalkhaltigen Untergrund in wärmeren Lagen und steigt in Mitteleuropa kaum über 1000 m.

Ihre ursprüngliche Heimat sind die Steppengebiete zwischen Kaspisee und unterer Donau. Heute ist sie zumindest auf der Nordhemisphäre der (warm-)gemäßigten Zone weit verbreitet.

Die Knollen, die auch von Mäusen und Krähen gerne gefressen werden, waren früher, abgebrüht oder geröstet, wertvolle Zusatzkost für den menschlichen Bedarf. Da große Mengen stopfend wirken, galten sie zugleich als Heilmittel gegen Ruhr.

Roter Gauchheil
Anagallis arvensis

Die zierliche, einjährige Pflanze hat niederliegende oder an der Spitze aufsteigende, vierkantige, verästelte Stengel, die bis zu 30 cm lang werden können, während die Wurzel über 40 cm tief reichen kann.

Die eiförmigen, ganzrandigen Blättchen sitzen meist mehr oder weniger deutlich kreuzweise gegenständig, seltener in Dreierquirlen am Stiel.

Aus ihren Achseln entspringen an langen Stengeln einzeln die verwachsenkronblättrigen Blumen, deren flach ausgebreitete Blütenhüllen tief in 5 Zipfel gespalten sind. Bei der var. *arvensis* ist die Krone ziegelrot, bei der selteneren und gebirgsmeidenden var. *caerulea*, Blauer Gauchheil, tief himmelblau gefärbt.

Die Früchte sind kugelige Deckelkapseln.

Die Pflanze blüht von Mai bis Oktober auf Äckern und Brachen von den Niederungen bis in Mittelgebirgslagen. Sie ist heute weltweit verbreitet.

Alle Teile, vor allem die schwach giftigen Samen, wurden früher als Mittel gegen mancherlei Gebrechen, wie Leberleiden, Wassersucht und Lungenkrankheiten, äußerlich gegen Warzen und Schlangenbisse angewandt. Wegen der betäubenden Wirkung wurde ihr Extrakt zur Besänftigung (Heilung) Geisteskranker gebraucht (Gauch = Narr).

Acker-Winde

Convolvulus arvensis

Die ausdauernde Pflanze besitzt einen langen, bis über 2 m tief reichenden Wurzelstock und niederliegende oder linkswindend kletternde, 30 bis 100 cm lange Stengel.

Die wechselständigen, gestielten Blätter sind eiförmig mit pfeilförmiger Basis. Sie werden nach oben zu kleiner, doch sind die unteren zur Blüte meist schon verwelkt. Die langgestielten Blüten erscheinen einzeln in den Blattachseln. Sie besitzen eine schwach 5zipfelige, trichterförmig verwachsene Krone, die reinweiß oder rosa und meist rotstreifig ist. Sie blühen nur einen Tag lang, und zwar öffnen sie sich bei gutem Wetter morgens gegen 7 bis 8 Uhr. Sie locken mit ihrem Vanilleduft Fliegen, Bienen und Hummeln an. Schon am frühen Nachmittag schließen sie sich wieder, die Krone verwelkt und fällt als Ganzes ab.

Die Früchte sind spitze Kapseln mit 4 Samen, die bei uns sehr oft fehlschlagen. Die Hauptvermehrung der Pflanze erfolgt in Mitteleuropa vegetativ mit Hilfe der Ausläufer und der Wurzelbruchstücke.

Die Pflanze blüht von Juni bis September auf Äckern, Feldrainen und Ödstellen vom Tiefland bis in die Bergregion, im Süden auch im Gebirge. Aus dem Mittelmeergebiet stammend, ist sie heute weltweit als schwer ausrottbares Unkraut verschleppt. Laub und Wurzeln enthalten das abführend wirkende Glykosid Jalapin. Die Blätter sind oft mit Stolbur-Erregern infiziert, die dann von saftsaugenden Insekten auf Tabak und Kartoffeln übertragen werden können.

Kleine Wachsblume

Cerinthe minor

Die meist nur zweijährige, bis zu 50 cm hohe Pflanze ist, im Gegensatz zu den anderen Gattungen ihrer Familie, unbehaart. Sie fühlt sich jedoch rauh an, weil die Höcker, aus denen sonst die einzelnen Haare entspringen, noch vorhanden sind. Sie ist bläulich bereift oder öfters rötlich überlaufen. Die gerillten Stengel sind meist verzweigt und aufsteigend bis aufrecht. Die untersten der lang-eiförmigen Blätter (zur Blüte meist verwelkt) sind langgestielt, die oberen sitzen stengelumfassend.

Die schwefelgelben Blüten haben eine röhrige, fast bis zur Mitte in 5 Zipfel gespaltene Krone, nicken und bilden durchblätterte Wickel.

Die Pflanze blüht von Mai bis Juli und erscheint selten auf Äckern, Schutt und Wegrändern der niederen, warmen Lagen. Ihre Heimat ist Süd(ost)europa und das Schwarzmeergebiet. Sie ist eine gute Bienenweide *(keros*, gr. = Bienenwachs, Biene; *anthos*, gr. = Blume).

Kohl-Gänsedistel

Sonchus oleraceus

Die einjährige, 10 bis 100 cm hohe, reichlich Milchsaft führende Pflanze hat aufrechte, hohle, oberseits schwach vezweigte Stengel.

Die krautig-weichen Blätter sind bläulichgrün, die unteren in geflügelte Stiele verschmälert, im Umriß länglich-eiförmig, ungeteilt oder sägeförmig fiederspaltig, die oberen weniger geteilt und mit pfeilförmigem Grund stengelumfassend sitzend. Alle haben einen ungleich spitz (doch nicht stachelig) gezähnten Rand, sind kahl und fühlen sich fettig glatt an.

Die satt- bis blaßgelben, außen oft violett- oder braungestreiften Zungenblüten stehen in Körbchen, die von einer walzenförmigen, zuletzt aber über der Mitte auffallend und stark verengten Hülle aus schmalen, grünen, 10 bis 15 mm langen Hüllblättern eingefaßt sind und eine Einzelblüte vortäuschen. Sie bilden lockere Doldentrauben.

Die Früchte sind dreikantige, an der Spitze lang behaarte (flugtüchtige) Nüßchen.

Die Pflanze blüht von Juli bis Oktober und erscheint als Unkraut vor allem in Hackfruchtfeldern, Gärten und Weinbergen sowie auf Ödland und Schutt. Bei uns steigt sie bis in die Berglagen um 900 m, in den Südalpen erreicht sie Höhen bis zu 1700 m. Die stickstoffliebende Art ist heute auf Kulturland in den gemäßigten Zonen der ganzen Welt zuhause.

Sie wurde im Mittelalter als Salat- und Gemüsepflanze angebaut, deren Milchsaft gut gegen Leberleiden sein soll. Heute gilt sie nur noch als geschätztes Futter für Kaninchen, Ziegen, Schweine und, wie der Name andeutet, auch für Gänse. *Sonchus* war der Name einer Distelart bei den alten Schriftstellern. Er wurde willkürlich auf unsere Gattung übertragen; *oleraceus* kommt von *olus*, lat. = Kohl, Grünzeug, und erinnert an die frühere Verwendung der Pflanze.

Korn-Flockenblume (Kornblume)

Centaurea cyanus

Die ein-, seltener zweijährige Pflanze treibt aus spindelförmiger Wurzel derbe, bis zu 60 cm hohe und meist verzweigte, aufrechte Stengel.

Die wechselständigen, ziemlich schlaffen, schmallinealen und ungestielten Blätter sind dicht mit grauen Kurzhaaren besetzt.

Die 5zipfligen Röhrenblüten sitzen in langgestielten, endständigen Körbchen, deren Hülle von dachziegelig angeordneten grünen Schuppenblättchen mit kurzgefranstem schwarzem Rand gebildet wird. Die Blüten im Zentrum sind violett, seltener rötlich oder weiß. Die Randblüten sind größer, mit strahlig verlängerten, vermehrten (etwa 7) Zipfeln und „kornblumenblau" gefärbt. Sie sind unfruchtbar und dienen nur als

„Schauapparat“, doch sind die häufigsten Besucher Fliegen und Ameisen. In der Regel kommen auf 8 bis 10 Randblüten 16 bis 20 Scheibenblüten. Deren Staubfäden sind reizbar: werden die 5 zu einer Röhre verwachsenen Staubblätter berührt, ziehen sie sich zusammen und am Röhrenende tritt ein Pfropfen Blütenstaub aus, der von dem stehenbleibenden, noch nicht befruchtungsreifen Griffel (passiv!) herausgeschoben wurde.
Die Früchte sind flaumig behaarte Nüßchen.
Die Pflanze blüht von Juni bis September und wächst fast ausschließlich auf Feldern vom Tiefland bis zum Mittelgebirge. Sie stammt aus dem Mittelmeerraum und ist heute in den Getreideanbaugebieten der ganzen Welt verbreitet. Allerdings geht sie in neuerer Zeit sehr stark zurück (Saatgutreinigung).
Die beliebte und syolträchtige Blume wird auch als Gartenpflanze in vielen Farbsorten gezogen.

Acker-Kratzdistel
Cirsium arvense

Die ausdauernde Pflanze hat einen kriechenden Wurzelstock und bis über 1,5 m hohe aufrechte und oberseits verzweigte Stengel.
Die wechselständigen Blätter sind im Umriß lanzettlich, ungeteilt bis fiederspaltig, aber stets stechend dornig gezähnt; die oberen sitzen, die unteren sind in einen kurzen Stiel verschmälert.
Die rosavioletten, selten weißlichen Röhrenblüten sind zu Blütenkörbchen mit dornspitzigen Hüllblättern vereinigt, die einen trugdoldigen oder langrispigen Gesamtblütenstand bilden.
Die Früchte sind Nüßchen, die am Scheitel einen dichten Haarbusch tragen. Dieser breitet sich bei der Vollreife flachtrichterig aus und dient als Flugorgan. Die leichten Früchte schweben kilometerweit; sobald sie allerdings irgendwo anstoßen, bricht die zarte Verbindung zum Fallschirm und sie fallen zur Erde. Die Flughaare sind fiedrig verzweigt. Durch dieses Merkmal unterscheiden sich alle Kratzdisteln von den echten Disteln, deren Flugfrüchte einfache Haare tragen.
Die Pflanze blüht von Juni bis Oktober und erscheint als lästiges Unkraut auf Äckern, in Gärten und Weinbergen, auch an Wegrändern, Schuttstellen und in Waldlichtungen vom Tiefland bis ins Gebirge. Auf lehmigen, tiefgründigen Böden kommt sie oft in Massen vor. In Eurasien ist sie heimisch, nach Nordamerika wurde sie eingeschleppt.
Die Art ist formenreich und im Blattschnitt äußerst variabel. Dioskurid bezeichnete mit *kirsion* eine Distel, die er gegen Krampfadern (gr. = *kirsos*) empfahl. Der Name wurde von Ph. Miller (1691—1771), dem Erstbeschreiber der Gattung, willkürlich übertragen.

Echter Huflattich
Tussilago farfara

Die ausdauernde, zur Blüte 15, zur Fruchtreife bis zu 30 cm hohe Pflanze besitzt einen kriechenden Wurzelstock, dessen lange Ausläufer sehr rasch wachsen und tief in den Boden eindringen (meist 60 bis 80, in Extremfällen aber auch 150 cm).
Im zeitigen Frühjahr, oft schon Anfang März, erscheinen mit grünen bis braunvioletten Schuppenblättern besetzte, dicke, aufrechte Stengel, die in einem einzelnen Körbchen mit gelben Blüten enden. Im Zentrum stehen wenige Dutzend männliche Röhrenblüten. Sie werden von einem Strahlenkranz aus Hunderten weiblichen Zungenblüten umgeben, die im Sonnenschein waagerecht abstehen und einen über 2 cm breiten Kreis bilden. Nachts und bei Regen schließen sie sich zusammen, und die Körbchen beginnen zu nicken. Zur Reifezeit verlängert sich der Stengel. Die Nüßchen mit trichterartiger Haarkrone stehen, bevor sie vom Wind verweht werden, als Flaumkugel am Stengelende zusammen. Ein Körbchen erzeugt im Durchschnitt 130 keimfähige Früchte, die im selben Frühjahr innerhalb von 2 Tagen austreiben können.
Die langgestielten, rundlich-herzförmigen, im Durchmesser 15 bis 25 cm breiten Blätter erscheinen meist erst nach der Blüte. Sie bilden eine lockere Rosette; ihre Spreiten sind seicht gelappt, die Lappen kurz und spitz gezähnt. Die Blattunterseite trägt einen dichten, kurzen Wollfilz.
Die Pflanze gedeiht, oft in Massen, auf nackten, feuchten Lehm- und Tonböden an Wegrändern, Hangabrissen, Erdauffüllungen und als lästiges und schwer zu beseitigendes Unkraut auf Äckern vom Tiefland bis in das Gebirge. Sie ist über fast die ganze Nordhalbkugel verbreitet (in Nordamerika eingeschleppt).
Blütenkörbchen und Blätter werden für Heilzwecke gesammelt. Sie enthalten Schleim-, Gerb- und Bitterstoffe, ätherisches Öl und antibakterielle Substanzen. Seit alters ist Huflattich als Hustentee und antineuralgisches Mittel bekannt. Seine Blätter sind Bestandteil des offizinellen Brusttees. Sie werden auch dem Tabak für Asthmatiker-Zigaretten beigegemischt; ihr Rauch soll sogar bronchitische Beschwerden lindern helfen. Früher gaben frisch zerquetschte Blätter eine kühlende Auflage für Geschwülste und verstauchte Gelenke.

Hain-Schnirkelschnecke

Großes Grünes Heupferd

„Huflattich“ bezieht sich auf die breiten, hufähnlichen Blätter; *Tussilago* von *tussis,* lat. = Husten und *ago,* lat. = ich vertreibe; *far,* lat. = Mehl und (vermutlich) *ferre,* lat. = tragen, ergaben *farfara.* Damit wird auf die in der Jugend beiderseits weißfilzigen Blätter hingewiesen, die wie bemehlt aussehen.

Gemeine Quecke
Agropyron repens

Das ausdauernde, oft bläulich bereifte, bis zu 1,5 m hohe Gras hat einen reichverzweigten, dünnen, unterirdisch weit kriechenden Wurzelstock, aus dessen Knoten die aufrechten, beblätterten Halme treiben. Der wuchernde Wurzelstock macht diese Art zu einem hartnäkkigen, kaum ausrottbaren Unkraut, denn aus jedem im Boden verbliebenen Rest wächst rasch eine neue Pflanze heran. Die Spelzenblüten stehen zu dritt bis fünft in bauchigen, breit-eiförmigen Ährchen, die — der Hauptachse mit der flachen Seite angedrückt und in 2 Reihen übereinanderstehend — eine dichte und aufrechte Ähre bilden. Die Pflanze blüht von Juni bis August und wächst auf Äckern, Schutt, Grasplätzen, in Gärten und an Wegrändern sowie am Sandstrand vom Tiefland bis in die Voralpenregion. Sie ist über die ganze gemäßigte Nordhalbkugel verbreitet.
Die Wurzelstöcke geben ein nahrhaftes Viehfutter, sie wurden auch schon als Kaffee-Ersatz geröstet oder zur Sirup- und Alkoholgewinnung verwendet. Ihr Inulin, ein Zucker, ist für Diabetiker geeignet. Ihre Wurzeln produzieren einen Hemmstoff, der benachbarte Wurzeln anderer Pflanzen schädigt.

Hain-Schnirkelschnecke
Cepaea nemoralis

Auf Hängen, in Gärten und Wäldern ist auch die Hain-Schnirkelschnecke anzutreffen, deren Gehäuse bis zu 24 mm breit und 18 mm hoch ist. Die Grundfarbe bilden rötliche Tönungen, die meist 1- bis 5fach dunkelbraun gebändert sind. Das Verbreitungsgebiet dieser Schnecke ist Mittel- und Westeuropa.

Feldgrille

Gartenhummel

Feld-Sandläufer

Goldschmied

Großes Grünes Heupferd
Tettigonia viridissima

Dieses Insekt findet man von Juli bis Ende September, manchmal sogar noch im Oktober, in Ebenen und im Gebirgsvorland. Es wird 35 mm lang, lebt massenweise auf Feldern im hohen Getreide, im Gras von Hängen oder in Obst- und Ziergärten. Man erkennt es an seinen fadenartigen Fühlern. Mit seiner langen Legeröhre häufelt das Weibchen 70 bis 100 Eier im Boden ab. Aus ihnen schlüpfen Larven, die im selben Biotop leben wie die erwachsenen Tiere. Sie sind durch den Mangel an Flügeln zu identifizieren. Nach der letzten, meist Ende Juli oder im August erfolgenden Häutung verwandeln sie sich in erwachsene Heupferde, die ihre Flügel ausbreiten und davonfliegen, wenn man sie aufscheucht.
Am Abend kriechen die Männchen auf höherliegende Stellen, vor allem auf Bäume, und zirpen dort laut. Die Heupferde und ihre Larven leben räuberisch: Sie jagen verschiedene Insekten und Larven, fressen manchmal aber auch Pflanzenteile.

Feldgrille
Gryllus campestris

Von Mai bis Juli läßt die Feldgrille auf Hängen, an Feldrainen oder in trockenen Feldern ihr lautes Zirpen vernehmen; es ist das Männchen, das mit seinem „Konzert“ das Weibchen anlockt. Es sitzt vor seinem Erdloch und bringt diese zirpenden Töne durch das Aneinanderreiben der am Innenrand gekerbten Vorderflügel hervor. Wenn man näher kommt, unterbricht die Grille ihr Zirpen und schlüpft in das Erdloch; sie wurde durch die beim Gehen hervorgerufenen Erschütterungen des Bodens gewarnt. Verhält man sich ruhig, zeigt sie sich wieder.

Gartenhummel

Bombus hortorum

Auf Feldrainen und an Hängen in nahezu allen europäischen Ländern ist häufig die Gartenhummel anzutreffen. Man erkennt sie an ihren 3 gelben Binden und dem weißen Hinterleibsende.
Das Weibchen dieses Insekts überwintert in einem Erdloch unter Laub. Im Frühjahr sucht es eine geeignete unterirdische Stelle (Höhlungen unter Steinen, Mäuselöcher), manchmal bis zu 1,5 m tief, auf und baut aus einem wachsähnlichen Stoff einzelne Zellen. Schließlich umhüllt es das Nest mit Blättern und Moos, trägt Pollen und Nektar zusammen. Dann erfolgt die Eiablage. Die Larven werden von der Königin gefüttert. Sie verpuppen sich bald, und aus den Puppen entstehen die ersten „Arbeiterinnen", die nun weitere Zellen anlegen. In einem Nest sind gewöhnlich bis zu 150 dieser Arbeitstiere beschäftigt. Später schlüpfen auch neue Weibchen und Männchen.
Im Herbst gehen alle Arbeiterinnen und Männchen ein. Wiederum überwintern nur die begatteten Weibchen, die im Frühjahr abermals Nester schaffen. Die Gartenhummeln sind sehr nützliche Insekten, da sie den Klee bestäuben.

Feld-Sandläufer

Cicindela campestris

An sonnigen Stellen — hauptsächlich auf Feldwegen, Sandböden oder in verlassenen Steinbrüchen — ist von April bis Juni ein 12 bis 16 mm langer, schön grün gefärbter Käfer mit gelbweißen Punkten auf den Flügeldecken zu beobachten: der Feld-Sandläufer. Bei warmem Wetter fliegt er umher; wird es kühler oder regnerisch, dann versteckt er sich. Am Boden läuft er mit seinen langen Beinen rasch und sucht Beute (Insekten, Spinnen oder Würmer), die er dank seiner großen Augen auf eine Entfernung bis zu 15 cm erkennt und mit seinen starken Mundwerkzeugen schnell packt. Das Weibchen legt seine

Bombardierkäfer

Zweipunkt-Marienkäfer

Kartoffelkäfer

Eier in den Boden ab. Die Larven graben im lehmigen oder sandigen Boden manchmal bis zu 2 cm tiefe Löcher. Ihre Körper sind weich und schwach chitinisiert, ihr Kopf mit dem kräftigen Gebiß hingegen ist stark verhärtet. Die Larve lauert in der Öffnung ihres Erdlochs und fängt Insekten, die in ihre Reichweite gelangen: Sie zieht sie ins Loch hinein, träufelt Verdauungssaft darauf und schlürft den verdauten Brei. Am Körperende hat die Larve einen höckerartigen Ausläufer, mit dem sie sich an den Wänden des Erdlochs festklemmen kann, so daß sie auch ziemlich große Insekten hinabzuzerren vermag.
Der Entwicklungszyklus der Larve dauert 2 bis 3 Jahre; während dieser Zeit überwintert sie im Erdreich. Die Verpuppung findet im Juli statt, und 4 Wochen später schlüpfen die Käfer, die ihrerseits überwintern und sich erst im Frühjahr fortpflanzen.

Goldschmied

Carabus auratus

Der hübsche, 20 bis 26 mm lange Goldlaufkäfer oder Goldschmied tritt im Mai und Juni auf Feldern, Wiesen und in Gärten auf. In Europa ist er besonders in Deutschland verbreitet; östlich der Oder kennt man ihn nicht. Er bevorzugt lehmige Stellen und erscheint auch an höher gelegenen Orten.
Tagsüber verbirgt er sich unter Steinen oder Holzstücken und sucht erst in der Dämmerung Beute. Manchmal jagt er allerdings auch am Tage (vor allem bei starker Bewölkung) Regenwürmer, Weichtiere und Insekten. Er fällt den Maikäfer bei der Eiablage an und zählt deshalb zu den nützlichen Insektenarten. Sein Beutetier beträufelt er mit Verdauungssaft, der in kurzer Zeit zersetzend wirkt, so daß der Käfer alsbald einen dünnflüssigen Brei aufsaugen kann. Manche Käfer jagen auch in Gruppen. Am Sommeranfang legt das Weibchen in kleine Erdlöcher je ein Ei ab, insgesamt etwa 50 Stück. Nach 8 bis 10 Tagen schlüpfen die Larven, die ebenfalls

Siebenpunkt-Marienkäfer

Weißfleck-Widderchen

Totenkopfschwärmer

Windenschwärmer

räuberisch leben und meist Insekten jagen. Nach etwa 78 Tagen verpuppen sich die Larven in einer Bodenkammer. Die Goldschmiede schlüpfen schon Ende August oder im September, überwintern dann und kriechen erst im nächsten Frühjahr hervor.

Distelfalter

Zitronenfalter

Saatkrähe

Bombardierkäfer

Brachynus crepitans

Wenn man an einem besonnten Hang einen flachen Stein aufhebt, entdeckt man darunter oft mehrere 6 bis 9 mm große Bombardierkäfer, die meist gesellig leben. Versucht man nun, diese Käfer in die Hand zu nehmen, wird man rasch zurückzucken: Sie sondern nämlich aus einer Afterdrüse eine ätzende Flüssigkeit ab, die sich an der Luft sogleich in ein Dampfwölkchen verwandelt.

Diese sonderbare Erscheinung ist von einem Knall begleitet, der sich wie ein Schuß anhört. Manchmal „feuern" die Bombardierkäfer bei Gefahr ganze Salven ab, was kleinere Geschöpfe meist nicht nur überrascht, sondern geradezu in Panik versetzt. Diese Flüssigkeit enthält giftiges Chinon.

Zweipunkt-Marienkäfer

Adalia bipunctata

Auch dem 4 bis 6 mm langen Zweipunkt-Marienkäfer begegnet man häufig, und zwar an Orten, wo Blatt- oder Schildläuse anzutreffen sind. An warmen Tagen fliegen diese Käfer munter umher.

Im April oder Mai legt das Weibchen in der Nähe von Blattlauskolonien 6 bis 20 gelbliche Eier ab.

Die Larven nähren sich gleichfalls von Blatt- und Schildläusen. Eine einzige Larve verbraucht pro Tag bis zu 15 Blattläuse, ein erwachsener Käfer 10. Die Larven verpuppen sich nach 20 bis 35 Tagen.

Fast alle geschlüpften Käfer überwintern und pflanzen sich im nächsten Frühjahr fort.

Kartoffelkäfer

Leptinotarsa decemlineata

Dieser aus Mexiko stammende und gefürchtete Kartoffelschädling ist in ganz Europa stark verbreitet. In Mexiko lebte er auf wild wachsenden Pflanzen. Um 1850 war er bereits in Colorado bekannt, dann vermehrte er sich auf Kartoffelpflanzen und wurde nach Europa eingeschleppt, wo er gleichfalls auf geradezu katastrophale Weise für Nachwuchs sorgte. Dank energischer Maßnahmen kommt er in den letzten Jahren nicht mehr so häufig vor. Dieser Käfer kann fliegen und sich bei günstigen Winden rasch ausbreiten. Er ist etwa 10 mm lang.

Die Kartoffelkäfer überwintern 50 bis 70 cm tief im Erdreich und fressen im Frühjahr an den keimenden Kartoffeln. Dann legt das Weibchen an den Kartoffelblättern bis zu 90 orangefarbene Eier in Häufchen ab. Ein einziges Weibchen bringt es auf 700 Stück.

Die nach 4 bis 8 Tagen schlüpfenden Larven sind rötlich und haben an den Seiten schwarze Flecken. Sie fressen die Blätter der Kartoffelpflanze. Sobald sie nach 20 Tagen ausgewachsen sind, kriechen sie in den Boden und verpuppen sich dort. Nach 3 bis 4 Wochen schlüpfen die neuen Käfer. Der Kartoffelkäfer hat natürliche Feinde: vor allem Hühnervögel und räuberische Insekten, die den Menschen bei der Bekämpfung dieses Schädlings untersützen.

Siebenpunkt-Marienkäfer

Coccinella septempunctata

Auf Getreideähren, Sträuchern und an-

Feldsperling

Elster

Feldlerche

deren Stellen kommt einer der bekanntesten Käfer vor: der 5 bis 8 mm lange Siebenpunkt-Marienkäfer. Er tritt überall dort auf, wo es Blattläuse gibt, denn von ihnen ernährt er sich. Dieser Käfer zählt zu den nützlichsten Insekten.
Das Weibchen legt während seines Lebens etwa 700 Eier unweit von Blattlauskolonien ab (auch die Larven leben von Blattläusen). Die Larven sind blaugrau, geringelt, schwach abgeflacht, schwarz und orangefarben punktiert; sie hängen bei der Verpuppung meist an Blättern.

Weißfleck-Widderchen

Amata phegea

Im Juni oder Juli kann man auf grasigen Hängen und Wiesen häufig einen schwerfällig fliegenden Schmetterling, das Weißfleck-Widderchen, sehen. Seine Spannweite beträgt etwa 40 mm.
Das Weibchen legt seine Eier auf Kräuter ab, vor allem auf Wegerich und Löwenzahn, von denen sich die grauen bis schwarzen, behaarten Raupen ernähren. Sie überdauern den Winter in einem Versteck und verpuppen sich erst im nächsten Mai.
Der Falter schlüpft im Juni.

Totenkopfschwärmer

Acherontia atropos

Der Totenkopfschwärmer ist ein Nachtfalter mit einer Spannweite von 110 mm, der alljährlich im Juni und Juli aus Südeuropa nach Mittel- und Nordeuropa einwandert. Er kann bedeutende Entfernungen zurücklegen. Das Weibchen legt die Eier auf Kartoffelpflanzen oder andere Nachtschattengewächse ab. Die Raupen fressen die Blätter und richten bei starker Vermehrung beträchtlichen Schaden an. Im Spätsommer sind sie etwa 15 cm lang und schön gefärbt: gelbgrün mit schwarzen, blauen und gelben Streifen und Flecken sowie einem großen „Horn" am Körperende.
Im Herbst kriecht die Raupe in den Boden, wo sie eine harte Kapsel aus Lehm

bildet, in der sie sich verpuppt. In Nordeuropa, meist auch in Mitteleuropa, geht die Puppe im Winter ein.
Interessant ist, daß der erwachsene Totenkopfschwärmer mit Vorliebe Bienenstöcke aufsucht und dort mit seinem langen Rüssel Honig saugt.

Windenschwärmer
Herse convolvuli

Der Windenschwärmer ist ein weit verbreiteter und gebietsweise stark vertretener Nachtfalter mit einer Spannweite von etwa 105 mm. Er fliegt in der Dunkelheit im Mai und Juni, seine zweite Generation im August und September. Häufig trifft man ihn in Gärten, wo er Blüten aufsucht. Licht lockt ihn an.
Auch in den nördlicheren Teilen Mitteleuropas ist der Windenschwärmer bekannt. Dort gilt er jedoch als „Einwanderer“.
Das Weibchen legt seine Eier auf Akkerwinden ab, vor allem auf Böschungen zwischen Feldern oder an Hängen. Die Raupe sieht man allerdings nur selten, da sie sich tagsüber immer versteckt. Sie wird bis zu 9 cm lang, ist hellbraun oder grünlich und hat helle schräge Streifen an den Seiten und einen dunklen Längsstreifen auf dem Rücken. Die Raupen leben von Juni bis in den Herbst hinein.

Distelfalter
Vanessa cardui

Der Distelfalter ist fast überall auf Erden bekannt. Nach Mitteleuropa wandert er Jahr für Jahr aus dem Süden zu. Seine Spannweite beträgt etwa 55 mm. Häufig sieht man ihn auf Kleefeldern, Grashängen und Wiesen, wo er auf Blüten sitzt. Er schlüpft in drei Generationen und tritt von Mai bis in den Herbst hinein auf.
Die Raupe ist borstig, bräunlich mit gelben Streifen und Punkten. Sie lebt auf den Blättern von Brennesseln, Huflattich, auf Kletten und einigen andern Pflanzen.

Neuntöter

Turmfalke

Rebhuhn

Zitronenfalter
Gonopteryx rhamni

Zu Frühjahrsbeginn, oft schon Ende März, stellt sich der Zitronenfalter ein. Er hat eine Spannweite von 55 mm. Er ist auf Feldern, Hängen und in Gärten verbreitet. Der Zitronenfalter fliegt bis Juni, seine Nachkommenschaft von Juli bis in den Herbst hinein. Die Raupe ist dunkelgrün und hat einen hellen Streifen an den Seiten. Sie lebt meist auf Faulbaum und Kreuzdorn, in Gebirgen auch auf Heidelbeeren.
Einzelne Exemplare des Zitronenfalters überwintern an geschützten Orten.

Saatkrähe
Corvus frugilegus

Vom Sommer an streunen auf den Feldern große Krähenschwärme, die Nahrung suchen. Sie fressen Samen, Insekten, Würmer, manchmal auch Tierkada-

Wachtel

Hamster

Feldhase

Feldmaus

ver. Im Winter ziehen diese Schwärme nach Süden, und an ihre Stelle treten Vögel aus nördlicheren Zonen. Im Winter übersiedeln auch sie in die Nähe der Menschen. Oft findet man sie nun in den Parks und Gärten auch größerer Städte, wo sie Ausschau nach Speiseresten halten. Nachmittags fliegen dann ganze Schwärme in die Wälder, wo sie auf hohen Bäumen nächtigen.

Bei Frühjahrsbeginn kehren die Saatkrähen in ihre Brutreviere heim. Sie brüten in Kolonien auf Bäumen und bauen ihre Nester aus trockenen Zweigen, Gras, Moos und Haaren. An einem großen Baum findet man oft viele solcher Nester. Vom frühen Morgen an hört man auf den Nistplätzen das laute Krächzen dieser Vögel. Manchmal legen die Saatkrähen ihre Brutkolonien inmitten der Städte an. Da sie dort jedoch meist nicht genug Nahrung auftreiben können, fliegen sie weite Strecken, um auf Wiesen und Feldern Futter zu ergattern. Schon Ende Februar oder Anfang März legt das Weibchen 4 bis 6 grünliche, dunkel gefleckte Eier, die es 17 Tage lang bebrütet; während dieser Zeit wird es vom Männchen gefüttert. Die Jungen bleiben etwa 5 Wochen im Nest. Im Juni verlassen die Saatkrähen ihre Kolonien und streunen in der weiten Umgebung.

Feldsperling
Passer montanus

Der Feldsperling lebt in ganz Europa an Waldrändern, in Laubwäldern und in Gärten. Er baut sein Nest in Baumhöhlungen, Mauerspalten sowie in den unteren Teilen von Storch- oder Greifvogelnestern. Das Weibchen legt 5 bis 6 meist graugrüne, dunkel gefleckte Eier, die von beiden Eltern 13 bis 14 Tage lang bebrütet werden. Auch das Füttern der Jungen – meist mit Insekten – besorgen die Altvögel gemeinsam. Nach 2 Wochen verläßt die Brut das Nest. Wenn sie flügge geworden ist, brütet das Paar ein zweites Mal, im August häufig noch ein drittes Mal. Die alten Vögel ernähren sich von Insekten und Samen. Im Winter streunen die Feldsperlinge durch die Gegend. Manche fliegen bis nach Südeuropa.

Elster
Pica pica

Die Elster haust in Gebüschen und Feldgehölzen sowie an Berghängen. Sie hat einen sehr langen Schwanz, der vor allem beim Flug auffällt. In Europa ist

dieser Vogel während der Brutzeit sehr scheu, in Asien dagegen baut er seine Nester in Dörfern und an Straßenrändern.
Das Nest besteht aus trockenen Zweigen, Holzstückchen, Gras, Halmen und Blättern. Es ist leicht an dem Schutzdach aus dornigen Zweigen zu erkennen. Häufig befindet es sich bis zu 25 m über dem Boden; man kann es aber auch nur 1,5 m hoch in Büschen oder im Röhricht entdecken.
Das Weibchen legt im April 6 bis 8 grünliche, dicht gefleckte Eier, die es in 17 oder 18 Tagen allein ausbrütet. Die Jungen verlassen das Nest nach 26 Tagen und treiben sich mit den Altvögeln bis in den Winter umher. Im Frühjahr sondern sich die jungen Elstern ab und suchen in der Nähe (meist in einer Entfernung bis zu 10 km) einen eigenen Nistplatz. Die Elster nährt sich von Insekten, Weichtieren, Würmern, Samen, Beeren und kleinen Wirbeltieren.
Eine in der Gefangenschaft aufgewachsene Elster gewöhnt sich rasch an den Menschen und folgt ihm wie ein Haustier. Eine besondere Vorliebe hat sie für glänzende Gegenstände, die sie häufig versteckt.

Feldlerche
Alauda arvensis

Die Feldlerche zählt zu den bekanntesten Vögeln in Europa. Das Männchen steigt in flatterndem Flug sehr hoch in die Luft und läßt dabei seinen wohllautenden Gesang ertönen. Ihr Nest baut die Feldlerche in Bodenmulden, die sie mit Fasern, Halmen und Haaren auspolstert.
Das Männchen bewacht sein Revier sorgsam. Zeigt sich ein anderes Männchen, dann kommt es zum Kampf, der meist zugunsten des Revierbesitzers entschieden wird. Das Weibchen legt 3 bis 5 in der Färbung verschiedene, dunkel gefleckte und punktierte Eier, die es in 12 bis 14 Tagen allein ausbrütet. Die noch nicht flüggen Jungen verlassen das Nest nach 9 Tagen und werden im Alter von 3 Wochen selbständig. (Es folgt dann eine zweite Brut.)
Die Feldlerche lebt von Insekten, Spinnen und Würmern, zur Hälfte auch von Samen. Sie ist ein Zugvogel. Im September oder Oktober fliegt sie in ihre Winterquartiere im Mittelmeergebiet und kehrt im Februar oder März zurück. Feldlerchen aus Westeuropa überwintern gelegentlich auch im Brutgebiet.
Noch im vorigen Jahrhundert gehörten die Lerchen zu den „Jagdvögeln". Zu Zehntausenden wurden sie gefangen und auf Märkten verkauft. In Italien rupfte man sie und legte sie in Olivenöl ein. Damals galt die Lerche als ein besonderer Leckerbissen. Heute steht der Vogel bei uns unter Naturschutz.

Neuntöter
Lanius collurio

Dieser Vogel ist in fast ganz Europa mit Ausnahme Spaniens, Irlands und Nordskandinaviens bekannt. Auch im gesamten Osten kommt er bis Japan vor. Er bewohnt offene Landschaften mit Büschen sowie Waldränder. Der Neuntöter ist ein Zugvogel, der im August oder Anfang September in seine Winterquartiere (Ost- und Südafrika) fliegt, von wo er im Mai heimkehrt.
Sein Nest baut der Neuntöter mit Vorliebe in dornigen Dickichten, und zwar 0,7 bis 5 m über dem Boden. Die Arbeit verrichtet vor allem das Männchen. Das aus Wurzelteilchen, Stengeln und Moos angefertigte und mit Haaren gepolsterte Nest kann nach 3 bis 4 Tagen bezogen werden. Das Weibchen legt 5 bis 8 gelbliche oder rötliche, braun und grauviolett gefleckte Eier, an deren stumpfem Ende sich meist ein „Kränzchen" befindet. Die Brutzeit beträgt 14 bis 15 Tage; das Weibchen wird dabei immer nur kurz vom Männchen abgelöst. Die Jungen werden von beiden Altvögeln mit Insekten gefüttert. Der Nachwuchs verläßt das Nest nach 2 Wochen, wird jedoch noch weitere 3 Wochen von den Eltern mit Nahrung versehen.
In seltenen Fällen ernähren sich diese Vögel auch von kleinen Wirbeltieren. Sie spießen ihre Beute oft als Vorrat auf Dornen. Der Gesang des Männchens ist ein leises Zwitschern. Der Neuntöter vermag das Singen anderer Vögel nachzuahmen.

Turmfalke
Falco tinnunculus

Dieser kleine Greif-Raubvogel ist in ganz Europa, Asien und Afrika heimisch. Meist flattert oder rüttelt er hoch über einem Feld oder einer Wiese in der Luft, wobei sein scharfes Auge eine sich am Boden bewegende Beute sucht.
Der Turmfalke jagt vor allem Feld- und Wühlmäuse, Insekten (Heupferde, Käfer). Unverdauliche Nahrungsreste (die harten Flügeldecken der Käfer z. B.) werden ausgewürgt.
Sein Nest baut der Turmfalke in Baumhöhlungen oder Nistkästen; manchmal benutzt er aber auch die verlassenen Nester anderer Vögel; gelegentlich nistet er auf Felsvorsprüngen und in Städten sogar auf Kirchtürmen. Das Weibchen legt 5 bis 7 rotbraun gefleckte Eier. Die Jungen kommen nach 28 Tagen mit weißen Flaumfedern zur Welt. Beide Eltern suchen Nahrung für die Jungen. Nach einem Monat beginnen die jungen Turmfalken zu fliegen und zu jagen.
Dieser Vogel überwintert in Nordafrika. Die Zahl der Turmfalken, die in der kalten Jahreszeit in Mittel- und Westeuropa ausharren, nimmt ständig zu.

Rebhuhn
Perdix perdix

Das Rebhuhn kennt man — mit Ausnahme der skandinavischen Länder — in fast ganz Europa. Es ist in Steppenlandschaften und auf weiten Feldern heimisch. Schon Ende April bereiten die Paare ihre Nester (eigentlich nur ausgepolsterte Erdmulden) vor. Das Weibchen legt 10 bis 20 einfarbige, olivbraune Eier und brütet sie allein 23 bis 25 Tage lang aus. Um die geschlüpften Jungen kümmert sich dann auch das

Männchen, das sogar die Brutpflege übernimmt, falls das Weibchen zugrunde geht.
Die Rebhuhnküken suchen sich ihre Nahrung selbst: Insekten, Larven, grüne Blätter, später auch Samen. Bis zum Herbst bleibt die Familie vereint; im Winter schließen sich mehrere Familien zu Schwärmen zusammen.
In Europa gehört das Rebhuhn auch heute noch zu den wichtigsten Jagdvögeln.

Wachtel
Coturnix coturnix

Die etwa 18 cm lange Wachtel lebt in Steppen und auf Äckern wie das Rebhuhn. Sie kommt Ende April aus ihrem Winterquartier in den Mittelmeerländern in ihr Brutrevier zurück. Ein Männchen hat meist mehrere Weibchen. Sie legen in ausgescharrten Bodenmulden 7 bis 14, meist dunkelbraun gefleckte, manchmal auch punktierte Eier, die sie in 18 bis 20 Tagen ausbrüten. Nach 19 Tagen sind die Jungen bereits flügge.
Die Wachteln ernähren sich von Insekten, Larven, Würmern und Weichtieren sowie Samen und grünen Blättern. Bevor sie sich Ende August oder im September auf den Flug nach Süden machen, setzen die Vögel unter der Haut eine dicke Fettschicht an.
Früher wurden Wachteln gefangen und verkauft, denn ihr Fleisch war sehr geschätzt.

Feldhase
Lepus europaeus

Den Feldhasen findet man im Waldunterholz bewirtschafteter Steppengebiete, in Zuckerrüben-, Klee- und Weizenfeldern, aber auch auf mit Gebüsch bewachsenen Hängen (in den Alpen sogar bis zu 1600 m ü. d. M.). In manchen europäischen Ländern gehört er zu den wichtigsten Jagdtieren. Er wird bis zu 8 kg schwer.
Zwischen Februar und September wirft das Weibchen drei- bis viermal je 2 bis 4 Junge, die mit offenen Augen und behaart zur Welt kommen. Die jungen Hasen saugen 2 oder 3 Wochen lang Muttermilch und ernähren sich danach selbständig.Schon nach einer Woche knabbern die Jungen an grünen Blättern.
Der Feldhase gräbt keine unterirdischen Gänge, sondern lagert in hohem Gras und in Büschen. In seinem Revier hat er meist mehrere Lager oder Sassen, in denen er sich abwechselnd aufhält. Tagsüber verstecken sich die Feldhasen und gehen erst nach Einbruch der Dunkelheit auf Nahrungssuche. Im Winter kommen sie oft in die Nähe menschlicher Behausungen und nagen in Gärten die Rinde junger Bäume ab, wodurch großer Schaden entstehen kann.
Dem Hasen sagt man zwar nach, furchtsam zu sein („Angsthase“), doch ist bekannt, daß sich Hasenmütter bei der Verteidigung ihrer Brut mutig gegen Greifvögel stellten und sie vertrieben.
Der Feldhase vermag bis zu 70 km/h zu laufen. Wird er verfolgt, schlägt er Haken. Er kann auch gut schwimmen, meidet jedoch Wasser.

Hamster
Cricetus cricetus

Der Hamster ist in bebauten Steppengebieten der Ebenen von Frankreich über Mitteleuropa bis zum Jenissei verbreitet. Im Sommer gräbt er einen 30 bis 60 cm tiefen Bau mit mehreren Ausgängen. Die Wohnkammer hat einen schräg nach oben führenden Ausgang und einen senkrechten Eingang. Es gibt auch eine Vorratskammer, in der er Getreide, Kartoffeln und Zuckerrüben anhäuft; eine einzige Kammer kann im Herbst z. B. bis zu 15 kg Getreidekörner enthalten. Für den Winter gräbt der Hamster allerdings einen viel tieferen, bis zu 2 m unter der Erde liegenden Bau. Die Nahrung sammelt er in seinen Backentaschen. Er ist nur in der Dunkelheit unterwegs. Hamster sind Einzelgänger. Lediglich zur Paarung sucht das Männchen ein Weibchen auf. Jedes Tier hat jedoch seinen eigenen Bau, denn Hamster sind unverträglich und rauflustig. Wird eines dieser Tiere von einem Verfolger (auch dem Menschen) in die Enge getrieben, dann stürzt es sich auf seinen Feind, springt bis Gürtelhöhe empor und versucht zu beißen, wobei es spuckt und faucht. Das Weibchen wirft im Bau 6 bis 12 (mitunter sogar 18) Junge, die erst 14 Tage später sehen können. Auf Feldern richten diese Tiere beträchtliche Schäden an. Sie fressen außer Getreidekörnern Klee, Zuckerrüben, Kohl, Erdbeeren, aber auch Würmer, Insekten, kleine Kriechtiere, junge Vögel und Mäuse. Von Oktober bis März halten sie Winterschlaf. Die Körpertemperatur sinkt dabei auf 4 °C. Jeden 5. Tag erwacht der Hamster, frißt und schläft wiederum ein.

Feldmaus
Microtus arvalis

Die Feldmaus zählt zu den am meisten verbreiteten kleinen Nagetieren. Zuweilen „überschwemmt“ sie ganze Landstriche. Das Weibchen wirft bis zu zwölfmal im Jahr jeweils 4 bis 12 Junge. Die jungen Weibchen können ihrerseits schon nach 35 Tagen selbst Junge werfen. Nach 8 bis 10 Tagen öffnet die Nachkommenschaft die Augen. Feldmäuse haben viele Feinde, von denen manche nur Mäuse fressen: z. B. Turmfalken, Eulen, Störche, Wiesel.
Die Vermehrung der Feldmäuse wird oft vom Wetter ungünstig beeinflußt. Sie graben verzweigte Gänge mit einer „Nistkammer“ etwa 0,5 m unter der Erde, scharren aber auch oberirdische Verbindungsgänge mit geglätteten Seitenwänden von Bau zu Bau, in denen sie sich wie in einer Bahn bewegen.
Es ist interessant, daß sich Feldmäuse nach mehreren Jahren (im allgemeinen nach vier) übermäßig vermehren. Bisher konnten die Ursachen hierfür noch nicht eindeutig geklärt werden.

Auf Schutt und Ödland und in der Nähe des Menschen

Eine ganz besondere Pflanzen- und Tiergemeinschaft hat sich dort angesiedelt, wo der Mensch zuerst in ihr ursprüngliches Leben eingriff, ihre Standorte veränderte, manchmal auch zerstörte, sich aber dann nachträglich wieder darum kümmerte. Manchmal dienen sie ihm auch als Lagerplätze für nicht mehr benötigte Dinge. Auf diesen Ruderalplätzen, Müll- und Schutthalden, Aufschüttungen, Eisenbahn- und Straßendämmen, rund um Lager- und Umschlagplätze, tote Gleisanlagen, ungepflegte Hofecken und Dorfplätze, aber auch an Dorfteichen, Tränken, Ställen usw., die allgemein als Sekundärstandorte bezeichnet werden, hat sich eine spezifische Schutt- und Ruderalflora und -fauna angesiedelt.

Der Boden dieser Standorte ist meist locker, durchlüftet und feucht, denn die meist üppig und hochwachsenden Pflanzengesellschaften geben genügend Schatten. Er ist reich an organischen Stoffen und stickstoffhaltigen Verbindungen. Die Flora dieses Biotops wird gewöhnlich weder vom Menschen noch von größeren Tieren beeinflußt. Auch weniger vitale Pflanzenarten halten sich hier nicht. Die Ruderalpflanzen finden sich gut mit dem hohen Stickstoffgehalt im Boden ab, der bei anderen Arten übermäßiges Wachstum, Gewebeverdünnung, Anfälligkeit für Krankheiten und Absterben hervorrufen kann. Die Ruderalpflanzen vermögen den unverarbeiteten Stickstoff zu speichern und weiterzugeben. Verträglichkeit gegenüber Stickstoffüberschuß weisen auch die Pflanzenarten auf, die dort wachsen, wo Gänse, Enten, Hühner und Milchvieh weiden. Diese besondere Pflanzengruppe muß darüberhinaus gut das Zertreten durch Tierhufe vertragen.

Schuttpflanzen sind gewöhnlich äußerst vital, widerstandsfähig, von üppigem Wuchs, samenreich, aber auch intensiv vegetativ vermehrbar, aber weder mit Schönheit der Form noch der Blüte bedacht.

Ursprünglich sind die Schuttpflanzengesellschaften eine bunte Mischung von weltweit verbreiteten Kosmopoliten. Diese Adventivpflanzen sind als Samen mit Gütern und Kulturpflanzen über den Eisen-

bahn-, See- und Luftweg aus den verschiedensten Ländern und Kontinenten als „schwarze Passagiere" eingewandert. Häfen, Umschlagplätze u. ä. wurden zum Ausgangspunkt für ihre Weiterverbreitung. Manche Arten konnten sich mit den neuen Lebensbedingungen nicht abfinden und verschwanden wieder, andere überstanden die Umstellungsschwierigkeiten, vermehrten sich und traten ihren Siegeszug zu anderen geeigneten Standorten an. Viele sind Altansiedler und wurden mit der Zeit zu einem sekundären, aber stabilen Element der Ruderalflora, andere Arten wurden später aus neuen Gegenden eingeschleppt und müssen sich erst ihre ihnen entsprechenden Biotope suchen.
Dieser Einwanderungsprozeß ist auch heute noch nicht abgeschlossen; auch in unserer Zeit können wir immer neue „Ankömmlinge" entdecken.
Es gibt jedoch auch Ruderalpflanzenarten, die zwar schon vor langer Zeit eingewandert sind, sich anpaßten und vermehrten, aber infolge der intensiven Bebauung unserer Städte, der Pflege unserer Dörfer und Gemeinden und der gewachsenen Ansprüche des Menschen an verfügbarem Lebensraum wieder zu seltenen Arten geworden sind.

Während viele Tierarten mit dem Vordringen der Zivilisation aus der Umgebung der menschlichen Ansiedlungen verschwanden, zog es andere in die unmittelbare Nähe des Menschen. Sie fanden geeignete Lebensbedingungen für die Aufzucht ihrer Nachkommen und vor allem wesentlich leichteren Zugang zu Futterquellen. Es gibt Arten, die ihre Gelegenheit „wahrnahmen" und sich hier sogar so übermäßig vermehrten, daß sie zu den Schädlingen gezählt werden. Andere Arten, zum Beispiel der Sperling, zog für immer in die menschlichen Ansiedlungen. Und Insekten, Fliegen, Schmetterlinge und andere Lebewesen, die zum festen Bestandteil dieses Biotops wurden, zogen andere Tierarten nach, die sich von diesen Insekten ernähren, beispielsweise verschiedene Spinnenarten, Mauersegler, Rauch- und Hausschwalben, von den Säugern Spitzmäuse u. a. Auch die Amsel wurde zum Mitbewohner menschlicher Siedlungen; sie nistet in Gärten, aber auch auf Fenstersimsen der Wohnhäuser. In den letzten Jahren kam auch die Drossel mehr und mehr in unsere Städte. Viele Vögel werden durch die angebotenen Nistmöglichkeiten und die leichtere Futterbeschaffung angelockt, denn die Menschen begannen, Nistkästen aufzuhängen, um den Vögeln die natürlichen Nisthöhlen zu ersetzen. Typischer Vertreter der in den letzten Jahrzehnten in der Nähe des Menschen angesiedelten Vogelarten ist die Turteltaube, die heute in unseren Großstädten auch auf den belebtesten Straßen zu finden ist. Auch Rabenvögelarten, wie Dohlen und Saatkrähen, gehören zum Bild der Dörfer und städtischen Randgebiete. Sogar der Turmfalke zeigt sich in letzter Zeit immer häufiger in den Städten. Im Winter werden viele Vogelarten durch Garten- und Fensterfutterhäuschen angelockt.
Aber nicht nur für Vögel sind die vom Menschen gepflegten Gärten Anziehungspunkt. Über den Gemüsebeeten fliegen ganze Schwärme von Kohlweißlingen, deren Raupen die Blätter der Kulturpflanzen fressen. Auch die Schnecken kommen hierher, um sich von den Zuchtergebnissen des Menschen zu ernähren. Besonders an den Jungpflanzen richten sie oft erhebliche Schäden an.
In der Nähe seiner Ansiedlungen schuf der Mensch auch Plätze, wo er verschiedene Abfälle, Material- und Nahrungsreste lagert. Mit der Zeit siedeln sich in diesen von Vegetation bedeckten Plätzen Tiere an, die ihre Lebensweise den neuen Bedingungen ausgezeichnet anzupassen vermögen. Es überwiegen Nagetiere, denen die Speisereste immer recht kommen, die aber vor allem gute Schlupfwinkel finden. Und diese Nager locken wieder wieselartige Raubtiere an, die diesen Schädlingen keine Ruhe gönnen.

Gemeine Pfeilkresse
Cardaria draba

Die ausdauernde Pflanze ist an allen oberirdischen Teilen graufilzig behaart. Ihr weitkriechender Wurzelstock ist reich verästelt. Er treibt aus allen Enden bis zu 50 cm hohe, aufrechte Stengel, die zum Teil nur aus Blattsprossen bestehen. Die blütentragenden Triebe sind unterseits meist einfach und (zuerst) dicht wechselständig beblättert, oberseits in vielblütige Äste verzweigt und fast blattlos. Die grundständigen Blätter sind, wie die unteren Stengelblätter, gestielt und mehr oder weniger tief fiedrig eingeschnitten, die übrigen sind höchstens seicht gezähnt und sitzen stengelumfassend mit herz- oder pfeilförmiger Basis. Zur Blütezeit sind meist nur noch die ungestielten Blätter vorhanden, während die unteren bereits verdorrt sind. Die kleinen weißen Blüten stehen in anfangs doldig gedrängten, zur Reifezeit sich etwas verlängernden Trauben an den Astenden. Sie sind vierzählig und duften stark süßlich. Ihre relativ langen Stiele erscheinen äußerst zart und dünn. Die Früchte sind eiförmige, am Stielansatz schwach herzförmig zusammengezogene Schötchen mit 1 bis 2 großen, scharfbitter schmeckenden Samen, die gelegentlich schon als Pfeffer-Surrogat verwendet wurden. Die Pflanze blüht von Mai bis Juli und kommt auf Schutt- und Auffüllplätzen sowie an Weg- und Grabenrädern vor. Gelegentlich geht sie auch als Unkraut auf Brachäcker. Sie stammt aus den Steppen Mittelasiens und hat sich bei uns, wie auch sonst fast überall auf der Welt, eingebürgert und akklimatisiert.

Glanz-Melde
Atriplex acuminata

Die ausdauernde, bis zu 150 cm hohe Pflanze wächst in ausladenden Büschen. Ihre kräftigen Stengel sind aufrecht und meist verzweigt. Die wechselständigen Blätter sind oberseits glänzend dunkelgrün, unten mit silbergrauen Schüppchen bedeckt. Die unteren Laubblätter besitzen deutliche Stiele und dreieckige, meist gezähnte, herz- bis spießförmige Spreiten, die oberen sind schmal-eiförmig und ungestielt.
Die unscheinbaren, 3- bis 5zähligen Blüten sind zu Knäueln zusammengedrängt, die auffällig nickende, rispige oder traubige Scheinähren bilden.
Die Früchte werden von zwei sich vergrößernden Tragblättern eingeschlossen. Diese markante, rautenförmige Hülle ist für alle Melden charakteristisch.
Die mittelasiatische Art ist in Südosteuropa sehr häufig und strahlt von dort über ganz Mitteleuropa mit Ausnahme des äußersten Westens aus. Sie bildet in der Regel ganze Kolonien auf Schuttplätzen und Müllhalden, besiedelt auch gerne Schlacken- und Aschenhaufen und verbreitet sich oft schnell und intensiv, wobei sie niedere Lagen und salzhaltige oder nitratreiche Böden bevorzugt. Sie gehörte als hervorstechendes Element zur Trümmerflora der Nachkriegszeit. Heute ist sie bei uns wieder zurückgegangen (Dauergast, nicht mehr Siedler). Melden- und Gänsefußarten werden nicht näher vom Volk unterschieden und alle als Melde bezeichnet, was wohl mit „Mehl“ zusammenhängt und auf die körnige Behaarung der Pflanzen Bezug nimmt. Der lateinische Name wird verschieden gedeutet. Die einen leiten ihn von *triplex* = dreifach ab (wegen der oft dreieckigen Blätter); manche von *atrium* = Hof und *plexus* = Geflecht, Gewirre; andere sehen in ihm die Verballhornisierung des griechischen *atraphaxis,* mit welchem Dioskurid die Gemüsemelden seiner Zeit abqualifiziert hat *(a,* gr. Verneinung, *trapho,* gr. = nähren oder *tryphax,* gr. = Genießer). Desungeachtet liefern viele Gänsefußgewächse eisen- und vitaminreiche Wildgemüse und stellen mit dem unseren Arten nah verwandten Spinat und Mangold zwei hervorragende Blattgemüse.

Gemeine Pfeilkresse

Glanz-Melde

Große Brennessel
Urtica dioica

Die ausdauernde, bis zu 150 cm hohe Pflanze hat einen lang-kriechenden Wurzelstock, der reich verzweigt ist und aus dem die ganze Vegetationszeit über immer neue, einfache und aufrechte, vierkantige Stengel hervorbrechen, welche wie die gegenständigen Blätter mit Borsten und Brennhaaren bedeckt sind.
Bei den Brennhaaren handelt es sich um einzellige Gebilde, die mit blasenförmig angeschwollenem Fuß in einer becherartigen Erhebung der Oberhaut verankert sind. Sie laufen nach oben spitz zu und sind am Ende köpfchenartig erweitert. Die Köpfchenwand ist verkieselt, die der übrigen Zelle mit Kalk inkrustiert. Bei Berührung bricht das

Köpfchen schief ab, so daß ein schräg abgestutztes Kanülenende entsteht, das in die Haut eindringt. Zugleich entleert sich der Zellinhalt in die Wunde. Der brennende Schmerz und die normalerweise geringfügige Entzündung der Haut wird nicht so sehr durch das im Zellsaft vorhandene ameisensaure Natrium hervorgerufen, sondern durch ein schlangengiftähnliches Protein, das neben Azetylcholin (Nervenreizstoff) der eigentliche Wirkstoff ist.

Die Blätter sind gestielt, ihre Spreiten lang zugespitzt eiförmig, mit herzförmigem Grund und grob gesägtem Rand.

Die kleinen, grünen, vierzähligen und ebenfalls mit Brennhaaren besetzten Blüten sind eingeschlechtig. Ein Stengel trägt in der Regel entweder nur die aufrechten männlichen oder die mehr verzweigten und zuletzt hängenden weiblichen Rispen in den Achseln der oberen Laubblätter (Zweihäusigkeit). Die Blütezeit ist von Juni bis Oktober.

Die Pflanze ist heute fast weltweit verbreitet und kommt von den Niederungen bis ins Gebirge vor. Obwohl es sich um eine typische Schuttpflanze handelt, besiedelt sie auch Auwälder und feuchte Haine. Sie bevorzugt stickstoffhaltigen Boden und einen Humus, der reich an organischen Stoffen ist.

Das Gewächs ist zwar ein lästiges und durch die unterirdischen Wurzelsprosse auch schwer ausrottbares Unkraut, doch hat es zweifellos auch einigen Wert für den Menschen (zumindest gehabt).

Die Nessel liefert 6 bis 30 cm lange Fasern, die diejenigen des Flachses an Festigkeit und Geschmeidigkeit übertreffen. Sie eignen sich hervorragend für Netze, Seile und auch Gewebe. Ihre Gewinnung ist allerdings sehr mühselig und diffizil. Nesselgarne sind heute durch Baumwolle verdrängt worden, doch dienten sie noch in beiden Weltkriegen der mitteleuropäischen Textilindustrie als Ersatz für Baumwolle. Junge Brennesseln ergeben nicht nur gutes Gänsefutter, sondern auch eisen- und vitaminreiches Notgemüse für den

Große Brennessel

Gänse-Fingerkraut

Echter Steinklee

Weiße Taubnessel

Menschen. Das Gift der Brennhaare wird durch das Kochen zerstört. Es soll zwar vor Tierfraß schützen, doch nutzt es gegen Gänse und Enten nichts, und auch die Raupen verschiedener Schmetterlinge (Kleiner Fuchs, Tagpfauenauge, Distelfalter) ernähren sich fast nur von Nesselblättern.

Die Pflanze wird wegen ihres hohen Gehaltes an organischen Säuren und anderen Wirkstoffen auch in der Volksheilkunde benutzt. Sie wurde schon als harntreibendes, blutreinigendes und schleimlösendes Mittel empfohlen, vor allem aber wird ihre verdünnte Tinktur als Mittel gegen Schuppen und Haarausfall hoch gepriesen (Vitamin K und H).

Gänse-Fingerkraut
Potentilla anserina

Die ausdauernde Pflanze besitzt einen kurzen, dicken Wurzelstock, aus dem kriechende, bis zu 70 cm lange und verzweigte, an den Knoten wurzelnde Stengel treiben. Die grundständigen Blätter bilden eine dichte Rosette. Die Stengelblätter ähneln den grundständigen, sind aber weniger geteilt und kürzer. Die bis zu 2 cm großen, goldgelben, 5zähligen Blüten erscheinen an langen Stielen aus den Blattachseln. Ihre Kronblätter sind frei, Staubblätter und Fruchtknoten sind in Vielzahl vorhanden.

Die Pflanze blüht von Mai bis August und gedeiht mit Vorliebe auf Dorfangern, an Dorfteichen, Wegrändern und Weiden, reichlich dort, wo es Gänse gibt und der Boden mit Stickstoff durchsetzt ist. Diesem Vorkommen verdankt sie ihren Artnamen (*anser*, lat. = Gans). Sie erträgt stauende Nässe, Trittverdichtung und auch Salz; deshalb erscheint sie außer in Trittgesellschaften auch noch am Meeresstrand und an Ufern. Sie ist heute fast weltweit verbreitet, bei uns kommt sie vor allem von den Niederungen bis ins Bergland häufig vor.

Das Gewächs war früher eine vielgepriesene Heilpflanze „von hoher krafft und würckung" und seinetwegen erhielt die ganze Gattung ihren Namen (*potentia*, lat. = Kraft). Andererseits ist unsere Pflanze fast die einzige Art, deren Blätter nicht gefingert, sondern gefiedert sind, so daß für sie der Name Fingerkraut nicht paßt. Das Kraut und der süßlich schmeckende Wurzelstock enthalten Schleim- und Gerbstoffe, Tormentol, den gelben Farbstoff Flavon sowie andere, noch nicht genau bestimmte Verbindungen. Sie wirken zusammen krampflösend (glatte Muskulatur), zusammenziehend, entzündungshemmend und stopfend.

Echter Steinklee
Melilotus officinalis

Die meist zweijährige Pflanze wird bis zu 1 m hoch. Ihre aufrechten, seltener aufsteigenden Stengel sind reich verzweigt und wechselständig beblättert.

Die gestielten dreiteiligen Blätter haben ganzrandige, lanzettliche Nebenblättchen und eiförmige bis lanzettliche, am Rand gezähnte Teilblättchen.

Die kaum 1 cm langen Schmetterlingsblüten duften nach Waldmeister. Sie sind gelb und stehen in gestielten, dichten, 30- bis 70blütigen Trauben in den oberen Blattachseln. Gegen Ende der Blüte beginnen sie nach Hellgelb zu verblassen.

Die Früchte sind kaum $^1/_2$ cm lange Hülsen mit 1 bis 2 eikugeligen Samen.

Die Pflanze blüht von Juni bis September und gedeiht — oft in ausgedehnten Beständen — an Wegrändern, Hängen, Bahndämmen, auf Schuttplätzen, Brachen, Weiden und in Weinbergen. Von den Niederungen bis in Mittelgebirgslagen ist sie häufig, zuweilen steigt sie auch noch höher. Zumindest auf der Nordhalbkugel wurde sie fast überallhin verschleppt.

Der Echte Steinklee war bereits im Altertum Heilpflanze und wurde bis vor kurzem auch noch in den Apotheken unter den erweichenden Kräutern geführt, deren Mischung zum Auflegen auf Geschwülste, Beulen und Geschwüre gebraucht wurde. Der starke Waldmeisterduft des getrockneten Krautes soll Motten abschrecken, weshalb Büschel davon in Kleiderschränke gehängt wurden. Als Würze für Käse und Schnupftabak fand die Pflanze auch schon Verwendung.

Sie gilt als kräftiges Pferdefutter und gute Bienenweide (*meli*, gr. = Honig, *lotos* — dichterisch, bei Homer = Klee) und wird auf trockenen kalkhaltigen Böden deshalb gelegentlich angebaut. Sonst eignet sie sich auch noch zur raschen Begrünung und Festigung von Böschungen und Straßenanrissen.

Neben diesem gelben Steinklee gibt es bei uns auch noch den nahe verwandten Weißen Steinklee oder Bucharaklee, *Melilotus alba*. Er wächst noch stattlicher (bis zu 2 m hoch) und unterscheidet sich vor allen durch seine reinweißen Blüten; im sonstigen Bau sind beide Arten nur wenig voneinander verschieden. Sie kommen oft an denselben Standorten beide zusammen vor. Man pflanzt den Bucharaklee (Handelsname) zur Gründüngung und zur Verbesserung von Kies- und Sandböden (Stickstoffanreicherung durch symbiotische Bakterien); als Viehfutter taugt er wenig, da er noch härter ist als die vorhergehende Art. Außerden reichert er sehr viel Kumarin (Waldmeisterduftstoff) in sich an, welches in größeren Mengen von Rindern abgelehnt wird. So kann er nur jung verfüttert werden.

Weiße Taubnessel
Lamium album

Die ausdauernde, 20 bis 50 cm hohe Pflanze hat einen reichverzweigten, ausläufertreibenden Wurzelstock. Ihm entspringen zahlreiche aufrechte, vierkantige und gegenständig beblätterte, hohle Stengel, die von unten her häufig rotviolett überlaufen und abstehend flaumig behaart sind.

Die gestielten, eiförmigen Blätter mit herzförmigem Grund und gezähntem Rand gehen nach oben in sitzende Tragblätter über. Sie ähneln denen der

Brennessel, ohne deren Brennhaare zu besitzen; die Pflanze ist also in dieser Beziehung „taub“.

Die weißen oder schwach gelblich angehauchten Lippenblüten stehen in dichten Scheinquirlen in den Achseln der oberen Blätter. Der Kelch ist glockenförmig und 5zähnig, die Blütenblätter sind zu einer steil aufgebogenen Kronröhre verwachsen, deren Saum mit der helmförmig gewölbten Oberlippe und der ausgebreiteten, 3zipfeligen Unterlippe einem aufgesperrten Rachen ähnelt (*laimos*, gr. = Rachen, Schlund). Zwei lange und zwei etwas kürzere Staubfäden ragen bis unter die Oberlippe, wo die dunkelbraunen Staubbeutel vor Regen geschützt sind. Die Blütezeit ist von Mai bis Juli. Der Honig am Grund der Kronröhre kann nur von den langrüsseligen Hummeln erreicht werden. Bienen betätigen sich oft als Nektarräuber, indem sie am Grund der Blütenhülle ein Loch nagen, um von dort aus die Nahrungsquelle zu erschließen. Der süße Seim ist so reichlich vorhanden, daß er selbst vom Menschen wahrgenommen werden kann. Es ist eine verbreitete Angewohnheit der Kinder, die noch nicht voll erblühten Kronen auszuzupfen und den Nektar vom Hinterende her abzusaugen.

Die Frucht zerfällt bei der Reife in 4 Teilnüßchen, die vor allem von Ameisen weit verschleppt werden.

Die Pflanze tritt in der Regel truppweise auf und gedeiht an Zäunen, Mauern, verwahrlosten Orten und Schuttplätzen, meist in der Nähe menschlicher Siedlungen. Sie ist von den Niederungen bis ins Gebirge sehr häufig und besiedelt heute den größten Teil der gemäßigten Nordhemisphäre.

Den getrockneten Blüten wurde früher eine große Heilkraft zugeschrieben. Ihr Absud wurde bei Wassersucht, Skrofulose, Brust- und Lungenleiden getrunken und äußerlich bei schwärenden Wunden und Hämorrhoiden angewandt. In anderen Ländern gelten sie noch heute als offizinelle Droge, die allerdings sehr teuer ist, weil das Einsammeln sehr mühevoll ist und wenig an Gewicht bringt.

Schwarzes Bilsenkraut

Weißer Stechapfel

Schwarzes Bilsenkraut
Hyosdyamus niger

Die ein- bis zweijährige Pflanze ist klebrig-wollig behaart und hat einen unangenehmen Geruch. Ihre aufrechten, bis zu 1 m hohen Stengel sind dicht wechselständig beblättert. Die länglich-eiförmigen Blätter sind fiedrig gelappt, die unteren in einen Stiel verschmälert, die oberen halbstengelumfassend sitzend.

Aus ihren Achseln erscheinen in einseitswendigen, gedrängten Wickeln die großen, sitzenden Blüten. Der becherförmige, klebrig-drüsige Kelch trägt einen Saum aus 5 stechend spitzigen Zähnen. Die verwachsenblättrige Krone ist trichterförmig mit 5 mehr oder weniger ausgebreiteten rundlich-lappigen Zipfeln. Diese sind schmutziggelb mit violettem Adernetz, gegen den Schlund zu rötlichviolett (selten einfarbig) und auf der Außenseite behaart. Auch die 5 Staubblätter sind an den Staubfäden behaart, die Staubbeutel sind violett gefärbt. Aus ihrer Mitte erhebt sich der Griffel mit seiner kopfförmigen Narbe. Die Frucht ist eine bauchige, über 1 cm

Breit-Wegerich

Nickende Distel

Gemeiner Beifuß

Gemeine Wegwarte

lange Deckelkapsel mit zahlreichen, nur etwa 1 mm dicken Samen. Die wärmeliebende Pflanze blüht von Juni bis Oktober und wächst zerstreut und meist unbeständig mal hier und mal dort an Zäunen, Wegrändern, Mauern und auf Schuttplätzen vom Tiefland bis in die Alpentäler. Aus dem Mittelmeerraum und dem Orient stammend, hat sie sich als stickstoffliebender Kulturbegleiter über die warmgemäßigten Zonen der ganzen Welt verbreitet. Ihr abstoßender Geruch und die starke Giftigkeit, welche vor Tierfraß schützen, sowie die Fruchtbarkeit — ein einziges Exemplar produziert im Durchschnitt etwa 10 000 Samen — haben die Ausbreitung wesentlich erleichtert.

Alle Teile, besonders aber die ölhaltigen Samen, enthalten ein Giftgemisch aus den Alkaloiden Hyoscyamin, Atropin, Skopolamin und Cholin, dieselben Stoffe, welche auch die Tollkirsche (S. 267) führt, und auch die Symptome der Bilsenkrautvergiftung sind dieselben wie bei Tollkirschenvergiftung: Das Nervenzentrum wird übermäßig (bis zur Lähmung) gereizt, die Pupillen erweitern sich und die Mundhöhle trocknet aus.

Bilsenkraut war bereits im Altertum als (tödlich) giftige Arzneipflanze bekannt — in Babylon, Assyrien, Indien, Ägypten, Griechenland sowie im alten Rom. Auf altägyptischen Bildern ist das Einatmen des aus brennenden oder aufgebrühten Samen aufsteigenden Rauches oder Dampfes — zur Beseitigung von Zahnschmerzen — dargestellt.

Im Mittelalter spielte bei uns Bilsenkraut im Aberglauben eine große Rolle und wurde als Zauberpflanze oder zu Heilzwecken in Gärten gezogen. Es war Bestandteil der Hexensalben, mit denen sich „Hexen" bestrichen, um alsbald in einen Drogenrausch zu verfallen, in dem sie die Beschwingtheit und das Losgelöstsein des Hexenritts empfanden und ihnen Halluzinationen den Hexensabbat vorgaukelten.

Ebenso bildete Bilsenkrautsaft einen Bestandteil der Liebestränke, diente aber auch zur Beseitigung unliebsamer Zeitgenossen. Außerdem wurde die Pflanze bei Operationen zur Betäubung von Patienten benutzt und gewissenlose Bierbrauer mengten Samen davon in den Sud, um ihr Gebräu berauschender zu machen. Schließlich verwendete man eine Abkochung der Samen auch als Vertilgungsmittel für Ungeziefer.

Die Blätter sind heute noch offizinelle Droge für die Behandlung von Krankheiten des Zentralnervensystems und werden in vielen Staaten auch zur Herstellung von Beruhigungs- und Schlafmitteln verwendet. Auch als hustenstillendes Mittel und als Salbe gegen rheumatische Schmerzen wird das Gewächs gebraucht und deshalb (in südlichen Ländern) angebaut. Bilsenkraut darf aber unter keinen Umständen als Hausmittel und ohne ärztliche Aufsicht benutzt werden, denn eine solche Verwendung stellt eine unmittelbar tödliche Bedrohung des Behandelten dar.

Weißer Stechapfel
Datura stramonium

Die einjährige Pflanze hat bis zu 1 m

hohe, meist gabelig verästelte Stengel und ist in allen Teilen kahl. Die langgestielten, eiförmigen Blätter sind welligbuchtig gezähnt, vorne zugespitzt, am Grund keilig zusammengezogen, oberseits dunkel-, unterseits hellgrün. Sie haben einen unangenehmen Geruch. Die untersten Blätter sind sehr groß (länger als 20, breiter als 15 cm) und wechselständig; in der Blütenregion stehen sie oft gepaart oder fast quirlig.

Die bis zu 8 cm langen, weißen Blüten sitzen einzeln und aufrecht an den Astenden und in den Astgabeln. Der 5zähnige, becherartig verwachsene Kelch wird 4 bis 5 cm lang. Er fällt nach der Blüte samt der Krone ab. Diese ist trichterartig verwachsen und besitzt einen 5zipfeligen, schwach ausgebreiteten, längsfaltigen Saum. Die in der Knospe eng zusammengefalteten Blüten schließen sich, aufgeblüht, bei feuchter Witterung und öffnen sich voll erst in der Dämmerung. Sie strömen einen süßlich schweren Duft aus und werden von langrüsseligen Nachtfaltern bestäubt. Anderntags verwelken sie meist schon

Die Früchte sind dicke, eiförmige Kapseln, deren ganze Oberfläche mit kräftigen Stacheln besetzt ist (Name!; *Datura* soll die portugiesische Schreibweise des indischen *tatula* sein; von sanskr. *tat* = stechen). Sie springen mit 4 Klappen bis fast zum Grund auf und entlassen viele, 2 bis 3 cm breite, abgeplattete, braunschwarze Samen. Die wärmeliebende Pflanze blüht von Juni bis September, wobei Früchte in höheren Lagen nicht mehr zur Reife gelangen. Sie wächst auf Schuttplätzen, Dorfangern, an Wegen und Zäunen der Niederungen und des Hügellandes; selten steigt sie bis in die oberen Bergregionen. Sie findet sich heute weltweit in den warmgemäßigten Zonen, doch ist ihr Vorkommen sehr unbeständig Ihre Heimat ist vermutlich Mittelamerika, von wo aus sie von Portugiesen und Spaniern eingeführt worden sein soll Nach anderer Lesart soll sie aus den mittelasiatischen Steppen oder Indien stammen und durch fahrende Zigeuner verbreitet worden sein. Die Vieldeutigkeit ihrer Herkunft ist um so erstaunlicher, da das Kraut erst zu Beginn der Neuzeit in Europa aufgetaucht ist und bald als Arzneipflanze große Beachtung fand.

Blätter und Samen enthalten stark giftige Alkaloide: Hyoscyamin, Atropin und Skopolamin.Letzteres vor allem wird als Mittel gegen Asthmabeschwerden benötigt. Die getrockneten Blätter sind offizinelle Droge, die früher auch bei Epilepsie und rheumatischen Beschwerden angewandt wurde. Zur Drogengewinnung werden allerdings heute meist nur noch verwandte Arten (z. B. mit unbestachelter Kapsel) angebaut, da diese mehr Alkaloide enthalten.

An besonders warmen Standorten tritt zuweilen eine besondere Rasse des Weißen Stechapfels auf, deren Stengel violett überlaufen und deren Blüten bläulich getönt sind.

Breit-Wegerich
Plantago major

Die ausdauernde Pflanze besitzt einen kurzen Wurzelstock, aus dem eine Rosette grundständiger, dem Boden anliegender oder schräg aufwärtsstehender Blätter entspringt. Diese sind flachrinnig gestielt und mit einer breit-eiförmigen, stumpfen Spreite versehen, die meist ganzrandig, seltener unregelmäßig kleingezähnt ist und 5 bis 9 mehr oder weniger parallel verlaufende Bogennerven aufweist.

Seitlich aus der Rosette entspringen die am Grund meist bogig aufsteigenden, oberseits aufrechten, stielrunden Blütenschäfte, die in der Regel unverzweigt und stets blattlos sind. Sie enden in einer schmalen, walzlichen Ähre, die den Schaft an Länge oft erreicht. Sie ist dicht besetzt mit kaum 3 mm großen, vierzähligen Blüten mit weißlichgelber, häutiger Krone, die von den lilafarbenen, beim Abblühen graugelben Staubbeuteln weit überragt wird.

Die Früchte sind eiförmige, kaum $^1/_2$ cm lange Deckelkapseln mit bis zu 8 Samen.

Die vielgestaltige Pflanze blüht von Juni bis in den Herbst hinein und wächst vom Tiefland bis ins Hochgebirge an Wegrändern, Zäunen, auf Äckern und Schuttplätzen, besonders auch in betretenen Rasen. Sie ist heute in vielen Formen weltweit verbreitet (eine sehr abweichend gebaute Unterart — zierlich, kaum 15 cm hoch, heller grün, einjährig — besiedelt bei uns sandige Flachufer und feuchte, magere Sandäcker.)

In der Volksmedizin gilt sie wie andere Wegericharten als Heilpflanze; ihre Früchte eignen sich gut als Vogelfutter (auch für die Winterfütterung).

Die im Wasser verschleimenden Samen heften sich leicht an die Schuhe der Vorübergehenden und auch an die Hufe des Viehs und werden so verbreitet. Der Breit-Wegerich, von den Europäern nach Nordamerika eingeschleppt, wurde von den Indianern „Fährte des Bleichgesichts" genannt. Die Gattungsname bezieht sich auf die Blätter unserer Art, die Fußstapfen gleichen *(planta,* lat. = Fußsohle).

Nickende Distel
Carduus nutans

Die in der Regel zweijährige Pflanze hat bis über 1 m hohe, aufrechte, einfache oder oberseits wenig verzweigte Stengel, die fast bis unter die Blütenstände stachelig-kraus geflügelt sind. Die länglichen, buchtig fiederspaltigen Blätter tragen an der Spitze einen scharfen Dorn und sind auch am Rand dornenbewehrt. Die rotvioletten Röhrenblüten haben 5zipfelige, schwach zweilippige, verwachsene Kronen und stehen zu vielen in etwa 5 cm breiten, nickenden Körbchen am Ende der Äste. Nur die Körbchenstiele sind unbedornt. Die halbkugelige Körbchenhülle besteht aus vielen, dachziegelig übereinanderstehenden Hüllschuppen, die in einem langen, nach rückwärts gebogenen Dorn enden. Sie sind anfangs spinnwebwollig behaart (später mehr oder weniger verkahlend).

Gemeiner Rainfarn

Kanadischer Katzenschweif

Kleine Klette

Die Früchte sind Nüßchen, die am oberen Ende einen mehrreihigen, abstehenden Kranz einfacher, bis zu 2 cm langer Flughaare tragen.

Die kalkliebende Pflanze blüht von Juli bis September und gedeiht auf Schuttplätzen, Weiden, an Weg- und Gebüschrändern, vor allem an stickstoffbeeinflußten Stellen von der Tiefebene bis in mittlere Gebirgslagen. Sie wächst in Nordafrika, Europa bis Mittelasien und wurde auch nach Nordamerika eingeschleppt. Die Pflanze ist sehr dekorativ und duftet recht angenehm nach Honig, eignet sich aber ihrer Stacheln wegen wenig für Ziersträuße. Vom Vieh wird sie nicht angerührt und vermehrt sich dank dieser negativen Auslese auf Weiden oft gewaltig, vor allem wenn diese überbesetzt sind und die besseren Gewächse dadurch kurzgehalten werden.

Gemeiner Beifuß
Artemisia vulgaris

Die ausdauernde, schwach unangenehm riechende Pflanze hat einen mehrköpfigen, verzweigten Wurzelstock und bildet mit ihren bis über 120 cm hohen, meist rotviolett überlaufenen, zähen und reichverzweigten Stengeln mächtige Büsche.

Die wechselständigen Blätter sind fiederteilig, ihre Abschnitte lanzettlich, lappig gezähnt, unterseits weißfilzig und am Rand schmal eingerollt. Der Endabschnitt ist vergrößert und drei- bis mehrlappig. Die oberen Blätter sind nicht so tief geteilt, diejenigen der Blütenregion meist nur einfach.

Die gelblichen bis rotbraunen Röhrenblüten sind zu kleinen, eiförmigen, nur 3 bis 4 mm langen Körbchen zusammengefaßt, die durch die Hüllblätter graublau erscheinen. Die Körbchen stehen in großer Zahl und mehr oder weniger geknäuelt an allen Astenden und bilden eine reichverzweigte, langgezogene Rispe. Die Pflanze blüht von Juli bis September und besiedelt Standorte in der Nähe menschlicher Wohnstätten auf Schuttplätzen, Ödland, an Zäunen, Mauern, Wegrändern und Ufern.

Sie bevorzugt stickstoffreichen Boden und kommt von den Niederungen bis in die unteren Hochgebirgslagen fast über die ganze Nordhalbkugel recht weit verbreitet vor.

Der Beifuß ist eine alte Arznei- und Zauberpflanze. Das Kraut wurde gegen verschiedenartige Krankheiten verwendet, so vor allem auch als menstruationsförderndes Mittel und bei sonstigen Unterleibsbeschwerden. Der wissenschaftliche Gattungsname wird deshalb oft mit Artemis in Verbindung gebracht, der Zwillingsschwester Apollons, die unter anderem auch als Göttin der Geburt verehrt wurde; doch läßt er sich ebenso von gr. *artemes* = gesund ableiten.

Der Absud, für Fußbäder verwendet,

soll Beine und Füße stärken; es soll sogar genügen, vor langen Märschen ein Stückchen der Pflanze in die Schuhe zu schieben, um nicht zu ermüden (Volksname!).
In anderen Ländern ist der Gemeine Beifuß noch heute offizinell; seine ätherischen Öle, Bitterstoffe sowie Cholin und Inulin werden zu Medikamenten gegen Verdauungsstörungen, Appetitlosigkeit, Darmparasiten und Menstruationsbeschwerden verarbeitet. Es hat sich aber auch herausgestellt, daß die Droge, in größeren Mengen über längere Zeit eingenommen, den Blutdruck herabsetzt, den Herzrhythmus verlangsamt und das Nervensystem schädigt.
Als Gewürz für Fleischspeisen oder Suppen verwendet, dürfte das Kraut allerdings die Schädlichkeitsgrenze kaum erreichen.

Blaue Kugeldistel

Einjähriges Rispengras

Gemeine Wegwarte
Cichorium intybus

Die ausdauernde, 30 bis 130 cm hohe Pflanze hat einen tiefreichenden, knorrig-rübenartigen Wurzelstock, aus dem zähe, aufrechte, wenig beblätterte und sperrig verästelte Stengel hervorgehen.
Im ersten Jahr erscheint meist nur eine Rosette grundständiger, gestielter, grob schrotsägeförmig gelappter Blätter. In den folgenden Jahren treibt die Pflanze dann regelmäßig Blütenstengel, deren untere Blätter den grundständigen ähneln, während die oberen ganzrandig und länglich-lanzettlich sind. Alle Stengelblätter sind ungestielt und sitzen mit mehr oder weniger umfassendem Grund.
Die hellblauen, selten weißen oder rosaroten Zungenblüten sind zu 3 bis 4 cm breiten Körbchen vereinigt, die sich schon früh am Mittag schließen. Die borstigen und etwas drüsenhaarigen Hüllblättchen sind in zwei deutlichen Reihen angeordnet, die innere Reihe steht aufrecht, die äußere spreizt mehr oder weniger stark ab. Die Zungen sind am Vorderende breit abgestutzt und fein gezähnelt. Die Körbchen stehen an der Spitze kleiner Nebenzweigchen und in den Astwinkeln. Der Gesamtblütenstand ist eine lockere, traubige Rispe.
Die Früchte sind eiförmige, etwa 2,5 mm lange, hellgelbe bis schwarze Nüßchen mit einem Haarkrönchen am stumpfen, oberen Ende.
Die Pflanze blüht von Juli bis Oktober an Wegrändern, Feldrainen, auf Brachen, trockenen Wiesen, Ödland und Dämmen. Auf diese Standorte bezieht sich sowohl der deutsche, als auch der wissenschaftliche Gattungsname *(kio,* gr. = ich gehe; *chorion,* gr. = längs des Feldes, am Feld entlang). Das Gewächs ist wärmeliebend und kommt deshalb im südlichen Mitteleuropa und von den Niederungen bis in die Bergregion häufiger vor als im Norden und in den Alpen (Nordalpen bis etwa 1000 m, Südalpen bis gegen 1500 m ü. d. M.). Die eurosibirische Pflanze ist heute in den Wärmegebieten der ganzen Erde verbreitet. Die dem Endiviensalat nahe verwandte Art wird in zwei Zuchtformen angebaut. Die eine, var. *sativum,* ergibt die Zichorienwurzel, die geröstet als Kaffee-Ersatz verwendet wird. Dieser Brauch soll von dem italienischen Arzt und Botaniker Alpini aus Padua im Jahre 1600 publik gemacht worden sein. Nachdem zunächst die Wildwurzeln gesammelt wurden, sollen 1690 holländische Bauern mit dem feldmäßigen Anbau begonnen haben. Sowohl Friedrich der Große als auch später Napoleon förderten den Zichorienanbau. Die ersten Fabriken zur Verwertung wurden am Ausgang des 18. Jahrhunderts errichtet. Bis heute erfreut sich der Zichorienkaffee, nicht zuletzt wegen seiner günstigen Beurteilung durch Mediziner, in vielen Ländern einer großen Beliebtheit. Die Brauchbarkeit als Kaffee-Ersatz beruht vor allem auf dem Inulin-Gehalt des Wurzelstocks, der bei den Zuchtpflanzen über $^1/_2$ kg wiegt und bis zu 10 % dieses Zuckers enthält. *Cichorium* ist die sprachliche Grundform für die Namen Zichorie und auch Chicoree, der var. *foliosum,* innerhalb der ssp. *sativum.* Dieser Salat, der vor allem in Westeuropa gezogen wird, erfreut sich in letzter Zeit auch bei uns steigender Beachtung. Es handelt sich dabei um die im Dunkeln getriebene Knospe der Grundblattrosette des ersten Jahres. Die Verwendung als Salat, dem ein Teil des leicht bitteren Inulins

durch Wässern entzogen wird, ist bei uns heute allgemein bekannt, weniger dagegen die Zubereitung als Gemüse. Die Wildpflanze (ssp. *intybus; tubus*, lat. = Röhre, wegen des hohlen Stengels) wurde als appetitanregende und harn- und gallentreibende Heilpflanze verwendet. In Märchen und Sagen werden ihr geheimnisvolle und wunderbare Kräfte zugeschrieben.

Gemeiner Rainfarn
Tanacetum vulgare

Die ausdauernde, bis über 120 cm hohe Pflanze verbreitet einen kampferähnlichen, herben Geruch. Ihre kurzkriechende, bräunliche und schwach holzige Grundachse ist reich bewurzelt und treibt derbe, aufrechte, nur am Ende verzweigte Stengel, die kantig und dicht mit wechselständigen Blättern besetzt sind. Diese sind tief einfach bis doppelt fiedrig geteilt, mit lanzettlichen, gesägten bis gezähnten und unterseits drüsig punktierten Abschnitten, zwischen denen an der Hauptspindel kürzere, gezähnte Zipfel stehen. Das Gesamtblatt ist 10 bis 30 cm lang. Die kleinen, goldgelben Röhrenblüten stehen dicht gedrängt in etwa 1 cm breiten Körbchen, die von gelbgrünen, häutig berandeten, dachziegelig angeordneten Hüllblättchen eingefaßt werden. Zwischen diesen und den Röhrenblüten sitzt meist eine Reihe von gelben Zungenblüten, die so klein sind, daß sie das Körbchen kaum überragen. Alle Körbchen eines Stengels stehen in einer dichten, flachen Trugdolde.

Die Früchte sind eiförmige, kaum 2 mm lange Nüßchen, die am oberen Ende ein winziges Krönchen tragen, das aus dem Kelchsaum entstanden ist.

Die Pflanze blüht von Juli bis September und ist in ihren Ansprüchen nicht wählerisch, denn sie gedeiht an Gebüsch- und Wegrändern, Zäunen, Ufern, auf Schuttplätzen und Flußschotter der großen Ströme, an Felsen und im Bereich von Hochmooren. Zuweilen wird sie auch in Gärten gezogen. In ausgesprochenen Kalkgebieten tritt sie selten auf, sonst aber von 0 bis 800 m ü. d. M. häufig. In den Alpen taucht sie zerstreut bis gegen 2000 m im Bereich von Wohnstätten auf.

Aus dem osteuropäisch-asiatischen Raum stammend und erst zur Zeit der Völkerwanderung im übrigen Europa erscheinend, ist sie heute weltweit in den kaltgemäßigten Zonen der Erde verbreitet.

Es handelt sich um ein Gewächs, das, mit einigen Einschränkungen, als giftig bezeichnet werden kann. Es enthält gelblichgrünes, bitteres, ätherisches Öl mit dem giftigen Thujon, das in größeren Mengen gefährliche Vergiftungen hervorrufen kann, die Atemnot, Erbrechen, Entzündungen im Darmtrakt, Nierenschäden und Störungen im Zentralnervensystem zur Folge haben. Desungeachtet wurde die Pflanze in der Volksheilkunde als Beruhigungsmittel und gegen Würmer verabreicht sowie äußerlich gegen Rheumatismus verwendet. Hauptsächlich wurde sie aber in der Tierheilkunde angewandt. Heute wird das Kraut in manchen Staaten wieder gesammelt und dient als Rohstoff für die Heilmittelindustrie. Doch muß vor den leichtsinnigen Umgang mit der Droge eindringlich gewarnt werden.

Des herben Aromas wegen wurden die Blätter im Mittelalter zur Glühweinherstellung oder, anstelle des Hopfens, bei der Bierbereitung verwendet sowie als Gewürz oder Beilage zu Fleischspeisen. Die geschlossenen Körbchenknospen wurden auch als Ersatz für Kapern, in Essig eingelegt, genossen.

Kanadischer Katzenschweif
Conyza canadensis

Die einjährige oder zweijährige, oft hellgrün gefärbte Pflanze hat bis zu 1 m hohe, aufrechte und dicht beblätterte Stengel, die von unten her einfach, im Blütenstand stark rispig verzweigt sind. Sie ist in allen Teilen dünn behaart. Von den Systematikern lange Zeit in eine andere Gattung gestellt, ist sie auch als Kanadisches Berufkraut (gegen zauberisches „Berufen" von Mensch und Vieh) bekannt.

Von den lanzettlichen Blättern sind die unteren gestielt, die oberen sitzen mit schmaler Basis.

Die Blüten stehen in kleinen, etwa 1/2 cm langen Körbchen, die von spitzen, hautrandigen, bräunlich getönten Hüllblättchen umgeben werden. In der Körbchenmitte sitzen kleine, gelblichweiße Röhrenblüten. Sie werden von einem Kranz ebenfalls kleiner, weißer oder rötlich überlaufener Zungenblüten umstellt, welche die Hülle kaum überragen.

Die Früchte sind knapp 1 mm lange Nüßchen, die am oberen Ende einen Kranz aus schmutzigweißen, 2 bis 3 mm langen Flughaaren tragen.

Die aus Nordamerika stammende Pflanze blüht vom Juli bis in den Herbst hinein. Sie wurde in alle Erdteile verschleppt, so daß sie heute als Kosmopolit bezeichnet werden kann. Nach Europa gelangte sie im 17. Jahrhundert und wächst hier von der Tiefebene bis in untere Mittelgebirgslagen verbreitet auf Schutt, Ödland, Dämmen, in Gärten und Feldern und oft in Massen auf nackten Böden und Waldschlägen im 2. und 3. Jahr nach der Erstbesiedlung. Die Pflanze enthält kümmelartig riechendes ätherisches Öl und wurde schon zu Heilzwecken angewandt.

Kleine Klette
Arctium minus

Unter dem Artnamen wird ein Schwarm von selbst- und fremdbestäubenden Sippen sowie von Bastardformen zu anderen Arten vereinigt, die morphologisch durch gleitende Übergänge verbunden sind.

Die zweijährige Pflanze bildet im ersten Jahr eine Blattrosette, aus der dann im darauffolgenden bis über 1 m hohe, dikke, aufrecht reich verzweigte, längsgefurchte und wollig-flaumig behaarte Stengel hervorgehen. Die langgestielten, rundlich-eiförmigen Blätter sind unterseits graufilzig, ganzrandig oder entfernt knorpelig gezähnt und am Spreitengrund herzförmig zugeschnitten. Die Stiele der unteren Blätter sind hohl. Die rotvioletten Röhrenblüten sitzen in 1 bis 3 cm breiten und bis zu 1,5 cm hohen Körbchen, deren Hülle aus vielen Reihen sehr spitz zulaufender Blättchen besteht, die am äußersten Ende hakenförmig gekrümmt sind. Sie sind durch spärliche Spinnwebhaare miteinander verwoben und graugrün oder schwach rötlich überlaufen. Die Körbchen sind gestielt, die oberen einander genähert, und alle zusammen bilden einen traubenartigen Gesamtblütenstand. Nach der Reife bleiben die igelartigen Körbchen leicht an der Kleidung Vorübergehender oder an Tierfellen hängen und werden so verbreitet. Die Pflanze blüht von Juli bis September und gedeiht auf Schuttplätzen, Dorfangern, verwahrlosten Stellen sowie an Wegrändern, Böschungen und Rainen. Das stickstoff- und humusliebende Kraut wächst von den Niederungen bis in mittlere Gebirgslagen durch ganz Europa bis zum Kaukasusgebiet und Nordafrika; in wärmeren Gebieten kommt es nur im Gebirge vor. Nach Nordamerika wurde es eingeschleppt.

Es handelt sich um eine Arzneipflanze, deren Wurzel Schleim- und Bitterstoffe, viel Inulin, ätherisches Öl und Lappin enthält. Heute wird vor allem noch aus der Wurzel „Klettöl" hergestellt, dem man haarwuchsfördernde Wirkung nachsagt.

Sehr ähnlich und oft an denselben Standorten anzutreffen ist die Große Klette, *Arctium lappa,* bis 150 cm hoch, mit reingrünen und meist kahlen Hüllblättchen sowie mehr doldentraubigem Gesamtblütenstand; ferner die Filz-Klette, *Arctium tomentosum,* mit auffällig weißwolligen Körbchen (vergleichbar mit Bärchen; *arktos,* gr. = Bär), deren innere Hüllblätter keine Hakenspitze tragen. Ihr Gesamtblütenstand ist flach trugdoldig.

Blaue Kugeldistel
Echinops sphaerocephalum

Die ausdauernde, bis über 2 m hohe Pflanze hat aufrechte, einfache oder oberseits etwas verzweigte, weißwollig behaarte und geriefte Stengel.

Die Blätter sind oberseits bläulich- bis olivgrün, unterseits weißwollig behaart, weitbuchtig fiederlappig und am Rand dornig gezähnt. Die untereren Blätter haben Stiele, die oberen sitzen mit stengelumfassendem Grund. Die metallisch blauen bis weißlichblauen Röhrenblüten sitzen einzeln in 1 bis 2 cm langen Körbchen, die von lanzettlichen, vorne fransig bewimperten, nach unten stielartig verlängerten Hüllschuppen umstellt werden. Diese auf eine Blüte reduzierten Körbchen bilden an den Ast- und Stengelenden einen kugelig-kopfigen, oft über 6 cm breiten Gesamtblütenstand, der einem Igel gleicht *(echinos,* gr. = Igel; *ops,* gr. = Gestalt.)

Die Früchte sind $^1/_2$ bis 1 cm lange Nüßchen, die einen Schopf aus fransigen Schüppchen tragen.

Die Blaue Kugeldistel blüht von Juni bis August und gedeiht überall zahlreich an Wegrändern, Zäunen, Waldrändern, auf Schuttplätzen und Ablagerungsstätten, in Steinbrüchen und Weinbergen, doch auch in Uferregionen. Sie bevorzugt niedere Lagen in Wärmegebieten und steigt bis in die obere Bergregion. Vom Mittelmeergebiet aus hat sie sich über ganz Europa, mit Ausnahme des Nordens, sowie bis nach Südsibirien und dem Kaukasus verbreitet. Sie wird gelegentlich auch als dekorative Gartenpflanze gezogen und verwildert dann ab und zu.

Einjähriges Rispengras
Poa annua

Das meist einjährige Gras ist oft schon vom Grund an schwachbüschelig verzweigt. Seine bis zu 30 cm langen Halme sind aufrecht oder knickig aufsteigend und weisen häufig wurzelnde Seitentriebe auf. Die schmalen, langscheidigen Blätter sind am Spreitenrand etwas rauh. Die Spreite ist flach und schlaff und an ihrer Spitze kapuzenförmig zusammengezogen.

Das Blatthäutchen am Übergang von Spreite und Scheide ist bei den oberen Blättern länger als bei den unteren. Die einfachen Spelzenblüten stehen zu 3 bis 5 in dreikantig gekielten Ährchen. Der Gesamtblütenstand ist eine lockere, oft einseitswendige Rispe.

Das Gras blüht fast das ganze Jahr über. Es wächst vor allem an Wegen, zwischen Pflastersteinen, auf Trittrasen, Weiden und Schuttplätzen sowie als Unkraut in Gartenbeeten und auf Äkkern. Es bevorzugt stickstoffhaltige, frisch verdichtete Böden. Es ist ein Kosmopolit und kommt bei uns als wohl häufigstes Gras von den Niederungen bis in mittlere Gebirgslagen vor. Im Hochgebirge bis 3800 m wächst es in einer ausdauernden, gedrungenen Unterart auf Viehlägern und in der Umgebung von Hütten. Es ist ein ausgesprochener Kulturfolger, der bis in die Herzen der Großstädte zieht. Dort findet man zuweilen auf Extremstandorten, (z. B. Ritzen der Bordsteine) voll ausgebildete, aber nur 2 bis 3 cm hohe Exemplare. Als Unkraut wird es kaum lästig, als Viehfutter ist es zu ertragsarm.

Weinbergschnecke
Helix pomatia

Die Weinbergschnecke ist in Südostengland ebenso bekannt wie in Mitteleuropa und auf dem Balkan. Heutzutage findet man sie häufig in großer Zahl auch an Orten, wo sie früher nicht vorkam; sie wurde dort entweder ausgesetzt, oder es handelt sich um die Nachkommen solcher Tiere, die aus Schneckenfarmen entwichen sind.

Neuerdings steigt nämlich die Nachfrage: Das zarte Fleisch dieser Schnecke wird exportiert. Schon die Römer hielten Schnecken in Behältern, die sie „cochlearia“ nannten. Später diente Schneckenfleisch als Fastenspeise; die Tiere wurden daher oft von Mönchen in besonderen Gärten gezüchtet.

Die Weinbergschnecke hält sich an feuchten warmen Stellen in Laubwäldern oder Gebüschen des Flach- und Hügellandes auf, wo sie kalkhaltigen Untergrund bevorzugt; man kann sie auch an Mauern beobachten. Sie ist die größte europäische Schnecke; ihr Gehäuse wird bis zu 45 mm hoch und ebenso breit. Die Paarung erfolgt von Mai bis August. Nach 6 Wochen legt jedes Tier (diese Schnecke ist ein Zwitter) 40 bis 60 ziemlich große Eier in ein Erdloch.

Im Herbst gräbt sich die Schnecke meist in weichem Boden 15 bis 30 cm tief ein, verschließt die Gehäusemündung mit einem kalkigen Deckel und überwintert im Starrezustand. Im April wird sie wieder rege und wirft den Deckel ab. Bei Trockenheit verklebt sie die Mündung des Gehäuses mit einem schleimigen Sekret, das in getrocknetem Zustand wie Pergament aussieht. Die Schnecke richtet Schäden in Gartenkulturen an, denn sie frißt die Blätter vieler saftiger Pflanzen.

Große Egelschnecke
Limax maximus

In Gärten, Parks und Kellern ist die bis zu 15 cm lange Große Egelschnecke anzutreffen. Sie ist am zugespitzten Körperende und an der Atemöffnung in der hinteren Hälfte des Mantelschilds kenntlich. Es gibt sowohl schwarze als auch rötliche und gelbliche Tiere. In Kellern findet man sie meist dann, wenn dort Gemüse gelagert ist. Sie frißt aber auch tierische Nahrung (kleine Schnecken) und wird gelegentlich auf Aas gesehen. Am Tag versteckt sie sich an feuchten Stellen und sucht erst nachts Futter.

Bei der Paarung hängen beide Partner spiralenförmig umschlungen an einem von ihnen selbst abgesonderten festen

Weinbergschnecke

Große Egelschnecke

Samtmilbe

Winkelspinne

Gartenkreuzspinne

Wandkanker

Schleimfaden. Diesen Faden befestigen sie meist an einem Zweig. Die Egelschnecke ist mancherorts stark verbreitet, besonders in Süd- und Mitteleuropa; aber auch in England und Skandinavien taucht sie auf.

Winkelspinne
Tegenaria derhami

In Häusern, Schuppen, Ställen und in den Räumen alter Schlösser gibt es häufig in Ecken dichte, waagerecht gespannte Netze (vor allem dort, wo Unordnung herrscht). Am Rand des Netzes ist ein Spinngeweberöhrchen angebracht, in dem sich sein Bewohner – die Winkelspinne – verbirgt. Auch sie zählt zu den fast überall in Europa bekannten Arten und wird 6 bis 11 mm lang, wirkt aber mit ihren sehr langen Beinen größer.

Die Winkelspinne ist auch im Winter an warmen Orten zu beobachten; sie wird mehrere Jahre alt. Sie frißt Insekten (vor allem Fliegen), die sich in ihrem Netz fangen.

Das Weibchen legt seine Eier in kugeligen Kokons ab, die es an Fäden aufhängt und mit Krümeln von Wandverputz „maskiert“.

Samtmilbe
Trombidium holosericum

Vom Frühling bis zum Herbst sieht man in Gras, auf Sträuchern oder am Boden (z. B. auf Gartenpfaden) eine schöne samtrote „Spinne“, die indessen gar keine Spinne ist, sondern eine Milbe: die bis zu 33 mm lange Samtmilbe. Ihre gleichfalls rot gefärbten Larven sind kleiner und haben 6 Beine. Die Samtmilbe, die der Volksmund „rote Spinne“ nennt, ist stark verbreitet. Sie lebt vor allem von Blattläusen.

Gartenkreuzspinne
Araneus diadematus

Von August bis Oktober kann man zwischen den Zweigen niedriger Bäume, zwischen Balken oder an den Außenfronten von Fenstern große, senkrecht gespannte Spinnennetze finden, in deren Mitte eine Gartenkreuzspinne sitzt. Es ist stets das Weibchen, das 15 mm und mehr mißt, während das Männchen viel kleiner ist.

Diese Spinne lauert in ihrem Netz auf Beute. Kaum hat sich ein Insekt gefangen, wird es auch schon getötet; danach umspannt die Spinne ihre Opfer mit klebrigen Fäden: Auf diese Weise legt sie Nahrungsvorräte an. Das Tier vertilgt Fliegen, Schmetterlinge, Bienen und Wespen. Zur Zeit der Paarung kommt das Männchen vorsichtig an das Netz des Weibchens und rüttelt an den Fäden. Das Weibchen legt in mehreren Schüben 45 bis 700 Eier, die es jeweils mit einem gelblichen Kokon umgibt. Die jungen Spinnen schlüpfen erst im nächsten Frühjahr. Im Herbst suchen die Jungen Verstecke auf, überwintern darin und gelangen im Sommer des folgenden Jahres zur Geschlechtsreife.

Die Gartenkreuzspinne gehört zu den verbreitetsten Spinnenarten. Ihre Grundfarbe ist unterschiedlich. Alle Tiere haben am Hinterleib auffallende weißliche, in Kreuzform angeordnete Flecken.

Wandkanker
Opilio parietinus

Die Wandkanker (auch Weberknechte genannt) sind an schattigen Mauern, in Kellern, Ställen und sonstigen feuchten Orten zu entdecken. Wenn man einen anfaßt, fallen ihm plötzlich einige Beine ab: Er stößt sie als Notwehrhandlung von sich. Ein abgetrenntes Bein macht zuckende Bewegungen, während der Wandkanker in ein Versteck flüchtet. Diese abgestoßenen Beine wachsen nicht nach.

Wandkanker fressen lebende und tote Fliegen, Ameisen, Tausendfüßler sowie kleine Spinnen.

Zur Zeit der Paarung kämpfen die Männchen gegeneinander und bemühen sich, den Rivalen zu vertreiben.

Bewirbt sich das Männchen um die Gunst des Weibchens, nähert es sich ihm von vorn und klopft mit dem zweiten Beinpaar.

Kellerassel

Hausschabe

Gemeiner Ohrwurm

Gemeine Feuerwanze

Maulwurfsgrille

Schwarze Wegameise

Bienenwolf

Das Weibchen legt die Eier mit einer Legeröhre in feuchtem Boden oder Mauerspalten ab. Die Jungen schlüpfen im Frühling; sie ähneln den erwachsenen Tieren und erreichen nach mehreren Häutungen binnen weniger Monate ihre Geschlechtsreife.

Gemeiner Speckkäfer

Trotzkopf

Kellerassel
Porcellio scaber

In Kellern, Treibhäusern, Schuppen sowie unter Baumrinde oder in Mauerspalten ist die zu den Krebsen gehörende Kellerassel häufig zu finden.

In größeren Mengen erscheint sie an feuchten Orten. Die Kellerassel ist 15 mm lang und unterschiedlich gefärbt: grau, bräunlich, zuweilen marmoriert.

Sie atmet durch umgewandelte Hinterleibsbeine und ernährt sich von modernden Pflanzenteilen. Die Kellerassel ist auf der ganzen Erde verbreitet.

Hausschabe
Blatella germanica

Diese Art ist heute auf der ganzen Erde verbreitet. Sie ist ein 11 bis 15 mm langes, hell- oder ockerbraun gefärbtes, schlankes Insekt, das zwar Flügel hat, jedoch schlecht fliegt. Noch im vergangenen Jahrhundert kam die Hausschabe ziemlich selten vor. Neuerdings trifft man sie hingegen in vielen Wohnungen an, vor allem in geheizten Räumen. Besonders häufig entdeckt man sie in Kesselräumen und bei Radiatoren von Zentralheizungen, falls dort Bodenspalten und Ritzen vorhanden sind.

Die Hausschabe kriecht auch durch sehr enge Öffnungen und breitet sich längs der Leitungsröhren im ganzen Haus aus. In der Dunkelheit verläßt sie ihr Versteck und sucht die Abfälle von pflanzlicher oder tierischer Herkunft sowie Papier und Leder. Sie vermehrt sich ohne Rücksicht auf die Jahreszeit. Das Weibchen legt etwa 30 Eier in eine Hülle ab, die es am Hinterleib trägt. Nach 14 Tagen fällt die Hülle; die schlüpfenden Jungen häuten sich sechsmal und sind danach erwachsen.

In menschliche Siedlungen drang diese Schabe ursprünglich mit dem Brennholz aus warmen Wäldern ein. Im Haushalt wirkt sie nicht besonders schädlich, eher unangenehm.

Mittels moderner Insektenbekämpfungsmethoden kann sie schnell ausgerottet werden.

Maulwurfsgrille
Gryllotalpa gryllotalpa

Diese bis zu 50 mm lange Grille ist nahezu überall in Europa zu beobachten. Da sie im Erdreich lebt, wird sie allerdings oft übersehen. Nur im warmen Süden umkreist sie manchmal am Abend die Lampen. Sie fliegt unbeholfen, stößt oft gegen Beleuchtungskörper und fällt dann zu Boden.

Die Maulwurfsgrille sieht nicht gerade erfreulich aus: Sie hat einen massigen Körper, und ihre breiten Vorderbeine erinnern an die Grabbeine des Maulwurfs. Sie richtet Schäden an, denn sie frißt das Wurzelwerk von Gemüse. Zum Teil ernährt sie sich auch von tierischen Stoffen. Im Boden gräbt sie Gänge. An der Oberfläche ist sie schwerfällig.

Das Männchen läßt abends sein angenehm klingendes Zirpen hören. Das Weibchen legt in einem unterirdischen, mit Speichel befestigten Gang bis zu 600 Eier ab. Die Larven überwintern und werden im Frühjahr erwachsene Tiere.

Gemeiner Ohrwurm
Forficula auricularia

Er verweilt von April bis Oktober in Spalten von Baumrinde, unter Papieren oder Brettern. An manchen Orten findet man dieses 9 bis 16 mm lange Insekt gleich scharenweise. Der Ohrwurm hat am Ende des Hinterleibs ein eigenartiges zangenförmiges Organ, das er bedrohlich öffnet und schließt, sobald man ihn anfaßt. Mit diesen Zangen verteidigt er sich, doch ist diese „Waffe" für den Menschen harmlos (auch wenn auf dem Lande gelegentlich behauptet wird, er könne damit beißen). Der Ohrwurm bedient sich dieser Zangen beim Entfalten seiner häutigen Flügel. Das Weibchen legt bis zu 80 Eier in Häufchen unter Steinen in Kammern, wo es später auch die flügellosen Larven eine Zeitlang bewacht. Der Gemeine Ohrwurm ernährt sich von den Eiern anderer Insekten, frißt aber auch Pflanzenteile. Bei starker Vermehrung richtet er in Gemüsegärten Schäden an.

Gemeine Feuerwanze
Pyrrhocoris apterus

Wenn im Frühling die Sonne bereits scheint, die Bäume jedoch noch kahl sind, findet man an Mauern und unter Bäumen (Linden und Kastanien) viele rötliche Wanzen mit schwarzen Punkten: Es sind die 10 mm langen Gemeinen Feuerwanzen, die mitunter zu Hunderten auftreten und häufig auch an der Baumrinde kriechen. Sie sind während des ganzen Sommers über zu sehen (manchmal bis November), jedoch nur bei Sonnenschein. Diese Wanze saugt Säfte aus toten Insekten und faulenden Stoffen.

Schwarze Wegameise
Lasius niger

In Gärten. Parks und auf Wegen an Mauern sieht man zwischen den Grashalmen oft unregelmäßig geformte kleine Bauten aus Lehm. Sie sind das Werk der Schwarzen Wegameise. Wir sehen indessen nur den Aufbau, das eigentliche Nest ist im Erdreich gelegen. Vom Nest aus führen nach allen Seiten ausgetretene Pfade, auf denen die Ameisen Nahrung und Material in ihren „Staat" schaffen. Sie bevorzugen Pflanzen, die von Blattläusen befallen sind.

An warmen Sommertagen schwärmen diese Ameisen: Aus den Öffnungen des Nestes drängen sich die großen geflügelten Weibchen sowie die kleineren, gleichfalls geflügelten Männchen und unternehmen einen kurzen Hochzeitsflug. Die begatteten Weibchen lassen sich danach auf der Erde nieder, verlieren dort ihre Flügel, und jedes Weibchen gründet nun eine neue Ameisengemeinschaft in Erdspalten oder Mauerritzen.

Wenn die ersten 3 bis 5 mm großen Arbeiterinnen geschlüpft sind, legt das Weibchen nur noch Eier, die (ebenso wie später die Larven und Puppen) von Arbeiterinnen versorgt werden. Die mit den Weibchen ausgeflogenen Männchen gehen zugrunde. Nach einer gewissen Zeit entwickeln sich im neuen Ameisenstaat Weibchen und Männchen, worauf sich der Zyklus wiederholt.

Die Schwarze Wegameise ist ein Allesfresser. Sie ernährt sich sowohl von tierischen als auch von pflanzlichen Stoffen und überfällt Insekten, deren Larven, aber auch Würmer und Weichtiere.

Gemeiner Speckkäfer
Dermestes lardarius

In Lagerräumen, Vorratskammern, Museen und auf ledernen Gegenständen im Haushalt macht sich der 6 bis 9 mm lange Gemeine Speckkäfer bemerkbar. Er lebt allerdings auch in der freien Natur auf Hautresten toter Tiere, im Gefieder von Vogelaas oder auf Knochen. Dieser

Maiwurm

Mehlkäfer

Käfer ist an den schwarzen Flügeldekken mit einem breiten hellen Querstreifen zu erkennen. Die Larven haben am Rücken dichte, lange schwarze Haare. Sie sind sehr gefräßig und können an Fellen oder Teppichen schwere Schäden anrichten. Ebenso gern fressen sie Rauchfleisch, Käse und andere Lebensmittel. Pelze und Teppiche müssen daher häufig gründlich ausgeklopft und notfalls mit chemischen Mitteln behandelt werden. Bei günstigen Bedingungen vermehrt sich der Käfer rasch, denn sein Entwicklungszyklus dauert oft nur 6 Wochen.

Trotzkopf
Anobium pertinax

Dieser 5 bis 6 mm lange Käfer ist in Europa weit verbreitet. Er hat punktiertgerillte Flügeldecken und ist schwarzbraun bis schwarz. Vor allem lebt er in altem Holz (Möbel), wo er Gänge nagt. Zur Zeit der Paarung stößt er mit dem Kopf an die Wände seiner Gänge und lockt durch dieses „Klopfen“ Weibchen an. Das oft dem regelmäßigen Ticken einer alten Uhr gleichende Klopfen, das besonders in stillen Nächten zu hören ist, wurde früher von abergläubischen Menschen für das Ticken der „Totenuhr“ gehalten, das den Tod eines Familienmitglieds anzeigen sollte.

Der Trotzkopf nagt seine Gänge auch in den Wänden von Holzhäusern oder in Werkzeugen. Das Weibchen legt in die Ausflugsöffnungen Eier ab. Wird ein Möbelstück mehrmals vom Trotzkopf befallen, zerbröckelt es nach und nach. Wenn man diesen Käfer in die Hand nimmt, stellt er sich tot und bleibt häufig minutenlang bewegungslos liegen.

Bienenwolf
Trichodes apiarius

In wärmeren Gegenden Europas lebt ein 9 bis 15 mm langer, schön gefärbter Käfer, der den eigentümlichen Namen Bienenwolf trägt. Er ist schwarzblau, rauh behaart und hat auf den Flügeldekken meist drei hellrote Querstreifen oder Flecken. Diese Zeichnung ist jedoch bei den einzelnen Tieren verschieden. Der erwachsene Käfer kann von Mai bis Juli auf Blüten beobachtet werden. Er ist ein Raubinsekt, das sich von andern Insektenarten ernährt.

Interessant ist die Entwicklung seiner Larven: Sie halten sich in den Nestern allein lebender Bienen auf und nähren sich dort von deren Larven und Puppen. Zuweilen kommen sie auch in ungepflegten oder schwach besetzten Stökken von Honigbienen vor, wo sie ebenfalls Larven und Puppen fressen. Gelegentlich fallen sie kraftlose erwachsene Bienen an.

Maiwurm
Meloe proscarabaeus

Zu Frühlingsbeginn findet man im Gras einen 12 bis 32 mm langen, dicken Käfer: den Maiwurm. Er hat kurze Flügeldecken, die nur einen Teil seines Hinterleibs verhüllen.

Der Maiwurm kriecht schwerfällig. Das Weibchen, das man an seinem großen Hinterleib erkennt, legt seine Eier in ein Erdloch ab. Die Larven kriechen an Grashalmen oder Sträuchern hoch, bis eine Biene in ihre Nähe kommt. Mit ihren krallenförmigen Beinen halten sie sich an ihr fest und lassen sich in deren Stock tragen. Dort dringen sie in die Wabenzellen ein.

Zunächst fressen sie das Ei des Wirtstiers und fallen dann über die Honig- und Blütenstaubvorräte her. Die Larven verwandeln sich in unbewegliche Scheinpuppen. Nach einiger Zeit wird aus dieser Scheinpuppe wieder eine Larve, die jedoch keine Nahrung mehr zu sich nimmt, sondern sich zu einer echten Puppe verwandelt, aus der das erwachsene Insekt schlüpft.

Die Ursachen dieser komplizierten Entwicklung wurden noch nicht genau er-

Gemeiner Rosenkäfer

Erdfloh

gründet. Man nennt dies Hypermetamorphose.

Mehlkäfer

Tenebrio molitor

Er ist sehr bekannt, da er in Häusern sein Unwesen treibt. Seine bräunlichgelblichen harten Larven sind als „Mehlwürmer" vielen Leuten vertraut. Der Käfer ist zwischen 14 und 17 mm lang. Ursprünglich gab es ihn nur in warmen Regionen; nach Europa wurde er eingeschleppt. Massenhaft kommt er in Mühlen und Lebensmittellagern vor, wo er Wärme und Nahrung findet. Die modernen Bekämpfungsmittel und die bessere Hygiene haben ihn heutzutage vielerorts schon ausgerottet. Dennoch begegnet man ihm auf Knochen oder Abfällen. Manchmal erscheint er auch in Taubenschlägen, wo er im Kot lebt; eine ähnliche Existenz fristet er in Hühnerställen. Seine Larven sind omnivor, d. h. sie fressen Pflanzenteile und das Fleisch toter Tiere.

Mehlkäfer werden von Aquarianern in Kisten voller Kleie oder Mehl gezüchtet, um mit den Larven die Fische zu füttern. Desgleichen verfüttert man sie an exotische Vögel und Eidechsen oder Frösche.

Gemeiner Rosenkäfer

Cetonia aurata

Von Mitte Mai bis in den Sommer findet man auf den Blüten von Heckenrosen, Rosen und sonstigen Sträuchern den grünlich metallisch glänzenden, 14 bis 20 mm langen Gemeinen Rosenkäfer, der in beinahe allen europäischen Ländern bekannt ist. Wenn man sich einem befallenen Strauch vorsichtig nähert, kann man ihn fangen; stößt man jedoch gegen den Strauch, schwirren alle Käfer sogleich in die Höhe. Auf blühenden Sträuchern sind oft viele Exemplare dieser Käferart zu beobachten. Sie fressen dort die Staubgefäße ab. Das Weibchen legt seine Eier in den Humus modernder Baumstümpfe oder Stämme, seltener in Ameisenhaufen ab. Die Entwicklung der Larven dauert ein Jahr. Während dieser Zeitspanne häuten sich die Larven zweimal und erreichen eine Länge von 4 bis 5 cm. Dann bauen sie rings um sich eine feste Hülle aus Holzstaub und Lehm, die sie mit einer klebrigen Flüssigkeit verbinden. Darin erfolgt die Verpuppung.

Erdfloh

Haltica oleracea

Den Erdfloh, einen 3 bis 4 mm langen dunkel- bis blaugrünen Käfer, kann man häufig auf Gemüsefeldern (Kohlrabi) beobachten. Er lebt in Kolonien und befrißt die Blätter und Blüten. Er bewegt sich sprunghaft wie ein Floh. Bei starker Vermehrung verursacht er in trockenen Sommern große Schäden. Die grünlichen Larven haben ein braunes Körperende. Sie sind mit stachelähnlichen Gebilden bedeckt.

Blausieb

Zeuzera pyrina

Dieser Falter, der von Mai bis Ende August fliegt, ist in Europa mancherorts sehr verbreitet. Die Spannweite beträgt beim Männchem 50, beim Weibchen 70 mm; die Fühler sind kurz und dünn.

Das Weibchen legt seine Eier einzeln an Baumstämme ab, und die Raupen bohren sich ins Holz. Sie sind wachsgelb bis rötlich, haben einen dunkelbraunen Kopf, dunkelbraune Flecken und werden bis zu 5 cm lang. Man findet sie in allen Laubbäumen (vor allen in Eschen, Ulmen und Roßkastanien, oft aber auch in Obstbäumen). Die Raupen nagen aufwärts führende, schlangenartig gewundene Gänge. Bei starkem Befall entwerten sie das Holz.

Gemeiner Maikäfer

Melolontha melolontha

Der Gemeine Maikäfer gehört zu den bekanntesten und schädlichsten aller Käferarten. Er wird 20 bis 30 mm lang und ist in wärmeren Gegenden schon Ende April zu sehen, in höher oder nördlicher gelegenen Breiten Mitte Mai. Im Juli verschwindet er wieder. Er ist ein Nachttier, das nach Sonnenuntergang in Gärten, Parks oder Wäldern fliegt. Der Maikäfer befällt Obstbäume, junge Eichen, oft auch Lärchen. Bei starker Vermehrung können diese Käfer junge Bäume fast kahlfressen; auch die Larven sind sehr schädlich.

Das Weibchen legt meist im Juni seine Eier (10 bis 30, insgesamt bis zu 100 Stück) im Erdreich ab. Nach einem Monat schlüpfen die Engerlinge genannten Larven, die sich von modernden Stoffen im Boden nähren. Sie überwintern tief in der Erde vergraben, kommen im Frühjahr wieder zum Vorschein und fressen sodann die Wurzeln nicht nur von Feldkulturen, sondern auch von jungen Bäumchen in Baumschulen, so daß die Stecklinge oft absterben. Der ganze Entwicklungszyklus der Larve dauert zwei bis drei Jahre. Danach verpuppt sie sich in einer Tiefe von 35 bis

Gemeiner Maikäfer

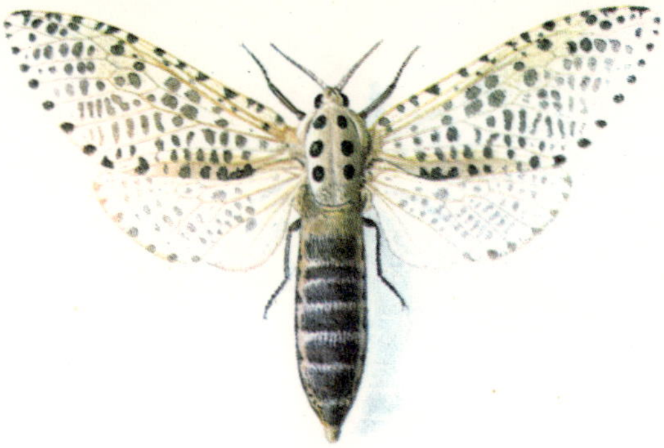

Blausieb

80 cm; im Herbst desselben Jahres schlüpft der Käfer, überwintert im Boden und kriecht erst im nächsten Frühjahr hervor. Es bilden sich nun große Maikäferschwärme, die wiederum die Blätter der Bäume anfressen, worauf der Entwicklungskreislauf von neuem beginnt.
Die „Maikäferjahre" wiederholen sich nach drei bis vier Jahren. In den hoch im Norden gelegenen Zonen kann der Entwicklungszyklus auch fünf Jahre dauern.

Weidenbohrer

Kupferglucke

Weidenbohrer
Cossus cossus

Der Weidenbohrer, ein großer Nachtfalter mit einer Spannweite bis zu 90 mm, ist in ganz Europa stark verbreitet. Er tritt in den Monaten Juni und Juli auf. Während des Tages sitzt er an Baumstämmen, am Abend beginnt er umherzufliegen.
Der Vorderkörper dieses Schmetterlings steht ein wenig ab. Die Fühler des Männchens sind kammförmig, die des Weibchens sägeförmig.
Das Weibchen legt mit seiner langen Legeröhre Häufchen von 15 bis 50 Eiern (insgesamt bis zu 700 Stück) in Rindenspalten ab. Mit Vorliebe wählt es Pappeln, Weiden oder Eichen, und zwar meist ältere und alleinstehende Bäume in Gärten oder Alleen. Nach 14 Tagen schlüpfen die Raupen und nagen Gänge unter der Rinde. Danach überwintern sie, und im nächsten Jahr nagt jede einzelne Raupe sich ihren eigenen Gang tief ins Holz hinein.
Diese Gänge sind unregelmäßig, oval, etwa 15 mm breit und mehr als 1 m lang. Nach einer neuerlichen Überwinterung verpuppen sich die Raupen im Mai des dritten Jahres unweit der Ausgangsöffnung in einem Kokon aus Holzstaub. Die erwachsene Raupe ist etwa 10 cm lang. Sie verbreitet einen Geruch, der an Essig erinnert. Aus der Puppe schlüpft nach 3 bis 6 Wochen dann der Falter. Bei starkem Befall richten die Raupen des Weidenbohrers be-

Ligusterschwärmer

Großes Nachtpfauenauge

Tagpfauenauge

trächtlichen Schaden an; manche Bäume sterben ab.

Kupferglucke
Gastropacha quercifolia

Die fast überall in Europa bekannte Kupferglucke erreicht eine Spannweite von 80 mm. Sie hat ausgerandete Flügel und einen dicken Hinterleib. An warmen Abenden fliegt sie von Juni bis August. Die Raupe dieses Falters findet man auf Obst- und andern Laubbäumen sowie auf Schlehen. Sie ist graubraun, spärlich behaart, hat an den Rückenseiten rote Warzen und wird mehr als 10 cm lang. Bei starker Vermehrung ruft sie Schäden in Obstbaumschulen hervor. Die Verpuppung erfolgt in einem weichen behaarten Kokon.

Ligusterschwärmer
Sphinx ligustri

An Liguster, Flieder, Schneeball oder andern Sträuchern findet man zwischen Juni und September oft eine bis zu 12 cm lange hellgrüne Raupe, die an den Seiten schräge violette, an der Unterseite weiß geränderte Streifen und am Körperende ein gelbes Hörnchen hat. Es ist die Raupe des Ligusterschwärmers, eines schönen großen Nachtfalters mit einer Spannweite von 90 mm. Er fliegt in der Dämmerung sehr schnell umher.

Großes Nachtpfauenauge
Saturnia pyri

In den warmen südlichen Gegenden unseres Kontinents lebt der größte europäische Schmetterling: das Große (oder Wiener) Nachtpfauenauge, das schön gefärbt ist und dessen Spannweite 120 mm und mehr mißt. Er fliegt abends im Mai in Obstgärten, Alleen, Gärten oder am Waldrand. Das Weibchen legt seine Eier an Obstbäumen ab (manchmal auch an Weiden). Die Raupen fallen auf: Sie sind hellgrün, haben hellblaue oder rosarote, sternförmige Warzen und steife Borsten an den Seiten; auf den Nachschiebern und an den Seiten des Körpers befinden sich überdies rote Flecken.

Am Rücken ist diese Raupe mit zwei großen blauen Warzen auf jedem Körperglied geschmückt, aus denen zwei lange Haare mit einem schlegelartigen Ende und einigen kleineren Haaren hervorragen. Diese Raupen können länger

Segelfalter

Kleiner Fuchs

Admiral

Großer Kohlweißling

als 10 cm werden. Wenn man sie anfaßt, geben sie knarrende Töne von sich. Sie verpuppen sich in einem bräunlichen Kokon auf Baumzweigen.

Tagpfauenauge
Nymphalis io

Auch dieser Tagfalter ist sehr schön. Man kennt ihn nahezu überall in Europa. Seine Spannweite: 60 mm. Er tritt von März bis in den Herbst hinein in drei Generationen auf. Die im März lebenden Falter sind Weibchen, die in Kellern, zwischen Fenstern oder in Höhlen überwintert haben.

Die Raupen sieht man zwischen April und September gruppenweise vor allem auf Brennesseln (mitunter auch auf Hopfenstauden und Brombeersträuchern). Sie sind schwarz mit weißen Tupfen und haben am Körper schwarze Dornen. Die Puppe ist hellbraun mit goldenen Flecken und hängt stets mit dem Kopf nach unten (Sturzpuppe). Aus ihr schlüpft nach 1 bis 2 Wochen der Falter. Die Puppen der dritten Generation überwintern jedoch, und die Falter schlüpfen erst im Frühjahr.

Admiral
Vanessa atalanta

An freien Stellen von Gärten, Anlagen und Äckern stellt sich zwischen Mai und dem Herbst der schön gefärbte Admiral ein (in zwei Generationen). Die Tiere der zweiten Generation überwintern, und man kann sie zu Frühjahrsbeginn umherfliegen sehen.

Die Raupen sind meist schwarz und haben gelbe Streifen an den Seiten; allerdings können sie auch andere Farbtönungen aufweisen. Sie sind mit Dornen versehen. Diese Raupen findet man im Mai und Juni und dann wiederum im August und September vor allem auf Brennesseln, wo sie in zusammengerollten Blättern leben.

Segelfalter
Papilio podalirius

An besonnten Hängen in warmen Gegenden fliegt im April und Mai (in der zweiten Generation im August und September) ein großer Tagfalter, dessen Spannweite bis zu 75 mm beträgt: der Segelfalter. Die Vorderflügel sind hellgelb mit drei längeren und drei kürzeren

Querstreifen und schwarzem Saum; die Hinterflügel haben blaue Halbmonde, an den schwarz gesäumten Rändern einen rostbraunen Fleck und laufen in einen Fortsatz aus. Das Weibchen legt seine Eier einzeln an Obstbäume in Gärten oder auf Schlehen an Hängen ab. Die Raupen schlüpfen nach 10 Tagen; sie sind grün mit einem gelben Rückenstreifen, von dem gelbe, schräge Querstreifen nach den Seiten führen.
Die Raupe verpuppt sich mit dem Kopf nach oben und befestigt sich in einer Faserschlinge. Die Puppe ist an ihrer höckerigen Oberfläche kenntlich.

Kleiner Fuchs
Aglais urticae

Dieser auch unter dem Namen Nesselfalter bekannte Schmetterling kommt vom Frühjahr bis Oktober häufig vor. Spannweite: bis zu 50 mm. Viele Weibchen sowie manche Männchen überwintern hinter Fenstern oder in Kellern und stellen sich zeitig im Frühling ein. Von Juni an tritt bereits eine neue Generation auf den Plan, bis Oktober noch eine oder sogar zwei weitere.
Der Nesselfalter erscheint in einigen Farbnuancen; manche Tiere sind sehr dunkel. Er fliegt in Gärten und Parks, an Hängen, auf Feldern und Lichtungen.
Die Raupe ist schwarz mit gelbgrünen Längsstreifen. Auf ihrem Körper befinden sich Dornen. Sie lebt von Mai bis in den Herbst hinein auf Brennesseln, gelegentlich auch auf Hopfen.

Großer Kohlweißling
Pieris brassicae

Dieser schädliche Schmetterling ist in ganz Europa weit verbreitet. Scharenweise fällt er oft in Gemüsegärten, auf Felder oder Obstkulturen ein.
Von April bis in den Herbst hinein kommt er in zwei oder drei Generationen vor. Spannweite: 55 mm.
Das Männchen hat weiße Vorderflügel mit einer schwarzen Ecke; beim Weib-

♂

Aurorafalter

♀

Menschenfloh

chen sind am oberen Rand zwei eckige und ein länglicher Fleck zu erkennen. Es legt seine Eier in Häufchen an die Unterseite der Blätter von Kohl, Wirsing und anderen Gemüsearten ab, und die Raupen fressen die Blätter bis auf die Stiele. Sie sind im Mai oder Juni zu sehen, dann nochmals im August und September. Diese Raupen haben eine schöne Färbung: gelbgrün mit schwarzen Punkten und gelben Streifen am Rücken sowie an den Seiten. Vor dem Verpuppen klettert die Raupe an Wänden, Baumstämmen, Kilometersteinen oder Pfählen hoch. Die Puppe ist gleichfalls gelbgrün, schwarz gefleckt und punktiert. Die Raupen werden oft von Schlupfwespen befallen.

Aurorafalter
Anthocaris cardamines

Anfang April, manchmal schon Ende März, und dann wieder bis Juni fliegt der Aurorafalter niedrig über Gärten, Parks und lichte Wälder. Das Männchen fällt auf, denn die Vorderhälfte seiner Flügel ist orangefarben, während beim Weibchen diese Tönung fehlt. Spannweite: etwa 40 mm. Die Raupe ist blaugrün und hat einen weißen Streifen an den Seiten. Sie lebt von Juni bis August vor allem auf Kreuzblütlern.

Gemeine Stechfliege
Stomoxys calcitrans

Auf dem flachen Land ist in Viehställen die bis zu 7 mm lange Gemeine Stechfliege sehr häufig anzutreffen. Die Weibchen legen ihre Eier in die Exkremente des Viehs ab, wo sich dann die weißen Larven entwickeln. Die Gemeine Stechfliege dringt aber auch in Wohnungen ein. Der Stich erzeugt einen unangenehmen Juckreiz. Diese Fliege kann gefährliche Krankheiten (Milzbrand, Pest) übertragen.

Gemeine Fleischfliege
Sarcophaga carnaria

In Wohnungen trifft man nicht selten die 10 bis 16 mm lange Gemeine Fleischfliege an. Dort legt sie auf Fleisch ihre lebenden Maden ab. In der freien Natur sucht sie sich zu diesem Zweck die Kadaver gerade verendeter Wirbeltiere aus. Die erwachsenen Larven kriechen dann in den Boden und verpuppen sich in braunen „Tönnchen". Die erwachsenen Fliegen findet man auf Blüten und an Hausmauern.

Gemeine Stubenfliege
Musca domestica

Die 7 bis 8 mm lange Gemeine Stubenfliege zählt zu den am weitesten verbreiteten Insekten in menschlichen Ansiedlungen und deren Umgebung. Das

Gemeine Stechfliege

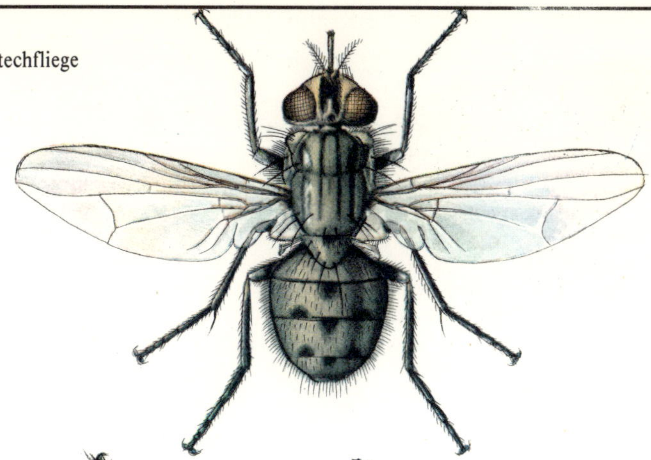

Gemeine Fleischfliege

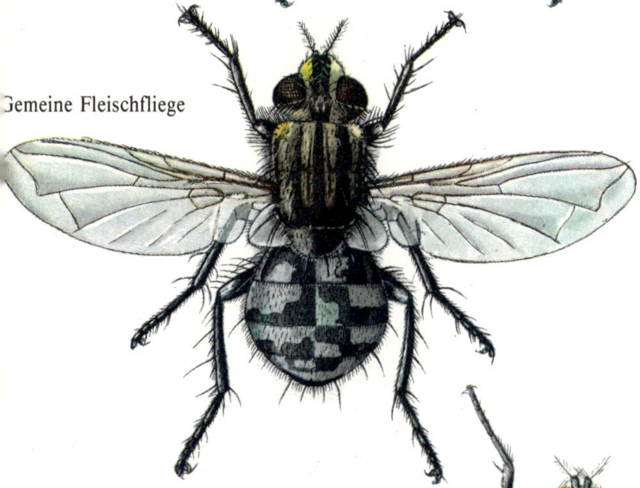

Gemeine Stubenfliege

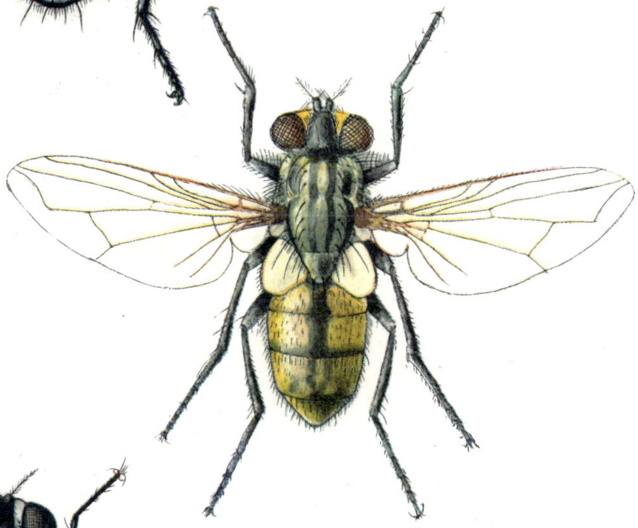

Goldfliege

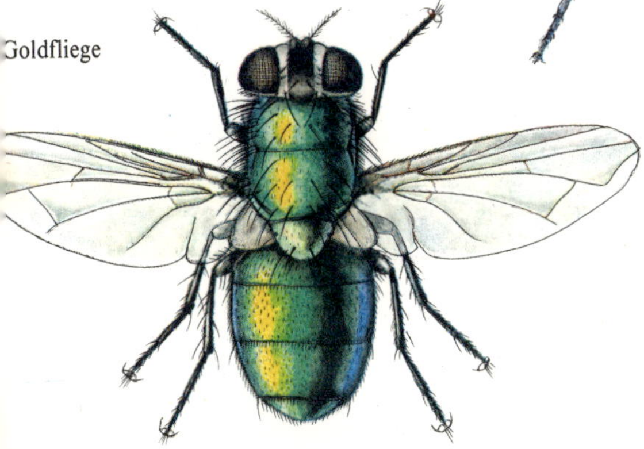

Weibchen legt seine Eier in Mist, faulende Abfälle oder Exkremente ab. Unter günstigen Bedingungen dauert der Entwicklungsprozeß nicht einmal 14 Tage. Jede weitere geschlüpfte Generation ist schon nach 3 Tagen geschlechtsreif. Innerhalb eines einzigen Jahres treten daher viele Generationen dieser Fliege auf; besonders im Sommer vermehren sie sich rasch. Im Spätherbst oder zu Beginn des Winters sterben die erwachsenen Tiere meist, während Larven und Puppen überwintern.

Die Gemeine Stubenfliege verunreinigt Lebensmittel und kann auch Krankheiten übertragen. Sie hat jedoch viele Feinde, vor allem Vögel und räuberische Insekten. Häufig gehen diese Fliegen durch Schimmelpilz ein. Zuweilen findet man tote Exemplare mit einem weißen Schimmelpilz am Körper.

Goldfliege

Lucilia caesar

Die 7 bis 10 mm lange Goldfliege ist weit verbreitet. Mit Vorliebe sitzt sie auf hohen Pflanzen oder auf den Blättern von Sträuchern, häufig auch auf Tierkadavern oder menschlichen Exkrementen, in die das Weibchen seine Eier ablegt. Die Larven entwickeln sich in faulenden Stoffen, die diese ständig umherfliegenden Insekten mit Hilfe ihres feinen Geruchssinns schnell aufspüren. Ihr Geruchsorgan liegt in den Fühlern.

Menschenfloh

Pulex irritans

Der Menschenfloh ist ein flügelloses Insekt, das man auf der ganzen Erde kennt. Das Männchen mißt etwa 2, das Weibchen 3 bis 4 mm. Der Menschenfloh lebt vor allem an Menschen, aber auch an Tieren.

Wenn sich das Weibchen mit Blut vollgesogen hat, legt es Eier ab, die in Fußbodenspalten, ins Stroh von Hundehütten u. ä. fallen. Drei Monate lang kommen pro Tag 4 bis 8 Eier zur Welt. Aus ihnen schlüpfen nach 4 bis 16 Tagen schmutzigweiße Larven ohne Beine, die sich dreimal häuten. Zu ihrer Entwicklung benötigen sie eine Temperatur von 18 bis 27 °C und eine Feuchtigkeit von 70 Prozent; höhere Temperaturen vertragen sie nicht. Am besten gedeihen sie in sandigem, etwas feuchtem Boden. Die Larven ernähren sich von Abfällen und Exkrementen erwachsener Flöhe, die Blutreste enthalten. Blut saugen sie nicht. Nach einigen Tagen verpuppen sich die Larven in einem Kokon aus Schmutzteilchen.

Unter günstigen Verhältnissen dauert der Entwicklungszyklus des Menschenflohs etwa 4 Wochen, in Räumen während des Winters bis zu 6 Wochen. Dieser Floh kann $1^{1}/_{2}$ Jahre alt werden. Das Weibchen vermag ein halbes Jahr lang ohne Nahrung zu leben. Das erwachsene Tier ernährt sich von Blut; sein Magen faßt 0,5 mm^3, die es 2- bis 3mal täglich einsaugt. Die Haut um die Einstichstelle rötet sich und schwillt ein wenig an. Den Menschenfloh kann man am besten durch Sauberkeit, Verbrennung des Mülls, Reinigung der Hundehütten u. ä. bekämpfen. Er springt bis zu 30 cm weit und 10 cm hoch.

Erdkröte

Bufo bufo

Fast in ganz Europa und Asien ist die Erdkröte häufig anzutreffen. Sie wird meist 12 cm lang (im Süden bis zu 20 cm). Sie hält sich in der Nähe von Häusern in Gärten auf, zuweilen in Kellern; man kann ihr aber auch in Wäldern und auf Äckern begegnen. Am Tag verbirgt sie sich an feuchten Stellen unter Steinen, in Erdlöchern oder unter Fallaub; erst in der Dämmerung sucht sie Beute: Insekten, Larven, Würmer, Weichtiere, Mäuse. Im Winter verkriecht sie sich in trockene Erdlöcher oder Felsspalten; gelegentlich überwintert sie in Kellern.

Im Frühjahr kommen die Erdkröten aus der weiten Umgebung in Teiche und Tümpel, wo die Weibchen zwei Schnüre zu etwa 6000 Eiern ablegen, die beide

Erdkröte

Star

Haubenlerche

Eltern um Wasserpflanzen schlingen. Nach 12 Tagen schlüpfen die Kaulquappen, die gesellig leben und sich nach 77 bis 91 Tagen in Kröten verwandeln. Sie verlassen dann das Wasser.
Die erwachsenen Tiere gehen sofort nach der Eiablage wieder an Land. Die kleinen Kröten wachsen langsam und erreichen ihre Geschlechtsreife erst nach 3 bis 5 Jahren. Die Erdkröte wird bis zu 40 Jahre alt.

Stieglitz

Buchfink

Grünfink

Star

Sturnus vulgaris

Der Star war ursprünglich in Laubwäldern heimisch. Dort ist er heutzutage nur noch selten zu finden. Längst hat er sich in der Nähe des Menschen angesiedelt: in Gärten, Parks und Obstkulturen (vor allem dort, wo Nistkästen für ihn bereitstehen). Er brütet aber auch in Baum- oder Mauerlöchern und errichtet sein Nest aus kleinen Wurzeln und trokkenen Grashalmen.
Das Weibchen baut allein, das Männchen hilft ihm nur selten dabei. Ende April legt das Weibchen 5 bis 6 einfarbige grünblaue Eier, die von beiden Eltern abwechselnd in 14 Tagen bebrütet werden. Die Jungvögel fressen meist Insekten. Stare überfallen zuweilen in ganzen Schwärmen Kirschbaumpflanzungen, wo sie die saftigen Früchte fressen und ziemlich große Schäden verursachen, ebenso wie in Weinbergen. Manche Starenpaare brüten ein zweites Mal im Juni. Bevor sie im September in ihre Winterquartiere in Südeuropa und Nordafrika ziehen, bilden sie Schwärme und nächtigen in Röhricht. Es gibt jedoch auch mitteleuropäische Stare, die in ihren Brutgebieten überwintern.

Haubenlerche

Galerida cristata

Dieser in fast ganz Europa verbreitete Vogel hält sich unweit von Städten und Dörfern in offenem Gelände auf. Er bevorzugt Plätze, wo Abfälle lagern. Zu-

weilen läßt er sich aber auch an übersichtlichen Orten in der Nähe von Ställen oder Bahndämmen nieder.
Im Frühjahr besetzen die Haubenlerchenpaare ihre Brutreviere und bauen im April in einer Bodenmulde ihr Nest aus Halmen, kleinen Wurzeln, Haaren und Federn. Das Weibchen legt 3 bis 5 weißliche, dunkel gefleckte Eier, die es in 13 Tagen ausbrütet. Die Jungen werden mit Insekten und Larven gefüttert. Sie verlassen das Nest nach 9 Tagen, halten sich jedoch weiter in dessen Umgebung auf, da sie erst nach 16 bis 18 Tagen flügge werden. Im Juni oder Juli brüten diese Vögel ein zweites Mal. Die Altvögel fressen vor allem Samen und Getreidekörner.

Buchfink
Fringilla coelebs

In den meisten Gärten und Parks hört man schon Ende Februar den Gesang des Buchfinkenmännchens. Dieser Vogel lebt auch in Wäldern und Gebirgen bis zu 1500 m ü. d. M.
Er ist ein Zugvogel, der Ende September nach Südeuropa fliegt und im Februar zurückkommt. Manche Buchfinken überwintern in ihren Brutrevieren. In Mitteleuropa tauchen auch Vögel dieser Art aus nördlicheren Gebieten auf: meist Männchen, die im Winter Futterhäuschen suchen. Manche sind dabei so zahm, daß sie sogar aus der Hand fressen.
In der zweiten Aprilhälfte baut der Buchfink sein aus Moos, Flechten und Birkenrinde geschickt geflochtenes, rundliches Nest auf Bäumen, 2 bis 10 m über dem Boden. Der Buchfink brütet zweimal im Jahr im selben Nest. Das Weibchen legt 4 bis 6 bräunlich- oder bläulichweiße, rotbraun, rostfarben oder braun gefleckte, punktierte und gestrichelte Eier.
Die Jungen schlüpfen nach 13 bis 14 Tagen. Ihre Nahrung besteht aus Insekten und Larven. Die erwachsenen Vögel fressen auch Samen, manchmal picken sie auch Obst an.

Grünfink (Grünling)
Chloris chloris

Grünfinken gibt es in nahezu allen Gärten und Wäldern unseres Kontinents. Manche ziehen im Herbst nach Italien, viele bleiben jedoch auch im Winter in ihrer Heimat und streunen zusammen mit andern Vögeln in kleinen Schwärmen. Manche fliegen in Städte, wo sie ausreichend Futter finden; sie zählen zu den ständigen Besuchern aller Futterhäuschen.
Der Grünfink fertigt sein Nest zeitig im Frühjahr — manchmal schon im April, meist aber im Mai — vor allem auf Nadelbäumen an (gelegentlich auch auf Hagedorn und Apfelbäumen). Er achtet darauf, daß es nicht weit von Wohnhäusern entfernt ist.
Das Weibchen legt 5 oder 6 weißliche, rotbraun und braun gefleckte, punktierte Eier. Die Jungen verlassen das Nest nach 12 bis 17 Tagen, können aber noch nicht fliegen und werden von den Altvögeln eine Weile gefüttert. Sobald sie ausgeflogen sind, brütet das Paar meist ein zweites Mal, im August mitunter nochmals.
Nach der Brutzeit bilden die Grünfinken kleine Schwärme und fliegen mit andern Körnerfressern auf Felder, um Hanf- und Rapssamen sowie Sonnenblumenkerne zu sammeln.

Stieglitz
Carduelis carduelis

Den Stieglitz trifft man in Gärten, Parks, lichten Laub- und Mischwäldern

Haussperling

Mehlschwalbe

sowie auf Friedhöfen und ähnlichen Orten. Dieser schön gefärbte Vogel ist während der Brutzeit sehr scheu und versteckt sich meist in dichten Baumkronen. Im Herbst und Winter kann man jedoch häufig beobachten, wie gewandt er aus hohen Disteln Samen pickt. Zu dieser Zeit schließt er sich oft mit andern Vogelarten in Schwärmen zusammen.
Schon Ende April baut das Weibchen ein Nest, das sich 3 bis 10 m über dem Boden auf den äußeren Zweigen von Laubbäumen befindet und aus kleinen Wurzeln, Moos, Flechten, Fasern, oft auch aus Spinngeweben besteht. Der Nestkessel ist mit Roßhaaren, Flaum und Wolle gepolstert. Mitte Mai legt das Weibchen 4 bis 5 weißliche, violett und rot gesprenkelte, punktierte Eier, die es in 12 bis 14 Tagen ausbrütet. Dabei wird es vom Männchen gefüttert.
Die Jungen sind nur schwach bunt und werden vom Weibchen einige Tage lang gewärmt. Beide Altvögel füttern sie zunächst mit Insekten, dann mit Samen, die sie in ihrem Kropf aufweichen. Nach 13 bis 15 Tagen verlassen die Jungen das Nest. Sie sind leicht an ihren grauen Köpfen zu erkennen. Eine zweite Brut schließt sich an.
Gegen Ende des Sommers bilden die Stieglitze kleine Schwärme. Das Männchen singt sehr schön. Die Jungen müssen das Singen erst von den Altvögeln lernen. Oft hört man, wie junge Stieglitze Melodien von sich geben, die sie andern Vogelarten abgelauscht haben.

Rauchschwalbe

Girlitz

Kohlmeise

Mehlschwalbe
Delichon urbica

Etwas später als die Rauchschwalben kommen in der zweiten Aprilhälfte auch die Mehlschwalben zurück. Diese stark verbreiteten Vögel, die sich ebenfalls in unmittelbarer Nachbarschaft des Menschen niedergelassen haben, bauen ihre Nester meist unter dem Gesims von Häusern, oft auch über Fenstern; manchmal errichten mehrere Paare ihre Nester dicht nebeneinander. Zum Unterschied von der Rauchschwalbe ist das der Mehlschwalbe jedoch geschlossen und nur mit einer kleinen Öffnung versehen. Das Innere wird mit Federn und Strohhalmen gepolstert. Das Weibchen legt 4 oder 5 weiße Eier, die beide Altvögel abwechselnd in 12 oder 13 Tagen ausbrüten. Nach dem Schlüpfen werden die Jungen 20 bis 25 Tage lang gefüttert. Im Juli brütet sie häufig nochmals.
Sie jagt in der Luft Insekten (Blattläuse, Mücken, Fliegen, kleine Käfer). Im September ziehen die europäischen Mehlschwalben in ihre südlich der Sahara gelegenen Winterquartiere. In ihren Nestern halten sich während der Brutzeit viele Parasiten auf: Federlinge und Vogellausfliegen u. a.

Haussperling
Passer domesticus

In Europa ist der Haussperling der verbreitetste Vogel. Man kennt ihn aber auch in Asien, Afrika, Amerika und Australien. Im wahrsten Sinn des Wortes ist er also ein Kosmopolit, der die Nähe des Menschen sucht. Von April bis August brütet er alljährlich 2- bis 3-, zuweilen auch 4mal. Die Männchen balzen häufig schon im Februar, wobei sie mit herabhängenden Flügeln vor dem Weibchen umherhüpfen.

Der Haussperling baut entweder aus Halmen, Heu, Fasern, Haaren und Federn auf Baumzweigen ein freiliegendes Nest oder er brütet in Nistkästen, Baumlöchern, Dachtraufen und Mauerlöchern. Die freiliegenden Nester sind meist kugelförmig aufgebaut und haben den Eingang an der Seite.

Das Weibchen legt 5 bis 6, seltener bis 16 unterschiedlich gefärbte, gefleckte und gesprenkelte Eier. Die Jungen schlüpfen nach 13 bis 14 Tagen. Der Haussperling frißt Samen, Knospen, grüne Pflanzenteile; im Sommer jagt er auch Insekten, mit denen er seine Jungen füttert. Den Hauptteil seiner Nahrung bilden indessen Getreidekörner, so daß er sehr schädlich werden kann.

Er ist ein Standvogel, der im Winter in Schwärmen zu den Behausungen der Menschen kommt.

Girlitz
Serinus serinus

Mit Ausnahne von Großbritannien und Skandinavien ist der Girlitz fast überall auf unserem Kontinent heimisch. Im 18. Jahrhundert dagegen kannte man ihn in Mitteleuropa überhaupt nicht. Seine ursprüngliche Heimat war das Mittelmeergebiet. Um 1800 begann er, über die Alpen nach Norden vorzudringen. In den Niederlanden brütet er seit 1922, im südlichen Dänemark erschien er zum erstenmal im Jahre 1949. Heute dringt dieser Vogel in Gebirgen bis zu 2350 m. ü. d. M. vor. Er sucht auch die Nähe von Wohngegenden und siedelt sich an Waldrändern an.

Das Weibchen baut ein aus Wurzeln, Stengeln, Bast oder Blattresten angefertigtes Nest, das es mit pflanzlicher Wolle, Roßhaaren und Federn auspolstert. Meist findet man es in 1 bis 6 m Höhe auf einem waagerechten Ast. Das Weibchen legt dann 3 bis 5 Eier, die fast stets schmutzigweiß, zuweilen aber auch hellblau, rostbraun oder braun gefleckt sind; um das stumpfe Ende bilden kleine Flecken einen Kranz. Auf den Eiern brütet das Weibchen allein; es wird vom Männchen gefüttert. Die Jungen bleiben 11 bis 14 Tage im Nest und werden von beiden Eltern mit Insekten gefüttert (auch noch 6 bis 7 Tage, nachdem sie flügge sind).

Ist die Brutzeit vorbei, bilden die Girlitze kleine Schwärme und streunen mit andern Körnerfressern. Sie ernähren sich zudem von Samen (Disteln, Erlen, Birken). Im Oktober ziehen die Girlitze in ihre südeuropäischen Winterquartiere. Manche Einzelvögel überwintern jedoch bei uns.

Nach ihrer Rückkehr Ende März oder Anfang April suchen diese Vögel oft denselben Baum, ja sogar denselben Ast zum neuen Nestbau auf. Das Männchen zwitschert munter. Im Juli singt es mitunter schon um 5 Uhr in der Frühe.

Rauchschwalbe
Hirundo rustica

Die Rauchschwalbe ist in ganz Europa bekannt. Früher nistete sie an felsigen Stellen, wo sie unter gedeckten Vorsprüngen an senkrecht überhängenden Wänden ihr schalenförmiges Nest baute; später suchte sie menschliche Siedlungen auf und ließ sich in Viehställen nieder, wo es viele Insekten gab.

Ihr Nest baut die Rauchschwalbe aus mit Speichel vermengten und aneinandergeklebten Erdkügelchen; den Kessel polstert sie mit Halmen und Federn aus. Im Mai legt das Weibchen 4 bis 6 weißliche, dunkel gesprenkelte Eier, aus denen nach 13 Tagen die Jungen schlüpfen. Drei Wochen später fliegen die Jungen. Dann schließt sich eine zweite Brut an.

Rauchschwalben sind Zugvögel. Im Herbst bilden sie große Schwärme. Ihre Nahrung: Insekten.

Amsel

Kohlmeise
Parus major

Zu den bekanntesten Meisenarten zählt die Kohlmeise, die mit Ausnahme des

Singdrossel

Mönchsgrasmücke

Grauschnäpper

hohen Nordens in ganz Europa verbreitet ist. Sie lebt in Wäldern, Parks und Gärten unbekümmert um die Nähe des Menschen.

Ihr Nest aus Moos, Haaren und Federn baut sie in Höhlungen, Nistkästchen, mitunter auch in Mauerspalten; es wird sauber und weich gepolstert. Das Weibchen brütet 6 bis 14 weißliche, rotbraun gefleckte Eier in 13 bis 14 Tagen aus. Während des Brütens wird es vom Männchen versorgt, das Nahrung herbeischafft. 15 bis 20 Tage lang werden die Junen von beiden Eltern mit Insekten und Larven gefüttert. Wenn sie flügge geworden sind, brütet das Paar meist ein zweites Mal.

Im Herbst bilden die Kohlmeisen kleine Schwärme und leben mit andern Meisenarten zusammen. Sie suchen nun Futter auf Fensterbänken und Kästchen. In der kalten Jahreszeit erscheinen bei uns Meisen aus nördlicheren Gegenden. Im Winter ernähren sie sich von Samen sowie von den Eiern und Puppen verschiedener Insekten (die sie unter der Baumrinde finden).

Amsel

Turdus merula

Die Amsel ist einer der bekanntesten Vögel. Man kann sie sehr oft in der Nähe menschlicher Siedlungen sehen. Ihr Nest baut sie mitunter sogar auf Häusern, an Fenstern oder auf Balken in Schuppen; in Gärten oder Wäldern richtet sie es aus Halmen, Wurzeln und Blättern im Gestrüpp oder auf niedrigen Bäumen ein.

Das Weibchen legt 4 bis 6 blaugrüne, dicht grau und braun gefleckte, punktierte und gestrichelte Eier, die es in 13 bis 14 Tagen ausbrütet. Die Jungen werden von beiden Eltern gefüttert. Auch nach dem Verlassen des Nestes sorgt das Männchen noch eine Weile für ihre Nahrung. Das Weibchen bessert inzwischen das alte Nest aus oder baut ein neues, denn die Amsel brütet im Jahr bis zu dreimal. Das Männchen läßt sich zum Singen auf erhöhten Stellen nieder.

Oft hört man seine Stimme noch vor der Morgendämmerung; abends ist sein lauter, pfeifender Gesang lange zu vernehmen. Manche Amseln überwintern in ihren Brutrevieren, andere ziehen in die Mittelmeerländer, um hier die kalte Jahreszeit hinter sich zu bringen.

Singdrossel
Turdus philomelos

Schon im März, wenn die Bäume noch kahl sind, kehren die Singdrosseln aus ihren südlichen Winterquartieren heim und fangen sogleich an, in den Baumkronen zu singen. Früher galt die Singdrossel als typischer Waldvogel, doch in den letzten Jahrzehnten haben sich viele dieser Art in Gärten und Parks angesiedelt.

Sie bauen ihr Nest auf Bäumen und in Gebüschen meist niedrig über dem Boden, zuweilen aber auch auf Mauern und Dachbalken. Es besteht aus Zweigen, Stengeln und kleinen Wurzeln; innen ist es mit einem Gemisch von Lehm, moderndem Holz und ähnlichem Material durch Speichel „ausgemauert". Dadurch unterscheidet es sich von den Nestern anderer Vögel.

Das Weibchen legt 4 bis 6 grünblaue, verstreut schwarz punktierte Eier und brütet 12 bis 13 Tage. Die Jungen werden von beiden Eltern mit Insekten, Regenwürmern und Weichtieren gefüttert. Schon nach 14 Tagen springen die Jungen aus dem Nest, sind aber noch nicht flügge und werden weiterhin gefüttert. Viele Menschen meinen, es handle sich um herausgefallene Vögelchen und nehmen sich ihrer an; es ist jedoch küger, sie am Boden sitzen zu lassen, denn die Altvögel kümmern sich sehr wohl um sie.

Außer Insekten und andern Wirbellosen frißt die Singdrossel im Herbst auch Beeren. Im Oktober zieht sie in ihr Winterquartier.

Mönchsgrasmücke
Sylvia atricapilla

Auch dieser Vogel ist weithin verbreitet. Meist hält er sich in Parks und Gärten mit Gebüschen sowie an den Rändern lichter Waldungen auf. Das Männchen singt laut und schön; es ist an seiner schwarzen „Mütze" zu erkennen; der Scheitel des Weibchens hingegen ist braun. Das Nest der Mönchsgrasmücke besteht aus Halmen und Spinnweben und befindet sich etwa 0,75 cm über dem Boden in Himbeer- und Brombeersträuchern. Das Weibchen legt 4 bis 6 gelbliche bis grünliche, grau bis rötlich gefleckte Eier. Die Jungen schlüpfen nach ungefähr 14 Tagen und werden mit Insekten und Raupen gefüttert. Nach weiteren 10 bis 13 Tagen verlassen sie das Neste und die Altvögel brüten nun ein zweites Mal.

Die erwachsenen Tiere fressen Insekten, Larven und Spinnen, im September naschen sie auch Beeren. Bis Ende April bleiben die Mönchsgrasmücken dann in ihren südeuropäischen oder zuweilen auch nordafrikanischen Winterquartieren.

Grauschnäpper
Muscicapa striata

Der in ganz Europa bekannte Grauschnäpper, ein kleiner insektenfressen-

Wendehals

Hausrotschwanz

Türkentaube

Schleiereule

der Vogel, lebt an Waldrändern, in Anlagen und Gärten. Sein Nest aus Wurzeln und Halmen baut er indessen auch auf Balken unter den Dächern von Häusern oder Schuppen. In der freien Natur errichtet er es freilich meist auf einem waagerechten Zweig.

Das Weibchen legt 4 bis 6 bläulichweiße, dicht grau und rostrot gefleckte Eier, die von beiden Altvögeln in 13 Tagen ausgebrütet werden. Die Jungen sind nach 14 Tagen flügge. Der Grauschnäpper frißt vor allem fliegende Insekten, die er geschickt mit einem „Flugsprung" fängt. Im September ziehen die Grauschnäpper in ihre afrikanischen Winterquartiere; Rückkehr: Anfang Mai.

Hausrotschwanz
Phoenicurus ochruros

Ende März oder Anfang April kommt der Hausrotschwanz zurück und läßt sich in der Umgebung menschlicher Siedlungen nieder. Ursprünglich hauste er an felsigen und gebirgigen Plätzen; im Laufe der Zeit ist er jedoch zutraulicher geworden.

Er baut sein Nest aus kleinen Wurzeln, Halmen, Haaren u. ä. oft unter Schuppendächern, in Scheunen, Mauerlöchern und an Fenstersimsen, nistet aber auch in aufgehängten Kästen, falls die obere Hälfte der Vorderwand offen ist. Das Männchen singt sein knarrendes Lied meist auf Häusern.

Der Hausrotschwanz jagt seine Nahrung vor allem bei Ställen, wo es viele Insekten gibt, und frißt auch kleine Raupen. Das Weibchen legt 5 bis 6 reinweiße Eier. Die Jungen schlüpfen nach 14 Tagen, verlassen das Nest, bevor sie flügge sind, und verbergen sich zwischen Steinen oder im Gras.

In ihre nordafrikanischen Winterquartiere ziehen die Hausrotschwänze im Oktober.

Wendehals
Jynx torquilla

Von Mitte April an hört man in Gärten und Parks den klaren, fast jammernden Ruf des aus Nord- oder Ostafrika heimgekehrten Wendehalses.

Dieser kleine Spechtvogel zimmert keine eigene Nisthöhlung, sondern sucht bereits fertige Höhlen auf. Manchmal nimmt er auch mit aufgehängten Nistkästen vorlieb, mitunter sogar mit Mauerlöchern. Eine Auspolsterung der Nesthöhle nimmt der Wendehals nie vor.

Das Weibchen legt im Mai oder Juni 7 bis 10 weiße Eier, die von beiden Eltern 14 Tage lang ausgebrütet werden. Sie füttern die Brut etwa 35 Tage lang mit Insekten und Ameisenpuppen. Nähert sich ein Fremder dem Nest, dann stößt der im Innern weilende Vogel ein scharfes Zischen aus, das manchen Neugierigen abschreckt.

Maulwurf

Europäischer Igel

Wanderratte

Hausmaus

Dieser Vogel vermag seinen Kopf um 180 Grad zu wenden. Durch diese Drehung sowie durch das Aufspannen und Zuklappen der Flügel- und Schwanzfedern versucht der Wendehals, Angreifer einzuschüchtern und in die Flucht zu schlagen.
Ende August zieht der Wendehals in den Süden.

Türkentaube
Streptopelia decaocto

Dieser Vogel ist heutzutage einer der am stärksten verbreiteten in ganz Europa. Einst gab es ihn nur in Süd- und Kleinasien sowie auf dem südlichen Balkan. In den letzten Jahrzehnten ist er jedoch nach Westen (und von dort nach Norden) vorgedrungen. Die Türkentaube hat sich schnell auf unserem Kontinent eingelebt und emsig fortgepflanzt. Zum Unterschied von ihren Verwandten zieht sie im Winter nicht fort, sondern kommt in Schwärmen zu den Städten; das heißt: Sie sucht also die Nähe des Menschen.
Vom Frühjahr bis in den Herbst hinein brütet dieser Vogel jährlich mehrere Male. Es sind Einzelfälle bekannt geworden, in denen er bei wärmeren Temperaturen sogar im Winter noch brütete. Meist haust die Türkentaube in Gärten und Parks. Ihr Nest baut sie mit Vorliebe in dichten Baumkronen oder auf hohen Sträuchern. Man findet es vor allem auf waagerechten Zweigen. Das Weibchen legt 2 weiße Eier.
Die Taube frißt Samen, Insekten und Weichtiere, in der kalten Jahreszeit zusätzlich Speisereste. Häufig läßt sie sich auf Futterstellen an Fenstersimsen nieder.

Schleiereule
Tyto alba

Die Schleiereule ist eine der wenigen Eulen, die man in der Nähe des Menschen antreffen kann. Ursprünglich lebte sie nur an felsigen Stellen, etwa an Burgruinen in Wäldern. Heute sieht

Steinmarder

Iltis

Mauswiesel

man sie jedoch auf Kirchtürmen, in Scheunen, auf Dachböden, häufig sogar in Taubenschlägen.

Tagsüber hält sich die Schleiereule allerdings in dunklen Winkeln auf und fliegt erst in der Dämmerung aus, um Beute zu jagen, vor allem Feld- und Wühlmäuse, aber auch Sperlinge und Insekten. Sie zählt demnach zu den nützlichsten Vögeln. Deshalb ist es bedauerlich, daß diese Eule oft von Menschen verfolgt wird.

Das Weibchen legt in eine Ecke 4 bis 7 weißliche Eier, die es in 30 bis 34 Tagen ausbrütet, wobei es vom Männchen regelmäßig gefüttert wird. Die Jungen sind nach 50 Tagen flügge. Wenn in einem Jahr viele Wühlmäuse vorhanden sind, brütet die Schleiereule auch ein zweites Mal.

Die Jungvögel fliegen davon und leben oft weit von ihrem Geburtsort entfernt, während die Alten ihrer Heimat treu bleiben und sie nicht einmal im Winter verlassen.

Maulwurf

Talpa europaea

In Gärten und Anlagen sieht man oft den Kopf und die schaufelartigen Vorderbeine eines Maulwurfs, der unermüdlich Gänge gräbt und Erdreich an die Oberfläche schafft. Unter der Erde bohrt er Wohnbaue und lange Röhrengänge, in denen er Würmer, Insekten und im Boden lebende Larven fängt.

Die meisten Maulwurfshügel findet man auf feuchten und lockeren Wiesen (auch in der kalten Jahreszeit, denn der Maulwurf hält keinen Winterschlaf). Er legt Vorräte von Regenwürmern an, die er durch einen Biß ins Nervenzentrum gelähmt hat. Wenn er beim Graben auf Steine oder eine Straße stößt, kommt der Maulwurf an die Oberfläche und bemüht sich, das Hindernis zu umgehen. Sein Nest ist meist unter dem größten Maulwurfshügel in einer Tiefe von etwa 60 cm anzutreffen.

Das Weibchen wirft 3 bis 7 sehr kleine und blinde Junge, die nach drei Wochen die Augen öffnen, 4 bis 6 Wochen lang Muttermilch saugen und sich danach selbständig machen. Der Maulwurf wird rund 3 Jahre alt.

Europäischer Igel

Erinaceus europaeus

In Laub- und Mischwäldern sowie in Parks und Gärten mit dichtem Buschwerk lebt der stachelige Europäische Igel, ein Insektenfresser. (Freilich trifft man ihn zuweilen auch in Städten in größeren Gärten oder Parks an.) Er bevorzugt trockene Stellen. Am Tage hält er sich unter Laubhaufen, in Erdlöchern oder Holzstößen verborgen. Da er ein Nachttier ist, geht er erst in der Dunkelheit auf Beutejagd.

Der Igel ernährt sich von Insekten, Würmern, kleinen Wirbeltieren, aber auch von Vogeleiern, die er am Boden findet. Gelegentlich verschmäht er auch Obst nicht. In Fasanengehegen ist er ein höchst unwillkommener Gast. Er greift auch Schlangen an, selbst giftige Kreuzottern, die sich zwar wehren, aber dennoch durch die Stacheln des Igels verletzt werden. Im Nu sind sie überwältigt und verschlungen. Gegen Schlangengift ist der Igel nicht ganz immun, aber ziemlich widerstandsfähig. Wird er allerdings von einer Kreuzotter in die Schnauze gebissen, dann geht er ein. Solche Fälle ereignen sich indessen nur selten.

Das Weibchen baut in Erdhöhlen oder im Laub ein Nest und wirft 3 bis 8 blinde Junge, die bereits weiche weiße Stacheln haben. Nach 14 Tagen öffnen sie die Augen. Den Winter verbringt der Europäische Igel im Schlaf unter Fallaub oder Mulm.

Hausmaus
Mus musculus

Die ursprüngliche Heimat der Hausmaus war Vorderasien, von wo sie schon in prähistorischer Zeit in andere Weltgegenden verschleppt wurde. Sie paßte sich den veränderten Lebensbedingungen an und wurde zu einem im Verborgenen lebenden und ungebetenen Gast des Menschen.

Meist hält sie sich unter Fußböden, in Mansarden, Schuppen oder Mauerlöchern auf. Sie vermag starke Mörtelschichten aufzuscharren oder zu durchnagen. An versteckten Stellen baut sie aus zernagten Papierfetzen, Stoffteilchen und Stroh ein Nest, in dem das Weibchen 4 bis 8 blinde und nackte Junge wirft, die 12 bis 14 Tage später sehen können. Die Jungmäuse erreichen ihre Geschlechtsreife schon mit 6 oder 7 Wochen. Ein Weibchen kann mehrmals im Jahr Junge haben. Die Hausmaus frißt alles, was der Mensch übrigläßt. Bei starker Vermehrung richtet sie große Schäden an. Einen Winterschlaf kennt sie nicht.

Wanderratte
Rattus norvegicus

Die Wanderratte war einst in Nordostasien zu Hause. An Bord von Schiffen wurde sie in alle Erdteile gebracht. Da sie sich ungemein rasch vermehrt, zählt sie zu den schlimmsten Schädlingen.

Ein Weibchen wirft bis zu 4mal im Jahr je 6 bis 9, zuweilen sogar bis zu 16 Junge. Der Nachwuchs wird nach 13 bis 17 Tagen sehend. Auf manchen Inseln gab es so viele Wanderratten, daß die Menschen auswandern mußten.

Diese Ratte ist ein Allesfresser; sie fällt kleinere Wirbeltiere (Hühnchen und Kaninchen) an und schadet auch dadurch, daß sie einige Krankheiten überträgt. Mit Vorliebe hält sie sich am Wasser auf, vor allem im Kanalisationsnetz der Städte, von wo sie durch die Abfallrohre in Keller und Ställe gelangt. Sie schwimmt und taucht gut, lebt in Gruppen und baut ihr Nest in selbstgescharrten Löchern. Sie schläft im Winter nicht und wird etwa 4 Jahre alt.

Steinmarder
Martes foina

Ursprünglich hauste der Steinmarder vor allem an felsigen Orten, wo er auch heute noch erscheint. Im Laufe der Zeit hat er sich jedoch meist in Scheunen oder auf Dachböden angesiedelt und ist selbst in großen Städten anzutreffen. Er ist fast überall in Europa mit Ausnahme der Britischen Inseln und Skandinaviens heimisch. In den Alpen kann man ihm in Höhen bis zu 2000 m ü. d. M. begegnen. Stellenweise kommt er in großer Zahl vor. Während der Paarung trampelt und lärmt der Steinmarder lautstark unter dem Dach, was die Hausbewohner nicht selten in Schrekken versetzt. In sein Lager hinter Dachbalken schafft er Laub und Gras. Dort wirft das Weibchen im Frühjahr 3 bis 7 Junge, die nach etwa 35 Tagen sehen können. Drei Monate lang werden sie gesäugt, sind aber schon im Alter von 6 Wochen imstande, fleischliche Kost aufzunehmen.

Der Steinmarder geht in der Dunkelheit auf die Jagd nach Feld- und Wühlmäusen, Ratten und kleinen Vögeln. Manchmal fällt er auch in Hühnerställen ein. Gern frißt er Kirschen und Pflaumen.

Mauswiesel
Mustela nivalis

Dieses kleine Raubtier ist in ganz Europa (mit Ausnahme Irlands) stark verbreitet. Es lebt in Wäldern, in Büschen auf Feldern und Äckern sowie auf dicht bewachsenen Wiesen. In den Alpen trifft man es noch in Lagen von 2700 m ü. d. M. an.

Da das Mauswiesel sehr schlank ist, vermag es sich durch sehr enge Öffnungen (Löcher und Spalten) zu zwängen. Seine Hauptnahrung sind Mäuse. Ferner vertilgt es junge Ratten und Ziesel. Es ist demnach ein nützliches Tier. (Wirbeltiere werden nur selten von Mauswieseln angefallen, noch seltener kleine Vögel.) Seine Opfer tötet dieses Tier durch einen Biß ins Genick. Die oft zu hörende Behauptung, es sauge Blut, stimmt indessen nicht.

Im Winter zieht es das Mauswiesel in die Nähe menschlicher Siedlungen. Vor allem ist es dann in Scheunen, Schuppen und Ställen zu finden.

In einem versteckt angelegten Lager wirft das Weibchen 3 bis 7, gelegentlich auch bis zu 9 blinde Junge, die erst 21 bis 25 Tage später sehend werden. Sie saugen 6 bis 7 Wochen lang Muttermilch und werden dann zur Jagd angeleitet (wiederum von der Mutter). Ins Wasser geht das Mauswiesel sehr ungern. Dieses Tier kann bis zu 7 Jahre alt werden.

Iltis
Mustela putorius

Der Iltis, ein kleines Raubtier, das nahezu überall in Europa vorkommt (mancherorts recht häufig), wird von den meisten Menschen nicht gern gesehen. Er lebt im Wald und auf dem Feld, hält sich aber am liebsten unweit menschlicher Behausungen auf, z. B. in Scheunen, Strohhaufen oder Holzstößen.

Nachts unternimmt der Iltis Raubzüge in Hühnerställe, wobei er mitunter ein paar Dutzend Tiere auf einmal tötet, ohne sie jedoch alle zu fressen. Er verschleppt nur einige seiner Opfer.

Außerdem jagt er Mäuse, Wanderratten, Vögel, Frösche, ja sogar Fische, denn er schwimmt gut und vermag auch zu tauchen. Sein Lager errichtet er in verlassenen Kaninchenbauen, Höhlungen oder Rohren am Boden.

Von April bis Mai wirft das Weibchen 3 bis 11 Junge. Deren Fell ist weißlich. Sehend werden sie erst nach 30 bis 37 Tagen.

Als typisches Nachttier geht der Iltis nach Einbruch der Dunkelheit auf Beutegang los. Wenn er sich bedroht fühlt, sondert er ein übelriechendes Sekret ab, um Feinde zu verscheuchen.

Im Wald

Würde der Mensch nicht schon seit Jahrtausenden in die Natur eingreifen und sie verändern, wäre der überwiegende Teil des Festlands von Wäldern bedeckt. Ohne Wald blieben nur die Wasserflächen, die der Brandung ausgesetzten Meeresküsten, Sümpfe, Hochflächen, natürliche Rasen und Hochgebirgszonen. Alles übrige wäre von Wald bewachsen — der kompliziertesten und artenreichsten Pflanzengesellschaft, die wir kennen. Für sie ist ihre Vierstufigkeit charakteristisch: Der Baumbestand bietet dem aus Sträuchern bestehenden Unterholz Schutz und Schatten. Dann kommt die krautige Bodenvegetation und zuletzt die Bodenschicht der Sporenpflanzen — Pilze, Moose und Flechten. Heute ist Europa nur mehr zu etwa 30 % von Wald bedeckt — der „Rest" mußte dem Menschen weichen — seinen Feldern, Wiesen, Ansiedlungen und Verkehrswegen.

Mitteleuropa gehört — der äußerste Nordosten ausgenomnen — zur Zone des sommergrünen Laubwaldes, die nach Süden zu in die immergrüne Vegetationszone des Mittelmeergebietes und im Norden in die Nadelwaldzone mit ihrem meist überwiegenden Fichten-, Lärchen- und Kiefernbestand, in den wärmeren Gegenden durchsetzt von Birke, Erle, Esche und Laubsträuchern, übergeht.
Im natürlichen Wald ist die Artenzusammensetzung allerdings nicht nur vom Breitengrad, sondern auch von der Höhenlage abhängig. Außer der nördlichen Baumgrenze gibt es auch eine obere Baumgrenze. Die feuchten Niederungen Mitteleuropas mit ihren nährstoffreichen Böden sind von Auenwäldern aus Erlen, Weiden, Eschen, Ahorn und Eichen bestanden; für die Trockenböden der Ebenen bis ins Gebirge sind Kiefernbestände typisch. Saure Böden werden von Eichen-Birkenwäldern bevorzugt. In den Mittelgebirgen sind Eichen-Hainbuchenwälder heimisch, die dann in den höheren Lagen in reine Buchenbestände und in den oberen Lagen in Fichtenwälder übergehen. Oberhalb der Baumgrenze sind dann nur noch niedrige Latschenkiefernbestände anzutreffen.

Der Grundcharakter des mehr oder weniger natürlichen Waldes als Lebensraum sind Mehrstufigkeit, Artenreichtum, Altersvielfalt, höhere Luft- und Bodenfeuchtigkeit und Schatten. In den Waldgesellschaften herrscht harter Konkurrenzkampf um Lebensraum, Licht und Nährstoffe, aber auch gegenseitige Hilfe und verschiedene Formen des Zusammenlebens. Typisch ist die Symbiose zwischen Pilzmyzel und Baumwurzeln.
Jedem Waldtyp entspricht auch die Artenzusammensetzung des Unterholzes und der Krautzone: In den Laubwäldern ist die Bodenflora sehr reich, in den Fichten- und Kiefernwäldern dagegen artenarm und einförmig. Die Bodenvegetation der Laub- und Mischwälder unterliegt darüber hinaus noch dem Wechsel der Jahreszeiten: viele bodenbedeckende Pflanzen blühen schon im Frühjahr, wenn die Bäume noch unbelaubt sind, später folgen dann die schatten- und feuchtigkeitsliebenden Kräuter.
Überwiegend sind unsere Wälder jedoch vom Menschen beeinflußt und seinen forstwirtschaftlichen Erwägungen angepaßt, einen der lebenswichtigen Rohstoffe zu erhalten — Holz. Deshalb wurden meist sog. Monokulturen angebaut, also Waldbestände mit einer einzigen Baumart — vorwiegend Fichten oder Kiefern. Diese Waldstrukturen sind jedoch wenig widerstandsfähig gegen Wind und Schnee, leicht kommt es zum Massenbefall durch Schädlinge aus dem Insektenreich; die abgefallenen Nadeln bilden eine sich nur schwer zersetzende Bodendecke und sauren Humus, der die chemischen und physikalischen Bodeneigenschaften negativ beeinflußt. Die nächste Baumgeneration gedeiht dort schlechter und die wasserwirtschaftliche und Klimafunktion des Waldes wird ungünstig beeinflußt.
Wird der Waldbestand durch Holzeinschlag oder eine Naturkatastrophe vernichtet, entsteht eine Lichtung, die die bisher existierenden Lebensbedingungen schlagartig verändert. Die ursprüngliche Waldflora tritt schnell zurück und macht der typischen Lichtungsgesellschaft Platz.

Die verschiedenen Waldtypen haben ihre typischen tierischen Bewohner. Auch ist die Höhenlage über dem Meeresspiegel wichtig; die Tierwelt der Gebirgs- und Hochgebirgswälder unterscheidet sich von der der Tieflandwälder. Und auch für die einzelnen Waldstufen sind in einem Waldtyp bestimmte Tierarten charakteristisch. Manche Arten suchen sich ihre Nahrung auf dem Boden, andere im Unterholz, an den Baumstämmen oder in den höchsten Baumkronen. In diesen Lebensweisen stören sich die einzelnen Tiergruppen gegenseitig nicht, alle finden unter normalen Umständen ausreichend Nahrung. Es gibt sogar eine Flächenaufteilung, das heißt, daß jedes Pärchen oder Einzeltier unterschiedlicher Arten sein eigenes Territorium hat — ein Gebiet, das es wie seinen eigenen Grund und Boden verteidigt und alle anderen Einzelwesen der gleichen Art daraus vertreibt. Die großen Waldraubvögel haben große Jagdreviere und sind deshalb weniger häufig als die sich von kleinen Insekten ernährenden Singvögel, denen zum Lebensunterhalt oft ein Gebiet von 20 bis 30 m im Nestumkreis ausreicht.
Zu den Besonderheiten des Waldes gehören die Wildgehege, in denen der Mensch auf eingezäunten Flächen vor allem jagdbares Hochwild hält, und zwar in weitaus größerer Anzahl als das gleiche Gebiet in völliger Freiheit lebende Tiere gewöhnlich zu ernähren in der Lage ist. Der Mensch greift ganz gezielt in ihr Leben ein. Er wählt die kräftigsten Exemplare zur Zucht aus, füttert regelmäßig zu, damit die Tiere ausreichend Nahrung haben und die Bestände nicht schädigen. In den Wintermonaten, in denen der Wald weniger Nahrung bietet, füttert der Förster jedoch auch frei lebendes Jagdwild.
Lichtungen locken wärmeliebende Tierarten an, vor allem verschiedene Insekten und insektenfressende Kriechtiere, Vögel und Säugetiere.

Butterpilz
Suillus luteus

Dieser Röhrling hat einen halbkugeligen, später flächig ausgebreiteten, 4—6 cm breiten, häufig schleimigen Hut. Im Jugendstadium sind Hut und Stil mit einer Haut verbunden, deren Überreste als Ring am Stiel verbleiben. Der Ring ist zuerst weißlich, später violett verfärbend und der flache, in der Mitte gebukkelte Hut ist schokolade- bis gelbbraun. Die Röhrenschicht unter dem Hut ist anfangs goldgelb, später bräunlichgelb und läßt sich sehr leicht abschälen. Das zuerst weißliche, später buttergelbe (Name!) Fleisch ist zwar etwas wäßrig, doch wohlriechend und sehr schmackhaft. Der weißliche Stiel ist unterhalb des Hutes zitronengelb und am Grund bräunlich überlaufen.

Der Butterpilz gedeiht nur im Wurzelbereich der Kiefern in der ganzen nördlich gemäßigten Zone und in Australien. Er ist ein vielseitig verwendbarer, vorzüglicher Speisepilz, dessen Schleimhaut sich leicht entfernen läßt. Er ist wenig von Maden befallen, sollte allerdings bald nach dem Einsammeln verwertet werden, da er besonders leicht verdirbt.

Rotfußröhrling
Xerocomus chrysenteron

Dieser Filzröhrling hat einen bis zu 7 cm breiten, anfangs dunkelbraunen, später graubraunen und rissig gefelderten Hut mit trockener, filzig behaarter Oberfläche. Die Risse sowie Schneckenfraßstellen oder andere Verletzungen verfärben sich langsam purpurrot. Die Röhren der Hutunterseite sind hellgelb, später schwach grünlichtrüb.

Der relativ dünne, gelbbraune Stiel ist im unteren Teil oft weit hinauf kirschrot überlaufen (Name!). Das hellgelbliche Fleisch ist sehr saftig und wird an den Schnittstellen nur selten blau. Im Alter ist es fast schmierig weich und schimmelt leicht. Der Pilz ist an keine Baumart gebunden und erscheint deshalb verbreitet in Wäldern aller Art von Juni bis spät in den Herbst hinein. Die Herbstformen sind oft etwas gedrungener und mit hellerem Stiel versehen. Mit Verbreitungsschwerpunkt im Nadelwald kommt diese Art auf der ganzen nördlich gemäßigten Zone und in Australien vor.

Er ist ein Speisepilz minderer Qualität, der aber reiche Ernten erbringt und als Mischpilz nicht zu verachten ist.

Maronenpilz

Butterpilz

Rotfußröhrling

Maronenpilz
Xerocomus badius

Ebenfalls ein Filzröhrling, dessen Hutfarbe an die reifer Edelkastanien (Name!) erinnert. Doch nur der „Nadelstreumaroni“, der trocken aufgewachsen ist, hat auch einen trockenen Hut, beim „Moosmaroni“ ist er schmierig glatt und rotbraun. Sein Durchmesser kann bis zu 15 cm betragen, im Alter ist der Rand oft aufgebogen, so daß die vormals gelblichen, jetzt oliv-grünlichen Röhren, die an Druckstellen blaugrün flecken, schon von oben sichtbar werden.

Der Stiel des Streumaronis ist zumindest in der Jugend bauchig, später oft walzlich, doch nie so schlank wie beim Moosmaroni, der insgesamt zierlicher wirkt. Die Stielfarbe ist stets heller als die des Hutes, sein Fleisch schwach längsfaserig.

Das Hutfleisch ist zunächst weißlich und fest, dann aber gelblich und weichschwammig, an Schnitt- oder Bruchstellen in der Regel blau verfärbend.

Der Pilz wächst von Juni bis fast zum Dezember vorzugsweise in Nadelwaldungen. Er kommt in der ganzen nördlich gemäßigten Zone und in Australien vor, in Berg- und Mittelgebirgswäldern häufiger als in den Niederungen.

Er gehört zur ersten Güteklasse der eßbaren Pilze.

Rotkappe

Leccinum rufescens

Der stattliche Pilz mit dem bis zu 25 cm breiten, orangefarbenen bis ziegelroten Hut zählt zu den Rauhstielröhrlingen, einer Gattung mit schlanken, faserigen, außen rauh und meist dunkel geschuppten Stielen (wie mit Asche, lat. *cinis*, bestreut). Der Hut ist anfangs halbkugelig, am Rand zu einem überstehenden Hutsaum ausgezogen. Die graue Röhrenschicht verfärbt erst spät nach helloliv. Sie ist beim voll ausgebildeten Pilzkörper sehr dick. Das feste Fleisch (im älteren Hut etwas schwammig) verfärbt sich auf Druck oder an Schnittstellen rasch graublau bis dunkelviolett.

Rotkappen wachsen vom Sommer bis in den Herbst hinein unter Birken, Espen und in Fichten-Tannen-Waldungen in mehreren, auch farblich etwas verschiedenen Abarten. Sie besiedeln die ganze nördlich gemäßigte Zone.

Obwohl sich das Fleisch bei der Zubereitung fast schwarz färbt, ist der Pilz wohlschmeckend und vielseitig verwendbar. Er bringt oft reiche Ernten, da er nur selten wurmstichig ist. Überalterte Stücke läßt man jedoch besser stehen.

Birkenpilz

Leccinum scabrum

Die der vorigen nah verwandte Art ist der originale Typ des Rauhstielröhrlings (*scabrum*, lat. = rauh). Ihr glatter, bis zu 15 cm breiter, graubrauner Hut wird bei Feuchtigkeit oberflächlich schmierig. Die Röhrenschicht verfärbt von weißlich nach schmutziggrau. Sie ist im Alter nach unten vorgewölbt. Das Fleisch ist weißlich bis grau und verfärbt an der Luft höchstens schwach graurosa. Es kann gewaltige Mengen Regenwasser aufsaugen und wird dabei schwammig weich.

Birkenpilz

Satanspilz

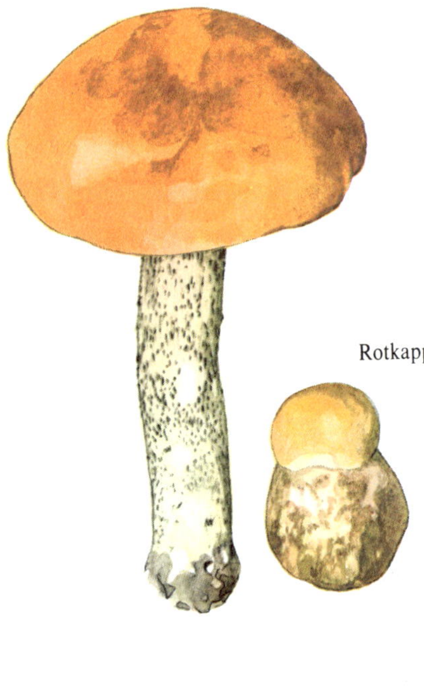

Rotkappe

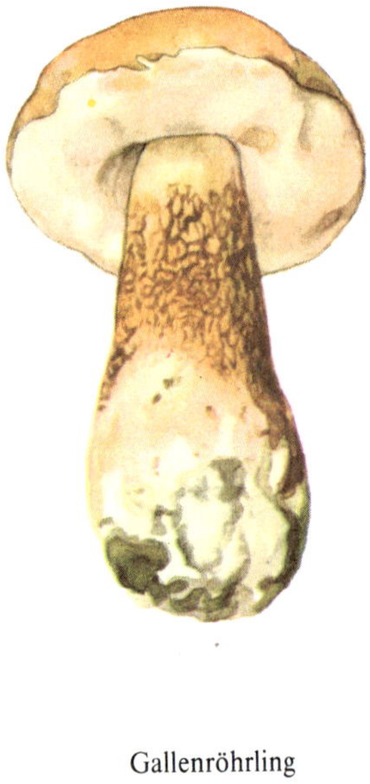

Gallenröhrling

Der 8 bis 15 cm hohe, schlanke Stiel ist weißgrau und dicht mit dunklen, abstehenden Schüppchen bedeckt. Im Alter wird er innen zähfaserig.
Der Pilz ist an Birken gebunden (Name!) und begleitet diese in Heiden Wald und Moor. Er kommt in der ganzen nördlich gemäßigten Zone vor.
Im jungen Zustand gilt die Art als guter Speisepilz. Wenn der Stiel viel unverdauliche Rohfaser enthält und der Hut wäßrig-schwammig geworden ist, kann man ihn kaum noch verwenden. Die Röhrenschicht ist fast stets stark mit Maden durchsetzt. Vorteilhaft ist der Umstand, daß es keine gefährlichen Doppelgänger gibt, wenn man nur auf die Röhrenschicht und den rauhschuppigen Stiel achtet.

Steinpilz
Boletus edulis

Der stattliche Pilz hat einen 5 bis 25 (40)

Steinpilz

cm breiten, anfangs weißlichen, dann hell- bis dunkelbraunen Hut, der bei Feuchtigkeit etwas schmiert, im Trockenen aber glattsamtig bis feingerunzelt ist. Das feste, weiße Fleisch ist höchstens unter der nur schwer abziehbaren Huthaut bräunlich durchgefärbt. Die anfangs weiße Röhrenschicht wird im Alter gelblich, zuletzt olivgelb.
Der erhaben netzig geaderte, erst weißliche, bald aber ins Bräunliche wechselnde Stiel ist zunächst bauchig, streckt sich dann aber keulenförmig. Die Stielform ist charakteristisch für die Dickfußröhrlinge, zu denen der Steinpilz zählt *(boletus,* lat. = Pilz). Er tritt von Mai bis zum Herbst in mehreren Unterarten auf, deren Pilzgeflecht in Symbiose zu verschiedenen Waldbäumen steht. Alle sind hervorragende Speisepilze und vielseitig verwendbar. Leider sind sie, vor allem in kühlen Jahren, oft stark von Maden befallen. Je nach Witterung erscheinen sie in Massen oder in manchen Jahren gar nicht. Die wichtigsten Unterarten sind:
Fichten-Steinpilz, ssp. *edulis,* verbreitetste Form; meist erst im Spätsommer erscheinend; Stiel weißlich bis schwach hellbraun, nur oben genetzt. Häufig in Fichtenwäldern auf sauren Böden *(edulis,* lat. = eßbar).
Eichen-Steinpilz, ssp. *reticulatus,* bei feuchtwarmem Wetter oft schon im Mai auftretend; Stiel stark genetzt *(reticulatus,* lat. = netzig); Hut hell (grau)braun, oft gefeldert. In Laubwäldern, gern unter Eichen. Kiefern-Steinpilz, ssp. *pinicola,* Sommerpilz; Hut braunrot, runzlig; Stiel dunkelbraun, stark genetzt. In Nadelwädern, vor allem unter Kiefern *(pinus,* lat. = Kiefer *colo,* lat. = bewohnen).
Bronze-Steinpilz, ssp. *aereus,* Südeuropäer; bei uns unter Eichen im Weinbaugebiet. Hut schwarzbraun, Stiel kupferbraun *(aes, aeris,* lat. = Erz, Kupfer, Bronze).

Satanspilz
Boletus satanas

Ein stämmiger, bis zu 10 cm hoher und 10 bis 25 cm breiter Dickfußröhrling. Sein silbergrauer bis kalkweißer Hut ist hochgewölbt und birgt eine dicke, gelbgrüne Röhrenschicht, die früh durch die karminroten Sporen verfärbt wird.
Der dickbauchige Stiel ist mit einem feinen Adernetz überzogen, am Grund gelb, in der Mitte karminrot und oben meist wieder gelb.
Das feste, weißliche bis schwach gelbe Fleisch verfärbt sich im Anschnitt vorübergehend und nur leicht nach Hellblau. Bei ganz jungen Exemplaren riecht es gut und schmeckt süßlich, bald aber stinkt es abstoßend nach Aas.
Der Pilz wächst in Laubwäldern wärmerer Lagen, bevorzugt unter Buchen und gerne auf Kalk.
Der Genuß des Pilzes verursacht langdauerndes Erbrechen und Durchfall; seine noch nicht vollständig erforschten Giftstoffe können auch durch längeres Kochen im Wasser nicht ganz beseitigt werden.

Gallenröhrling
Tylopilus felleus

Diese Art hat einen festfleischigen, bis zu 15 cm breiten, anfangs feinfilzigen, im Alter verkahlenden, hellbraunen Hut. Die Röhrenschicht ist zuerst reinweiß, später zart, dann kräftig rosa.
Der bauchige Stiel streckt sich im Heranwachsen zu einer schlank-keuligen Walze. Er ist kräftig hellbraun und trägt ein grobes, erhabenes Adernetz. Das weiße Fleisch ist geruchlos, doch schmeckt es gallebitter *(fel, fellis,* lat. = Galle).
Der Pilz wächst vorzugsweise in Nadelwäldern, mit besonderer Vorliebe für Kiefernbestände auf sandigen Böden. Im Bergland ist er sehr häufig. Er kommt in der ganzen nördlich gemäßigten Zone und in Australien vor. Je nach Jahresklima erscheint er in Massen und dann wieder gar nicht. Im allgemeinen kann festgestellt werden, daß ein gutes Gallenröhrlingsjahr ein schlechtes Steinpilzjahr ist und umgekehrt.
Der Pilz ist nicht giftig, aber so bitter, daß ein kleines Exemplar schon ein ganzes Pilzgericht ungenießbar macht. Dabei können vor allem junge Gallenröhrlinge leicht mit dem Steinpilz verwechselt werden. Man achte beim Sammeln auf die Rosafarbe der Röhren! Im Zweifelsfall genügt Belecken oder eine kleine Kauprobe, die aber nicht oft wiederholt werden kann, weil die Zunge taub wird.

Pfifferling
Cantharellus cibarius

Der bekannte und hoch geschätzte Speisepilz wird seiner eigelben Farbe wegen auch Eierschwamm genannt. Der erst gewölbte, dann mehr oder weniger flach ausgebreitete (Randsaum nach unten gerollt), im ausgewachsenen Zustand trichterförmige Hut kann über 10 cm breit werden. Er geht in einen relativ kurzen Stiel über. Auf seiner Unterseite ziehen eng gestellte, gabelig verzweigte und zuweilen quer miteinander verbundene Leisten vom Rand her gegen die Mitte und laufen auch noch ein Stück am Stiel hinab. Diese Leisten tragen das Sporenlager. Sie sind oft intensiver gefärbt als die Hutoberseite.

Das Fleisch ist gelblichweiß, fest oder schwach faserig, riecht aromatisch (nach Aprikosen) und hat einen fadlaugigen, ins Pfefferartige übergehenden Geschmack. Der Pilz wächst in mehreren Unterarten im Laub- und Nadelwald, ist sehr standorttreu und kommt in der ganzen gemäßigten Zone der Nordhalbkugel sowie in Australien vor. In Mitteleuropa geht er im Einzugsgebiet der Städte immer mehr zurück, da seine Standorte für die Märkte und von Ausflüglern sehr stark gesammelt werden. Der Pilz ist ja nur der Fruchtkörper eines ausgedehntenn, unterirdischen Fadengeflechtes, dem das Absammeln so wenig schadet wie das Ernten eines Apfels dem Baum. Wenn aber dabei Erde umgewühlt oder der Pilzkörper nicht abgeschnitten, sondern ausgerissen wird, beschädigt man dabei das zarte Pilzgeflecht und es geht zugrunde. Bei ungestörtem Wachstum dagegen bilden sich am äußeren Rand viele Fruchtkörper, die dann in mehr oder weniger gleichmäßigem Kreis erscheinen (Hexenring), der viele Quadratmeter umfassen kann.

Der Pilz ist ein vorzüglicher, wohlschmeckender und vielseitig verwendbarer Speisepilz, der zudem meist madenfrei und sehr haltbar ist. Letztere Eigenschaft bedingt allerdings auch eine nicht so günstige: er ist schwer verdaulich. Aroma und Vitaminreichtum gleichen diesen Mangel aber aus.

Die viel heller gefärbte Abart des Laubwaldes liefert sehr große Fruchtkörper; neben dem „normalen", eigelben Pfifferling wächst im Nadelwald noch eine zweite Form, die eine mehr schwefelgelbe Farbe hat und sich vor allen durch kleine amethystfarbene Schuppen auf dem Hut auszeichnet.

Cantharellus ist die Verkleinerungsform von gr. *kantharos* = trichterförmiger Becher; *cibarius* leitet sich von lat. *cibaria* = Speise, Nahrung, ab.

Echter Reizker
Lactarius deliciosus

Der 5 bis 15 cm breite Hut ist orange- bis ziegelrot, häufig schmutziggelb überlaufen, oft durch dunkelrote Kreise gezont und meist grünspanfleckig. Im Jugendzustand ist er flach gewölbt, später, bei eingerolltem Rand, in der Mitte trichterig vertieft. Charakteristisch ist die orangefarbene Milch *(Lactarius* = Milchling; von *lac, lactis,* lat. = Milch), die in Tropfen aus jeder verletzten Stelle austritt. Das Sporenlager befindet sich an der Hutunterseite auf den dichtgestellten, sehr brüchigen (spröden!) Lamellen, die an Druckstellen grün verfärben. Der Stiel ist ebenfalls orangefarben, innen hohl, bei Jungpilzen mit lokkerem Wattegeflecht erfüllt. Das helle Fleisch ist zart und brüchig, riecht angenehm, schmeckt aber roh scharf (reizend, daher „Reizker").

Der Pilz wächst von Sommer bis Herbst im Nadelwald, vorzugsweise unter Fichten und bereits in den dichten Schonungen. Er ist in Australien und der ganzen nördlich gemäßigten Zone verbreitet.

Es handelt sich um eine eßbare, vorzüglich schmeckende Art, die häufig ist, doch leider meist starken Befall von Maden aufweist. Zum Trocknen und als Kochpilz ist sie wenig geeignet, jedoch zum Braten und Einlegen in Essig.

Speise-Täubling
Russula vesca

Die Mehrzahl unserer Täublinge weist

Pfifferling

Echter Reizker

in der Hutfarbe Rottöne auf *(russus*, lat. = rot). So auch dieser Pilz. Seine Farbskala reicht von dunkelfleischrot bis rosa, oft mit bräunlicher oder braungrüner Beimengung. Die wenig spröden Lamelen sind reinweiß, im Alter rostfarben gefleckt. Sie treten in charakteristischer Weise einige Millimeter über den Hutrand vor. Auch das weißliche, mürbe Fleisch ist oft rostig gefleckt. Es riecht schwach aromatisch und hat einen sehr milden, nußähnlichen Geschmack.

Der wohlschmeckende, leider aber oft madige Speisepilz wächst von Juni bis Oktober in Laub- und Nadelwäldern, vorzugsweise auf saurem Boden.

Grünling
Tricholoma flavovirens

Der unregelmäßig gebogene, oben meist gebuckelte, bis zu 9 cm breite Hut fällt durch seine chromgelbe bis grüngelbe Farbe auf. Die etwas schmierige Oberhaut läßt sich gut abziehen.

Die schwefelgelben Lamellen erniedrigen sich kurz vor dem Stiel und bilden den für Ritterlinge charakteristischen „Burggraben". Der Grünlig ist ein typischer Vertreter dieser Gattung und wird oft auch Echter oder Edel-Ritterling genannt.

Der wie die Hutoberseite gefärbte Stiel ist walzlich, zuweilen nach unten zu leicht verdickt. Das weiße, feste Fleisch riecht und schmeckt leicht nach Gurken oder Mehl.

Der Grünling erscheint spät im Jahr (ab September). Er ist in den sandigen, sauren Kiefernwäldern Norddeutschlands Massenpilz. Oft findet man ihn noch im Dezember unter dem Schnee. Bei Fichten ist er seltener, den Laubwald meidet er. Er ist ein vorzüglicher Speisepilz und vielseitig verwendbar.

Rußiggestreifter Ritterling
Tricholoma portentosum

Der bis zu 12 cm breite, fleischige, unregelmäßig lappige und verbogene, gebukkelte Hut ist grau, mit grünlicher bis violetter Schattierung und rußschwarzer, radialer Streifenzeichnung *(portentum*, lat. = Wunderzeichen, Mal). Die ganze Oberhaut ist leicht abziehbar.

Die dicken, etwas wäßrigen, grauweißen Lamellen sind am Stiel zum „Burggraben" erniedrigt. Der weißliche Stiel kann grünlich oder gelblich überlaufen sein und zeichnet sich durch deutlichen Seidenglanz aus.

Der Pilz wächst vor allem in sandigen Kiefernwäldern und kommt in der ganzen nördlich gemäßigten Zone vor. Er erscheint — oft in Massen — von September bis in den Dezember hinein und kann zuweilen noch unter dem Schnee hervorgeholt werden. Er ist ein „Gefrierpilz", dem mäßige Fröste nicht schaden.

Als Speisepilz ist er von vorzüglicher Qualität und vielseitig verwendbar.

Hallimasch
Armillariella mellea

Die Fruchtkörper erscheinen meist in dichten Büscheln; ihr honiggelber bis honigbrauner *(mel, mellis*, lat. = Honig) Hut ist 4 bis 15 cm breit und dicht mit dunkelbraunen Schüppchen bedeckt, die abwischbar sind und durch Regen auch abgeschwemmt sein können.

Bei jungen Exemplaren schließt eine wattig-flockige Haut zwischen Stiel und Hutrand die Lamellenschicht ab. Sie reißt beim Aufschirmen und bleibt als armbandartiger Ring am Stiel zurück *(armilla* lat. = Armspange, Armband). Die erst weißlichen, später dunkelflekkigen Lamellen laufen etwas am Stiel herab. Ihre weißen Sporen bedecken oft in Massen die ganze Umgebung, bei Wind werden sie dagegen viele Kilometer weit verblasen.

Der schmale, derbe, am Grund etwas

Grünling

Speise-Täubling

verdickte Stiel trägt ebenfalls Schuppen, seine Außenwand besteht aus zähen Längsfasern, das Mark ist watteartig. Das weißliche Fleisch riecht unangenehm und ist roh von widerlich zusammenziehenden Geschmack.
Der Pilz wächst auf Baumstubben und morschem Holz, doch befällt er auch als Schmarotzer lebendes Nadelholz und wird so zum Schrecken des Forstmannes, denn ein von „Weißfäule" befallener Baum ist unrettbar verloren. Er kommt in der ganzen nördlich gemäßigten Zone und in Australien vor. Seine Fruchtkörper erscheinen manchmal schon im Juli, meist aber zwischen September und Oktober.
Wenn durch Bruch oder Abschürfungen am Holz das lebende Pilzgeflecht freigelegt ist, kann man es im Dunkeln phosphoreszieren sehen. Diese Erscheinung war die Ursache vieler Berichte über Irrlichter oder auch Gespenster. Zwischen Rinde und Holzkern werden oft noch derbe, außen dunkle, innen weiße Faserstränge, sog. Rhizomorphen, angelegt. Sie sind häufig mehrere Meter lang und dienen vor allem als Vorratsspeicher, insbesondere für die Entwicklung der Fruchtkörper. Außerdem können sie aber in den Boden eindringen und andere Bäume befallen.
Der fremdklingende Name dieses Forstschädlings kommt aus dem Altdeutschen: *helan* = hehlen, verbergen; *masch* = Masche, Geflecht. Mit Hallimasch ist also das im Holz versteckte Pilzgewebe gemeint.
Der Wert des eßbaren Massenpilzes ist umstritten. Roh ist er völlig unbekömmlich und auch alte Exemplare sind ungenießbar. Die jungen Hüte, in Essig eingelegt oder gekocht, werden von manchen sehr gelobt.

Rußiggestreifter Ritterling

Hallimasch

Fliegenpilz
Amanita muscaria

Die Wulstlinge *(Amanita;* von *amanitai,* gr. = Pilz) verkörpern den „Typus Pilz" schlechthin, und diese Art spielt in Märchen und Sagen eine besondere Rolle als Zauberpilz und Symbol für den Wald. Auch heute noch gilt sie als Glücksbringer und wird häufig als Bildmotiv in mannigfacher Art und Weise verwendet.
Der anfangs kugelige und mit einer weißen Warzenhaut bedeckte Hut breitet sich aus und wächst zu einem Durchmesser von 10 bis 20 cm heran. Dabei zerreißt die Haut, oft sehr regelmäßig, in einzelne weiße Schuppen und dazwischen wird die eigentliche, leuchtend rot oder orangerot gefärbte Huthaut sichtbar. Bei älteren Exemplaren sind die leicht abwischbaren Hautreste oft ganz verschwunden, weil sie vom Regen abgewaschen wurden.
Die weißen, selten gelblich getönten Lamellen stehen sehr dicht und enden vor dem Stiel.
Der schlanke, weiße Stiel ist unten knollig verdickt und trägt mehrere gürtelförmige Warzenringe, ebenfalls Reste der Jungpilzhülle. Im oberen Teil befindet sich ein manschettenartig herbhängender, weißer Hautring, der beim jungen Pilz mit dem Hutrand verbunden war und die Lamellen verdeckte.
Das Fleisch ist weiß, unter der Oberhaut des Hutes gelb, fast geruchlos und von angenehmen Geschmack.
Der Pilz wächst in sauren Nadel- oder Birkenwäldern im (kalt-) gemäßigten Klima auf allen Kontinenten. Er wurde früher zur Fliegenbekämpfung verwendet (Name! *musca,* lat. = Fliege). Dazu wurde der Hut mit der Unterseite auf einen Teller gelegt und mit Zucker be-

Grüner Knollenblätterpilz
Fliegenpilz
Perlpilz

streut, um die Fliegen anzulocken, die dann den Saft aufsaugten und daran starben.
Der Pilz ist giftig, er enthält jedoch Muskarin und ein dem Atropin verwandtes Alkaloid, die sich je nach Mischungsverhältnis in ihrer Wirkung aufheben. Mancherorts wird der Pilz nach Abbrühen und Wegschütten des Kochwassers gegessen. Gewisse sibirische Völkerschaften haben sich auch durch langsame Gewöhnung an das Gift einigermaßen immunisiert. Sie stellen aus Milch, Fliegenpilzen und anderen Pflanzen ein berauschendes Getränk her, das bei ihnen ähnlich genossen wird wie bei uns Alkoholika, welche ja auch das tödliche Gift Alkohol enthalten.
Fliegenpilzgifte wirken vor allem auf das Nervensystem, rufen Erregungszustände und Apathie sowie die verschiedensten Funktionsstörungen hervor.

Perlpilz
Amanita rubescens

Dieser eßbare Wulstling von vorzüglichem Geschmack hat tödlich giftige Doppelgänger. Sein Bau ist dem des Fliegenpilzes ähnlich, doch ist der 6 bis 12 cm breite Hut rotbraun, manchmal mit dunkleren, rötlichen Flecken. Die perlartigen Hüllenreste sind unregelmäßig über die Oberfläche des Hutes verteilt und schmutzigweiß bis rötlich.
Die Manschette im oberen Teil des weißen bis fleischfarben geröteten Stiels ist oberseits fein weiß gerieft; der Stiel selbst ist (eng-)röhrig hohl. Das zarte, oft sehr wäßrige, geruchlose Fleisch mit mildem, bei älteren Stücken auch leicht herbem Geschmack ist zunächst reinweiß, färbt sich aber bald rötlich, vor allem an Verletzungsstellen und auch um die Madengänge herum. Rötung (*rubesco*, lat. = erröten) und die Riefung der Manschette sind sichere Erkennungsmerkmale für unsere Art.
Der Pilz erscheint schon ab Juni und ist in Nadel-, seltener auch in Laubwäldern Massenpilz. Er ist über die ganze nördlich gemäßigte Zone verbreitet. Wegen der Wäßrigkeit eignet sich diese Art nicht zum Trocknen, liefert aber wohlschmeckende Gerichte. Sie muß allerdings recht schonend behandelt und bald verarbeitet werden. Wegen Verwechslungsgefahr mit braunen Abarten vom Fliegenpilz und vor allem mit den tödlich giftigen Pantherpilzen (S. 246), sollte sie nur von Kennern gesammelt werden.

Grüner Knollenblätterpilz
Amanita phalloides

Zusammen mit seinen zwei weißen Vettern ist dieser Pilz verantwortlich für 90 % aller tödlichen Pilzvergiftungen.

Der Hut ist dünnfleischig, 5 bis 15 cm breit, glatt, selten mit weißen Resten der Hülle bedeckt, entweder reinweiß oder öfter grünlich bis bräunlichgrün mit dunklerem Radialmuster. Die dichtstehenden Lamellen sind reinweiß, an der Außenkante zart gewimpert und enden vor dem Stiel ("freie" Lamellen). Dieser ist erst weiß, später mehr oder weniger natterartig olivgrau gezeichnet. Seine Manschette ist oberseits fein gerieft.

Die Scheide der kugeligen Knolle lappt deutlich über und ist am Oberrand unregelmäßig zerrissen. Da die Knolle oft tief im Boden steckt, wird sie beim oberflächlichen Hinsehen nicht bemerkt.

Das reinweiße, unter der Huthaut grünlich durchgefärbte Fleisch riecht schwach unangenehm süßlich, nach Honig und Aas zugleich. Der Pilz erscheint von August bis Oktober vorzugsweise im Laubwald und kommt in den wärmeren Teilen der gemäßigten Zonen weltweit vor. Mit mehr südlicher Ausbreitungstendenz findet sich eine Unterart (oft auch als eigene Art: Frühlings-Knollenblätterpilz — *Am. verna* geführt), deren Hut stets reinweiß ist, während die Hauptart darin variabel ist.

Der Unglückspilz enthält einmal das äußerst giftige Amanitin, das auf Herz, Leber, Nieren und Nebennieren einwirkt, und dann noch Phallin, welches die roten Blutkörperchen zerstört.

Die Wirkung setzt erst 8 bis 24 (48) Stunden nach der Mahlzeit ein, wenn also die Giftstoffe bereits voll in die Blutbahn gelangt sind. Die Vergiftung ist sehr schmerzhaft und der Betroffene bleibt bei vollem Bewußtsein. Der Tod tritt erst nach 5 bis 10 Tagen ein. Wenn sich das Befinden am 6. Tag nicht weiter verschlechtert, kann der Patient im allgemeinen als gerettet angesehen werden. Das häufig zu beobachtende, sinnlose Niedertreten von Pilzen aus reinem Übermut oder aus der latenten unterbewußten Freude am Zerstören, ist eine bedauerliche, wenig naturfreundliche Neigung. Pilzkenner mögen das ausnahmsweise bei diesem Pilz tun. Durch ihn starben 1946 in Berlin 50 Personen innerhalb weniger Tage, 1918 in einem Ferienlager 31 Kinder.

Pantherpilz
Amanita pantherina

Auch dieser Wulstling ist sehr giftig, sein Mykoatropin reizt die Großhirnrinde und führt zu Verdauungsstörungen, Rauschzuständen und hochgradiger Erregung, doch treten diese Symptome schon 15 bis 30 Minuten nach der Mahlzeit auf, so daß in den meisten Fällen noch rechtzeitig Hilfe geleistet werden kann. Trotzdem sind auch schon manche Todesfälle bekannt geworden. Gefährlich ist der Pilz vor allem deswegen, weil er leicht mit dem Perlpilz (S. 245) verwechselt werden kann.

Sein 7 bis 12 cm breiter Hut, der mit weißen Pusteln bedeckt ist, hat aber eine gelbbraune bis trüb dunkelbraune Färbung und ist am Rand fein gerieft. Dagegen ist seine Stielmanschette ohne Riefung, d. h. sie war als Schutzhaut anfangs nur locker über die Lamellen gespannt, so daß diese sich nicht abdrükken konnten. Das Fleisch bleibt reinweiß und rötet auch im Anschnitt nicht. Es riecht dumpf rettichartig.

Artcharakteristisch ist auch das „Bergsteigersöckchen" der Knolle: Wenn der Jungpilz sich streckt, reißt die Außenhülle über der Knolle glattrandig ab. Der Stiel sieht dann aus, als sei er von oben in die enge Knolle eingedrückt worden, und der Scheidenrand ist stulpenartig durch eine deutliche Rinne vom Stiel getrennt. Der Fruchtkörper erscheint von Juli bis Oktober in allen

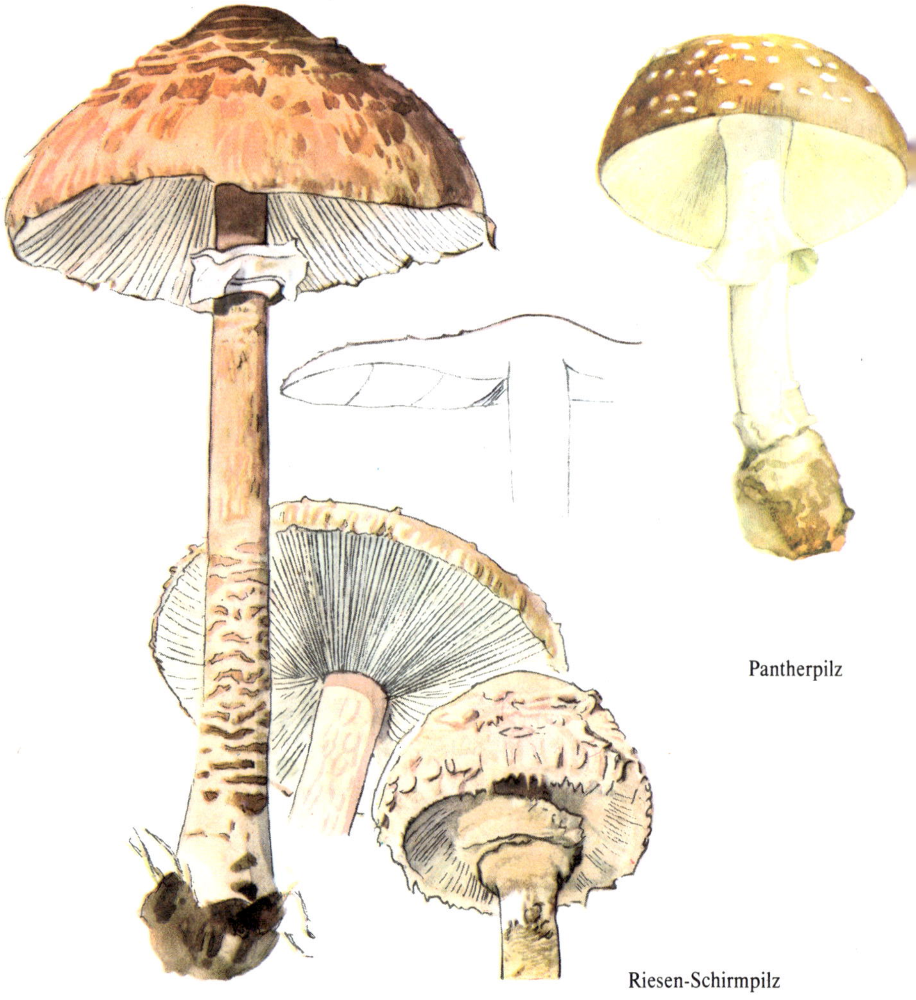

Pantherpilz

Riesen-Schirmpilz

Waldarten und auf jeden Boden. Er ist in der Häufigkeit seines Auftretens sehr wechselhaft, da stark witterungsabhängig. Der Pilz kommt in der ganzen nördlich gemäßigten Zone sowie in Südafrika vor.
Außer dem Perlpilz kann auch der eßbare Gedrungene Wulstling damit verwechselt werden. Er erscheint schon im Mai in den Nadelwaldungen und unterscheidet sich nur wenig durch eine mehr ins Graue spielende Hutfarbe, geriefte Manschette und nicht so deutlich abgesetzte Knolle. Er sollte wegen seiner großen Ähnlichkeit nur von den besten Fachleuten eingesammelt werden. Laien sollten sich von allen Pilzen mit Knolle, Stielmanschette und abwischbaren Flocken fernhalten.

Flaschenstäubling

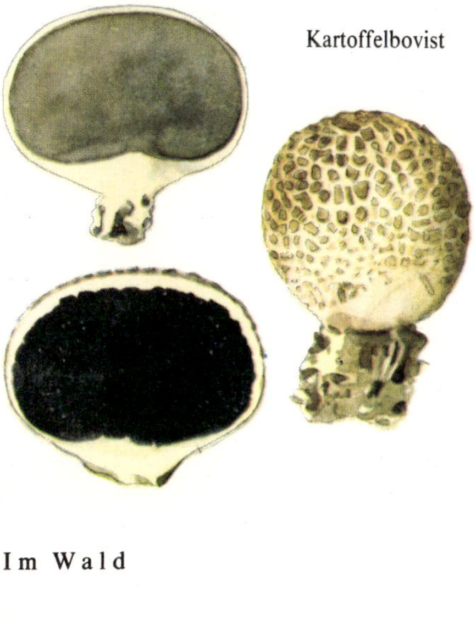

Kartoffelbovist

Riesen-Schirmpilz
Lepiota procera

Der Parasol (Sonnenschirm), wie dieser hochwüchsige Pilz auch noch verbreitet genannt wird, besitzt einen anfangs kugelig-eiförmig geschlossenen, später schirmförmig ausgebreiteten, 10 bis 30 cm breiten, im Zentrum stumpf gebuckelten Hut. Er ist erst bräunlich; schon vor dem Aufschirmen reißt aber die Oberhaut auf zu dachziegelartig angeordneten Schuppen *(lepion,* gr. = kleine Schuppe), zwischen denen das weiße Untergewebe sichtbar wird.
Die dichtstehenden, weißen Lamellen sind durch einen kleinen Zwischenraum vom Stiel getrennt.
Der schlanke, bis zu 40 cm hohe *(procerus,* lat. = schlank, hochgestreckt), innen hohle Stiel erweitert sich an der Basis zu einer knolligen Verdickung, trägt einen verschiebbaren Ring und bricht leicht vom Hut ab. Seine Rinde reißt schuppig auf, so daß er mit natterartig gezackten Ringen gegürtet ist. Während das Hutfleisch watteartig weich erscheint, ist der Stiel bald faserig zäh. Das Fleisch ist weiß und schmeckt angenehm. Der helligkeitsliebende Pilz ist mit der Kiefer vergesellschaftet. Man findet ihn von Juli bis Oktober in Parks, Gebüschen, Heiden, auf Waldlichtungen und an Waldwegen. Er ist fast weltweit in den gemäßigten und warmen Zonen verbreitet.
Im „Trommelschlegelzustand“ kann der ganze Pilz zu wohlschmeckenden Speisen verwertet werden, später nimmt man besser nur die Hüte, die am besten paniert und wie Wiener Schnitzel gebraten werden.

Kartoffelbovist
Scleroderma aurantium

Der knollige, 5 bis 10 cm lange Fruchtkörper sitzt dem Boden auf. Seine Oberfläche ist schmutzigweiß bis gelblich, später ockerfarben und warzig gefeldert. Das Fruchtfleisch unter der bis zu 3 mm dicken, zähen Haut ist zunächst weißlich, verfärbt sich aber bald über grünlich nach schwarzviolett. Diese Sporenmasse bekommt durch zwischengeschobene, blasse, unfruchtbare Fäden ein marmoriertes Aussehen. Zur Sporenreife ist der Fruchtkörper eingetrocknet, reißt auf und entläßt grünlichgrauen Staub, der aus mikroskopisch kleinen Sporen besteht. Er wächst in Heiden und Kiefernwäldern auf Sandböden und erscheint von Juli bis November. Er kommt in den gemäßigten Zonen vor. Der Pilz ist schwach giftig und sollte auch nicht jung als Trüffelersatz verwendet werden. Echte Trüffeln stekken halb oder ganz im Boden.

Flaschenstäubling
Lycoperdon perlatum

Dieser Stäubling bildet bis zu 8 cm lan-

Stinkmorchel

ge, birnenförmige Fruchtkörper aus, die zunächst reinweiß und mit ebensolchen Stachelwarzen bedeckt sind. Im Innern reift die Sporenmasse und färbt sich über gelblich nach olivgrün. Der Fruchtkörper vertrocknet zu einer braunen Hülle, die am oberen Ende aufreißt und die staubfeinen Poren entläßt. Wenn man in dieser Zeit auf den Pilz tritt, stäubt eine Sporenwolke explosionsartig in die Höhe. Der Sporenstaub ist ungiftig, aber pfeffrig scharf und reizt die Augenhäute. Die Art wächst von Juni bis November — meist gesellig — in Wäldern aller Art und Heiden. Solange das Fruchtfleisch rein weiß ist und der Kopf noch mit hörbarem Knakken vom Stiel gebrochen werden kann, läßt sich der Pilz zu vorzüglichen Speisen verarbeiten. Er eignet sich besonders fürs Braten. Die etwas schwer verdauliche Oberhaut kann vorher leicht abgezogen werden.
Alle stäubenden Pilze werden Bovist oder Bofiste genannt. Das Wort kommt aus dem Altdeutschen und setzt sich zusammen aus *buffen* = schwellen und *fist* = Wind. Auch das griechische *perdonai* bezeichnet letzteren Vorgang, ihm wurde noch *lycops* = Wolf vorgesetzt. Das schlagartige Austreten der Sporenstaubwolke hat hier die Volksphantasie international in gleicher Weise angeregt.

Stinkmorchel
Phallus impudicus

Im Jugendzustand gleicht der Fruchtkörper einem Ei und führt auch den Namen „Hexenei". Unter einer ledrigen Hülle befindet sich eine Gallertschicht, darunter die festfleischige Stielknospe. In diesem Stadium riecht die Stinkmorchel angenehm und gilt bei Feinschmekkern paniert und gebraten als großer Leckerbissen. Vor der Zubereitung wird die Oberhaut vorsichtig entfernt. Bald aber durchbricht der Stiel die Eihülle. Er streckt sich bis zu einer Höhe von 20 cm und trägt an der Spitze eine widerwärtig stinkende, schmierige, zerfließende, olivbraune Sporenmasse. Der Aasgeruch ist im weiten Umkreis wahrnehmbar und lockt von überall her Fliegen und andere Aasinsekten an, die sich mit Sporenschleim vollschmieren und so zur Verbreitung beitragen.
Von dem ganzen phallischen Gebilde (*impudicus*, lat. = schamlos) bleibt nur der weißliche, abgeleckte „Leichenfinger" zurück, der dann verwest.
Der Pilz wächst von Mai bis in den Herbst hinein in Wäldern aller Art.

Hundsflechte
Peltigera canina

Flechten sind Doppelwesen. Ihr wenig gegliederter Körper (Thallus) wird von je einer Art Pilz und Alge gebildet, die, miteinander in Symbiose lebend, Bau, Funktion und Lebensweise gemeinsam bestimmen. Die Vermehrung erfolgt nur ungeschlechtlich durch Bruchstücke oder besondere Vermehrungskörper (Soredien: von Pilzfäden umsponnene Algengruppen). Daneben gibt es für den Pilzpartner allein noch geschlechtliche Vermehrung. In Apothezien (schüsselartige Sporenlager) bilden sich seine Sporen. Sie werden ausgestreut, keimen aus und leben als Pilzgeflecht weiter, wenn sie nicht die passende Alge vorfinden, mit der sie zur Flechte werden können. Schildflechten haben randständige Apothezien, die mit der *pelta*, dem halbmondförmigen griechischen Leichtschild verglichen werden (*gero*, lat. = tragen).
Die Hundsflechte erscheint häufig auf Waldwegen und an Rändern von Kahlschlägen. Ihr blattartig gelappter, oft mehrere Quadratdezimeter großer Thallus besitzt braune Apothezien, eine graugrüne, trocken mehr bräunlichgrüne Oberseite und eine runzlig-netzige, fein graufilzige Unterseite. Die Ränder der Thalluslappen sind aufgebogen.
Sehr ähnlich sind die Ausgebreitete Schildflechte, *Peltigera horizontalis*, und die Kastanienbraune Schildflechte, *Peltigera rufescens*.

Rentierflechte
Cladonia rangiferina

Diese Flechte bildet in der Regel große Polster oder ausgedehnte Bestände von wenigen Zentimeter Höhe. Sie kommt insbesondere in Heiden und Kiefernwäldern auf mageren Böden vor. Der Thallus ist strauchartig verzweigt (*klados*, gr. = Zweig) und hell graugrün. Die „Zweigenden" sind dünn und gebogen. Im Norden ist dieses Gewächs ein Hauptfutter für die Rentiere, es wird auch bei uns von Schafen und Ziegen gefressen. In Notzeiten hat man mit seinem Reibpulver das Mehl gestreckt. Heute findet die getrocknete Ware vor allem im Landschaftsmodellbau Verwendung.
Ähnlich ist die Waldflechte, *Cladonia sylvatica* HOFFM., mit an der Spitze grünlichgelben Thalli, die an denselben Standorten wächst und in der Praxis kaum von der Rentierflechte unterschieden wird.

Blasenschildflechte
Parmelia physodes

Diese Art besitzt einen krustigen, gelappten, oberseits grauen, unten braunen Thallus. Sie wächst an Stämmen und Ästen der Waldbäume. An Lindenrinde findet man häufig die ähnliche Lindenschildflechte, *Parmelia tiliacea*, mit blaugrauem Thallus. Die Apothezien der Schildflechten werden mit der *parma*, dem römischen Rundschild der Gladiatoren verglichen.
Zur selben Familie zählen auch noch die etwa 50 Arten der Gattung *Cetraria*, mit strauchig verzweigtem lappigblättrigem Thallus und länglichen Apothezien (*cetra, caetra* ist der ovale römische Leichtschild).

Trompetenflechte
Cladonia fimbriata

Einen anderen Typus verkörpert die Gruppe der Becherflechten. Sie bilden graugrüne, krustige Überzüge, aus denen becherartige Sporenträger herauswachsen. Häufig ist die Trompetenflechte mit graumehligen, am Rand gefransten Bechern, sehr auffällig die Korallenflechte, *Cladonia coccifera*, deren Becher am Rand leuchtend rote Fruchtkörperchen tragen. Sie wächst an schattigen Stellen auf moosigem Untergrund oder an Baumstümpfen.

Isländisches Moos
Cetraria islandica

Auf Kahlschlägen und Waldwegrändern Nord- und Mitteleuropas gedeiht häufig das Isländische Moos mit aufrechtem, verzweigtem, blättrigem Thallus, dessen Lappen tütenförmig eingerollt und am Rand bewimpert sind. Die Flechte wird mancherorts gesammelt und als Hausmittel gegen Husten und Verdauungsbeschwerden verwendet. Neben appetitanregenden Bitterstoffen und hustenreizmildernden Schleimstoffen enthält sie viel Kohlenhydrate und diente in Notzeiten schon oft als nahrhafte Speise. Zum Genuß muß man allerdings das Kochwasser mit dem Hauptteil der Bitterstoffe wegschütten.

Besenförmiges-Gabelzahnmoos
Dicranum scoparium

Die 5 bis 10 cm langen aufrechten Stengel sind dicht mit einseitswendigen, pfriemlich spitzen, am Grund scheidigen Blättchen besetzt. Die Sporenkapseln entspringen auf roten, 2 bis 4 cm langen Stielen aus der Spitze der Stengel. Sie sind walzlich, gekrümmt und braun; ihr Deckel ist geschnäbelt.

Das Moos wächst auf saurem, nassem Waldhumus vom Tiefland bis gegen 3000 m Höhe. Auf etwas trockeneren, sandigen Böden bildet oft das Wellige Gabelzahnmoos, *Dicranum undulatum*, hellgrüne Polster.

Weißmoos (Ordenskissen)
Leucobryum glaucum

Die aufrechten, gabelig bis büschelig

Hundsflechte

Rentierflechte

Blasenschildflechte

Trompetenflechte

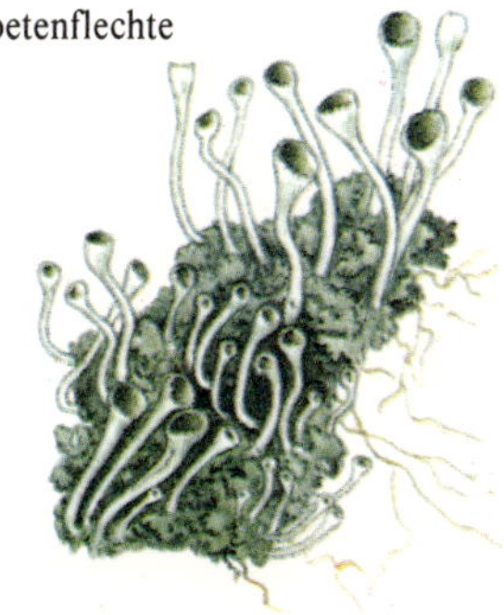

verzweigten und eng beblätterten, 5 bis 15 cm langen Stengel stehen in dichten, weißlich- bis bläulichgrünen, innen weißen Polstern. Die in der Spitze eingerollten Blätter bestehen aus zwei Gewebsschichten: Kleine, blattgrünführende Zellen umgeben große farblose, die der Wasserspeicherung dienen. Das Moos bildet nur selten seine kleinen, 3 bis 7 cm langgestielten Kapseln aus.

Es ist ein Säureanzeiger (für die oberste Bodenschicht) und gedeiht auf den schlechtesten Waldböden aller Feuchtigkeitsstufen. Es nimmt leicht sehr viel Wasser auf, erträgt auf der anderen Seite auch längere Trockenperioden ausgezeichnet. Kiefern-, Fichten- und saure Eichen-Birken-Wälder sowie Heiden und das Krähenbeerengebüsch der Alpen sind seine Standorte, daneben waldwirtschaftlich verwahrloste (degradierte) Böden, für die es als Anzeiger gilt. In der Kranzbinderei wird es als Schmuck gebraucht.

Gemeines Widertonmoos
Polytrichum commune

Das bis zu 50 cm hohe Moos wächst in blaugrünen, lockeren Rasen. Die schmalen Blätter spreizen bei Feuchtigkeit ab, trocken liegen sie dem Stengel an. Die langgestielten Kapseln tragen eine goldgelbe Haarhaube — daher auch der Name „Frauenhaar". Es wächst auf sauren, feuchten Wald- und Heideböden, vorzugsweise in mittleren bis höheren Lagen. An etwas trockeneren Standorten ist das Schöne Widertonmoos, *Polytrichum attenuatum*, häufiger. Seine Polster sind dunkelgrün und nur 5 bis 15 cm hoch. Beide Moose trug man früher gegen (wider) „das Antun" von bösen Dingen durch Geister.

Glänzendes Hainmoos
Hylocomium splendens

Die anliegend kleinbeblätterten Sprosse sind fiedrig verzweigt und 10 bis 20 cm lang. Ihre aufsteigend übergebogenen Triebe entspringen etagenartig auf dem

Rücken der vorjährigen. Die gestielten Kapseln kommen aus seitlichen Kurztrieben.
Das Moos bildet dichte, freudig grüne Polster in schattigen Wäldern bis gegen 2500 m ü.d. M.

Keulenbärlapp
Lycopodium clavatum

Die ausdauernde Pflanze besitzt 30 bis 120 cm lange, kriechende Stengel mit 10 bis 30 cm hohen, aufrechten oder aufsteigenden Seitentrieben, die reichlich gabelästig verzweigt sein können. Die Hauptstengel sind meist an vielen Stellen bewurzelt. Alle Sproßachsen, mit Ausnahme der Ährenstiele, sind dicht mit spiralig gestellten Blättchen besetzt.
Die nadelförmigen, ca. 5 mm langen Blättchen sind weich und bogig aufwärts gekrümmt, seltener dem Stengel dicht anliegend. Sie enden in ein langes, weißes Glashaar. Die Zweigenden tragen daher einen auffallenden, weißen Pinsel.
Die Sporenähren sind dünnwalzlich und durch die dachziegelig angeordneten Tragblättchen drehrund. Sie stehen meist zu zweit aufrecht am Ende dünner, langer, senkrecht gestellter Stiele, welche locker mit gelbgrünen, schuppenartig kleinen Blättchen bedeckt sind.
Diese Art ist zwar von der Niederung bis zum Gebirge verbreitet, doch bedeckt sie erst in den sauren, regenreichen Bergwäldern (und Knieholzgebüschen) mit Nadelhölzern größere Flächen. Dort geht sie auch auf die trockeneren Borstgras-Wiesen hinaus. Sie ist, mit Ausnahme der heißen Steppenzonen, weltweit verbreitet und kommt in Höhen bis über 2300 m vor. Die Sporen sind stark ölhaltig und nehmen kaum Feuchtigkeit auf. Sie sind deshalb leicht entzündbar und wurden lange Zeit als „Blitzpulver“ zur Erzeugung vom Blitzlicht verwendet. Ferner dienten sie als Streupuder für nässende Wunden und Geschwüre sowie zur Säuglingspflege. Die Sporen unserer heimischen Pflanzen enthalten drei verschiedene Alkaloide, während die amerikanischen Rassen nur eines davon aufweisen. Deshalb waren nur europäische Sporen, als „Hexenmehl“ mit Milchzucker vermischt eingenommen, bei Blasenkatarrh wirksam. Der verwandte Schlangenbärlapp, *Lycopodium annotinum,* sieht ähnlich aus, doch stehen die Blätter steif vom Stengel ab und tragen keine Glasgranne. Die Sporenähren sitzen einzeln an normal beblätterten Ästchen. Er kommt heute, verschleppt durch Jungfichten, fast häufiger vor als der Keulenbärlapp. Seine klauenartige Doppelähre gab Anlaß zum Namen „Wolfsklaue“ *(lycops,* gr. = Wolf; *podion,* gr. = Füßchen).

Gemeines Widertonmoos

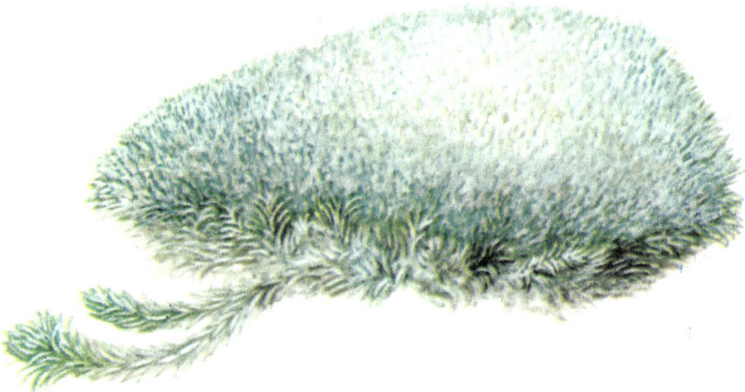
Weißmoos (Ordenskissen)

Isländisches Moos

Besenförmiges Gabelzahnmoos

Tannenteufelsklaue
Huperzia selago

Die ausdauernde Pflanze hat bis zu 25 cm lange, aufrechte oder bogig aufsteigende, gabelig verzweigte Stengel. Diese stehen in dichten, dunkelgrünen Büscheln strauchartig nebeneinander.

Die nadelförmigen, 1/2 bis 1 cm langen Blätter sind weich und stehen mehr oder weniger waagerecht ab. Da sie dicht spiralig gestellt sind, haben die Sprosse große Ähnlichkeit mit einem benadelten (Rot-) Tannenzweig (Name!; *selagum* war bei Plinius ein Nadelholz). Eine besondere Sporenähre wird nicht ausgebildet. Die Sporenbehälter befinden sich am oberen Stengelteil in den Achseln gewöhnlicher Laubblätter. Dort findet man auch häufig besondere Einrichtungen zur ungeschlechtlichen Vermehrung: Brutäste — waagerecht abstehende, flache, ca. 1 cm lange, beblätterte Zweigchen, die abbrechen und dort, wo sie niederfallen, Wurzeln schlagen und austreiben. Diese Art gedeiht (sehr zerstreut) fast auf der ganzen Erde, mit Ausnahme der extrem warmen und kalten Gebiete, ist ein Säureanzeiger und kommt bevorzugt zwischen 500 und 2500 m ü.d. M. im Gebiet der Nadelwälder und der alpinen Zwergstrauchheiden vor.

Sie meidet lichte, trockene Standorte. Die Pflanze ist, wie alle Bärlappe, durch Naturschutzgesetz vor gewerblicher Nutzung geschützt. Man sollte diese letzten Vertreter der ältesten Landpflanzen schonen, da sie Verluste nur sehr schwer ausgleichen können.

Ein Brutsproß der Teufelsklaue treibt nach einem Jahr die erste Gabelung. Bevor er zum erstenmal Sporen erzeugt, muß er sich noch zweimal verzweigt haben und mindestens 4 Jahre alt geworden sein. Die Sporen keimen zu 1 bis 2 cm großen, knöllchenartigen Geschlechtspflanzen aus, die im Moder leben und erst nach 12 bis 15 Jahren geschlechtsreif geworden sind. Deren befruchtete Eizellen wachsen dann wieder zu einer Sporenpflanze heran.

Glänzendes Hainmoos

Tannenteufelsklaue

Keulenbärlapp

Waldschachtelhalm
Equisetum silvaticum

Das ausdauernde Gewächs hat einen weitkriechenden und reichverzweigten Wurzelstock, der bis zu 50 cm tief in den Boden hinabreicht. Er treibt aus allen Enden hohle, gegliederte, d. h. aus einzelnen ineinander „geschachtelten" Abschnitten aufgebaute Stengel. Jeder Abschnitt endet mit einer lockeren, glockigen, am Rand gezähnten Scheide von 1 bis 2 cm Länge. Bei den 15 bis 60 cm langen Stengeln lassen sich zunächst zwei Typen unterscheiden: Im Frühjahr entwickeln sich bleiche, oft rosa überlaufene, unverzweigte, fertile Schäfte. Sie tragen an der Spitze eine eiwalzliche stumpfe Ähre aus schirmartig gestielten, 6eckigen Sporangienträgern. Nach dem Ausstreuen der Sporen fällt die Ähre ab. Noch während der Sporenreife beginnen die Stengel zu ergrünen und Äste zu treiben. Zuletzt kann man sie nicht mehr von den gleichzeitig mit ihnen erschienenen sterilen Sprossen unterscheiden. Diese treiben schon im Frühjahr quirlständige, bogig überhängende, grüne und wiederum quirlig verzweigte Ästchen, die stockwerkartig unterhalb der Scheiden entspringen. Äste und Nebenäste sind ebenfalls abschnittsweise gegliedert. Außer den Scheiden sind keine Blattelemente vorhanden; die Photosynthese erfolgt in den Zweigen.

Die Pflanze lebt sehr gesellig und bildet an feuchtschattigen Standorten in Wäldern von den Niederungen bis in die unteren Hochgebirgslagen ausgedehnte Bestände. Mit Ausnahme der Kalkge-

Waldschachtelhalm

Rippenfarn

Wurmfarn

biete ist sie in der kaltgemäßigten Zone der Nordhalbkugel verbreitet. Sie zeigt Bodenvernässung an.
Dieser Schachtelhalm ist unter unseren heimischen Vertretern der am zierlichsten gegliederte. Wo der Boden sehr feucht und auch schwach kalkhaltig ist, erscheint der Riesenschachtelhalm, *Equisetum telmateia*, in Au- und Quellwäldern. Er zeigt Sickernässe an. Sein weißgrüner, 30 bis 150 cm hoher und 0,5 bis 1,5 cm dicker Stengel ist ebenfalls hohl und gegliedert, doch sind seine gegen die Spitze zu sehr dichtstehenden Quirläste unverzweigt.

Wurmfarn

Dryopteris filix-mas

Der stattliche Blattfarn besitzt einen kurzen, dicken Wurzelstock, der dicht mit rostfarbenen, häutigen Spreuschuppen und mit den Resten abgestorbener Blätter bedeckt ist.
Die dunkelgrünen, 30 bis 120 cm langen Wedel sind anfangs dicht spreuschuppig und wie ein Krummstab eingerollt. Sie bilden eine grundständige Rosette. Der Blattstiel ist kurz, die Spreite im Umriß breitlanzettlich und doppelt gefiedert. Unfruchtbare Wedel sehen gleich aus wie die fertilen, welche auf ihrer Unterseite rundliche Sporenhäufchen tragen, die von einem derben, erst hellgrünen, später braunen Schleier bedeckt sind.
Die kalkliebende, doch nicht kalkstete Pflanze ist auf mäßig feuchten, nährstoffreichen Waldböden vom Tiefland bis ins Gebirge fast weltweit verbreitet. Vor allem im Wurzelstock findet sich eine Reihe gefährlicher Gifte, die für empfindliche Menschen tödlich sein können. Sie vernichten zwar Bandwürmer sicher, doch darf der Wurzelstockextrakt wegen seiner Gefährlichkeit heute nicht mehr verwendet werden. Die mutwillige Zerstörung von Farnfluren ist gesetzlich untersagt.

Adlerfarn

Pteridium aquilinum

Der bis zu 2 m hoch wachsende Farn besitzt einen dicken, verzweigten und weitkriechenden Wurzelstock, aus dem einzelstehende, frisch- bis gelbgrüne Wedel entspringen. Der Blattstiel ist bis zu 1 m lang. Auf einem etwas schräg geführten Querschnitt durch seinen unteren Teil kann man mit einiger Phantasie die stilisierte Figur eines Doppeladlers erkennen, gebildet aus den schwärzlichen Leitbündeln. Daraus leitet sich der Name des Farnes ab *(aquila,* lat. = Adler). Nicht weniger phantasiebegabte Menschen deuten die Figur als die Initialengruppe „J. C.“ und nennen die Pflanze deswegen Jesus-Christ-Wurz.
Die Blattspreite ist im Umriß breit dreieckig und 3- bis 4fach gefiedert. Die Fiederchen letzter Ordnung haben eine breite, gelappte Basis und eine ganzrandige Spitze. Fertile und sterile Wedel sind gleichgestaltet.
Der kalkmeidende Farn besiedelt vor allem Sandböden. Er erscheint in Mitteleuropa von den Niederungen bis in mittlere Gebirgslagen in lichten Wäldern, an Waldrändern und auf Lichtungen. Mit Ausnahme der Polarzonen und

Adlerfarn

der Trockengebiete ist er bis in Höhen von 2500 m weltweit verbreitet.
Er tritt oft in ausgedehnten, dichten und fast reinen Beständen auf. Zwar kann er dann als Viehstreu genutzt werden, doch wird er leicht zum verjüngungshemmenden Forstunkraut. Trotzdem soll man Regulationsmaßnahmen der Forstverwaltung überlassen.
Der Wurzelstock enthält neben dem Bitterstoff Pteraquilin Gerbstoffe, Kali und Stärke, die mancherorts aus ihm gewonnen werden.

Rippenfarn
Blechnum spicant

Aus dem dicken, mit Spreuschuppen dicht bedeckten Wurzelstock erscheinen in einer Rosette zunächst einige ledrige, dunkelgrün glänzende, winterharte Blätter mit kurzem, bräunlichrot überlaufenem Stiel und einfach fiederteiliger Spreite. Die Fiedern werden gegen die Spitze und gegen die Basis zu kleiner, sind meist wechselständig, etwas nach vorn gebogen und haben einen glatten Rand. Pro Blatt sind es 30 bis 60 Paare. Diese „Assimilationsblätter" sind 15 bis 50 cm lang und meist flach übergebogen. Aus der Rosettenmitte wachsen später die fertilen Wedel hervor, die deutlich anders gestaltet sind: Sie stehen aufrecht, höchstens an der Spitze leicht übergebogen, ihre bräunlichen Stiele sind länger, die Spreiten schmäler und entfernter gefiedert. Die Sporenhäufchen werden in zwei Reihen auf der Fiederunterseite angelegt. Sie füllen bald die ganze Fläche aus. Die „Sporenblätter" überwintern nicht.
Die kalkfeindliche Pflanze gedeiht vor allem in sauren Fichtenwäldern der Bergstufe und der unteren Gebirgslagen. In den Niederungen und im Hügelland ist sie selten. In Gebieten mit viel Niederschlag zieht sie auch in die Heiden. Ihr Verbreitungsareal umfaßt — mit großen Lücken — die gemäßigte Nordhalbkugel.
Der dekorative Farn wird auch als Gartenpflanze kultiviert, gedeiht aber nur in tiefem Humus und bei reichlichem Gießen (mit kalkfreiem Wasser). Ausgegrabene Wildformen kommen fast nie durch; man gefährdet dabei nur den Bestand der Art. Sie ist schon in zahlreichen Staaten geschützt, bei uns steht sie unter Handelsverbot.

Busch-Windröschen
Anemone nemorosa

Die ausdauernde Pflanze hat einen dünnen, langkriechenden Wurzelstock. Aus ihm entspringt im zeitigen Frühjahr ein 3zählig-geteiltes Blatt, dessen Abschnitte wiederum geteilt und gezähnt sind. Dann erscheint ein einfacher Stengel, der im oberen Drittel einen Quirl aus 3 ebenfalls 3zähligen Tragblättern trägt. In deren Mitte steht eine einzelne Blüte mit einem Durchmesser von 2 bis 4 cm; 6 bis 8 kahle oder nur wenig behaarte, weiße, außen oft violett oder rosa angehauchte Blütenblätter umgeben die zahlreichen Staubgefäße und Stempel. Bei Sonnenschein sind sie weit ausgebreitet, bei Regen und Kühle aber schließen sie sich und die Blüte neigt sich nach unten. Der gesamte Blütenstengel ist 15 bis 25 cm hoch. Die sich nach der Blüte entwickelnden Nüßchen sind schwach gekrümmt und stehen in kugeligen Köpfchen.
Die beliebte Frühlingspflanze gedeiht in Laub-, Misch- und seltener auch in Nadelwäldern sowie in Gebüschen und auf niederen Wiesen. Sie blüht oft schon im März (bis Mai) und wächst meist truppweise. Bald nach dem Ausschlagen der Bäume verschwindet die Pflanze schon wieder. Sie ist in mehreren geographischen Rassen von den Niederungen bis ins Gebirge fast über die ganze Nordhalbkugel verbreitet.
Frische Pflanzen enthalten die Gifte Anemonin und Protoanemonin, die bei empfindlichen Menschen Hautausschläge verursachen können. Das Gift von 30 Pflanzen kann unter Umständen einen Menschen töten. Im Frischfutter ruft das Gewächs bei Vieh Darmentzündungen hervor. Beim Trocknen wird das Gift zerstört, so daß Heu ohne Schaden gefressen werden kann.

Gelbes Windröschen
Anemone ranunculoides

Die Art gleicht im Bau der vorigen, nahe verwandten, doch sind ihre Blütenblätter goldgelb, und aus dem Tragblattquirl am Blütenstengel wachsen in der Regel 2 (1 bis 5) Blüten hervor. Die Blattabschnitte sind meist weniger stark zerteilt und länger.
Auch diese Art blüht im zeitigen Frühjahr; sie ist etwas seltener als die vorige, mit der sie gelegentlich zusammen vorkommt und auch Bastarde bildet. Wir finden sie aber allgemein auf noch feuchteren Standorten in Au- und Schluchtwäldern sowie in Bachgebüschen. Sie ist vom Tiefland bis in die obere Bergregion über ganz Europa bis nach Sibirien vebreitet.
Neben Protoanemonin enthält das Gewächs auch noch Saponine. Sein Saft wurde schon zu Pfeilgiften mit betäubender Wirkung verarbeitet.

Scharbockskraut (Feigwurz)
Ficaria verna

Die ausdauernde Pflanze entwickelt neben normalen Wurzeln kurze, keulenförmige und sehr stärkehaltige Wurzelknollen, die eine gewisse Ähnlichkeit mit den Feigwarzen (des Menschen) besitzen *(ficus,* lat. = Feige, Feigwarze). Deshalb heißt sie auch Feigwurz.

Die niederliegenden bis bogig aufsteigenden Stengel werden bis zu 30 cm lang. Die Blätter haben eine glänzend frischgrüne, herz- bis nierenförmige, am Rand meist gekerbte Spreite. Die Grundblätter sind langgestielt und langscheidig, die obersten in allen Teilen kleiner, zuweilen mit fast efeuartig-handförmig gelappter Spreite. In den Blattachseln bilden sich sehr früh Brutknöllchen, die abfallen und zu neuen Pflanzen auswachsen können. Nach starken Regenfällen in Mulden zusammengeschwemmt, gaben sie oft Anlaß zu früheren Berichten über „Gersten- oder Weizenregen".

Die endigen Blüten haben 3 grüne Kelchblätter und 8 bis 12 glänzend gelbe Blütenblätter. Ihre Breite beträgt 1,5 bis 3,5 cm. Ihre Nüßchen sind sehr oft taub. Sie werden von Ameisen verbreitet. Meist geschieht aber die Ausbreitung vegetativ durch die Wurzel- und Blattknöllchen.

Die Pflanze blüht schon im März (bis Mai) in feuchten Laubwäldern, Gebüschen und Parkanlagen. Sie kommt sehr gesellig vor und überzieht oft große Flächen mit ihrem frischen Grün. Ab Juni ist sie dann schon wieder verschwunden. Sie ist fast über das ganze (kalt-)gemäßigte Eurasien verbreitet.

Die jungen Blättchen ergaben einen Frühlingssalat, der früher, als der Güterverkehr noch nicht entwickelt war, nach den langen obst- und gemüsearmen Wintermonaten den akuten Mangel an Vitamin C beendete. Damals war die Vitamin-C-Mangelkrankheit Skorbut, niederdeutsch Scharbock ("Schärenmaul"), weitverbreitet. Seiner Heilkraft gegen dieses Übel verdankt das Kraut den Namen. Allerdings sammeln sich in den Blättern bald Giftstoffe, wie Protoanemoin und Saponine (gegen Tierfraß) an, so daß sie höchstens bis zum Beginn der Blüte verwendet werden können.

Ähren-Christophskraut
Actaea spicata

Die ausdauernde, 30 bis 60 cm hohe Staude verbreitet einen scharfen, unangenehmen Geruch, der vor allem beim Zerreiben der Blätter merkbar wird. Sie besitzt einen dicken, knotigen, dunkelrotbraunen Wurzelstock, aus dem aufrechte, kahle, meist unverzweige Stengel hervorgehen, die wechselständig beblättert sind. Die langgestielten Blätter sind 2- bis 3mal dreizählig geteilt und mehr oder weniger waagerecht ausgebreitet. Die eiförmigen Teilblättchen sind grob spitz gezähnt.

Die kleinen, 4- bis 6zähligen Blüten stehen zu vielen in gestielten Trauben. Ihre hinfälligen, weißlichgelben Blütenblätter werden von weißen Honigblättern überragt, die zum Schauapparat umgebildet sind. Die Früchte sind glänzend schwarze, länglichrunde Beeren, von etwa 1 cm Größe.

Die Pflanze blüht von Mai bis Juni und gedeiht in schattigen Schluchtwäldern oder in Buchenmischwäldern der Bergregion, gerne auf Kalk. Sie kommt zerstreut über die ganze gemäßigte Nordhemisphäre vor, im Norden besiedelt sie auch die Niederungen, in wärmeren Breiten nur das Gebirge. Die alte Heilpflanze enthält neben Protoanemonin noch nicht eindeutig erforschte Gift- und Rauschstoffe. Ihren wissenschaftlichen Namen erhielt sie nach Aktäon, dem griechischen Jüngling, welcher der Sage nach Artemis beim Bade überraschte und von ihr in einen Hirsch verwandelt wurde. Seine eigenen Jagdhunde, toll geworden durch die Beeren vom Christophskraut, haben ihn dann zerfleischt. (Vielleicht stammt der Name auch von *akteia,* gr. = Holunder; wegen einer gewissen Ähnlichkeit). Der

Busch-Windröschen

Volksname bezieht sich auf den heiligen Christophorus, Nothelfer gegen plötzlichen Tod, da das Kraut vor allem gegen Pest Verwendung fand. Es galt aber auch als Zauberpflanze, zum Auffinden verborgener Schätze. Sein Name rührt nach anderer Lesart von diesem Gebrauch her, da der Heilige zugleich Schutzpatron der Schatzsucher und Abenteurer ist.

Gemeine Akelei
Aquilegia vulgaris

Die ausdauernde, 30 bis 60 cm hohe Pflanze hat einen kurzen Wurzelstock, dem Grundblätter und dünne, aufrechte, wenig verzweigte Stengel entspringen.

Die Grundblätter sind langgestielt und doppelt 3zählig, ihre Teilblättchen dreilappig und gekerbt; die wechselständigen Stengelbätter sind kleiner, weniger

Gelbes Windröschen

Scharbockskraut (Feigwurz)

geteilt und im oberen Stengelteil auch ungestielt. Sie gehen in einfache, lanzettliche, spitze Tragblätter über. Die langgestielten, nickenden, bis zu 5 cm langen Blüten sind meist blauviolett, selten weißlich oder rosa überlaufen. Ihre 5 spreizenden Kelchblätter sind kronblattartig gefärbt, die 5 Kronblätter tütenartig gebogen und in je einen langen, hakig gekrümmten Sporn ausgezogen, der den Nektar birgt. Nur Hummeln mit langen Rüsseln können bis zur Spitze vordringen und kommen als Bestäuber in Betracht. Bienen und kurzrüsselige Hummeln betätigen sich oft als Nektarräuber: sie beißen in das Spornende ein Loch.

Die langgestreckten Balgfrüchte enthalten zahlreiche, schwarzglänzende Samen.

Die kalkliebende Pflanze blüht von Mai bis Juni und gedeiht in lichten Wäldern, Gebüschen und auf Bergwiesen vom Hügelland bis ins Gebirge. Sie ist heute über die ganze Nordhalbkugel verbreitet, doch mancherorts, so auch bei uns, sehr selten geworden.

Sie ist deshalb vollkommen geschützt. Gartenliebhaber können auf ein großes Angebot von Zuchtrassen in verschiedenen Farben und Größen zurückgreifen. Im übrigen ist die Pflanze durch ein Blausäure-Glykosid und durch ein heute noch unbekanntes Alkaloid zumindest schwach giftig. Im Mittelalter war sie dennoch Heilpflanze. Ihrer auffälligen Blüte wegen wurde sie auch als Amulett gegen alles Böse getragen. Ihr Name geht aller Wahrscheinlichkeit nach weder auf Adler (lat. = *aquila)* noch auf Wasser (lat. = *aqua)* zurück, sondern hängt mit der uralten Wurzel *ak* = „spitz" zusammen (gr. *akros;* lat. *acer,* z. B. in „Ecke" und „Achalm"). Damit dürften die 5 Sporne an jeder Blüte gemeint sein, ein auffälliges Merkmal und einzig in der heimischen Flora.

Leberblümchen
Hepatica nobilis

Die ausdauernde, 5 bis 15 cm hohe Pflanze treibt im zeitigen Frühjahr aus ihrem kriechenden Wurzelstock zunächst einblütige Stengel mit drei kelchartigen, grünen Tragblättern unmittelbar unter der Blüte. Diese besteht aus 6 bis 10 blauen, seltener rosafarbenen oder weißen, elliptischen bis eiförmigen Blütenhüllblättern, zahlreichen weißlichen Staubgefäßen und vielen Fruchtknoten, aus denen geschnäbelte Nüßchen entstehen. Am Abend und bei Regenwetter schließt sie sich und beginnt zu nicken. Dies geschieht durch Wachstum der Blütenhüllblätter, wobei beim Öffnen die Innenseite, beim Schließen die Außenseite stärker wächst. So vergrößert sich die Blüte bei einer einwöchigen Lebenszeit oft von 2 auf 4 cm Durchmesser.

Die grundständigen, langgestielten Blätter erscheinen erst nach der Blüte. Ihre im Umriß herzförmige Spreite ist in drei ganzrandige Lappen geteilt. Sie ist zunächst, wie die übrigen Teile, behaart, später verkahlend, ledrig-derb, dunkelgrün und gerne violett überlaufen.

Die Pflanze blüht von März bis April und gedeiht — oft in größeren Beständen — in schattigen Laubwäldern auf kalkreichen, nicht zu trockenen Böden vom Tiefland bis ins Gebirge. Sie ist bei uns in weiten Gebieten sehr selten und steht nach dem Naturschutzgesetz unter Sammelverbot.

Ihr Areal in der nördlich gemäßigten Zone ist dreigeteilt: Sie besiedelt Europa, die Mandschurei mit Korea und Japan sowie Nordamerika.

Alle Pflanzenteile enthalten geringe Mengen des giftigen Protoanemonins. Blätter und Blüten wurden in der Volksheilkunde bei Leberleiden angewandt, da die dreigeteilten Blätter als Symbol für die dreilappige Leber angesehen wurden (Name!; *hepar,* gr. = Leber).

Akelei-Wiesenraute
Thalictrum aquilegifolium

Die ausdauernde, bis über 1 m hohe Pflanze hat aufrechte, im Blütenstand reichverzweigte Stengel. Ihre doppelt bis dreifach 3zählig zusammengesetzten Blätter, mit verkehrt-eiförmigen, tief ge-

zähnten bis gelappten Tielblättchen ähneln denen der Akelei (*Aquilegia* s. S. 255; *folius*, lat. = Blatt).
Die Blüten mit ihren grünlichweißen, bald abfallenden Hüllblättern stehen in üppigen Trugdolden. Auffällig sind ihre zahlreichen violetten Staubfäden, welche die vielen Fruchtknoten weit überragen und lange (nach dem Abfallen der Blütenhüllblätter) erhalten bleiben. Die Früchte sind braune, dreikantige Nüßchen, die auf langen Stielchen nikken.
Die Pflanze blüht von Mai bis Juni in Au- und feuchten Laubwäldern, im Ufergebüsch und in sumpfigen Wiesen vom Tiefland bis ins Gebirge. Sie besiedelt fast ganz Europa, ist aber bei uns selten.
Gelegentlich findet man sie angepflanzt in feuchten Teilen von Parkanlagen. Sie ist eine gute Bienenweide, liefert allerdings nur Pollen. Das Gewächs ist vermutlich giftig, denn es gibt Berichte, nach denen Schweine, welche die Wurzeln ausgegraben und gefressen haben, daran gestorben sein sollen.

Ähren-Christophskraut

Gemeine Akelei

Leberblümchen

Blauer Eisenhut
Aconitum napellus

Die eng mit der vorigen Art verwandte Pflanze hat eine rübenartig verdickte Wurzelknolle (*napellus*, lat. = kleine Rübe), neben der sich im folgenden Jahr 1 bis 2 neue bilden, die mit der alten durch einen kurzen Wurzelstock in Verbindung stehen. Während diese dann mit fortschreitendem Austreiben des Sprosses schrumpft und zuletzt eingeht, werden in den neuen Knollen die Nährstoffe für das nächste Jahr angesammelt. So entsteht zuletzt ein ausgedehnter Busch mit vielen, bis zu 1,5 m hohen, reichbeblätterten, aufrechten, im Blütenstand verzweigten Stengeln. Die wechselständigen Blätter sind tief handförmig in 5 bis 7 schmallineale Zipfel geteilt, die meist wiederum fiedrig zerteilt oder zumindest tief doppelt gezähnt sind.
Die Blüten stehen in dichter, aufrechter, endständiger Traube. Sie sind meist blauviolett, seltener rein blau, rötlich, weiß oder auch in diesen Farben gescheckt. Sie haben denselben Bau wie die der vorangehenden Art, doch ist das Helmblatt nicht so hoch, nur etwa halbkugelig aufgewölbt, und der Stiel der beiden Honigblätter im Innern kreisbogenförmig gekrümmt. Entfernt man die Blütenhüllblätter, hat man ein zierliches Gebilde in der Hand, das einem mit zwei Pferdchen bespannten Wagen ähnelt und der Pflanze Namen wie „Venuskutsche“ oder „Marienchaise“ eingetragen hat. Die knapp 2 cm langen, aufrechtstehenden, meist dreiteiligen Balgfrüchte enthalten mehrere glänzend schwarze, dreikantige Samen.
Die kalkliebende Pflanze blüht von Juli bis September und gedeiht in feuchten, nährstoffreichen Wäldern, an Bachufern, feuchten Hängen, im Erlengebüsch und um (überdüngte) Viehlagerstellen erst ab etwa 1000 m ü. d. M. bis gegen 3000 m. Gelegentlich wird sie mit Bachgeröll tiefer geschwemmt. Da sie trotz ihrer Giftigkeit häufig in Gärten als Zierstaude gepflanzt wird, verwildert sie gelegentlich und kommt vorübergehend auch in niederen Lagen vor.
Die sehr formenreiche und vielgestaltige Pflanze ist in den Gebirgen Eurasiens verbreitet. Bei uns ist sie durch Naturschutzgesetz vor gewerblicher Nutzung geschützt (Sammelverbot).
Alle Pflanzenteile, insbesondere die

Wurzeln, sind äußerst giftig. Plinius hat dieses Gewächs bereits als „pflanzliches Arsenik“ bezeichnet. Es enthält mehrere Alkaloide, vor allem das Akonitin, von dem 3 bis 4 g für den Menschen absolut tödlich sind. Das Gift wirkt durch Lähmung des Zentralnervensystems. In homöopathisch kleinen Dosen hat es Heilkraft, wie indische Ärzte schon vor nahezu 3000 Jahren konstatiert haben. Heute wird die gefährliche Droge höchstens noch äußerlich angewandt, doch darf auch dies nur auf Anweisung eines Arztes geschehen. Das Vieh der Almen meidet den Sturmhut, wie die Pflanze auch noch genannt wird (Sturmhut = Helm). Wie die vorige Art diente auch diese zur Herstellung von Pfeilgiften. Mit ihrem Saft wurden bei Galliern, Germanen und Slawen Raubzeugköder getränkt. Bei Dioskurid war *akoniton* eine Pflanze, die in den Felsen (gr. *akone*) wuchs und von den Hirten zum Vergiften der Wölfe benutzt wurde. Es läßt sich nicht feststellen, ob damit unsere Gattung gemeint war.

Hohler Lerchensporn
Corydalis cava

Die ausdauernde, bis zu 40 cm hohe, sehr saftige Pflanze hat eine unterirdische, rundliche, stark bewurzelte Knolle, die zunächst massiv ist, durch Abgabe von Nährstoffen an den wachsenden Sproß aber immer weiter ausgehöhlt wird (Name!; *cavus,* lat. = hohl).
Aus ihr geht ein aufrechter, dickfleischiger Stengel hervor, der meist nur 2 blaugrüne Laubblätter trägt. Ihre gestielte Spreite ist doppelt 3zählig in viele gelappte, verkehrteiförmige Abschnitte unterteilt und kahl.
Die zweiseitig symmetrischen, langgespornten Blüten stehen in endständiger, dichter Traube. Sie sind, oft am selben Standort (bei verschiedenen Pflanzen) weiß, gelblich oder schmutzigrot. Sie bestehen aus 4 Blütenblättern. Die 2 Kelchblätter fallen bald nach dem Aufblühen ab. Dem nektargefüllten Sporn verdankt die Pflanze ihren Gattungsnamen *(korydalis,* gr. = Haubenlerche, von *korys* = Helm, Schopf).
Die Früchte sind hellgrüne, ca. 2 cm lange Schoten. Ihre zahlreichen Samen werden durch Ameisen verbreitet, da auch sie ein „Ameisenbrötchen“ tragen.
Die Pflanze blüht von März bis Mai. Sie liebt feuchte, doch sonnenwarme Böden und wächst deshalb in lichten Laubwäldern und am Rand von Bachgebüschen und Auwäldern. Meist kommt sie in ausgedehnten Beständen vor. Gelegentlich zieht sie auch auf Wiesen, in Obstgärten und Weinberge. Ihr Verbreitungsgebiet umfaßt Süd-, Mittel- und Osteuropa.
Früher war die Art auch bei uns Heilpflanze; ihre Knollen werden noch heute in manchen Staaten als Rohstoff für die pharmazeutische Industrie gesammelt. Sie enthalten Corydalin, Corycavin und Bulbocapnin, die sich günstig auf das Nervensystem auswirken, den Blutdruck senken und die Darmperistaltik verlangsamen. Größere Mengen (vor allem Bulbocapnin) sind aber giftig.

Akelei-Wiesenraute

Blauer Eisenhut

März-Veilchen
Viola odorata

Die ausdauernde, niedrige Pflanze hat einen kurzen Wurzelstock und zahlreiche lange Ausläufer, denen im Frühjahr blühende Pflanzen entsprießen.
Die Blätter sind alle grundständig. Ihre dunkelgrüne, langgestielte Spreite ist rundlich-nierenförmig bis herz-eiförmig und am Rand gekerbt. Die Nebenblätter am Stielgrund werden über 1 cm lang und beinahe $^1/_2$ cm breit.
Die stark duftenden (*odoratus,* lat. = wohlriechend), meist blauvioletten Blüten stehen einzeln an grundständigen, ca. 5 cm langen Stielen, die in der Mitte mit einem Paar kleiner, linealer Blätter besetzt sind. Das unterste Kronblatt ist in einen langen Sporn ausgezogen. Die Kelchblätter tragen abstehende Anhängsel, die kürzer sind als dieser Sporn.

Hohler Lerchensporn

Wald-Veilchen

März-Veilchen

Die Früchte sind filzig behaarte Kapseln mit vielen Samen. Diese tragen ein großes Anhängsel, das von Ameisen gerne gefressen wird, welche durch das Verschleppen der Samen zur Verbreitung beitragen. Das Veilchen blüht schon im März und April, wenn noch wenige Insekten fliegen. Darum werden die Blumen oft nicht bestäubt und setzen keine Frucht an. Im Spätsommer bilden sich häufig Blüten mit verkümmerter Krone und geschlossenem Kelch (kleistogame Blüten), die sich dann selbst bestäuben.

März-Veilchen wachsen in lichten Hainen und Gebüschen, auf Wiesen und unter Obstbäumen, sehr häufig auch verwildert in der Nähe menschlicher Siedlungen, denn die beliebte Pflanze aus dem Mittelmeerraum hat sich bei uns als Gartenflüchtling eingebürgert. Die alte Heilpflanze enthält als Wirkstoffe Saponine, Salizylsäure und Bitterstoffe. Der Wurzelstock wurde zur Herstellung schleimlösender Mittel und von Medikamenten gegen Keuchhusten verwendet.

Aus den Blüten wird — vor allem in Frankreich, von besonderen Zuchtrassen — eine kostbare Duftessenz gewonnen, ein grünes, ätherisches Öl, das in unverdünntem Zustand geruchlos ist, bei einer Verdünnung zwischen 1 : 5000 und 1 : 10 000 aber den bekannten, aromatischen Veilchenduft verbreitet.

Veilchen waren zu allen Zeiten und bei allen Völkern beliebt. Im Altertum spielten sie auch als Kultblumen eine große Rolle. Das *ion* oder *vion* der Griechen (*viola* der Römer) war die Blume Ions, des Stammvaters der Ionier und Gründer Athens.

Wald-Veilchen
Viola sylvestris

Diese duftlose Art hat einen oberirdischen, 5 bis 30 cm langen, niederliegenden bis aufsteigenden Stengel, an dem mehrere gestielte, wechselständige Blätter mit gefransten Nebenblättern stehen. Aus ihren Achseln erscheinen die gestielten, hellblauvioletten Blüten. Die Waldpflanze blüht von April bis Juni, gelegentlich im Herbst zum zweiten Male und ist vom Tiefland bis in die Gebirge über fast ganz Eurasien verbreitet. Man teilt sie heute meist in zwei (eng verwandte) Arten auf: Das eigentliche Wald-Veilchen, *Viola reichenbachiana,* mit violettem, schlankem Blütensporn und rötlichvioletter, meist unter 2 cm langer Blüte, in frischen, mäßig sauren Laub- und Mischwäldern; dann das Hain-Veilchen, *Viola riviniana,* mit dikkem, weißlichem Sporn und hellvioletter, meist 2 cm langer Blütte, die etwas später im Jahr erscheint.

Beide eng verwandten Arten gedeihen vor allem in saureren und etwas trockeneren Wäldern.

Echte Sternmiere
Stellaria holostea

Die ausdauernde Pflanze wächst in lockeren Horsten. Aus dem dünnen, kriechenden Wurzelstock gehen aufrechte,

gegenständig beblätterte, blühende und nichtblühende Stengel hervor.
Ihre schmalen Blätter sind am Grund etwas miteinander verwachsen und stehen fast waagerecht ab.
Die großen, 5zähligen Blüten haben weiße, bis fast zur Mitte gespaltene Kronblätter, die bei Sonnenschein sternförmig abspreizen (Name!; *stella*, lat. = Stern). Der Blütenstand ist eine lockere Trugdolde. Die Früchte sind vielsamige Kapseln.
Die Pflanze blüht von Mai bis Juni und wächst gesellig in lichten, warmen Laubwäldern, an Waldrändern und im Gebüsch von den Niederungen bis in obere Berglagen. Sie kommt verbreitet in fast ganz West-Eurasien sowie in Nordafrika vor.

Echte Sternmiere

Wald-Erdbeere
Fragaria vesca

Die ausdauernde Pflanze hat einen schräg aufsteigenden Wurzelstock, welcher oberirdische Ausläufer treibt. Die Blätter stehen in grundständiger Rosette. Sie sind langgestielt und 3zählig, ihre Teilblättchen eiförmig, am Rand gesägt, oberseits frischgrün, unten durch Seidenhaare hell bläulichgrün.
Die bis zu 20 cm langen Blütenstengel überragen die Grundblätter. Sie tragen an der Spitze eine armblütige, lockere Trugdolde.
Die Breite der 5zähligen, freikronblättrigen, weißen Blüten beträgt 1 bis 2 cm. Staubblätter und Stempel sind zahlreich vorhanden. Die Früchte sind kleine Nüßchen. Sie bilden, zusammen mit dem zu einer fleischigen, saftigen roten Kuppel auswachsenden Blütenboden, eine Schein- und Sammelfrucht, die Erdbeere. Bei unserer Art ist sie halbkugelig bis kegelförmig, rotfleischig und läßt sich leicht vom Kelch ablösen, dessen Zipfel zurückgeschlagen sind.
Die Pflanze blüht von Mai bis Juni und gedeiht auf Lichtungen und Kahlschlägen, in lichten Wäldern, an Waldrändern, Rainen und Hängen von den Niederungen bis ins Gebirge, so hoch der Wald reicht. Sie ist heute schon fast weltweit verbreitet.
Die wohlriechenden (*fragrare*, lat. = wohlriechend) und schmackhaften Erdbeeren sind ein beliebter Leckerbissen, der allerdings im Zeitalter der Zuchtrassen und der Arbeitsrationalisierung weitgehend den Tieren des Waldes überlassen wird.
Die Blätter enthalten Gerbstoffe und ätherisches Öl mit Zitronenduft. Sie ergaben früher Gesundheitstee.

Wald-Erdbeere

Echte Nelkenwurz
Geum urbanum

Die ausdauernde, bis über 50 cm hohe Pflanze hat einen dicken, kaum verzweigten Wurzelstock, aus dem eine Grundblattrosette und kantige, schwach verzweigte und wechselständig beblätterte Stengel treiben.
Die kurz gestielten Grundblätter sind unterbrochen gefiedert, d. h. auf ein größeres Fiederpaar folgt immer ein kleineres und umgekehrt. Das Endblättchen ist besonders groß und überdies meist dreilappig. Der Rand der Teilblättchen ist doppelt gesägt. Die unteren Stengelblätter sind dreiteilig, kurz gestielt und an der Basis von 2 fiederblattähnlichen Nebenblättern umgeben. Die oberen Blätter sitzen und sind dreilappig.
Die kleinen, gelben, 5zähligen Blüten besitzen bald abfallende, freie Kronblätter. Nach der Blütte biegen sich die Kelchblätter abwärts.
Die Früchte sind behaarte, hakige Nüßchen, die sich am Fell vorbeistreifender Tiere oder an Kleidern festheften und so weit verbreitet werden können. Die Pflanze blüht von Mai bis Oktober und erscheint verbreitet in Laub- und Auwäldern, Gebüschen und Hecken sowie als Unkraut in Gärten, Parkanlagen, an Wegrändern und auf Schuttplätzen. Sie kommt von der Ebene bis in die unteren Mittelgebirgslagen vor, verschleppt findet sie sich auch am Rande der Paßstraßen durch die Gebirge. Die ehemalige Eurasierin ist heute weltweit verbreitet.

Ihre Wurzelstöcke enthalten neben Stärke, Zucker, Bitter- und Gerbstoffen auch das schwach giftige ätherische Öl Eugenol, das einen gewürznelkenähnlichen Geschmack und Geruch aufweist. Beim Trocknen der Rhizome erhöht sich die Konzentration des Öls. Sie wurden früher als Nelken- oder Benediktenwurzel viel gesammelt, als Nelkenersatz in der Küche verwendet und auch zur Herstellung von Mundwasser oder als erfrischende Zusätze zu Wein oder Bier gebraucht. Man sprach der Wurzel sogar eine Heilwirkung bei mancherlei Krankheiten zu.

Frühlings-Platterbse
Lathyrus vernus

Die ausdauernde Pflanze hat einen dikken, kurzen, verzweigten Wurzelstock und aufrechte, vierkantige, bis zu 50 cm hohe Stengel.

Die paarig gefiederten, wechselständigen Blätter sind kurz gestielt. Am Stielgrund sitzen 2 eiförmige, spitzlappige Nebenblätter. Die 4 bis 6 Fiederblättchen sind breit-eiförmig und lang zugespitzt; das Blatt schließt mit einem kurzen Spitzchen ab. Je 2 bis 5 Schmetterlingsblüten bilden eine gestielte, blattachselständige Traube. Sie sind, besonders vor dem Aufblühen, nach unten geneigt. Zur Vollblüte ist die Fahne (das oberste Blütenblatt) rotviolett, die Flügel (die beiden seitlichen Kronblätter) rötlich mit blauer Tönung. Der Blütenfarbstoff ist ein Säureindikator. In den jungen Zellen der aufgehenden Blüte herrscht saures Milieu, ihre Farbe ist rot. Beim Abblühen werden sie alkalisch und verfärben nach Blau.

Die Früchte sind flache (Name!; die echte Erbse hat walzliche) Hülsen mit linsenförmigen Samen.

Diese Art blüht von April bis Mai in mäßig feuchten, nährstoffreichen Laub- und Mischwäldern vom Tiefland bis in die obere Bergregion, vorzugsweise über kalkreichem Untergrund. Sie besiedelt fast ganz Europa und geht ostwärts bis Westsibirien und Kleinasien.

Wald-Platterbse
Lathyrus sylvestris

Die nahe verwandte, ausdauernde Art besitzt bis über 2 m lange, niederliegende, aufsteigende oder rankende vierkantige Stengel, bei denen 2 gegenüberliegende Kanten zu breiten Flügeln ausgezogen sind.

Die Blätter tragen meist nur ein Paar lanzettlicher Fiedern und an der Spitze eine verzweigte Ranke. Ihre Nebenblätter sind halbpfeilförmig.

Echte Nelkenwurz

Die großen Schmetterlingsblüten stehen in gestielten, blattachselständigen Trauben im oberen Teil des Stengels. Sie sind rosa bis fleischrot, zuweilen auch violett überlaufen. Ihr Schiffchen (unterstes Blütenblatt) ist bräunlich oder grünlich.

Die Früchte sind große, braune Hülsen mit netzartig gerunzelter Außenwand.

Die Pflanze blüht von Juli bis August und erscheint vor allem in lichten Laubwäldern, auf Kahlschlägen, sehr gerne auch rankend im Gebüsch an Waldwegen und -säumen. Sie bevorzugt Kalk und steigt von den Niederungen bis zu den untersten Mittelgebirgslagen. Sie kommt in Süd- und Mitteleuropa vor.

Vielblättrige Lupine
Lupinus polyphyllus

Die stattliche Staude kann über 10 Jahre alt werden. Ihre belaubten, unverzweigten Stengel werden bis zu 1,5 m hoch. Sie erscheinen bei ausgesäten

Frühlings-Platterbse

Exemplaren erst im zweiten Jahr. Zunächst entsteht eine üppige Grundblattrosette. Die langgestielten Blätter besitzen große, gefingerte Spreiten mit 13 bis 15 radial ausgebreiteten, lanzettlichen, unterseits fein anliegend behaarten Teilblättchen.

Die großen Schmetterlingsblüten mit behaartem Kelch und blauer, seltener weißer oder andersfarbiger Krone bilden eine prächtige aufrechte, endständige, kerzenartige, bis zu 50 cm lange, dichte Traube.

Die Früchte sind vielsamige Hülsen. Die alte Kulturpflanze stammt aus dem pazifischen Raum Nordamerikas. Sie wird häufig in Wäldern als Wildfutter und zu Bodenverbesserung ausgesät und vermehrt sich dann spontan. Sie blüht von Juni bis August. Alle Teile, besonders aber die Samen sind durch schwach bittere Alkaloide etwas giftig. Die niedrigere Ausdauernde Lupine, *Lupinus perennis*, mit 7 bis 9 Fingerblättchen stammt aus dem atlantischen Amerika. Sie ist frosthärter, liefert aber weniger Pflanzenmasse und wird als Wildfutter viel seltener angebaut.

Wald-Platterbse

Wald-Sauerklee

Vielblättrige Lupine

Wald-Sauerklee
Oxalis acetosella

Die zarte, doch ausdauernde Pflanze besitzt einen dünnen, kriechenden Wurzelstock, der mit fleischigen Schuppen bedeckt ist. Aus ihm entspringen direkt — ohne Stengel —, die gestielten, bis zu 15 cm hohen Blätter und Blüten.
Die 3zähligen Blätter ähneln dem Klee (Name!). Ihre 3 herzförmigen Teilblättchen sind unterseits oft rot überlaufen. Bei Regenwetter und nachts schließen sie sich unten zusammen: Sie nehmen „Schlafstellung" ein. Diesen Vorgang (die Nyktinastie) kann man auch dadurch in Gang setzen, daß man die Pflanze eine Zeitlang (z. B. mit einem Hut) bedeckt. Die 5zähligen Blüten haben behaarte Kelche und zarte, verkehrtherzförmige, weiße, leicht violett geäderte Kronblätter. Auch sie nicken bei schlechter Witterung und in der Dunkelheit. Daneben bilden sich oft noch geschlossen bleibende, sich selbst bestäubende (sogenannte kleistogame) Blütenknospen.
Die Früchte sind fünfteilige, etwa 1 cm lange Kapseln, die ruckartig aufreißen und so die (bis zu 10) Samen wegschleudern.
Die Pflanze blüht von April bis Mai und gedeiht in schattigen Wäldern auf Humusboden, häufig in ganzen Kolonien. Im Gebirge klettert sie bis über 2000 m. Sie ist über die ganze nördlich gemäßigte Zone verbreitet. Als Schattenspezialist kommt sie mit einem Fünfzigstel des normalen Tageslichts aus, geht allerdings bald ein, wenn ihr Standort — etwa durch Kahlschlag — ins volle Sonnenlicht gerät.
Alle Pflanzenteile schmecken sauer (*oxys*, gr. = sauer; *halys*, gr. = Salz; *acetosus*, lat. = essigsauer). Der Geschmack beruht auf der als Abwehrstoff enthaltenen Oxalsäure, einem starken Gift, von dem 4 bis 5 g einen Menschen töten können. Man sollte Kinder davor warnen, Sauerkleeblätter zu kauen. Auch im Futter stellt Sauerklee eine große Gefahr für Tiere dar.

Echtes Springkraut
Impatiens noli-tangere

Das einjährige, bis über 1 m hohe Kraut hat aufrechte, etwa von der Mitte ab verzweigte Stengel, die im unteren Teil knotig verdickt sind. Das Gewächs ist zwar kräftig, doch sehr saftig und welkt rasch.
Die wechselständigen, gestielten Blätter sind länglich-eiförmig, zugespitzt und am Rand gezähnt. Die auffälligen, hängenden, bis zu 4 cm langen Blüten bestehen aus einem gelblichen Kelch, dessen unterstes Blatt tütenartig gerollt und in einen langen Sporn ausgezogen ist. Von den 5 nach unten gebogenen goldgelben, innen rot gepunkteten Kronblättern sind die beiden unteren verwachsen und lippenartig vorgezogen. Die Blüten bilden sehr lockere und wenigblütige, blattachselständige Trauben.
Die Früchte sind längliche Kapseln, deren 5 Klappen bei der geringsten Berührung spiralig bis zum Grund aufreißen und dabei die Samen fortschleudern. Diesem Umstand verdankt das Gewächs seinen Namen (*impatiens*, lat. = ungeduldig; *noli [me] tangere*, lat. = rühr mich [nicht] an).
Die Pflanze blüht von Juli bis September und gedeiht in feuchten Auwäldern, Erlenbrüchen, auf sickernassen Waldstellen (gerne mit voriger Art zusammen), auch in Ufergesellschaften und

an beschatteten luftfeuchten Schuttstellen, meist in großen Beständen. Sie ist von der Tiefebene bis in mittlere Gebirgslagen weit verbreitet und kommt im ganzen gemäßigten Eurasien vor.

An ähnlichen Standorten, doch auch in Ungesellschaften, an Wegrändern und in Parkanlagen gedeiht das verwandte Kleine Springkraut, *Impatiens parviflora*, das aus Nordostasien stammt, seit etwa 1840 aus botanischen Gärten verwildert ist und heute auf der ganzen Nordhemisphäre verschleppt vorkommt. Es handelt sich dabei um ein etwas niedrigeres Kraut mit bis zu 1 cm langen, gelben, aufrechten Blüten, deren Sporn gerade ist. Auch bei dieser Art springen die reifen Kapseln bei Berührung auf und schleudern die Samen weit fort. Das stickstoffliebende Gewächs bewohnt vor allem siedlungsnahe Standorte von der Ebene bis in die obere Bergregion. Selten tritt es vorübergehend in den Gebirgen auf.

Beim ersten Frost sterben beide Arten ab.

Schmalblättriges Weidenröschen
Epilobium angustifolium

Die stattliche, meist in ausgedehnten Kolonien wachsende, bis zu 120 cm hohe Staude treibt aus kriechendem Wurzelstock aufrechte, unverzweigte und dicht beblätterte Stengel, die mit üppigen, langgestreckten Blütentrauben abschließen. Die länglichen bis lineallanzettlichen (weidenartigen!) Blätter sind unterseits blaugrün und gehen nach oben zu in immer kleinere, schmälere, scharf zugespitzte Tragblätter über.

Die großen, 4zähligen Blüten mit schmalen, rötlichen Kelchblättern und purpurroten (selten weißlichen), eiförmigen und etwas gestielten Kronblättern sind strahlend, doch leicht zweiseitig-symmetrisch zusammengesetzt: die zwei unteren, kleineren Kronblätter sind etwas nach oben verschoben, die 8 Staubblätter und vor allem der Griffel mit der 4zipfligen Narbe hängen nach unten durch.

Der Fruchtknoten ist unterständig. Aus ihm entwickeln sich rot überlaufene, flaumig behaarte, langgestreckte Kapseln, die behaarte Flugfrüchte bergen.

Die Pflanze blüht von Juni bis August und erscheint in Massen auf Kahlschlägen, Lichtungen, an Waldwegen, Waldrändern und, verfrachtet durch den Wind, auf Ödland und Schuttstellen oder an Ufern. Sie kommt von den Niederungen bis ins Gebirge vor und ist auf der ganzen gemäßigten Nordhemisphäre verbreitet. Die Samen erhalten ihre Keimfähigkeit über eine lange Zeit. Im Waldschatten lagern sie jahrzehntelang im Boden, um erst auszutreiben, wenn ein Kahlschlag Licht und Wärme zu ihnen vordringen läßt.

Die jungen Blätter werden noch heute gesammelt und getrocknet für Hausteemischungen verwendet. In Notzeiten ergaben die ganzen, frisch ausgetriebenen Sprosse ein spinatähnliches Gemüse. Auch die Flughaare der Samen, die in riesigen Mengen auftreten, suchte man schon zu verwerten. Sie sind allerdings allein nicht spinnbar, doch hat man sie schon zum Strecken der Wolle mit Erfolg eingesetzt. Dies geschah jedoch nur in Zeiten der Textilfaserknappheit.

Geißfuß (Giersch)
Aegopodium podagraria

Alle grünen Teile der ausdauernden Pflanze sind mit kurzen Borsten bedeckt und riechen unangenehm. Sie vermehrt sich intensiv durch weiße, unterirdische Ausläufer und kann in schattigen Parkanlagen und Gärten zu einem nur schwer ausrottbaren Unkraut werden. Ihre verzweigten Stengel werden bis zu 1 m hoch. Sie sind kantig gefurcht und hohl.

Die unteren Blätter sind langgestielt und meist dreigeteilt, die mittleren scheidig gestielt und doppelt 3zählig, die Seitenblättchen zuweilen auch ungeteilt oder noch öfters 2spaltig, so an die Trittsiegel der Ziegenklauen erinnernd (Name!; *aix, aigos*, gr. = Geiß; *podion*, gr. = Füßchen). Die obersten Blätter

Echtes Springkraut

sind zuweilen ungestielt und 3spaltig oder ungeteilt. Am Grund sind die Teilblättchen oft asymmetrisch, ihr Rand ist scharf gesägt.

Die kleinen 5zähligen, weißen, sehr selten rosa angehauchten Blüten stehen in endständigen Doppeldolden. Die Früchte sind gerippte Doppelnüßchen.

Die Pflanze blüht im Juni und Juli und gedeiht, oft in ausgedehnten und fast reinen Beständen, in Auwäldern, feuchten Laubgehölzen und Baumwiesen. Von dort aus besiedelt sie dann Wegränder, Ufer, Hecken, Gärten und Äkker. Sie ist sehr verbreitet von den Niederungen bis in Mittelgebirgslagen; ab 1500 m kommt sie nur noch selten vor. Sie ist heute über die ganze nördlich gemäßigte Zone verschleppt. In Norddeutschland war der Giersch, wie er dort genannt wird, ein Bestandteil der heilkräftigen Frühlingssuppen. Allgemein wurde er für Umschläge auf Wunden, Insektenstiche und vor allem beim „Zipperlein", der Podagra (Name!), verwendet. In den Blättern hat man allerdings bisher noch keine Wirkstoffe entdeckt. Nur die Samen enthalten ein hellgrünes, ätherisches, wohlriechendes Öl von sehr scharfem Geschmack.

Schmalblättriges Weidenröschen

Wald-Engelwurz (Brustwurz)

Geißfuß (Giersch)

Wald-Engelwurz (Brustwurz)
Angelica sylvestris

Die zweijährige, zuweilen auch ausdauernde, 0,5 bis 2 m hoch werdende Pflanze hat einen dicken, rübenähnlichen Wurzelstock, der, vor allem im Frühjahr, einen gelblichen Saft enthält und nach Karotten riecht. Er schmeckt allerdings bitter und scharf. Die aufrechten, dicken, hohlen Stengel sind oberseits verzweigt, fein gerillt und weißlich bereift. Die Blätter besitzen mächtig entwickelte, aufgeblasene Scheiden, die unteren haben einen langen, hohlen, weitrinnigen Stiel. Ihre bis zu 60 cm langen Spreiten sind oft bis zu dreifach gefiedert, die Teilblättchen eiförmig, 3 bis 8 cm lang und am Rande gezähnt. Die oberen Blätter sind weniger geteilt, ihre Spreiten sitzen meist den Scheiden unmittelbar auf, die anfangs als Hülle die jungen Sprosse umgeben. Oft sammelt sich in ihnen Regenwasser an, in dem dann kleine Wasserorganismen leben.

Die kleinen, 5zähligen, weißen oder rosa angehauchten Blüten stehen in dichten Döldchen, die zusammen mehrere 20- bis 40strahlige, flachgewölbte Dolden an den Stengel- und Astenden bilden. Die Staubblätter ragen weit aus den Blüten hervor.

Die Pflanze blüht von Juli bis September und gedeiht verbreitet in lichten, feuchten Wäldern, Gebüschen, Feuchtwiesen und an Ufern vom Tiefland bis über die mittleren Gebirgslagen. Sie ist von Europa bis Mittelsibirien verbreitet, nach Kanada wurde sie eingeschleppt. Vor allem die Früchte sind schwach giftig. Sie wurden zum Vernichten von Ungeziefer verwendet. Die Pflanze, deren junge Blätter auch Gemüse geben, wurde als Heilpflanze gegen Brustkrankheiten (Name!), Magenbeschwerden und Nierenleiden angewandt. Der Sage nach hat ein Engel auf ihre Heilkraft aufmerksam gemacht (Name!; *angelus* lat. = Engel).

Wiesen-Schlüsselblume
Primula veris

Die ausdauernde Pflanze hat eine grundständige Rosette länglich-eiförmiger, runzliger, wellig gekerbter und flügelig gestielter Blätter, die unterseits behaart sind und anfangs eingerollte Ränder haben. Aus ihrer Mitte gehen blattlose, bis zu 30 cm hohe Stengel hervor, die an der Spitze eine Dolde kurzgestielter, aufrechter bis überhängender Blüten tragen. Die goldgelbe, verwachsenblättrige Krone hat einen Saum aus 5 breit-eiförmigen, vorn ausgerandeten Zipfeln, die am Grund orangefarben gefleckt sind, und eine enge Kronröhre, die etwas länger ist als der grüngelbe, aufgeblasene und kantige Kelch. Die Blüten duften intensiv und aromatisch. Die Früchte sind eiförmige Kapseln, die vom bleibenden Kelch überragt werden. Die Pflanze blüht von März bis Mai (in derselben Gegend, aber später als die folgende Art) in lichten Wäldern, Gebüschen sowie auf Feldrainen und mäßig trockenen Wiesen von den Niederungen bis ins Gebirge. Sie bevorzugt durchwärmte, lockere, kalkhaltige Böden und wächst in fast ganz Eurasien, ostwärts bis zum Amur.

Die Wiesen-Schlüsselblume galt früher als Zauberpflanze, die böse Geister bannte und Schatzgräbern bei der Suche nach vergrabenen Reichtümern helfen sollte. Ihre Blüte, die aussieht wie ein mittelalterlicher Schlüssel (Name!)

sollte ein Hinweis darauf sein, daß das Gewächs den Zugang zu geheimen Orten erschlösse. Wichtiger ist, daß die Pflanze Saponine enthält — vor allem im Wurzelstock — und daß die getrockneten Blüten als schleimlösendes Mittel (Tee) bei Lungen- und Nierenleiden Anwendung fanden. Allerdings reizen die Saponine die Darmwände und können in größeren Mengen Brechreiz verursachen. Deshalb sind auch leider die Blätter, welche große Mengen an Vitamin C enthalten, nicht zu gebrauchen.

Wie bei allen Schlüsselblumen dürfen auch bei dieser Art nach dem Naturschutzgesetz die unterirdischen Teile nicht ausgegraben werden. Ebenfalls verboten ist das Sammeln für gewerbliche Zwecke, dagegen ist es jedermann unbenommen, sich einen Handstrauß von dieser beliebten und dauerhaften Blume zu pflücken. Der Naturfreund wird sich an die Plätze halten, wo eine Entnahme nicht den ganzen Blumenflor vernichtet, so daß sich andere auch noch an diesen Frühlingskündern erfreuen können.

Für den Gartenfreund gibt es im Angebot der Handelsgärtnereien Zuchtrassen, welche den Vorzug haben, für Gartenstandorte besser geeignet zu sein als die Wildpflanzen.

Wald-Schlüsselblume
Primula elatior

Die der vorigen nahe verwandte und sehr ähnliche Art unterscheidet sich durch weniger runzlige, unterseits graugrüne Blätter und fast geruchlose, schwefelgelbe Blüten, deren Kronsaum fast tellerförmig ausgebreitet und deren Kronröhre doppelt so lang wie der anliegende Kelch ist. Die Dolden sind oft etwas einseitswendig angeordnet.

Sie blüht von März bis Mai in lichten Wäldern aller Art und auf feuchten Wiesen von den Niederungen (seltener) bis ins Gebirge. Sie bevorzugt kühlere und feuchtere Standorte und ist im gemäßigten Eurasien von England bis zum Altai verbreitet.

Die Primeln (von lat. *primus* = der Erste; wegen der frühen Blüte) sind durch ihre Verschiedengriffligkeit bekannt, welche Selbstbestäubung verhindert. Man kann Pflanzen finden, welche kurze Griffel und hochstehende Staubblätter haben, und solche mit langen Griffeln und niedrigstehenden Staubblättern in den Blüten. Je nach Anordnung werden die Blütenbesucher an verschiedenen Stellen eingestäubt und der Pollen von diesen Körperstellen wieder auf die entsprechende Narbe abgestreift.

Die Wald-Schlüsselblume wurde ähnlich verwendet wie ihre Verwandte. Das Naturschutzgesetz findet auf sie dieselbe Anwendung.

Vor allem in der nordischen Mythologie galt diese Art als Lieblingsblume der Feen, Elfen, Nixen und ähnlicher Märchengestalten ("Himmelsschlüssel").

Rundblättriges Wintergrün
Pyrola rotundifolia

Die ausdauernde Pflanze treibt aus kriechendem, verzweigtem Wurzelstock kahle, im unteren Teil aufsteigende und gelegentlich verästelte, schuppenbedeckte Stengel, die nach oben zu aufgerichtet und unverzweigt sind. Ihr Querschnitt ist dreikantig.

Am Stengelgrund stehen die ledrigen, wintergrünen Blätter rosettig gehäuft. Ihre langgestielten, schwach glänzenden, dunkelgrünen Spreiten sind breiteiförmig bis rundlich und am Rand kurz kerbzähnig. Sie ähneln, im Gegensatz zu den Blättern verwandter Arten, weniger denen des Birnbaums, auf die sich der wissenschaftliche Gattungsname bezieht (*pyrus*, lat. = Birnbaum; *rotundus*, lat. = rundlich; *folius*, lat. = Blatt).

Am Stengelende steht eine aufrechte, lockere, vielblütige, allseitswendige Traube aus nickenden, breitglockigen, weißen oder rosa angehauchten Blüten, die von einem auffällig gekrümmten Griffel weit überragt werden. Die 5 freien, breiteiförmigen Kronblätter sind mindestens doppelt so lang wie die schmalen zugespitzten, grünen oder roten Kelchblätter. Die Früchte sind fünfteilige, kugelige, schwach von unten nach oben zusammengedrückte, nickende Kapseln, welche sich am Grund mit 5 Spalten öffnen und staubfeine Samen entlassen, die von Wind verweht werden.

Die Pflanze blüht von Juni bis August und wächst zerstreut, doch oft gesellig, in sauren Nadel-, Eichen-, Buchen- und Birkenwäldern im Halbschatten. Sie steigt von der Ebene bis ins Gebirge, wo sie auch ins Knieholz und auf moosige Waldwiesen zieht. Ihr Vorkommen ist an bestimmte Moderpilze gebunden, mit denen sie in Wurzelsymbiose lebt. Sie ist, in mehreren Unterarten, fast über die ganze Nordhalbkugel verbreitet.

Blätter und Blüten wurden im Mittelalter zu Heilzwecken gesammelt.

Echtes Tausendgüldenkraut
Centaurium erythraea

Das ein- bis zweijährige Kraut treibt aus einer grundständigen Blattrosette bis zu 50 cm hohe, vierkantige, aufrechte und erst oberseits gabelig verästelte, gegenständig beblätterte Stengel.

Von den kahlen, ganzrandigen Blättern sind die etwas breiteren und stumpfen Grundblätter in einen Stiel verschmälert, die Stengelblätter sitzen.

Die zahlreichen, kurzgestielten oder sitzenden Blüten bilden eine gabelig verästelte Trugdolde. Ihre verwachsenblättrige, 1 bis 1,5 cm lange Krone hat einen 5zipfligen, fast radförmig ausgebreiteten Saum und ist satt rosarot (selten weiß) gefärbt (*erythraios*, gr. = rötlich). Die schmale Kronröhre überragt den Kelch um mindestens das Doppelte.

Die Früchte sind vielsamige, dünnwalzliche Kapseln. Die Pflanze blüht von Juli bis September auf Kahlschlägen, Waldwegen, trockenen Hängen und an Wald- und Wiesenrändern von den Niederungen bis in mittlere Gebirgslagen. Sie ist, mit Ausnahme des hohen Nordens, auf der ganzen Nordhalbkugel verbreitet.

Das Laub enthält, neben Nikotinsäure, das Bitterstoffglykosid Erytaurin, das bei chronischen Magenerkrankungen wirksam ist. Die Heilpflanze wurde schon von Dioskurid für viele Krankheiten empfohlen. Angeblich wurde ihre Wirksamkeit vom sagenhaften, heilkundigen Kentaur Chiron entdeckt, nach dem das Gewächs dann benannt wurde. Durch mittelalterliche Fehlinterpretation wurde daraus ein Hundertgülden- und in kräftiger Übertreibung sogar ein Tausendgüldenkraut (*centum*, lat. = hundert; *aureum*, lat. = Gold, Geld), dem nun neben seiner Heilwirkung wahre Zauberkräfte angedichtet wurden. Es sollte gegen böse Geister, Blitz und Hagelschlag sowie leere Geldbörsen feien.

Das Sammeln der Pflanze für gewerbliche Zwecke ist nach dem Naturschutzgesetz untersagt.

Wiesen-Schlüsselblume

Wald-Schlüsselblume

Kleines Immergrün

Vinca minor

Die ausdauernde, halbstrauchige, bis zu 20 cm hohe Pflanze hat einen kriechenden Wurzelstock.

Die sterilen Stengel kriechen ebenfalls meterweit und wurzeln häufig. Die kurzen Blütenstengel sind aufsteigend bis aufrecht und im unteren Teil oft verholzt.

Die gegenständigen, kurzgestielten, wintergrünen, ledrig derben Blätter sind (schmal-) eiförmig und im Alter glänzend dunkelgrün.

Aus den Blattachseln gehen einzelne, langgestielte, blaue bis blauviolette (selten weiße oder rote) Blüten hervor.

Die enge Kronröhre geht in einen flach ausgebreiteten, fünfzipfligen Saum über. In der Knospe sind die Zipfel charakteristischer zu einem linksgewickelten Kegel zusammengedreht.

Aus der Blüte entwickeln sich 2, am Grund verwachsene, wenigsamige Balgfrüchte.

Die Pflanze blüht von April bis Mai und bildet meist ausgedehnte Überzüge in Laubwäldern und Gebüschen, doch

Rundblättriges Wintergrün

Echtes Tausendgüldenkraut

findet man sie auch auf Felsen oder in Weinbergen. Sehr oft wird sie in Gärten und Friedhöfen angepflanzt. Sie wächst von den Niederungen bis über die Bergregion und kommt von Mittel-, Süd- und Osteuropa bis nach Kleinasien und zum Kaukasus vor.

Das immergrüne Gewächs spielte als Zauber-, Hochzeits- und Totenkultpflanze sowie als Heilmittel schon seit früher Zeit und bei vielen Völkern eine wichtige Rolle.

Heute wird allen Immergrünarten erhöhte Aufmerksamkeit gezollt, da sie ebenso wirksame Alkaloide enthalten wie die im Himalajagebiet wachsende *Rauwolfia,* aus der blutdrucksenkende Medizin hergestellt wird.

Echtes Lungenkraut
Pulmonaria officinalis

Die ausdauernde, rauhbehaarte, bis zu 30 cm hohe Pflanze treibt aus ihrem dünnen, ästigen Wurzelstock Blütenstengel sowie Blattsprosse, die erst im folgenden Jahr zu neuen Blütenstengeln auswachsen.

Die Grundblätter sind gestielt und oft weißfleckig, die wechselständigen Stengelblätter sitzen.

Die kurzgestielten Blüten haben trichterförmige, 5zipflige Kronen, die beim Aufblühen rot sind, dann über Blauviolett nach Blau verfärben.

Die Pflanze blüht von März bis Mai, oft in großen Beständen, vor allem in Laubwäldern vom Tiefland bis ins Mittelgebirge und ist (abgesehen vom Westen und Norden) in ganz Europa verbreitet.

Wie schon der Name sagt (*pulmo,* lat. = Lunge), fand diese Heilpflanze bei Lungenerkrankungen Anwendung.

Goldnessel
Lamiastrum galeobdolon

Die ausdauernde Pflanze ist auch unter dem Namen „Gelbe Taubnessel" bekannt. Sie treibt meist viele kriechende und wurzelnde Ausläufer sowie einfache, aufrechte, vierkantige, bis zu 50 cm hohe, kreuzgegenständig beblätterte Stengel.

Die gestielten Blätter sind herz-eiförmig, spitz und am Rand grob gezähnt, im Winter oft oberseits weißlich gefleckt und unten rötlichviolett überlaufen. Da Weiß Wärme abstrahlt, während dunkle Farben sie aufnehmen, treten bei Sonneneinstrahlung in der kalten Jahreszeit keine so großen Wärmedifferenzen zwischen der lichtabgewandten und der belichteten Seite auf. Die Blätter können voll photosynthetisieren.

Die goldgelben Lippenblüten in ihrem 5borstigen Kelch bilden zu je 6 bis 10 dichte Scheinquirle in den Achseln der oberen Blätter.

Die Frucht zerfällt bei der Reife in 4 Nüßchen.

Die sehr veränderliche Art blüht von April bis Juli in feuchten Wäldern und Gebüschen von den Niederungen bis ins Gebirge.

Sie kommt in fast ganz Europa bis zum Ural und über den Kaukasus hinaus vor.

Wald-Ziest
Stachys sylvatica

Die ausdauernde, bis über 1 m hohe Pflanze ist dicht und weich behaart und hat aufrechte, im Blütenstand schwach klebrig-drüsige Stengel.

Kleines Immergrün

Goldnessel

Echtes Lungenkraut

Die großen, gegenständigen, gestielten, breit herz-eiförmigen und am Rand grob gesägten Blätter gehen nach oben zu rasch in kleine Tragblätter über.
Die rotvioletten, seltener grünlichgelben Lippenblüten bilden eine lange, endständige Scheinquirlähre (*stachys*, gr. = Ähre).
Die Pflanze blüht von Juni bis September und wächst, oft truppweise, in feuchten Laub- und Mischwäldern, auf Kahlschlägen und an Gebüschsäumen von den Niederungen bis zur obersten Bergregion und selten auch darüber hinaus. Sie ist in Eurasien von Spanien bis zum Altaigebiet verbreitet.

Bunter Hohlzahn
Galeopsis speciosa

Das einjährige Kraut hat borstig behaarte, reichverzweigte Stengel, die unter den Abzweigungen knotig angeschwollen sind.
Die wie die Zweige gegenständigen Blätter sind langgestielt, eiförmig, mit keilig verschmälertem Grund, vorn zugespitzt und am Rand grob gezähnt.
Der Kelch der großen, 2 bis 3 cm langen Lippenblüten ist nur halb so lang wie die schmale, weißliche Kronröhre. Die hochgewölbte Oberlippe ist hellgelb, ebenso die Seitenlappen der Unterlippe, während ihr breiter Mittelzipfel eine tief violette Färbung aufweist. Am hinteren Zipfelende befinden sich die 2 für die Gattung charakteristischen höckerartigen Aufwölbungen, die „hohlen Zähne". Durch sie wird die Blüte mit einem aufgerissenen Marderrachen verglichen, (*galea*, gr. = Marder; *opsis*, gr. = Gesicht).
Die Pflanze blüht von Juni bis September. Sie wächst vom Hügelland bis in mittlere Gebirgslagen in lichten Wäldern, Gebüschen, Lichtungen, jedoch auch auf Ödland und Äckern. Sie ist in Ost- und Mitteleuropa verbreitet, wird aber gegen Westen zu sehr selten.

Tollkirsche (Tollbeere)

Tollkirsche (Tollbeere)
Atropa bella-donna

Die bis 160 cm hoch wachsende, ausladende Staude treibt aus dickwalzlichem Wurzelstock aufrechte, kräftige und reichverzweigte Stengel.
Die kurzgestielten, ganzrandigen, flaumhaarigen Laubblätter sind eiförmig und im unteren Stengelbereich wechselständig; in der Blütenregion steht immer ein kleineres mit einem großen „gepaart" auf gleicher Höhe. Neben jedem Blattpaar erscheint eine nikkende, ca. 3 cm lange Blüte mit bleibendem, 5zipfligem Kelch und walzlich-glockenförmiger, 5zähniger Krone, die außen braunviolett und innen graugelb und rot geädert ist.
Zur Fruchtreife falten sich die 5 eiförmigen Lappen des Kelches sternförmig auseinander. In ihrer Mitte reift die erst grüne, dann glänzend schwarze Beere, die viel rotvioletten Saft und zahlreiche kleine, kernchenartige Samen enthält.
Die Tollkirsche blüht von Juni bis August und gedeiht in Laubwäldern, auf Lichtungen und an Waldsäumen, besonders auch in Kahlschlaggesellschaften von der Niederung bis in mittlere Gebirgslagen.
Sie ist (z. T. nur verschleppt) in fast ganz Europa verbreitet, findet sich auch in Kleinasien und Nordafrika und wurde nach Nordamerika eingeführt.

Wald-Ziest

Bunter Hohlzahn

Alle Pflanzenteile enthalten stark giftige Alkaloide: Hyosciamin, Atropin, im Wurzelstock zusätzlich noch Skopolamin und Belladonin, die alle auf das Nervensystem einwirken. Die fadsüßlich schmeckenden Beeren verlocken zum Essen, und schon öfters gab es Vergiftungen, vor allem bei Kindern. $^1/_{10}$ g dieser Substanzen wirkt tödlich. Die Vergiftungserscheinungen äußern sich durch Trockenheit im Mund, Erweiterung der Pupillen, schnellen Puls, Rauschzustände, Reizbarkeit, Halluzinationen, Betäubung und enden mit einer Lähmung der Atmungsorgane.

Seit alters wird die Tollkirsche genutzt und mißbraucht. Im Mittelalter war ihr Extrakt Bestandteil der Hexensalbe, welche, eingerieben in die Haut, Wahnvorstellungen im Drogenrausch erzeugte. Als Heilmittel finden Blätter und Wurzelstock dagegen noch heute Verwendung. Das Gewächs, welches eine wichtige Rohstoffbasis für die Arzneimittelindustrie darstellt, wird deswegen in manchen Staaten (USA, England) sogar angebaut. Die Droge wirkt krampflösend und wird vor allem im Bereich des Magen-Darmkanals angewandt, dann auch bei bestimmten Erkrankungen des Zentralnervensystems sowie als Gegengift bei Vergiftungen mit Opium oder einigen modernen Pflanzenschutzmitteln.

Atropos (die Unabwendbare) war in der griechischen Mythologie die dritte der Moiren (Parzen), welche den Lebensfaden abschnitt. Der Artname *bella donna* bedeutet „schöne Frau“ und ist darauf zurückzuführen, daß sich früher die Mädchen den Beerensaft in die Augen träufelten, damit die Pupillen groß und glänzend wurden. Dabei wird allerdings das Sehvermögen durch Überbelichtung stark beeinträchtigt.

Wald-Ehrenpreis
Veronica officinalis

Die ausdauernde Pflanze besitzt einen kriechenden, walzlichen Wurzelstock und bis über 25 cm lange, rauhbehaarte, niederliegend wurzelnde und an den Enden bogig aufsteigende Stengel.

Wald-Ehrenpreis

Die kurzgestielten, gegenständigen Blätter sind eiförmig, am Rand gesägt und ledrig derb.

Die kleinen, 4zähligen Blüten haben eine verwachsenblättrige, blaß- bis blauviolette, ausgebreitete Krone mit etwas ungleich breiten Zipfeln. Sie entspringen in dichten, aufrechten, gestielten Trauben aus den oberen Blattachseln.

Die Früchte sind herzförmige Kapseln mit linsenartigen Samen.

Die Pflanze blüht von Juni bis August in Wäldern, Heiden und Magerwiesen auf trockenem, oft sandigem, saurem Boden und ist vom Tiefland bis ins Gebirge recht häufig. Sie kommt in Europa, Vorderasien und Nordamerika vor und gilt als düngerfliehender Säureanzeiger.

Diese Art wurde bereits im Mittelalter als Arzneipflanze geschätzt, ihr Absud wird heute noch als Hausmittel bei Erkältungen getrunken und zur Wundreinigung verwendet. Er enthält Gerb- und Bitterstoffe sowie das schwach giftige Aucubin, welches vor allem ein Fraßgift gegen Insekten ist.

Großblütiger Fingerhut

Großblütiger Fingerhut
Digitalis grandiflora

Die ausdauernde, oft über 1 m hohe Pflanze treibt aus walzlichem Wurzelstock aufrechte, unten kahle, oben drüsig-flaumige Stengel.

Die wechselständigen Blätter sitzen mit abgerundetem Grund. Sie sind länglich-eiförmig, am Rand gewimpert und gesägt.

Die verwachsenkronblättrigen, nickenden Blüten bilden dichte, aufrechte, endständige, mit Tragblättchen durchsetzte und einseitswendige Ährentrauben. Die ca. 4 cm lange Krone hat eine schwach abgeplattete, bauchig-glockige Gestalt. Ihr Saum ist breit 5lappig, die Außenseite schwefelgelb, die Innenwand braun geädert. Der Gattungsname ist auf die Blütenform bezogen (*digitus*, lat. = Finger).

Die Frucht ist eine vom bleibenden Kelch umhüllte, vielsamige Kapsel.
Die Pflanze blüht im Juni und Juli und wächst in Laub- und Mischwäldern, auf Kahlschlägen und buschigen Hängen, seltener auf Bergwiesen. Sie wächst zerstreut vom Tiefland bis in mittlere Gebirgslagen und kommt von den Pyrenäen bis Westsibirien und Kleinasien vor. Sie enthält die giftigen Digitalis-Glikoside (s. u.), wird aber trotzdem öfters als Gartenpflanze gezogen. Sie ist bei uns vollkommen geschützt.

Roter Fingerhut
Digitalis purpurea

Die nahe verwandte, aber zweijährige Art besitzt eine Bodenrosette aus eiförmig-lanzettlichen, unterseits filzigen, am Rand gekerbten Blättern, die in einen breiten Stiel verschmälert sind. Die Blüten am bis zu 1,5 m hohen Stengel sind rot (seltener weiß) und im Schlund dunkel gefleckt.
Die Pflanze blüht von Juni bis August und erscheint – oft in größeren Trupps – in lichten Wäldern und auf Kahlschlägen. Sie hat sich von Westeuropa her bis zu uns ausgebreitet, zuweilen mit Nachhilfe der Forstästheten, welche Samen ausgesät haben. Sie kommt von den Niederungen bis ins obere Bergland auf sauren, sandigen, kalkarmen Böden vor, hat aber bei uns die östlichste Grenze erreicht und fehlt darum schon auf manchem, an sich passendem Standort. In den Alpen wird man sie vergeblich suchen.
Sie ist eine alte Zier- und Heilpflanze und enthält besonders die giftigen Glykoside Digitoxin und Digitalin, welche Herztätigkeit und Blutkreislauf (in kleinen Dosen) günstig beeinflussen. Eine Überdosis oder unvorsichtige Handhabung von Digitalismedikamenten können für den Betroffenen tödliche Folgen haben.

Roter Fingerhut

Waldmeister
Galium odoratum

Die ausdauernde Pflanze hat einen dünnen, kriechenden Wurzelstock, aus dem ganze Gruppen von aufrechten, vierkantigen, bis zu 25 cm hohen Stengeln treiben.
Die dunkelgrünen, schmal-eiförmigen, an der Spitze kurzgrannigen und am Rand gezähnelten Blätter sitzen in 6- bis 8zähligen Quirlen.
Die kleinen, 4zähligen, weißen Blüten haben einen verkümmerten Kelch, eine trichterförmig verwachsene, bis zur Mitte gespaltene Krone und bilden eine endständige, langgestielte, trugdoldige Rispe.
Die Früchte sind hakenborstige Doppelnüßchen (Klettverbreitung).
Die Pflanze blüht von Mai bis Juni und bildet besonders in Buchenwäldern ausgedehnte Bestände. In Laub- und Mischwäldern findet man sie häufig, im reinen Nadelwald dagegen selten. Sie bevorzugt nährstoffreiche, lockere Mullböden und wächst bei uns von den Niederungen bis ins Mittelgebirge. Sie ist über die (kalt-) gemäßigte Zone Eurasiens verbreitet; in Südeuropa und Nordafrika zieht sie sich in Gebirgslagen zurück.
Alle Pflanzenteile enthalten Cumarinverbindungen, aus denen vor allem beim Welken das charakteristisch (nach Waldmeister oder frischem Heu) riechende Cumarin frei wird. Man sagt ihm Heilwirkung nach, doch verursacht es in größeren Mengen Kopfweh, Schwindel und sogar Erbrechen. Dennoch wird das Kraut seit alters (schon 854 urkundlich erwähnt) für die beliebte Maibowle in Wein eingelegt.

Zwerg-Holunder
Sambucus ebulus

Die ausdauernde, 1 bis 2 m hohe, unangenehm riechende Staude hat einen weitkriechenden Wurzelstock, der meist einen ganzen Busch aufrechter, astloser, gerillter Stengel treibt, die jeden Winter bis auf den Boden absterben.
Die gegenständigen Blätter sind einfach bis doppelt gefiedert und gestielt. Ihre Teilblättchen und die krautigen Nebenblätter am Stielgrund haben einen ringsum scharf gezähnten Rand.
Die kleinen, verwachsenkronblättrigen, 5zipfligen Blüten stehen in üppigen, flachen, meist dreiästigen Trugdolden an den Enden der Stengel.
Die flach ausgebreitete Krone ist weiß oder rosa angehaucht, die Staubbeutel sind rotviolett und werden später schwarz. Die Blüten duften schwach nach Bittermandel.
Die eikugeligen, schwarzglänzenden Beeren enthalten meist 3 Samen. Sie sitzen auf rotviolett verfärbten Stielen. Durch Vögel werden sie weit verschleppt.
Die Pflanze blüht von Juni bis August

Waldmeister

Zwerg-Holunder

Pfirsichblättrige Glockenblume

Zweihäusiges Katzenpfötchen

und wächst auf Kahlschlägen und Lichtungen, an Schuttstellen und Wegen vom Tiefland bis in Mittelgebirgslagen. Im Mittelalter wurde sie oft angepflanzt, um bestimmte Krankheiten abzuweisen. Sie ist vom Mittelmeerraum bis nach Mitteleuropa und Westasien verbreitet.

Die Früchte wurden früher wie der Wurzelstock bei Wassersucht und Erkrankungen der Harnwege verwendet. Wenn auch Untersuchungen ergaben, daß sie keine oder nur geringe Spuren von Giftstoffen enthalten, ist doch Vorsicht geboten, da ihr Genuß, vor allem bei Kindern, schon heftiges Erbrechen und Durchfall zur Folge hatte. Pferde sind schon durch das Laub vergiftet worden.

Pfirsichblättrige Glockenblume
Campanula persicifolia

Die ausdauernde, bis zu 120 cm hohe Pflanze hat einen dicken, kriechenden Wurzelstock und aufrechte, nur selten verzweigte, locker beblätterte Stengel, die in geringer Menge weißen Milchsaft führen.

Die in einen kurzen Stiel verschmälerten, lanzettlichen unteren Stengelblätter gehen nach oben zu in sehr schmale, sitzende über. Sie sind kahl, höchstens am Rand etwas gewimpert, sonst ganzrandig oder schwach gekerbt bis klein gesägt.

Die gestielten Blüten sind bis zu 4 cm lang. Ihr Fruchtknoten ist unterständig, der Kelch in 5 schmale, mehr oder weniger abstehende Zipfel gespalten, die tiefblaue bis blauviolette, selten weiße Krone breitglockig auf etwa $^{2}/_{3}$ verwachsen.

Die Frucht ist eine über 1 cm lange Kapsel, die einen Schopf aus den vertrockneten Kelch- und Kronblättern trägt. Sie öffnet sich mit 3 Löchern unmittelbar unterhalb dieses Schopfes.

Die Pflanze blüht von Juni bis September in Wäldern, auf Waldlichtungen und an Waldsäumen sowie in Gebüschen. Sie findet sich zerstreut von den Niederungen bis in mittlere Gebirgslagen, selten höher. Ihr Verbreitungsareal erstreckt sich über Europa, Sibirien und Kleinasien.

Die sehr veränderliche Art wird in zahlreichen, verschiedenfarbigen (auch gefüllten) Formen als Zierpflanze in Gärtnereien gezüchtet.

Hain-Greiskraut
Senecio nemorensis

Die ausdauernde, bis zu 150 cm hohe Pflanze hat einen kurzen, zuweilen ausläufertreibenden Wurzelstock und aufrechte, kantige, dicht beblätterte Stengel, die meist erst im Blütenstand verzweigt sind.

Die eiförmigen bis lanzettlichen Blätter sitzen mit verschmälertem Grund wechselständig am Stengel. Sie sind ringsum gezähnt und reichen eigentümlich, doch nicht unangenehmen. Die gelben Blüten stehen in Körbchen, die von einer walzlichen Hülle umgeben sind. Im Zentrum befinden sich die Röhrenblüten, umgeben von einem Kranz aus meist nur 5 Zungenblüten. Die Körbchen bilden flach ausgebreitete Doldenrispen.

Die Früchte sind Nüßchen mit einem langwolligen Haarschopf (Flugverbreitung). Man vergleicht ihre Fruchtstände mit einem bald verkahlenden, weißhaarigen Greisenhaupt (*senex,* lat. = Greis). Die Eindeutschung des wissen-

Strauß-Wucherblume

Hain-Greiskraut

schaftlichen Namens wurde mancherorts mundartlich in „Kreuzkraut“ umgewandelt.

Die Pflanze blüht von Juli bis August, gedeiht meist truppweise in Wäldern, auf Waldschlägen und an Waldsäumen vom Tiefland bis ins Gebirge und kommt in fast ganz Europa, in Sibirien und im Kaukasusgebiet vor. Sie ist besonders hinsichtlich der Blattform sehr veränderlich, und es wurden auch schon mehrere Arten unterschieden.

Im Mittelalter galt das Gewächs als Heilpflanze und wurde vor allem zu Wundpflaster verwendet.

Strauß-Wucherblume
Chrysanthemum corymbosum

Die Staude treibt aus schief aufsteigendem Wurzelstock aufrechte, wechselständig beblätterte, bis über 1 m hohe, erst im Blütenstand verästelte Stengel.

Die unteren der 2- bis 7jochig fiedrig geteilten Blätter sind gestielt. Die einzelnen Abschnitte sind ringsum doppelt gesägt bis fiederschnittig.

Die Blüten stehen in Körbchen mit eiförmiger Hülle. Die Scheibenblüten sind röhrenförmig und gelb, die weißen Randblüten zungenförmig. Die Körbchen stehen zu 3 bis 10 in einem Ebenstrauß.

Die wärme- und kalkliebende Pflanze blüht von Juli bis August in lichten Wäldern und Gebüschen von den Niederungen bis in die oberste Bergregion. Sie kommt im gemäßigten, wintermilden Eurasien vor. Alle Teile riechen angenehm. Die Blütenkörbchen enthalten Schutzstoffe, welche Insektenfraß verhindern, indem sie die Tiere abschrekken oder töten. Man hat mancherorts versucht, daraus ein Insektenpulver zu gewinnen, doch sind nahe verwandte Arten noch viel wirksamer.

Zweihäusiges Katzenpfötchen
Antennaria dioica

Das ausdauernde, 5 bis 25 cm hohe Pflänzchen hat einen kriechenden Wurzelstock mit oberirdischen, beblätterten Ausläufern und einer Grundblattrosette. Dadurch wird der Wuchs polsterförmig. Alle Pflanzenteile sind grauseidig bis weißfilzig behaart.

Die aufrechten Stengel sind nur im trugdoldigen Blütenstand verzweigt und dicht mit lanzettlichen bis linealen Blättern besetzt.

Die Grundblätter und die der Ausläufer sind mehr spaltig und gegen die Basis stielartig verschmälert. Die unscheinbaren, schmutzigrötlichen Röhrenblüten stehen in Körbchen, deren strohblumenartige Hüllblätter gefärbt sind. Es gibt Pflanzen, deren Körbchen nur weibliche Blüten enthalten und solche, bei denen männliche und zwittrige gemischt vorhanden sind (eine echte Zweihäusigkeit — Diözie — liegt also gar nicht vor). In der Regel sind die Zwitterblüten blaßgelb bis rötlich und ihre Körbchenhüllen weiß, selten rot — dagegen sind die weiblichen Blüten rotviolett bis bleichrosa und die Hüllblätter ihrer Körbchen tiefrot, selten rosa bis weiß. Die 3 bis 13 Körbchen eines Stengels sind gleichgefärbt.

Die Pflanze blüht von Mai bis Juli und erscheint sehr zerstreut, aber meist in größeren Trupps in trockenen, lichten Wäldern, Rasen, Weiden und Heiden auf kalkarmen Böden von den Niederungen bis über die Waldgrenze hinaus. Sie findet sich fast auf der ganzen gemäßigten Nordhalbkugel.

Die Blütenkörbchen sind sehr dauerhaft und wurden früher für Trockensträuße gepflückt.

Türkenbund-Lilie
Lilium martagon

Die ausdauernde, 30 bis 120 cm hohe Pflanze besitzt eine goldgelbe, unterirdische Schuppenzwiebel, nach der sie auch „Goldwurz“ benannt wird und die vor allem bei den Alchimisten große Beachtung fand.

Die aufrechten Stengel sind meist rötlich gefleckt, in der Mitte dicht, fast quirlig, im übrigen Bereich entfernt wechselständig beblättert.

Die parallelnervigen, ganzrandigen Blätter sind ei-lanzettlich und nach beiden Seiten zugespitzt.

Die großen, nickenden Blüten stehen in endständigen, 3- bis 10zähligen Trau-

ben. Ihre einfache Blütenhülle setzt sich aus 6 schmutzigpurpurroten, braungefleckten Blumenblättern zusammen, die 3 bis 4 cm lang und zurückgerollt sind. Die Anordnung erinnert an einen Turban (= Türkenbund); 6 lange Staubfäden mit roten Staubbeuteln sowie ein langer Griffel ragen nach unten. Die stark duftenden Blüten werden von Nachtfaltern bestäubt.
Die kalkliebende Pflanze blüht von Juni bis August in Laubwäldern, Schluchten und auf Schlägen von den Niederungen bis ins Gebirge. Sie kommt im gemäßigten Eurasien vor. Bei uns ist sie selten und steht unter vollkommenem Schutz. Nicht nur Gartenliebhaber stellten ihr nach, auch Rehe fressen mit Vorliebe die Blütenknospen ab (als Aphrodisiacum?), und Wildschweine brechen begierig nach der Zwiebel. Durch eine besondere Einrichtung, nämlich sich verkürzende Zugwurzeln, können die Überlebenden einer solchen Wühlaktion wieder nachträglich die geeignete Bodentiefe erlangen.

Maiglöckchen
Convallaria majalis

Die ausdauernde, bis zu 30 cm hohe Pflanze hat einen kriechenden, gegliederten Wurzelstock, aus dem jedes Jahr 2 bis 3 gestielte, elliptisch-lanzettliche, ganzrandige Blätter hervorgehen. An ihrer Seite erscheint aus der Achsel einer scheidigen Schuppe ein Blütenstengel, der meist kürzer als die Blätter ist.
Er trägt eine einseitswendige Traube aus stark duftenden, weißen bis rahmgelben Blüten, deren einfache Hülle glöckchenartig verwachsen ist.
Die Früchte sind rote, kugelige, mehrsamige Beeren. Die Pflanze blüht im Mai und Juni und bildet meist große (oft kaum blühende) Bestände in Laub- und Auwäldern, Gebüschen und alpinen Rasen in warmer Lage. Sie ist vom Tiefland bis ins Gebirge häufig und wächst fast auf der ganzen gemäßigten Nordhalbkugel.
Nach Naturschutzgesetz dürfen die

Maiglöckchen

Türkenbund-Lilie

Zweiblättrige Schattenblume

Pflanzen nicht ausgegraben und die oberirdischen Teile nicht für gewerbliche Zwecke gepflückt werden. Sie enthalten Herzgifte, Saponine, ätherische Öle, Alkaloide, Säuren und Kristalle von Kalziumkarbonat. Die Giftstoffe diffundieren auch in das Wasser der Vasen, in denen Maiglöckchen stehen. Vergiftungen durch Beeren oder das Kauen von Blütenstielen sind schon bekannt geworden.
Die Herzgifte ähneln denen des Fingerhuts und finden in der Heilkunde die gleiche Verwendung. Pulver aus getrockneten Blüten wurde Schnupftabak beigemengt, die Duftstoffe werden in der Parfümerie gebraucht.

Vierblättrige Einbeere
Paris quadrifolia

Die ausdauernde Pflanze treibt aus den Schuppenachseln ihres kriechenden Wurzelstockes aufrechte, 10 bis 30 cm hohe Stengel, die in der Regel einen einzigen, 4- (3- bis 7-) blättrigen Laubquirl und darüber eine gestielte, endständige 4- (5-) zählige Blüte tragen. Die ungestielten, ganzrandigen, netzadrigen Laubblätter sind breit elliptisch und spitz. Die Blüte setzt sich in der Regel aus 4 äußeren, hellgrünen, schmalen, 2 bis 3 cm langen, abstehenden und 4 etwas kürzeren und schmäleren gelblichen Blütenblättern zusammen. Die gelben Staubbeutel tragen eine grünliche Spitze.
Zur Fruchtzeit sind alle diese Teile noch erhalten und nach unten geschlagen; über ihnen erhebt sich nun die kugelige, blauschwarze, bis 12 mm breite Beere. Diese wird mit dem Zankapfel der Eris verglichen, während die 4 Laubblätter den Paris und die 3 Göttinen Aphrodite, Athene und Hera symbolisieren.
Die Pflanze blüht von Mai bis Juni und gedeiht in Misch-, Laub- und Auwäldern; häufig vom Tiefland bis in die Bergregion (hier auch in Tannenbeständen), in Gebirgslagen zerstreut bis selten. Sie kommt im (kalt)gemäßigten Eu-

Vierblättrige Einbeere

Vielblütige Weißwurz

Schneeglöckchen

ropa vor und findet sich ostwärts bis zum Altai.
Die ganze Pflanze — einschließlich der Beere — ist giftig. Sie enthält das widerlich schmeckende, bittere Saponin Paristyphin. Das Gewächs wurde früher als Hausmittel gegen ansteckende Krankheiten verwendet.

Vielblütige Weißwurz
Polygonatum multiflorum

Die ausdauernde, bis zu 1 m hohe Pflanze hat einen dicken, weißen, knorrigen, verzweigten Wurzelstock, aus dem alljährlich beblätterte Blütensprosse hervorgehen, die nachher rundliche Narben hinterlassen.
Die rundlichen, meist etwas übergebogenen Stengel tragen wechselständige, zweiseitig gestellte, ganzrandige, ungestielte Laubblätter von eiförmigem Umriß, in deren Achseln kurzgestielte, 2- bis 5zählige Blütentrauben hängen.
Die einfache Blütenhülle ist verwachsen, schmalröhrig und weiß mit 6 kurzen grünlichen Zipfeln.
Die Früchte sind anfangs rote, später blauschwarze, rundliche Beeren von widerlich-süßlichem Geschmack. Die kalkliebende Pflanze blüht von Mai bis Juni und besiedelt schattige Laubwälder, seltener Nadelgehölze vom Tiefland bis in Mittelgebirgslagen. Sie kommt auf der ganzen gemäßigten Nordhalbkugel vor. Das Gewächs enthält dieselben giftigen Glykoside wie das Maiglöckchen, doch in nicht ganz so starker Konzentration.
Der weiße Wurzelstock (Name!) mit seinen vielen wulstig gesäumten Narben (*polys,* gr. = viel; *gony,* gr. = Knoten, Buckel) hat schon seit alters die Phantasie der Leute beflügelt. Sie sahen in den kreisrunden Vertiefungen das Königssiegel Salomons, des mächtigen, reichen Herrschers aus biblischen Zeiten — daher auch der Name Salomonssiegel für unsere Pflanze. Die echten, d. h. von Salomon selbst gesiegelten Wurzeln, sollten die geheimnisvolle Kraft besitzen, als „Springwurz" verborgene Eingänge zu Schatzkammern aufsprengen zu können. Doch nur Spechte sollten um das Vorkommen der wirksamen Wurzeln wissen. Um eine zu erlangen, mußte man also eine Spechthöhle verkeilen, solange ihr Besitzer abwesend war. Wenn er kam und den Schaden bemerkte, suchte er den geheimen Standort auf. Nun brauchte man ihn nur zu erschrekken, wenn er zurückgeflogen kam, so daß er die Springwurz fallen ließ, und alle Schätze der Erde waren einem plötzlich zugänglich. In trockenen, lichten Wäldern und Gebüschen gedeiht auch die seltenere Gemeine Weißwurz. *Polygonatum odoratum.*
Sie besiedelt die wärmsten Lagen. Ihr kantiger Stengel wird kaum über 50 cm hoch. Die Blüten duften angenehm und entspringen einzeln aus den Blattachseln.

Zweiblättrige Schattenblume
Majanthemum bifolium

Das ausdauernde, zierliche Pflänzchen hat einen dünnen, wenig verästelten Wurzelstock und 5 bis 20 cm hohe, aufrechte Stengel, die bis über die Mitte blattlos sind. Im oberen Teil tragen sie meist 2 (1 bis 3) genäherte, herz-eiförmige, ganzrandige, auffällig bogennervige, kurzgestielte Blätter.
Der Blütenstand ist eine endständige Traubenrispe. Seine 4zähligen, knapp $^1/_2$ cm breiten Blütchen duften angenehm. Die einfache, strahlig ausgebreitete Blütenhülle ist weißlich bis gelblich gefärbt. Die Früchte sind Beeren, enthalten aber meist nur einen Samen.
Die Pflanze blüht von April bis Juni in schattigen (Name!) humosen Wäldern vom Tiefland bis ins Gebirge und ist über die ganze nördlich gemäßigte Zone verbreitet (*Majus,* lat. = Mai; *anthemon,* gr. = Blüte). Sie enthält dieselben Gifte wie das Maiglöckchen.

Schneeglöckchen
Galanthus nivalis

Die ausdauernde, bis zu 20 cm hohe

Zwiebelpflanze treibt oft noch vor der Schneeschmelze 2 lineale, bläulichgrüne Grundblätter und einen aufrechten Stengel, der an der Spitze ein häutiges, grüngesäumtes Tragblatt und eine gestielte, nickende Blüte trägt.
Diese besitzt 3 kurze, grünspitzige innere und 3 abstehende, längere, reinweiße äußere Hüllblätter. Sie duftet angenehm. Die Blütezeit ist Februar und März. Bald darauf verwelkt die ganze Pflanze.
Die Samen der Kapselfrüchte tragen ein Anhängsel, das Ameisen gern fressen (Ameisenverbreitung).
Die Pflanze wächst von den Niederungen bis ins Mittelgebirge und findet sich sehr selten wild in Auwäldern, lichten Hainen und feuchten Gebüschen. Sie kommt jedoch in Gärten und oft in Baumwiesen vor. Ihr Areal erstreckt sich von den Pyrenäen bis zum Kaukasus. Die beliebte Frühjahrskünderin ist bei uns an ihren natürlichen Standorten vollkommen geschützt.

Rotbrauner Frauenschuh
Cypripedium calceolus

Die ausdauernde Pflanze treibt aus kurzkriechendem, schuppigem Wurzelstock aufrechte, bis über 50 cm hohe Stengel, die mit 3 bis 4 wechselständigen, stengelumfassend sitzenden, längsfaltigen, breit-eiförmig zugespitzten Blättern besetzt sind.
An der Stengelspitze erscheint meist nur 1 (selten 2 bis 4) auffallende, große, eigenartig geformte Blüte aus der Achsel eines krautigen Tragblattes. Von den 5 rotbraunen (selten gelben) langen, schmalen Außenblättern sind die beiden unteren (zu einer zweizipfligen Einheit) verwachsen, das letzte Blütenblatt ist zu einer gelben, innen rotbraun punktierten und geäderten, sackartig aufgeblasenen Lippe umgewandelt.
Diesem „Schuh" mit seinen rotbraunen „Bändern" verdankt die Pflanze ihren wissenschaftlichen Namen (*Kypris*, ein Beiname der Aphrodite; *pedilon*, gr. = Schuh; *calceolus*, lat. = Schühchen; an sich ein Pleonasmus), der, mit Abwandlungen, in viele Sprachen übernommen wurde. Der „Venusschuh" ist eine gut durchkonstruierte Kesselfalle, die von kleinen Fliegen ihres Glanzes wegen angeflogen wird. Sobald sie in die obere Öffnung eingeflogen sind und sich niedergelassen haben, gibt es für sie nur einen Weg, um aus dem futterlosen Gehäuse zu entkommen. Sie können nicht mehr auffliegen, weil sie zu wenig Startraum haben; die gewölbten Wände gestatten auch kein Überklettern. Nur gegen den Stiel zu führt eine leicht ansteigende Rampe über die Narbe (an der Pollen eines früheren „Reinfalls" abgestreift werden) und danach erst über die Staubbeutel (wo sie sich mit Pollen einpudern) in die Freiheit. Die wärme- und kalkliebende Pflanze blüht im Mai und Juni und erscheint — nur noch selten — in schattigen Laub- und Nadelwäldern vom Tiefland bis in die Knieholzbestände der Gebirge. Sie kommt von Mittel- und Nordeuropa bis nach Sibirien und Kaukasien vor.
Bei uns ist sie vollkommen geschützt.

Rotbrauner Frauenschuh

Breitblättrige Sumpfwurz

Breitblättrige Sumpfwurz
Epipactis helleborine

Die ausdauernde Pflanze hat einen kurzen, dicken Wurzelstock, aus dem kräftige, aufrechte, bis über 50 cm hohe, wechselständig beblätterte Stengel entspringen. Sie machen einen sehr stabilen Eindruck, weshalb die Pflanze im Süddeutschen oft Stendel (oder Stendelwurz; zu: stehen), im Norddeutschen Sitter (zu: breit, behäbig sitzen) genannt wird.)
Die breitlanzettlichen Blätter sitzen mit stengelumfassendem Grund. Die mittleren sind die größten; nach oben zu gehen sie allmählich in Tragblätter über.
Die ungespornten, grünlichen bis rötlichen, selten auch weißen Blüten stehen in lockerer, einseitswendiger Traube; 5 Hüllblätter spreizen zur Blütezeit ab, das 6. ist zu einer zweigliedrig quergeteilten Lippe umgestaltet. Im hinteren Glied wird Nektar abgeschieden, das vordere dient als Landeplatz für Insekten (Wespen), die ganze Pollenpakete mit dem Kopf abstreifen und sie der

Narbe der nächsten Blüte wieder anheften. Der anfangs stark, zur Blüte noch schwach übergebogene Tragstiel rückt die Blume in die richtige Anflugstellung. Die sehr veränderliche Art blüht von Juni bis September und wächst recht häufig in Wäldern aller Art, in Gebüschen und auf Waldwiesen. Sie kommt von den Niederungen bis in Mittelgebirgslagen im gemäßigten Eurasien und in Nordafrika vor.

Von den anderen Arten dieser Gattung erscheit die Schwarzrote Sumpfwurz. *Epipactis atrorubens,* auf kalkhaltigem Untergrund in lichten Wäldern — in Kieferngebiet auch auf Sandböden. Sie hat sehr kleine, purpurbraune, nach Vanille (oder Kakao) duftende Blüten und sehr schmale, oft auch rötlich überlaufene Blätter.

Nestwurz

Nestwurz
Neottia nidus-avis

Die ausdauernde, ca. 15 bis 20 cm hohe, blattgrünlose, wachsartig-gelbbraune Pflanze hat einen kurzen Wurzelstock mit vielen fleischigen Wurzeln, die wie ein Nest untereinander verflochten sind (Name!; *neottia,* gr. = Nest; *nidus,* lat. = Nest; *avis,* lat. = Vogel).

Die aufrechten, dicken Stengel tragen nur einige Schuppenblätter und an der Spitze eine lockere Traube aus 10 bis 30 Blüten. Diese duften schwach nach Honig und haben eine gelbbraune, spornlose Blütenhülle, die aus einer ca. 1 cm langen, 2lappigen Lippe und 5 helmartig zusammenneigenden, kaum ½ cm langen oberen Blütenblättern besteht.

Gefleckter Aronstab

Die Nestwurz ist eine Moderpflanze (Saprophyt), die mit einem Wurzelpilz in Symbiose lebt. Sie blüht im Mai und Juni; ihre verdorrten Stengel bleiben den ganzen Winter über stehen. Sie gedeiht in Buchen-, anderen Laub- und Mischwäldern, auf lehmig-kalkigem Boden vom Tiefland bis ins Mittelgebirge und kommt in Europa bis zum Kaukasus und Ural vor.

Gefleckter Aronstab
Arum maculatum

Die ausdauernde, 20 bis 40 cm hohe Pflanze entwickelt sich aus einer unterirdischen, hasel- bis walnußgroßen, weißfleischigen, stärkereichen Knolle.

Die Grundblätter sind meist länger als der Blütenstand. Sie sind langgestielt und haben eine lang-eiförmige, ganzrandige, am Grund pfeilförmige Spreite, die einfarbig grün oder dunkler gefleckt sein kann (Name!; *macula,* lat. = Fleck, Makel). Der Blattstiel verbreitert sich unten zu einer bleichen Scheide.

Zwischen den Blättern erscheint der aufrechte Stengel mit dem endständigen Blütenstand. Dieser wird von einem bis zu 15 cm langen, weißlichgrünen oder rötlich angehauchten Hüllblatt (Spatha) umgeben, das im unteren Teil tütenförmig eingerollt, gegen die Mitte zu verengt und erst oben flach ausgebreitet ist. Aus der Verengung ragt die nackte, keulig verdickte. meist braunrot gefärbte Spitze des Blütenkolbens. Im unteren Kolbenteil stehen weibliche, in einigem Abstand darüber männliche Blüten, beide ohne jede Blütenhülle. Noch höher findet sich ein Kranz steriler Blüten, die aus zwiebelartig verdickter Basis in starre, waagerechte, gegen die Spitze zu abwärts gekrümmte Borsten auslaufen. Die ganze Einrichtung ist eine Kessel-Reusenfalle zur Sicherstellung der Bestäubung. Die Fliegen werden vom Harngeruch des Kolbens angelockt und kriechen über die Endkeule nach unten, wo sie nektarhaltigen Saft vorfinden und die Temperatur gegenüber dem Freiland um 15° höher sein kann. Aus dem angenehmen Gefängnis können sie aber erst wieder entweichen, wenn die nach abwärts gekrümmten Reusenborsten verwelken. Kurz vorher werden die Staubbeutel reif und bepudern die Gä-

ste mit Pollen, welchen sie dann im nächsten Blütenstand beim Herumkriechen auf den Narben abstreifen. Nach der Bestäubung verwelken die Grundblätter, die Spatha und der obere Kolbenteil. Nur der Stengel und die wenigsamigen, bei der Reife rot verfärbenden Beeren dauern bis zum Herbst aus.
Die kalkliebende Pflanze blüht von April bis Mai in feuchtschattigen Wäldern und Gebüschen vom Tiefland bis über die Bergregion. Man findet sie in West-, Mittel- und Südeuropa, Nordafrika und Kaukasien. Alle Teile sind durch Blausäure-Glykoside und Aroin giftig. Durch Trocknen oder Hitze werden die Gifte zerstört. So können die mehlreichen Knollen für die menschliche Ernährung nutzbar gemacht werden
Das seltsame Gewächs galt früher als Zauber- und Orakelpflanze; es wurde auch als Amulett getragen.

Gemeine Fichte (Rottanne)

Picea abies

Der bis zu 50 m hohe Baum hat ein flaches und nicht weit ausgebreitetes Wurzelwerk ohne Pfahlwurzel, so daß er leicht vom Wind geworfen werden kann, wenn er im dichten Bestand aufgewachsen ist und seine unteren Äste nicht entwickeln konnte, die im freien Stand durch breitausladenden Wuchs den Schwerpunkt weit nach unten verlagern.
Die Krone ist schlank pyramidenförmig, die Zweige bilden regelmäßige Quirle. Trotzdem hat fast jeder Baum seinen individuellen Wuchs. Der Forstmann sagt: „Jede Fichte hat ein anderes Gesichte".
Die vierkantigen Nadeln sind an den Zweigen nach zwei Seiten gescheitelt. Sie bleiben bis zu 7 Jahre am Baum und bilden nach dem Abwurf eine nur schwer verrottende, humussaure Streu.
Die Blüten sind, getrennt nach Geschlechtern, zu Zapfen angeordnet. Die männlichen sind erst rot, dann gelb und erscheinen an den vorjährigen Zweigen. Die weiblichen sind ebenfalls rot, hängen nach der Bestäubung über und entwickeln sich zu langen, zigarrenförmigen, grünen, später braunen Schuppengebilden, die oft erst im nächsten Frühjahr als Ganzes abfallen. Durch Auseinanderspreizen der Schuppen bei Trokkenheit haben sie dann allerdings schon ihre geflügelten Samen entlassen.
Die Fichte blüht von April bis Juni. Sie war früher europäischer Gebirgsbaum, wird aber heute wegen ihrer Raschwüchsigkeit überall angepflanzt und liefert Brenn-, Bau- und Papierholz, das einen rötlichen Stich hat, weshalb sie auch Rottanne genannt wird. Sie liefert neben Weihnachtsbäumen, Deck- und Schmuckreisig auch Gerbrinde und Harz, das zu Terpentin und Kolophonium verarbeitet werden kann. Die Nadeln enthalten Duftessenzen und medizinische Wirkstoffe.

Weiß-Tanne

Abies alba

Der stattliche, hellgraurindige, bis zu 60 m hohe Baum hat einen aufrechten Stamm und eine pyramiden- bis walzenförmige Krone, die sich bei alten Exemplaren, die ihre unteren Äste abgeworfen haben, zu dem charakteristischen „Storchennest" umbildet. Die Hauptzweige hängen nicht nach unten durch wie bei der vorigen Art, sondern stehen waagerecht ab, und ihre Nebenzweige sind sogar aufgerichtet. Durch eine tiefreichende Pfahlwurzel erlangt der Baum einen sicheren Stand.
Die spiralig gestellten Nadeln sind an waagerechten Zweigen nach beiden Seiten gedreht (gescheitelt). Sie sitzen mit einer kreisrunden Stielscheibe an, sind flach, vorne abgerundet und tragen unterseits 2 weißliche Wachslängsstreifen.
Der Baum blüht von Mai bis Juni. Die männlichen Blüten sitzen als walzenförmige, gelbliche Zäpfchen in den Nadelachseln, die grünlichen weiblichen Zapfen sind bedeutend länger und stehen senkrecht auf dem Rücken stärkerer Zweige. Sie bleiben auch zur Reife aufrecht und zerfallen am Baum, bis auf

Gemeine Fichte (Rottanne)

Weiß-Tanne

die fast bleistiftdicke Spindel, in die einzelnen Schuppen und Samen.
Wildwachsende Weiß-Tannen findet man in den Berg- und Mittelgebirgslagen Süd-, Mittel- und Osteuropas sowie in Kleinasien. Durch Aufforstung wurde aber diese Art weit über die Grenzen ihres ursprünglichen Areals hinaus verbreitet.
Das leichte, gelbliche Holz mit deutlich ausgeprägten Jahresringen ist sehr widerstandsfähig gegen Feuchtigkeit und hat keine Harzkanäle (diese sind nur in der Rinde). Es wird als Werk- und Bauholz noch höher geschätzt als das der Rottanne, weshalb unsere Art auch Edeltanne genannt wird. Als Schmuck- und Deckreis sowie als Christbaum

Gemeine Kiefer (Föhre, Forche)

wird ihr größere Beständigkeit nachgesagt. Sie ist allerdings lange nicht so anpassungsfähig wie die Fichte und stellt vor allem an Niederschlag und Luftfeuchtigkeit hohe Ansprüche, so daß sie nicht überall kultiviert werden kann. In Grenzlagen leidet sie oft sehr unter Befall von Tannenläusen oder Misteln und bekommt leicht auch die „Hexenbesenkrankheit". Dagegen wächst sie z. B. in den Höhenlagen des (relativ) meernahen und damit niederschlagsreichen Schwarzwaldes zu solchen vitalen Prachtgestalten heran, wie wir sie dort als „Holländertannen" (einstmals als Mastbäume nach den Niederlanden geflößt) bewundern können: Stämme von 60 m Höhe und nahezu 10 m Umfang.

Gemeine Kiefer (Föhre, Forche)

Pinus sylvestris

Der bis zu 40 m hohe Baum hat eine dicke Pfahlwurzel und eine unregelmäßig ausladende Schirmkrone. Der selten ganz gerade, hoch hinauf (durch Abwurf) astlose Stamm trägt im oberen Teil meist gekrümmte Äste. Junge Rinde ist braun bis grün, alte rötlich und abschilfernd, zuletzt dick borkig.

Die 5 bis 7 cm langen, bläulichgrünen Nadeln stehen immer zu zweien auf höckerförmigen Kurztrieben. Etwa im Mai wachsen die neuen Zweige heran, deren Nadeln zunächst von einer Silberhaut umgeben sind. An der Basis dieser Maitriebe sitzen in Mengen die gelben, männlichen Zäpfchen, während die roten, weiblichen Zapfenblüten einzeln oder zu zweit an den Triebenden erscheinen. Die erst grünen, später braunschwarzen, eikegeligen Fruchtzapfen reifen im 3. Jahr. Der Baum blüht von Mai bis Juni und wuchs ursprünglich auf sandigen Böden des nördlich gemäßigten Eurasiens vom Tiefland bis in Mittelgebirgslagen. Heute wird er weit über seine Arealgrenzen hinaus aufgeforstet. Das harzreiche, weiche, doch gegen Fäulnis sehr widerstandsfähige Holz findet als Bau-, Werk- und Brennholz vielseitige Verwendung. Es liefert Harz, Pech, Teer und Terpentin; zerfaserte Nadeln ergeben „Waldwolle", ein Füllmaterial, das auch — gemengt mit anderen Fasern — zu „Gesundheitsflanell" versponnen wird. Die Nadeln enthalten Pinosolvin, ein Bakteriocid. Knospenöl ist ein Hausmittel bei Rheuma.

Europäische Lärche

Larix decidua

Der bis zu 50 m hohe Baum hat eine mächtige Wurzel, einen geraden, im Alter weit hinauf astlosen Stamm und eine kegelige, aufgelockerte Krone, deren Hauptäste aus waagerechtem Ansatz flachbogig aufstreben, während die Seitenzweige herabhängen. Bei sehr alten Exemplaren — Lärchen werden bis über 500 Jahre alt — wird die Krone gerne etwas windschief. Die Rinde reißt bald (vor allem an der Stammbasis) zu einer mächtigen, braunroten Borke auf. An den Jungtrieben entwickeln sich alsbald knotenartige Kurztriebe, die ganze Büschel hellgrüner Nadeln tragen. Die Nadeln der Langtriebe sind einzeln und spiralig gestellt. Die dünnen, abgeflachten, ca. 3 cm langen Nadeln fallen im Herbst ab. Die Lärche ist unser einziger Nadelbaum, der im Winter verkahlt. Wie bei den Laubbäumen, kommt es zu einer (leuchtend gelbbraunen) Herbstverfärbung. Zusammen mit den neuen Nadeln erscheinen — ja nach Höhenlage — im April, Mai oder Juni die kugeligen, gelben, männlichen und die eiförmigen, auffällig karminroten, weiblichen Zapfenblüten, die nach der Bestäubung bis zum Herbst zu 3 bis 4 cm langen, hellbraunen Schuppenzapfen heranreifen. Während die männlichen Blüten nach abwärts gerichtet sind, stehen die weiblichen und die Fruchtzapfen meist steil nach oben.

Das natürliche Verbreitungsgebiet des Baumes ist der Alpen-Karpaten-Zug, wo die Pflanze oft von den Tälern aufwärts bis zu einer Höhe von über 2000 m wächst. Aus alten Holzbauten läßt sich schließen, daß er früher weiter nach Norden und vor allem nach Osten

Europäische Lärche

verbreitet gewesen sein muß. Heute wird er in ganz Mittel- und Nordeuropa forstmäßig angebaut, es hat sich aber gezeigt, daß er nur in sommerwarmer, lufttrockener Klimalage gut gedeiht, während er im wintermilden Seeklima kränkelt. Da er viel Licht benötigt, hat man ihn oft an Waldwegen angepflanzt. Das wertvolle, zäh-elastische und gegen Feuchtigkeit widerstandsfähige Holz eignet sich besonders für Schreinerarbeiten. Früher ergab es auch Schiffsmasten, Röhren und Schindeln.

Lärchenharz ist weich und hat eine Konsistenz wie Honig. Der lateinische Name, welcher direkt als wissenschaftliche Bezeichnung übernommen wurde, hängt mit dieser Eigenschaft zusammen, da er sich von *laridum*, lat. = Fett ableiten soll. Das Harz wurde als Baumfett betrachtet. Es galt in den Alpenländern als Hausmittel gegen Erkältungen und wurde zur Herstellung von hautreizenden Pflastern verwendet.

Himbeere

Rubus idaeus

Die Schößlinge dieses Strauches sind, besonders im unteren Teil, dicht mit rot-

Himbeere

Brombeere

Alpen-Rose

braunen, dünnen Stacheln besetzt. Die einjährigen Triebe stehen meist aufrecht und sind verzweigt; im nächsten Jahr verlängern sie sich rutenförmig und neigen oft bogig über. Zuweilen bewurzeln sie sich an der Spitze, wenn diese Bodenberührung hat. Außerdem treibt die Pflanze viele unterirdische Ausläufer, welche bald ein fast undurchdringbares Gestrüpp bilden.

Die Blätter sind 5zählig gefiedert, ihre gesägten, eiförmigen Teilblättchen unterseits blaugrau.

Die weißen, 5zähligen Blüten mit vielen Staubblättern und Stempeln stehen in trugdoldigen Rispen.

Die Fruchtknoten reifen zu einsamigen Steinfrüchten, welche zu einer kegelförmigen, gelben oder meist roten Sammelfrucht zusammenwachsen, die als Ganzes vom zapfenförmig aufgewölbten Fruchtboden abfällt. Der Strauch blüht von Mai bis Juni und überzieht oft in ausgedehnten Beständen Schläge, lichte Stellen und Wegränder in den Wäldern vom Tiefland bis ins Gebirge. Er ist über die nördlich gemäßigte Zone weit verbreitet, im Süden zieht er sich in Gebirgslagen zurück. Die Art wird seit dem Mittelalter als Beerenobst kultiviert und liegt in vielen Zuchtrassen vor, doch versichern Kenner, daß wilde Himbeeren immer noch an Wohlgeschmack und Aroma unübertroffen seien. Die Beeren werden gesammelt und zu Speisen zubereitet oder konserviert. Marmeladen, Gelees, Saft, Sirup, Liköre und Schnäpse werden aus ihnen hergestellt.

Brombeere

Rubus fruticosus

Die vielgestaltige Sippe der Brombeeren ist in ständiger Artneubildung begriffen. Einige Rassen kreuzen sich, andere entwickeln Samen ohne vorherige Befruchtung (Apomixie), dazu kommt gehäuft auftretende Polyploidie (innere Vermehrung der Chromosomen, d. h. des Erbgutes). Kenner unterscheiden in Mitteleuropa mehr als 50 Arten, noch mehr Zwischenformen und eine derzeit noch unüberschaubare Zahl lokaler Rassen. Wir fassen den ganzen Formenschwarm unter dem alten Linnéschen Namen zu einem Aggregat zusammen.

Die Pflanze ähnelt der Himbeere, doch kommt neben dem Bogenwuchs der kräftigen Zweige häufig auch bodennaher Kriechwuchs vor. Die Stacheln sind meist kräftiger und seitlich zugedrückt. Die oft stacheligen Blätter sind 3- bis 7zählig handförmig geteilt. Die Blüten haben haarige Kelche, weiße oder rosa überlaufene Kronen und stehen meist in aufrechten Rispen. Kennzeichnend ist auch die schwarze bis braunrote Sammelfrucht (nie bläulich bereift wie bei der Kratz- oder Kroatzbeere, *Rubus caesius*). Die Frucht verwächst mit dem Blütenboden und fällt ab; sie stellt also zugleich eine Scheinfrucht dar.

Blütezeit ist Mai bis August. Die Pflanze wächst in Wäldern aller Art, Gebüschen und auf Lichtungen vom Tiefland bis ins Gebirge. Sie ist über die ganze Nordhalbkugel verbreitet.

Die Früchte werden ähnlich genutzt wie die der Himbeere. Zuchtsorten sind ebenfalls im Handel. Schon die Griechen schätzten das Gewächs als Obst- und Heilpflanze. Die Blätter ergeben Schwarztee-Ersatz.

Wilde Vogelbeere

Sorbus aucuparia

Die Pflanze wächst meist als kleiner,

Wilde Vogelbeere

Im Wald

nur wenige Meter hoher Baum; selten werden 15 m erreicht, zuweilen ist der Wuchs strauchig.
Die Laubblätter sind unpaar, 4- bis 9jochig gefiedert, die Fiederblättchen länglich-lanzettlich, scharf gesägt und unterseits behaart. Entfernt erinnert das Blatt an das der Esche, weshalb die Pflanze auch Eberesche genannt wird (Eber = aber = falsch; wie Aberglaube). Die kleinen, schmutzigweißen, 5zähligen Blüten stehen in dichten Doldenrispen. Sie duften intensiv, doch mit etwas üblem Nebengeruch (nach Trimethylamin, Essenz der Heringslake).
Die Früchte, scharlachrote „Vogelbeeren", sind kugelig und enthalten nur wenige Samen. Sie stellen für viele Vogelarten ein beliebtes Futter dar. Diese verdauen nur das Fruchtfleisch und geben die Samen unbeschädigt ab. So kommt es, daß wir die äußerst genügsame Holzart oft aus Mauerfugen, auf Dächern, Türmen und als Überpflanze (Epiphyt) auf anderen Bäumen wachsen sehen.
Der Baum blüht von Mai bis Juli und wächst in lichten Wäldern, auf Lichtungen sowie auf felsigen Hängen. Er steigt vom Tiefland oft bis über die Waldgrenze empor und wird wegen seiner Genügsamkeit in höheren Lagen gerne als Straßenbaum gepflanzt, wo die anderen Alleebäume nicht mehr recht gedeihen. Auch in Gärten und Parks findet man ihn. Er auf der Nordhalbkugel weit verbreitet (nach Nordamerika eingeführt).
Das Holz ist nicht sehr wertvoll. Früher fand es in der Wagnerei und für Drechsel- und Schnitzarbeiten Verwendung. Blüten und Laub werden zu Gesundheitstee, die Rinde wurde zum Gerben verwendet.
Die herbschmeckenden, kaum giftigen Beeren sind sehr reich an Vitamin C und ergeben Gelee, Marmelade und Liköre, wenn man sie, zur Entfernung der Bitter- und Giftstoffe, mit Essig vorbehandelt. Zuchtrassen tragen große, süße, völlig giftfreie Beeren.

Alpen-Rose
Rosa pendulina

Der ausgebreitet niedrig wachsende oder bis zu 3 m hohe Strauch mit bogig überhängenden Ästen ist nur im unteren Teil zerstreut mit meist sehr schwachen Stacheln besetzt.
Die dunkelgrünen, zarten Laubblätter sind 3- bis 5jochig unpaar gefiedert, ihre Teilblättchen länglich-rund und am Rand bis dreifach scharf gesägt. Die Blüten erscheinen meist einzeln an kurzen Stielen. Der flaschenförmige Blütenboden ist oft mit drüsigen Borsten dicht besetzt. Die 5 tiefroten Kronblätter umschließen viele gelbe Staubbeutel und ein großes wollig-weißes Narbenköpfchen. Der Blütendurchmesser beträgt 5 bis 6 cm.
Der Blütenboden schließt zur Reife die einzelnen Nüßchen ein und bildet so mit ihnen eine Schein- und Sammelfrucht, die Hagebutte, welche bei unserer Art meist hängt, von flaschenförmiger Gestalt, rot und oft mit Borsten besetzt ist und einen langen Schopf verwelkter Kelchblätter trägt.
Die schatten- (und feuchtigkeits-)liebende Rose blüht von Mai bis Juli und wächst vom Vorgebirge bis über die Waldgrenze in alpinen Wäldern und Gebüschen, an Ufern, in Zwergstrauchheiden und Hochstaudenfluren. Sie ist in Süd- und Mitteleuropa verbreitet. Die Art ist vor allem im Blattschnitt und in der Bestachelung sehr veränderlich. Sie steigt von allen Rosen am höchsten hinauf und hat Höhenrassen entwickelt, die Trockenheit und Belichtung ertragen.

Gemeine Haselnuß
Corylus avellana

Die Pflanze wächst meist als 2 bis 4 m hoher Strauch mit graurindigen, jung drüsig-borstig behaarten Zweigen. Ihre Blätter erscheinen erst nach der Blüte. Sie sind gestielt und besitzen eine eirundliche stark fiedernervige, kurz behaarte Spreite, die am Rand doppelt gesägt und vorn in eine kurze Spitze ausgezogen ist. Die Blüten sind eingeschlechtig und befinden sich in getrennten Blütenständen auf demselben Strauch. Ihre Hülle ist einfach und unscheinbar. Die Staubblüten sind zu hängenden Kätzchen ("Würstchen") zusammengezogen. Sie sind bereits im vorjährigen Herbst als kleine grüne Walzen angelegt worden. Zur Blüte verlängern sie sich. Die Stempelblüten haben die Form von Laubknospen und verraten sich nur durch die herausragenden, fädigen roten Narben. Die Pflanze ist windblütig. Die Früchte sind Nüsse — die „Haselnüsse". Sie werden von vergrößerten und zerschlitzten Tragblättern krugartig umgeben.
Der Strauch blüht im März und April, bald nach oder auch während der Schneeschmelze. Er gedeiht in lichten Wäldern, auf Lichtungen und an Waldsäumen vom Tiefland bis in mittlere Gebirgslagen und ist durch fast ganz Europa bis zum Kaukasus verbreitet.
Die Haselnußkerne enthalten bis zu 60 % Öl, daneben Proteine, Kohlenhydrate, Vitamine und Mineralsalze. Sie waren bereits bei Griechen und Römern bekannt, die schon Kulturrassen gezüchtet haben. Sie werden auch noch heute zu Konditoreiwaren, Schokoladen und Rohkostmischungen verwendet — ihr Kalorienwert übersteigt den von fettem Schweinefleisch. Das Öl wird in der Malerei, zur Erzeugung kosmetischer Artikel und als Speiseöl benutzt.
Das zähe Holz wird für Stöcke, Gerätestiele, Faßreifen, Flechtwerk und auch Wünschelruten verwendet. Außerdem kann man daraus gute Zeichenkohle gewinnen.

Hainbuche (Weißbuche)
Carpinus betulus

Die Pflanze wächst meist nur bei Heckenschnitt als Strauch, sonst entwickelt sie sich zu einem hochstämmigen, glatt- und hellgraurindigen Baum mit weitausladender Krone.
Die kurzgestielten Blätter mit eiförmiger, starknerviger Spreite haben im Ge-

gensatz zur Rotbuche (s. S. 284) einen scharf doppelt gesägten Rand.
Die eingeschlechtigen Blüten stehen in getrennten Blütenständen auf demselben Baum. Die Staubblüten bilden dickwalzliche, gelblichgrüne, hängende Schuppenkätzchen, die weiblichen stehen in zarter, blasser, übergebogener Traube in den Achseln schmaler, oft rötlich überlaufener Tragblätter.
Zur Reife vergrößern sich diese zu anfangs noch grünen, später braungelben, dreizipfligen Flugorganen, welche je ein Nüßchen tragen.
Der Baum blüht von April bis Mai und wächst als Charakterart in Laub- und Mischwäldern der niederen Lagen (selten höher als 800 m ü. d. M.). Seine Hauptverbreitung liegt im Eichen-Hainbuchen-Wald, der vom Tief- bis zum Hügelland auf mäßig trockenen bis frischen, nährstoffreichen, oft schwach sauren, tiefgründigen, lehmreichen Böden stockt. Da dieses Faktorensignalement ebenso beste Ackerböden charakterisiert, hat gerade dieser Waldtyp der Feldmark weichen müssen und ist heute nur noch in kleinen Resten vorhanden. Dennoch findet man die Hainbuche in ganz Europa (mit Ausnahme des nördlichen Teils und der Steppengebiete), in Kleinasien und Kaukasien verbreitet vor. Sie hat einen geringen Lichtbedarf und gedeiht auch noch im Halbschatten höherer Bäume. Sie ist auch sehr austriebsfreudig und wird oft zu Schnitthecken gepflanzt. Auf Holzschlägen erscheinen an ihren Baumstümpfen bald neue Stockausschläge. Das weiße Holz (Name! die Rot-Buche hat rötlichgelbes Holz) ist zäh, hart, schwer und sehr widerstandsfähig gegen Fäulnis. Es wurde in der Wagnerei benutzt und fand früher viel Verwendung im Mühlenbau. Heute ist es vor allem Rohstoff für Holznägel, Holzschrauben usw.
In Gärten und Parkanlagen werden oft Zierrassen angepflanzt, die vor allem in Blattform und -färbung variieren. Daneben gibt es dann noch den Pyramiden- und den Trauerwuchs (hängende Zweige).

Hänge-Birke
Betula pendula

Die Pflanze wächst nur sehr selten als Strauch. Meist zeigt sie sich als bis zu 25 m hoher Baum mit schlankem, weit hinauf astlosem Stamm, kräftigen Hauptästen und schlanken, zierlich übergebogenen Nebenzweigen. Die Stämmchen der Jungbäume und die neuen Zweige sind mit gelb- bis rotbrauner, glänzender Rinde überzogen, die mit zahlreichen Drüsenhöckern bedeckt ist. Bald verfärbt sich aber am Stamm die Rinde zu dem charakteristischen Weiß, das durch Einlagerung von Betulin-Kristallen erzeugt wird. Betulin ist ein harzähnlicher Stoff mit fäulnishemmenden Eigenschaften, der auch Holzschädlinge vergrault. Die oberste Rindenschicht blättert sich in breiten, pergamentigen Querstreifen ab. Die unteren wandeln sich — vor allem am Stammgrund — zu schwarzer, harter, tiefrissiger Borke um.
Die anfangs zarten, hellgrünen, klebrigen und flaumig behaarten Blätter sind gestielt. Ihre rautenförmige bis dreieckige Spreite ist am Rand doppelt gesägt. Die unscheinbaren Blüten mit einfacher Schuppenhülle sind eingeschlechtig und stehen (am gleichen Baum) in getrennten, walzlichen Kätzchen. Die ungestielten, männlichen hängen zur Blüte meist paarweise locker über. Sie sind bis zu 10 cm lang. Ihre gelben Staubbeutel kontrastieren wunderbar zu den hellbraunen Blütenschuppen. Die Bestäubung erfolgt durch den Wind. Die Stempelkätzchen sind dünn, unscheinbar grün und stehen auf kurzem Stiel steif ab. Erst zur Fruchtreife vergrößern sie sich und beginnen zu hängen. Sie sind dann bis zu 4 cm lang, dick-walzlich und ringsum vollgepackt mit kleinen, braunen, zweiflügeligen Nüßchen, welche vom Wind weit verweht werden.
Der Baum blüht von April bis Mai, entweder kurz vor dem Laubaustrieb oder meist dann, wenn sich die ersten Blättchen ebenfalls gerade entfalten. Er gedeiht von den Niederungen bis fast zur

Gemeine Haselnuß

Hainbuche (Weißbuche)

Hänge-Birke

Waldgrenze (Gebirge) in lichten Wäldern, als Pionierholz auf Lichtungen, im Unterwuchs von Nadel- und Laubgehölzen, in Heiden und Mooren. Er kommt in der ganzen gemäßigten Zone Eurasiens vor und bildet im Norden, zusammen mit Erlen und Espen, ausgedehnte Bestände. Obwohl nur Flachwurzler, festigt der Baum durch sein

Trauben-Eiche

weitverzweigtes Wurzelwerk den Boden. Er ist sehr anspruchslos und siedelt auch auf sauren, nährstoffarmen Sandböden, die er durch Laubmullbildung verbessert.

Das weiße Holz eignet sich nicht zum Bau, ist aber für Schnitz- und Drechselarbeiten ausgezeichnet, außerdem das beste Brennmaterial für offene Kamine. Daneben wird es zu Furnieren verarbeitet. Aus dem Abfall und der Rinde gewinnt man Ruß für Malerkohle und Druckerschwärze oder Teer, der in der Volksheilkunde verwendet wird und aus dem durch Destillation Öl gewonnen werden kann, das dem Leder Juchtengeruch verleiht. Die Zweige geben Besenreiser, das Laub Tee und Grundsubstanz für Haarwasser. Letzteres gilt auch für den Saft, der im Frühling durch Anbohren der Stämme gewonnen wird. Er kann zu Birkenwein vergoren werden, der als Hausmittel Verwendung findet. Allerdings leiden die Bäume durch das Anzapfen sehr, so daß es bei uns nicht erlaubt ist.

Rotbuche

Fagus silvatica

Der Baum kann bis über 40 m hoch und 200 bis 300 Jahre alt werden. Sein dickwalzlicher, doch hoch hinaus astloser Stamm trägt eine auffallend glatte, weißgraue Rinde. Charakteristisch sind auch die etwas abstehenden, langen, zugespitzten rotbraunen Knospen.

Die gestielten, zweizeilig wechselständigen Blätter haben eine breit-eiförmige, zugespitzte und nahezu ganzrandige Spreite, die am Rand nur gewimpert ist (Unterschied zur Hainbuche, S. 281). Junge, zarte Blätter sind zum Schutz gegen Verdunstung längs der Nerven fächerig gefaltet und stärker behaart.

Die eingeschlechtigen, unscheinbaren Blüten stehen in getrennten und in der Gestalt recht unterschiedlichen Ständen am selben Baum. Die Staubblüten haben behaarte, rötlichbraune Hüllschuppen und hängen in büschelartigen Kätzchen an langen Stielen über (Windbestäubung). Die Stempelblüten stehen zu zweit in einem aufrechten, krautigen, 4zipfligen Hüllbecher, der zur Reife verholzt und zunächst die zwei dreikantigen Nüßchen, die Bucheln oder Bucheckern, umschließt. Massenernten kommen nur alle 4 bis 8 Jahre vor.

Der Baum blüht von April bis Mai und wächst in großen Beständen oder anderen Nadel- und Laubgehölzen untergemischt — zuweilen auch im freien Stand als weithin sichtbare Landmarke und dann oft mit einem Namen belegt. Er gedeiht von den Niederungen bis in Gebirgslagen, seine Hauptverbreitung findet er in der Bergregion (oft in Gesellschaft der Weiß-Tanne). Er benötigt nährstoffreiche, lockere, wasserzügige Böden im niederschlagsreichen (über 500 mm/a), wintermilden Klima und bevorzugt Schattenlagen. Seine Verbreitung erstreckt sich über ganz Europa.

Das Laub wird zuweilen als Streu genutzt; es ergibt guten Mull. Das rötliche (Name!) Holz schwindet sehr stark und kann nicht beim Bau verwendet werden, da es auch rasch fault. Doch ist es hart und eignet sich zum Drechseln und Schnitzen. Außerdem gibt es sehr gute Holzkohle. Aus dem Teer kann Holzgeist und das Imprägniermittel Kreosot gewonnen werden, aus der Asche Pottasche (Kaliumkarbonat).

Die Früchte enthalten bis zu 20 % Öl, schmecken nußartig und werden häufig an Vieh und Wild verfüttert. In Notzeiten wurden sie gesammelt, um Öl daraus zu schlagen, das sich vorzüglich für Speise- und technische Zwecke eignet. Dagegen wird vor dem Verzehr allzu großer Mengen roher oder gerösteter Bucheckern gewarnt, da diese schwach giftig seien.

Trauben-Eiche

Quercus petraea

Diese Art ist der Stieleiche, *Quercus robur,* nahe verwandt. Ihr Grundtyp ist aber im Stamm schlanker und in der Krone regelmäßiger. Die Blätter sind länger gestielt und die Spreite gegen die Basis zu keilförmig verschmälert. Die weiblichen Blüten und die Eicheln sind nur kurz, höchstens 1 cm lang und gestielt.

Der Baum blüht im Mai und wächst in Mischwäldern (zuweilen auch bestandbildend) von den Niederungen bis in die untersten Gebirgslagen (hier besonders auf Felsen). Er bevorzugt wintermilde Klimate und gedeiht auch noch auf trockeneren Böden, wenn nur genügend Luftfeuchte vorhanden ist. Er eignet sich besonders für den Niederwaldbetrieb, wo er sich durch Stockausschläge erhält und wo er vor allem zur Gerbrindengewinnung genutzt wird. In diesen „Schälwäldern" werden die Lohden alle 15 bis 20 Jahre entrindet, worauf sie absterben und neue Austriebe erfolgen. Die Verwendung des Holzes (Furnierholz) ist ähnlich wie bei der Stiel-Eiche, ebenso der Gebrauch der Rinde und der Eicheln.

Rotbuche

In immer stärkerem Umfang wird neuerdings die nordamerikanische Roteiche, *Quercus rubra,* in unseren Wäldern der tieferen Lagen eingebracht; sie hat zugespitzte Blattlappen und kaum über den Fruchtbecher hinausragende Eicheln. Vor allem im Herbst macht sie sich durch ihre leuchtend rote Laubverfärbung auffällig bemerkbar.

Sal-Weide (Palm-Weide)
Salix caprea

Die Pflanze wächst als kleiner Baum oder häufiger als 2 bis 4 m hoher Strauch. Die jungen Zweige haben eine braunglänzende Rinde, die später nach Grau verfärbt und im Alter netzrissig wird.

Die Laubblätter sind kurzgestielt (1 bis 2 cm lang), länglich bis breitoval, am Rand meist etwas gezähnt und von unterschiedlicher Behaarung. Die Netzäderung tritt auf der Unterseite stark hervor.

Die eingeschlechtigen Blüten stehen in dichten, weißhaarigen Kätzchen auf verschiedenen Pflanzen (Zweihäusigkeit) und blühen noch vor dem Laubausbruch. An den männlichen Pflanzen verfärben sie sich durch die Staubbeutel gelb, die weiblichen Kätzchen verlängern sich und werden durch die Stempel grünlich.

Die Früchte sind Kapseln mit kleinen Samen, die einen Haarschopf tragen (Flugverbreitung).

Die „Palmkätzchen" blühen oft schon im März (bis Mai, je nach Witterung und Höhenlage). Sie bilden die erste Bienenweide und sind beliebte Schmuckreiser, doch gerade dadurch gefährdet und müssen unbedingt geschützt werden. Der Strauch erscheint häufig in Auwäldern und an Waldsäumen, in Steinbrüchen und auf Lichtungen von den Niederungen bis ins Gebirge. Er ist im ganzen gemäßigten Eurasien verbreitet.

Die Pflanze gilt als guter Bodenfestiger. Sie wird auch in Gärten gepflanzt. Mit anderen Weiden bildet sie häufig Bastarde. Sie enthält das medizinisch wertvolle Salizin, das allerdings besser synthetisch hergestellt wird. Die Palmkätzchen sind bis heute Gegenstand verschiedener religiöser und volkstümlicher Bräuche.

Spitz-Ahorn

Berg-Ahorn

Zitter-Pappel (Espe)
Populus tremula

Der bis zu 30 m hoch wachsende Baum hat anfangs eine glatte, olivgraue, später rissige, dunkelgraue Rinde. Seine Knospen sind im Frühjahr klebrig.

Die runden bis rautenförmigen, seicht gezähnten Blätter fallen durch ihr typisches „Zittern" (wie Espenlaub) auf. Dies ist auf den langen, dünnen Blattstiel zurückzuführen, der senkrecht zur Spreitenfläche plattgedrückt ist. Das Zittern fördert die Verdunstung, so daß diese Art dem Boden viel Wasser entzieht.

Die einfachen, eingeschlechtigen Blüten stehen in getrennten, hängenden Kätzchen, deren dunkelbraune Tragschuppen zerschlitzt und zottig behaart sind; jeder Baum trägt nur eine Blütensorte (Zweihäusigkeit). Die männlichen Kätzchen fallen durch die anfangs purpurroten Staubbeutel auf, während die grünen Stempel nur in der kleinen, gelappten Narbe rot sind. Die Bestäubung erfolgt durch den Wind.

Die Früchte sind Kapseln mit behaarten Samen.

Der Baum blüht von März bis April vor dem Laubaustrieb und wächst in Auwäldern, feuchten Mischwäldern, auf Lichtungen und an Waldsäumen vom Tiefland bis in Mittelgebirgslagen. Er besiedelt die kaltgemäßigten Gebiete der Alten Welt und tritt in Skandinavien und im Osten, z. B. im Stromgebiet der Wolga, oft waldbildend auf, während er bei uns zwar überall, aber nur in spärlicher Untermischung vorkommt.

Sein weiches Holz ist von geringer Qua-

Sal-Weide (Palm-Weide)

Zitter-Pappel (Espe)

lität, doch kann es zur Papierherstellung verwendet werden. Der Nutzen der Espe liegt vor allem darin, daß sie humusarme Rohböden besiedelt (Pionierholz) und sie für bessere Holzarten umwandeln kann. Durch Wurzelbruten vermehrt sie sich rasch und bildet dann ganze Gebüsche, die dem Wild zur Äsung dienen.

Die Knospen, welche Salizin, Populin und ätherische Öle enthalten, werden mancherorts als Tee gesammelt.

Spitz-Ahorn

Acer platanoides

Bis über 20 m hoher Baum, dessen Jungtriebe bei Verletzungen milchen. Die 5lappigen, über 10 cm langen Blätter besitzen stumpfe Buchten und spitze, mit wenigen Grannenzähnen besetzte Lappen. Die Blüten erscheinen vor oder mit den Blättern und stehen in aufrechten Trugdolden, die am Grund von großen Schuppen umgeben sind. Die Blütezeit ist April bis Mai.

Die Flügel der Frucht stehen fast waagerecht ab.

Der Baum gedeiht in sonnenwarmen, bodenfeuchten und nährstoffreichen Hang-, Schlucht- und Auwäldern vom Tiefland bis in mittlere Gebirgslagen. Er kommt in Europa und Westasien ursprünglich vor und wurde in Nordamerika forstlich eingebracht.

Berg-Ahorn

Acer pseudoplatanus

Bis über 30 m hoher Baum mit schuppig abblätternder Rinde. Die 5lappigen, über 10 cm langen Blätter besitzen spitze Buchten und spitze, ungleich lang gesägte Lappen. Die Blüten erscheinen nach den Blättern in hängenden Trauben. Blütezeit ist Mai und Juni. Die Flügel der Frucht sind abgewinkelt (±90°).

Der Baum gedeiht in feuchten, kühlen Hang- und Schluchtwäldern vom Tiefland bis ins Gebirge, mit Schwerpunkt in den höheren Lagen. Er besiedelt vor allem Mittel- und Südeuropa sowie Westasien. In Nord- und Südamerika wird er angebaut und verwildert zuweilen. Die Art ist sehr veränderlich. Man pflanzt sie heute weit über ihr ursprüngliches Verbreitungsgebiet hinaus an. Mit 500 Jahren erreicht sie ein dreimal so hohes Alter wie die vorangehende.

Feld-Ahorn

Acer campestre

Wächst oft nur als Strauch, seltener als bis zu 15 m hoher Baum. Die jungen, bei Verletzung milchenden Zweige weisen oft flügelige Korkleisten auf. Die 3- bis 5lappigen, unter 10 cm langen Blätter haben stumpfe Buchten und stumpfe, wenigzähnige Lappen. Die Blüten erscheinen nach den Blättern in aufrechten Doldentrauben. Die Blütezeit ist

Mai und Juni. Die Fruchtflügel sind waagerecht oder aufgebogen.
Der Strauch wächst im Unterholz der Wälder niederer Lagen und kommt in fast ganz Europa vor.

Gemeiner Seidelbast

Daphne mezereum

Der 30 bis 150 cm hohe Strauch ist nur spärlich verzweigt. Die spiralig gestellten, dünnen, kurzgestielten, länglichen Blätter stehen gedrängt an den Triebenden und erscheinen erst nach der Blüte. Im Februar und März, zuweilen auch schon im Januar, bedecken sich die letztjährigen Zweige mit sitzenden, (hell) purpurroten, selten weißen Blüten, die in Büscheln zu 2 bis 3 über den Narben der abgefallenen Laubblätter erscheinen. Die Kronblätter fehlen: Die langröhrige, 4zipflige Blütenhülle ist der blumenblattartig gefärbte Kelch. Er verströmt einen so starken, süßlicharomatischen Duft, daß empfindliche Personen davon Kopfschmerzen bekommen und der Kenner die Pflanze schon auf Dutzende von Metern Entfernung riecht.
Die eiförmigen, beerenartigen Steinfrüchte sind leuchtend rot (bei weißblühenden Exemplaren gelblich). Der Strauch gedeiht in nährstoffreichen, mäßig feuchten Laub- und Mischwäldern von den Niederungen bis ins Mittelgebirge (im Süden auch höher) und ist weit über Europa, Kleinasien, Kaukasien und Sibirien verbreitet. Das Gewächs ist giftig. Die bittere Rinde enthält neben dem Glykosid Daphnin auch Mezerein, das die Haut reizt und nach Genuß zu schweren Darm- und Nierenstörungen führt, die tödlich enden können. Blätter, Blüten und Früchte sind, zumindest für Säugetiere, gefährlich, während Vögel die Früchte ohne Schaden verzehren und so zur Verbreitung beitragen.
Der Strauch ist eine beliebte Zierpflanze; er ist bei uns aber vollkommen geschützt. Für Bienen ist es die erste Weide im Jahr (Seidelbast von „Zeidlerbusch“ = Imkerstrauch).

Feld-Ahorn

Gemeiner Seidelbast

Heidelbeere (Blaubeere)

Vaccinium myrtillus

Der niedrige, reichverästelte Kleinstrauch hat kriechende Stämmchen mit aufrechten, kantigen Zweigen und dichtes, verfilztes Wurzelwerk, das mit symbiotischen Pilzfäden durchsetzt ist.

Preiselbeere (Kronsbeere)

Heidelbeere (Blaubeere)

Die rundlich-eiförmigen Blättchen sind am Rand fein gesägt. Sie fallen im Herbst ab. An sonnigen Tagen übernehmen dann die grünen Äste die Photosynthese. Die gestielten, nickenden Blüten erscheinen einzeln aus den Blattachseln. Ihre bauchig-krugförmig verwachsene Krone mit 4 bis 5 kurzen Zipfeln ist blaßgrün und oft rosa überlaufen.

Die Früchte, die bekannten Heidelbeeren, sind blauschwarze, bereifte Beeren, deren Fleisch viel rotvioletten Saft und kleine Samen enthält. Sie sind kugelig und haben am vorderen Ende eine Einbuchtung.

Der Strauch blüht von April bis Juni und bildet meist ausgedehnte Bestände in lichten Wäldern, an Waldsäumen und in Torfmooren. Er bevorzugt kalkarmen, sauren Boden und steigt bis über die Waldgrenze empor. Er ist auf fast der ganzen gemäßigten Nordhalbkugel verbreitet (im Süden mehr in höheren Lagen).

Die Früchte sind ein bekanntes und beliebtes Waldobst, aus dem Eingemachtes aller Art, Konditoreiwaren, Obstwein und Liköre hergestellt werden. Der stark färbende Saft wird auch zur Färbung von Lebensmitteln verwendet. Früher färbte man mit ihm auch billige Stoffe.

Getrocknete Beeren sind ein altes Hausmittel gegen Durchfall. Es wurde festgestellt, daß Heidelbeeren das Sehvermögen im Dunkeln steigern, und so wurden sie im 2. Weltkrieg auf den Speisezettel der Piloten gesetzt, die Nachteinsätze zu fliegen hatten. In Frankreich hat man ein Medikament aus ihnen entwickelt für Personen, die bei künstlicher Beleuchtung arbeiten müssen. Heidelbeerextrakte bilden ferner einen Bestandteil der Nahrung amerikanischer und sowjetischer Weltraumfahrer.

Neben den Früchten wird mancherorts das Laub als Rohstoff für die Heilmittelindustrie gesammelt. Es enthält viel Gerbstoffe, Vitamin C sowie Neomyrtillin. Dieser Stoff senkt den Blutzuckerspiegel, und so werden in manchen Staaten Laubauszüge als Hilfsmedikament — „pflanzliches Insulin" — für Zuckerkranke verordnet. Der Gattungsname leitet sich mit großer Wahrscheinlichkeit aus *baccinium,* von lat. *bacca* = Beere, ab.

Der Artname setzt die Laubtriebe denen der Myrte gleich.

Preiselbeere (Kronsbeere)

Vaccinium vitis-idaea

Der zur selben Gattung wie voriger zählende Kleinstrauch zeichnet sich durch überwinternde, derbe Blätter aus, deren eiförmige Spreite vorn breit abgerundet und oft ausgerandet, am Rand nach unten gebogen, oberseits glänzend dunkelgrün und unten durch drüsige Haare braun punktiert ist.

Seine weißen oder rötlichen, glockig-5zipfligen Blüten stehen in dichten, meist übergebogenen Trauben. Die kugeligen, anfangs weißen, später glänzend roten Beeren haben mehliges, herb schmeckendes Fleisch.

Die Hauptblüte ist im Mai und Juni. Der Strauch bildet oft größere Bestände

Gemeiner Schneeball

Trauben-Holunder

auf trockenen, sauren Magerböden lichter Wälder und Heiden bis zu 3000 m Höhe, ist aber nicht ganz so häufig wie vorige Art. Er besiedelt die (kalt)gemäßigte Nordhalbkugel bis weit über den Polarkreis hinaus. Die Früchte enthalten neben Zucker mehrere organische Säuren, u. a. auch die konservierende Benzoesäure; sie macht Preiselbeerkompott besonders haltbar. Dieses ist eine beliebte Beilage zu Fleisch und Wild, sollte aber gerade wegen seines Säuregehaltes von Nierenkranken nicht gegessen werden. Beeren und Blätter waren früher offizinell.

Gemeine Esche
Fraxinus excelsior

Der stattliche, bis zu 40 m hohe Baum hat graugrüne Zweige und auffällige, breiteiförmige, schwarze Winterknospen, die, wie Blätter und Äste, gegenständig sind. Die langgestielten, unpaarig gefiederten Laubblätter erscheinen erst nach der Blüte und fallen im Herbst ohne besondere Verfärbung ab. Ihre 9 bis 15 eiförmig-lanzettlichen, am Rand gesägten und nach beiden Enden zugespitzten Teilblättchen sitzen ungestielt der gefurchten Blattspindel auf.

Die kleinen, meist nackten Blüten sind zwittrig oder eingeschlechtig. Sie stehen an den Astenden in zuerst knäuelig zusammengezogenen, dann ausgebreiteten und aufrechten, zuletzt überhängenden, reichgegliederten Rispen und werden durch den Wind bestäubt. Die Staubbeutel sind anfangs dunkelrot. Daneben herrschen im Blütenstand Grün-, Braun- und zuletzt auch Gelbtöne vor. Die Blütezeit ist April und Mai, doch setzt der Baum ein Jahr dazwischen aus. Zuweilen findet man rein männlich- oder weiblichblütige Exemplare.

Die Früchte sind längliche, braune Nüßchen, die in dichten Büscheln herabhängen. Sie tragen einen zungenförmigen, herablaufenden Flügelsaum (Schraubflieger) und fallen erst allmählich im Winter ab.

Der etwas wärmeliebende und frostempfindliche Baum gedeiht in feuchten Wäldern, an steinigen Hängen, im Schlucht- und Auwald und bildet oft reine Bestände. Er kommt von den Niederungen bis in Mittelgebirgslagen wild oder angepflanzt vor und besiedelt fast ganz Europa und Kaukasien. In Parkanlagen werden oft Trauerformen und Spielarten mit ungeteilten oder panaschierten Blättern gezogen.

Das harte, elastische Holz wird zu Möbeln, Furnieren, Parkett, Skiern und Gerätestielen verarbeitet, das Laub dient als (Klein-) Viehfutter. Es enthält Zukker, Mannit, ätherisches Öl und andere Wirkstoffe und wird in der Volksheilkunde bei Nierenleiden als Tee und äußerlich für Umschläge auf Wunden und Geschwüren verwendet. Die Rinde kann wie Chinarinde angewandt wer-

Gemeine Esche

den. Die geraden Stämmchen lieferten unseren Vorfahren bestes Waffenholz für Speere und Lanzen. Deshalb ist es nicht verwunderlich, daß der Baum früher eine weit größere Rolle im Bewußtsein des Volkes gespielt hat als heute. Berühmt ist ja die Weltenesche der germanischen Mythologie, die immergrüne Yggdrasill, die ihre drei Wurzeln in die Reiche der Riesen, der Asen und der Hel streckt und deren Beben eines der ersten Zeichen des Weltuntergangs ist.

Gemeiner Schneeball
Viburnum opulus

Die Pflanze wächst selten als kleiner Baum, meist als $1\,^1/_2$ bis 4 m hoher, reichverzweigter Strauch mit gegenstän-

Rote Wegschnecke

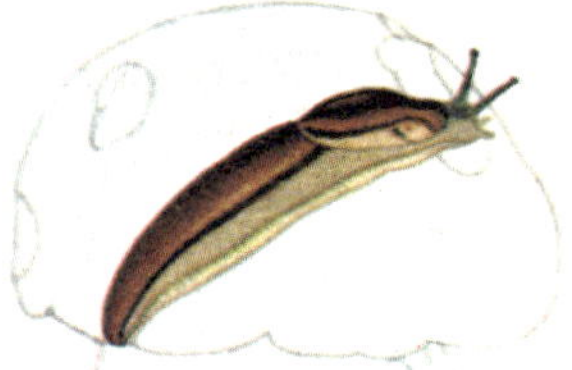

Braune Wegschnecke

Feingerippte Schließmundschnecke

dig beasteten, hellviolettbraun berindeten Zweigen und gestielten Winterknospen, die von zwei großen Schuppen umhüllt sind.

Die gegenständigen, gestielten Blätter haben eine ahornartige, 3- bis 5fach gelappte Spreite mit gezähntem Rand, kahler Oberseite und einer feinen Flaumbehaarung auf der Unterseite. Zum Unterschied vom Ahorn sitzen am Grund des Stengels borstige Nebenblätter und am Übergang zur Spreite rötliche, schüsselartige Drüschen. Bei diesen handelt es sich um Nektarbehälter, die außerhalb der Blüte erscheinen und mit ihrem Sekret Ameisen anlocken sollen, die dann ihrerseits die Pflanze gleichzeitig vor Schädlingen schützen. (Man kann aber oft beobachten, daß sich die Tiere dann so häuslich auf dem Schneeballbusch einrichten und gleich ihre „Milchkühe", die Blattläuse, mitbringen, die prächtig auf den frischen, jungen Trieben gedeihen und sich massenhaft vermehren. Vor allem die Gartenformen leiden sehr oft unter übemäßigem Blattlausbefall!) Die weißen, verwachsenblättrigen, 5zähligen Blumen bilden trugdoldige Ebensträuße. Dabei treten 2 Arten von Blüten auf: Die inneren sind fruchtbar, mit kleiner, napfförmiger, zuweilen auch rötlich überhauchter Krone; die randständigen sind steril, ausgebreitet, oft mit ungleich großen, nach außen hin verlängerten Kronlappen und stellen einen Schauapparat zur Anlockung der Insekten dar.

Die Früchte sind abgeflachte, glänzend rote, etwas glasige, einsamige Steinfrüchte, die bis weit in den Winter hinein am Strauch bleiben und von Vögeln gefressen werden, die so zur Verbreitung beitragen. Der Strauch blüht von Mai bis Juni und wächst in Auwäldern, im Auengebüsch, an Bachrändern, auf feuchten Waldstellen und Lichtungen von den Niederungen bis in Mittelgebirgslagen. Er kommt, mit Ausnahme der nördlichsten Gebiete, in ganz Eurasien vor. Die Rinde enthält Salizin, Gerbstoffe, Zucker, Saären sowie den Bitterstoff Viburnin und wurde früher in der Heilkunde verwendet. Viburnin und roter Farbstoff finden sich auch in den Früchten, welche durch Saponine schwach giftig sind.

Eine Form (var. *roseum*) mit durchweg geschlechtslosen, vergrößerten Blüten in kugeligen Blütenständen wird als Garten-Schneeball häufig angepflanzt. Sie wird durch Stecklinge vermehrt (bringt keine Frucht).

Trauben-Holunder
Sambucus racemosa

Der 1 bis 4 m hohe Strauch besitzt lange, oft übergebogene Zweige mit dunkelbrauner Rinde und gegenständigen, hellbraun berindeten Ästen. Er riecht in allen Teilen schwach unangenehm. Das Mark der Zweige ist dicht und auffällig rostbraun gefärbt. Die gegenständigen, gestielten, unpaar gefiederten Blätter tragen 5 bis 7 länglich-lanzettliche, zugespitzte, am Rand gesägte, höchstens unterseits dünn behaarte Teilblättchen. Die kleinen, 5zähligen, verwachsenkronblättrigen Blüten stehen in gedrängten, eiförmigen Rispen, riechen schwach nach Mehl, erscheinen etwa gleichzeitig mit den Blättern und sind ebenfalls sehr hinfällig. Die kugeligen, etwa 1/2 cm breiten, leuchtend roten Beeren sitzen in dicht gedrängtem, rispigem Stand (ähnlich einer kleinen Wein-„Traube", die, botanisch gesehen, ja auch eine Rispe darstellt. Name!; *racemus*, lat. = Weintraube).

Der Strauch blüht von März bis Mai und wächst in lichten Wäldern, auf Lichtungen, in Buschwerk und an Wegrändern von den Niederungen (selten) bis ins Gebirge, mit Hauptverbreitung im Bergland. Er bevorzugt kalkarme, stickstoffreiche, schwere Böden und kommt, nicht überall häufig, auf der ganzen gemäßigten Nordhalbkugel vor. In manchen Gegenden werden die getrockneten Früchte als Hausmittel gegen Fieber benutzt, doch ist Vorsicht am Platze, da die Samen geringfügige Mengen eines blausäureabspaltenden Glykosids enthalten. Als Nutzholz ist der Strauch ohne Bedeutung, doch kann er aufgrund seiner bedeutenden (Wurzel-) Ausschlagfähigkeit zur Begrünung von Kahlböden (in höheren Lagen) herangezogen werden. Die Beerenzweige eignen sich kaum für Ziersträuße, da die Früchte rasch weich werden, abfallen und häßliche Flecken hinterlassen.

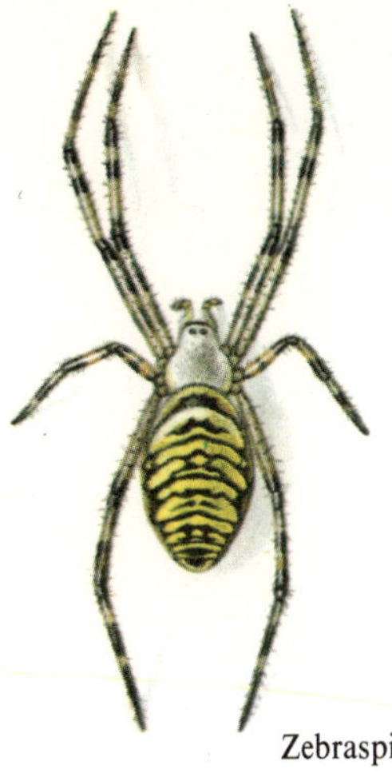

Zebraspinne

Holzbock

Brauner Steinkriecher

Erdschnurfüßer

Braune Wegschnecke

Arion subfuscus

Ihr begegnet man in Wäldern des Flachlandes ebenso häufig wie im Gebirge. Die Braune Wegschnecke ist meist 4 bis 6 cm lang. Ihre Färbung ist unterschiedlich, meist gelbbraun, oft rotgelb, mit braunem Rücken und manchmal mit Seitenstreifen. Ihr Fuß ist gelblichweiß. Drüsen am vorderen Teil des Fußes sondern einen gelblichen bis orangefarbenen Schleim ab, an dem diese Schnecke leicht zu erkennen ist. Der Fuß ist ein scheibenförmiger Muskelteil. Sehr oft ist sie an Pilzen zu entdecken; sie hält sich aber auch unter der Rinde von Baumstümpfen oder an ähnlichen, möglichst feuchten Stellen auf. Außer von Pilzen ernährt sie sich von Waldfrüchten und Waldpflanzen. Sie gehört zur Familie der Nacktschnecken; bei ihr ist das Gehäuse zurückgebildet.

Feingerippte Schließmundschnecke

Clausilia dubia

Sie lebt an kalkreichen Stellen des Waldes. Man findet sie vor allem an Baumstämmen, auf Felsen und Ruinen. Am liebsten sind ihr feuchte Flecken, doch fehlt sie im größten Teil der Norddeutschen Tiefebene. Ihr Gehäuse ist schlank, spindelförmig, 10 bis 13 mm hoch und etwa 3 mm breit. Es glänzt, ist leicht transparent, gerippt und dunkelrotbraun bis dunkel-hornbraun. An der Mündung befindet sich ein Deckel (clausilium), der kalkhaltig ist. Er wird in eine Ausbuchtung des Gehäuses zurückgeschoben, wenn die Schnecke herauskriecht. Zieht sich das Tier wieder zurück, nimmt auch der Deckel seine ursprüngliche Lage elastisch wieder ein.

Rote Wegschnecke

Arion rufus

Sie ist etwa 15 cm lang und lebt an feuchten Stellen. In dem Rückenschild befindet sich die Atemöffnung. Ihre Farbe variiert von orange und braun bis schwarz. Sie nährt sich von Gras und Blättern. Die ca. 500 Eier legt sie unter Steinen oder zwischen Moos ab.

Zebraspinne

Argyope bruennichi

Diese schön gelbgestreifte, auffallende Randnetzspinne ist auf besonnten Waldlichtungen oder an Waldrändern, anzutreffen, wo sie zwischen hohen trockenen Grashalmen oder in niedrigen Büschen ihre großen Netze spinnt. Hier lauert sie von Juli bis September auf Beute, die sich in ihrem Netz verfängt. Das Weibchen ist viel größer als das Männchen. Sein Körper wird länger als 10 mm, doch lassen es seine langen Beine noch größer erscheinen. Das Männchen ist nur 3 mm lang und wird meist nach der Paarung vom Weibchen gefressen. Ein Weibchen legt 300 bis 400 Eier, die es mit einem Gewebe umgibt. Den so entstandenen Kokon befestigt es zwischen Grashalmen. Die jungen Spinnen überwintern im Kokon, den sie erst im Frühjahr verlassen. Am häufigsten fallen dieser Spinne als Beute Fliegen, Mücken, mitunter auch Wespen zum Opfer.

Holzbock

Ixodes ricinus

Wer sich einmal in einem Laubwald, in Gebüschen oder im jungen Gehölz aufmerksam umgesehen hat, wird vielleicht nach seiner Heimkehr feststellen können, daß sich in seiner Haut ein merkwürdiges Tierchen mit einem weißlichen Hinterleib eingenistet hat. Es handelt sich um eine Zecke aus der Ordnung der Milben. Sie lauert im Buschwerk, läßt sich auf ein vorübergehendes Lebewesen (also auch auf Menschen) fallen, klammert sich in Hautfalten fest und saugt dort Blut.

Das vollgesogene Weibchen steigert sein Körpergewicht um das 200fache. Dabei nimmt seine Länge um 5 mm zu (von 4 auf 9 mm). Die Zecke benutzt zum Festklammern nicht nur ihre Mundwerkzeuge, sondern auch ihre Beine, die besondere Hafthäutchen und Krallen haben. Der Körper des Weibchens ist sehr dehnbar, der des nur etwa 1 bis 2 mm langen Männchens jedoch mit einem chitinösen Schild bedeckt, weshalb es sich nicht vergrößern kann.

Nach der Begattung verläßt das gesättigte Weibchen den Leib seines „Wirts“

und verkriecht sich in Erdspalten oder zwischen Steinen, wo es 1000 bis 3000 rote Eierchen legt. Aus ihnen schlüpfen sechsbeinige Larven, die an Bäumen und Sträuchern hochklettern und dort auf eine Gelegenheit warten, sich auf ein Tier fallen zu lassen. Dann gleiten sie auf die Erde, verwandeln sich in Nymphen und suchen wiederum einen „Blutspender". Erst nach einer abermaligen Häutung werden sie zu erwachsenen Männchen oder Weibchen.

Dieser Entwicklungszyklus der Zecke dauert 178 bis 274 Tage. Die saugenden Zecken sondern einen besonderen Stoff ab, das Ixodin, der in erster Linie die Blutgerinnung verhindert, zugleich aber auch den Schmerz an der Einstich- und Saugestelle lindert, so daß der Mensch die Zecke an seinem Körper meist nur zufällig entdeckt, weil er sie nicht spürt. Als Blutsauger ist die Zecke zwar nicht gefährlich, doch kann sie schwere Krankheiten übertragen, zu denen z. B. eine Viruserkrankung, die Enzephalitis (Gehirnentzündung) gehört. Der davon Befallene vermag zeitweilig die Gliedmaßen nicht mehr zu bewegen, leidet an Schlaflosigkeit und Kopfschmerzen.

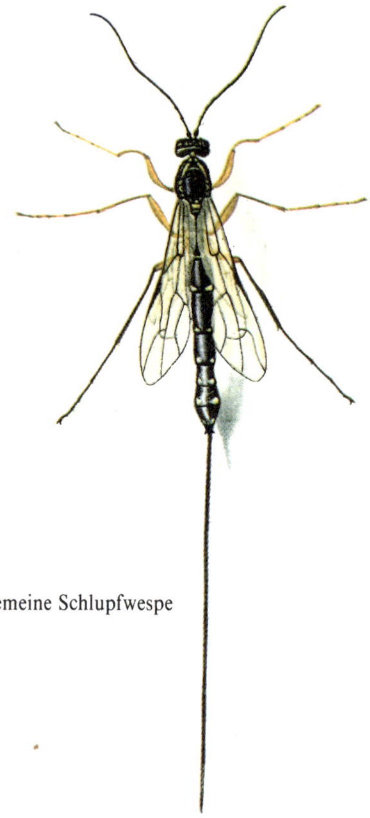

Gemeine Schlupfwespe

Riesenholzwespe

Gemeine Eichengallwespe

Erdschnurfüßer

Julus terrestris

Der zur Gruppe der Diplopoda (Doppelfüßer) zählende Erdschnurfüßer lebt unter Steinen, Baumrinde oder abgefallenem Laub. Er hat einen walzenförmigen, langgestreckten Körper mit vielen kurzen und dünnen Beinen, ist 20 bis 50 mm lang und kommt häufig vor. Wenn man ihn in seinem Versteck stört, rollt er sich rasch wie eine Uhrfeder zusammen. Meist findet man ihn am Boden. Gelegentlich klettert er jedoch auch an Stämmen hoch. Seine Nahrung besteht aus modernden Stoffen.

Das Weibchen baut ein Gehäuse aus Lehm und einem von ihm abgesonderten Sekret. In diesen Bau legt es ein Häufchen Eier. Ringsum klebt es weitere Schichten des Baustoffes an, bis die Eier von einem halbkugligen Gehäuse umschlossen sind. Durch einen engen Gang hat dieses Nest ständige Zufuhr von frischer Luft. (Dadurch wird das Schimmeln der Eier verhindert.) Ist der Bau fertig, dann tarnt ihn das Weibchen mit Erde. Auf diese Weise soll Feinden das Auffinden der Eier erschwert werden. Den Eiern entschlüpfen Larven, die nur einige Körperglieder und wenige Beinpaare haben. Nach jeder Häutung kommen weitere Gliedmaße und weitere Beine hinzu.

Die Erdschnurfüßer sind Tiere, deren Leben sich weitgehend in der Dunkelheit abspielt.

Brauner Steinkriecher

Lithobius forficatus

Er kommt häufig in Wäldern, Parkanlagen und Gärten vor, wo wir ihn unter Steinen, der Rinde von Baumstümpfen oder entwurzelten Baumstämmen finden können, und gehört zur Gruppe der Chilopoda (Hundertfüßer).

Der Braune Steinkriecher ist 2 bis 3 cm lang, hat einen abgeflachten Körper mit 15 Beinpaaren und langen Fühlern; es gibt auch kleinere Exemplare mit nur sieben Beinpaaren: Das sind die Jungen dieses Hundertfüßers. Der Braune Steinkriecher ist ein Einzelgänger. Untereinander sind diese Tiere unverträglich; nicht selten fallen sie sich gegenseitig an. Sie fressen hauptsächlich Insekten und kleine Spinnen. Beim Biß wird in den Körper der Beute betäubendes Gift eingespritzt.

Auf die Jagd geht der Braune Steinkriecher des Nachts. Dem Menschen wird sein Biß nicht gefährlich; man kann ihn also berühren. Während des Wachstums häutet sich das Tier mehrmals. Seine Färbung ist meist rostbraun; nach dem Häuten glänzt es hingegen hellviolett.

Steinhummel

Hornisse

Waldameise

Nach jeder Häutung wächst die Zahl der Beine, bis die Reife nach drei Jahren erreicht ist.

Riesenholzwespe

Urocerus gigas

In Fichtenwäldern setzt sich manchmal vor uns auf einen Baumstamm oder einen Holzstoß die bis zu 4,5 cm lange, gelblich und metallblau gefärbte Riesenholzwespe. Sie ist einer der größten europäischen Hautflügler. Die Weibchen haben einen langen Legebohrer, mit dem sie bis zu 1,5 cm tief ins Holz eindringen und 4 Eier legen. Jedes Weibchen legt in einer Saison insgesamt bis zu 350 Eier, denen beinlose Larven entschlüpfen. Sie wiederum nagen lange Gänge ins Holz, die sie mit Holzmehl zustopfen. Die Larven verpuppen sich erst nach zwei bis drei Jahren, und das erwachsene Insekt beißt sich dann zur Oberfläche durch.

Zuweilen geschieht es, daß die Larven selbst im schon verarbeiteten Holz weiternagen. Man hört in der Wohnung – etwa im Fußboden – nachts ein gedämpftes Kratzen, dessen Ursache man sich zunächst nicht erklären kann. Früher vermuteten abergläubische Menschen, diese Geräusche stammten von „Geistern". Manchmal entwickelt sich die Riesenholzwespe sogar im Rundholz von Bergwerken und erschreckt die Knappen, wenn sie plötzlich in der Strecke auftaucht.

Für den Menschen ist die Riesenholzwespe jedoch unschädlich. Sie tritt von Juni bis August auf. Das erwachsene Insekt ist ein Tagtier.

Gemeine Schlupfwespe

Rhyssa persuasoria

In größeren Kiefern- und Fichtenwäldern lebt die bis über 4 cm lange Gemeine Schlupfwespe, die ebenfalls zu den Hautflüglern gehört. Sie ist schwarz, nur an den Seiten weiß gescheckt.

An warmen Sommertagen fliegen die Weibchen meist auf Waldlichtungen und „beklopfen" mit ihren vibrierenden Fühlern jeden Zentimeter entrindeter Stämme. Sie erkennen unfehlbar die Stellen, wo tief im Holz die Gänge der Larven von Riesenholzwespen gebohrt sind. Das Weibchen streckt dann den Hinterleib hoch und führt seinen haardünnen Legebohrer nach und nach ins Holz ein. Den Legestachel, der oft doppelt so lang ist wie der Körper der Schlupfwespe, schiebt es einige Zentimeter tief ins harte Holz und legt ein Ei in die Larve der Holzwespe.

Die geschlüpfte Larve der Gemeinen Schlupfwespe schmarotzt im Körper der Wirtslarve, verpuppt sich dort, und die erwachsene Schlupfwespe muß sich dann den Weg an die Oberfläche durchbeißen.

Gemeine Eichengallwespe

Cynips quercusfolii

In Eichenwäldern findet man im Herbst und Winter oft an Blättern – auch an abgefallenem Laub – eine Menge auffälliger kugeliger Gallen, die unter dem Namen Galläpfel bekannt sind. Sie werden von den Larven der Gemeinen Eichengallwespe verursacht, die gleichfalls zu den Hautflüglern zählt. Im Innern der Gallapfelkammer leben ihre beinlosen, madenartigen Larven. Der Gallapfel hat einen Durchmesser von 20 bis 25 mm und ist nach der „Reife" im September hart, saftig und gelblich oder rötlich gefärbt. Im Herbst verpuppt sich die Larve, und das erwachsene Insekt schlüpft meist schon zu Beginn des Winters. Halbiert man einen solchen, zusammen mit dem Eichenblatt abgefallenen Gallapfel, dann findet man in ihm eine kleine rötlich gefärbte Wespe.

Die erwachsene Eichengallwespe ver-

Waldsandläufer

läßt ihr Versteck nicht sofort nach dem Schlüpfen. Erst Ende Februar oder Anfang März beißt sich das Insekt an die Oberfläche durch. In allen Fällen ist es ein Weibchen, das seine unbefruchteten Eier in Eichenblattknospen ablegt. Hier entwickeln sich dann Wespen beiderlei Geschlechts. Die Männchen sind nur 2 mm lang, können daher leicht übersehen werden. Erst die begatteten Weibchen dieser Generation legen ihre Eier auf Blätter ab, wo sich die bekannten Galläpfel bilden.

Der Entwicklungszyklus wiederholt sich nun und neue Larven wachsen heran.

Hornisse

Vespa crabro

Die Hornisse — mit 25 bis 35 mm Länge eine der größten europäischen Wespen — haust vor allem in alten Laubwäldern. Sie baut ihr Nest in moderndem Holz von Baumhöhlen, aus dem sie auch ihr Baumaterial anfertigt. Dort, wo sie keine natürlichen Baumhöhlen vorfindet, nimmt sie manchmal auch mit Vogelnistkästen vorlieb.

Das Weibchen (die Königin) überwintert nach der Begattung in einem Versteck und sucht im Frühjahr einen zur Gründung einer Kolonie geeigneten Ort, der Schutz vor Regen bietet. Es kratzt faulendes Holz ab und zerkaut es mit Speichel zu einer papierartigen Masse, aus der es die erste Wabe mit Hülle und Öffnung baut. Zur Aufzucht legt es in die Zellen der Wabe je ein Ei und versieht es mit Nahrungsvorräten für die Larve.

Diese Nahrung besteht aus zerkauten Insektenkörpern und einem süßen Saft. Aus den ersten Larven schlüpfen die sogenannten Arbeiterinnen, die das Nest vergrößern. Die Arbeiterinnen füttern die weitere Brut und bewachen das Nest. Im Herbst schlüpfen auch Männchen, welche die gleichzeitig geschlüpften Weibchen begatten. Danach fliegen die Weibchen aus und suchen in der Umgebung Verstecke zum Überwintern. Im Frühjahr gründen diese Weibchen neue Kolonien. Der Rest der alten Kolonien mit den Arbeiterinnen und den Männchen geht im Winter zugrunde.

Die Hornissen sind Raubinsekten, die andere Insekten überfallen und sich von ihnen nähren. Sie stechen auch Menschen. Ein Hornissenstich ist sehr schmerzhaft. Das Gift verursacht binnen weniger Minuten eine starke Schwellung der Haut. Oft geht dieses Symptom jedoch innerhalb einiger Stunden — seltener in zwei bis drei Tagen — zurück und zeigt keine Folgen. Bei Menschen, die gegen Gift jedoch besonders empfindlich sind, traten aber auch schon schwere anaphylaktische Schocks auf. Nicht selten verloren sie dabei das Bewußtsein; in Einzelfällen führte ein derartiger Stich gar zum Tode. Doch passiert dergleichen nur gelegentlich. Bei gesunden Erwachsenen sind selbst mehrere Stiche nicht lebensbedrohend, sie können aber Kopfschmerzen und leichtes Fieber hervorrufen, auch Unwohlsein und allgemeine Mattigkeit.

Waldameise

Formica rufa

An trockenen sonnigen Stellen in Nadelwäldern — vorwiegend in Fichten- und Kiefernwäldern — trifft man große, oft mehr als einen Meter hohe Hügel an, die aus Nadeln, Zweigen und Blättern gebaut wurden: die Nester der Waldameisen.

Auf und im Ameisenhaufen, der von strahlenförmig auslaufenden „Straßen" umgeben ist, wimmelt es von schwärzlich gefärbten Arbeiterinnen, die Material und Nahrung (Insekten, Würmer, Weichtiere) heranschaffen; auch Pflanzenkost wird nicht verschmäht. Die Ameisen erklettern auf ihrer Suche nach Beute auch Bäume. Im Umkreis von 20 m fallen ihnen alle Insekten zum Opfer. Sie sind also sehr nützliche Tiere.

Das Nest wird von der Königin angelegt, die 9 bis 11 mm lang ist. Die Arbeiterinnen hingegen werden nur 4 bis 9 mm lang. Zur Schwarmzeit im Somner

Puppenräuber

schlüpfen auch geflügelte Männchen zu den Weibchen, die nach der Befruchtung neue Kolonien anlegen. Nach dem Hochzeitsflug verlieren sie ihre Flügel, und die Männchen gehen bald ein. In Europa leben einige Unterarten dieser Ameise, von denen jede ihre eigene Biologie besitzt. Am häufigsten tritt jene Unterart auf, die in einer Kolonie nur ein einziges Weibchen hat, das pro Saison täglich bis zu 300 Eier legt. In einer solchen Kolonie schlüpfen jährlich etwa 40 000 recht langlebige Tiere aus.

Bei einer andern Unterart leben in einem Nest 10 bis 20 Weibchen beisammen. Jedes legt am Tag etwa 30 Eier ab. Ein Nest produziert demnach jährlich etwa 80 000 Junge.

Bei einer dritten Unterart findet man in einem Nest sogar bis zu 5000 Weibchen, die pro Jahr insgesamt bis zu zwei Millionen neuer — allerdings nur sehr kurzlebiger — Ameisen erzeugen. Eier, Larven und Puppen werden von den Arbeiterinnen sorgsam gepflegt, ständig hin und her getragen, und zwar je nach Witterung entweder in die unterirdischen Kammern des Nestes oder an dessen Oberfläche. Die Ameisenbrut liegt frei in Kämmerchen.

Goldglänzender Laufkäfer

Gemeiner Totengräber

Die Larven künftiger Königinnen werden reichlich gefüttert. Die Arbeiterinnen dagegen bekommen nur wenig, weshalb sich bei ihnen auch kein Geschlecht entwickelt.
Die Männchen schlüpfen aus unbefruchteten Eiern. Die Ameisen können sich mit Hilfe des Tast- und Geruchssinns verständigen.
Zur Verteidigung bedienen sie sich ihrer starken Mundwerkzeuge und bespritzen den Gegner mit Ameisensäure.

Steinhummel

Bombus lapidarius

In Steinhaufen, Felsspalten, Mauerlöchern, aber auch in Mauselöchern legt die Steinhummel ihr Nest an. Sie ist bis auf das rote Ende des Hinterleibs schwarz.
Das überwinternde Weibchen polstert zunächst den zum Nestbau bestimmten Platz mit Pflanzenteilen, Moos, Blättern und auch Wolle aus und baut eine wachsartige Schale, die Zelle, die es mit Honig und Blütenstaub füllt. Auf diesen Brei legt es dann seine Eier ab, schließt diese erste Zelle und beginnt mit dem Bau weiterer Zellen, die jedoch keineswegs regelmäßig angeordnet sind. Sind die Larven geschlüpft, öffnet das Weibchen die Zellen und füttert sie. Nach etwa 20 Tagen schlüpfen dann Arbeiterinnen, die sich um die Vergrößerung des Nestes und das Herbeischaffen von Vorräten kümmern. Bei dieser Art enthält das Nest im allgemeinen nicht mehr als 300 Exemplare.
Gegen Ende des Sommers schlüpfen aus unbefruchteten Eiern der kleinen Weibchen Männchen, die nicht im Nest bleiben, sondern in der Umgebung Blüten aufsuchen. Im Herbst begatten diese Männchen die Weibchen, die dann in Verstecken überwintern, während die Männchen und die Arbeiterinnen eingehen. Die Männchen leben insgesamt nur etwa 2 Monate.

Waldsandläufer

Cicindela silvatica

Im Juni und Juli kann man auf Waldwegen einen eiligen Raubkäfer sehen, der sich zuweilen zu einem kurzen Flug erhebt: den Waldsandläufer. Er mißt 14 bis 16 mm, hat lange Beine, einen großen Kopf, auffallende Augen und starke Beißwerkzeuge. Man findet ihn vor allem in Kiefernwäldern. Er sucht im Lauf nach Beute, zu der Spinnen, Insekten und deren Larven gehören, die er mit seinen scharfen, sichelartigen Kiefern packt.
Auch die Larven dieses Käfers sind sehr räuberisch: Sie graben in Sandböden mehr als einen Meter tiefe Löcher. Sie haben einen großen chitinierten Kopf und gut entwickelte Beine. Zeigt sich ein Insekt, dann wird es von der Larve sofort in das Loch gezerrt und verzehrt. Am Hinterleib befindet sich ein höckerartiger Fortsatz, auf den sich die Larve

stützt. Sie lebt 2 bis 3 Jahre und überwintert tief im Boden. Nach dieser Zeit (meist in Juli) verpuppt sie sich, und 4 Wochen später schlüpfen die erwachsenen Käfer, die sich aber erst im nächsten Frühjahr fortpflanzen.

Goldglänzender Laufkäfer
Carabus auronitens

Dieser bis zu 26 mm lange, metallisch glänzende Laufkäfer kommt in waldigen Gebirgen vor. Seine Färbung ist grünlich. Meist hält er sich unter Baumrinde, manchmal auch unter entwurzelten Baumstämmen oder größeren, flachen Steinen auf. Seine Beute jagt er nachts: Insekten, Käfer, Weichtiere. Er überwintert in alten Baumstümpfen.

Puppenräuber
Calosoma sycophanta

Bei einem Waldspaziergang im Mai oder Juni kommt es manchmal vor, daß wir plötzlich einen bis zu 3 cm langen, schön glänzend gefärbten Käfer von einem Baum „herabfallen“ sehen. Das ist der Puppenräuber. Seine Farben schillern wie ein Regenbogen. Der Puppenräuber verfolgt unermüdlich die Raupen der Nonne und anderer Schmetterlinge in den Wipfeln der Bäume. Er hat einen großen Kopf, starke Mundwerkzeuge und lange Beine, auf denen er sich rasch fortbewegt. In einer einzigen Woche verbraucht dieser Käfer oft mehr als 20 große Raupen. Das Weibchen legt 100 bis 600 Eier ab, aus denen nach 3 bis 10 Tagen Larven schlüpfen, die gleichfalls sehr räuberisch sind. Während ihres Daseins häuten sich die Larven zweimal, und binnen vierzehn Tagen verzehren sie etwa 40 Raupen. Gegen Ende Juni kriecht die Larve vom Baum herab und verpuppt sich im Boden, wo sie zu diesem Zweck eine winzige Höhle anlegt. Schon im September schlüpft der erwachsene Käfer. Er verläßt jedoch sein „Nest“ nicht, sondern überwintert darin bis zum Frühjahr. Gegen Ende Mai tauchen im Wald die

Waldmistkäfer

Hirschkäfer

♂

♀

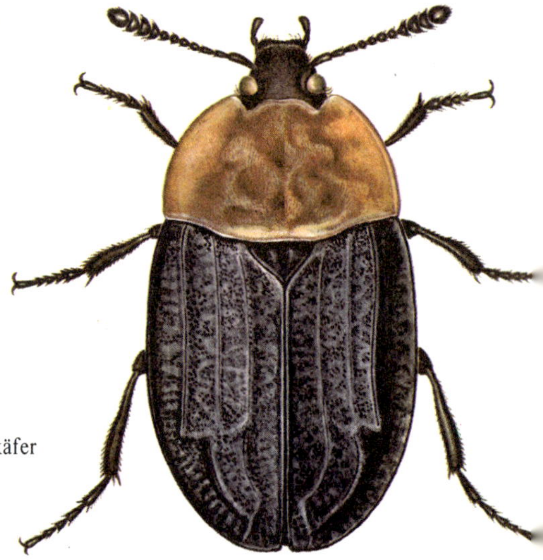

Rothals-Aaskäfer

Walker

Nashornkäfer

neuen Puppenräuber auf und fallen sogleich über die Raupen her.
Wenn sich in manchen Jahren schädliche Schmetterlinge übermäßig vermehren, findet man auch eine größere Zahl dieser nützlichen Käfer. Anfang Juli verlassen die erwachsenen Puppenräuber die Bäume und graben sich bis zu 50 cm tief in den Boden ein, verbringen die Jahreszeit in einer ausgegrabenen Kammer und erscheinen erst wieder im Frühling. Die Puppenräuber leben 2 bis 3 Jahre.

Gemeiner Totengräber
Necrophorus vespillo

Wenn man im Wald einen toten Vogel oder den Kadaver eines kleineren Säugetiers findet und ihn vorsichtig umwendet, sieht man darunter fast immer einige schwarz und orange gestreifte Käfer mit gelben, klöppelartigen Fühlern. Das sind die Gemeinen Totengräber. Abends oder nachts fliegen diese Käfer von weither zu Aas und beginnen sogleich ihre „Totengräber"-Arbeit. Mit ihren starken Beinen scharren sie das Erdreich unter dem Aas fort. In lockeren Böden vergraben sie einen Kadaver etwa 30 cm tief. Dann legen die Weibchen in der Nähe ihre Eier ab, aus denen nach 14 Tagen weißliche Larven schlüpfen, die sich von den verwesenden Stoffen ernähren. Die erwachsene Larve gräbt im Boden eine Kammer und verpuppt sich darin. Der Gemeine Totengräber ist 18 bis 22 mm lang und gehört zu den verbreitetsten Arten. Ähnliche Arten kommen nicht so häufig vor.

Rothals-Aaskäfer
Oeceoptoma thoracicum

Auch diesen 12 mm langen Aaskäfer findet man sehr häufig auf den Kadavern kleinerer Tiere.
Er fällt durch seine Färbung auf: Er ist ganz schwarz und hat einen dunkelroten Schild. Der Rothals-Aaskäfer lebt vorwiegend in Laub- und Mischwäldern.

Waldmistkäfer
Geotrupes stercorosus

Dieser 12 bis 20 mm lange metallisch dunkelblaue und gedrungene Käfer ist in unseren Wäldern oft anzutreffen. Er bevorzugt Tierkadaver, verfaulende Pilze und Exkremente verschiedener Lebewesen. An schwülen Abenden fliegt er surrend umher und sucht Stellen auf, wo er Kost finden und seine Eier ablegen kann.
Die Weibchen graben unter Exkrementen einen bis zu 60 cm tiefen senkrechten Gang, von dem Seitengänge abzweigen. Dort hinein tragen sie Reste von Ausscheidungen: die Nahrung der geschlüpften Larven. Bei dieser Tätigkeit kriechen die Käfer nach rückwärts und halten die Beute mit den Vorderbeinen. Die Gänge werden mit Freßvorräten vollgestopft, so daß lediglich ein Kämmerchen mit dem Ei frei bleibt. Nach 3 bis 4 Wochen schlüpfen die Larven und leben nun von der gestapelten Kost. Im Juni oder Juli glättet die Larve ihre Kammer und fertigt aus den restlichen Exkrementen ein festes Gehäuse an, in dem sie sich verpuppt. Die Käfer schlüpfen nach weiteren 3 bis 4 Wochen und kriechen zur Oberfläche. Sie pflanzen sich jedoch erst im Frühjahr fort.
Auch die erwachsenen Käfer fressen verwesende Stoffe. Im Wald sieht man sie häufig auch tagsüber im Gras und auf Wegen umherkriechen.

Hirschkäfer
Lucanus cervus

Von Mitte Mai bis Ende Juli können wir in Laub- und Mischwäldern den großen Hirschkäfer antreffen. Die Männchen fliegen mit lautem Surren wie winzige Flugzeuge umher und suchen die Weibchen.
Das Männchen ist 37 bis 75 mm lang, hat starke Oberkiefer (die an Geweihe erinnern); das Weibchen hingegen mißt nur 30 bis 45 mm und hat viel kleinere Oberkiefer, die freilich auch zuzubeißen wissen. Die Männchen benutzen ihre „Zangen" als Waffen bei ihren Zweikämpfen: Mit ihnen drücken sie auch sehr kräftige Chitinpanzer und Flügeldecken ein.
Tagsüber lecken die Hirschkäfer oft den ausfließenden Saft der Eichen auf, den sie sehr schätzen. Die Weibchen legen

Kleiner Leuchtkäfer

In manchen Gebieten richten diese Larven Schäden in den Weinbergen an. Die erwachsenen Käfer schaden zuweilen auch den Kiefern, denn sie fressen deren Nadeln.

Nashornkäfer

Oryctes nasicornis

In modernden Stümpfen und Stämmen alter Laubbäume, gelegentlich auch in altem Kompost, findet man große dicke Larven mit einem sackartigen Körperende. Sie haben einen stark chitinösen Kopf und kräftige Mundwerkzeuge. Es handelt sich hierbei um die Larven des Nashornkäfers. Das Männchen ist 25 bis 40 mm lang und hat an der Stirn ein starkes, nach hinten gebogenes Horn, das beim Weibchen fehlt. Manchmal kommen diese Käfer auch in Treibhäusern vor: Die Larven waren mit Kompost dorthin gelangt und hatten sich in der Wärme entwickelt. Dieser Prozeß kann mehrere Jahre dauern.

Bevor sich die Larve verpuppt, bildet sie aus Lehm und Holzmehl einen Kokon. Wenn der Käfer schlüpft, verläßt er den Kokon nicht sofort: Das erwachsene Tier zeigt sich erst zwischen Juni und August. Der Nashornkäfer ist in den Nächten unterwegs.

ihre Eier in modernde Baumstümpfe und Eichenstämme ab. Die geschlüpften Larven ernähren sich anfangs von Humus, später fressen sie Holz. Sie sind weißlich, blind und werden im Laufe ihrer 3 bis 5 Jahre dauernden Entwicklung bis zu 10 cm lang. Sobald sie ihre Reife erreicht haben, verpuppen sie sich in einem Kämmerchen. Schon an der Puppe kann man feststellen, ob aus ihr ein Männchen oder ein Weibchen schlüpfen wird, denn die männlichen Puppen haben bereits ein deutlich sichtbares „Geweih“.

Die Käfer schlüpfen im Herbst, überwintern jedoch in einem Versteck, das sie erst im Frühling verlassen.

Walker

Polyphylla fullo

In trockenen Kiefernwäldern und Sanddünen (z. B. an der Ostsee) lebt der große Käfer Walker. Er ist meist verschiedenfarbig gefleckt, 25 bis 36 mm lang und erscheint im Juni und Juli, manchmal auch noch bis Ende August. In dieser Zeit legt das Weibchen 25 bis 40 Eier in den Sandboden. Die Larven leben drei Jahre lang von den Würzelchen verschiedener Gräser, verpuppen sich sodann, und nach drei Wochen (meist im Juni) kriechen aus dem Boden die Käfer hervor, um sich beim Flug mit der Umgebung vertraut zu machen. Zuweilen überwintern die Larven auch noch ein viertes Mal.

Kleiner Leuchtkäfer

Phausis splendidula

Am Rand feuchter Laubwälder und auf Wiesen flimmern an schwülen Abenden im Juni und Juli Hunderte von grünlichen Lichtchen: die fliegenden Männchen des Kleinen Leuchtkäfers. Sie haben an der Bauchseite des Hinterleibs ein Organ, dessen starkes Licht der Partnersuche dient. Auch die Weibchen sind mit einem solchen „Lichtchen“ ausgestattet. Da sie jedoch keine Flügel haben, können sie sich nur am Boden im Gras oder auf Blättern fortbewegen. Auch die flachen, fleischfressenden Larven haben ein gut entwickeltes Leuchtorgan.

Die erwachsenen Käfer leben nur kurze

Ameisenartiger Buntkäfer

Zeit. Sie werden 9 bis 11 mm lang. Die Leuchtkäfer können ihr Licht verstärken oder abschwächen: Fängt man sie mit der Hand ein, dann „schalten sie ab“. Bald darauf leuchtet ihr „Lämpchen“ aber wieder auf.

Ameisenartiger Buntkäfer

Thanasimus fornicarius

An den Stämmen von Nadel- oder Laubbäumen – besonders an den von Borkenkäfern befallenen – ist vom Frühjahr an der 7 bis 10 mm lange Ameisenartige Buntkäfer zu sehen. Wenn er rasten will, versteckt er sich in Rindenspalten.

Das Weibchen legt 20 bis 30 Eier ab, je 2 bis 4 Stück unter Rindenschuppen.

Großer Eichenbock

Die Larven kriechen in die Gänge der Borkenkäfer, wo sie sich zunächst von den Exkrementen der Borkenkäferlarven, später von toten Larven nähren und auch lebende Larven und erwachsene Borkenkäfer anfallen.

Die erwachsenen Buntkäfer jagen die schädlichen Borkenkäfer. Mit ihren scharfen Mundwerkzeugen durchbeißen sie die Brust des Opfers an der Hinterleibsbasis und fressen es dann aus. Dabei halten sie es mit dem Bauch nach oben zwischen ihren Vorderbeinen.

Die Ameisenartigen Buntkäfer überwintern als Larven oder als erwachsenes Insekt.

Großer Eichenbock

Cerambyx cerdo

Im Stamm meist allein stehender Eichen sieht man häufig größere Löcher, die zuweilen so zahlreich sind, daß der Baum allmählich abstirbt. Hier waren die Larven des Großen Eichenbocks am Werk. Seltener befällt dieser Käfer Hainbuchen, Buchen oder Eschen.

Das Weibchen dieses 24 bis 53 mm langen Bockkäfers legt meist je 2 bis 3 Eier in Rindenspalten alter Bäume ab. Nach 12 bis 14 Tagen schlüpfen aus den Eiern 2 bis 4 mm lange Larven, die in der Rinde zu nagen beginnen. Bis zum Jahresende werden diese Larven etwa 20 mm lang. Sie überwintern in der Baumrinde. Sobald es im Frühling warm wird, machen sich die Larven an die Arbeit: Bis zur Jahresmitte fressen sie in der Rinde weiter. Bald genügt ihnen diese Nahrung jedoch nicht mehr; sie dringen immer tiefer vor und sondern dabei einen Saft ab, der an der dunklen Verfärbung des Stammes zu erkennen ist. Die Larve überwintert dann ein zweites Mal und gelangt in der Mitte des dritten Jahres zur Verpuppungsreife. Dann mißt sie 70 bis 90 mm. Sie bohrt sich nun 15 bis 50 cm tief ins Holz ein, nagt eine etwa 8 cm lange Kammer aus und verpuppt sich. Nach 5 bis 6 Wochen schlüpft der erwachsene Käfer, der aber nicht herauskriecht, sondern den Winter in der Kammer verbringt. Erst im kommenden Juni oder Juli zeigt er sich und schwärmt einen Monat lang. Danach pflanzen sich die Käfer fort.

In lebendem Holz macht der Eichenbock eine dreijährige Entwicklung durch. Legt man hingegen den befallenen Baum um und läßt das Holz rasch austrocknen, dann verpuppen sich die Larven erst ein Jahr oder zwei Jahre später; viele gehen auch ein. Bei einem schwachen Befall ist der von diesem Käfer verursachte Schaden nicht sehr

beträchtlich. Bei stärkerem und wiederholtem Befall wird jedoch nicht nur das Holz durch die langen ausgenagten Gänge entwertet, sondern der ganze Baum kann absterben. Mancherorts hat der schöne Große Eichenbock schon alte Eichenalleen vernichtet.
Dieses Insekt gehört zu den größten in Europa bekannten Käfern. Freilich kommt er heutzutage nicht mehr so oft vor wie früher und richtet demnach auch geringere Schäden an. Er hat große und starke Fühler, die länger sind als der Körper und die ihm ein noch eindrucksvolleres Aussehen geben.

Sägebock

Prionus coriarius

Dieser 25 bis 40 mm lange Käfer ist in alten Laub-, Misch- und Nadelwäldern heimisch. Das Männchen hat zwölfgliedrige stark gezähnte, das Weibchen elfgliedrige schwach gezähnte Fühler. Das Weibchen legt seine Eier auf Baumstümpfe oder modernde Baumstämme ab, in denen sich dann die Larven entwickeln. Am häufigsten leben sie in den verfaulenden Überresten von Eichen, Buchen, Tannen oder Fichten. Im Juli und August kann man das „Schwärmen“ dieser Käfer beobachten, denn sie kriechen auch am hellen Tag hervor.

Alpenbock

Rosalia alpina

In alten Buchenwäldern kann man diesen schönen Bockkäfer finden. Er ist 15 bis 38 mm lang, graublau gefärbt und hat schwarze Flecken. (Es gibt Farbnuancen.) Der Alpenbock tritt in Gebirgen ab 600 m ü. d. M. auf und bevorzugt warme Hänge. In manchen Gebieten kommt er häufig vor, anderswo ist er durch das Fehlen von Buchen ausgestorben. Die Larven entwickeln sich in alten Buchen. Die erwachsenen Käfer sind von Juni bis Anfang September zu beobachten. Bei Sonnenschein fliegen sie umher und lassen sich hin und wieder auf Baumstämmen nieder.

Roter Schmalbock

Nadelholzbock

Zimmermannsbock

Sägebock

Alpenbock

Buchdrucker

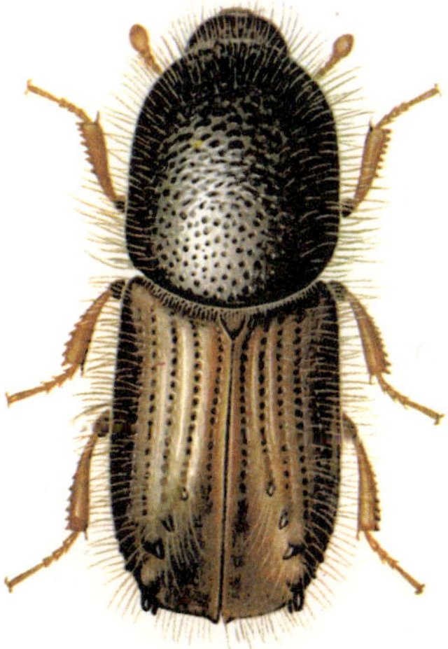

Roter Schmalbock
Leptura rubra

Einer der verbreitetsten Bockkäfer ist der Rote Schmalbock (auch Halsbock genannt). Dieser unterschiedlich gefärbte, 12 bis 19 mm lange Käfer ist vor allem in Nadelwäldern anzutreffen. Die Männchen haben meist gelbliche Flügeldecken und sind kleiner als die Weibchen, deren Färbung rötlich ist. Beider Schild ist meist schwarz. Diesen Käfer kann man von Juni bis September in der Niederung ebenso finden wie im Gebirge.
Die erwachsenen Tiere halten sich an den Blüten von Blumen oder Sträuchern auf (Waldwege und Waldwiesen) und an Baumstümpfen oder Holzstößen. Die Larven entwickeln sich meist in modernden Kiefern- und Fichtenstämmen. In vereinzelten Fällen setzt sich der Rote Schmalbock auch in Telegrafenstangen fest. Dort leben die Larven in den äußeren Holzschichten, denn sie benötigen Feuchtigkeit. Ihre Gänge verlaufen parallel zur Achse des Baumstammes und sind mit Holzmehl ausgestopft.

Zimmermannsbock
Acanthocinus aedilis

An gefällten Kiefern hält sich der 12 bis 20 mm große Zimmermannsbock auf. Seine Fühler sind beim Männchen um ein Vielfaches länger als der Körper, während sie beim Weibchen nur die doppelte Körperlänge erreichen. Das Weibchen erkennt man an seiner Legeröhre. Dem erwachsenen Käfer können wir von Ende März bis in den September hinein in Kiefernwäldern begegnen. Seine Larven leben unter der Rinde, zuweilen auch im Holz, wo sie nagen; in der Regel befinden sie sich jedoch unter der Rinde von Baumstümpfen. Auch die Puppe ist leicht zu identifizieren, da sie schon eingerollte Fühler hat.
In einem Jahr entwickeln sich zwei Generationen. Manchmal taucht der Käfer auch in verarbeitetem Holz auf.

Nadelholzbock
Rhagium inquisitor

In Nadelwäldern ist auch der 10 bis 21 mm lange Nadelholzbock oft zu sehen, und zwar meist in frisch gefällten Tannen, Fichten oder Kiefern. Seine Flügeldecken sind grau mit dunklen, unregelmäßigen Querstreifen.
Die Larve lebt unter der Rinde von Nadelbäumen, die von Borkenkäfern vernichtet wurden. Sie nagt breite Gänge und verpuppt sich in einer mit Holzmehl und Splittern angefüllten Kammer. Die Käfer schlüpfen im Herbst, bleiben jedoch den Winter über in ihrer „Wiege" und kriechen erst im folgenden Jahr ins Freie. Man findet sie von April bis Anfang September auf Holzstößen oder Blüten.
Manchmal taucht dieser Käfer auch in menschlichen Siedlungen auf, wohin seine Larven mit Brennholz aus dem Wald eingeschleppt wurden. Sie haben sich dann in diesem Holz entwickelt.

Buchdrucker
Ips typographus

Einer der am meisten gefürchteten Schädlinge ist der in Fichtenwäldern lebende Buchdrucker, ein nur etwa 4 mm langer Käfer. Er braucht zu seiner Entwicklung eine nicht zu dünne Bastschicht und befällt deshalb ältere Bäume.
Das begattete Weibchen bohrt im Holz einen Muttergang. Nach einigen Tagen fängt es an, täglich 1 bis 2 Eier zu legen (insgesamt etwa 60 Stück). Die 2 mm langen und beinlosen Larven schlüpfen nach 5 bis 14 Tagen und nagen dann senkrecht zum Muttergang verlaufende Bahnen.
Sie wachsen schnell, und bei etwa 24° C ist ihre Entwicklung schon nach 26 Tagen beendet. Aus den Puppen schlüpfen Käfer, die weiternagen und sich nach abermals 3 Wochen fortpflanzen. Bei starkem Befall sterben die Bäume ab.

Kleines Nachtpfauenauge

Nagelfleck

Birkenspinner

Kleines Nachtpfauenauge
Eudia pavonia

Dieser schöne Schmetterling mit seinen großen Augenflecken auf den Flügeln zeigt sich von Mai bis Juni in lichten Laubwäldern und an Waldrändern Die Spannweite mißt beim Männchen 60, beim Weibchen etwa 75 mm.
Die Raupe dieses Nachtfalters ist grün gefärbt mit schwarzen Querstreifen und gelben Warzen. Sie lebt von Mai bis August auf Laubbäumen und Sträuchern, seltener in Brombeerhecken. Die Raupe verpuppt sich in einem weißlichen bis braungelben, birnenförmigen Kokon.

Nagelfleck
Aglia tau

In hellen Buchenwäldern können wir im April und Mai dem auffallend gefärbten Nagelfleck mit seiner Spannweite von etwa 65 mm begegnen. Das Männchen flattert meist in raschem Zickzackkurs zwischen den Bäumen umher, das Weibchen dagegen sitzt in Bodennähe auf Buchenstämmen. Die grünen Raupen dieses Schmetterlings haben an den Seiten weißlichgelbe Querstreifen und einen Längsstreifen. Man sieht sie von Mai bis Juli vor allem auf Buchen, von deren Blättern sie sich ernähren. Ende Juli verpuppen sie sich in einem schütteren Kokon.

Birkenspinner
Endromis versicolor

In Wäldern mit vielen Birken und Hainbuchen kann man schon Ende Februar einen großen, meist zimtbraunen Schmetterling mit hellen und dunklen unregelmäßigen Streifen sowie lichten Flecken finden. Das ist der Birkenspinner, dessen Spannweite 50 mm mißt. Er fliegt bis Mai.
Das Weibchen legt die Eier auf Birken und Hainbuchen ab, von deren Blättern sich die Raupen ernähren. Auf andern Bäumen sind sie nur selten anzutreffen. Einige Tage nach dem Schlüpfen bleiben die Raupen noch in Gruppen beisammen. Dann lassen sie sich auf Zweigen nieder. Jede frißt an einem bestimmten Teil des Zweiges. Die grüne Raupe hat einen weißlichen Rücken und Querstreifen an den Seiten. Sie verpuppt sich in einem roten Kokon.

Kiefernspinner
Dendrolimus pini

Dieser an manchen Stellen sehr häufig auftretende Nachtfalter lebt in Kiefernwäldern. Beim Männchen beträgt die Spannweite etwa 55, beim Weibchen 80 mm. Das Männchen zeichnet sich durch seine kammartigen Fühler aus; die des Weibchens sind einfacher geformt. Die Flügelfarbe dieser Schmetterlinge entspricht der Färbung der Kiefernrinde, so daß ein am Baumstamm sitzendes Tier kaum zu bemerken ist.
Die Männchen fliegen am Tage rasch umher, die Weibchen sind weniger beweglich. 150 bis 250 Eier legt das Weibchen in Häufchen auf Kiefernzweige oder Nadeln, zuweilen auch direkt an dem Stamm ab; dort klebt es sie an. Nach 2 bis 3 Wochen (meist Anfang August) schlüpfen die behaarten Raupen, die an Nadeln knabbern. Die Raupen des Kiefernspinners häuten sich dreimal. Ende Oktober kriechen sie hinab und überwintern im Nadelstreu am Boden. Wenn im Frühling die Temperatur auf 5° C gestiegen ist, kehren sie in den Baumwipfel zurück und fressen dort wiederum Nadeln. Während eine Raupe im Herbst etwa 150 Kiefernnadeln verzehrt, vertilgt sie im Frühjahr schon 600.
Sobald die Raupen im Juni 7 bis 10 cm lang geworden sind, verpuppen sie sich an abgefressenen Trieben oder Rindenspalten in einem festen Kokon. Manche überwintern jedoch nochmals.
Die Raupe des Kiefernspinners ist braun, behaart und an der Seite hell gestreift. Bei starkem Befall können die Kiefernspinner ganze Bäume kahlfressen. Sie richten dabei oft große Schäden an.

Nonne
Lymantria monacha

Im Juli macht sich in Nadel-, weniger oft auch in Laubwäldern ein Nachtfalter, die Nonne, bemerkbar. Das Männchen verfügt über eine Spannweite von 35 bis 45 mm. Es hat kammartige Fühler und einen grauschwarzen, gleichsam abgehackten Hinterleib. Das größere Weibchen (Spannweite 45 bis 55 mm)

besitzt fadenförmige Fühler und einen spitzen, roten Hinterleib, der schwarze Querstreifen aufweist. Die Färbung der Nonne ist sehr veränderlich; vor allem beim Männchen kann sie schwarze Nuancen erreichen.
Diese Schmetterlinge nehmen gar keine Nahrung zu sich. Tagsüber sitzen sie reglos auf der Baumrinde. Erst abends sucht das Männchen das im Flug trägere Weibchen auf. Die Eier werden nachts unter Rindenschuppen abgelegt. Jedes Häufchen enthält 10 bis 100 orangefarbene Eier. Die Raupen entwickeln sich im Ei schon im Herbst, schlüpfen jedoch erst im April. Dann kriechen sie in die Baumkronen und fressen dort Nadeln und Blätter. Die dünn behaarten Raupen sind unterschiedlich gefärbt.
Jede braucht pro Tag 30 bis 35 Fichtennadeln, während ihres Lebens also etwa 1300 Stück. Nach 9 Wochen sind sie erwachsen und verpuppen sich in Rindenspalten. Nach 9 bis 14 Tagen (meist Mitte Juli) schlüpfen die Schmetterlinge.
Bei starker Vermehrung kann die Nonne beträchtlichen Schaden anrichten. Meisen, Kuckucke, Raubkäfer und Fledermäuse sind Feinde der Nonne.

Eichenspinner
Lasiocampa quercus

Auch dieser Spinner ist ein Nachtfalter. Seine Spannweite beträgt bis zu 70 mm. Das Männchen ist meist kastanienbraun und hat breite Streifen auf den Flügeln sowie einen weißen, dunkel umrandeten Fleck auf den Vorderflügeln. Das Weibchen hingegen ist in den häufigsten Fällen ockergelb gefärbt (andere Farbnuancen kommen freilich hin und wieder auch vor).
Dieser Schmetterling tritt von Juni bis August in Wäldern und Alleen auf. Seine Raupen leben vorwiegend an Eichen, zuweilen an andern Laubbäumen, seltener an Nadelbäumen. Die Raupe ist bis zu 7 cm lang, von braungelber Färbung und mit gelblichen Härchen

Nonne

Eichenspinner

Kiefernspinner

Blaues Ordensband

versehen. Im Herbst stellt sie das Fressen ein. Den Winter verbringt sie in einem Versteck. Im nächsten Mai verpuppt sie sich in einem festen braunen Kokon. In Nordeuropa und in Gebirgen verbringt sie den Winter noch einmal im Puppenstadium.

Blaues Ordensband

Catocala fraxini

An Spätsommer- und Frühherbstabenden flattert in Waldnähe zuweilen ein großer Falter in erleuchtete Zimmer. Seine Spannweite beträgt bis zu 90 mm. Seine Hinterflügel sind blaugestreift, die Vorderflügel grau oder grauweiß gezackt und gefleckt. Dieser Schmetterling ist das Blaue Ordensband.

Tagsüber ruht er mit gefalteten Flügeln auf Baumstämmen und ist von seiner Umgebung kaum zu unterscheiden, da er die hinteren Flügel verbirgt.

Seine auf Eschen, Pappeln und Ulmen lebende Raupe wird bis zu 10 cm lang; sie ist grau oder grünlich, schwarz gesprenkelt, mit einem hellen Fleck am Rücken (im schwarzen Streifen des achten Körperrings). Die Puppe, die violettgrau gefärbt ist, verbirgt sich in einem zusammengerollten Blatt.

Brauner Bär

Arctia caja

Der Braune Bär ist ein Nachtfalter, dem man auf Lichtungen, an Waldrändern und in Anlagen oft begegnet. Er zählt zu den schönsten Schmetterlingen. Farbe und Zeichnung variieren jedoch sehr. Die Spannweite liegt bei 70 mm. Tagsüber versteckt er sich unter Blättern oder in Büschen.

Erst wenn die schwülen Hochsommerabende anbrechen, steigt dieses Insekt auf. Die Raupe ist mit langen Haaren bewachsen und hat schwarze und weiße Warzen. An den Seiten sind die Haare rostbraun, auf dem Rücken schwarz. Die Raupe ist im August und September auf Pflanzen und im Gras zu sehen. Später sucht sie sich einen stillen Winkel zum Überwintern. Im Mai oder im Juni kommt sie dann wieder zum Vorschein, um sich in einem Kokon zu verpuppen.

Die Raupe des Braunen Bären sollte man nicht berühren, denn ihre Haare brechen ab, bleiben in der Haut stecken und rufen Schwellungen hervor.

Kiefernschwärmer

Hyloicus pinastri

Dieser Schmetterling ist vor allem in Kiefernwäldern mancherorts stark verbreitet. (Spannweite bis zu 80 mm.) Er fliegt zwischen Mai und September.

Der Kiefernschwärmer, der sehr schnell fliegen kann, läßt sich gern auf Baumstämmen nieder, wo ihn seine Schutzfärbung fast unsichtbar macht. Das Weibchen legt die Eier auf Kiefern und Fichten ab, deren Nadeln von den Raupen gefressen werden. In Mitteleuropa wird dieser Schwärmer meist von Parasiten befallen, wodurch seine Vermehrung in Grenzen bleibt.

Kiefernschwärmer

Brauner Bär

Trauermantel

Die hellgrüne Raupe des Kiefernschwärmers hat einen braunen Rückenstreifen und schmale, weiße und gelbe Längsstreifen an den Seiten; zudem ist sie rötlich gefleckt. Man findet sie von Juni bis Oktober. Die Puppen überwintern (im Gebirge und in nördlichen Gebieten sogar zweimal), bevor die Falter schlüpfen.

Trauermantel
Nymphalis antiopa

Dieser samtschwarze Tagfalter mit gelblichen Flügelrändern hat eine Spannweite bis 70 mm und mehr. Von Juni bis in den Herbst findet man ihn in Birkenwäldern oder Mischwäldern mit Birken und Ulmen. Viele Falter überwintern und zeigen sich wieder im April.
Der Trauermantel ruht meist auf Birkenstämmen. Er saugt aus verletzten Stämmen Baumsaft und aus Blüten Nektar. Die Raupen leben von Mai bis Juni in Gruppen auf Birken, Pappeln, Ulmen und Weiden. Die auffällige Raupe ist schwarz mit roten Flecken auf

dem Rücken und schwarzen Dornen. Die Puppe ist von grünlicher Färbung, bauchig und läßt den Kopf nach unten hängen.

Märzfliege

Bibio marci

Diese 10 bis 13 mm lange schwarze Fliege mit ihren ungewöhnlichen Beinen kommt von März bis Mai in Wäldern vor. Sie fliegt sehr langsam und ist nicht scheu. Beim Flug läßt sie die Beine herabhängen. Ihre Larven leben in Humusböden, wo sie sich von Pflanzenstoffen ernähren.

Bei starker Vermehrung richten sie Schaden in Baumschulen an.

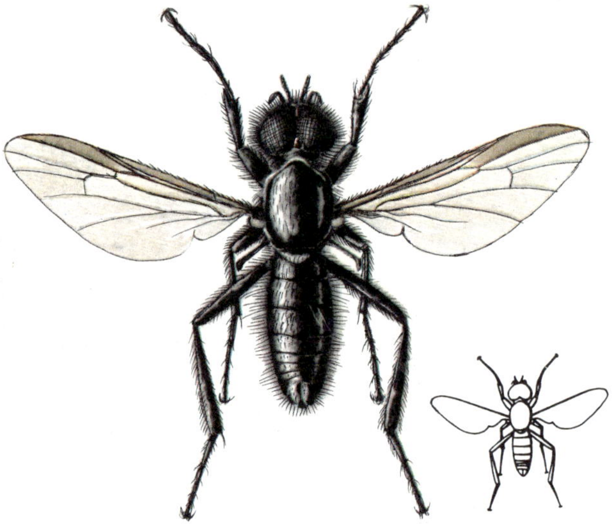

Märzfliege

Raupenfliege

Exorista larvarum

Auch diese 6 bis 15 mm lange Fliege ist an sonnigen Plätzen im Wald zu sehen. Die Weibchen fliegen ruhelos umher und suchen Raupen der Widderchen, Nonnen, Schwammspinner oder der Goldafter. Dort legen sie ihre Eier ab.

Die ausgeschlüpften Larven dringen in den Körper der „Wirtsraupe" ein und fressen ihn von innen aus. Die entwikkelten Larven verlassen dann die Raupe, kriechen ins Erdreich und verpuppen sich dort.

Höchstens 5 Prozent der befallenen Raupen entwickeln sich zu Faltern weiter.

Die Raupenfliegen gehören zu den nützlichen Insekten, da sie die gefräßigen und schädlichen Raupen einiger Schmetterlingsarten vernichten.

Raupenfliege

Vogellausfliege

Ornithomyia avicularia

Diese 5 bis 6 mm lange Fliege ist besonders in Wäldern verbreitet. Sie schmarotzt auf verschiedenen Vögeln, hält sich in deren Gefieder auf und saugt Blut.

Die Weibchen bringen schon entwickelte Larven zur Welt, die sich sogleich

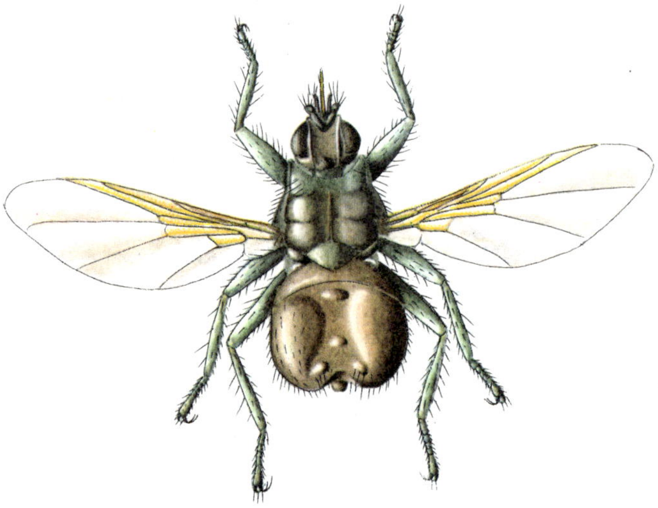

Vogellausfliege

verpuppen und auf den Boden fallen. Die Vogellausfliege wird 4 bis 6 Monate alt.

Feuersalamander
Salamandra salamandra

Dem auffälligen Feuersalamander begegnen wir in Laubwäldern, wo es klare Bäche gibt. Er wird bis zu 20 cm lang. Er ist schwarz und hat leuchtend gelbliche oder orangefarbene unregelmäßige Flecken. In den Bergen lebt er bis zu einer Höhe von 1200 m ü. d. M. Er hält sich in feuchtem Moos, zwischen Steinen an Gewässern, in Mäuselöchern oder sonstigen Höhlungen auf. Sein Versteck verläßt er meist am Abend und kriecht langsam am Boden umher. Seine Nahrung besteht aus Regenwürmern, Schnecken, Insekten und Spinnen. Er vermag nur Lebewesen zu fangen, die sich gleichfalls langsam fortbewegen. Nach Regenfällen ist er auch tagsüber zu sehen.

Im Herbst versammeln sich die Feuersalamander aus weitem Umkreis an gewissen Stellen, um dort gemeinsam in Erdlöchern zu überwintern. Ende März erwachen sie aus ihrer Starre und kommen wieder ans Tageslicht. Von April bis Mai legen die Weibchen bis zu 70 Larven in Quellbäche. Sie sind etwa 3 cm lang, bereits entwickelt und haben auch schon Kiemen und vier Beine. Die Paarung findet 10 Monate zuvor an Land statt, also im vergangenen Juni oder Juli. Nach 2 bis 4 Monaten beendigen die Larven ihre Metamorphose. Die Kiemen verschwinden, und die jungen Salamander kommen nun aus dem Wasser. In Ausnahmefällen überwintern die Larven im Wasser. Ausgewachsene Tiere sind schlechte Schwimmer. Die Salamander werden erst nach 4 oder 5 Jahren geschlechtsreif. Aus ihren Hautdrüsen sondern sie ein Sekret ab, das auf kleine Lebewescn tödlich wirkt, dem Menschen jedoch nicht gefährlich wird. Nur in den Augen kann es eine unangenehme Reizung oder Entzündung hervorrufen. Manche Feuersaiamander erreichen ein Alter von mehr als 20 Jahren.

Blindschleiche
Anguis fragilis

Sie hält sich in Laubwäldern mit feuchtem Erdreich unter Laub oder Steinen auf, ist aber auch in Anlagen und Gärten zu finden, wo es viele Laubbäume gibt. Die Blindschleiche — eine Eidechse ohne Gliedmaßen — wird etwa einen halben Meter lang. Am Rücken ist sie bleigrau bis gelbrot, an den Seiten rotbraun bis dunkelbraun gefärbt, am Bauch meist blauschwarz. In Berglagen kann man Blindschleichen noch 2200 m ü. d. M. beobachten. Ende Oktober verkriechen sie sich zum Überwintern in Erdlöchern oder verlassenen Tierbauen (oft in Gesellschaft von Artgenossen). Es kommt nicht gerade selten vor, daß ein Erdloch bis zu 100 Blindschleichen in der Winterstarre beherbergt. Im Frühjahr tauchen sie wieder auf, bei gutem Wetter schon Ende März oder Anfang April.

Die Blindschleiche ist ovovivipar, das heißt: Aus den vom Weibchen abgelegten Eiern schlüpfen sofort die Jungen, was zuweilen bereits im Mutterleib geschieht. Ein Weibchen hat 5 bis 26 Junge, die häufig gegen Ende Juli bis Anfang September zur Welt kommen. Die Blindschleiche frißt Weichtiere, z. B. Nacktschnecken, Würmer, Tausendfüßler, Insekten und deren Larven. Ihr Schwanz bricht leicht ab; er zuckt nach der Abtrennung noch eine Weile. Feinde stürzen sich deshalb oft auf den Schwanzest, während die Blindschleiche entkommt. Ein abgebrochener Schwanz wächst nach, ist jedoch kürzer und stumpfartig.

Zauneidechse
Lacerta agilis

Auf Lichtungen, an Waldrändern, auf grasigen Hängen und an felsigen Stellen ist die mehr als 20 cm lange Zauneidechse anzutreffen. Der Rücken des Männchens ist meist grün, der des Weibchens grau, mit weißpunktierten Flecken an der Seite. In den Bergen erscheint sie noch 2000 m ü. d. M. Im April, wenn die Sonne bereits wärmt, kriechen die Tiere aus ihren Winterquartieren in Felsspalten und Erdlöchern, wohin sie sich im Oktober zurückgezogen hatten. Jedes Tier sucht sich nun eine Stelle aus, die im Zentrum eines nur ihm gehörenden „Reviers" liegt. Diese Jagdreviere sind jedoch nicht groß: Von ihrem Versteck — einem Erdloch — entfernen sich die Zauneidechsen nämlich höchstens 20 m. Im Sommer sind sie vor allem morgens und nachmittags munter. In diesen Stunden gehen sie auf Beute aus. Während der mittäglichen Hitze ruhen sie im Schatten oder in Löchern. Ihre Kost: Insekten, Spinnen und Tausendfüßler. Große Tiere fangen gelegentlich auch einmal kleine Eidechsen. Die Jungen fressen in erster Linie kleine Spinnen. Im Mai und im Juni, manchmal auch noch im Juli, legt das Weibchen 3 bis 15 Eier (die etwa 15 × 8 mm groß sind) in eine ausgescharrte flache Grube, die es danach wieder bedeckt. Nach 7 bis 12 Wochen, meist jedoch nach 56 Tagen, schlüpfen von Mitte Juli bis August die jungen Echsen. (Die Temperatur spielt dabei eine Rolle.) Die Zauneidechsen überwintern in Laubhaufen oder unter Moos. Die Zauneidechse hat Kreuzottern, Vögel und Säugetiere zu Feinden. In ihrem Schwanz befindet sich dort, wo er leicht abbrechen kann, ein knorpeliges Plättchen. Bei Kampf bleibt der Schwanzrest meist im Maul des Angreifers zurück. Die Eidechse aber läuft unbehelligt davon. Der abgebrochene Teil wächst zwar nach, die Wirbel bilden sich jedoch nicht mehr aus, bilden nur noch einen Knorpelstab. Der nachgewachsene Schwanz ist an der veränderten Schuppenform zu erkennen.

Kreuzotter
Vipera berus

Diese Giftschlange lebt in Waldsteppengebieten, am häufigsten in Mischwäldern. Im Gebirge trifft man sie auch in Höhenlagen von 2700 m ü. d. M. an. Sie ist von Großbritannien bis Japan verbreitet und selbst nördlich des Polarkreises bekannt. Die Kreuzotter wird etwa 80 cm lang. Ihre Färbung nuanciert zwischen Aschgrau und Schwarz. Das charakteristische Zickzackband längs des Rückens ist stets dunkler als der übrige Körper; bei den ganz schwarzen Exemplaren verliert es sich jedoch völlig.

Die Kreuzotter ist vor allem ein Nachttier. Am Tage bleibt sie im Verborgenen. Erst in der Dunkelheit sucht sie ihre Beute. (Nur im Hochgebirge jagt sie auch tagsüber.) Ihre Nahrung besteht aus Feld- und Wühlmäusen. Nach dem Biß verfolgt die Kreuzotter ihr Opfer. Findet sie es tot auf, dann tastet sie es mit der Zunge ab und verschlingt es sodann mit dem Kopf voran. Solange es hell ist, hält sie sich in Höhlen von Baumstümpfen, unter Reisighaufen oder im Heu auf. Scheint die Sonne, verläßt sie oft ihr Versteck und sonnt sich in der Nähe auf Baumstämmen oder flachen Steinen. Vor dem Menschen flieht die Kreuzotter. Nur wenn sie überrascht wird, rollt sie sich spiralförmig zusammen, um den Angreifer abzuwehren. Beim Kampf vermag sie ihren Kopf etwa 30 cm weit vorzuschnellen. Wenn ein Kind zufällig auf eine Kreuzotter tritt, kann der Biß gefährliche Folgen haben. Allerdings greift die Kreuzotter Menschen nur an, wenn sie sich bedroht fühlt.

Ende August oder Anfang September bringt das Weibchen entweder schon lebende Junge zur Welt oder es legt Eier, aus denen gleich danach die Jungen schlüpfen (es ist ovovivipar): meist 6 bis 20, die 9,5 bis 18 cm lang sind. Sobald im Oktober die Temperatur unter 8 °C sinkt, suchen die Kreuzottern ihre Winterquartiere in Erdlöchern, Felsspalten oder Höhlen auf. Im Frühjahr — gewöhnlich während der zweiten Aprilhälfte — verlassen sie ihre Zufluchtsstätten wieder zur Paarung. Zuvor kämpfen die Männchen miteinander. Dabei drücken sie sich gegenseitig zu Boden, machen jedoch keinen Gebrauch von ihren Giftzähnen. Der Volksmund nennt diese Kämpfe „Schlangentänze".

Rabenkrähe
Corvus corone

Die Rabenkrähe fühlt sich in Gebieten zu Hause, wo Wälder mit Äckern und Wiesen abwechseln.

In Europa kommt sie in zwei Unterarten vor: als schwarze Rabenkrähe und als graue Nebelkrähe *(Corvus c. cornix).* Beider Verbreitungsgrenze verläuft längs der Elbe und der Moldau von Wien über die Alpen nach Italien. Die Rabenkrähe lebt westlich, die Nebelkrähe östlich dieser Linie.

Außer in Wäldern nisten diese Krähen auch in Parkanlagen oder in Alleen, meist unweit von Gewässern, an deren Ufern sie gern die Überreste von Fischen und andern Lebewesen suchen. Im Herbst versammeln sich oft Krähen aus der weiten Umgebung bei abgelassenen Teichen, wo sie reichlich Nahrung im Schlamm finden. Sie leben immer paarweise, auch wenn sie sich im Winter häufig zu größeren Schwärmen zusammenschließen. Ihre Nester bauen sie meist schon im März aus Zweigen, Moos, Halmen und Rasenstücken auf hohen Bäumen. Den Nestboden polstern sie mit Lehm und gefundenem Papier aus. Manche Paare benutzen mehrere Jahre lang dasselbe Nest und bauen es immerzu um.

Ende März oder Anfang April legt das Weibchen 5 bis 6 grünliche, dunkel gefleckte Eier, die es allein in 17 bis 20 Tagen ausbrütet, während das Männchen Futter sucht. Die Jungen bleiben etwa 4 Wochen im Nest, dann werden sie von den Eltern mit der Umgebung vertraut gemacht.

Im Winter tun sich die einzelnen Familien zusammen und bilden große Schwärme, die in wärmere Gegenden ziehen.

Krähen sind Allesfresser: Sie vertilgen sowohl tierische als auch pflanzliche Stoffe. Sie würgen Tierkadaver hinunter, plündern Vogelnester und verschlingen die Eier samt den Jungen. Wühlmäuse und andere kleine Wirbeltiere sind vor ihnen ebensowenig sicher wie Samen oder Beeren.

Eichelhäher
Garrulus glandarius

Diesem Vogel begegnet man in fast allen Laub- und Mischwäldern. Es ist indessen sein Alarmgeschrei, das Aufmerksamkeit erregt, denn ehe wir ihn selbst erblicken, nimmt er uns wahr und schlägt Lärm, wodurch er auch viele andere Waldbewohner warnt. Der Eichelhäher ist sehr vorsichtig. In der Brutzeit ist von ihm nichts zu sehen und zu hören. Im April errichtet er meist auf ho-

Kreuzotter

hen Bäumen aus Zweigen ein Nest, das er mit Halmen, Moos u. ä. auspolstert. In dichtem Fichtengezweig baut er das Nest oft nur aus Moos.
Das Weibchen legt 5 bis 7 graugrüne, bräunlich gefleckte Eier. Beide Eltern brüten abwechselnd 16 oder 17 Tage. Auch wenn die Jungen bereits flügge sind, bleibt die Familie in der Nähe des Nestes beisammen. Aus manchen Gebieten ziehen die Eichelhäher im Herbst in südlichere Gefilde, allerdings nicht zu Schwärmen formiert. Die Eichelhäher ernähren sich von pflanzlicher und tierischer Kost. Im Herbst sammeln sie gern Bucheckern und Eicheln und legen bei Baumstümpfen oder Baumgruppen Vorräte an, die sie freilich im Winter meist nicht wiederfinden. Auf diese Weise tragen sie aber zur Verbreitung der Baumarten bei.
Während der Aufzucht ihrer Jungen erbeuten die Eichelhäher Insekten, Wühlmäuse, Frösche und Kriechtiere. In dieser Zeit plündern sie auch die Nester kleiner Vögel; dabei fressen sie die Jungen und trinken die Eier aus.

Pirol
Oriolus oriolus

In Laubwäldern, Parks und verwilderten Gärten kann man im Frühjahr aus den Baumkronen ein schönes, flötenähnliches Pfeifen vernehmen. Diese Töne verraten uns, daß der Pirol aus seinem afrikanischen Winterquartier heimgekehrt ist, was Anfang Mai geschieht. Außer diesen Flötentönen stößt der Pirol ein durchdringendes „Kräk" aus. Das Männchen ist schön gelb und schwarz gefärbt, das Weibchen meist gelbgrün. Bald nach ihrer Rückkehr beginnen die Pirole mit dem Nestbau. Das aus Halmen und Bast gewirkte Nest ähnelt einer Wiege und hängt in einer Zweiggabel am Astende. Um den Nestbau kümmert sich vor allem das Weibchen. Den Pirol kann man nur selten betrachten, denn er ist sehr vorsichtig und scheu.
Gegen Ende Mai legt das Weibchen 3 bis 5 weißliche, rotbraun und violett gefleckte Eier. Die Jungen schlüpfen nach 14 bis 15 Tagen und werden von den Alten noch 2 Wochen lang im Nest gefüttert. Die Pirole fressen hauptsächlich Insekten und deren Larven, kleine Weichtiere, Spinnen, gelegentlich auch Kirschen. Im August verlassen sie ihre Brutplätze und treten den weiten Weg nach Südafrika an. In ihrem Brutgebiet halten sie sich also nur etwa 3 Monate lang auf.

Kleiber
Sitta europaea

Dieser flinke Vogel ist in Wäldern, Parks und Gärten heimisch. Der Kleiber ist ein Standvogel und verläßt das von ihm „besetzte" Revier selten. Meist fliegt er nur in sehr kalten Wintermonaten in die Nähe menschlicher Siedlungen oder zu Futterplätzen.
Er baut sein Nest in Baumhöhlen oder Nistkästchen und polstert es mit Schuppen von Kiefernrinde oder trockenem Laub aus. Wenn die Öffnung zu groß ist, verkleinert sie der Kleiber mit lehmiger Erde. Diese Arbeit verrichtet im allgemeinen das Weibchen, das noch vor der Eiablage im Nest übernachtet, während das Männchen in einer andern Höhlung schläft.
Ende April legt das Weibchen 6 bis 8

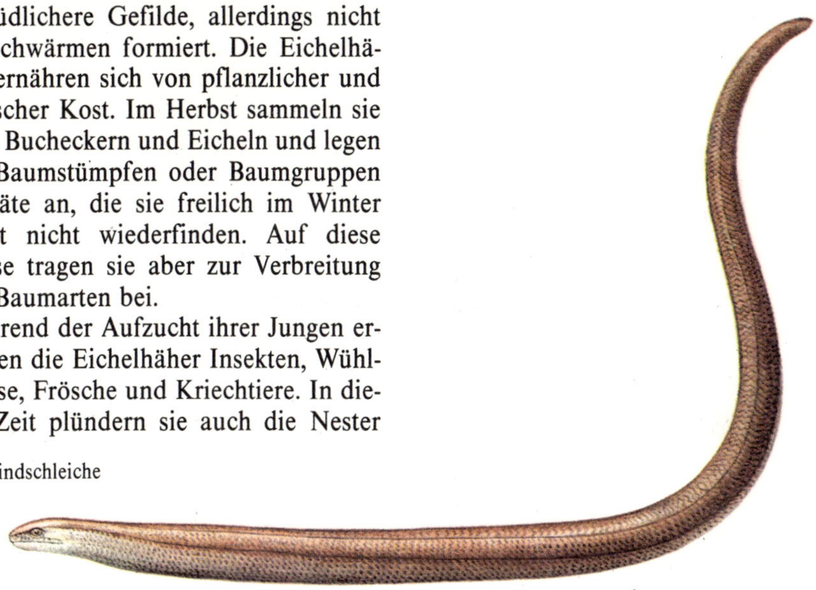
Blindschleiche

Zauneidechse

Feuersalamander

Rabenkrähe

weiße, rot gesprenkelte Eier, die es – je nach Witterung – in 15 bis 18 Tagen ausbrütet. Die Jungen sind lange nackt und kommen erst nach 24 bis 28 Tagen ins Freie.
Die Kleiber fressen Insekten, deren Larven, und Spinnen, aber auch Samen, den sie zunächst in Spalten verstecken, um ihn dann herauszupicken. Sehr geschickt klettert der Kleiber an Baumstämmen (auch mit dem Kopf nach unten), wobei er den Körper ein wenig schräg hält.
Zeitig im Frühjahr läßt sich das Männchen mit einem durchdringenden kurzen Pfeifen vernehmen, das andern Kleibern andeuten soll: „Das ist mein Revier!"

Fichtenkreuzschnabel
Loxia curvirostra

Dieser Vogel mit dem eigenartig gekreuzten Schnabel haust in Nadelwäldern. Er brütet meist im Winter; die Nistzeit hängt von der Reife der Fichten- und Tannenzapfen ab, denn der Fichtenkreuzschnabel nimmt ausschließlich den Samen der Nadelbäume zu sich.
Wo es Zapfen in Mengen gibt, tauchen plötzlich viele dieser Vögel auf, auch wenn sie in der Gegend seit Jahren nicht mehr zu sehen waren. Sie bauen ihre dickwandigen Nester aus Halmen, Moos und Flechten fast immer hoch in den Zweigen von Nadelbäumen.
Im Winter sind die Wände bis zu 3 cm dick. Nistet der Vogel im Frühjahr, dann widmet er dem Bau viel weniger Sorgfalt. Die Herrichtung ist Sache des Weibchens. Es legt 4 bis 5 grünlichweiße, rotbraun und violett gefleckte Eier, die es allein bebrütet (14 bis 16 Tage). Während dieser Zeit verläßt es das Nest nicht und wird regelmäßig vom Männchen gefüttert. Nach dem Schlüpfen der Jungen besorgt deren Fütterung anfangs gleichfalls nur das Männchen. Die Jungen fliegen nach 14 Tagen aus dem Nest. Die Familien bilden Schwärme, die durch Regionen streifen, in denen viele Zapfen mit reifem Samen zu finden sind.
Herrscht Mangel an Tannenzapfen,

Eichelhäher

Pirol

dann fressen die Fichtenkreuzschnäbel auch Samen von Lärchen. Nach dem Schlüpfen sind die Schnäbel der Jungen gerade; erst nach 3 Wochen beginnen sie sich in der für diesen Vogel typischen Art zu überkreuzen.

Waldbaumläufer
Certhia familiaris

Der kleine Waldbaumläufer treibt sich vor allem in Nadel- und Mischwäldern umher. Er hat einen dünnen, pfriemenförmigen und an der Spitze leicht gekrümmten Schnabel. Man sieht ihn meist an Baumstämmen klettern, wobei er sich in einer Spiralbahn nach oben bewegt, was charakteristisch für ihn ist. Sein Nest baut er hinter abstehender Baumrinde, in Holzstößen oder in Spalten von Baumstümpfen. Zuerst bringt er eine Schicht trockener Zweige herbei, auf der er dann den eigentlichen Napf des Nestes aus Gras, Moos und Flechten anfertigt. Das Weibchen legt im April oder Mai 5 bis 7 weiße Eier mit rötlichen Flecken, auf denen abwechselnd beide Eltern 13 bis 15 Tage brüten. Die Jungen verlassen das Nest nach 16 Tagen. Das Elternpaar brütet zuweilen noch einmal. Die Nahrung des Waldbaumläufers: Insekten, deren Larven und Eier. Er vertilgt viele Schädlinge der Wälder.

Die Waldbaumläufer sind Standvögel, die im Winter kleine Schwärme bilden.

Gimpel
Pyrrhula pyrrhula

Der Gimpel (auch Dompfaff genannt) bevorzugt Nadel- und Mischwälder; hin und wieder nistet er auch in Parks. Im April baut er aus Zweigen, Moos, Laub und Haaren in etwa 2 m Höhe ein Nest. Das Weibchen legt im April 4 bis 6 hellblaue Eier mit rötlichen und violetten Flecken und schwarzen Punkten, die es 13 Tage lang bebrütet. Beide Eltern füttern die Jungen im Nest 12 bis 16 Tage mit Samen, Insekten und deren Larven. Oft brüten die Gimpel im Juni oder Juli noch einmal. Im Herbst schließen sie sich zu kleinen Schwärmen zusammen und leben in der Niederung. Im Winter zeigen sich bei uns viele Gimpel aus dem Norden; sie sind größer als die mitteleuropäischen und zu dieser Zeit auch in Gärten und Anlagen zu finden. Erwachsene Gimpel ernähren sich vor allem von Samen, manchmal knabbern sie an Trieben.

Tannenmeise
Parus ater

Die Tannenmeise, die sich mit Vorliebe in den Kronen von Nadelbäumen aufhält, lebt in Nadel- und Mischwäldern. Ihr Nest baut sie sich in Baumlöchern. Fehlen solche natürlichen Höhlungen, dann brütet sie in Nistkästen. Sind auch keine Nistkästen zu finden, wählt sie Vertiefungen in alten Baumstümpfen, Felsspalten oder Erdlöchern und richtet sich dort behaglich ein.

Das Weibchen legt Ende April oder Anfang Mai 6 bis 10 weißliche, rot gesprenkelte Eier. Nach 14 bis 16 Tagen schlüpfen die Jungen, die das Nest nach weiteren 15 Tagen verlassen und von dem Elternpaar 2 Wochen lang gefüttert werden.

Die Altvögel brüten oft noch ein zweites Mal.

Die Tannenmeise ernährt sich von Insekten, deren Larven und Eiern oder von Spinnen, im Herbst vorwiegend vom Samen der Nadelbäume. Im Winter schließt sie sich oft mit andern Meisenarten zu größeren Schwärmen zusammen, die gemeinsam umherfliegen.

Haubenmeise
Parus cristatus

Dieser Vogel, dessen Federbusch am Kopf ihn von andern auffällig unterscheidet, schätzt Nadelwälder. Die Haubenmeise baut ihr Nest in Höhlungen oder Nistkästen, in Spalten von Baumstümpfen oder in Öffnungen der Baumrinde.

Das Weibchen legt meist im April 6 bis 10 weißliche, braunrot gefleckte Eier. Die Jungen schlüpfen nach 15 bis 17 Tagen und kommen nach abermals 20 Tagen zum erstenmal aus dem Nest. Wenn sie flügge geworden sind, brüten die Alten oft in demselben Nest ein zweites Mal.

Als Nahrung dienen der Haubenmeise Insekten in allen Entwicklungsstadien. In der kalten Jahreszeit folgt sie den Schwärmen anderer Meisenarten nach Süden; nicht selten übernimmt sie dabei die Führung.

Waldbaumläufer

Wintergoldhähnchen
Regulus regulus

Der kleinste europäische Vogel, das Wintergoldhähnchen, zählt zu den Bewohnern der Nadelwälder. Es ist nahezu überall vorzufinden, jedoch nur selten zu sehen, weil es sich in den dichten Baumkronen aufhält. Dort oben läßt es sein feines Zwitschern ertönen.

Das Wintergoldhähnchen baut sein Nest aus Zweigchen, Halmen, Moos und Haaren ausschließlich im Geäst von Fichten oder Tannen. Das Weibchen legt meist Anfang Mai 8 bis 11 gelbliche Eier, die eine dunkle Wellenzeichnung haben. Im Juni brütet dieser Vogel oft ein zweites Mal. Das Weibchen brütet allein 16 bis 17 Tage lang. Die Jungen werden von beiden Eltern mit Blattläusen, Käfern und Spinnen

gefüttert. Erst nach 18 bis 20 Tagen sind sie flügge. Im Winter formieren sich diese kleinen Vögel zu Schwärmen und suchen ihre Nahrung in den Wipfeln.
Das Wintergoldhähnchen wird 8,5 bis 10,5 cm lang und wiegt erwachsen nur 5 bis 6 g.

Zaunkönig

Troglodytes troglodytes

In Misch- und Nadelwäldern, auf dicht bewachsenen Waldlichtungen und an den Ufern unserer Gewässer können wir einem winzigen Vögelchen begegnen, das sein kurzes Schwänzchen steil in die Höhe reckt: dem Zaunkönig. In Mitteleuropa ist er ein Standvogel, der im Winter umherzieht. Mit Ausnahme der Brutzeit lebt er als Einzelgänger. Im Frühjahr sucht sich das Männchen ein Brutrevier und verteidigt es gegen jeden Eindringling.
Der Zaunkönig baut mehrere Nester, ohne sie fertigzustellen, und singt nun laut, um ein Weibchen anzulocken. Es besichtigt alle vorbereiteten Nester und beginnt, eines mit Haaren und Federn zu füllen; die übrigen dienen als Rastplätze. Das Weibchen legt 5 bis 7 weißliche Eier, die rote Flecken haben. Aus ihnen schlüpfen nach 14 bis 16 Tagen die Jungen.
Meist brütet der Zaunkönig im April und dann nochmals im Juni oder Juli. Er frißt Insekten und deren Larven. Im Winter besucht er Dörfer, Gärten und Parks.

Gelbspötter

Hippolais icterina

Den lauten Gesang des Gelbspötters hört man in Laubwäldern, Anlagen und größeren Gärten. Sein Verbreitungsgebiet reicht von Mittelfrankreich nach Osten; in Großbritannien, Schweden und Finnland kennt man ihn dagegen nicht. Er ist ein Zugvogel und überwintert in Afrika. Schon Ende August bricht er nach Süden auf. Anfang Mai sehen wir ihn wieder.

Kleiber

Fichtenkreuzschnabel

Tannenmeise

Gimpel

Haubenmeise

Sein Nest ist ein sorgsam erbautes, geradezu kunstvolles Gebilde aus Stengeln, Blättern und Spinnweben. Meist tarnt er es mit Birkenrinde, so daß man es nur selten erspäht. Vorwiegend befindet es sich in den Astgabeln von Laubbäumen oder Sträuchern.

Am Bau beteiligen sich beide Partner. Das Weibchen legt rosafarbene, leicht schwarz punktierte oder gefleckte Eier, die es allein bebrütet; nur in den Mittagsstunden nimmt das Männchen manchmal seinen Platz ein.

Nach 13 Tagen schlüpfen die Jungen, die noch weitere 13 Tage im Nest verbringen. Im Juni findet oft eine zweite Brut statt. Die Kost: Insekten und deren Larven. Die Jungvögel werden häufig mit Raupen gefüttert.

Rotkehlchen

Erithacus rubecula

Das Rotkehlchen lebt im Unterholz von Wäldern oder großen Parks. Es ist ein Zugvogel, der im Oktober nach Nordafrika fliegt. Nur Rotkehlchen aus milderen Gebieten bleiben in ihrer Heimat. Meist schon im März kehren diese Vögel an ihre Nistplätze zurück. Während dieser Zeit singen die Männchen und verteidigen ihre Reviere sehr hartnäckig und so lange, bis Eindringlinge gewichen sind.

Das Rotkehlchen baut sein Nest zwischen Steinen im Gras oder in Erdlöchern. Die Herrichtung besorgt das Weibchen, das 5 bis 7 gelbliche, rötlich gefleckte und punktierte Eier legt und sie 13 bis 14 Tage lang bebrütet. Nach dem Schlüpfen werden die Jungen von beiden Elternteilen gefüttert. Die Brut verläßt das Nest 13 Tage später, auch wenn sie noch nicht flügge ist und sich am Boden verbergen muß. Nach einer weiteren Woche sind die Jungen jedoch selbständig, und die Altvögel bereiten sich auf eine zweite Brut vor.

Rotkehlchen leben von Insekten und Larven, im Herbst auch von Beeren und Waldfrüchten.

Schwarzspecht
Dryocopus martius

Ihn kennt man — mit Ausnahme von England und Südeuropa — in ganz Europa. Der Schwarzspecht lebt in Nadelwäldern, bohrt aber auch zuweilen in Buchen- oder Birkenstämme sein Nistloch. Am liebsten beginnt er an morschen Stellen, widmet sich später jedoch auch gesundem hartem Holz. Unter dem Baum findet man dann eine Menge Splitter. In der Bruthöhle legt das Weibchen 3 bis 5 weißglänzende Eier, aus denen dann nach etwa 12 Tagen die nackten und blinden Jungen schlüpfen, die mit 24 bis 28 Tagen flügge sind. Dann verlassen sie die Höhle, bleiben aber noch kurze Zeit bei den Eltern. Sobald sich die jungen Schwarzspechte allein ernähren können, werden sie von den Alten vertrieben. Die Altvögel benutzen dieselbe Bruthöhle viele Jahre lang.

Der Schwarzspecht frißt die Larven von Holzkäfern, Ameisen und deren Pup-

Wintergoldhähnchen

Zaunkönig

Gelbspötter

Rotkehlchen

pen. Zur Brutzeit fliegt er oft einige Kilometer weit auf Nahrungssuche. Sein Revier ist ziemlich groß. Im Winter unternimmt er längere Streifzüge.

Ziegenmelker
Caprimulgus europaeus

In lichten Wäldern sitzt tagsüber der Ziegenmelker in Längsrichtung auf Ästen. Man nimmt ihn kaum wahr, weil seine Färbung der Farbe von Baumrinde gleicht.
Wird er überrascht, öffnet er seinen breiten, zur Insektenjagd bestimmten Schnabel.
Dieser Nachtvogel streicht über Viehweiden in Waldesnähe und fängt neben Insekten auch Maikäfer und andere Käfer. Oft führt ihn sein Flug in offene Gebäude. In der Abenddämmerung hält er sich gern bei Kühen, Schafen oder Ziegen auf, wo viele Insekten zu finden sind. Früher glaubten die Bauern, er wolle Ziegen melken. Er baut kein Nest. Das Weibchen legt zwei weißliche Eier auf den Boden, die beide Eltern abwechselnd 16 bis 19 Tage bebrüten.

Ziegenmelker

Grünspecht
Picus viridis

In Laubwäldern, Parks, Obstgärten und Alleen treffen wir einen stattlichen Vertreter der Familie der Spechte an: den Grünspecht. Er ist nahezu in ganz Europa — mit Ausnahme des nördlichsten Teils — stark verbreitet. Der Grünspecht gehört zu den Standvögeln und bleibt das ganze Jahr über in der Heimat. Nach dem Brüten streicht er jedoch auch in der weiteren Umgebung seines Nistreviers umher.
Beim Flug vollführt er wellenartige Sprünge. Er fliegt in die Höhe, legt dann die Flügel an und gleitet danach wieder schräg in die Tiefe. Der Grünspecht ist nicht scheu; man kann sich ihm bis auf wenige Meter nähern.
Zeitig im Frühjahr beginnt die Werbung, bei der das Männchen ein helles „Kli-kli-kli-kli“ hören läßt, worauf das Weibchen antwortet. Dann suchen die Partner einen Baum, in den sie eine Nesthöhlung zimmern können. Am besten eignet sich dazu ein morscher Stamm. Die Höhle, an der beide Vögel arbeiten, ist nach etwa 14 Tagen fertig und wird nur mit einer Schicht Holzsplitter gepolstert. Im April oder Mai legt das Weibchen 5 bis 7 glänzendweiße Eier, die beide Eltern in 15 bis 17 Tagen ausbrüten. Die Jungen schlüpfen blind, verlassen das Nest nach etwa 20 Tagen, bleiben noch eine Weile auf dem Baum und schlafen nachts im Nest. Ihre Kost: Larven von Holzkäfern. Die Grünspechte scharren aber auch Ameisenhaufen auf und fressen Puppen. Erwachsene Ameisen erbeuten sie mit ihren vorstreckbaren klebrigen Zungen.

Schwarzspecht

Großer Buntspecht
Dendrocopos major

Ihn findet man in beinahe allen europäischen Wäldern, Parks und größeren Gärten. Er ist ein Standvogel, bleibt also im Winter daheim. Anfang des Frühlings besetzt er sein Brutrevier und trommelt dann — ähnlich wie andere Spechte — auf dürre Äste. Durch dieses

Trommeln macht er seinen Anspruch auf ein bestimmtes Territorium geltend (wie es mit ihrem Gesang die Singvögel tun).
Seine Bruthöhle zimmert der Große Buntspecht in 2 bis 10 m Höhe in Nadel- oder Laubbäume. Das Weibchen legt 4 bis 8 weißglänzende Eier (April oder Anfang Mai). Die Jungen schlüpfen nach 13 bis 15 Tagen.
Dieser Vogel lebt von Käferlarven und Haselnüssen, die er in eine Vertiefung oder Rindenspalte einkeilt und mit dem Schnabel aufhackt. Auch Nadelbaumzapfen bringt er auf diese Weise unter. Die Schuppen zerhackt der Große Buntspecht, um an den Samen zu kommen. Im Winter treibt er sich oft in der Gesellschaft von Kleibern und Meisen umher. Manchmal wagt er sich in Futterhäuschen, wo er gern Sonnenblumensamen frißt.

Waldkauz
Strix aluco

Dieser Kauz ist häufig anzutreffen. Manche Vögel sind hell gefärbt, andere gelblich bis rostbraun oder dunkelbraun. Zeitig im Frühjahr hört man das langgezogene Schreien des Männchens, das wie „Huuu-hu-huuuh" klingt. Beim Nest bringt es jedoch auch andere Laute hervor, etwa ein kurzes, abgehacktes, „Wak-wak".
Der Waldkauz haust nicht nur in Laub- und Nadelwäldern, sondern auch in Alleen, alten Parks und größeren Gärten. Auf die Jagd geht er nur im Dunkeln. Seine Beute: meist Nagetiere, zuweilen Vögel, Frösche, Insekten, hin und wieder eine Fledermaus. Der Waldkauz siedelt sich gern dort an, wo er guten Ausblick hat, z. B. am Waldrand. Oft sitzt er auch auf einer erhöhten Stelle in der Nähe eines Waldes, von wo aus er nach Beute späht. Wenn er über dem Boden dahinfliegt, entgeht seinem scharfen Gehör- und Gesichtssinn kein kleines Lebewesen. Er fliegt seine Opfer lautlos an und packt sie blitzschnell mit seinen langen, spitzen, gekrümmten Krallen; jeweils zwei stehen einander an jedem Fuß gegenüber.
Sein Nest baut der Waldkauz in hohlen Baumstämmen oder großen Nistkästen; zuweilen läßt er sich auch in Dachöffnungen alter Häuser nieder. Solche Öffnungen dienen ihm jedoch nur zum Brüten. In der übrigen Zeit verweilt er in dichten Baumkronen. Das Weibchen legt 3 bis 6 weiße Eier, die es in 28 Tagen ausbrütet. Das Männchen schafft derweilen die Nahrung herbei. Auch nach dem Schlüpfen der Jungen ver-

Großer Buntspecht

Grünspecht

Waldkauz

Uhu

sorgt es die Familie mit Beute, die das Weibchen im Nest in Stücke reißt. Ist die Beute so groß, daß sie nicht gleich verfüttert werden kann, legen die Waldkäuze Vorräte an. Mit ihnen füttert das Weibchen die heranwachsenden Jungen auch bei Tage. Droht dem Nachwuchs Gefahr, zögert das Weibchen nicht, viel größere Tiere anzugreifen. Es scheut auch nicht vor Menschen zurück. Nach etwa 50 Tagen ist das Federkleid der Jungen vollständig, und sie stellen ihre ersten Flugversuche an. Gut fliegen können sie aber erst nach 3 Monaten; dann machen sie sich selbständig, während das Elternpaar in seinem bisherigen Revier bleibt.

Waldohreule
Asio otus

Die Waldohreule ist in vielen Wäldern unseres Kontinents und in großen Parks anzutreffen. Sie gehört zu den Standvögeln, die ihren einmal gewählten Ort nur selten verlassen. Meist sucht sich diese Eulenart einen Platz in dichten Zweigen der Kronen von Kiefern oder Fichten, wo sie ungestört ist. Hier ruht sie während des Tages, ohne sich zu regen. Ihr Versteck kann man jedoch leicht finden, auch wenn der Vogel selbst nicht zu erblicken ist: Unter dem Baum findet man nämlich eine Menge des typischen Gewölles (unverdauliche Nahrungsreste). Wird die Waldohreule aufgescheucht, kehrt sie dennoch am nächsten Tag auf ihren Baum zurück. Die Vögel siedeln sich meist in Laub-, manchmal auch in Nadelwäldern an, mitunter sogar in Reiherkolonien. Ein eigenes Nest bauen sie niemals, statt dessen lassen sie sich in verlassenen Nestern von Krähen, Elstern, Reihern oder Eichhörnchen nieder.

Ende März, häufiger Anfang April, legt das Weibchen 4 bis 7 ovale weiße Eier, die es allein ausbrütet, wobei es vom Männchen gefüttert wird. Wenn nach 27 oder 28 Tagen die jungen, nur mit Flaumfedern bedeckten Waldohreulen schlüpfen, bringt das Männchen auch für sie das Futter herbei. Freilich stopft es ihnen die Nahrung nicht selbst in den Schlund; diese Arbeit bleibt dem Weibchen überlassen. Da das Weibchen bereits nach Ablage des erstes Eis zu brüten anfängt, schlüpfen auch die Jungen nicht gleichzeitig; meist kommt jeden zweiten Tag eines zum Vorschein. Das letzte Junge fällt häufig seinen älteren unersättlichen Geschwistern zum Opfer: Es findet nicht mehr genügend Nahrung und geht zugrunde.

Die jungen Waldohreulen bleiben etwa einen Monat im Nest und lassen sich dann auf einem nahen Ast nieder. Wenn sie gestört werden, öffnen und schließen sie in grotesker Weise die Schnäbel, um den Eindringling zu verscheuchen.

Finden die Waldohreulen im Winter nicht ausreichend Beute, bilden sie kleine Schwärme und suchen nun gemeinsam nach Wühl- und Feldmäusen. Wenn sie einen von diesen Tieren bevorzugten Ort aufgespürt haben, verweilen sie so lange dort, bis auch die letzte Maus vertilgt ist. Danach zieht der Schwarm weiter. Sie sind also sehr nützliche Vögel, denn ihre Nahrung besteht zu 95 % aus diesen Schädlingen. Nur selten fangen sie einmal einen kleinen Vogel.

Zu Frühjahrsbeginn besetzen die Paare ihre Brutreviere. Dann ertönen das langanhaltende „Huuu-huuu“ des

Männchens und in der Nähe des Nestes ein mit hohler Stimme ausgestoßener Ton, der wie „Wu-wumb" klingt. Manchmal ist beim Nest das klatschende Geräusch von Flügelschlägen zu vernehmen. Bei der Jagd streicht der Vogel langsam und fast lautlos in schaukelndem Flug ziemlich niedrig über die Erde.

Bei Nahrungsmangel jagt er auch tagsüber, wodurch der Aberglaube widerlegt wird, die Eulen könnten bei Tageslicht nicht sehen.

Die Waldohreule kann man auch als Jungvogel unschwer erkennen, da die Iris ihrer Augen orangefarben ist.

Uhu

Bubo bubo

Der „König der Nacht" läßt seine Stimme schon im Winter in ausgedehnten Wäldern vernehmen. An felsigen Stellen, an steinigen Hängen oder in Burgruinen hört man oft ein langgezogenes, gleichsam gedämpftes, aber dennoch durchdringendes „Huh-huh." Mit diesem Ruf kündet der Uhu seiner weiten Umgebung an, daß er nunmehr sein Revier bezogen hat.

Die Stimme des Weibchens ist viel tiefer als die des Männchens. Manchmal ertönen von einem Nistplatz derart unheimliche Laute, daß sich dem einsamen Wanderer förmlich die Haare sträuben. Das Rufen des Uhus kann nämlich einmal wie das Wiehern eines Pferdes, ein andermal wie Eselsgeschrei klingen. Diese Töne ließen manchen Aberglauben von „Waldmenschen" und sonstigen Fabelwesen aufkommen.

Der Uhu meldet sich meist am Abend oder am frühen Morgen. Schon Ende März oder Anfang April legt das Weibchen 2 bis 4 weiße Eier von fast kugeliger Form. Das Nest des Uhus befindet sich am Boden, zuweilen unter einem Felsvorsprung, an ungeschützten Stellen am Fuß eines Baumes u. ä. In Gegenden, wo es keine Felsen oder Hänge gibt, bauen die Uhus ihre Nester in Baumhöhlen.

Das Weibchen brütet allein etwa 35 Tage. In dieser Zeit bringt ihm das Männchen die Beute entweder zum Nest oder zu einem Ort in dessen Nähe. Die Jungen schlüpfen mit einem weißlichen Flaumfederkleid und werden von beiden Altvögeln am frühen Morgen oder am Abend gefüttert. Tagsüber bewacht das Weibchen die Brut. Bei Regen oder prallem Sonnenschein schützt es die Jungen mit seinem Körper.

Beim Beutefang entfernen sich die Uhus bis zu 15 km vom Nest. Sie jagen Nagetiere, Hasen, Kaninchen, Krähen und Eichelhäher. In seltenen Fällen frißt der Uhu auch Reptilien, Amphibien oder Insekten. Hin und wieder fällt ihm auch einmal eine verlaufene Katze oder ein verirrter Hund zum Opfer.

Abgesehen von der Brutzeit lebt er das ganze Jahr über als Einzelgänger.

Kuckuck

Cuculus canorus

„Ku-ku, ku-ku" oder „Kuku-ku, kukuku" ertönt es Ende April und Anfang Mai aus Wäldern oder Gebüschen an den Ufern von Teichen und Seen: So ruft der Kuckuck, der aus seinem Winterquartier in Afrika zu seinen Nistplätzen in ganz Europa bis zum Polarkreis zurückgekehrt ist.

Zuerst erscheinen bei uns die Männchen, eine Woche danach die Weibchen. Den charakteristischen Kuckucksruf stoßen aber nur die Männchen aus. Die Weibchen haben eine ähnliche Stimme wie die Grünspechte (also meist „Kliklikliklikli"). Das Männchen sucht das Revier aus und verteidigt es fortan gegen Eindringlinge oder Nebenbuhler. Alljährlich kommt es in das einmal von ihm bestimmte Revier zurück (was auch für das Weibchen gilt), doch ist dieses Revier nicht so fest umgrenzt wie bei andern Vögeln.

Das Kuckucksweibchen brütet nicht, sondern legt seine Eier in die Nester anderer Vögel, meist jener Art, in deren Behausung es selbst aufgezogen wurde. Kaum haben diese Vögel ihr Nest verlassen, ist auch schon das Kuckucksweibchen da und legt rasch ein Ei hinein, wobei es meist eines der bereits vorhandenen Eier hinauswirft.

Kann es sein Ei nicht dort unterbringen, dann versteckt das Kuckucksweibchen es in einem fremden Nest. Die Kuckuckseier ähneln in ihrer Färbung meist jenen der Pflegeeltern. Im Verhältnis zur Körpergröße des Kuckucks sind die Eier ziemlich klein.

Ein Weibchen legt pro Saison 15 bis 25 Stück (jeden zweiten Tag je ein Ei); wahrscheinlich ist die Zahl deswegen so erstaunlich groß, weil nur ein kleiner Teil ausgebrütet wird.

Um das weitere Schicksal kümmert sich das Weibchen nicht: Es überläßt die Betreuung den Pflegeeltern, meist Piepern, Laubsängern, Stelzen, Fliegenschnäppern (im Röhricht auch Rohrsängern).

Während bei den kleineren Vögeln die Jungen nach 12 bis 15 Tagen zum Vorschein kommen, schlüpft das Kuckucksjunge aus dem sich äußerst schnell entwickelnden Ei schon am 12. Tag, so daß das Kuckucksjunge spätestens gleichzeitig mit den Jungen der Pflegeeltern zur Welt kommt, meist jedoch früher. In diesem Fall drängt der junge Kuckuck die andern Nestlinge oder Eier aus dem Nest. Das hat seinen Grund: Zehn Stunden nach dem Schlüpfen bilden sich an seinem Rücken empfindliche Stellen, die auf alles reagieren, was sich im Nest befindet. Deshalb schiebt das Kuckucksjunge seinen Rücken unter ein Ei, dann unter das nächste und macht solange weiter, bis es möglichst alle Eier über den Nestrand befördert hat. Ein gleiches Los erwartet die schon ausgeschlüpften Jungen der Pflegeeltern.

Ist das Kuckucksjunge dann im Nest allein, wird es als einziger „Nachkomme" von den Pflegeeltern gefüttert. Es bleibt etwa 22 Tage da, bevor es auf einen nahen Zweig fliegt, wo es die Altvögel weitere 3 Wochen (also viel länger als die eigene Brut) füttern.

Das Kuckucksjunge wächst außerordentlich rasch, verbraucht freilich auch so viele Insekten wie eine ganze Singvo-

Waldohreule

gelfamilie; sein hungriger Schnabel steht ständig offen.
Der erwachsene Kuckuck frißt vor allem Raupen (auch behaarte), Käfer, Schmetterlinge, Spinnen und Heuschrecken; er zählt demnach zu den nützlichen Vögeln.
In ihre afrikanischen Winterquartiere ziehen die Kuckucke Ende August oder Anfang September. Die alten Vögel fliegen meist früher ab als die jungen.

Mäusebussard

Buteo buteo

Dieser Vogel ist einer der verbreitetsten Greifvögel. Er lebt in Gehölzen oder an Waldrändern. Von dort aus fliegt er zur Beutejagd aufs freie Feld. Am liebsten jagt er auf Feldern und Wiesen. Seinen Fang schleppt er dann auf einen Baum. Vor allem hat er es auf Mäuse und Wühlmäuse, seltener auf Vögel abgesehen.
An schönen Tagen zieht dieser Greifvogel hoch in der Luft seine Kreise. Im Flug ist er an seinen breiten Flügeln und dem kurzen und breiten Schwanz zu erkennen.
Sein Nest aus Zweigen und Holzstückchen baut er meist 8 bis 15 m hoch auf Bäumen in Laub- oder Nadelwäldern. Das Weibchen legt 2 bis 4 braune, violett gefleckte Eier. Bei den 30 bis 35 Bruttagen wechseln sich die Eltern ab. Der Mäusebussard bleibt seinem Brutplatz Jahr um Jahr treu. Im Winter streichen diese Vögel in der weiteren Umgebung umher. Manche fliegen jedoch nach Nordafrika.

Wanderfalke

Falco peregrinus

Ihn gibt es fast überall auf der Welt. Beim Flug ist er deutlich an den langen, zugespitzten Flügeln zu identifizieren, die er rasch schwingt. Der Wanderfalke stößt senkrecht mit 200 km/h auf seine Beute herab. Ihm fallen Tauben, Krähen, Stare und Möwen zum Opfer.
Sein Nest errichtet er in Felsspalten, aber auch auf hohen Bäumen oder in verlassenen Nestern anderer Greifvögel. Im April legt das Weibchen 3 bis 4 rotbraun gefleckte Eier ab, die beide Eltern in 28 bis 29 Tagen ausbrüten. Die Atzung jagt das Männchen und übergibt sie dem Weibchen, das die Beute rupft, zerreißt und den Jungen in die Schnäbel stopft. Manchmal füttert jedoch auch das Männchen, vor allem dann, wenn das Weibchen eingegangen ist. Die Jungen werden nach 40 Tagen flügge und verlassen das Nest. Die jungen Wanderfalken sind Zugvögel, die Alten bleiben jedoch in Mitteleuropa und verbringen den Winter in ihren Nistrevieren.
Früher wurde der Wanderfalke oft abgerichtet und zum Fang von Enten und Reihern verwendet. Mancherorts wurde er jedoch ausgerottet. Heute steht er in fast ganz Europa unter Schutz.

Habicht

Accipiter gentilis

Der Habicht läßt sich oft in der Nähe von Dörfern nieder. Ein Paar hat ein Brutrevier von etwa 5 km Durchmesser. Der Habicht nistet sowohl in Nadel- als auch in Laub- und Mischwäldern, bleibt seinem Nistplatz treu und kommt viele Jahre immer wieder. Jedesmal erweitert er den Bau, so daß mit der Zeit ein recht ansehnliches „Heim“ entsteht.
Von Anfang April bis Mitte Mai legt das Weibchen 3 oder 4 graugrüne, häufig braun gefleckte Eier. Das etwa 38 Tage dauernde Brüten besorgt vor allem das Weibchen. Nur für eine Weile wird es täglich vom Männchen abgelöst. Oft bringt das Männchen dem Weibchen das Fressen ins Nest. Nach dem Schlüpfen der Jungen schafft das Männchen die gesamte Atzung zum Nest; beim Anflug kommt ihm das Weibchen entgegen und übernimmt an einer bestimmten Stelle die meist schon gerupfte Beute. Die Jungen werden dann vom Weibchen gefüttert.
Der Habicht fliegt sehr geschickt auch in dichten Baumwipfeln; gerade hier findet er leicht seine Beute. Er fängt Eichhörnchen, Häher, Tauben und Krä-

hen. Am Boden reißt er auch Wildkaninchen. Ein kräftiges Habichtsweibchen fällt sogar Hasen und Reiher an. Der Habicht hat sich auch – vor allem in früheren Jahrhunderten – in der Falknerei und bei der Jagd bewährt.

Sperber
Accipiter nisus

Der Sperber zählt zu den am häufigsten vorkommenden Greifvögeln. In der Färbung ähnelt er dem Habicht; er ist jedoch viel kleiner.

Das Weibchen ist etwa um die Hälfte größer als das Männchen und auch anders gefärbt. Der Sperber bevorzugt Nadelwälder, hält sich dort in den Baumkronen auf und meidet offene Gebiete.

Das aus trockenen Zweigen auf hohen Fichten nahe beim Stamm erbaute Nest mißt 25 bis 50 cm im Durchmesser. Beide Vögel beteiligen sich an seinem Bau. Als Basis dient häufig das ehemalige Nest einer Krähe oder das Nest eines Eichhörnchens.

Im Mai legt das Weibchen 4 bis 6 blaugrüne, rotbraun gefleckte Eier, die es allein in 31 bis 36 Tagen ausbrütet. Das Männchen bringt ihm und später auch den Jungen die Beute; wie beim Habicht zerteilt das Weibchen die Atzung und füttert damit die Nachkommenschaft, bis sie selbst auf Nahrungssuche gehen kann.

Sperbernester sind schwer zu finden: Erst wenn die Jungen größer werden und sich über den Rand entleeren, läßt sich nach den Exkrementen die Lage des Nestes feststellen.

Der Sperber jagt kleine Vögel (Sperlinge, Stare, Finken). Wenn die Jungen gefüttert werden und große Nahrungsmengen vertilgen, kommt er in die Nähe von Dörfern und Gärten, wo es viele Sperlinge gibt.

Der Sperber jagt aber auch auf waldnahen Äckern. Er ist sowohl ein Standvogel (im Winter ein Strichvogel) als ein Zugvogel: Manche ziehen im Winter nach Südwesten, im Norden lebende Sperber nach Mitteleuropa.

Kuckuck

Ringeltaube
Columba palumbus

Sie ist in allen Wäldern des Flachlandes und des Gebirges heimisch.

Auch in den Anlagen mancher Großstädte ist sie mitunter zu sehen.

Die Ringeltaube hält sich gern in Landstrichen auf, wo Wälder mit Wiesen und Feldern abwechseln, da sie ihre Nahrung meist auf Äckern findet. Ihr ziemlich kunstlos aus übereinandergelegten trockenen Zweigen erbautes Nest ist meist 5 bis 30 m über dem Boden in Baumzweigen anzutreffen.

Im April legt das Weibchen 2 weiße Eier. Nur in den Mittagsstunden wird es beim Brüten vom Männchen abgelöst. Die Jungen schlüpfen nach 16 bis 18 Tagen, werden aber erst nach 35 Tagen flügge. Anschließend folgen oft noch zwei Bruten.

Ist das Brutgeschäft zu Ende, schließen sich die Ringeltauben zu kleinen Gruppen zusammen und fliegen auf Felder, wo sie Samen sammeln. Dort erbeuten sie auch Würmer und kleine Weichtiere, die ihre tierische Nahrung sind.

Die Ringeltaube ist ein Zugvogel, der im September oder Oktober sein Revier verläßt und nach Südeuropa oder Nordwestafrika fliegt. Mitte März hört man dann wieder in unseren Breiten seinen durchdringenden Ruf: „Ruku-kukuku."

Hohltaube
Columba oenas

Im Gegensatz zur Ringeltaube haust die Hohltaube mit Vorliebe in alten Buchen- und Eichenwäldern, die günstige Höhlungen zum Nestbau bieten. In Ausnahmefällen nistet sie in Löchern steiler Sandwände oder auch in Felsspalten.

Sehr gern sucht sie auch größere Nistkästen auf.

Das Weibchen legt im April, ein zweites Mal im Juni je 2 weiße Eier; oft findet noch eine dritte Brut statt. Die Jungen schlüpfen nach 17 bis 18 Tagen, bleiben jedoch einen ganzen Monat im Nest. Die Hohltaube ernährt sich vor allem von Samen. Ihre Stimme hört sich wie „Huuhu-hu" an. Auch sie ist ein Zugvogel, der im September und Oktober südwärts reist und Mitte März heimkehrt.

Die mitteleuropäischen Hohltauben

überwintern in Südeuropa oder Nordafrika.

Waldschnepfe
Scolpax rusticola

Manche Waldschnepfen kommen Anfang März, die meisten jedoch in der zweiten Monatshälfte aus ihren spanischen und französischen Winterquartieren zurück. Schon bei dem regelmäßigen Anflug werden sie vielerorts von allzu beutelüsternen Jägern erwartet.

Sobald die Sonne untergegangen ist, verlassen die nur in der Dunkelheit fliegenden Schnepfen ihre Verstecke und streichen tief über Lichtungen oder am Waldrand dahin. Sie balzen im Flug. Die Männchen fliegen über den Baumkronen und stoßen eigenartige zweisilbige Laute aus. Die Weibchen sitzen derweilen am Boden und locken die Männchen ihrerseits mit Rufen. Als zusätzliches Lockmittel breiten sie ihren mit weißen Federn gezeichneten Schwanz aus. Die Männchen nehmen diese Flecken aus der Ferne wahr; sie springen und umkreisen nun mit herabgelassenen Flügeln und hochgesträubten Schwanzfedern das sitzende Weibchen.

Das Nest – eine vom Weibchen ausgescharrte flache und mit trockenen Blättern und Moos gepolsterte Grube – befindet sich oft an einem Baum oder unter überhängenden Zweigen eines Gebüschs.

Im April oder Anfang Mai legt das Weibchen 4 cremebraune Eier mit grau-

Wanderfalke

Habicht

Mäusebussard

en und ockergelben Flecken. Es brütet allein 22 Tage und kümmert sich auch nach dem Schlüpfen um die Jungen. (Sind sie selbständig, findet eine zweite Brut statt.)
Die Waldschnepfe frißt Würmer, Weichtiere, Insekten und deren Larven. Diese Nahrung sucht sie unter Laub am Boden. Sie sticht auch mit dem Schnabel ins Erdreich, um Würmer herauszuziehen. Zu diesem Zweck hat sie am Schnabel ein Tastkörperchen, mit dem sie ihre Beute aufspürt.
In ihre Wintergebiete ziehen die Schnepfen im Herbst. Häufig halten sie sich allerdings auch noch bis zu den ersten Frösten in ihren Brutrevieren auf.

Sperber

Jagdfasan
Phasianus colchicus

Ursprünglich war der Jagdfasan kein europäischer Vogel. Er kommt in einigen Unterarten in Zentral- und Ostasien vor. In Europa und Amerika wurde er an vielen Stellen ausgesetzt, wonach er sich akklimatisierte und rasch vermehrte. In Mitteleuropa erschien er erstmals während des 14. Jahrhunderts, und zwar als *Phasianus colchicus;* später kamen noch andere Unterarten hinzu (z. B. der „Halsband"-Ringfasan aus China und der Mongolei).
Alle diese Unterarten sind heutzutage untereinander gekreuzt, so daß man nicht mehr von bestimmten Fasanarten sprechen kann, sondern — wie schon der Name „Jagdfasan" besagt — nur noch von einem zur Jagd geeigneten Fasan. An vielen Plätzen Mitteleuropas werden diese Tiere im Winter gefangen und lebend nach Frankreich und in andere Länder exportiert.
Der Jagdfasan haust vorwiegend in kleinen Wäldern, in Naturschutzgebieten und an bewaldeten Hängen des Flach- und Hügellandes. Im Gebirge findet man ihn nicht. Der Hahn wird 70 bis 90 cm lang; davon kommt jedoch die Hälfte auf den Schwanz. Die Färbung des Hahns ist sehr bunt: Er hat einen grünblauen Kopf und einen roten Hautlappen über den Augen. Oft trägt er auch einen weißen Halsring. Das Weibchen, das sehr viel kleiner ist, ist dagegen nur unscheinbar braun gefärbt. Im Mai legt das Weibchen in eine mit Laub oder Gras ausgepolsterte Bodenmulde 8 bis 16 einfarbig bräunliche oder grünbraune Eier. Es brütet sie alleine in 23 bis 27 Tagen aus. Auch nach dem Schlüpfen betreut das Weibchen allein die Jungtiere, bis sie so groß sind, daß sie sich selbständig ihre Nahrung suchen können. Sie fressen vor allem Insekten, Larven, Ameisenpuppen und knabbern gelegentlich auch an Blättchen; später ernähren sie sich jedoch vorwiegend von Samen und Weichtieren.
Das Männchen hat oft mehrere Weibchen; es kümmert sich jedoch nicht um die Brut. Der Fasan ist ein Standvogel.

Turteltaube
Streptopelia turtur

Dieser weit verbreitete Vogel hat sein Quartier in kleineren Wäldern und an bewachsenen Hängen in der Nähe von Wiesen und Feldern. Die Turteltaube schätzt Laubunterholz. Sie baut ihr Nest in den Zweigen dichter Bäume etwa 1 bis 7 m über dem Boden. Es besteht lediglich aus übereinandergeschichteten Zweigen und Stengeln; beide Altvögel richten es gemeinsam her. Das Weibchen legt 2 weiße Eier, bei deren Bebrütung sich die Altvögel ablösen. Die Jungen schlüpfen nach 14 bis 17 Tagen.
Die Turteltauben leben von Samen; in

der Erntezeit stellen sie sich scharenweise auf Feldern ein, um verstreute Getreidekörner aufzupicken. Manchmal fressen sie kleine Weichtiere. Die Turteltaube ist ein Zugvogel, der oft schon Ende August oder September in die Mittelmeerländer zieht. Im April kehrt er wieder zurück.

Auerhuhn

Tetrao urogallus

Das Auerhuhn ist ein sehr großer Vogel; ein alter Hahn wiegt oft bis zu 6 kg. In Schottland, Mittel-, Nord- und Nordosteuropa sowie in den Pyrenäen und auf dem Balkan ist es verbreitet. Da sich das Auerhuhn in riesigen Waldregionen heimisch fühlt, von denen es heutzutage nur noch wenige gibt, ist es recht selten geworden.

Sehr interessant muß man das Balzen dieser Auerhähne nennen. Der Förster unterscheidet im „Lied“ des Auerhahns die einzelnen Phasen: das Knacken, den Triller und das Wetzen. Wenn der Hahn beim sogenannten Wetzen den Schnabel weit öffnet und die Augen schließt, drücken die Kiefer auf das Trommelfell und verursachen eine etwa drei Sekunden anhaltende „Taubheit“, welche die Jäger zur raschen Annäherung nutzen.

Der Auerhahn balzt meist auf einem niedrigen Ast oder auf einem Baumstumpf. Die Hähne kämpfen am Boden miteinander, und die Hennen folgen dem Sieger; jeder verfügt über mehrere Weibchen. In eine flache Bodenmulde, die es mit Laub und Nadeln ausgepolstert hat, legt das Weibchen 6 bis 10 gelbliche, braun gefleckte Eier. 24 bis 27 Tage lang brütet es sie dann allein aus. Dank seiner Schutzfärbung ist es in Laub und Gras gut getarnt, kann also nicht so schnell überrascht werden. Die Jungvögel können nach zehn Tagen fliegen. In den Nächten ruhen sie gemeinsam mit ihrer Mutter auf einem Baumast. Das Auerhuhn lebt in erster Linie von Pflanzentrieben, Nadeln, Zweigenden von Nadelbäumen (auch denen von Kiefern). Im übrigen vertilgt es Insekten, Larven und Weichtiere. Im Herbst macht es sich mit besonderer Vorliebe über Beeren her.

Abendsegler

Nyctatus noctula

Diese Fledermaus, die in ganz Europa stark verbreitet ist, hat eine auffallend rostbraune bis braungelbe Färbung. Sie ist in Wäldern und Alleen, zuweilen auch in ausgedehnten Parks anzutreffen. Tagsüber verbirgt sie sich in Baumlöchern, auf Dachböden und in Türmen. Im Sommer halten sich in solchen Verstecken bis zu 20 Tiere auf; im Win-

Ringeltaube

Hohltaube

ter kann man in größeren Höhlen mitunter Hunderte von ihnen finden.
Der Abendsegler fliegt auch oft bei Tageslicht und jagt Käfer und Schmetterlinge.
Beobachtungen haben ergeben, daß die Fledermaus — ähnlich wie Vögel — längere Flüge zu ihren Winterquartieren unternimmt und im Frühjahr zu ihrem alten Platz zurückfindet.
Abendsegler können in der Stunde ca. 50 km fliegen. Von Oktober bis April halten sie Winterschlaf. Das Tier steht unter Schutz.

Wildkaninchen
Oryctolagus cuniculus

Das einst in Spanien und Nordwestafrika beheimatete Wildkaninchen wurde im 13. Jahrhundert in Mitteleuropa ausgesetzt, wo es sich gut den klimatischen Verhältnissen anpaßte und schnell vermehrte. Es sucht gern helle Wälder, bewaldete Hänge, Schonungen oder Bahndämme auf. Da es auch die Wärme liebt, ist es in höheren Lagen als 600 m ü. d. M. nie zu finden. Wildkaninchen hausen meist gesellig und bilden große Kolonien.
Sie graben einen ziemlich tiefen Bau, den sie mit Moos, Gras und Laub ausstatten. In einem Jahr wirft das Weibchen fünfmal je 5 bis 10 Junge, in seltenen Fällen noch mehr. Für die Nachkommenschaft gräbt das Weibchen jedoch einen eigenen kleineren Bau, den es mit Haaren aus seinem Bauchfell auspolstert. Die Jungen kommen nackt zur Welt und sind 10 Tage blind. Verläßt das Weibchen die Jungen, dann scharrt es den Eingang des Baues zu und öffnet ihn wieder, wenn es zum Säugen zurückkehrt.
Das Wildkaninchen ist ein Nachttier, das fast immer nur in der Dämmerung auf Nahrungssuche geht. Es frißt Gras, Kräuter und Triebe. Bei starker Vermehrung benagt es Stecklinge und kann in Baumschulen Schäden anrichten. Falls in schneereichen Wintern keine andere Nahrung vorhanden ist, nagen die Kaninchen die Rinde junger Bäume ab.
Das Wildkaninchen wurde außer in Mitteleuropa auch in andern Teilen der Welt ausgesetzt, paßte sich überall bald an und sorgte mancherorts für eine derart überreiche Nachkommenschaft, daß die Ernten bedroht wurden (in Australien z. B.). Viele Jahre lang wurden die Kaninchen erfolglos bekämpft, bis es gelang, eine Infektionskrankheit (die Myxomatose) aus Südamerika einzu-

Jagdfasan

Waldschnepfe

schleppen, die dort bei verschiedene Nagetieren auftrat. Im Jahre 1953 infizierte ein französischer Arzt Wildkaninchen, die seine Grundstücke verwüsteten. Daraufhin verbreitete sich die Myxomatose gleich einer Seuche, die im nächsten Jahr auf Mitteleuropa übergriff. Binnen kurzer Zeit waren fast alle Wildkaninchen des Kontinents ausgerottet. Auch die Zucht des Hauskaninchens litt unter dieser nicht einzudämmenden Krankheit. Heute gibt es nur noch wenige Wildkaninchen. Die Myxomatose ruft zunächst Glotzaugen hervor, die später verkleben; das Kaninchen erblindet; seine Kopfhaut schwillt an; schließlich wird das Tier auch taub und geht elend zugrunde.

Turteltaube

Eichhörnchen
Sciurus vulgaris

Das Eichhörnchen zählt zu den bekanntesten Waldtieren. Seine Färbung reicht von Rostbraun über Braun bis zu Schwarz. Es ist ein Waldbewohner (Flachland und Berge), taucht aber auch häufig in Parks und Alleen auf. In den Alpen trifft man es noch 2200 m ü. d. M. an.
Aus Zweigen, Laub, Moos und Haaren baut das Eichhörnchen ein kugeliges Nest, den Kobel, das zwei Eingänge hat. Nicht selten läßt sich das Tier aber auch in ehemaligen Greifvogelnestern oder in Baumhöhlen nieder. Zwischen Januar und August wirft das Weibchen zweimal je 3 bis 8 blinde Junge, die erst 4 Wochen später die Augen öffnen. Das Eichhörnchen lebt von Baumsamen, Früchten, Pilzen und Insekten; mitunter trinkt es Vogeleier aus und frißt Vogelbrut im Nest. Im Winter benagt es die jungen Nadelbaumtriebe, so daß man unter den Bäumen oft angefressene kleine Zweige findet. Das Eichhörnchen richtet also vor allem bei starker Vermehrung Schäden an. Eine solche Zunahme dauert jedoch nie lange, denn es hat Feinde, die sich auf den Fang junger Eichhörnchen geradezu spezialisiert haben: Baummarder und Habicht z. B.

Im Herbst legen die Eichhörnchen meist Vorräte an, von denen sie sich im Winter ernähren. Sie halten keinen Winterschlaf. Man kann sie deshalb auch im Schnee antreffen. Nur bei strengem Frost schlafen sie kurze Zeit im Kobel.

Auerhuhn

Siebenschläfer
Glis glis

Er ist in Laubwäldern bis zu 1500 m ü. d. M. zu beobachten, zuweilen freilich auch im Dickicht verwilderter Parks oder großer Gärten in Städten zu sichten. Am Tage hält er sich in Baumlöchern, Nistkästen oder Mauerspalten verborgen. Erst in der Abenddämmerung verläßt er sein Versteck. Samen, Triebe, Nüsse und Obst sind die Kost des Siebenschläfers; manchmal frißt er auch Insekten, ganz selten Jungvögel.
Das Weibchen baut in Baumlöchern ein Nest aus Moos und wirft 2 bis 9 Junge, die blind zur Welt konmen und erst nach 20 Tagen sehen können. Zuweilen folgt von Juni bis August ein zweiter Wurf.
Wenn genug Futter vorhanden ist, sind die Siebenschläfer im Herbst fett. Diese Fettschicht dient ihnen während des Winterschlafs als Vorrat. Im Oktober verkriechen sie sich in weiche Erdlöcher und kommen abgemagert im Mai wieder hervor.

Abendsegler

Wildkaninchen

Eichhörnchen

Siebenschläfer

Wildkatze

Felis silvestris

Die Wildkatze treibt sich nur in ausgedehnten Bergwäldern umher. Ihr Versteck hat sie in Baumhöhlen, aufgegebenen Dachs- oder Fuchsbauen und in Felsspalten einsamer Schluchten. Sie lebt das ganze Jahr über als Einzelgänger. Nur im Februar, zur Zeit der Paarung, sucht der Kater die Katze auf, die er bald danach wieder allein läßt.

63 Tage später wirft die Katze in ihrem Unterschlupf 3 bis 4 (selten 6) blinde Junge, die nach 10 bis 12 Tagen sehend werden. Die Kleinen saugen 4 Monate lang Muttermilch, fressen aber schon nach 6 Wochen einen Teil der von der Altkatze erjagten Beute.

Jede Wildkatze hat ihr eigenes Revier. Dort verbringt sie meist ihr ganzes Leben. Lediglich bei Nahrungsmangel unternimmt sie Streifzüge im Umkreis von 100 km. Ihre Nachkommenschaft betreut die Wildkatze sehr sorgsam und verteidigt sie gegen jeden Feind; sie stellt sich selbst dem Menschen entgegen. Vor allem jagt sie Mäuse, kleine Vögel, Eidechsen und Insekten; selten fällt sie Hasen oder Rehkitze an. Sie geht meist in dunkler Nacht auf Beutefang; tagsüber bleibt sie verborgen. Die Wildkatze ist nicht der Vorfahr unserer Hauskatze, wenngleich sie sich manchmal mit ihr kreuzt.

Luchs

Lynx lynx

Der Luchs ist auch heute noch in Ost- und Nordeuropa stark verbreitet; in Mitteleuropa gibt es ihn hingegen nur noch in der Tschechoslowakei. Während der vergangenen Jahre wurde er auch in den französischen Alpen gesichtet. Im übrigen Europa wurde er ganz ausgerottet. Der Luchs ist ein Waldtier mit großem Revier. Man findet ihn noch in Gegenden, die 2500 m ü. d. M. gelegen sind. Meist lauert er auf Baumästen oder Felsen nach Beute, die er im Sprung packt. Vor allem frißt er Säugetiere bis zur Größe des Rehs, aber auch Vögel (besonders Hühnervögel). Häufig jagt er im Halbdunkel. Dieses Tier ist ein typischer Einzelgänger; nur in der Paarungszeit (Januar bis März) bleibt das Luchspaar eine Weile beisammen. Im Mai wirft das Weibchen in einem Versteck unter entwurzelten Bäumen, in Höhlen oder in Löchern 2 bis 3 (selten bis zu 5) gefleckte und blinde Junge, die ihre Augen nach 16 Tagen aufmachen. Der Luchs ist ein großes katzenartiges Raubtier. Er wird bis zu 35 kg schwer. Gesichts- und Gehörsinn sind ausgeprägt. In der freien Natur ist er kaum jemals zu beobachten.

Wildkatze

Luchs

Wolf

Canis lupus

Einst lebten in ganz Europa Wölfe. Da die Menschen jedoch schon früh mit ihrer Ausrottung begannen, sind sie heute nur noch in Nordosteuropa stärker vertreten. In Mitteleuropa findet man sie gelegentlich in der Slowakei und in Polen. In Deutschland taucht der Wolf ganz selten als Irrgast auf. Er haust in ausgedehnten Waldgebieten oder Steppen mit Gebüschen; in Gebirgen kommt er bis zu 2500 m ü. d. M. vor.

In Frühjahr und im Sommer leben die Wölfe in Familien. Von April bis Mai wirft das Weibchen nach einer Tragezeit von 60 bis 65 Tagen 4 bis 8 blinde Welpen, die 10 Tage später sehen können. Für den Nachwuchs gräbt die Wölfin einen tiefen Bau. Während der ersten Tage verläßt sie die Jungen nicht. Der Wolf bringt ihr in dieser Zeit die Beute. Zwei Jahre lang bleiben die kleinen Wölfe bei ihren Eltern. Wirft die Mutter ein zweites Mal, halten sich die älteren Tiere in der nächsten Umgebung auf. Im Herbst bilden die Wolfsfamilien Rudel unter Führung eines starken Tiers, dem sich alle übrigen unterordnen.

Auf Beutejagd streichen die Wölfe oft 70 km weit. Manches Rudel wagt sich an große Haustiere oder an Hirsche und Rehe heran. Die Wölfe hetzen ihre Beute im Lauf, fliehen jedoch vor Menschen. Sie kennzeichnen ihr Jagdrevier durch ihren übelriechenden Harn an Bäumen und Steinen (was auf den Hund übergegangen ist). Außer Wirbeltieren fressen sie Insekten, Weichtiere und sogar Waldfrüchte. Der Wolf ist ein Nachttier.

Fuchs

Vulpes vulpes

Ein weit verbreitetes hundeartiges Raubtier Europas ist der Fuchs. Er lebt in Wäldern, zuweilen auch in Feldgehölzen, mitunter sogar in stark verwachsenen Parkanlagen von Großstädten. Mit Vorliebe hält er sich in der Nähe menschlicher Wohnungen auf, um des Nachts auf Hühner- und Entenraub auszugehen. An abgelegenen Stellen scharrt er seinen Bau mit mehreren Ausgängen in die Erde. Oft setzt er sich auch in Kanälen unter wenig befahrenen Landstraßen fest.

Ob ein Fuchsbau besetzt ist, merken wir vor allem im Sommer am Gestank in seiner Nähe, denn die Füchse beseitigen die Überreste ihrer Beute nicht, sondern lassen sie verfaulen.

Nahe bei seinem Bau gräbt der Fuchs Gänge zu kleineren Bauen, die ihm bei Gefahr als Zufluchtsstätten dienen. Das Weibchen trägt 51 Tage und wirft im

Frühjahr 3 bis 8 blinde Junge, die ihre Augen nach 12 bis 15 Tagen aufmachen. Die jungen Füchse spielen gern vor dem Bau in der warmen Sonne.
Der Fuchs vertilgt Wühlmäuse, Insekten und Weichtiere. Während des Sommers tut er sich auch an Waldfrüchten gütlich.

Wolf

Baummarder

Martes martes

Er ist leicht an dem gelben bis orangefarbenen Fleck an seiner Kehle zu erkennen. Der Baummarder hat — vor allem im Winter — ein schönes dichtes Fell, das als Pelzwerk beliebt ist. Er lebt im Wald, wo er gewandt auf Bäumen umherklettert. Er vermag bis zu 3,5 m weit von einem Baum zum nächsten zu springen. Seine Beute jagt er vor allem morgens oder abends nach Sonnenuntergang. Tagsüber versteckt er sich in Baumhöhlen, oft auch in verlassenen Greifvögel- oder Eichhörnchennestern. Hin und wieder findet man ihn in Nistkästen, die eigentlich für Eulen bestimmt sind.
An diesen Orten wirft das Weibchen im April 2 bis 5 Junge, die sehr klein und blind zur Welt kommen und nach 34 Tagen sehend werden.
Der Baummarder macht gern Jagd auf Eichhörnchen, kleine Säugetiere und Vögel; er frißt aber auch Insekten; im Herbst labt er sich an Beeren und Früchten.

Fuchs

Dachs

Meles meles

Der Dachs haust in Wäldern, Büschen und dichten Parks. Er führt ein verborgenes Dasein und läßt sich nur selten blicken. Sein Bau reicht oft bis zu 5 m in die Tiefe, hat mehrere Gänge und sogar einen Lüftungsschacht. Den Kessel des Baues, in dem er sich aufhält, polstert der Dachs aus. Er führt ein Familienleben.
Das Weibchen wirft 2 bis 6 blinde Junge, die ihre Augen nach 3 bis 4 Wochen öffnen. Die Kleinen sind sehr verspielt und gehen auch bei Tag aus dem Bau.
Seine Nahrung sucht der Dachs erst in der Abenddämmerung. Er frißt Früchte, Eicheln, Wurzeln, Insekten, Larven, Weichtiere, Frösche, kleine Säugetiere und Vogeleier. Mit Vorliebe gräbt er die Nester von Hummeln und Wespen aus.
Im Winter fällt er häufig in einen tiefen Schlaf, der freilich nur einige Tage anhält. Ein echter Winterschlaf ist das jedoch nicht, denn seine Körpertemperatur sinkt bei diesem Schlummer nicht.

Wildschwein

Sus scrofa

Früher gab es auf unserem Kontinent viel mehr Wildschweine als heutzutage. In den meisten Gegenden wurden diese Tiere völlig ausgerottet. In den letzten Jahren hat sich ihr Bestand jedoch wieder vergrößert. Das Wildschwein haust in weiten Wäldern mit dichtem Unterholz. Es lebt in Familien oder in Rudeln; nur die alten Männchen (die Eber oder Keiler) sind Einzelgänger.

Baummarder

Dachs

Tagsüber halten sich die Wildschweine im Dickicht verborgen. Wenn die Dämmerung hereinbricht, gehen sie auf Futtersuche. Sie fressen nahezu alles, was sie finden: Waldfrüchte, Beeren, Wurzeln, Gras. Im Herbst plündern sie Kartoffel- und Rübenfelder. Der dabei entstehende Schaden kann beträchtlich sein. Neben Pflanzenkost vertilgen sie aber auch Würmer (die sie beim Wühlen in der Erde finden), Insekten, Larven, Weichtiere, Vogeleier und Jungvögel. Die Bache (das Weibchen) baut ein Lager aus Moos und Gras, wo sie nach einer Tragezeit von 16 bis 20 Wochen 3 bis 12 längsgestreifte Junge wirft (die Frischlinge). Sie betreut den Nachwuchs und wehrt alle Angriffe auf ihn ab.

Das Wildschwein ist ein jagdbares Tier. Ein Eber wird bis zu 200 kg schwer (ein alter sogar bis zu 300 kg). Das Fleisch ist sehr schmackhaft.

Verwundete Eber und Bachen, die Frischlinge führen, können auch dem Menschen gefährlich werden. Das Wildschwein ist die Stammform unseres allbekannten Hausschweins.

Rothirsch
Cervus elaphus

Rothirsche sind in ausgedehnten Bergwäldern heimisch, leben aber auch in den Wäldern des Flachlandes. Sie treten in Rudeln — meist 10 Tiere — auf, die von einer alten Hirschkuh angeführt werden. Rudel werden jedoch nur von Hirschkühen und Hirschkälbern gebildet; die alten männlichen Tiere sind — die Brunftzeit ausgenommen — entweder Einzelgänger oder ziehen in kleinen Rudeln unter Führung des stärksten Hirsches umher.

Während der Brunft (von September bis Oktober) kämpfen die Männchen gegeneinander, und dem Sieger gehört dann das Hirschkuhrudel. Zu dieser Zeit hört man das Röhren der Platzhirsche und ihrer Nebenbuhler. Die Hirschkuh wirft nach 238 Tagen ein Junges (sehr selten zwei) und schließt sich mit dem Kitz nach acht Tagen wieder dem Rudel an. Die großen und starken Männchen haben ein mächtiges, verzweigtes Geweih. Sie wiegen etwa 200 kg, die Hirschkühe dagegen nur 120. Der Rothirsch ist jagdbar. Sein Fleisch schmeckt gut und ist deshalb sehr begehrt.

Braunbär
Ursus arctos

Der Braunbär ist das größte europäische Raubtier. Er wird bis zu 350 kg schwer (in Asien gibt es noch größere und schwerere). Er fühlt sich in ausgedehnten Gebirgswäldern heimisch. In früheren Zeiten war er auch auf unserem Kontinent stark verbreitet; heute erscheint er nur noch in der Slowakei und in Polen.

Unter entwurzelten Bäumen oder in Felsspalten baut sich der Braunbär sein Lager. Dort wirft das Weibchen meist im Januar, selten etwas später, 2 bis 4 sehr kleine blinde Junge.

Zu dieser Zeit nimmt das Weibchen keinerlei Nahrung zu sich. Es betreut ausschließlich seine Jungen, die nach 4 bis 5 Wochen sehend werden. Erst im Früh-

jahr verlassen die Jungen den Bau, bleiben aber noch zwei Jahre lang bei ihrer Mutter. In dieser Zeit können die Bärinnen für vermeintliche Feinde sehr gefährlich sein.
Im Winter haben die Bären eine Schlafperiode (meist von November bis März). Da ihre Temperatur nicht abfällt, kann von einem eigentlichen Winterschlaf nicht die Rede sein. Ein Bärenlager mit Jungen ist im Winter daran zu erkennen, daß die Jungen beim Milchsaugen laut wimmern.
Der Braunbär ist ein Allesfresser, der sich von Waldfrüchten, Beeren, Wurzeln, Insekten, Weichtieren, Säugetieren, Vögeln, Eiern und Tierkadavern ernährt, aber auch gern Fische fängt und Honig nascht. In den Bergen zermantscht er oft Bienenstöcke, um sich diese Leckerbissen nicht entgehen zu lassen. Größere Tiere fällt er nur an, wenn er ausgehungert ist.

Wildschwein

Rothirsch

Braunbär

Verzeichnis der lateinischen Pflanzen- und Tiernamen

Verzeichnis
der lateinischen Pflanzen-
und Tiernamen

Verzeichnis der lateinischen Pflanzen- und Tiernamen

Verzeichnis der deutschen Pflanzen- und Tiernamen

Die kursiven Zahlen verweisen auf die Abbildungen

INHALT